PROPERTY OF
OFFICE OF AIR FORCE HISTORY

ARMY AIR FORCES STATISTICAL DIGEST

WORLD WAR II

(Second Printing)

Prepared by

OFFICE OF STATISTICAL CONTROL

DECEMBER 1945

NOTICE

IN ACCORDANCE WITH PARAGRAPH 9b OF AR 310-200, DATED 1 MAY 1943, THIS VOLUME WILL NOT BE DISTRIBUTED TO STUDENTS UPON COMPLETION OF COURSES BUT WILL BE RETAINED FOR USE OF SUBSEQUENT CLASSES.

PREFACE

The <u>Army Air Forces Statistical Digest (World War II)</u>, published by the Office of Statistical Control, Headquarters, Army Air Forces, makes available in one volume and on a uniform basis summary statistics on AAF personnel, aircraft, equipment, combat operations and other activities during World War II.

Since March 1942, the Office of Statistical Control has been charged with the responsibility for collecting, processing, analyzing and presenting statistics on all phases of AAF strength and activity. It has been the practice to make these data available to interested offices in the form of recurring and special reports. The summary statistics published in this volume were derived from these reports and from the more detailed information available in the files of the Office of Statistical Control.

Unless otherwise indicated, the statistics cover the strength and operations of the Army Air Forces only. In a few cases where combinations have been made with other Army and Navy figures, the coverage and character of the data have been clearly noted. While most of the statistics included here are monthly for the period Pearl Harbor to V-J Day, a few important series are carried back for a longer period.

The detailed statistics on AAF strength and operations collected during World War II were used in analyses and studies for the Commanding General, Army Air Forces, and staff officers at all echelons of command. Many relationships were derived from, and analytical uses made of, these basic statistics during World War II. For example, as a result of a detailed study of the ratios of heavy bomber crews to heavy bomber airplanes in the European and Mediterranean Theaters of Operations in the fall of 1944, heavy bomber crews were transferred from ETO to MTO in order to achieve greater balance in both theaters. To cite another example, usage data such as gasoline consumption, bomb tonnage dropped and airplane losses were related to operating data like flying time and combat sorties to compute planning factors upon which supply requirements were based. A study of bomb tonnage dropped in 1943 indicated that planned production would be considerably in excess of potential future bomb consumption computed on the basis of available airplanes, their bomb-carrying capacity and their estimated rate of use, plus a liberal allowance for strategic reserves. To put it another way, bomb production was out of balance with the other elements in the Air Forces program. Based on this analysis, planned bomb production was decreased, yielding a saving of several billion dollars.

The sources of all of the figures in the volume, unless otherwise noted, were the standardized statistical reports instituted by the Office of Statistical Control. These reports, originating at group and base levels, moved up through all the echelons of command to AAF Headquarters, and enabled statistical offices at each level to prepare consolidated reports for their organizations. The final consolidation prepared at the top echelon of command, then, constituted an over-all report of the world-wide AAF.

To facilitate the use of this volume, it has been divided into the following sections, each covering a specific phase of Air Force activity:

1. Combat Groups
2. Personnel, Training and Crews
3. Aircraft and Equipment
4. Operations
5. Miscellaneous
   a. Budget and Fiscal
   b. Air Transport
   c. Flying Safety
   d. Installations
   e. Housing

The tables in each section are preceded by an introductory statement, giving some indication of the purposes for which the data were originally gathered, the history and methods of compilation of the data, specific sources and examples of analytical uses of the figures. In addition, notations pertaining to several tables in the section have been included in the introductory statement rather than in footnotes to separate tables. Another saving in footnotes to specific tables has been made by the inclusion in the volume of a Glossary of definitions of terms peculiar to the Army Air Forces.

Overseas theaters, as used in this volume, have included the following Air Forces for the periods indicated unless specific exception is noted:

1. <u>European Theater of Operations (ETO)</u> - Eighth Air Force and Ninth Air Force beginning October 1943.

2. <u>Mediterranean Theater of Operations (MTO)</u> - Twelfth and Fifteenth Air Forces; also Ninth Air Force prior to October 1943.

3. __Pacific Ocean Areas (POA)__ - Seventh Air Force prior to July 1945 and Air Forces in Middle Pacific (AIRFORMIDPAC) beginning July 1945.

4. __Far East Air Forces (FEAF)__ - Fifth and Thirteenth Air Forces and Seventh Air Force beginning July 1945.

5. __China and India-Burma (C&I-B)__ - Tenth and Fourteenth Air Forces.

6. __Alaska__ - Eleventh Air Force.

7. __Twentieth Air Force__ - XX and XXI Bomber Commands. The terms "Twentieth Air Force", "XX Bomber Command" and "XXI Bomber Command" are retained in July and August 1945 even though they were changed to "United States Army Strategic Air Forces (USASTAF)", "Eighth Air Force" and "Twentieth Air Force", respectively, beginning July 1945.

8. __Other Overseas__ - primarily Sixth Air Force, Antilles Air Command, Bermuda, Greenland, Iceland, Newfoundland, the Azores, United States Air Forces in South America (USAFSA), United States Air Forces in the Middle East (USAFIME), Army Airways Communications System (AACS), Commanding General, Army Air Forces, overseas and Air Transport Command overseas unless shown separately.

GLOSSARY

Acceptance, airplane
Receipt of legal title by the resident factory representative of the procuring agency.

Accident, aircraft
An event involving one or more military aircraft that occurs while the aircraft is engaged in any phase of aerial flight and which results in death or major injury to persons or damage to aircraft which requires ten or more man-hours of labor to remove, repair and replace the damaged part or assembly.

Aircraft
Any type of airplane or glider.

Airframe weight
Empty weight of an airplane less the following government furnished equipment: engines, propellers, wheels, brakes, tires and tubes, auxiliary power plant, turbo-superchargers, radio receivers and transmitters, starters, batteries, generators, turrets and power-operated gun mounts.

Airplane, combat
Any type of bomber, fighter or reconnaissance airplane.

Airplane, first-line
One suited to perform the mission for which it was originally intended.

Airplane, military
One produced for the use of the armed forces or a commercial airplane seating twelve or more passengers.

Airplane, miscellaneous
One employed for such a non-tactical purpose as administrative or training flights.

Airplane, second-line
One no longer considered operational due to such factors as age and obsolescence.

Airplane, total
All types of bomber, fighter, reconnaissance, transport, trainer and communications airplanes.

Cognizance
Responsibility for negotiating for and inspecting the airplane.

Delivery, airplane
Transfer of possession from the resident representative of the procuring agency to a representative of the Air Transport Command, a public carrier or another transporting agency.

Personnel in bulk allotment
Personnel authorized to AAF activities in the form of a group of individuals rather than by Tables of Organization and Equipment.

Personnel in committed units
Personnel in units manned and equipped under a Table of Organization and Equipment and scheduled to be shipped overseas at a known date.

Personnel, field students
Enlisted personnel being trained on the job to fill any air force personnel requirement except the performance of permanent duties in Continental US.

Personnel in permanent party
Personnel performing regular and recurring duties in Continental US.

Personnel casualties, missing, interned and captured
Include also personnel formerly missing but returned and personnel formerly interned and captured and repatriated.

Personnel casualties, wounded and evacuated
Include also personnel formerly wounded but recovered and returned to duty.

Sortie
An airplane airborne on a mission against the enemy.

Sortie, effective
One which carries out the purpose of the mission.

Sortie, non-effective
One which for any reason fails to carry out the purpose of the mission.

Training, pre-flight
The initial training given to pilots, bombardiers, and navigators to acquaint them with the fundamentals of flight.

Training, primary
Training given to pilots subsequent to pre-flight training and consisting of military instruction, academic instruction in ground school and a specified number of hours of instruction in a single-engine trainer airplane.

Training, basic
Training given to pilots subsequent to primary training and consisting of further military and ground instruction and a specified number of hours of instruction in trainer aircraft more powerful than those used in primary training.

Training, advanced
Training given to pilots subsequent to basic training and consisting of further military, ground and flying instruction, the latter in trainer aircraft more powerful than those previously used.

Training, transition
Training given to pilots subsequent to advanced training and designed to teach them to fly the particular model of airplane they are to fly in combat.

LIST OF TABLES

Table		Page
	COMBAT GROUPS	
1	Combat Groups Overseas by Location and in Continental US by State of Training, By Type of Group: Dec 1941 to Aug 1945..	3
2	Combat Groups Overseas, By Theater and By Type of Group: Dec 1941 to Aug 1945................	8
	PERSONNEL, TRAINING AND CREWS	
3	AAF Military Personnel - Number and Percent of US Army Strength: 1912 to 1945................	15
4	Military Personnel in Continental US and Overseas, By Type of Personnel: Jul 1939 to Aug 1945	16
5	Military Personnel in Continental US and Overseas, By Grade: Semi-annually, Dec 1944 to Aug 1945..	17
6	Military Personnel in the AAF, By Specialty: Jun 1944 to Aug 1945............................	18
7	Officers in the AAF, By Arm or Service: Sep 1941 to Aug 1945................................	19
8	Enlisted Personnel in the AAF, By Arm or Service: Sep 1941 to Aug 1945......................	20
9	Women's Army Corps Personnel in Continental US and Overseas, By Type of Personnel: Jul 1943 to Aug 1945..	21
10	Colored Military Personnel in Continental US and Overseas, By Type of Personnel: Aug 1942 to Aug 1945...	22
11	Military Personnel in Continental US, By Air Force or Command: Dec 1941 to Aug 1945..........	23
12	Military Personnel in Continental US, By Specialty: Jun 1944 to Aug 1945....................	24
13	Military Personnel in Continental US, By Function and By Type of Personnel: Jun 1944 to Aug 1945..	25
14	Military Personnel in Continental US, By Air Force or Command and By Function: Jun 1944 to Aug 1945..	26
15	Officers in Continental US, By Air Force or Command: Dec 1941 to Aug 1945...................	28
16	Officers in Continental US, By Arm or Service: Sep 1941 to Aug 1945.........................	29
17	Enlisted Personnel in Continental US, By Air Force or Command: Dec 1941 to Aug 1945..........	30
18	Enlisted Personnel in Continental US, By Arm or Service: Sep 1941 to Aug 1945...............	31
19	Civilian Personnel in Continental US, By Air Force or Command: Dec 1941 to Aug 1945..........	32
20	Military Personnel Overseas, By Theater and By Type of Personnel: Jan 1943 to Aug 1945.......	33
21	Military Personnel Overseas, By Specialty: Jun 1944 to Aug 1945..............................	35
22	Officers in Overseas Theaters, By Arm or Service: Sep 1941 to Aug 1945......................	36
23	Enlisted Personnel in Overseas Theaters, By Arm or Service: Sep 1941 to Aug 1945............	37
24	Military Personnel in European Theater of Operations, By Specialty: Jun 1944 to Aug 1945.....	38
25	Military Personnel in Mediterranean Theater of Operations, By Specialty: Jun 1944 to Aug 1945	39
26	Military Personnel in Pacific Ocean Areas, By Specialty: Jun 1944 to Aug 1945...............	40
27	Military Personnel in Far East Air Forces, By Specialty: Jun 1944 to Aug 1945...............	41
28	Military Personnel in China & India-Burma, By Specialty: Jun 1944 to Aug 1945...............	42
29	Military Personnel in Alaska, By Specialty: Jun 1944 to Aug 1945............................	43
30	Military Personnel in Twentieth Air Force, By Specialty: Jun 1944 to Aug 1945...............	44
31	Military Personnel in ATC Overseas, By Specialty: Jun 1944 to Aug 1945......................	45

LIST OF TABLES — Continued

Table	Page
32 - Military Personnel in Other Overseas Theaters, By Specialty: Jun 1944 to Aug 1945	46
33 - Military Personnel Shipped to Overseas Theaters, By Theater and By Type of Personnel: Jan 1943 to Aug 1945	47
34 - Battle Casualties in All Overseas Theaters, By Type of Casualty and By Type of Personnel: Dec 1941 to Aug 1945	49
35 - Battle Casualties in Theaters vs Germany, By Type of Casualty and By Type of Personnel: Dec 1941 to Aug 1945	50
36 - Battle Casualties in European Theater of Operations, By Type of Casualty and By Type of Personnel: Dec 1941 to Aug 1945	51
37 - Battle Casualties in Mediterranean Theater of Operations, By Type of Casualty and By Type of Personnel: Dec 1941 to Aug 1945	52
38 - Battle Casualties in Theaters vs Japan, By Type of Casualty and By Type of Personnel: Dec 1941 to Aug 1945	53
39 - Battle Casualties in Pacific Ocean Areas, By Type of Casualty and By Type of Personnel: Dec 1941 to Aug 1945	54
40 - Battle Casualties in Far East Air Forces, By Type of Casualty and By Type of Personnel: Dec 1941 to Aug 1945	55
41 - Battle Casualties in China & India-Burma, By Type of Casualty and By Type of Personnel: Dec 1941 to Aug 1945	56
42 - Battle Casualties in Alaska, By Type of Casualty and By Type of Personnel: Dec 1941 to Aug 1945	57
43 - Battle Casualties in Twentieth Air Force - XX and XXI Bomber Commands, By Type of Casualty and By Type of Personnel: Feb 1943 to Aug 1945	58
44 - Battle Casualties in Other Overseas Theaters, By Type of Casualty and By Type of Personnel: Dec 1941 to Aug 1945	59
45 - Military Personnel Returned from Overseas Theaters, By Theater and By Type of Personnel: May 1944 to Aug 1945	60
46 - Flying Training Students Under Instruction, By Type of Course: Quarterly, Sep 1939 to Aug 1945	62
47 - Flying Training Graduates, By Type of Course: 3rd Quarter 1939 to 3rd Quarter 1945	64
48 - Flying Training Eliminees and Fatalities, By Type of Course: 3rd Quarter 1939 to 3rd Quarter 1945	67
49 - Technical Training Students Under Instruction, By Type of Course: Quarterly, Sep 1939 to Aug 1945	70
50 - Technical Training Graduates, By Type of Course: 3rd Quarter 1939 to 3rd Quarter 1945	72
51 - Technical Training Eliminees and Fatalities, By Type of Course: 3rd Quarter 1939 to 3rd Quarter 1945	75
52 - Crews Completing Training in Continental US, By Type: Dec 1942 to Aug 1945	78
53 - Crews in Training in Continental US, By Type: Dec 1942 to Aug 1945	81
54 - Crews on Hand Overseas, By Type and Principal Model: Jun 1943 to Aug 1945	84
55 - Crews on Hand in European Theater of Operations, By Type and Principal Model: Jun 1943 to Aug 1945	85
56 - Crews on Hand in Mediterranean Theater of Operations, By Type and Principal Model: Jun 1943 to Aug 1945	86
57 - Crews on Hand in Pacific Ocean Areas, By Type and Principal Model: Jun 1943 to Aug 1945	87
58 - Crews on Hand in Far East Air Forces, By Type and Principal Model: Jun 1943 to Aug 1945	88
59 - Crews on Hand in China & India-Burma, By Type and Principal Model: Jun 1943 to Aug 1945	89
60 - Crews on Hand in Alaska, By Type and Principal Model: Jun 1943 to Aug 1945	90
61 - Crews on Hand in Twentieth Air Force, By Type and Principal Model: Apr 1944 to Aug 1945	90
62 - Crews on Hand in Other Overseas Theaters, By Type and Principal Model: Jun 1943 to Aug 1945	91

LIST OF TABLES — Continued

Table	Page
63 - Crew Arrivals from US in Overseas Theaters, By Theater and By Type of Crew: 1943 to 1945.....	92
64 - Crew Losses Enroute from US to Overseas Theaters, By Theater and By Type of Crew: 1943 to 1945...	93
65 - Losses of All Types of Crews Overseas, By Theater and By Type of Loss: 1943 to 1945.........	94
66 - Very Heavy Bomber Crew Losses of Twentieth Air Force, By Type of Loss: Jun 1944 to Aug 1945..	95
67 - Heavy Bomber Crew Losses Overseas, By Theater and By Type of Loss: Jun 1943 to Aug 1945......	96
68 - Medium & Light Bomber Crew Losses Overseas, By Theater and By Type of Loss: Jun 1943 to Aug 1945..	98
69 - Day Fighter Crew Losses Overseas, By Theater and By Type of Loss: Jun 1943 to Aug 1945.......	100
70 - Night Fighter Crew Losses Overseas, By Theater and By Type of Loss: Jun 1943 to Aug 1945.....	102
71 - Reconnaissance Crew Losses Overseas, By Theater and By Type of Loss: Jun 1943 to Aug 1945....	104
72 - Troop Carrier Crew Losses Overseas, By Theater and By Type of Loss: Jun 1943 to Aug 1945.....	106
73 - Communications Crew Losses Overseas, By Theater and By Type of Loss: Jun 1943 to Aug 1945....	108

AIRCRAFT AND EQUIPMENT

Table	Page
74 - Factory Acceptances of All Military Airplanes, By Type of Airplane: Jan 1940 to Aug 1945.....	112
75 - Factory Acceptances of All Military Airplanes, By Plant and By Type and Model of Airplane: 1940 to 1945..	113
76 - Factory Acceptances of Army Cognizance Airplanes, By Type and Model of Airplane: Jan 1940 to Aug 1945...	118
77 - Airframe Weight of All Factory Accepted Military Airplanes, By Type of Airplane: Jan 1940 to Aug 1945...	125
78 - Airframe Weight of Factory Accepted Army Cognizance Airplanes, By Type of Airplane: Jan 1940 to Aug 1945...	126
79 - Factory Deliveries of All Military Airplanes, By Type of Airplane and By Recipient: Jul 1940 to Aug 1945...	127
80 - Factory Acceptances of All Military Special Purpose Aircraft and Gliders: Jan 1941 to Aug 1945...	133
81 - Factory Deliveries of Aircraft Engines and Propellers: Jan 1940 to Aug 1945..................	133
82 - Average Unit Cost of Airplanes Authorized, By Principal Model: Fiscal Years 1939 to 1945.....	134
83 - Airplanes on Hand in the AAF, By Major Type: Jul 1939 to Aug 1945...........................	135
84 - Airplanes on Hand in the AAF, By Type and Principal Model: Nov 1941 to Aug 1945..............	136
85 - Airplanes on Hand in Continental US, By Type and Principal Model: Nov 1941 to Aug 1945.......	140
86 - Combat and Transport Airplanes on Hand in Continental US, By Type of Airplane and By Air Force or Command: Oct 1942 to Aug 1945...	144
87 - Airplanes on Hand Overseas, By Type and Principal Model: Nov 1941 to Aug 1945................	150
88 - Airplanes on Hand in Theaters vs Germany, By Type and Principal Model: Jun 1942 to Aug 1945..	154
89 - Airplanes on Hand in European Theater of Operations, By Type and Principal Model: Jun 1942 to Aug 1945...	157
90 - Airplanes on Hand in Mediterranean Theater of Operations, By Type and Principal Model: Jun 1942 to Aug 1945...	160
91 - Airplanes on Hand in Theaters vs Japan, By Type and Principal Model: Nov 1941 to Aug 1945....	163
92 - Airplanes on Hand in Pacific Ocean Areas, By Type and Principal Model: Nov 1941 to Aug 1945..	167
93 - Airplanes on Hand in Far East Air Forces, By Type and Principal Model: Nov 1941 to Aug 1945..	170
94 - Airplanes on Hand in China & India-Burma, By Type and Principal Model: Nov 1941 to Aug 1945..	173
95 - Airplanes on Hand in Alaska, By Type and Principal Model: Nov 1941 to Aug 1945...............	176

LIST OF TABLES — Continued

Table	Page
96 - Airplanes on Hand in Twentieth Air Force, By Type and Principal Model: Apr 1944 to Aug 1945.	179
97 - Airplanes on Hand in Latin America, By Type and Principal Model: Dec 1941 to Aug 1945.	180
98 - Airplane Arrivals from US in Overseas Theaters, By Theater and By Type of Airplane: 1941 to 1945.	183
99 - Airplane Losses in Continental US and Overseas, By Type of Airplane: Dec 1941 to Aug 1945.	184
100 - Losses of All Types of Airplanes Overseas, By Theater and By Type of Loss: 1941 to 1945.	186
101 - Very Heavy Bomber Airplane Losses of Twentieth Air Force, By Type of Loss: May 1944 to Aug 1945.	187
102 - Heavy Bomber Airplane Losses Overseas, By Theater and By Type of Loss: Dec 1941 to Aug 1945.	188
103 - Medium & Light Bomber Airplane Losses Overseas, By Theater and By Type of Loss: Dec 1941 to Aug 1945.	192
104 - Fighter Airplane Losses Overseas, By Theater and By Type of Loss: Dec 1941 to Aug 1945.	196
105 - Reconnaissance Airplane Losses Overseas, By Theater and By Type of Loss: Dec 1941 to Aug 1945.	200
106 - Transport Airplane Losses Overseas, By Theater and By Type of Loss: Dec 1941 to Aug 1945.	204
107 - Communications and Trainer Airplane Losses Overseas, By Theater: Dec 1941 to Aug 1945.	208
108 - Airplane Losses Enroute from US to Overseas Theaters, By Theater and By Type of Airplane: 1941 to 1945.	209
109 - Number of Different Items and Dollar Cost of Spare Parts and Equipment at ATSC Installations, By Property Class.	210
110 - Materiel Shipped Overseas by Water, By Theater of Destination: Jan 1942 to Aug 1945.	212
111 - Materiel Shipped Overseas by Air, By Theater of Destination: Jan 1943 to Aug 1945.	213
112 - Airplane Maintenance Jobs on Hand, Received and Completed at Depots in Continental US: Jan 1943 to Aug 1945.	214
113 - Airplane Engine Maintenance Jobs on Hand, Received and Completed at Depots in Continental US: Jan 1942 to Aug 1945.	215
114 - Man-Hours Expended by Depot Maintenance Personnel in Continental US on Airplane, Engine and Other Jobs: Jul 1943 to Aug 1945.	216
115 - Average Man-Hours Expended per Major Engine Overhaul at Depots in Continental US, By Type of Engine: Jul 1943 to Aug 1945.	216
116 - Airplanes in Storage at ATSC Installations, By Type of Airplane: Aug 1944 to Aug 1945.	217
117 - Number of Contract Terminations and Cost Price of Terminated Part of Pending Cases: Apr 1944 to Aug 1945.	217

OPERATIONS

Table	Page
118 - Combat Sorties Flown, By Theater: Dec 1941 to Aug 1945.	220
119 - Airborne and Effective Combat Sorties Flown in European Theater of Operations, By Type of Airplane: Aug 1942 to May 1945.	221
120 - Airborne and Effective Combat Sorties Flown in Mediterranean Theater of Operations, By Type of Airplane: June 1942 to May 1945.	222
121 - Airborne and Effective Combat Sorties Flown in Pacific Ocean Areas, By Type of Airplane: May 1942 to Aug 1945.	223
122 - Airborne and Effective Combat Sorties Flown by Far East Air Forces, By Type of Airplane: Dec 1941 to Aug 1945.	224
123 - Airborne and Effective Combat Sorties Flown in China & India-Burma, By Type of Airplane: Feb 1942 to Aug 1945.	225
124 - Airborne and Effective Combat Sorties Flown in Alaska, By Type of Airplane: Jan 1942 to Aug 1945.	226
125 - Airborne and Effective Combat Sorties Flown by Twentieth Air Force, By Type of Airplane: Jun 1944 to Aug 1945.	227

LIST OF TABLES — Continued

Table	Page
127 - Individual Crossings of Enemy Lines, By Theater: Dec 1941 to Aug 1945	228
128 - Combat Sorties Flown by Fighters in Theaters vs Germany, By Theater and By Type of Sortie: Jan 1943 to May 1945	229
129 - Combat Sorties Flown By Fighters in Theaters vs Japan, By Theater and By Type of Sortie: Jan 1943 to Aug 1945	230
130 - Non-Effective Combat Sorties Flown in European Theater of Operations, By Type of Airplane and By Cause: 3rd Quarter 1942 to 2nd Quarter 1945	232
131 - Non-Effective Combat Sorties Flown in Mediterranean Theater of Operations, By Type of Airplane and By Cause: 1st Quarter 1943 to 2nd Quarter 1945	232
132 - Non-Effective Combat Sorties Flown in Pacific Ocean Areas, By Type of Airplane and By Cause: 2nd Quarter 1943 to 3rd Quarter 1945	233
133 - Non-Effective Combat Sorties Flown by Far East Air Forces, By Type of Airplane and By Cause: 1st Quarter 1943 to 3rd Quarter 1945	233
134 - Non-Effective Combat Sorties Flown in China & India-Burma, By Type of Airplane and By Cause: 1st Quarter 1943 to 3rd Quarter 1945	234
135 - Non-Effective Combat Sorties Flown in Alaska, By Type of Airplane and By Cause: 3rd Quarter 1943 to 3rd Quarter 1945	234
136 - Non-Effective Combat Sorties Flown by Twentieth Air Force, By Type of Airplane and By Cause: Jun 1944 to Aug 1945	235
137 - Number of Bombs Dropped Overseas, By Type of Bomb: 1943 to 1945	236
138 - Number of Bombs Dropped in Theaters vs Germany, By Type of Bomb: 1943 to 1945	237
139 - Number of Bombs Dropped in Theaters vs Japan, By Type of Bomb: 1943 to 1945	238
140 - Tons of Bombs Dropped Overseas, By Theater: Dec 1941 to Aug 1945	239
141 - Tons of Bombs Dropped in Theaters vs Germany, By Type of Airplane and By Country: 1942 to 1945	240
142 - Tons of Bombs Dropped by Heavy Bombers in Theaters vs Germany, By Type of Target Attacked and By Theater: 1942 to 1945	242
143 - Tons of Bombs Dropped in European Theater of Operations, By Type of Airplane: Aug 1942 to May 1945	243
144 - Tons of Bombs Dropped in Mediterranean Theater of Operations, By Type of Airplane: Jun 1942 to May 1945	244
145 - Tons of Bombs Dropped in Pacific Ocean Areas, By Type of Airplane: Jun 1942 to Aug 1945	245
146 - Tons of Bombs Dropped by Far East Air Forces, By Type of Airplane: Dec 1941 to Aug 1945	246
147 - Tons of Bombs Dropped in China & India-Burma, By Type of Airplane: Feb 1942 to Aug 1945	247
148 - Tons of Bombs Dropped in Alaska, By Type of Airplane: Apr 1942 to Aug 1945	248
126 - Tons of Bombs Dropped by Twentieth Air Force, By Type of Airplane: Jun 1944 to Aug 1945	227
149 - Rounds of Ammunition Expended Overseas, By Theater: Jan 1942 to Aug 1945	249
150 - Rounds of Ammunition Expended in European Theater of Operations, By Type of Airplane and By Type of Ammunition: 1942 to 1945	250
151 - Rounds of Ammunition Expended in Mediterranean Theater of Operations, By Type of Airplane and By Type of Ammunition: 1942 to 1945	250
152 - Rounds of Ammunition Expended in Pacific Ocean Areas, By Type of Airplane and By Type of Ammunition: 1942 to 1945	251
153 - Rounds of Ammunition Expended by Far East Air Forces, By Type of Airplane and By Type of Ammunition: 1942 to 1945	251
154 - Rounds of Ammunition Expended in China & India-Burma, By Type of Airplane and By Type of Ammunition: 1942 to 1945	252
155 - Rounds of Ammunition Expended in Alaska, By Type of Airplane and By Type of Ammunition: 1942 to 1945	252

LIST OF TABLES — Continued

Table	Page
156 - Rounds of Ammunition Expended by Twentieth Air Force, By Type of Airplane and By Type of Ammunition: 1944 and 1945	253
158 - Airplane Losses on Combat Missions, By Theater: Jan 1942 to Aug 1945	254
159 - Airplane Losses on Combat Missions in European Theater of Operations, By Type of Airplane and By Cause of Loss: Aug 1942 to May 1945	255
160 - Airplane Losses on Combat Missions in Mediterranean Theater of Operations, By Type of Airplane and By Cause of Loss: Jun 1942 to May 1945	256
161 - Airplane Losses on Combat Missions in Pacific Ocean Areas, By Type of Airplane and By Cause of Loss: Jun 1942 to Aug 1945	257
162 - Airplane Losses on Combat Missions of Far East Air Forces, By Type of Airplane and By Cause of Loss: Jan 1942 to Aug 1945	258
163 - Airplane Losses on Combat Missions in China & India-Burma, By Type of Airplane and By Cause of Loss: Apr 1942 to Aug 1945	259
164 - Airplane Losses on Combat Missions in Alaska, By Type of Airplane and By Cause of Loss: Jun 1942 to Aug 1945	260
165 - Airplane Losses on Combat Missions of Twentieth Air Force, By Type of Airplane and By Cause of Loss: Jun 1944 to Aug 1945	261
166 - Enemy Aircraft Destroyed, By Theater: Feb 1942 to Aug 1945	262
167 - Enemy Aircraft Destroyed in European Theater of Operations, By Type of AAF Airplane: Aug 1942 to May 1945	263
168 - Enemy Aircraft Destroyed in Mediterranean Theater of Operations, By Type of AAF Airplane: Jul 1942 to May 1945	264
169 - Enemy Aircraft Destroyed in Pacific Ocean Areas, By Type of AAF Airplane: Jul 1943 to Aug 1945	265
170 - Enemy Aircraft Destroyed by Far East Air Forces, By Type of AAF Airplane: Feb 1942 to Aug 1945	266
171 - Enemy Aircraft Destroyed in China & India-Burma, By Type of AAF Airplane: Jul 1942 to Aug 1945	267
172 - Enemy Aircraft Destroyed in Alaska, By Type of AAF Airplane: Jun 1942 to Aug 1945	268
157 - Enemy Aircraft Destroyed by Twentieth Air Force, By Type of AAF Airplane: Aug 1944 to Aug 1945	253
173 - Flying Time of Airplanes in Continental US and Overseas, By Type of Airplane: Jan 1943 to Aug 1945	269
174 - Flying Time of Airplanes in Continental US, By Type and Principal Model of Airplane: Jan 1943 to Aug 1945	270
175 - Flying Time of Airplanes with Units Overseas, By Theater: Dec 1941 to Aug 1945	274
176 - Flying Time of Airplanes with Units in European Theater of Operations, By Type of Airplane: Aug 1942 to May 1945	275
177 - Flying Time of Airplanes with Units in Mediterranean Theater of Operations, By Type of Airplane: Jun 1942 to May 1945	276
178 - Flying Time of Airplanes with Units in Pacific Ocean Areas, By Type of Airplane: May 1942 to Aug 1945	277
179 - Flying Time of Airplanes with Units of Far East Air Forces, By Type of Airplane: Dec 1941 to Aug 1945	278
180 - Flying Time of Airplanes with Units in China & India-Burma, By Type of Airplane: Feb 1942 to Aug 1945	279
181 - Flying Time of Airplanes with Units in Alaska, By Type of Airplane: Jan 1942 to Aug 1945	280
182 - Flying Time of Airplanes with Units of Twentieth Air Force, By Type of Airplane: May 1944 to Aug 1945	281
184 - Gasoline Consumption of Airplanes in Continental US (By Octane Rating) and Overseas: Jan 1942 to Aug 1945	282
185 - Gasoline Consumption of Airplanes with Units Overseas, By Theater: Dec 1941 to Aug 1945	283

LIST OF TABLES — Continued

Table	Page
186 - Gasoline Consumption of Airplanes with Units in European Theater of Operations, By Type of Airplane: Aug 1942 to May 1945..	284
187 - Gasoline Consumption of Airplanes with Units in Mediterranean Theater of Operations, By Type of Airplane: Jun 1942 to May 1945..	284
188 - Gasoline Consumption of Airplanes with Units in Pacific Ocean Areas, By Type of Airplane: May 1942 to Aug 1945..	285
189 - Gasoline Consumption of Airplanes with Units of Far East Air Forces, By Type of Airplane: Dec 1941 to Aug 1945..	285
190 - Gasoline Consumption of Airplanes with Units in China & India-Burma, By Type of Airplane: Mar 1942 to Aug 1945..	286
191 - Gasoline Consumption of Airplanes with Units in Alaska, By Type of Airplane: Jan 1942 to Aug 1945..	286
183 - Gasoline Consumption of Airplanes with Units of Twentieth Air Force, By Type of Airplane: Jun 1944 to Aug 1945..	281
192 - Twentieth Air Force - Number of B-29s Bombing and Number of Missions Against Primary Targets, By Altitude of Attack: Jun 1944 to Aug 1945..	287
193 - Twentieth Air Force - B-29 Mining Operations: Aug 1944 to Aug 1945..........................	287
194 - Twentieth Air Force - B-29 Effectiveness in Bombing Primary Targets by Day and Night: Jun 1944 to Aug 1945..	288
195 - Twentieth Air Force - B-29s Damaged on Bombing and Mining Missions: Jun 1944 to Aug 1945....	289
196 - Twentieth Air Force - B-29 Utilization and Maintenance: Jun 1944 to Aug 1945................	289
197 - Destruction of Selected Ground Targets by Ninth Air Force in European Theater of Operations, By Type of Target and By Campaign: Jun 1944 to May 1945..	290
198 - Destruction of Selected Ground Targets by First Tactical Air Force in European Theater of Operations, By Type of Target: Nov 1944 to May 1945..	290
199 - Destruction Inflicted on Japanese Urban Areas by XXI Bomber Command: Nov 1944 to Aug 1945...	291
200 - Destruction Inflicted on Japanese Aircraft Plants by XXI Bomber Command: Nov 1944 to Aug 1945..	292
201 - Destruction Inflicted on Japanese Oil and Other Miscellaneous Industrial Plants by XXI Bomber Command: Nov 1944 to Aug 1945..	293

MISCELLANEOUS

Table	Page
202 - Direct Cash Appropriations and Expenditures from Direct Appropriations: Fiscal Years 1899 to 1946..	297
203 - Expenditures from Direct Appropriations, By Major Project: Jul 1942 to Aug 1945.............	298
204 - Airplanes Assigned to Air Transport Command, By Type and Principal Model, and Airplanes Lost: Dec 1942 to Aug 1945..	300
205 - ATC Utilization of Airplanes: Oct 1943 to Aug 1945..	301
206 - ATC Ferrying Operations: Jan 1942 to Aug 1945...	302
207 - ATC Deliveries of Airplanes to Final Foreign Destinations, By Type of Airplane and By Type of Crew Making Delivery: Jan 1942 to Aug 1945..	303
208 - ATC Total Transport Operations: Jul 1942 to Aug 1945......................................	304
209 - ATC Domestic Transport Operations: Jul 1942 to Aug 1945...................................	305
210 - ATC International Transport Operations: Jul 1942 to Aug 1945..............................	306
211 - ATC Operations from Assam, India to China (Over the Hump): Jan 1943 to Aug 1945............	307
212 - Aircraft Accidents - Number and Rate: Fiscal Years 1921 to 1945...........................	308
213 - Aircraft Accidents in Continental US - Number and Rate: Dec 1941 to Aug 1945..............	309
214 - Airplane Accidents in Continental US, By Principal Model of Airplane - Number and Rate: 1942 to 1945..	310

LIST OF TABLES — Continued

Table	Page
215 - Airfields in Continental US, By Air Force or Command and By Type of Airfield: 1941 to 1945...	311
216 - Major Installations in Continental US, By Type of Installation: 1944 and 1945................	312
217 - Airfields Outside Continental US, By Location: 1941 to 1945..................................	312
218 - Housing in Continental US - Existing Capacity and Occupied, By Air Force or Command: Quarterly Dec 1942 to Sep 1945..	313

COMBAT GROUPS

The strength of an air force cannot be measured as well in terms of either personnel or airplanes as in terms of trained fighting units, capable of engaging the enemy. The unit which has been generally used during World War II has been the "combat group". And it was the group which became not only the basic measure of present strength but also the planning unit upon which projected operations were based.

The composition of combat groups varies according to the type airplane used. Even for groups equipped with the same type airplane, the composition differs occasionally because of varying operational requirements. Following is a table showing the most usual make-up--in both planes and personnel--of the principle types of combat units as of 20 February 1945:

COMPOSITION OF COMBAT UNITS

Type of Unit	Major Type of Airplane	Number of Airplanes (Including Reserve)	Number of Crews (Including Reserve)	Men Per Crew	Personnel		
					Total	Officers	Enlisted
Very Heavy Bombardment Group..........	B-29	45	60	11	2,078	462	1,616
Heavy Bombardment Group...............	B-17, B-24	72	96	9-11	2,261	465	1,796
Medium Bombardment Group..............	B-25, B-26	96	96	5-6	1,759	393	1,366
Light Bombardment Group...............	A-20, A-26	96	96	3-4	1,304	211	1,093
Single Engine Fighter Group...........	P-40, P-47, P-51	111-126	108-126	1	994	183	811
Twin Engine Fighter Group.............	P-38	111-126	108-126	1	1,081	183	898
Night Fighter Squadron................	P-61, P-70	18	16	2-3	288	50	238
Troop Carrier Group...................	C-47	80-110	128	4-5	1,837	514	1,323
Combat Cargo Group....................	C-46, C-47	125	150	4	883	350	533
Tactical Reconnaissance Squadron......	F-6 (P-51), P-39, P-40 L-4, L-5	27	23	1	233	39	194
Photographic Reconnaissance Squadron..	F-5 (P-38)	24	21	1	347	50	297
Combat Mapping Squadron...............	F-7 (B-24) F-9 (B-17)	18	16	9	474	77	397

In the above table, the organization of reconnaissance squadrons rather than of reconnaissance groups is shown because the group does not always comprise the same number or type of squadrons. Generally speaking, however, three or four squadrons are assigned to a group headquarters, which itself consists of about 25 officers and 50 enlisted men. Furthermore, the table omits the Air Commando Group, which is a composite organization consisting of two reduced strength fighter squadrons, one troop carrier squadron and three liaison squadrons, a total of 214 officers and 581 enlisted men. At the peak of the program, there were only three Air Commando Groups, two in China and India-Burma and one in the Far East Air Forces. These three groups are combined in the following tables with the Troop Carrier Groups because of the relative similarity of their mission. Four Combat Cargo Groups, similar in composition to Troop Carrier Groups and located in Pacific Theaters, also have been combined with Troop Carriers.

Throughout the war, there were always a few combat squadrons which were not assigned to a group headquarters. These so-called "separate squadrons" have been excluded from the tables that follow. At the peak of the program, in April 1945, there were 65 of these separate squadrons, 25 of which were reconnaissance, and 16 of which were night fighter squadrons. Fractions of groups shown in the tables indicate group headquarters to which fewer than the standard number of squadrons were attached.

Table 1 — COMBAT GROUPS OVERSEAS BY LOCATION AND IN CONTINENTAL US

Location and Type of Group	1942 Aug	1942 Sep	1942 Oct	1942 Nov	1942 Dec	1943 Jan	1943 Feb
Total	137 2/3	143 5/12	155 1/4	164 1/4	167	171	179 1/2
Very Heavy Bomb	-	-	-	-	-	-	-
Heavy Bomb	37 3/4	38 3/4	43 3/4	46	46 1/4	47 1/2	51 1/2
Medium & Light Bomb	25	27 3/4	27 3/4	29 3/4	29	29	29
Fighter	44 2/3	46 2/3	52 3/4	55 3/4	58 3/4	60 3/4	63
Troop Carrier	11 1/2	11 1/2	12 1/2	14 1/2	14 3/4	15 1/2	17 1/2
Reconnaissance	18 3/4	18 3/4	18 1/2	18 1/4	18 1/4	18 1/4	18 1/2
Overseas - Total a/	46 1/6	51 5/12	61 5/12	66 1/6	69 1/4	73 3/4	77 1/4
Heavy Bomb	20 1/4	20 1/4	20 1/4	20 1/4	19 1/2	20 3/4	21 3/4
Medium & Light Bomb	5 1/4	6 1/4	10 1/4	11 1/4	12 3/4	12 3/4	14 3/4
Fighter	17 2/3	19 2/3	25 5/12	25 5/12	27 1/4	29 1/2	30
Troop Carrier	2	3	3	5 1/2	5 1/2	6 1/2	6 1/2
Reconnaissance	1	2 1/4	2 1/2	3 3/4	4 1/4	4 1/4	4 1/4
Versus Germany - Total	18 2/3	21 11/12	31 11/12	36 2/3	38 1/2	42	44 1/4
Heavy Bomb	11	11	11	11	10 3/4	12	12
Medium & Light Bomb	1	1	5	6	7	7	9
Fighter	4 2/3	5 2/3	11 5/12	12 5/12	13 1/2	15 3/4	16
Troop Carrier	2	3	3	4 1/2	4 1/2	4 1/2	4 1/2
Reconnaissance	-	1 1/4	1 1/2	2 3/4	2 3/4	2 3/4	2 3/4
Versus Japan - Total	17 1/4	19 1/4	20 1/4	21 1/4	22 3/4	23 3/4	25
Heavy Bomb	6	6	7	7	6 3/4	6 3/4	7 3/4
Medium & Light Bomb	3 1/4	4 1/4	4 1/4	4 1/4	4 3/4	4 3/4	4 3/4
Fighter	8	9	9	9	9 3/4	9 3/4	10
Troop Carrier	-	-	-	1	1	2	2
Reconnaissance	-	-	-	-	1/2	1/2	1/2
Latin America & Atlantic Bases - Total	10 1/4	10 1/4	9 1/4	8 1/4	8	8	8
Heavy Bomb	3 1/4	3 1/4	2 1/4	2 1/4	2	2	2
Medium & Light Bomb	1	1	1	1	1	1	1
Fighter	5	5	5	4	4	4	4
Reconnaissance	1	1	1	1	1	1	1
Continental US - Total	91 1/2	92	93 5/6	98 1/12	97 3/4	97 1/4	102 1/4
Very Heavy Bomb	-	-	-	-	-	-	-
Heavy Bomb	17 1/2	18 1/2	23 1/2	25 3/4	26 3/4	26 3/4	29 3/4
Medium & Light Bomb	19 3/4	21 1/2	17 1/2	18 1/2	16 1/4	16 1/4	14 1/4
Fighter	27	27	27 1/3	30 1/3	31 1/2	31 1/4	33
Troop Carrier	9 1/2	8 1/2	9 1/2	9	9 1/4	9	11
Reconnaissance	17 3/4	16 1/2	16	14 1/2	14	14	14 1/4
Operational Training - Total b/	42 1/4	46	45 5/6	43 5/6	51 1/2	49 1/4	49 1/4
Very Heavy Bomb	-	-	-	-	-	-	-
Heavy Bomb	4	6	7	9	13	13	12
Medium & Light Bomb	8	9	7	7	7	7	5
Fighter	11	14	13 1/3	12 1/3	13 1/2	12 1/4	13
Troop Carrier	5 1/2	4 1/2	4 1/2	3	6	5	7
Reconnaissance	13 3/4	12 1/2	14	12 1/2	12	12	12 1/4
Manning Phase - Total	22	16	15	16	9	13	18
Very Heavy Bomb	-	-	-	-	-	-	-
Heavy Bomb	7	5	7	4	-	-	4
Medium & Light Bomb	4	3	1	2	2	2	2
Fighter	7	4	5	7	5	8	9
Troop Carrier	2	2	2	3	2	3	3
Reconnaissance	2	2	-	-	-	-	-
Strategic Reserve - Total c/	27 1/4	30	33	38 1/4	37 1/4	35	35
Very Heavy Bomb	-	-	-	-	-	-	-
Heavy Bomb	6 1/2	7 1/2	9 1/2	12 3/4	13 3/4	13 3/4	13 3/4
Medium & Light Bomb	7 3/4	9 1/2	9 1/2	9 1/2	7 1/4	7 1/4	7 1/4
Fighter	9	9	9	11	13	11	11
Troop Carrier	2	2	3	3	1 1/4	1	1
Reconnaissance	2	2	2	2	2	2	2

a/ Includes groups enroute to Continental US.
b/ Includes groups returned to Continental US for redeployment training and those enroute to overseas theaters.
c/ Includes groups in Continental Defense, replacement training units, and parent operational training units.

BY STATE OF TRAINING, BY TYPE OF GROUP: DEC 1941 TO AUG 1945—Continued

1943									
Mar	Apr	May	Jun	Jul	Aug	Sep	Oct	Nov	Dec
194 1/2	204 5/6	216 7/12	234 1/2	238 11/12	247 7/12	255 1/2	262 1/3	265	269 1/4
1	1	1	1	3	5	5	5	5	9
58 1/2	59 1/4	67 1/2	78 1/2	76 1/2	80 1/2	86 1/2	91 7/12	95	95
31	32 1/2	31 3/4	34 1/2	34 1/2	35 1/2	35 1/2	34 1/4	34	35
66 1/4	68 5/6	71 5/6	75	79 1/4	83 1/12	84	88	87 3/4	86 1/4
19 1/2	19 1/2	19 1/2	22 1/2	22 1/2	23 1/2	24 1/2	25 1/2	26 1/2	27
18 1/4	23 3/4	25	23	23 1/6	20	20	18	16 3/4	17
78	86 3/4	93 1/12	103 7/12	109	113 5/12	113 2/3	119	123 1/12	135 2/3
21 3/4	28 1/2	29 3/4	33 3/4	34 3/4	35 3/4	35 1/4	36 7/12	38 1/2	43 1/2
15 1/4	15 1/4	16 3/4	18 3/4	19 3/4	19 3/4	19 1/4	20 1/4	21	21
30 1/4	31 1/4	31 7/12	34 1/4	37 1/2	39 3/4	41	43	43	49
6 1/2	6 1/2	9 1/2	11	11	12 1/2	12 1/2	13 1/2	14 1/2	15 1/4
4 1/4	5 1/4	5 1/2	5 5/6	6	5 2/3	5 2/3	5 2/3	6 1/12	6 11/12
44 1/4	50 1/4	56 5/6	65 1/6	68 1/3	70 1/2	72 1/2	76	79 1/4	89 3/4
12	17 3/4	20	24	25	26	26	26 1/3	28 1/2	33 1/2
9	9	9	11	12	12	12	12	12	12
16	16	17 1/3	19	20	21	23	25	26	31
4 1/2	4 1/2	7 1/2	7 1/2	7 1/2	7 1/2	7 1/2	8 1/2	9	9 1/2
2 3/4	3	3	3 2/3	3 5/6	4	4	4 1/6	3 3/4	3 3/4
25 3/4	27 1/2	28 3/4	31 5/12	33 2/3	35 11/12	34 1/6	37	38 5/6	40 11/12
7 3/4	8 3/4	8 3/4	8 3/4	8 3/4	8 3/4	8 1/4	9 1/4	9	9
5 1/4	5 1/4	6 3/4	6 3/4	6 3/4	6 3/4	6 1/4	7 1/4	8	8
10 1/4	10 1/4	10 1/4	11 1/4	13 1/2	14 3/4	14	14	14	15
2	2	2	3 1/2	3 1/2	5	5	5	5 1/2	5 3/4
1/2	1 1/4	1	1 1/6	1 1/6	2/3	2/3	1 1/2	2 1/3	3 1/6
8	9	7 1/2	7	7	7	7	6	5	5
2	2	1	1	1	1	1	1	1	1
1	1	1	1	1	1	1	1	1	1
4	5	4	4	4	4	4	4	3	3
1	1	1 1/2	1	1	1	1	1	-	-
116 1/2	118 1/12	123 1/2	130 11/12	129 11/12	134 1/6	141 5/6	143 1/3	141 11/12	133 7/12
1	1	1	1	3	5	5	5	5	9
36 3/4	30 3/4	37 3/4	44 3/4	41 3/4	44 3/4	51 1/4	55	56 1/2	51 1/2
15 3/4	17 1/4	15	15	14 3/4	15 3/4	16 1/4	14	13	14
36	37 7/12	40 1/4	40 3/4	41 3/4	43 1/3	43	45	44 3/4	37 1/4
13	13	10	11 1/2	11 1/2	11	12	12	12	11 3/4
14	18 1/2	19 1/2	17 1/6	17 1/6	14 1/3	14 1/3	12 1/3	10 2/3	10 1/12
44	47 1/3	42 3/4	38 2/3	47 2/3	47 1/3	58 1/6	62 5/6	66 3/4	58 5/6
-	-	-	-	1	1	2	3	3	4
13	10	9	9	9	10	12 3/4	17	21 1/2	22 1/2
5	7	6	4	5	6	7 3/4	8	8	8
8	14 1/3	12	10 1/2	17 1/2	16	19	22	22 3/4	14 3/4
6	6	4	5 1/2	5 1/2	4	6	6	7 1/2	7 1/4
12	10	11 3/4	9 2/3	9 2/3	10 1/3	10 2/3	6 5/6	4	2 1/3
28	25 1/2	33	39	27	34 1/3	32	28	20 1/2	18 1/2
1	1	-	-	1	3	2	1	1	4
9	7	15	17	10	13	16	16	12	6
4	3	2	5	3	3	2	1	-	-
10	7	11	13	9	11 1/3	9	7	6	7 1/2
4	4	3	3	3	4	3	3	1 1/2	1 1/2
-	3 1/2	2	1	1	-	-	-	-	-
44 1/2	45 1/4	47 3/4	53 1/4	55 1/4	52 1/2	51 2/3	52 1/2	54 2/3	56 1/4
-	-	1	1	1	1	1	1	1	1
14 3/4	13 3/4	13 3/4	18 3/4	22 3/4	21 3/4	22 1/2	22	23	23
6 3/4	7 1/4	7	6 3/4	6 3/4	6 3/4	6 1/2	5	5	6
18	16 1/4	17 1/4	17 1/4	15 1/4	16	15	16	16	15 1/2
3	3	3	3	3	3	3	3	3	3
2	5	5 3/4	6 1/2	6 1/2	4	3 2/3	5 1/2	6 2/3	7 3/4

Table 1 — COMBAT GROUPS OVERSEAS BY LOCATION AND IN CONTINENTAL US

Location and Type of Group	1944							
	Jan	Feb	Mar	Apr	May	Jun	Jul	Aug
Total	218	218	218	223	229	234	235	238
Very Heavy Bomb	8	8	10	17	17	21	21	24
Heavy Bomb	75 1/2	75 1/2	75 1/2	73 1/2	73 1/2	73 1/2	73 1/2	73 1/2
Medium & Light Bomb	29 1/2	29 1/2	28 1/2	28 1/2	28 1/2	28 1/2	28 1/2	28 1/2
Fighter	66	66	66	67	67	67	67	67
Troop Carrier	24	24	23	24	30	31	31	31
Reconnaissance	15	15	15	13	13	13	14	14
Overseas - Total a/	148	160 1/2	174 1/2	193	201	203	204	205
Very Heavy Bomb	-	-	-	-	4	4	4	4
Heavy Bomb	52 1/2	58 1/2	63 1/2	70 1/2	72 1/2	73 1/2	73 1/2	73 1/2
Medium & Light Bomb	20 1/2	23 1/2	25 1/2	27 1/2	27 1/2	27 1/2	27 1/2	27 1/2
Fighter	49	50	53	63	64	64	64	64
Troop Carrier	17	18 1/2	22 1/2	23	24	25	25	26
Reconnaissance	9	10	10	9	9	9	10	10
Versus Germany - Total	104 1/2	115 1/2	130 1/2	145	148	148	149	149
Heavy Bomb	42	48	53	60	62	62	62	62
Medium & Light Bomb	12	15	17	18	18	18	18	18
Fighter	33 1/2	34	38	45	46	46	46	46
Troop Carrier	11	12 1/2	16 1/2	17	17	17	17	17
Reconnaissance	6	6	6	5	5	5	6	6
Versus Japan - Total	42	44	44	48	53	55	55	56
Very Heavy Bomb	-	-	-	-	4	4	4	4
Heavy Bomb	10 1/2	10 1/2	10 1/2	10 1/2	10 1/2	11 1/2	11 1/2	11 1/2
Medium & Light Bomb	7 1/2	8 1/2	8 1/2	9 1/2	9 1/2	9 1/2	9 1/2	9 1/2
Fighter	15	15	15	18	18	18	18	18
Troop Carrier	6	6	6	6	7	8	8	9
Reconnaissance	3	4	4	4	4	4	4	4
Latin America & Atlantic Bases - Total	1 1/2	1	-	-	-	-	-	-
Medium & Light Bomb	1	-	-	-	-	-	-	-
Fighter	1/2	1	-	-	-	-	-	-
Continental US - Total	70	57 1/2	43 1/2	30	28	31	31	33
Very Heavy Bomb	8	8	10	17	13	17	17	20
Heavy Bomb	23	17	12	3	1	-	-	-
Medium & Light Bomb	9	6	3	1	1	1	1	1
Fighter	17	16	13	4	3	3	3	3
Troop Carrier	7	5 1/2	1/2	1	6	6	6	5
Reconnaissance	6	5	5	4	4	4	4	4
Operational Training - Total b/	48 1/2	39	26 1/2	13	7	7	11	12 3/4
Very Heavy Bomb	4	4	4	8	4	4	6	8
Heavy Bomb	19	13	10	3	1	-	-	-
Medium & Light Bomb	8	4	2	-	-	-	-	3/4
Fighter	11	13 1/2	10	1	-	-	-	-
Troop Carrier	5 1/2	4 1/2	1/2	1	2	3	5	4
Reconnaissance	1	-	-	-	-	-	-	-
Manning Phase - Total	10 3/4	10	7	10	14	17	12	13 1/4
Very Heavy Bomb	4	4	6	9	9	13	11	12
Heavy Bomb	2	2	-	-	-	-	-	-
Medium & Light Bomb	1	1	1	1	1	1	1	1/4
Fighter	2 1/4	2	-	-	-	-	-	1
Troop Carrier	1 1/2	1	-	-	4	3	-	-
Strategic Reserve - Total c/	10 3/4	8 1/2	10	7	7	7	8	7
Heavy Bomb	2	2	2	-	-	-	-	-
Medium & Light Bomb	-	1	-	-	-	-	-	-
Fighter	3 3/4	1/2	3	3	3	3	3	2
Troop Carrier	-	-	-	-	-	-	1	1
Reconnaissance	5	5	5	4	4	4	4	4

a/ Includes groups enroute to Continental US.
b/ Includes groups returned to Continental US for redeployment training and those enroute to overseas theaters.
c/ Includes groups in Continental Defense, replacement training units, and parent operational training units.

BY STATE OF TRAINING, BY TYPE OF GROUP: DEC 1941 TO AUG 1945 — Continued

1944				1945							
Sep	Oct	Nov	Dec	Jan	Feb	Mar	Apr	May	Jun	Jul	Aug
238	241	241	242	242	243	243	243	237	228	228	213
24	24	24	25	25	25	26	26	26	28	37	40
73 1/2	73 1/2	73 1/2	73 1/2	73 1/2	73 1/2	72 1/2	72 1/2	70 1/2	60	51	35
28 1/2	28 1/2	28 1/2	28 1/2	28 1/2	28 1/2	28 1/2	28 1/2	28 1/2	28	28	27
66	71	71	71	71	71	71	71	71	71	71	70
31	31	31	31	31	32	32	32	28	28	28	28
15	13	13	13	13	13	13	13	13	13	13	13
205	210	213	214	216	219	223	224	204	183	165	155
4	8	8	10	12	14	16	16	18	18	21	23
73 1/2	73 1/2	73 1/2	72 1/2	72 1/2	72 1/2	72 1/2	70 1/2	52 1/2	33	24	25
27 1/2	27 1/2	27 1/2	27 1/2	26 1/2	26 1/2	26 1/2	26 1/2	27 1/2	26	19	17
63	63	63	63	64	64	65	67	67	67	68	61
26	27	30	30	30	31	31	32	27	27	21	19
11	11	11	11	11	11	12	12	12	12	12	10
149	149	149	148	147	147	148	147	124	103	81	69
62	62	62	61	61	61	61	59	41	21	12	12
18	18	18	18	17	17	17	17	17	16	9	8
45	45	45	45	45	45	45	45	45	45	45	38
17	17	17	17	17	17	17	18	13	13	7	5
7	7	7	7	7	7	8	8	8	8	8	6
56	61	64	66	69	72	75	77	80	80	84	86
4	8	8	10	12	14	16	16	18	18	21	23
11 1/2	11 1/2	11 1/2	11 1/2	11 1/2	11 1/2	11 1/2	11 1/2	11 1/2	12	12	13
9 1/2	9 1/2	9 1/2	9 1/2	9 1/2	9 1/2	9 1/2	9 1/2	10 1/2	10	10	9
18	18	18	18	19	19	20	22	22	22	23	23
9	10	13	13	13	14	14	14	14	14	14	14
4	4	4	4	4	4	4	4	4	4	4	4
-	-	-	-	-	-	-	-	-	-	-	-
-	-	-	-	-	-	-	-	-	-	-	-
-	-	-	-	-	-	-	-	-	-	-	-
33	31	28	28	26	24	20	19	33	45	63	58
20	16	16	15	13	11	10	10	8	10	16	17
-	-	-	1	1	1	-	2	18	27	27	10
1	1	1	1	2	2	2	2	1	2	9	10
3	8	8	8	7	7	6	4	4	4	3	9
5	4	1	1	1	1	1	-	1	1	7	9
4	2	2	2	2	2	1	1	1	1	1	3
14 3/4	13	14	17	17	17	17	16	30	42	59	54
10	8	8	9	9	9	10	10	8	10	16	17
-	-	-	1	1	1	-	2	18	27	27	10
3/4	1	1	1	2	2	2	2	1	2	9	10
-	1	5	6	5	5	4	2	2	2	1	7
4	3	-	-	-	-	1	-	1	1	6	8
-	-	-	-	-	-	-	-	-	-	-	2
11 1/4	13	9	6	4	2	-	-	-	-	-	-
10	8	8	6	4	2	-	-	-	-	-	-
-	-	-	-	-	-	-	-	-	-	-	-
1/4	-	-	-	-	-	-	-	-	-	-	-
1	5	1	-	-	-	-	-	-	-	-	-
-	-	-	-	-	-	-	-	-	-	-	-
7	5	5	5	5	5	3	3	3	3	4	4
-	-	-	-	-	-	-	-	-	-	-	-
-	-	-	-	-	-	-	-	-	-	-	-
2	2	2	2	2	2	2	2	2	2	2	2
1	1	1	1	1	1	-	-	-	-	1	1
4	2	2	2	2	2	1	1	1	1	1	1

Table 2 — COMBAT GROUPS OVERSEAS, BY THEATER AND BY TYPE OF GROUP: DEC 1941 TO AUG 1945

End of Month	European Theater of Operations						Mediterranean Theater of Operations					
	Total	Heavy Bomb	Medium & Light Bomb	Fighter	Troop Carrier	Reconnaissance	Total	Heavy Bomb	Medium & Light Bomb	Fighter	Troop Carrier	Reconnaissance
1942												
Feb	-	-	-	-	-	-	1	1	-	-	-	-
Mar	-	-	-	-	-	-	2	1	-	1	-	-
Apr	-	-	-	-	-	-	2	1	-	1	-	-
May	-	-	-	-	-	-	1	1	-	-	-	-
Jun	2	1	-	-	1	-	1	1	-	-	-	-
Jul	5	2	-	2	1	-	4	2	1	1	-	-
Aug	14 2/3	9	-	3 2/3	2	-	4	2	1	1	-	-
Sep	17 11/12	9	-	4 2/3	3	1 1/4	4	2	1	1	-	-
Oct	23 1/6	9	4	8 2/3	-	1 1/2	8 3/4	2	1	2 3/4	3	-
Nov	15 1/4	7	1	5	1/2	1 3/4	21 5/12	4	5	7 5/12	4	1
Dec	14	6	1	5	1/2	1 1/2	24 1/2	4 3/4	6	8 1/2	4	1 1/4
1943												
Jan	12 3/4	7	1	3	1/2	1 1/4	29 1/4	5	6	12 3/4	4	1 1/2
Feb	12 3/4	7	1	3	1/2	1 1/4	31 1/2	5	8	13	4	1 1/2
Mar	12 3/4	7	1	3	1/2	1 1/4	31 1/2	5	8	13	4	1 1/2
Apr	17 3/4	12	1	3	1/2	1 1/4	32 1/2	5 3/4	8	13	4	1 3/4
May	20	14	1	3	1/2	1 1/2	36 5/6	6	8	14 1/3	7	1 1/2
Jun	26 1/6	16	3	5	1/2	1 2/3	39	8	8	14	7	2
Jul	28 1/6	16	4	6	1/2	1 2/3	40 1/6	9	8	14	7	2 1/6
Aug	30 1/2	17	4	7	1/2	2	40	9	8	14	7	2
Sep	35 1/2	20	4	9	1/2	2	37	6	8	14	7	2
Oct	38 5/6	20 1/3	4	11	1 1/2	2	37 1/6	6	8	14	7	2 1/6
Nov	41 5/6	22 1/2	4	12	2	1 1/3	37 5/12	6	8	14	7	2 5/12
Dec	51 1/4	26	4	17	2 1/2	1 3/4	38 1/2	7 1/2	8	14	7	2
1944												
Jan	59	28 3/4	4	19 1/4	4	3	45 1/2	13 1/4	8	14 1/4	7	3
Feb	72 1/2	31	8	21	9 1/2	3	43	17	7	13	3	3
Mar	84 1/2	33	10	25	13 1/2	3	46	20	7	13	3	3
Apr	99	39	11	32	14	3	46	21	7	13	3	2
May	102	41	11	33	14	3	46	21	7	13	3	2
Jun	102	41	11	33	14	3	46	21	7	13	3	2
Jul	103	41	11	33	14	4	46	21	7	13	3	2
Aug	103	41	11	33	14	4	46	21	7	13	3	2
Sep	103	41	11	32	14	5	46	21	7	13	3	2
Oct	104	41	11	33	14	5	45	21	7	12	3	2
Nov	106	41	13	33	14	5	43	21	5	12	3	2
Dec	105	40	13	33	14	5	43	21	5	12	3	2
1945												
Jan	105	40	13	33	14	5	42	21	4	12	3	2
Feb	107	40	13	35	14	5	40	21	4	10	3	2
Mar	108	40	13	35	14	6	40	21	4	10	3	2
Apr	109	40	13	35	15	6	38	19	4	10	3	2
May	94	28	13	35	12	6	30	13	4	10	1	2
Jun	81	15	13	35	12	6	22	6	3	10	1	2
Jul	63	7	9	35	6	6	18	5	-	10	1	2
Aug	56	7	8	33	4	4	13	5	-	5	1	2

Table 2 — COMBAT GROUPS OVERSEAS, BY THEATER AND BY TYPE OF GROUP: DEC 1941 TO AUG 1945 — Continued

End of Month	Pacific Ocean Areas						Far East Air Forces					
	Total	Heavy Bomb	Medium & Light Bomb	Fighter	Troop Carrier	Reconnaissance	Total	Heavy Bomb	Medium & Light Bomb	Fighter	Troop Carrier	Reconnaissance
1941												
Dec.	5	2	-	3	-	-	2	1	-	1	-	-
1942												
Jan.	5	2	-	3	-	-	2	1	-	1	-	-
Feb.	5	2	-	3	-	-	3	1	-	2	-	-
Mar.	5	2	-	3	-	-	8	2	3	3	-	-
Apr.	5	2	-	3	-	-	8	2	3	3	-	-
May.	5	2	-	3	-	-	8	2	3	3	-	-
Jun.	5	2	-	3	-	-	8	2	3	3	-	-
Jul.	4	1	-	3	-	-	9	3	3	3	-	-
Aug.	5	2	-	3	-	-	9	3	3	3	-	-
Sep.	5	2	-	3	-	-	9	3	3	3	-	-
Oct.	4 1/2	1 1/2	-	3	-	-	10 1/2	4 1/2	3	3	-	-
Nov.	4 1/2	1 1/2	-	3	-	-	11 1/2	4 1/2	3	3	1	-
Dec.	3 5/8	1	-	2 5/8	-	-	12 5/8	4	3	4 1/8	1	1/2
1943												
Jan.	3 3/4	1	-	2 3/4	-	-	13 1/2	4	3	4	2	1/2
Feb.	3 1/4	1	-	2 1/4	-	-	14 1/4	4	3	4 3/4	2	1/2
Mar.	4 1/4	2	-	2 1/4	-	-	14	3	3 1/2	5	2	1/2
Apr.	3 3/4	1 1/2	-	2 1/4	-	-	15 3/4	4 1/2	3 1/2	5	2	3/4
May.	3 1/4	1	-	2 1/4	-	-	17 1/2	5	5	5	2	1/2
Jun.	3 1/4	1	-	2 1/4	-	-	19	5	5	5	3 1/2	1/2
Jul.	3	1	-	2	-	-	21	5	5	7	3 1/2	1/2
Aug.	3	1	-	2	-	-	22 5/12	5	5	7 1/12	5	1/3
Sep.	3	1	-	2	-	-	22 1/3	5	5	7	5	1/3
Oct.	5	2	1	2	-	-	23	5	5	7	5	1
Nov.	5	2	1	2	-	-	24 1/3	5	6	7	5	1 1/3
Dec.	5	2	1	2	-	-	26 2/3	5	6	8	5	2 2/3
1944												
Jan.	5	2	1	2	-	-	27	6	5	8	5	3
Feb.	5	2	1	2	-	-	28	6	6	8	5	3
Mar.	5	2	1	2	-	-	28	6	6	8	5	3
Apr.	6	2	1	3	-	-	28	6	6	8	5	3
May.	6	2	1	3	-	-	28	6	6	8	5	3
Jun.	7	3	1	3	-	-	28	6	6	8	5	3
Jul.	7	3	1	3	-	-	28	6	6	8	5	3
Aug.	7	3	1	3	-	-	28	6	6	8	5	3
Sep.	7	3	1	3	-	-	28	6	6	8	5	3
Oct.	7	3	1	3	-	-	29	6	6	8	6	3
Nov.	7	3	1	3	-	-	30	6	6	8	7	3
Dec.	7	3	1	3	-	-	30	6	6	8	7	3
1945												
Jan.	7	3	1	3	-	-	30	6	6	8	7	3
Feb.	8	3	1	3	1	-	30	6	6	8	7	3
Mar.	8	3	1	3	1	-	30	6	6	8	7	3
Apr.	8	3	1	3	1	-	30	6	6	8	7	3
May.	9	3	2	3	1	-	30	6	6	8	7	3
Jun.	9	3	2	3	1	-	30	6	6	8	7	3
Jul.	6	3	2	-	1	-	30	6	6	8	7	3
Aug.	5	3	2	-	-	-	30	6	6	8	7	3

Table 2 — COMBAT GROUPS OVERSEAS, BY THEATER AND BY TYPE OF GROUP: DEC 1941 TO AUG 1945
— Continued

End of Month	China & India-Burma						Alaska					
	Total	Heavy Bomb	Medium & Light Bomb	Fighter	Troop Carrier	Reconnaissance	Total	Heavy Bomb	Medium & Light Bomb	Fighter	Troop Carrier	Reconnaissance
1941												
Dec.......	1	-	-	1	-	-	-	-	-	-	-	-
1942												
Jan.......	1	-	-	1	-	-	-	-	-	-	-	-
Feb.......	1	-	-	1	-	-	-	-	-	-	-	-
Mar.......	1	-	-	1	-	-	-	-	-	-	-	-
Apr.......	1	-	-	1	-	-	-	-	-	-	-	-
May.......	2	-	-	2	-	-	-	-	-	-	-	-
Jun.......	3	1	-	2	-	-	-	-	-	-	-	-
Jul.......	3	1	-	2	-	-	-	-	-	-	-	-
Aug.......	3	1	-	2	-	-	1/4	-	1/4	-	-	-
Sep.......	4	1	1	2	-	-	1 1/4	-	1/4	1	-	-
Oct.......	4	1	1	2	-	-	1 1/4	-	1/4	1	-	-
Nov.......	4	1	1	2	-	-	1 1/4	-	1/4	1	-	-
Dec.......	4	1	1	2	-	-	2 1/2	3/4	3/4	1	-	-
1943												
Jan.......	4	1	1	2	-	-	2 1/2	3/4	3/4	1	-	-
Feb.......	5	2	1	2	-	-	2 1/2	3/4	3/4	1	-	-
Mar.......	5	2	1	2	-	-	2 1/2	3/4	3/4	1	-	-
Apr.......	5 1/4	2	1	2	-	1/4	2 3/4	3/4	3/4	1	-	1/4
May.......	5 1/4	2	1	2	-	1/4	2 3/4	3/4	3/4	1	-	1/4
Jun.......	6 2/3	2	1	3	-	2/3	2 1/2	3/4	3/4	1	-	-
Jul.......	6 2/3	2	1	3	-	2/3	3	3/4	3/4	1 1/2	-	-
Aug.......	7 1/3	2	1	4	-	1/3	3 1/6	3/4	3/4	1 2/3	-	-
Sep.......	7 1/3	2	1	4	-	1/3	1 1/2	1/4	1/4	1	-	-
Oct.......	7 1/2	2	1	4	-	1/2	1 1/2	1/4	1/4	1	-	-
Nov.......	8 1/2	2	1	4	1/2	1	1	-	-	1	-	-
Dec.......	8 1/4	2	1	4	3/4	1/2	1	-	-	1	-	-
1944												
Jan.......	8	2	1	4	1	-	2	1/2	1/2	1	-	-
Feb.......	9	2	1	4	1	1	2	1/2	1/2	1	-	-
Mar.......	9	2	1	4	1	1	2	1/2	1/2	1	-	-
Apr.......	12	2	2	6	1	1	2	1/2	1/2	1	-	-
May.......	13	2	2	6	2	1	2	1/2	1/2	1	-	-
Jun.......	14	2	2	6	3	1	2	1/2	1/2	1	-	-
Jul.......	14	2	2	6	3	1	2	1/2	1/2	1	-	-
Aug.......	15	2	2	6	4	1	2	1/2	1/2	1	-	-
Sep.......	15	2	2	6	4	1	2	1/2	1/2	1	-	-
Oct.......	15	2	2	6	4	1	2	1/2	1/2	1	-	-
Nov.......	17	2	2	6	6	1	2	1/2	1/2	1	-	-
Dec.......	17	2	2	6	6	1	2	1/2	1/2	1	-	-
1945												
Jan.......	17	2	2	6	6	1	2	1/2	1/2	1	-	-
Feb.......	17	2	2	6	6	1	2	1/2	1/2	1	-	-
Mar.......	17	2	2	6	6	1	2	1/2	1/2	1	-	-
Apr.......	17	2	2	6	6	1	2	1/2	1/2	1	-	-
May.......	17	2	2	6	6	1	2	1/2	1/2	1	-	-
Jun.......	17	2	2	6	6	1	2	1	-	1	-	-
Jul.......	17	2	2	6	6	1	2	1	-	1	-	-
Aug.......	17	2	2	6	6	1	2	1	-	1	-	-

Table 2 — COMBAT GROUPS OVERSEAS, BY THEATER AND BY TYPE OF GROUP: DEC 1941 TO AUG 1945 — Continued

End of Month	Twentieth Air Force				Latin America & Atlantic Bases					
	Total	Very Heavy Bomb	Fighter	Troop Carrier	Total	Heavy Bomb	Medium & Light Bomb	Fighter	Troop Carrier	Reconnaissance
1941										
Dec............	-	-	-	-	10	3	1	5	-	1
1942										
Jan............	-	-	-	-	10	3	1	5	-	1
Feb............	-	-	-	-	10	3	1	5	-	1
Mar............	-	-	-	-	10	3	1	5	-	1
Apr............	-	-	-	-	10	3	1	5	-	1
May............	-	-	-	-	10 1/4	3 1/4	1	5	-	1
Jun............	-	-	-	-	10 1/4	3 1/4	1	5	-	1
Jul............	-	-	-	-	10 1/4	3 1/4	1	5	-	1
Aug............	-	-	-	-	10 1/4	3 1/4	1	5	-	1
Sep............	-	-	-	-	10 1/4	3 1/4	1	5	-	1
Oct............	-	-	-	-	9 1/4	2 1/4	1	5	-	1
Nov............	-	-	-	-	8 1/4	2 1/4	1	4	-	1
Dec............	-	-	-	-	8	2	1	4	-	1
1943										
Jan............	-	-	-	-	8	2	1	4	-	1
Feb............	-	-	-	-	8	2	1	4	-	1
Mar............	-	-	-	-	8	2	1	4	-	1
Apr............	-	-	-	-	9	2	1	5	-	1
May............	-	-	-	-	7 1/2	1	1	4	-	1 1/2
Jun............	-	-	-	-	7	1	1	4	-	1
Jul............	-	-	-	-	7	1	1	4	-	1
Aug............	-	-	-	-	7	1	1	4	-	1
Sep............	-	-	-	-	7	1	1	4	-	1
Oct............	-	-	-	-	6	1	1	4	-	-
Nov............	-	-	-	-	5	1	1	3	-	-
Dec............	-	-	-	-	5	1	1	3	-	-
1944										
Jan............	-	-	-	-	1 1/2	-	1	1/2	-	-
Feb............	-	-	-	-	1	-	-	1	-	-
Mar............	-	-	-	-	-	-	-	-	-	-
Apr............	-	-	-	-	-	-	-	-	-	-
May............	4	4	-	-	-	-	-	-	-	-
Jun............	4	4	-	-	-	-	-	-	-	-
Jul............	4	4	-	-	-	-	-	-	-	-
Aug............	4	4	-	-	-	-	-	-	-	-
Sep............	4	4	-	-	-	-	-	-	-	-
Oct............	8	8	-	-	-	-	-	-	-	-
Nov............	8	8	-	-	-	-	-	-	-	-
Dec............	10	10	-	-	-	-	-	-	-	-
1945										
Jan............	13	12	1	-	-	-	-	-	-	-
Feb............	15	14	1	-	-	-	-	-	-	-
Mar............	18	16	2	-	-	-	-	-	-	-
Apr............	20	16	4	-	-	-	-	-	-	-
May............	22	18	4	-	-	-	-	-	-	-
Jun............	22	18	4	-	-	-	-	-	-	-
Jul............	29	21	8	-	-	-	-	-	-	-
Aug............	32	23	8	1	-	-	-	-	-	-

PERSONNEL, TRAINING AND CREWS

Because the waging of air warfare requires a complex combination of men and machines, it was apparent early in World War II that existing Army personnel reports were entirely inadequate for intelligent training, placement and control of Army Air Forces personnel. Reports were found to be necessary which contained vastly more detailed information, both qualitative and quantitative.

This requirement resulted in the institution of two entirely new concepts in personnel reporting; first, the reporting of all personnel by military specialty (that is, by the job held and by qualification to hold a particular job), and second, the skeletal reporting of trained combat personnel as the unit in which they fight (that is, crew reporting). Both of these new concepts were inaugurated in a new type of personnel report, known throughout the Air Forces as the AAF Form 127 report.

Despite the complexity of this report, its comprehensive coverage of all pertinent personnel information immediately simplified the entire field of personnel management within the AAF. For, by preparing sufficient copies of the 127 report at each base or administrative unit, the Air Forces permitted each echelon of command, up to and including Headquarters, Army Air Forces, simultaneously to have available identical personnel information for each AAF base and unit.

Furthermore, this report was specifically designed so that it might be used at the lower operating echelons for the transfer, placement and reassignment of specific personnel while at the same time it could be used at the higher planning echelons in the formulation of policy decisions controlling the overall flow and training of AAF personnel.

So successful was the initial concept of this report, that, despite frequent changes in types of detailed personnel information required during the progress of the war, the basic framework of the 127 report was never altered. Early in 1943 the combat crew section was required at a greater frequency than the balance of the personnel information of the 127, and accordingly it was set up as a separate report.

The largest and most valuable section of the 127 report was that devoted to the reporting of AAF personnel by military occupational specialty, and thus, several pages of the personnel section of this book are devoted to summary information on specialty data. The 127 report has also served as the source of the basic data from which the summaries have been prepared on strength data by location, grade, arm and service, sex, race and function (Continental US only). Furthermore, the data on shipments of AAF personnel to and from overseas theaters have been compiled from individual 127 reports. All casualty data have been obtained through The Adjutant General's Office. Civilian personnel data have been derived from a companion report to the 127, known as the AAF Form 134 report.

Because the 127 report is an inventory report showing status as of a particular date, it was never possible to incorporate so-called flow and progress information of the type required for complicated training scheduling. Thus, within the general framework of the 127 report, several detailed training reports were instituted for the Training Command. The training statistics included in the following pages are generally derived from these special reports.

AAF personnel statistics have--as a result of the world-wide 127 report--provided a unique opportunity to all higher headquarters throughout the Air Forces for the preparation of meaningful studies and analyses which in turn have provided a constant stimulus to action on the part of staff officers. Chief virtue of the 127 report for this purpose has been that it always provided exactly comparable data for every single unit and person in the entire Army Air Forces--and this data have been collected on a comparable basis from the inception of the report until the end of the war. For example, considerable time has been spent in studying the utilization of so-called maintenance personnel in relation to the workload imposed; the results of these studies have been apparent in the "improved maintenance" in various units or commands which were found to be lagging. Another profitable type of personnel study has been the projection of personnel requirements by specialty against the projected availability. By anticipating casualties and other attrition, by calculating future increases or decreases in requirements and by taking into account the length of the training pipeline, it has been possible throughout the war to control the input of personnel into the various courses of instruction so that the AAF did not suffer any severe shortages of critically needed specialists.

Because space has prevented the inclusion in this book of all detail contained in the personnel reports received, it has been necessary to use the designation "Other" in many of the following tables. Where used, this term embraces the following:

1. Other Continental US - AAF Center, Commanding General AAF, enroute to or at departure points and, beginning June 1945, enroute to or from overseas (previous to June 1945, in the overseas theater to or from which the personnel were enroute).

2. Other Arms and Services - Armored Force, Adjutant General, Coast Artillery, Cavalry, Field Artillery, General Staff, Inspector General, Infantry, Judge Advocate General, Military Intelligence, Transportation and in the case of enlisted personnel, students in Army Service Forces schools.

3. Other Specialists - primarily photographic, weather and mess personnel.

4. Non-specialists - basic soldiers, laborers, duty soldiers and unclassified personnel.

5. **Other Flying Training Courses** - Emergency Air Rescue Crew, Classification, Orientation and Processing courses and courses in War Training Service Schools and in pools.

6. **Other Technical Training Courses** - primarily Auto Mechanic, Clerk-Typist, Cook and Baker, Counter Intelligence, Link Trainer Mechanic, Mess Sergeant, Military Police (Aviation), Parachute Rigger and Repairman, Supply Clerk and Teletype Operator and Mechanic.

Finally, it should be noted that the tables on flying and technical training graduates reflect the number of courses completed by students and not the number of different individuals graduated from AAF schools. Since the same individual may have been enrolled in and completed more than one course, he would have been, in such circumstances, counted as a graduate in each separate instance.

Table 3 — AAF MILITARY PERSONNEL — NUMBER AND PERCENT OF U S ARMY STRENGTH: 1912 TO 1945

(Annual strength figures are as of 30 June unless otherwise indicated.)

Year	Number	Percent of US Army Strength	Year	Number	Percent of US Army Strength
1912 (1 Nov)	51	0.1	1929	12,131	7.8
1913 (30 Sep)	114	0.1	1930	13,531	9.8
1914	122	0.1	1931	14,780	10.6
1915	208	0.2	1932	15,028	11.2
1916	311	0.3	1933	15,099	11.1
1917 (6 Apr)	1,218	0.6	1934	15,861	11.5
1918 (11 Nov)	195,023	5.3	1935	16,427	11.7
1919	25,603	2.7	1936	17,233	10.3
1920	9,050	4.5	1937	19,147	10.7
1921	11,649	5.1	1938	21,089	11.5
1922	9,642	6.5	1939	23,455	12.4
1923	9,441	7.2	1940	51,165	19.1
1924	10,547	7.4	1941	152,125	10.4
1925	9,670	7.1	1942	764,415	24.9
1926	9,674	7.2	1943	2,197,114	31.4
1927	10,008	7.5	1944	2,372,292	29.7
1928	10,549	7.8	1945	2,282,259	24.1

Source: Annual Reports of The Secretary of War, miscellaneous War Department records and Office of Statistical Control reports.

Table 4 — MILITARY PERSONNEL IN CONTINENTAL US AND OVERSEAS, BY TYPE OF PERSONNEL: JUL 1939 TO AUG 1945

End of Month	Total Army Air Forces			Continental US			Overseas		
	Total	Officers	Enlisted Personnel	Total	Officers	Enlisted Personnel	Total	Officers	Enlisted Personnel
1939 Jul	24,721	2,633	22,088	20,269	2,356	17,913	4,452	277	4,175
Aug	26,526	2,747	23,779	21,932	2,488	19,444	4,594	259	4,335
Sep	30,917	2,886	28,031	25,560	2,581	22,979	5,357	305	5,052
Oct	34,690	2,872	31,818	28,982	2,561	26,421	5,708	311	5,397
Nov	39,058	3,030	36,028	32,259	2,691	29,568	6,799	339	6,460
Dec	43,118	3,006	40,112	35,566	2,650	32,916	7,552	356	7,196
1940 Jan	45,948	3,003	42,945	37,989	2,642	35,347	7,959	361	7,598
Feb	47,851	2,991	44,860	38,728	2,637	36,091	9,123	354	8,769
Mar	47,936	3,174	44,762	38,643	2,826	35,817	9,293	348	8,945
Apr	47,812	3,159	44,653	37,774	2,816	34,958	10,038	343	9,695
May	48,566	3,339	45,227	38,009	2,983	35,026	10,557	356	10,201
Jun	51,165	3,361	47,804	40,229	2,999	37,230	10,936	362	10,574
Jul	57,150	3,650	53,500	46,071	3,264	42,807	11,079	386	10,693
Aug	63,516	4,035	59,481	52,299	3,649	48,650	11,217	386	10,831
Sep	73,662	4,112	69,550	62,276	3,698	58,578	11,386	414	10,972
Oct	85,292	4,483	80,809	72,018	3,994	68,024	13,274	489	12,785
Nov	94,980	4,889	90,091	80,017	4,281	75,736	14,963	608	14,355
Dec	99,993	5,203	94,790	83,910	4,586	79,324	16,083	617	15,466
1941 Jan	100,513	6,546	93,967	81,473	6,230	75,243	19,040	316	18,724
Feb	135,738	6,951	128,787	115,712	6,645	109,067	20,026	306	19,720
Mar	144,774	7,793	136,981	123,025	7,469	115,556	21,749	324	21,425
Apr	147,431	8,625	138,806	125,518	8,137	117,381	21,913	488	21,425
May	152,641	9,078	143,563	130,422	8,284	122,138	22,219	794	21,425
Jun	152,125	10,611	141,514	129,767	9,463	120,304	22,358	1,148	21,210
Jul	194,626	13,175	181,451	171,679	11,947	159,732	22,947	1,228	21,719
Aug	219,263	15,246	204,017	195,413	13,928	181,485	23,850	1,318	22,532
Sep	246,319	20,376	225,943	222,034	18,961	203,073	24,285	1,415	22,870
Oct	270,326	22,101	248,225	242,121	20,512	221,609	28,205	1,589	26,616
Nov	297,103	22,524	274,579	268,176	20,859	247,317	28,927	1,665	27,262
Dec	354,161	24,521	329,640	328,277	22,042	306,235	25,884	2,479	23,405
1942 Jan	417,526	30,040	387,486	366,582	27,211	339,371	50,944	2,829	48,115
Feb	482,733	32,917	449,816	419,761	29,486	390,275	62,972	3,431	59,541
Mar	547,753	35,987	511,766	485,768	32,584	453,184	61,985	3,403	58,582
Apr	599,961	41,207	558,754	523,835	37,281	486,554	76,126	3,926	72,200
May	659,746	47,352	612,394	569,204	43,310	525,894	90,542	4,042	86,500
Jun	764,415	55,956	708,459	649,091	45,449	603,642	115,324	10,507	104,817
Jul	840,637	68,894	771,743	708,191	56,454	651,737	132,446	12,440	120,006
Aug	986,338	82,130	904,208	826,967	67,207	759,760	159,371	14,923	144,448
Sep	1,089,930	88,918	1,001,012	920,810	73,095	847,715	169,120	15,823	153,297
Oct	1,261,172	105,089	1,156,083	1,076,861	85,492	991,369	184,311	19,597	164,714
Nov	1,511,323	111,727	1,399,596	1,301,704	88,862	1,212,842	209,619	22,865	186,754
Dec	1,597,049	127,267	1,469,782	1,355,028	100,475	1,254,553	242,021	26,792	215,229
1943 Jan	1,696,866	139,976	1,556,890	1,436,236	111,944	1,324,292	260,630	28,032	232,598
Feb	1,859,569	153,077	1,706,492	1,573,089	121,373	1,451,716	286,480	31,704	254,776
Mar	2,045,649	173,213	1,872,436	1,721,211	136,004	1,585,207	324,438	37,209	287,229
Apr	2,133,925	181,757	1,952,168	1,802,824	143,280	1,659,544	331,101	38,477	292,624
May	2,184,041	197,519	1,986,522	1,780,635	150,978	1,629,657	403,406	46,541	356,865
Jun	2,197,114	205,874	1,991,240	1,764,969	156,417	1,608,552	432,145	49,457	382,688
Jul	2,238,802	217,161	2,021,641	1,768,402	164,346	1,604,056	470,400	52,815	417,585
Aug	2,305,320	232,922	2,072,398	1,778,873	174,628	1,604,245	526,447	58,294	468,153
Sep	2,321,858	246,329	2,075,529	1,766,464	184,075	1,582,389	555,394	62,254	493,140
Oct	2,356,167	253,796	2,102,371	1,728,019	183,653	1,544,366	628,148	70,143	558,005
Nov	2,383,370	265,630	2,117,740	1,711,492	187,980	1,523,512	671,878	77,650	594,228
Dec	2,373,882	274,347	2,099,535	1,638,216	193,275	1,444,941	735,666	81,072	654,594
1944 Jan	2,400,151	287,294	2,112,857	1,606,394	198,510	1,407,884	793,757	88,784	704,973
Feb	2,403,499	296,561	2,106,938	1,555,969	202,842	1,353,127	847,530	93,719	753,811
Mar	2,411,294	306,889	2,104,405	1,504,959	202,025	1,302,934	906,335	104,864	801,471
Apr	2,356,504	313,874	2,042,630	1,410,704	201,981	1,208,723	945,800	111,893	833,907
May	2,372,447	322,350	2,050,097	1,372,933	200,386	1,172,547	999,514	121,964	877,550
Jun	2,372,292	333,401	2,038,891	1,334,958	205,156	1,129,802	1,037,334	128,245	909,089
Jul	2,403,806	342,914	2,060,892	1,342,025	207,447	1,134,578	1,061,781	135,467	926,314
Aug	2,403,056	350,060	2,052,996	1,320,980	212,650	1,108,330	1,082,076	137,410	944,666
Sep	2,391,281	357,924	2,033,357	1,313,143	220,526	1,092,617	1,078,138	137,398	940,740
Oct	2,382,410	360,843	2,021,567	1,261,050	214,948	1,046,102	1,121,360	145,895	975,465
Nov	2,383,453	368,804	2,014,649	1,231,978	217,471	1,014,507	1,151,475	151,333	1,000,142
Dec	2,359,456	375,973	1,983,483	1,195,320	222,428	972,892	1,164,136	153,545	1,010,591
1945 Jan	2,345,068	377,426	1,967,642	1,165,349	221,180	944,169	1,179,719	156,246	1,023,473
Feb	2,324,377	385,111	1,939,266	1,138,146	223,985	914,161	1,186,231	161,126	1,025,105
Mar	2,325,842	385,916	1,939,926	1,108,705	220,424	888,281	1,217,137	165,492	1,051,645
Apr	2,329,534	388,278	1,941,256	1,105,528	224,392	881,136	1,224,006	163,886	1,060,120
May	2,310,436	388,295	1,922,141	1,101,932	225,537	876,395	1,208,504	162,758	1,045,746
Jun	2,282,259	381,454	1,900,805	1,153,373	239,561	913,812	1,128,886	141,893	986,993
Jul	2,262,092	371,269	1,890,823	1,185,712	238,771	946,941	1,076,380	132,498	943,882
Aug	2,253,182	368,344	1,884,838	1,253,573	245,511	1,008,062	999,609	122,833	876,776

Table 5 — MILITARY PERSONNEL IN CONTINENTAL US AND OVERSEAS, BY GRADE: SEMI-ANNUALLY, DEC 1944 TO AUG 1945

(Figures are as of end of month.)

Grade	1944 Dec Number	1944 Dec Percent of Total	1945 Jun Number	1945 Jun Percent of Total	1945 Aug Number	1945 Aug Percent of Total
TOTAL ARMY AIR FORCES						
Total...	2,359,456	100.0	2,282,259	100.0	2,253,182	100.0
Officers, Flight and Warrant Officers - Total...	375,973	15.9	381,454	16.7	368,344	16.3
General...	268	a/	298	a/	278	a/
Colonel...	2,320	0.1	2,576	0.1	2,550	0.1
Lieutenant Colonel..............................	6,377	0.3	7,225	0.3	7,055	0.3
Major...	21,991	0.9	23,400	1.0	22,897	1.0
Captain...	62,863	2.7	71,706	3.1	69,846	3.1
1st Lieutenant..................................	110,294	4.7	134,917	6.0	137,372	6.1
2nd Lieutenant..................................	135,175	5.7	101,935	4.5	89,028	4.0
Flight Officers.................................	29,692	1.2	32,413	1.4	32,577	1.4
Warrant Officers................................	6,993	0.3	6,984	0.3	6,741	0.3
Enlisted Personnel - Total......................	1,983,483	84.1	1,900,805	83.3	1,884,838	83.7
Aviation Cadets.................................	38,929	1.7	16,764	0.7	14,783	0.7
Master Sergeant.................................	40,949	1.7	41,462	1.8	41,927	1.9
Technical Sergeant..............................	99,004	4.2	105,323	4.6	107,434	4.7
Staff Sergeant..................................	233,182	9.9	248,391	10.9	253,967	11.3
Sergeant..	337,138	14.3	357,865	15.7	379,569	16.8
Corporal..	465,250	19.7	451,682	19.9	463,817	20.6
Private First Class.............................	317,579	13.5	423,034	18.5	393,699	17.5
Private...	451,452	19.1	256,284	11.2	229,642	10.2
CONTINENTAL US						
Total...	1,195,320	100.0	1,153,373	100.0	1,253,573	100.0
Officers, Flight and Warrant Officers - Total...	222,428	18.6	239,561	20.7	245,511	19.6
General...	119	a/	152	a/	161	a/
Colonel...	1,295	0.1	1,540	0.1	1,633	0.1
Lieutenant Colonel..............................	3,735	0.3	4,253	0.4	4,659	0.4
Major...	13,798	1.2	14,230	1.2	14,997	1.2
Captain...	36,155	3.0	41,754	3.6	43,416	3.5
1st Lieutenant..................................	59,519	5.0	81,666	7.1	87,642	7.0
2nd Lieutenant..................................	82,133	6.9	69,192	6.0	63,800	5.1
Flight Officers.................................	21,667	1.8	22,769	2.0	25,056	2.0
Warrant Officers................................	4,007	0.3	4,005	0.3	4,147	0.3
Enlisted Personnel - Total......................	972,892	81.4	913,812	79.3	1,008,062	80.4
Aviation Cadets.................................	38,929	3.3	16,764	1.5	14,783	1.2
Master Sergeant.................................	17,156	1.4	18,732	1.6	22,605	1.8
Technical Sergeant..............................	48,364	4.0	59,470	5.2	65,768	5.2
Staff Sergeant..................................	105,895	8.9	127,270	11.0	142,680	11.4
Sergeant..	135,885	11.4	149,554	13.0	191,260	15.3
Corporal..	198,429	16.6	181,665	15.8	219,404	17.5
Private First Class.............................	150,835	12.6	188,531	16.3	179,357	14.3
Private...	277,399	23.2	171,826	14.9	172,205	13.7
OVERSEAS						
Total...	1,164,136	100.0	1,128,886	100.0	999,609	100.0
Officers, Flight and Warrant Officers - Total...	153,545	13.2	141,893	12.6	122,833	12.3
General...	149	a/	146	a/	117	a/
Colonel...	1,025	0.1	1,036	0.1	917	0.1
Lieutenant Colonel..............................	2,642	0.2	2,972	0.3	2,396	0.2
Major...	8,193	0.7	9,170	0.8	7,900	0.8
Captain...	26,708	2.3	29,952	2.7	26,430	2.7
1st Lieutenant..................................	50,775	4.4	53,251	4.7	49,730	5.0
2nd Lieutenant..................................	53,042	4.5	32,743	2.9	25,228	2.5
Flight Officers.................................	8,025	0.7	9,644	0.8	7,521	0.8
Warrant Officers................................	2,986	0.3	2,979	0.3	2,594	0.2
Enlisted Personnel - Total......................	1,010,591	86.8	986,993	87.4	876,776	87.7
Aviation Cadets.................................	-	-	-	-	-	-
Master Sergeant.................................	23,793	2.0	22,730	2.0	19,322	1.9
Technical Sergeant..............................	50,640	4.4	45,853	4.1	41,666	4.2
Staff Sergeant..................................	127,287	10.9	121,121	10.7	111,287	11.1
Sergeant..	201,253	17.3	208,311	18.4	188,309	18.8
Corporal..	266,821	22.9	270,017	23.9	244,413	24.5
Private First Class.............................	166,744	14.3	234,503	20.8	214,342	21.4
Private...	174,053	15.0	84,458	7.5	57,437	5.8

a/ Less than 0.05 percent.

Table 6 — MILITARY PERSONNEL IN THE AAF, BY SPECIALTY: JUN 1944 TO AUG 1945

End of Month	OFFICERS												
	Total	Pilot	Bombardier	Navigator	Other Aircrew a/	Administrative	Armament and Ordnance	Communications	Engineering	Medical	Operations	Supply	Other
1944 Jun	333,401	130,907	18,478	23,964	193	24,892	6,522	13,325	16,759	19,940	11,031	13,987	53,403
Jul	342,914	132,477	18,812	24,991	201	29,534	7,546	14,570	17,821	19,560	11,026	16,496	49,880
Aug	350,060	138,621	19,662	26,395	201	29,092	7,614	14,871	18,079	19,021	10,968	16,461	49,075
Sep	357,924	144,607	22,320	29,088	188	28,877	7,663	14,927	18,558	18,143	11,039	16,444	46,070
Oct	360,843	142,384	24,584	29,922	186	28,863	7,566	15,233	19,114	17,611	11,260	16,435	47,685
Nov	368,804	148,001	26,170	32,303	185	28,744	7,592	15,737	19,388	17,383	11,535	16,294	45,472
Dec	375,973	152,757	26,788	33,871	183	29,151	7,563	16,016	19,461	16,722	11,921	16,839	44,701
1945 Jan	377,426	151,787	27,711	35,417	2,645	28,979	7,534	15,393	18,571	16,727	12,300	16,802	43,560
Feb	385,111	155,866	28,020	37,030	3,077	29,120	7,632	15,466	18,476	16,561	12,728	17,024	44,111
Mar	385,916	157,542	28,455	36,188	4,018	29,220	7,515	15,069	18,603	16,444	13,086	17,094	42,682
Apr	388,278	159,677	28,660	35,558	6,095	29,198	7,439	15,035	18,752	16,430	13,476	17,358	40,600
May	388,295	155,195	28,143	32,111	7,590	28,936	7,311	14,765	18,548	16,444	13,606	17,266	48,380
Jun	381,454	153,716	27,755	32,442	8,816	28,286	7,031	14,551	18,269	16,368	12,927	16,939	44,354
Jul	371,269	140,552	26,059	31,529	9,878	27,857	6,947	14,433	18,093	16,413	12,604	16,882	50,022
Aug	368,344	142,246	26,894	31,972	12,478	26,770	6,777	14,065	17,244	16,547	12,501	15,936	44,914

End of Month	ENLISTED PERSONNEL							
	Total	Airplane Maintenance	Aerial Gunner	Other Aircrew	Armament	Communications	Radar	Medical
1944 Jun	2,038,891	332,978	127,105	19,166	93,775	150,576	30,453	46,800
Jul	2,060,892	351,710	135,098	29,037	101,931	144,532	34,117	49,013
Aug	2,052,996	351,473	140,418	33,816	100,715	143,621	34,701	50,321
Sep	2,033,357	355,719	145,308	35,962	102,375	148,339	34,580	50,993
Oct	2,021,567	355,974	150,681	37,520	100,885	148,709	34,996	50,534
Nov	2,014,649	358,688	156,896	39,086	100,640	150,110	35,966	49,782
Dec	1,983,483	358,478	165,390	40,118	99,637	151,391	36,938	39,288
1945 Jan	1,967,642	358,961	167,809	43,696	97,864	153,643	36,439	37,826
Feb	1,939,266	359,103	168,883	45,167	96,674	153,476	36,854	37,347
Mar	1,939,926	359,865	165,942	46,473	96,464	154,495	39,513	37,526
Apr	1,941,256	360,365	164,187	48,094	95,703	153,740	40,857	37,559
May	1,922,141	325,254	166,107	45,919	96,349	148,254	43,738	45,710
Jun	1,900,805	321,018	159,778	46,696	94,242	148,164	42,636	45,440
Jul	1,890,823	319,231	146,070	45,510	91,788	145,840	43,246	45,834
Aug	1,884,838	317,949	155,134	45,166	89,842	142,844	43,713	44,750

End of Month	ENLISTED PERSONNEL (Contd)					
	Supply	Utility and Construction	Automotive	Administrative	Other Specialists	Non-Specialists
1944 Jun	79,416	52,346	182,360	224,766	429,381	269,769
Jul	81,386	55,480	182,898	245,026	205,119	445,545
Aug	82,339	55,011	181,149	243,604	216,393	419,435
Sep	84,245	58,602	184,946	244,185	193,420	394,683
Oct	85,099	57,983	184,713	244,793	190,732	378,948
Nov	85,737	57,586	186,080	245,549	189,674	358,855
Dec	86,892	57,688	185,964	250,214	178,361	333,124
1945 Jan	87,188	58,285	185,072	247,827	175,755	317,277
Feb	87,221	57,977	183,135	244,972	172,905	295,552
Mar	88,668	60,116	184,693	245,929	169,152	291,090
Apr	90,452	63,105	183,387	246,405	172,633	284,769
May	96,347	71,955	210,490	243,266	176,017	252,735
Jun	95,752	71,789	212,812	238,152	172,279	252,047
Jul	94,910	70,682	211,784	234,670	175,545	265,713
Aug	92,443	68,651	202,331	231,973	192,074	257,968

a/ Flight Engineers included in "Engineering" and Radar Observers in "Communications" prior to Jan 1945.

Table 7 — OFFICERS IN THE AAF, BY ARM OR SERVICE: SEP 1941 TO AUG 1945

End of Month	Grand Total	Air Corps	Arm or Service										
			Total	Chaplain	Chemical Warfare	Engineer	Finance	Medical	Military Police	Ordnance	Quartermaster	Signal	Other
1941													
Sep	20,376	16,836	a/3,540										
Oct	22,101	18,478	a/3,623										
Nov	22,524	18,704	a/3,820										
Dec	24,521	20,293	a/4,228										
1942													
Jan	30,040	25,671	4,369										
Feb	32,917	27,613	5,304										
Mar	35,987	30,138	5,849			Not Available							
Apr	41,207	34,459	6,748										
May	47,352	39,803	7,549										
Jun	55,956	46,528	9,428										
Jul	68,894	57,176	11,718										
Aug	82,130	65,986	16,144										
Sep	88,918	71,382	17,536										
Oct	105,089	83,319	21,770										
Nov	111,727	86,560	25,167										
Dec	127,267	98,835	28,432										
1943													
Jan	139,976	108,415	31,561										
Feb	153,077	116,513	36,564	663	1,169	3,296	676	14,536	264	3,063	3,737	6,005	3,155
Mar	173,213	132,005	41,208	758	1,344	4,032	766	15,282	432	3,434	4,348	7,108	3,704
Apr	181,757	138,131	43,626	866	1,346	4,579	769	15,728	448	3,634	4,559	7,816	3,881
May	197,519	150,074	47,445	930	1,358	4,985	901	16,567	540	3,719	5,002	8,340	5,103
Jun	205,874	156,566	49,308	977	1,309	4,687	897	16,918	507	3,684	5,031	8,410	6,888
Jul	217,161	165,842	51,319	1,030	1,379	5,079	1,023	17,686	628	3,705	5,731	8,897	6,161
Aug	232,922	178,624	54,298	1,112	1,422	5,505	1,009	18,143	672	3,817	6,155	9,257	7,206
Sep	246,329	190,165	56,164	1,121	1,476	5,510	987	18,650	771	3,749	6,150	9,104	8,646
Oct	253,796	197,647	56,149	1,102	1,324	5,448	960	19,151	770	3,441	5,518	9,238	9,197
Nov	265,630	209,442	56,188	1,154	1,247	5,334	914	19,107	684	3,389	5,146	9,356	9,857
Dec	274,347	219,415	54,932	1,636	1,766	5,426	1,222	21,358	766	4,384	5,851	9,998	2,525
1944													
Jan	287,294	231,160	56,134	1,656	1,841	5,372	1,368	21,631	737	4,509	6,230	10,218	2,572
Feb	296,561	240,944	55,617	1,740	1,859	5,335	1,289	21,627	687	4,565	6,099	10,166	2,250
Mar	306,889	252,556	54,333	1,742	1,818	5,147	1,292	21,310	659	4,619	6,018	9,622	2,106
Apr	313,874	260,430	53,444	1,737	1,864	5,028	1,287	21,185	665	4,494	5,915	9,418	1,851
May	322,350	268,685	53,665	1,733	1,866	5,066	1,283	21,270	746	4,475	5,665	9,371	2,190
Jun	333,401	280,586	52,815	1,785	1,696	5,006	1,239	20,977	763	4,491	5,479	9,279	2,100
Jul	342,914	290,474	52,440	1,833	1,696	5,064	1,267	20,889	772	4,553	5,387	8,999	1,980
Aug	350,060	298,495	51,565	1,853	1,694	5,040	1,266	20,196	766	4,672	5,287	8,856	1,935
Sep	357,924	307,682	50,242	1,835	1,629	5,022	1,267	19,371	748	4,617	5,088	8,656	2,009
Oct	360,843	310,393	50,450	1,826	1,628	5,653	1,285	18,787	745	4,675	4,990	8,710	2,151
Nov	368,804	318,379	50,425	1,875	1,625	5,754	1,325	18,639	752	4,750	4,985	8,567	2,153
Dec	375,973	326,890	49,083	1,895	1,596	5,599	1,298	18,478	592	4,475	4,590	8,360	2,200
1945													
Jan	377,426	326,859	50,567	1,865	1,593	5,942	1,340	18,791	738	4,826	4,836	8,567	2,069
Feb	385,111	334,757	50,354	1,841	1,565	6,061	1,336	18,728	730	4,734	4,739	8,433	2,187
Mar	385,916	335,909	50,007	1,861	1,568	6,036	1,335	18,345	753	4,706	4,678	8,379	2,346
Apr	388,278	338,679	49,599	1,861	1,521	6,098	1,271	18,519	665	4,443	4,438	8,391	2,392
May	388,295	339,971	48,324	1,840	1,399	6,153	1,154	18,520	679	4,313	4,027	7,951	2,288
Jun	381,454	336,091	45,363	1,858	1,119	5,973	973	18,776	621	3,806	3,138	6,961	2,138
Jul	371,269	328,693	42,576	1,785	959	5,586	807	18,679	548	3,290	2,544	6,401	1,977
Aug	368,344	327,004	41,340	1,706	908	5,790	719	18,690	510	2,991	2,363	5,818	1,845

a/ Continental US only; overseas not available.

Table 8 — ENLISTED PERSONNEL IN THE AAF, BY ARM OR SERVICE: SEP 1941 TO AUG 1945

End of Month	Grand Total	Air Corps	Arm or Service									
			Total	Chemical Warfare	Engineer	Finance	Medical	Military Police	Ordnance	Quartermaster	Signal	Other
1941												
Sep	225,943	197,079	a/28,864									
Oct	248,225	217,039	a/31,186									
Nov	274,579	230,692	a/43,887									
Dec	329,640	254,873	a/74,767									
1942												
Jan	387,486	310,128	77,358									
Feb	449,816	350,188	99,628									
Mar	511,766	411,456	100,310				Not Available					
Apr	558,754	449,374	109,380									
May	612,394	502,431	109,963									
Jun	708,459	566,230	142,229									
Jul	771,743	618,715	153,028									
Aug	904,208	749,661	154,547									
Sep	1,001,012	828,494	172,518									
Oct	1,156,083	926,654	229,429									
Nov	1,399,596	1,100,619	298,977									
Dec	1,469,782	1,177,322	292,460									
1943												
Jan	1,556,890	1,240,039	316,851									
Feb	1,706,492	1,349,137	357,355	13,183	49,724	5,921	55,140	6,803	44,310	58,963	79,126	44,185
Mar	1,872,436	1,373,102	499,334	14,812	73,978	6,397	58,633	11,349	53,662	61,522	94,194	124,787
Apr	1,952,168	1,421,571	530,597	16,552	78,240	5,754	63,061	13,152	56,660	64,525	103,347	129,306
May	1,986,522	1,491,289	495,233	17,412	83,260	6,262	64,361	15,037	55,628	67,771	107,087	78,415
Jun	1,991,240	1,479,557	511,683	16,024	76,884	5,937	63,478	15,721	54,904	67,757	107,667	103,311
Jul	2,021,641	1,498,483	523,158	16,455	88,768	6,061	63,669	20,463	56,547	72,376	112,932	85,887
Aug	2,072,398	1,528,547	543,851	15,887	97,430	6,365	63,330	19,900	57,612	72,888	118,683	91,756
Sep	2,075,529	1,526,247	549,282	15,418	99,919	6,096	61,754	21,457	56,327	72,954	122,578	92,779
Oct	2,102,371	1,564,041	538,330	13,191	103,038	6,118	59,908	21,217	55,028	70,357	120,141	89,332
Nov	2,117,740	1,575,798	541,942	12,782	104,167	5,917	58,635	19,087	53,822	67,235	120,561	99,736
Dec	2,099,535	1,594,154	505,381	14,849	104,272	7,645	69,035	19,486	64,901	69,369	119,283	36,541
1944												
Jan	2,112,857	1,614,933	497,924	13,497	100,939	7,692	69,407	19,685	62,693	68,705	115,227	40,079
Feb	2,106,938	1,622,369	484,569	12,760	100,997	7,545	68,967	18,667	63,800	66,914	112,917	32,002
Mar	2,104,405	1,627,107	477,298	12,807	99,154	7,877	69,736	18,161	66,926	69,543	113,504	19,590
Apr	2,042,630	1,581,610	461,020	12,703	99,435	7,899	68,319	18,702	66,432	71,583	112,671	3,276
May	2,050,097	1,593,144	456,953	12,732	98,683	7,996	68,615	18,362	66,879	69,580	111,247	2,859
Jun	2,038,891	1,581,382	457,509	12,398	99,961	7,745	67,647	19,176	68,177	68,416	111,932	2,057
Jul	2,060,892	1,603,420	457,472	12,513	103,829	7,908	67,981	18,685	68,248	67,221	109,419	1,668
Aug	2,052,996	1,598,744	454,252	12,427	102,479	7,781	67,644	17,594	68,185	67,217	109,720	1,205
Sep	2,033,357	1,583,854	449,503	12,308	103,258	7,814	67,215	17,973	67,254	66,532	106,284	865
Oct	2,021,567	1,578,412	443,155	12,314	103,169	7,688	65,117	17,658	66,998	64,979	105,047	185
Nov	2,014,649	1,580,130	434,519	11,937	103,206	7,718	63,827	17,387	65,769	62,811	101,707	157
Dec	1,983,483	1,575,197	408,286	11,746	103,653	7,487	59,109	12,650	59,563	56,061	97,822	195
1945												
Jan	1,967,642	1,536,055	431,587	11,758	110,072	8,004	59,082	17,676	64,288	58,756	101,795	156
Feb	1,939,266	1,515,605	423,661	11,683	111,790	8,079	58,017	17,288	62,524	55,928	98,131	221
Mar	1,939,926	1,521,589	418,337	10,976	111,051	7,704	57,990	17,494	59,403	55,757	97,630	332
Apr	1,941,256	1,574,904	366,352	9,482	105,932	3,182	57,485	14,503	46,340	40,615	88,714	99
May	1,922,141	1,575,581	346,560	8,966	104,281	1,986	56,473	13,244	42,685	35,094	83,428	403
Jun	1,900,805	1,567,630	333,175	8,629	101,060	1,864	55,309	12,406	41,161	32,208	79,902	636
Jul	1,890,823	1,577,080	313,743	8,729	96,943	1,611	49,303	11,951	35,410	31,059	78,406	331
Aug	1,884,838	1,584,549	300,289	8,459	97,292	1,353	45,909	11,445	31,703	29,192	74,884	52

a/ Continental US only; overseas not available.

Table 9 — WOMEN'S ARMY CORPS PERSONNEL IN CONTINENTAL US AND OVERSEAS, BY TYPE OF PERSONNEL: JUL 1943 TO AUG 1945

End of Month	Total Army Air Forces			Continental U S			Overseas		
	Total	Officers	Enlisted Women	Total	Officers	Enlisted Women	Total	Officers	Enlisted Women
1943									
Jul				16,639	545	16,094			
Aug				14,479	708	13,771			
Sep				15,486	1,160	14,326			
Oct				16,386	1,395	14,991			
Nov	Not			17,702	1,616	16,086	Not		
Dec				17,840	1,758	16,082			
1944									
Jan	Available			19,628	1,776	17,852	Available		
Feb				20,809	1,803	19,006			
Mar				22,144	1,901	20,243			
Apr				23,760	1,888	21,872			
May				25,395	1,859	23,536			
Jun	30,002	1,886	28,116	26,294	1,795	24,499	3,708	91	3,617
Jul	32,473	1,971	30,502	28,255	1,787	26,468	4,218	184	4,034
Aug	33,532	1,845	31,687	28,481	1,640	26,841	5,051	205	4,846
Sep	34,823	1,845	32,978	29,579	1,625	27,954	5,244	220	5,024
Oct	36,903	1,867	35,036	30,842	1,615	29,227	6,061	252	5,809
Nov	37,833	1,856	35,977	31,630	1,604	30,026	6,203	252	5,951
Dec	38,282	1,846	36,436	31,510	1,579	29,931	6,772	267	6,505
1945									
Jan	39,323	1,855	37,468	32,008	1,570	30,438	7,315	285	7,030
Feb	39,309	1,845	37,464	31,945	1,560	30,385	7,364	285	7,079
Mar	39,304	1,829	37,475	31,920	1,540	30,380	7,384	289	7,095
Apr	39,085	1,859	37,226	31,484	1,559	29,925	7,601	300	7,301
May	39,131	1,910	37,221	31,594	1,605	29,989	7,537	305	7,232
Jun	37,355	1,894	35,461	29,989	1,576	28,413	7,366	318	7,048
Jul	35,953	1,838	34,115	28,971	1,522	27,449	6,982	316	6,666
Aug	33,238	1,704	31,534	26,760	1,414	25,346	6,478	290	6,188

Table 10 — COLORED MILITARY PERSONNEL IN CONTINENTAL US AND OVERSEAS, BY TYPE OF PERSONNEL: AUG 1942 TO AUG 1945

End of Month	Total Army Air Forces			Continental U S			Overseas		
	Total	Officers	Enlisted Personnel	Total	Officers	Enlisted Personnel	Total	Officers	Enlisted Personnel
1942									
Aug	27,154	78	27,076	23,459	78	23,381	3,695	-	3,695
Sep	37,223	142	37,081	32,241	134	32,107	4,982	8	4,974
Oct	46,814	123	46,691	39,588	115	39,473	7,226	8	7,218
Nov	61,247	105	61,142	52,727	94	52,633	8,520	11	8,509
Dec	71,824	129	71,695	61,791	118	61,673	10,033	11	10,022
1943									
Jan	88,301	123	88,178	76,067	111	75,956	12,234	12	12,222
Feb	94,300	128	94,172	78,665	115	78,550	15,635	13	15,622
Mar	106,409	255	106,154	89,933	243	89,690	16,476	12	16,464
Apr	107,290	311	106,979	89,451	250	89,201	17,839	61	17,778
May	111,626	364	111,262	89,051	274	88,777	22,575	90	22,485
Jun	114,075	359	113,716	89,426	273	89,153	24,649	86	24,563
Jul	121,269	442	120,827	91,177	350	90,827	30,092	92	30,000
Aug	125,242	523	124,719	91,236	425	90,811	34,006	98	33,908
Sep	130,372	605	129,767	95,536	500	95,036	34,836	105	34,731
Oct	140,227	701	139,526	102,468	586	101,882	37,759	115	37,644
Nov	145,327	747	144,580	106,566	606	105,960	38,761	141	38,620
Dec	145,025	636	144,389	102,446	476	101,970	42,579	160	42,419
1944									
Jan	144,593	837	143,756	98,219	500	97,719	46,374	337	46,037
Feb	142,106	847	141,259	93,153	507	92,646	48,953	340	48,613
Mar	140,857	904	139,953	90,409	556	89,853	50,448	348	50,100
Apr	143,235	988	142,247	90,243	599	89,644	52,992	389	52,603
May	144,460	1,077	143,383	88,676	627	88,049	55,784	450	55,334
Jun	145,242	1,107	144,135	86,580	648	85,932	58,662	459	58,203
Jul	144,487	1,130	143,357	82,810	654	82,156	61,677	476	61,201
Aug	141,166	1,176	139,990	77,792	702	77,090	63,374	474	62,900
Sep	140,728	1,243	139,485	77,176	732	76,444	63,552	511	63,041
Oct	140,567	1,177	139,390	75,417	717	74,700	65,150	460	64,690
Nov	139,565	1,280	138,285	74,421	831	73,590	65,144	449	64,695
Dec	137,806	1,303	136,503	70,649	832	69,817	67,157	471	66,686
1945									
Jan	137,817	1,404	136,413	70,051	935	69,116	67,766	469	67,297
Feb	136,729	1,465	135,264	69,397	1,006	68,391	67,332	459	66,873
Mar	136,827	1,464	135,363	69,865	1,027	68,838	66,962	437	66,525
Apr	138,817	1,517	137,300	70,079	1,084	68,995	68,738	433	68,305
May	135,596	1,559	134,037	67,411	1,154	66,257	68,185	405	67,780
Jun	140,462	1,559	138,903	68,742	1,191	67,551	71,720	368	71,352
Jul	141,399	1,546	139,853	67,126	1,199	65,927	74,273	347	73,926
Aug	139,559	1,533	138,026	69,409	1,261	68,148	70,150	272	69,878

Table II — MILITARY PERSONNEL IN CONTINENTAL US, BY AIR FORCE OR COMMAND: DEC 1941 TO AUG 1945

End of Month	Total	Continental Air Forces	First Air Force	Second Air Force	Third Air Force	Fourth Air Force	I Troop Carrier Command	Training Command	Air Technical Service Command	Air Transport Command	Personnel Distribution Command	Other
1941 Dec	328,277	-									-	N
1942												o
Jan	366,582	-									-	t
Feb	419,761	-									-	
Mar	485,768	-									-	A
Apr	523,835	-				Not Available					-	v
May	569,204	-									-	a
Jun	649,091	-									-	i
Jul	708,191	-									-	l
Aug	826,967	-									-	a
Sep	920,810	-									-	b
Oct	1,076,861	-									-	l
Nov	1,301,704	-	36,213	87,031	99,223	36,298	23,444	783,103	149,225	32,436	-	54,731
Dec	1,355,028	-	39,291	100,204	101,164	39,372	23,594	809,910	153,559	30,518	-	57,416
1943												
Jan	1,436,236	-	42,426	103,306	114,045	42,976	22,653	856,704	155,210	32,419	-	66,497
Feb	1,573,089	-	50,035	108,300	117,949	45,368	24,013	926,029	163,994	38,480	-	98,921
Mar	1,721,211	-	55,638	121,671	138,276	58,131	28,421	944,423	183,809	46,825	-	144,017
Apr	1,802,824	-	57,765	134,000	149,758	65,739	31,486	955,554	185,627	52,549	-	170,346
May	1,780,635	-	59,225	147,375	155,902	63,853	30,911	916,388	176,345	54,262	-	176,374
Jun	1,764,969	-	62,782	152,516	164,427	69,792	32,900	867,949	178,326	55,289	-	180,988
Jul	1,768,402	-	71,796	163,984	157,977	64,459	33,585	868,166	175,505	54,258	-	178,672
Aug	1,778,873	-	80,888	176,401	158,746	72,200	34,676	863,168	166,982	56,850	-	168,962
Sep	1,766,464	-	73,306	186,599	155,133	74,358	33,695	857,660	140,631	56,903	-	188,179
Oct	1,728,019	-	72,648	192,601	143,445	73,892	32,736	862,148	129,598	57,232	-	163,719
Nov	1,711,492	-	73,729	178,093	150,087	73,281	34,264	851,374	118,093	57,050	-	175,521
Dec	1,638,216	-	65,616	171,386	153,695	68,164	36,073	830,628	109,502	56,959	-	146,193
1944												
Jan	1,606,394	-	61,518	175,146	151,909	72,461	37,121	813,912	88,501	57,801	-	148,025
Feb	1,555,969	-	59,018	169,936	150,591	71,288	34,086	783,528	86,803	60,111	-	140,608
Mar	1,504,959	-	59,884	171,849	141,583	72,292	31,395	746,596	95,576	62,999	-	122,785
Apr	1,410,704	-	62,045	162,291	144,209	76,432	32,262	665,481	99,386	62,854	-	105,744
May	1,372,933	-	63,022	159,943	143,659	77,602	36,056	634,637	99,784	66,198	-	92,032
Jun	1,334,958	-	61,328	163,305	139,809	78,135	36,884	600,649	100,738	45,132	17,787	91,191
Jul	1,342,025	-	62,204	160,535	134,980	80,859	36,543	586,064	106,630	45,557	42,879	85,774
Aug	1,320,980	-	61,985	165,979	135,366	81,125	36,402	558,293	104,711	47,441	48,811	80,867
Sep	1,313,143	-	55,005	173,759	134,625	79,573	37,862	536,961	101,449	49,921	57,888	86,100
Oct	1,261,050	-	52,992	168,545	123,225	74,530	35,216	521,691	99,468	48,750	61,721	74,912
Nov	1,231,978	-	52,199	161,585	121,038	71,462	33,235	511,862	99,855	49,142	68,374	63,226
Dec	1,195,320	-	51,903	156,459	116,437	69,884	32,839	493,693	90,010	49,145	62,105	72,845
1945												
Jan	1,165,349	-	50,686	151,257	114,036	70,744	31,315	487,386	86,709	47,118	55,327	70,771
Feb	1,138,146	-	68,186	127,911	103,933	80,472	29,587	473,951	82,658	43,325	62,216	65,907
Mar	1,108,705	-	74,866	115,858	94,773	82,692	26,895	476,830	77,868	42,518	57,946	58,459
Apr	1,105,528	388,444						473,021	74,520	40,949	62,010	66,584
May	1,101,932	384,887						455,467	73,726	50,640	63,983	73,229
Jun	1,153,373	413,476		Included in CAF				438,295	76,469	56,118	76,137	92,878
Jul	1,185,712	463,151						432,179	83,410	57,247	74,662	75,063
Aug	1,253,573	503,052						426,500	91,835	59,902	87,995	84,289

Table 12 — MILITARY PERSONNEL IN CONTINENTAL US, BY SPECIALTY: JUN 1944 TO AUG 1945

End of Month	OFFICERS												
	Total	Pilot	Bombardier	Navigator	Other Aircrews a/	Administrative	Armament and Ordnance	Communications	Engineering	Medical	Operations	Supply	Other
1944 Jun	205,156	86,335	11,166	11,610	67	15,151	2,382	7,130	8,711	14,745	4,556	8,380	34,923
Jul	207,447	86,677	11,312	12,404	74	18,434	3,025	8,408	9,466	14,522	4,533	9,592	29,000
Aug	212,650	90,359	12,311	13,566	73	18,236	3,063	8,656	9,956	13,964	4,562	9,461	28,443
Sep	220,526	94,819	15,106	15,703	72	17,914	3,117	8,737	10,045	13,112	4,449	9,426	28,026
Oct	214,948	90,298	16,234	16,826	69	17,603	3,033	7,147	10,404	12,535	4,497	9,399	26,903
Nov	217,471	91,486	17,687	18,230	75	17,058	3,015	7,325	10,363	12,193	4,619	9,239	26,181
Dec	222,428	94,804	18,730	19,991	68	16,979	2,961	7,390	10,405	11,591	4,819	9,441	25,249
1945 Jan	221,180	91,773	19,670	20,873	1,529	16,795	2,956	6,871	9,821	11,610	5,041	9,431	24,810
Feb	223,985	94,204	19,941	21,560	1,822	16,638	2,948	6,622	9,711	11,409	5,286	9,566	24,278
Mar	220,424	93,157	20,134	20,436	2,554	16,470	2,891	5,996	9,503	11,282	5,463	9,494	23,044
Apr	224,392	95,807	20,685	19,943	4,516	16,341	2,800	5,653	9,426	11,167	5,675	9,670	22,709
May	225,537	95,971	21,292	20,108	4,944	16,058	2,720	5,585	9,184	11,238	5,745	9,769	22,923
Jun	239,561	101,649	22,511	22,505	6,096	16,073	2,931	5,761	9,341	11,554	6,059	9,709	25,372
Jul	238,771	94,644	21,937	22,597	7,368	16,010	2,942	5,805	9,119	11,714	6,296	9,724	30,615
Aug	245,511	99,546	23,012	23,379	9,654	15,684	3,250	6,019	9,186	12,180	6,607	9,416	27,578

End of Month	ENLISTED PERSONNEL							
	Total	Airplane Maintenance	Aerial Gunner	Other Aircrew	Armament	Communications	Radar	Medical
1944 Jun	1,129,802	169,414	69,491	12,796	34,815	67,429	12,166	29,826
Jul	1,134,578	189,240	76,385	18,416	43,158	73,268	14,772	31,774
Aug	1,108,330	188,297	80,962	21,021	42,352	73,619	15,445	32,404
Sep	1,092,617	190,383	88,220	22,319	42,053	76,783	15,260	32,484
Oct	1,046,102	186,400	92,024	22,037	40,555	60,322	14,747	31,314
Nov	1,014,507	183,500	94,715	22,352	39,047	59,229	14,613	30,350
Dec	972,892	179,064	102,966	22,071	37,576	58,610	14,931	23,219
1945 Jan	944,169	177,212	102,831	23,364	35,787	58,646	14,128	21,659
Feb	914,161	177,310	100,948	23,578	34,997	56,447	13,733	21,159
Mar	888,281	173,968	96,467	23,348	34,050	54,119	14,713	20,905
Apr	881,136	172,786	99,429	23,886	33,329	53,328	14,676	20,897
May	876,395	163,748	113,223	23,065	34,627	49,154	17,050	25,301
Jun	913,812	169,640	120,163	22,893	37,652	51,371	18,043	25,698
Jul	946,941	175,144	115,351	22,520	39,094	52,677	19,655	26,526
Aug	1,008,062	187,167	126,851	21,945	43,557	57,568	22,182	27,181

End of Month	ENLISTED PERSONNEL (Contd)					
	Supply	Utility and Construction	Automotive	Administrative	Other Specialists	Non-Specialists
1944 Jun	36,330	13,516	59,728	119,776	341,917	162,598
Jul	38,081	14,563	60,910	130,937	102,848	340,226
Aug	38,149	14,064	58,912	128,537	98,861	315,707
Sep	38,233	13,610	58,403	127,216	99,436	288,217
Oct	37,686	13,178	57,075	123,611	94,514	272,639
Nov	36,780	12,980	55,963	121,117	92,497	251,364
Dec	35,081	13,019	53,954	118,889	86,117	227,395
1945 Jan	34,342	13,001	52,496	115,609	81,989	213,105
Feb	33,989	12,641	51,567	113,308	79,042	195,442
Mar	33,297	13,481	50,155	110,486	75,702	187,590
Apr	34,098	13,740	49,465	110,808	74,314	180,380
May	35,313	17,606	55,190	106,658	76,695	158,765
Jun	35,892	18,291	59,116	107,288	83,627	164,138
Jul	36,899	18,045	63,029	108,651	90,560	178,790
Aug	40,327	19,978	71,174	113,127	97,419	179,586

a/ Flight Engineers included in "Engineering" and Radar Observers in "Communications" prior to Jan 1945.

Table 13 — MILITARY PERSONNEL IN CONTINENTAL US, BY FUNCTION AND BY TYPE OF PERSONNEL: JUN 1944 TO AUG 1945

End of Month	Total	Individuals						In Units		
		Bulk Allotment	Field Students	Combat Crew Personnel	Students and Recruits	Returnee Personnel	Other a/	Permanent Party	Committed	Other b/

TOTAL

1944 Jun	1,334,958	791,740	-	79,620	274,483	-	61,684	35,234	73,130	19,067
Jul	1,342,025	775,042	15,531	79,917	268,574	-	75,278	34,571	73,555	19,557
Aug	1,320,980	782,079	13,159	83,890	251,574	-	69,227	23,807	76,350	20,894
Sep	1,313,143	784,388	9,639	90,389	228,681	-	78,505	22,246	84,463	14,832
Oct	1,261,050	746,905	9,193	92,900	221,787	-	75,449	17,827	76,700	20,289
Nov	1,231,978	737,042	10,612	91,784	213,983	26,788	44,811	16,133	76,733	14,092
Dec	1,195,320	715,403	12,099	93,550	200,731	30,078	40,104	14,643	69,617	19,095
1945 Jan	1,165,349	709,643	13,896	89,300	176,071	32,638	38,124	11,403	75,242	19,032
Feb	1,138,146	697,512	11,549	87,477	163,150	31,894	46,969	10,654	73,462	15,479
Mar	1,108,705	699,235	11,093	85,108	166,096	30,309	30,422	10,560	66,593	9,289
Apr	1,105,528	702,877	6,039	87,500	171,175	32,053	25,186	11,542	55,220	13,936
May	1,101,932	714,682	5,910	57,348	176,977	41,696	23,392	11,553	49,703	20,671
Jun	1,153,373	682,805	7,237	52,251	203,272	54,694	32,867	11,288	55,763	53,196
Jul	1,185,712	677,903	6,065	54,251	221,655	45,940	37,167	11,761	51,662	79,308
Aug	1,253,573	651,168	273	50,201	230,278	120,011	50,641	10,733	34,809	105,459

OFFICERS

1944 Jun	205,156	131,894	-	34,036	15,794	-	8,445	5,581	7,569	1,837
Jul	207,447	132,875	292	35,755	14,489	-	8,710	5,280	8,261	1,785
Aug	212,650	136,032	345	37,179	14,772	-	11,277	2,492	8,681	1,872
Sep	220,526	136,236	693	41,383	15,147	-	13,681	2,166	9,610	1,610
Oct	214,948	129,598	311	41,258	14,989	-	16,853	1,739	7,547	2,653
Nov	217,471	130,318	627	41,881	17,164	8,038	8,125	1,687	7,857	1,774
Dec	222,428	128,831	662	40,974	21,883	9,910	8,330	1,739	8,044	2,055
1945 Jan	221,180	127,492	578	40,852	19,551	11,096	9,640	1,283	8,586	2,102
Feb	223,985	129,033	530	40,775	22,495	10,284	9,525	1,263	8,191	1,889
Mar	220,424	127,460	467	40,444	26,840	9,511	6,092	1,162	7,189	1,259
Apr	224,392	127,203	89	43,244	30,114	10,450	4,103	1,241	6,409	1,539
May	225,537	145,404	80	29,897	25,231	12,636	2,901	1,131	6,037	2,220
Jun	239,561	128,244	28	28,292	42,267	20,328	5,006	1,155	7,628	6,613
Jul	238,771	127,176	-	30,135	40,694	15,613	5,660	1,336	6,856	11,301
Aug	245,511	123,423	84	28,496	42,875	27,348	5,254	1,127	3,849	13,055

ENLISTED PERSONNEL

1944 Jun	1,129,802	659,846	-	45,584	258,689	-	53,239	29,653	65,561	17,230
Jul	1,134,578	642,167	15,239	44,162	254,085	-	66,568	29,291	65,294	17,772
Aug	1,108,330	646,047	12,814	46,711	236,802	-	57,950	21,315	67,669	19,022
Sep	1,092,617	648,152	8,946	49,006	213,534	-	64,824	20,080	74,853	13,222
Oct	1,046,102	617,307	8,882	51,642	206,798	-	58,596	16,088	69,153	17,636
Nov	1,014,507	606,724	9,985	49,903	196,819	18,750	36,686	14,446	68,876	12,318
Dec	972,892	586,572	11,437	52,576	178,848	20,168	31,774	12,904	61,573	17,040
1945 Jan	944,169	582,151	13,318	48,448	156,520	21,542	28,484	10,120	66,656	16,930
Feb	914,161	568,479	11,019	46,702	140,655	21,610	37,444	9,391	65,271	13,590
Mar	888,281	571,775	10,626	44,664	139,256	20,798	24,330	9,398	59,404	8,030
Apr	881,136	575,674	5,950	44,256	141,061	21,603	21,083	10,301	48,811	12,397
May	876,395	569,278	5,830	27,451	151,746	29,060	20,491	10,422	43,666	18,451
Jun	913,812	554,561	7,209	23,959	161,005	34,366	27,861	10,133	48,135	46,583
Jul	946,941	550,727	6,065	24,116	180,961	30,327	31,507	10,425	44,806	68,007
Aug	1,008,062	527,745	189	21,705	187,403	92,663	45,387	9,606	30,960	92,404

a/ Includes unassigned casual and pool personnel and personnel in overseas replacement depots awaiting shipment.

b/ Includes all non-permanent party units not committed for overseas shipment, strategic reserve units, redeployed units, and units awaiting inactivation or disbandment.

Table 14 — MILITARY PERSONNEL IN CONTINENTAL US, BY AIR

(Figures are as of

Air Force or Command and Function	1944					
	Jun	Jul	Aug	Sep	Oct	Nov
Total	1,334,958	1,342,025	1,320,980	1,313,143	1,261,050	1,231,978
Permanent Party	826,974	809,613	805,886	806,634	764,732	753,175
Personnel in Training	507,984	532,412	515,094	506,509	496,318	478,803
Individuals	415,787	439,300	417,850	407,214	399,329	387,978
Units	92,197	93,112	97,244	99,295	96,989	90,825
Continental Air Forces - Total	-	-	-	-	-	-
Permanent Party	-	-	-	-	-	-
Personnel in Training	-	-	-	-	-	-
Individuals	-	-	-	-	-	-
Units	-	-	-	-	-	-
First Air Force - Total	61,328	62,204	61,985	55,005	52,992	52,199
Permanent Party	48,700	47,417	47,297	42,136	37,617	35,994
Personnel in Training	12,628	14,787	14,688	12,869	15,375	16,205
Individuals	10,298	11,882	11,626	9,704	9,783	9,995
Units	2,330	2,905	3,062	3,165	5,592	6,210
Second Air Force - Total	163,305	160,535	165,979	173,759	168,545	161,585
Permanent Party	101,877	99,302	102,114	103,064	102,252	97,163
Personnel in Training	61,428	61,233	63,865	70,695	66,293	64,422
Individuals	39,742	39,904	38,721	43,062	39,312	38,610
Units	21,686	21,329	25,144	27,633	26,981	25,812
Third Air Force - Total	139,809	134,980	135,366	134,625	123,225	121,038
Permanent Party	97,640	93,638	92,791	93,071	87,792	84,662
Personnel in Training	42,169	41,342	42,575	41,554	35,433	36,376
Individuals	26,677	28,279	30,623	28,406	26,270	24,924
Units	15,492	13,063	11,952	13,148	9,163	11,452
Fourth Air Force - Total	78,135	80,859	81,125	79,573	74,530	71,462
Permanent Party	57,811	55,213	54,965	54,642	51,038	48,147
Personnel in Training	20,324	25,646	26,160	24,931	23,492	23,315
Individuals	14,125	16,590	15,941	15,308	14,499	14,358
Units	6,199	9,056	10,219	9,623	8,993	8,957
I Troop Carrier Command - Total	36,884	36,543	36,402	37,862	35,216	33,235
Permanent Party	21,358	20,935	21,748	22,172	22,196	21,739
Personnel in Training	15,526	15,608	14,654	15,690	13,020	11,496
Individuals	7,029	8,000	7,582	8,486	9,291	9,272
Units	8,497	7,608	7,072	7,204	3,729	2,224
Training Command - Total	600,649	586,064	558,293	536,961	521,691	511,862
Permanent Party	327,697	314,562	303,363	299,413	291,410	290,070
Personnel in Training	272,952	271,502	254,930	237,548	230,281	221,792
Individuals	272,636	271,117	254,625	237,090	229,843	221,192
Units	316	385	305	458	438	600
Air Technical Service Command - Total	100,738	106,630	104,711	101,449	99,468	99,855
Permanent Party	58,431	58,749	56,212	56,906	57,832	57,185
Personnel in Training	42,307	47,881	48,499	44,543	41,636	42,670
Individuals	9,027	12,250	10,152	9,746	8,267	10,525
Units	33,280	35,631	38,347	34,797	33,369	32,145
Air Transport Command - Total	45,132	45,557	47,441	49,921	48,750	49,142
Permanent Party	45,132	41,303	42,805	46,044	39,668	40,079
Personnel in Training	-	4,254	4,636	3,877	9,082	9,063
Individuals	-	4,254	4,636	3,877	9,082	9,008
Units	-	-	-	-	-	55
Personnel Distribution Command - Total	17,787	42,879	48,811	57,888	61,721	68,374
Permanent Party	4,087	12,984	17,615	19,326	21,664	25,882
Personnel in Training	13,700	29,895	31,196	38,562	40,057	42,492
Individuals	13,700	29,895	31,196	38,562	40,057	42,492
Units	-	-	-	-	-	-
Other - Total	91,191	85,774	80,867	86,100	74,912	63,226
Permanent Party	64,241	65,510	66,976	69,860	53,263	52,254
Personnel in Training	26,950	20,264	13,891	16,240	21,649	10,972
Individuals	22,553	17,129	12,748	12,973	12,925	7,602
Units	4,397	3,135	1,143	3,267	8,724	3,370

FORCE OR COMMAND AND BY FUNCTION: JUN 1944 TO AUG 1945

end of month.)

1944	1945							
Dec	Jan	Feb	Mar	Apr	May	Jun	Jul	Aug
1,195,320	1,165,349	1,138,146	1,108,705	1,105,528	1,101,932	1,153,373	1,185,712	1,253,573
730,046	721,046	708,166	709,795	714,419	726,235	694,093	689,664	661,901
465,274	444,303	429,980	398,910	391,109	375,697	459,280	496,048	591,672
376,562	350,029	341,039	323,028	321,953	305,323	350,321	365,078	451,404
88,712	94,274	88,941	75,882	69,156	70,374	108,959	130,970	140,268
-	-	-	-	388,444	384,887	413,476	463,151	503,052
-	-	-	-	284,566	284,036	293,167	309,972	285,047
-	-	-	-	103,878	100,851	120,309	153,179	218,005
-	-	-	-	59,510	57,755	58,165	65,353	123,996
-	-	-	-	44,368	43,096	62,144	87,826	94,009
51,903	50,686	68,186	74,866					
35,239	34,937	46,788	55,127					
16,664	15,749	21,398	19,739					
10,544	9,343	13,095	12,717					
6,120	6,406	8,303	7,022					
156,459	151,257	127,911	115,858	I n c l u d e d				
94,452	92,175	78,430	78,603					
62,007	59,082	49,481	37,255					
37,488	33,709	24,923	14,879					
24,519	25,373	24,558	22,376					
116,437	114,036	103,933	94,773	i n				
80,656	78,064	70,961	67,313					
35,781	35,972	32,972	27,460					
25,005	22,069	19,118	15,811					
10,776	13,903	13,854	11,649					
69,884	70,744	80,472	82,692	C o n t i n e n t a l				
45,832	45,199	51,675	52,685					
24,052	25,545	28,797	30,007					
14,975	14,338	17,975	18,459	A i r F o r c e s				
9,077	11,207	10,822	11,548					
32,839	31,315	29,587	26,895					
21,344	20,002	19,815	20,685					
11,495	11,313	9,772	6,210					
8,952	8,652	7,352	5,072					
2,543	2,661	2,420	1,138					
493,693	487,386	473,951	476,830	473,021	455,467	438,295	432,179	426,500
278,998	287,594	282,939	277,596	272,106	277,513	239,220	216,493	201,171
214,695	199,792	191,012	199,234	200,915	177,954	199,075	215,686	225,329
214,291	199,014	190,295	198,815	200,241	177,331	197,585	211,605	221,677
404	778	717	419	674	623	1,490	4,081	3,652
90,010	86,709	82,658	77,868	74,520	73,726	76,469	83,410	91,835
55,778	54,378	52,453	51,830	50,540	51,412	54,091	56,875	60,018
34,232	32,331	30,205	26,038	23,980	22,314	22,378	26,535	31,817
9,230	6,733	6,320	7,349	6,790	5,011	5,984	7,486	8,702
25,002	25,598	23,885	18,689	17,190	17,303	16,394	19,049	23,115
49,145	47,118	43,325	42,518	40,949	50,640	56,118	57,247	59,902
40,273	38,915	35,836	35,752	34,283	39,991	31,788	34,436	44,256
8,872	8,203	7,489	6,766	6,666	10,649	24,330	22,811	15,646
8,843	7,944	7,235	6,499	6,411	8,154	15,020	15,789	11,778
29	259	254	267	255	2,495	9,310	7,022	3,868
62,105	55,327	62,216	57,946	62,010	63,983	76,137	74,662	87,995
25,393	26,316	25,913	26,863	27,746	28,164	31,989	32,725	32,747
36,712	29,011	36,303	31,083	34,264	35,819	44,148	41,937	55,248
36,712	29,011	36,303	31,083	34,264	35,819	44,148	41,937	55,248
-	-	-	-	-	-	-	-	-
72,845	70,771	65,907	58,459	66,584	73,229	92,878	75,063	84,289
52,081	43,466	43,356	43,341	45,178	45,119	43,838	39,163	38,662
20,764	27,305	22,551	15,118	21,406	28,110	49,040	35,900	45,627
10,522	19,216	18,423	12,344	14,737	21,253	29,419	22,908	30,003
10,242	8,089	4,128	2,774	6,669	6,857	19,621	12,992	15,624

Table 15 — OFFICERS IN CONTINENTAL US, BY AIR FORCE OR COMMAND: DEC 1941 TO AUG 1945

End of Month	Total	Continental Air Forces	First Air Force	Second Air Force	Third Air Force	Fourth Air Force	I Troop Carrier Command	Training Command	Air Technical Service Command	Air Transport Command	Personnel Distribution Command	Other
1941												
Dec....	22,042	-									-	Not Available
1942												
Jan....	27,211	-									-	
Feb....	29,486	-									-	
Mar....	32,584	-			Not Available						-	
Apr....	37,281	-									-	
May....	43,310	-									-	
Jun....	45,449	-									-	
Jul....	56,454	-									-	
Aug....	67,207	-									-	
Sep....	73,095	-									-	
Oct....	85,492	-									-	
Nov....	88,862	-	4,119	8,428	10,345	3,726	3,111	34,322	11,996	5,099	-	7,716
Dec....	100,475	-	4,268	10,343	11,844	4,143	2,677	38,883	13,346	6,536	-	8,435
1943												
Jan....	111,944	-	4,309	11,797	13,607	4,378	3,959	42,700	14,882	7,634	-	8,678
Feb....	121,373	-	4,833	12,651	14,198	4,743	4,796	46,681	15,577	7,979	-	9,915
Mar....	136,004	-	5,404	14,183	16,811	4,978	5,373	50,579	16,957	9,549	-	12,170
Apr....	143,280	-	5,537	15,224	17,440	5,543	6,098	51,557	17,510	10,007	-	14,364
May....	150,978	-	5,605	18,446	17,889	5,701	5,651	55,476	17,432	10,209	-	14,569
Jun....	156,417	-	5,900	18,231	18,780	6,036	6,241	58,002	18,114	10,547	-	14,566
Jul....	164,346	-	6,536	21,624	18,249	6,364	6,736	58,830	18,426	11,027	-	16,554
Aug....	174,628	-	8,369	25,627	19,044	6,716	7,025	61,274	18,928	11,498	-	16,147
Sep....	184,075	-	7,902	29,672	19,858	7,208	6,855	62,626	16,589	11,871	-	21,494
Oct....	183,653	-	8,298	31,316	19,713	7,956	6,707	63,015	16,674	12,286	-	17,688
Nov....	187,980	-	8,806	30,632	21,952	8,560	6,579	65,855	17,018	11,763	-	16,815
Dec....	193,275	-	8,856	29,960	23,150	8,755	7,334	67,951	17,145	11,620	-	18,504
1944												
Jan....	198,510	-	9,479	30,348	24,139	9,865	7,818	71,506	15,441	11,653	-	18,261
Feb....	202,842	-	9,965	30,769	24,110	10,579	6,995	74,411	15,335	12,452	-	18,226
Mar....	202,025	-	10,158	31,172	22,450	11,001	5,772	76,745	15,247	12,654	-	16,826
Apr....	201,981	-	10,766	28,682	22,864	11,290	6,889	75,373	15,554	12,627	-	17,936
May....	200,386	-	11,001	27,476	23,244	11,470	6,981	75,170	15,578	13,509	-	15,957
Jun....	205,156	-	10,953	28,236	23,294	12,383	7,453	76,623	15,809	11,251	4,554	14,600
Jul....	207,447	-	11,310	28,710	22,894	13,379	8,046	73,972	16,277	11,505	6,469	14,885
Aug....	212,650	-	11,403	29,542	23,933	13,099	8,165	73,308	16,264	12,452	9,323	15,161
Sep....	220,526	-	10,029	32,094	23,804	13,193	8,908	75,512	16,465	13,032	11,885	15,604
Oct....	214,948	-	10,749	32,365	23,407	12,703	8,614	69,867	16,888	12,380	12,212	15,763
Nov....	217,471	-	10,621	32,498	23,172	12,665	8,069	73,463	16,995	12,941	13,568	13,479
Dec....	222,428	-	10,833	31,767	22,180	12,267	7,884	79,709	16,705	13,093	12,859	15,131
1945												
Jan....	221,180	-	10,499	30,906	21,141	12,271	7,398	82,001	16,737	12,680	11,764	15,783
Feb....	223,985	-	14,669	25,791	19,056	14,908	6,938	87,367	16,621	12,286	11,377	14,972
Mar....	220,424	-	15,228	21,713	16,272	14,980	6,220	92,896	16,187	12,076	11,462	13,390
Apr....	224,392	72,616						96,647	16,194	12,225	12,289	14,421
May....	225,537	71,671						93,865	16,079	15,170	13,835	14,917
Jun....	239,561	76,152		Included in CAF				92,213	15,568	16,252	21,776	17,600
Jul....	238,771	84,302						87,410	15,501	16,934	18,674	15,950
Aug....	245,511	88,662						89,852	15,637	17,452	19,795	14,113

Table 16 — OFFICERS IN CONTINENTAL US, BY ARM OR SERVICE: SEP 1941 TO AUG 1945

End of Month	Grand Total	Air Corps	Arm or Service									
			Total	Chaplain	Chemical Warfare	Engineer	Finance	Medical	Military Police	Ordnance	Quartermaster	Signal	Other
1941													
Sep	18,961	15,421	3,540										
Oct	20,512	16,889	3,623										
Nov	20,859	17,039	3,820										
Dec	22,042	17,814	4,228										
1942													
Jan	27,211	23,216	3,995										
Feb	29,486	24,729	4,757										
Mar	32,584	27,125	5,459			Not	Available						
Apr	37,281	31,225	6,056										
May	43,310	36,546	6,764										
Jun	45,449	38,199	7,250										
Jul	56,454	46,889	9,565										
Aug	67,207	54,147	13,060										
Sep	73,095	58,782	14,313										
Oct	85,492	67,028	18,464										
Nov	88,862	67,741	21,121										
Dec	100,475	76,461	24,014										
1943													
Jan	111,944	85,288	26,656	629	788	2,208	561	12,465	74	2,218	2,763	4,370	580
Feb	121,373	90,890	30,483	663	1,096	2,464	650	14,254	170	2,586	3,196	4,671	733
Mar	136,004	102,142	33,862	758	1,226	2,749	743	14,953	313	2,954	3,783	5,547	836
Apr	143,280	107,336	35,944	866	1,274	3,246	760	15,345	333	3,137	3,997	6,126	860
May	150,978	112,813	38,165	930	1,276	3,423	898	16,233	372	3,137	4,348	6,531	1,017
Jun	156,417	116,430	39,987	977	1,219	3,078	896	16,610	310	3,072	4,316	6,482	3,027
Jul	164,346	123,772	40,574	1,030	1,253	3,162	1,022	17,396	300	3,015	4,908	6,831	1,657
Aug	174,628	132,598	42,030	1,112	1,281	3,284	1,008	17,802	257	2,978	5,223	6,951	2,134
Sep	184,075	140,658	43,417	1,121	1,305	3,247	986	18,318	301	2,851	5,141	6,692	3,455
Oct	183,653	143,217	40,436	1,102	1,152	2,970	956	18,809	265	2,426	4,428	6,583	1,745
Nov	187,980	148,492	39,488	1,154	1,076	2,771	910	18,810	177	2,191	3,948	6,501	1,950
Dec	193,275	155,699	37,576	1,106	1,018	2,465	880	18,348	103	2,044	3,769	6,320	1,523
1944													
Jan	198,510	161,647	36,863	1,111	975	2,086	979	18,211	80	1,965	3,747	5,945	1,764
Feb	202,842	167,477	35,365	1,116	958	1,844	906	17,633	33	1,872	3,604	5,746	1,653
Mar	202,025	169,028	32,997	1,084	928	1,477	838	16,858	34	1,761	3,573	5,132	1,312
Apr	201,981	170,599	31,382	1,070	902	1,217	817	16,561	30	1,680	3,199	4,828	1,078
May	200,386	170,059	30,327	1,038	888	1,016	807	16,239	94	1,599	2,921	4,671	1,054
Jun	205,156	176,548	28,608	998	819	876	729	15,775	71	1,509	2,664	4,266	901
Jul	207,447	179,170	28,277	1,010	828	979	738	15,517	79	1,547	2,630	4,020	929
Aug	212,650	185,076	27,574	1,019	811	1,006	756	14,912	80	1,567	2,575	3,941	907
Sep	220,526	194,311	26,215	1,012	766	938	751	14,016	75	1,571	2,393	3,816	877
Oct	214,948	188,942	26,006	991	742	1,519	745	13,512	76	1,548	2,321	3,662	890
Nov	217,471	192,061	25,410	990	730	1,542	747	13,089	83	1,562	2,246	3,548	873
Dec	222,428	197,224	25,204	986	710	1,649	743	12,937	83	1,581	2,150	3,454	911
1945													
Jan	221,180	195,761	25,419	952	695	1,877	748	12,931	89	1,662	2,120	3,444	901
Feb	223,985	199,032	24,953	913	685	1,820	733	12,803	97	1,631	2,043	3,256	972
Mar	220,424	195,841	24,583	891	682	1,798	730	12,660	95	1,604	1,984	3,143	996
Apr	224,392	200,450	23,942	866	628	1,703	687	12,548	90	1,527	1,905	3,026	962
May	225,537	202,546	22,991	861	554	1,616	591	12,629	93	1,321	1,616	2,754	956
Jun	239,561	218,401	21,160	889	338	1,536	455	12,952	102	1,034	949	2,008	897
Jul	238,771	219,114	19,657	871	254	1,073	367	13,174	91	835	675	1,505	812
Aug	245,511	225,304	20,207	906	288	1,203	318	13,635	116	852	664	1,423	802

Table 17 — ENLISTED PERSONNEL IN CONTINENTAL US, BY AIR FORCE OR COMMAND: DEC 1941 TO AUG 1945

End of Month	Total	Continental Air Forces	First Air Force	Second Air Force	Third Air Force	Fourth Air Force	I Troop Carrier Command	Training Command	Air Technical Service Command	Air Transport Command	Personnel Distribution Command	Other
1941												
Dec..	306,235	-									-	N
1942												o
Jan..	339,371	-									-	t
Feb..	390,275	-									-	
Mar..	453,184	-			Not Available						-	A
Apr..	486,554	-									-	v
May..	525,894	-									-	a
Jun..	603,642	-									-	i
Jul..	651,737	-									-	l
Aug..	759,760	-									-	a
Sep..	847,715	-									-	b
Oct..	991,369	-									-	l
Nov..	1,212,842	-	32,094	78,603	88,878	32,572	20,333	748,781	137,229	27,337	-	47,015
Dec..	1,254,553	-	35,023	89,861	89,320	35,229	20,917	771,027	140,213	23,982	-	48,981
1943												
Jan..	1,324,292	-	38,117	91,509	100,438	38,598	18,694	814,004	140,328	24,785	-	57,819
Feb..	1,451,716	-	45,202	95,649	103,751	40,625	19,217	879,348	148,417	30,501	-	89,006
Mar..	1,585,207	-	50,234	107,488	121,465	53,153	23,048	893,844	166,852	37,276	-	131,847
Apr..	1,659,544	-	52,228	118,776	132,318	60,196	25,388	903,997	168,117	42,542	-	155,982
May..	1,629,657	-	53,620	128,929	138,013	58,152	25,260	860,912	158,913	44,053	-	161,805
Jun..	1,608,552	-	56,882	134,285	145,647	63,756	26,659	809,947	160,212	44,742	-	166,422
Jul..	1,604,056	-	65,260	142,360	139,728	58,095	26,849	809,336	157,079	43,231	-	162,118
Aug..	1,604,245	-	72,519	150,774	139,702	65,484	27,651	801,894	148,054	45,352	-	152,815
Sep..	1,582,389	-	65,404	156,927	135,275	67,150	26,840	795,034	124,042	45,032	-	166,685
Oct..	1,544,366	-	64,356	161,285	123,732	65,936	26,029	799,133	112,924	44,946	-	146,031
Nov..	1,523,512	-	64,923	147,461	128,135	64,721	27,685	785,519	101,075	45,287	-	158,706
Dec..	1,444,941	-	56,760	141,426	130,545	59,409	28,739	762,677	92,357	45,339	-	127,689
1944												
Jan..	1,407,884	-	52,039	144,798	127,770	62,596	29,303	742,406	73,060	46,148	-	129,764
Feb..	1,353,127	-	49,053	139,167	126,481	60,709	27,091	709,117	71,468	47,659	-	122,382
Mar..	1,302,934	-	49,726	140,677	119,133	61,291	25,623	669,851	80,329	50,345	-	105,959
Apr..	1,208,723	-	51,279	133,609	121,345	65,142	25,373	590,108	83,832	50,227	-	87,808
May..	1,172,547	-	52,021	132,467	120,415	66,132	29,075	559,467	84,206	52,689	-	76,075
Jun..	1,129,802	-	50,375	135,069	116,515	65,752	29,431	524,026	84,929	33,881	13,233	76,591
Jul..	1,134,578	-	50,894	131,825	112,086	67,480	28,497	512,092	90,353	34,052	36,410	70,889
Aug..	1,108,330	-	50,582	136,437	111,433	68,026	28,237	484,985	88,447	34,989	39,488	65,706
Sep..	1,092,617	-	44,976	141,665	110,821	66,380	28,954	461,449	84,984	36,889	46,003	70,496
Oct..	1,046,102	-	42,243	136,180	99,818	61,827	26,602	451,824	82,580	36,370	49,509	59,149
Nov..	1,014,507	-	41,578	129,087	97,866	58,797	25,166	438,399	82,860	36,201	54,806	49,747
Dec..	972,892	-	41,070	124,692	94,257	57,617	24,955	413,984	73,305	36,052	49,246	57,714
1945												
Jan..	944,169	-	40,187	120,351	92,895	58,473	23,917	405,385	69,972	34,438	43,563	54,988
Feb..	914,161	-	53,517	102,120	84,877	65,564	22,649	386,584	66,037	31,039	50,839	50,935
Mar..	888,281	-	59,638	94,145	78,501	67,712	20,675	383,934	61,681	30,442	46,484	45,069
Apr..	881,136	315,828						376,374	58,326	28,724	49,721	52,163
May..	876,395	313,216						361,602	57,647	35,470	50,148	58,312
Jun..	913,812	337,324		Included in CAF				346,082	60,901	39,866	54,361	75,278
Jul..	946,941	378,849						344,769	67,909	40,313	55,988	59,113
Aug..	1,008,062	414,390						336,648	76,198	42,450	68,200	70,176

Table 18 — ENLISTED PERSONNEL IN CONTINENTAL US, BY ARM OR SERVICE: SEP 1941 TO AUG 1945

End of Month	Grand Total	Air Corps	Arm or Service									
			Total	Chemical Warfare	Engineer	Finance	Medical	Military Police	Ordnance	Quartermaster	Signal	Other
1941												
Sep	203,073	174,209	28,864									
Oct	221,609	190,423	31,186									
Nov	247,317	203,430	43,887									
Dec	306,235	231,468	74,767									
1942												
Jan	339,371	276,682	62,689									
Feb	390,275	309,581	80,694									
Mar	453,384	364,499	88,885			Not	Available					
Apr	486,554	390,374	96,180									
May	525,894	431,831	94,063									
Jun	603,642	483,871	119,771									
Jul	651,737	530,218	121,519									
Aug	759,760	641,429	118,331									
Sep	847,715	714,617	133,098									
Oct	991,369	810,255	131,114									
Nov	1,212,842	972,583	240,259									
Dec	1,254,553	1,033,415	221,138									
1943												
Jan	1,324,292	1,083,765	240,527	10,217	25,452	5,514	50,703	2,335	33,033	44,373	46,657	22,243
Feb	1,451,716	1,183,295	268,421	11,345	29,670	5,738	53,749	4,433	34,661	45,658	52,002	31,165
Mar	1,585,207	1,194,996	390,211	12,774	40,693	6,191	57,211	8,295	43,205	47,957	63,335	110,550
Apr	1,659,544	1,239,183	420,361	14,580	45,527	5,675	61,622	10,247	46,404	50,479	71,528	114,299
May	1,629,657	1,265,022	364,635	15,283	44,936	6,257	62,980	10,220	44,371	51,797	72,205	56,586
Jun	1,608,552	1,234,270	374,282	13,591	37,950	5,932	62,206	9,329	42,984	50,797	71,498	79,995
Jul	1,604,056	1,239,815	364,241	13,124	42,707	6,056	62,219	10,585	42,646	52,653	74,476	59,775
Aug	1,604,245	1,241,466	362,779	12,060	43,790	6,360	61,667	7,985	41,120	51,246	75,117	63,434
Sep	1,582,389	1,223,680	358,709	10,996	45,287	6,091	59,935	7,908	38,194	49,858	76,635	63,805
Oct	1,544,366	1,223,973	320,393	8,658	42,593	6,096	58,250	7,006	35,179	45,948	68,716	47,947
Nov	1,523,512	1,211,027	312,485	8,001	42,083	5,895	56,876	4,638	30,229	40,485	66,052	58,226
Dec	1,444,941	1,186,189	258,752	6,503	35,525	5,660	54,507	2,302	26,814	37,237	56,722	33,482
1944												
Jan	1,407,884	1,172,980	234,904	4,058	26,933	5,561	53,001	1,571	24,380	33,983	49,024	36,393
Feb	1,353,127	1,141,309	211,818	3,687	22,745	5,231	51,234	584	22,489	32,114	43,567	30,167
Mar	1,302,934	1,109,797	193,137	3,471	17,073	5,381	50,429	528	22,384	32,700	41,581	19,590
Apr	1,208,723	1,046,285	162,438	3,207	13,495	5,266	48,598	478	20,451	29,512	38,155	3,276
May	1,172,547	1,021,739	150,808	3,090	11,366	5,244	47,301	528	19,410	26,158	34,871	2,840
Jun	1,129,802	989,899	139,903	2,984	9,564	4,885	45,478	162	19,184	24,242	31,364	2,040
Jul	1,134,578	996,247	138,331	2,918	12,570	4,836	45,390	68	19,042	23,560	28,302	1,645
Aug	1,108,330	973,789	134,541	2,840	12,026	4,741	44,909	173	17,918	23,634	27,121	1,179
Sep	1,092,617	962,644	129,973	2,600	10,870	4,705	44,189	52	17,259	22,700	26,767	831
Oct	1,046,102	924,935	121,167	2,730	10,275	4,520	42,245	41	16,598	20,863	23,750	145
Nov	1,014,507	897,831	116,676	2,755	10,885	4,505	40,758	29	15,194	19,793	22,626	131
Dec	972,892	862,093	110,799	2,297	15,059	4,481	36,423	44	14,399	17,261	20,688	147
1945												
Jan	944,169	834,349	109,820	2,159	19,045	4,498	34,835	43	14,118	15,308	19,689	125
Feb	914,161	811,496	102,665	2,064	18,546	4,376	33,866	42	13,092	13,580	16,969	130
Mar	888,281	788,257	100,024	2,009	18,386	4,263	33,751	225	11,859	13,354	16,043	134
Apr	881,136	824,450	56,686	455	10,487	73	33,448	201	3,367	1,430	7,223	2
May	876,395	822,615	53,780	425	8,947	57	33,255	202	3,022	1,635	6,234	3
Jun	913,812	862,026	51,786	441	5,702	93	33,338	653	3,385	2,117	6,048	9
Jul	946,941	900,511	46,430	791	3,599	109	28,013	920	2,925	3,393	6,677	3
Aug	1,008,062	958,007	50,055	1,567	2,520	86	27,230	1,567	3,946	3,949	9,138	52

Table 19 — CIVILIAN PERSONNEL IN CONTINENTAL U.S., BY AIR FORCE OR COMMAND: DEC 1941 TO AUG 1945

End of Month	Total	Continental Air Forces	First Air Force	Second Air Force	Third Air Force	Fourth Air Force	I Troop Carrier Command	Training Command	Air Technical Service Command	Air Transport Command	Personnel Distribution Command	Other[a]
1941												
Dec...	62,418	-									-	
1942												
Jan...	78,943	-									-	N
Feb...	92,593	-									-	o
Mar...	106,603	-									-	t
Apr...	125,861	-									-	
May...	127,047	-									-	A
Jun...	160,715	-									-	v
Jul...	187,312	-									-	a
Aug...	206,816	-									-	i
Sep...	220,451	-			Not	Available					-	l
Oct...	237,651	-									-	a
Nov...	260,677	-									-	b
Dec...	274,980	-									-	l
1943												e
Jan...	287,196	-									-	
Feb...	311,662	-									-	
Mar...	328,532	-										
Apr...	334,946	-	436	632	1,192	373	65	23,590	300,640	1,330	-	6,688
May...	348,150	-	481	678	1,220	420	57	28,540	309,184	1,283	-	6,287
Jun...	347,474	-	192	437	575	378	150	25,321	311,219	1,793	-	7,409
Jul...	347,774	-	709	2,017	1,841	443	401	25,896	308,406	2,215	-	5,846
Aug...	351,529	-	800	2,754	1,875	443	417	24,255	312,732	2,419	-	5,834
Sep...	357,671	-	1,146	2,520	2,585	595	508	24,379	316,796	2,800	-	6,342
Oct...	357,593	-	1,170	2,727	2,478	614	487	23,813	316,956	2,755	-	6,593
Nov...	352,543	-	1,201	2,745	2,515	690	497	23,661	311,690	2,640	-	6,904
Dec...	345,188	-	1,243	2,689	2,546	688	503	23,232	305,102	2,611	-	6,574
1944												
Jan...	340,476	-	4,917	16,788	10,989	3,895	3,542	63,532	217,832	10,127	-	8,854
Feb...	336,433	-	4,890	16,515	10,788	3,761	3,531	61,075	215,720	11,289	-	8,864
Mar...	334,004	-	5,161	16,448	10,470	3,858	3,263	59,632	211,007	13,516	-	10,649
Apr...	343,620	-	5,914	17,332	10,950	4,862	3,481	59,468	216,767	14,390	-	10,456
May...	343,475	-	6,407	17,416	10,638	5,240	3,432	58,842	216,308	14,651	-	10,541
Jun...	348,503	-	6,478	17,947	11,095	6,110	3,583	59,490	218,153	14,846	802	9,999
Jul...	348,684	-	6,468	17,986	11,104	6,467	3,703	59,224	217,873	15,179	1,636	9,044
Aug...	342,544	-	6,310	18,056	10,981	6,425	3,826	58,284	210,335	14,737	1,697	11,893
Sep...	339,487	-	5,460	18,409	11,069	6,402	4,026	59,462	206,307	14,385	2,202	11,765
Oct...	422,157	-	10,775	29,023	19,780	11,150	6,053	89,323	216,726	20,213	5,198	13,916
Nov...	420,024	-	10,749	29,245	19,472	10,959	5,436	87,648	216,416	19,562	6,577	13,960
Dec...	409,850	-	10,409	29,328	19,029	10,769	5,456	84,785	210,075	19,396	6,821	13,782
1945												
Jan...	404,489	-	10,279	29,261	19,040	10,882	5,463	83,155	205,181	20,285	7,164	13,779
Feb...	403,343	4	13,670	25,489	16,840	12,678	5,502	81,478	204,765	21,664	7,618	13,635
Mar...	397,726	13	15,620	24,172	15,209	12,622	5,025	77,506	204,183	22,399	7,951	13,026
Apr...	398,356	71,630						73,705	208,840	22,493	8,738	12,950
May...	394,155	69,341						70,516	209,376	23,361	8,880	12,681
Jun...	393,896	71,997		Included	in	CAF		65,597	209,281	23,940	10,251	12,830
Jul...	387,536	72,823						64,767	203,204	24,449	10,311	11,982
Aug...	361,419	69,086						62,351	185,367	23,752	9,296	11,567

a/ Includes Departmental Service, Army Air Forces Center and exempted stations.

Source: Assistant Chief of Air Staff-1, Civilian Personnel Division.

Table 20 — MILITARY PERSONNEL OVERSEAS, BY THEATER AND BY TYPE OF PERSONNEL: JAN 1943 TO AUG 1945

End of Month	Total	ETO	MTO	POA	FEAF	C & I-B	Alaska	Twentieth Air Force	ATC	Other
TOTAL										
1943 Jan........	260,630	38,062	71,967	18,521	45,641	13,009	13,889	-	6,477	53,064
Feb........	286,480	38,019	79,449	19,146	48,412	15,504	16,678	-	10,662	58,610
Mar........	324,438	52,298	79,463	19,416	57,423	15,268	18,068	-	19,643	62,859
Apr........	331,101	55,388	81,350	19,834	57,096	14,835	18,600	-	20,054	63,944
May........	403,406	95,614	92,259	21,747	73,632	18,209	18,753	-	19,841	63,351
Jun........	432,145	110,440	95,044	22,690	82,900	18,161	19,906	-	23,264	59,740
Jul........	470,400	131,567	97,020	23,156	86,525	23,608	21,533	-	24,668	62,323
Aug........	526,447	158,616	115,350	23,271	97,362	24,969	22,807	-	28,227	55,845
Sep........	555,394	171,959	119,274	23,758	104,247	28,806	20,220	-	31,149	55,981
Oct........	628,148	226,890	128,963	27,440	116,148	32,450	20,201	-	33,865	42,191
Nov........	671,878	252,529	131,013	29,288	125,071	38,726	20,230	-	30,442	44,579
Dec........	735,666	294,385	142,790	33,095	129,281	41,936	19,919	-	36,616	37,644
1944 Jan........	793,757	318,184	153,070	34,448	141,649	49,851	19,729	-	39,998	36,828
Feb........	847,530	349,874	160,909	35,124	141,669	52,256	16,893	5,676	41,620	43,509
Mar........	906,335	387,797	162,178	35,522	151,497	62,404	16,799	7,004	42,832	40,302
Apr........	945,800	407,034	164,640	37,011	159,512	66,538	16,912	9,250	43,892	41,011
May........	999,514	423,547	174,056	42,987	166,605	72,901	16,159	11,497	47,557	44,205
Jun........	1,037,334	436,417	168,776	52,379	173,168	71,313	16,177	15,131	75,031	28,942
Jul........	1,061,781	446,229	177,985	49,183	172,945	70,510	15,562	21,071	81,076	27,220
Aug........	1,082,076	448,710	178,800	53,744	173,598	72,609	14,915	26,478	88,736	24,486
Sep........	1,078,138	444,176	174,345	55,746	168,188	77,665	15,105	28,002	92,047	22,864
Oct........	1,121,360	441,769	177,416	62,162	169,799	80,014	12,626	28,962	101,230	47,382
Nov........	1,151,475	450,959	169,805	61,485	172,104	87,043	12,073	41,444	108,165	48,397
Dec........	1,164,136	447,344	167,854	65,915	173,620	91,609	11,980	46,417	111,755	47,642
1945 Jan........	1,179,719	441,405	171,785	66,741	178,011	93,655	11,469	52,421	113,743	50,489
Feb........	1,186,231	442,032	167,646	69,114	178,200	98,063	11,184	54,560	114,049	51,383
Mar........	1,217,137	457,195	163,963	73,118	179,603	97,520	10,941	64,319	116,846	53,632
Apr........	1,224,006	453,329	157,216	81,625	178,372	95,985	11,369	72,277	119,763	54,070
May........	1,208,504	443,612	123,584	89,570	182,633	95,342	11,570	77,579	128,884	55,730
Jun........	1,128,886	368,064	99,364	89,943	182,241	93,610	11,140	79,669	147,021	57,834
Jul........	1,076,380	322,758	81,534	86,777	183,959	91,363	11,703	94,155	147,833	56,298
Aug........	999,609	271,613	56,563	46,647	216,616	91,424	11,013	101,465	149,299	54,969
OFFICERS										
1943 Jan........	28,032	4,616	6,992	1,579	4,923	1,522	1,651	-	1,149	5,600
Feb........	31,704	4,894	8,333	1,966	5,014	1,831	1,718	-	1,599	6,349
Mar........	37,209	5,988	9,315	2,068	6,116	1,949	1,961	-	3,001	6,811
Apr........	38,477	6,868	9,567	1,813	6,265	1,927	1,926	-	3,074	7,037
May........	46,541	10,470	12,042	2,116	7,760	2,396	1,910	-	2,906	6,941
Jun........	49,457	12,018	11,810	2,007	8,813	2,465	2,022	-	3,734	6,588
Jul........	52,815	13,374	12,073	2,152	8,787	3,312	2,355	-	3,631	7,131
Aug........	58,294	16,192	14,134	2,068	10,091	3,340	2,441	-	4,294	5,734
Sep........	62,254	18,204	14,929	2,223	10,939	3,681	1,847	-	4,681	5,750
Oct........	70,143	24,358	16,048	2,965	11,751	3,852	1,826	-	5,105	4,238
Nov........	77,650	29,072	16,601	3,245	12,892	4,322	1,888	-	5,219	4,411
Dec........	81,072	30,796	17,893	3,414	13,229	4,457	1,847	-	5,816	3,620
1944 Jan........	88,784	34,959	18,763	3,613	14,412	5,290	1,894	-	6,235	3,618
Feb........	93,719	38,254	19,386	3,756	14,261	5,570	1,554	229	6,630	4,079
Mar........	104,864	46,565	20,050	3,887	14,979	6,821	1,607	572	6,734	3,649
Apr........	111,893	50,923	20,273	4,067	15,388	7,608	1,620	1,360	7,025	3,629
May........	121,964	55,517	22,514	4,576	16,252	7,984	1,552	1,986	7,680	3,903
Jun........	128,245	59,073	21,395	5,553	16,569	8,186	1,612	2,271	11,003	2,583
Jul........	135,467	62,114	23,567	5,563	17,493	8,612	1,554	2,582	11,428	2,554
Aug........	137,410	61,991	24,196	5,952	16,914	9,222	1,492	2,844	12,425	2,374
Sep........	137,398	61,611	23,486	6,095	17,360	9,892	1,609	2,846	12,433	2,066
Oct........	145,895	62,450	24,863	6,593	18,197	10,092	1,388	3,547	14,191	4,574
Nov........	151,333	63,900	23,681	6,629	19,267	11,422	1,335	5,119	15,275	4,705
Dec........	153,545	63,757	22,752	7,214	19,779	11,645	1,309	5,891	16,565	4,633
1945 Jan........	156,246	63,077	24,338	7,161	19,553	11,930	1,348	6,642	17,152	5,045
Feb........	161,126	65,272	24,120	7,238	20,026	12,563	1,299	7,392	17,901	5,315
Mar........	165,492	66,462	23,809	7,595	20,314	12,575	1,315	9,101	18,699	5,622
Apr........	163,886	62,904	22,403	8,966	20,450	12,593	1,360	10,233	19,330	5,647
May........	162,758	63,633	16,578	9,614	21,387	12,386	1,401	10,829	21,168	5,762
Jun........	141,893	45,311	11,479	9,417	21,168	12,179	1,354	11,514	23,441	6,030
Jul........	132,498	35,197	9,395	8,596	22,185	11,706	1,389	14,480	23,761	5,789
Aug........	122,833	28,076	6,542	4,570	24,522	11,850	1,320	15,914	24,253	5,786

Table 20 — MILITARY PERSONNEL OVERSEAS, BY THEATER AND BY TYPE OF PERSONNEL: JAN 1943 TO AUG 1945 — Continued

End of Month	Total	ETO	MTO	POA	FEAF	C & I-B	Alaska	Twentieth Air Force	ATC	Other
	ENLISTED PERSONNEL									
1943 Jan........	232,598	33,446	64,975	16,942	40,718	11,487	12,238	-	5,328	47,464
Feb........	254,776	33,125	71,116	17,180	43,398	13,673	14,960	-	9,063	52,261
Mar........	287,229	46,310	70,148	17,348	51,307	13,319	16,107	-	16,642	56,048
Apr........	292,624	48,520	71,783	18,021	50,831	12,908	16,674	-	16,980	56,907
May........	356,865	85,144	80,217	19,631	65,872	15,813	16,843	-	16,935	56,410
Jun........	382,688	98,422	83,234	20,683	74,087	15,696	17,884	-	19,530	53,152
Jul........	417,585	118,193	84,947	21,004	77,738	20,296	19,178	-	21,037	55,192
Aug........	468,153	142,424	101,216	21,203	87,271	21,629	20,366	-	23,933	50,111
Sep........	493,140	153,755	104,345	21,535	93,308	25,125	18,373	-	26,468	50,231
Oct........	558,005	202,532	112,915	24,475	104,397	28,598	18,375	-	28,760	37,953
Nov........	594,228	223,457	114,412	26,043	112,179	34,404	18,342	-	25,223	40,168
Dec........	654,594	263,589	124,897	29,681	116,052	37,479	18,072	-	30,800	34,024
1944 Jan........	704,973	283,225	134,307	30,835	127,237	44,561	17,835	-	33,763	33,210
Feb........	753,811	311,620	141,523	31,368	127,408	46,686	15,339	5,447	34,990	39,430
Mar........	801,471	341,232	142,128	31,635	136,518	55,583	15,192	6,432	36,098	36,653
Apr........	833,907	356,111	144,367	32,944	144,124	58,930	15,292	7,890	36,867	37,382
May........	877,550	368,030	151,542	38,411	150,353	64,917	14,607	9,511	39,877	40,302
Jun........	909,089	377,344	147,381	46,826	156,599	63,127	14,565	12,860	64,028	26,359
Jul........	926,314	384,115	154,418	43,620	155,452	61,898	14,008	18,489	69,648	24,666
Aug........	944,666	386,719	154,604	47,792	156,684	63,387	13,423	23,634	76,311	22,112
Sep........	940,740	382,565	150,859	49,651	150,828	67,773	13,496	25,156	79,614	20,798
Oct........	975,465	379,319	152,553	55,569	151,602	69,922	11,238	25,415	87,039	42,808
Nov........	1,000,142	387,059	146,124	54,856	152,837	75,621	10,738	36,325	92,890	43,692
Dec........	1,010,591	383,587	145,102	58,701	153,841	79,964	10,671	40,526	95,190	43,009
1945 Jan........	1,023,473	378,328	147,447	59,580	158,458	81,725	10,121	45,779	96,591	45,444
Feb........	1,025,105	376,760	143,526	61,876	158,174	85,500	9,885	47,168	96,148	46,068
Mar........	1,051,645	390,733	140,154	65,523	159,289	84,945	9,626	55,218	98,147	48,010
Apr........	1,060,120	390,425	134,813	72,659	157,922	83,392	10,009	62,044	100,433	48,423
May........	1,045,746	379,979	107,006	79,956	161,246	82,956	10,169	66,750	107,716	49,968
Jun........	986,993	322,753	87,885	80,526	161,073	81,431	9,786	68,155	123,580	51,804
Jul........	943,882	287,561	72,139	78,181	161,774	79,657	10,314	79,675	124,072	50,509
Aug........	876,776	243,537	50,021	42,077	192,094	79,574	9,693	85,551	125,046	49,183

Table 21 — MILITARY PERSONNEL OVERSEAS, BY SPECIALTY: JUN 1944 TO AUG 1945

End of Month	OFFICERS												
	Total	Pilot	Bombardier	Navigator	Other Aircrew a/	Administrative	Armament and Ordnance	Communications	Engineering	Medical	Operations	Supply	Other
1944 Jun...	128,245	44,572	7,312	12,354	126	9,741	4,140	6,195	8,048	5,195	6,475	5,607	18,480
Jul...	135,467	45,800	7,500	12,587	127	11,100	4,521	6,162	8,355	5,038	6,493	6,904	20,880
Aug...	137,410	48,262	7,351	12,829	128	10,856	4,551	6,215	8,123	5,057	6,406	7,000	20,632
Sep...	137,398	49,788	7,214	13,385	116	10,963	4,546	6,190	8,513	5,031	6,590	7,018	18,044
Oct...	145,895	52,086	8,350	13,096	117	11,260	4,533	8,086	8,710	5,076	6,763	7,036	20,782
Nov...	151,333	56,515	8,483	14,073	110	11,686	4,577	8,412	9,025	5,190	6,916	7,055	19,291
Dec...	153,545	57,953	8,058	13,880	115	12,172	4,602	8,626	9,056	5,131	7,102	7,398	19,452
1945 Jan...	156,246	60,014	8,041	14,544	1,116	12,184	4,578	8,522	8,750	5,117	7,259	7,371	18,750
Feb...	161,126	61,662	8,079	15,470	1,255	12,482	4,684	8,844	8,765	5,152	7,442	7,458	19,833
Mar...	165,492	64,385	8,321	15,752	1,464	12,750	4,624	9,073	9,100	5,162	7,623	7,600	19,638
Apr...	163,886	63,870	7,975	15,615	1,579	12,857	4,639	9,382	9,326	5,263	7,801	7,688	17,891
May...	162,758	59,224	6,851	12,003	2,646	12,878	4,591	9,180	9,364	5,206	7,861	7,497	25,457
Jun...	141,893	52,067	5,244	9,937	2,720	12,213	4,100	8,790	8,928	4,814	6,868	7,230	18,982
Jul...	132,498	45,908	4,122	8,932	2,510	11,847	4,005	8,628	8,974	4,699	6,308	7,158	19,407
Aug...	122,833	42,700	3,882	8,593	2,824	11,086	3,527	8,046	8,058	4,367	5,894	6,520	17,336

End of Month	ENLISTED PERSONNEL							
	Total	Airplane Maintenance	Aerial Gunner	Other Aircrew	Armament	Communications	Radar	Medical
1944 Jun...	909,089	163,564	57,614	6,370	58,960	83,147	18,287	16,974
Jul...	926,314	162,470	58,713	10,621	58,773	71,264	19,345	17,239
Aug...	944,666	163,176	59,456	12,795	58,363	70,002	19,256	17,917
Sep...	940,740	165,336	57,088	13,643	60,322	71,556	19,320	18,509
Oct...	975,465	169,574	58,657	15,483	60,330	88,387	20,249	19,220
Nov...	1,000,142	175,188	62,181	16,734	61,593	90,881	21,353	19,432
Dec...	1,010,591	179,414	62,424	18,047	62,061	92,781	22,007	16,069
1945 Jan...	1,023,473	181,749	64,978	20,332	62,077	94,997	22,311	16,167
Feb...	1,025,105	181,793	67,935	21,589	61,677	97,029	23,121	16,188
Mar...	1,051,645	185,897	69,475	23,125	62,414	100,376	24,800	16,621
Apr...	1,060,120	187,579	64,758	24,208	62,374	100,412	26,181	16,662
May...	1,045,746	161,506	52,884	22,854	61,722	99,100	26,688	20,409
Jun...	986,993	151,378	39,615	23,803	56,590	96,793	24,593	19,742
Jul...	943,882	144,087	30,719	22,990	52,694	93,163	23,591	19,308
Aug...	876,776	130,782	28,283	23,221	46,285	85,276	21,531	17,569

End of Month	ENLISTED PERSONNEL (Contd)					
	Supply	Utility and Construction	Automotive	Administrative	Other Specialists	Non-Specialists
1944 Jun...	43,086	38,830	122,632	104,990	87,464	107,171
Jul...	43,305	40,917	121,988	114,089	102,271	105,319
Aug...	44,190	40,947	122,237	115,067	117,532	103,728
Sep...	46,012	44,992	126,543	116,969	93,984	106,466
Oct...	47,413	44,805	127,638	121,182	96,218	106,309
Nov...	48,957	44,606	130,117	124,432	97,177	107,491
Dec...	51,811	44,669	132,010	131,325	92,244	105,729
1945 Jan...	52,846	45,284	132,576	132,218	93,766	104,172
Feb...	53,232	45,336	131,568	131,664	93,863	100,110
Mar...	55,371	46,635	134,538	135,443	93,450	103,500
Apr...	56,354	49,365	133,922	135,597	98,319	104,389
May...	61,034	54,349	155,300	136,608	99,322	93,970
Jun...	59,860	53,498	153,696	130,864	88,652	87,909
Jul...	58,011	52,637	148,755	126,019	84,985	86,923
Aug...	52,116	48,673	131,157	118,846	94,655	78,382

a/ Flight Engineers included in "Engineering" and Radar Observers in "Communications" prior to Jan 1945.

Table 22 — OFFICERS IN OVERSEAS THEATERS, BY ARM OR SERVICE: SEP 1941 TO AUG 1945

End of Month	Grand Total	Air Corps	Arm or Service										
			Total	Chaplain	Chemical Warfare	Engineer	Finance	Medical	Military Police	Ordnance	Quartermaster	Signal	Other
1941			Not Available										
Sep	1,415	1,415											
Oct	1,589	1,589											
Nov	1,665	1,665											
Dec	2,479	2,479											
1942													
Jan	2,829	2,455	374										
Feb	3,431	2,884	547										
Mar	3,403	3,013	390		N o t A v a i l a b l e								
Apr	3,926	3,234	692										
May	4,042	3,257	785										
Jun	10,507	8,329	2,178										
Jul	12,440	10,287	2,153										
Aug	14,923	11,839	3,084										
Sep	15,823	12,600	3,223										
Oct	19,597	16,291	3,306										
Nov	22,865	18,819	4,046										
Dec	26,792	22,374	4,418										
1943													
Jan	28,032	23,127	4,905										
Feb	31,704	25,623	6,081	-	73	832	26	282	94	477	541	1,334	2,422
Mar	37,209	29,863	7,346	-	118	1,283	23	329	119	480	565	1,561	2,868
Apr	38,477	30,795	7,682	-	72	1,333	9	383	115	497	562	1,690	3,021
May	46,541	37,261	9,280	-	82	1,562	3	334	168	582	654	1,809	4,086
Jun	49,457	40,136	9,321	-	90	1,609	1	308	197	612	715	1,928	3,861
Jul	52,815	42,070	10,745	-	126	1,917	1	290	328	690	823	2,066	4,504
Aug	58,294	46,026	12,268	-	141	2,221	1	341	415	839	932	2,306	5,072
Sep	62,254	49,507	12,747	-	171	2,263	1	332	470	898	1,009	2,412	5,191
Oct	70,143	54,430	15,713	-	172	2,478	4	342	505	1,015	1,090	2,655	7,452
Nov	77,650	60,950	16,700	-	171	2,563	4	297	507	1,198	1,198	2,855	7,907
Dec	81,072	63,716	17,356	530	748	2,961	342	3,010	663	2,340	2,082	3,678	1,002
1944													
Jan	88,784	69,513	19,271	545	866	3,286	389	3,420	657	2,544	2,483	4,273	808
Feb	93,719	73,467	20,252	624	901	3,491	383	3,994	654	2,693	2,495	4,420	597
Mar	104,864	83,528	21,336	658	890	3,670	454	4,452	625	2,858	2,445	4,490	794
Apr	111,893	89,831	22,062	667	962	3,811	470	4,624	635	2,814	2,716	4,590	773
May	121,964	98,626	23,338	695	978	4,050	476	5,031	652	2,876	2,744	4,700	1,136
Jun	128,245	104,038	24,207	787	877	4,130	510	5,202	692	2,982	2,815	5,013	1,199
Jul	135,467	111,304	24,163	823	868	4,085	529	5,372	693	3,006	2,757	4,979	1,051
Aug	137,410	113,419	23,991	834	883	4,034	510	5,284	686	3,105	2,712	4,915	1,028
Sep	137,398	113,371	24,027	823	863	4,084	516	5,355	673	3,046	2,695	4,840	1,132
Oct	145,895	121,451	24,444	835	886	4,134	540	5,275	669	3,127	2,669	5,048	1,261
Nov	151,333	126,318	25,015	885	895	4,212	578	5,550	669	3,188	2,739	5,019	1,280
Dec	153,545	129,666	23,879	909	886	3,950	555	5,541	509	2,894	2,440	4,906	1,289
1945													
Jan	156,246	131,098	25,148	913	898	4,065	592	5,860	649	3,164	2,716	5,123	1,168
Feb	161,126	135,725	25,401	928	880	4,241	603	5,925	633	3,103	2,696	5,177	1,215
Mar	165,492	140,068	25,424	970	886	4,238	605	5,685	658	3,102	2,694	5,236	1,350
Apr	163,886	138,229	25,657	995	893	4,395	584	5,971	575	2,916	2,533	5,365	1,430
May	162,758	137,425	25,333	979	845	4,537	563	5,891	586	2,992	2,411	5,197	1,332
Jun	141,893	117,690	24,203	969	781	4,437	518	5,824	519	2,772	2,189	4,953	1,241
Jul	132,498	109,579	22,919	914	705	4,513	440	5,505	457	2,455	1,869	4,896	1,165
Aug	122,833	101,700	21,133	800	620	4,587	401	5,055	394	2,139	1,699	4,395	1,043

Table 23—ENLISTED PERSONNEL IN OVERSEAS THEATERS, BY ARM OR SERVICE: SEP 1941 TO AUG 1945

| End of Month | Grand Total | Air Corps | Arm or Service ||||||||||
			Total	Chemical Warfare	Engineer	Finance	Medical	Military Police	Ordnance	Quartermaster	Signal	Other
1941												
Sep	22,870	22,870	Not Available									
Oct	26,616	26,616										
Nov	27,262	27,262										
Dec	23,405	23,405										
1942												
Jan	48,115	33,446	14,669									
Feb	59,541	40,607	18,934									
Mar	58,582	47,157	11,425			Not Available						
Apr	72,200	59,000	13,200									
May	86,500	70,600	15,900									
Jun	104,817	82,359	22,458									
Jul	120,006	88,497	31,509									
Aug	144,448	108,232	36,216									
Sep	153,297	113,877	39,420									
Oct	164,714	116,399	48,315									
Nov	186,754	128,036	58,718									
Dec	215,229	143,907	71,322									
1943												
Jan	232,598	156,274	76,324									
Feb	254,776	165,842	88,934	1,838	20,054	183	1,391	2,370	9,649	13,305	27,124	13,020
Mar	287,229	178,106	109,123	2,038	33,285	206	1,422	3,054	10,457	13,565	30,859	14,237
Apr	292,624	182,388	110,236	1,972	32,713	79	1,439	2,905	10,256	14,046	31,819	15,007
May	356,865	226,267	130,598	2,129	38,324	5	1,381	4,817	11,257	15,974	34,882	21,829
Jun	382,688	245,287	137,401	2,433	38,934	5	1,272	6,392	11,920	16,960	36,169	23,316
Jul	417,585	258,668	158,917	3,331	46,061	5	1,450	9,878	13,901	19,723	38,456	26,112
Aug	468,153	287,081	181,072	3,827	53,640	5	1,663	11,915	16,492	21,642	43,566	28,322
Sep	493,140	302,567	190,573	4,422	54,632	5	1,819	13,549	18,133	23,096	45,943	28,974
Oct	558,005	340,068	217,937	4,533	60,445	22	1,658	14,211	19,849	24,409	51,425	41,385
Nov	594,228	364,771	229,457	4,781	62,084	22	1,759	14,449	23,593	26,750	54,509	41,510
Dec	654,594	407,965	246,629	8,346	68,747	1,985	14,528	17,184	38,087	32,132	62,561	3,059
1944												
Jan	704,973	441,953	263,020	9,439	74,006	2,131	16,406	18,114	38,313	34,722	66,203	3,686
Feb	753,811	481,060	272,751	9,073	78,252	2,314	17,733	18,083	41,311	34,800	69,350	1,835
Mar	801,471	517,310	284,161	9,336	82,081	2,496	19,307	17,633	44,542	36,843	71,923	-
Apr	833,907	535,325	298,582	9,496	85,940	2,633	19,721	18,224	45,981	42,071	74,516	-
May	877,550	571,405	306,145	9,642	87,317	2,752	21,314	17,834	47,469	43,422	76,376	19
Jun	909,089	591,483	317,606	9,414	90,397	2,860	22,169	19,014	48,993	44,174	80,568	17
Jul	926,314	607,173	319,141	9,595	91,259	3,072	22,591	18,617	49,206	43,661	81,117	23
Aug	944,666	624,955	319,711	9,587	90,453	3,040	22,735	17,421	50,267	43,583	82,599	26
Sep	940,740	621,210	319,530	9,708	92,388	3,109	23,026	17,921	49,995	43,832	79,517	34
Oct	975,465	653,477	321,988	9,584	92,894	3,168	22,872	17,617	50,400	44,116	81,297	40
Nov	1,000,142	682,299	317,843	9,182	92,321	3,213	23,069	17,358	50,575	43,018	79,081	26
Dec	1,010,591	713,104	297,487	9,449	88,594	3,006	22,686	12,606	45,164	38,800	77,134	48
1945												
Jan	1,023,473	701,706	321,767	9,599	91,027	3,506	24,247	17,633	50,170	43,448	82,106	31
Feb	1,025,105	704,109	320,996	9,619	93,244	3,703	24,151	17,246	49,432	42,348	81,162	91
Mar	1,051,645	733,332	318,313	8,967	92,665	3,441	24,239	17,269	47,544	42,403	81,587	198
Apr	1,060,120	750,454	309,666	9,027	95,445	3,109	24,037	14,302	42,973	39,185	81,491	97
May	1,045,746	752,966	292,780	8,541	95,334	1,929	23,218	13,042	39,663	33,459	77,194	400
Jun	986,993	705,604	281,389	8,188	95,358	1,771	21,971	11,753	37,776	30,091	73,854	627
Jul	943,882	676,569	267,313	7,938	93,344	1,502	21,290	11,031	32,485	27,666	71,729	328
Aug	876,776	626,542	250,234	6,892	94,772	1,267	18,679	9,878	27,757	25,243	65,746	-

Table 24 — MILITARY PERSONNEL IN EUROPEAN THEATER OF OPERATIONS, BY SPECIALTY: JUN 1944 TO AUG 1945

End of Month	OFFICERS												
	Total	Pilot	Bombardier	Navigator	Other Aircrew a/	Administrative	Armament and Ordnance	Communications	Engineering	Medical	Operations	Supply	Other
1944 Jun.....	59,073	22,153	3,813	7,398	21	4,372	1,854	2,305	2,887	2,077	2,559	2,219	7,415
Jul.....	62,114	22,526	4,134	7,430	22	4,628	2,084	2,268	2,966	2,056	2,624	2,717	8,659
Aug.....	61,991	23,269	4,015	7,267	18	4,505	2,062	2,253	2,920	2,047	2,549	2,746	8,340
Sep.....	61,611	24,113	3,642	7,431	18	4,478	2,062	2,202	2,908	2,020	2,538	2,771	7,428
Oct.....	62,450	24,056	4,331	7,043	20	4,397	2,028	2,176	2,914	1,988	2,428	2,750	8,319
Nov.....	63,900	26,647	4,373	7,227	24	4,555	2,065	2,334	2,954	2,022	2,530	2,734	6,435
Dec.....	63,757	26,246	4,009	7,071	17	4,738	2,018	2,314	2,890	1,969	2,485	2,891	7,109
1945 Jan.....	63,077	26,434	3,724	6,973	102	4,605	2,002	2,272	2,899	1,914	2,475	2,781	6,896
Feb.....	65,272	27,378	3,669	7,512	119	4,652	2,038	2,423	2,900	1,920	2,474	2,756	7,431
Mar.....	66,462	27,697	3,751	7,258	307	4,706	2,018	2,370	2,947	1,904	2,466	2,716	8,322
Apr.....	62,904	26,900	3,438	6,745	138	4,778	2,022	2,672	2,976	1,834	2,449	2,694	6,258
May.....	63,633	23,487	3,167	4,827	423	4,643	1,912	2,374	2,939	1,807	2,439	2,519	13,096
Jun.....	45,311	17,341	1,914	2,812	508	4,229	1,607	2,111	2,582	1,506	1,903	2,413	6,385
Jul.....	35,197	12,192	979	1,539	177	3,805	1,370	1,901	2,412	1,352	1,662	2,288	5,520
Aug.....	28,076	9,014	746	1,043	157	3,275	1,064	1,548	1,948	1,111	1,362	1,814	4,994

End of Month	ENLISTED PERSONNEL							
	Total	Airplane Maintenance	Aerial Gunner	Other Aircrew	Armament	Communications	Radar	Medical
1944 Jun.....	377,344	72,633	32,984	3,539	27,124	31,320	5,011	6,461
Jul.....	384,115	73,392	35,023	3,819	27,488	27,144	5,255	6,696
Aug.....	386,719	73,920	34,370	4,030	27,541	27,254	5,350	6,762
Sep.....	382,565	73,623	30,030	4,262	27,292	27,450	5,284	6,786
Oct.....	379,319	73,577	30,577	4,407	27,265	27,028	5,536	6,845
Nov.....	387,059	74,673	32,233	4,490	27,920	28,804	6,483	6,888
Dec.....	383,587	73,941	31,546	4,790	27,483	28,596	6,669	5,433
1945 Jan.....	378,328	73,487	31,098	5,188	27,100	28,422	6,885	5,333
Feb.....	376,760	73,396	33,029	5,369	27,037	28,644	7,415	5,379
Mar.....	390,733	73,798	33,384	5,522	27,236	29,572	8,183	5,636
Apr.....	390,425	73,573	30,150	5,683	26,855	29,477	8,755	5,478
May.....	379,979	62,978	23,458	4,480	25,947	28,768	8,667	6,737
Jun.....	322,753	52,236	13,076	4,367	21,266	26,571	6,649	6,074
Jul.....	287,561	44,912	7,561	3,254	18,135	24,494	5,704	5,691
Aug.....	243,537	35,269	5,639	2,663	14,730	20,488	4,446	4,640

End of Month	ENLISTED PERSONNEL (Contd)					
	Supply	Utility and Construction	Automotive	Administrative	Other Specialists	Non-Specialists
1944 Jun.....	18,214	11,569	49,484	45,081	31,105	42,819
Jul.....	18,658	12,393	50,079	49,792	32,780	41,596
Aug.....	18,958	12,578	50,066	49,436	35,761	40,693
Sep.....	19,254	12,803	50,120	48,955	37,251	39,455
Oct.....	19,439	12,699	49,705	48,993	34,533	38,715
Nov.....	19,867	12,664	50,759	49,582	33,616	39,080
Dec.....	20,209	12,492	50,783	50,588	32,800	38,257
1945 Jan.....	20,376	12,561	49,969	50,462	31,139	36,308
Feb.....	20,114	12,210	48,228	49,059	32,608	34,272
Mar.....	21,390	12,817	50,401	51,621	32,218	38,955
Apr.....	21,415	13,070	50,008	50,745	34,700	40,516
May.....	23,674	16,226	55,371	48,652	38,991	36,030
Jun.....	22,313	15,421	53,093	43,325	27,573	30,789
Jul.....	20,792	14,404	48,936	38,889	25,639	29,150
Aug.....	17,182	14,457	39,414	34,968	25,666	23,975

a/ Flight Engineers included in "Engineering" and Radar Observers in "Communications" prior to Jan 1945.

Table 25 — MILITARY PERSONNEL IN MEDITERRANEAN THEATER OF OPERATIONS, BY SPECIALTY: JUN 1944 TO AUG 1945

End of Month	OFFICERS												
	Total	Pilot	Bombardier	Navigator	Other Aircrew a/	Administrative	Armament and Ordnance	Communications	Engineering	Medical	Operations	Supply	Other
1944 Jun	21,395	8,249	2,189	2,168	11	1,346	829	1,093	985	816	758	893	2,058
Jul	23,567	8,399	2,052	2,304	6	1,635	897	1,144	962	762	656	1,095	3,655
Aug	24,196	9,124	2,188	2,645	10	1,621	904	1,132	988	764	610	1,050	3,160
Sep	23,486	8,864	2,264	2,821	10	1,652	890	1,138	1,003	780	705	1,021	2,338
Oct	24,863	9,404	2,725	2,622	11	1,606	864	1,077	1,025	764	788	1,024	2,953
Nov	23,681	9,069	2,553	2,573	9	1,509	799	903	961	709	696	965	2,935
Dec	22,752	9,717	2,482	2,640	11	1,565	805	959	973	661	688	991	1,260
1945 Jan	24,338	9,987	2,569	2,902	129	1,549	808	862	972	651	664	993	2,252
Feb	24,120	9,907	2,572	2,958	212	1,559	760	844	986	642	659	960	2,061
Mar	23,809	9,870	2,431	2,915	182	1,558	741	845	986	637	652	964	2,028
Apr	22,403	9,567	2,235	2,679	215	1,495	710	838	968	631	688	944	1,433
May	16,578	6,477	1,310	1,301	270	1,305	577	703	798	517	579	772	1,969
Jun	11,479	4,485	907	901	187	904	400	487	552	358	401	534	1,363
Jul	9,395	3,102	287	586	222	950	411	516	609	385	353	571	1,403
Aug	6,542	2,088	218	478	116	738	259	373	478	277	226	398	893

End of Month	ENLISTED PERSONNEL							
	Total	Airplane Maintenance	Aerial Gunner	Other Aircrew	Armament	Communications	Radar	Medical
1944 Jun	147,381	27,717	12,725	350	12,423	16,096	2,998	2,718
Jul	154,418	26,641	12,474	998	12,151	13,809	3,197	2,728
Aug	154,604	25,743	13,721	1,180	11,752	13,599	3,287	2,877
Sep	150,859	26,014	14,550	1,089	12,738	13,992	3,323	3,073
Oct	152,553	26,120	16,059	1,263	12,024	13,739	3,328	3,131
Nov	146,124	24,589	15,883	1,317	11,223	11,641	2,745	2,844
Dec	145,102	24,854	16,968	1,539	11,348	11,823	2,952	2,221
1945 Jan	147,447	24,490	18,027	1,599	11,224	11,675	2,778	2,236
Feb	143,526	23,396	18,428	1,621	10,741	11,173	2,656	2,151
Mar	140,154	23,001	18,062	1,758	10,519	10,779	2,687	2,080
Apr	134,813	22,341	16,287	1,811	10,127	10,325	3,110	2,026
May	107,006	14,854	10,018	1,010	7,761	8,683	2,491	2,119
Jun	87,885	11,116	7,314	819	6,631	7,622	1,979	1,761
Jul	72,139	9,060	3,185	744	5,043	6,435	1,526	1,503
Aug	50,021	5,809	1,844	636	2,822	4,070	1,046	1,128

End of Month	ENLISTED PERSONNEL (Contd)					
	Supply	Utility and Construction	Automotive	Administrative	Other Specialists	Non-Specialists
1944 Jun	6,558	5,199	20,214	16,795	9,311	14,277
Jul	6,510	5,388	20,252	18,605	18,085	13,580
Aug	6,666	5,395	20,776	18,484	18,383	12,741
Sep	6,822	5,437	21,242	18,740	7,780	16,059
Oct	6,999	5,384	21,188	18,116	11,992	13,210
Nov	6,742	5,148	19,776	17,005	15,180	12,031
Dec	7,059	5,270	20,074	18,006	10,478	12,510
1945 Jan	7,233	5,309	20,484	17,778	11,658	12,956
Feb	6,971	5,285	19,468	17,134	12,327	12,175
Mar	6,689	5,200	18,870	16,595	12,007	11,907
Apr	6,687	4,856	18,308	15,997	11,730	11,208
May	6,940	4,621	17,531	12,816	9,983	8,179
Jun	6,331	4,091	15,656	10,962	6,687	6,916
Jul	5,371	3,377	13,509	9,031	6,415	6,940
Aug	3,860	2,926	9,856	6,387	4,344	5,293

a/ Flight Engineers included in "Engineering" and Radar Observers in "Communications" prior to Jan 1945.

Table 26 — MILITARY PERSONNEL IN PACIFIC OCEAN AREAS, BY SPECIALTY: JUN 1944 TO AUG 1945

End of Month	OFFICERS												
	Total	Pilot	Bombardier	Navigator	Other Aircrew a/	Administrative	Armament and Ordnance	Communications	Engineering	Medical	Operations	Supply	Other
1944 Jun.	5,553	1,472	284	481	12	501	178	381	438	251	263	265	1,027
Jul.	5,563	1,504	302	519	11	605	202	366	455	244	270	327	758
Aug.	5,952	1,568	278	492	15	594	246	401	489	258	255	334	1,022
Sep.	6,095	1,627	287	511	15	534	211	373	512	241	235	309	1,240
Oct.	6,593	1,625	268	493	10	628	206	413	570	247	265	322	1,546
Nov.	6,629	1,709	307	539	9	670	240	489	607	262	274	357	1,166
Dec.	7,214	1,826	245	500	9	672	250	523	638	251	268	356	1,676
1945 Jan.	7,161	1,893	293	572	84	692	245	454	657	283	284	357	1,347
Feb.	7,238	1,842	254	542	78	717	240	463	744	291	262	360	1,445
Mar.	7,595	2,000	301	599	78	778	250	504	803	293	287	418	1,284
Apr.	8,966	2,270	364	708	100	787	260	541	952	318	308	463	1,895
May	9,614	2,432	360	739	117	924	312	615	1,077	340	386	517	1,795
Jun.	9,417	2,370	343	746	117	897	298	639	1,070	337	375	493	1,732
Jul.	Included in Far East Air Forces												
Aug.													

End of Month	ENLISTED PERSONNEL							
	Total	Airplane Maintenance	Aerial Gunner	Other Aircrew	Armament	Communications	Radar	Medical
1944 Jun.	46,826	5,324	2,338	47	2,779	4,573	2,208	869
Jul.	43,620	4,959	2,177	44	2,587	4,262	2,059	807
Aug.	47,792	5,109	2,141	143	2,724	4,196	2,485	970
Sep.	49,651	5,310	2,225	147	2,832	4,359	2,583	1,006
Oct.	55,569	5,634	2,133	238	3,079	4,828	2,732	1,122
Nov.	54,856	5,611	2,173	255	3,016	5,072	2,603	1,126
Dec.	58,701	6,368	1,874	339	3,148	5,130	2,636	976
1945 Jan.	59,580	6,666	2,278	553	3,053	5,266	2,670	1,041
Feb.	61,876	6,821	2,031	631	3,063	5,276	2,672	1,076
Mar.	65,523	7,227	2,284	644	3,208	5,525	2,737	1,128
Apr.	72,659	7,685	2,745	743	3,334	5,786	2,879	1,206
May	79,956	6,738	2,952	716	4,354	6,714	3,141	1,613
Jun.	80,526	6,546	2,809	759	4,370	6,666	3,199	1,622
Jul.	Included in Far East Air Forces							
Aug.								

End of Month	ENLISTED PERSONNEL (Contd)					
	Supply	Utility and Construction	Automotive	Administrative	Other Specialists	Non-Specialists
1944 Jun.	2,016	3,902	7,311	4,243	4,821	6,395
Jul.	1,880	3,633	6,809	3,952	4,493	5,958
Aug.	1,840	4,430	7,155	4,880	5,774	5,945
Sep.	1,910	4,603	7,435	5,071	5,998	6,172
Oct.	2,083	5,435	8,166	5,632	6,717	7,770
Nov.	2,150	5,323	8,322	5,616	5,634	7,955
Dec.	2,367	5,330	8,500	5,991	8,983	7,059
1945 Jan.	2,601	5,596	8,931	6,386	6,259	8,280
Feb.	2,662	6,416	9,577	6,596	6,326	8,729
Mar.	2,911	7,004	10,129	6,961	6,741	9,024
Apr.	2,985	8,323	11,129	7,366	9,067	9,411
May	4,139	9,201	15,538	8,249	7,141	9,460
Jun.	4,190	9,484	15,856	8,339	6,950	9,736
Jul.	Included in Far East Air Forces					
Aug.						

a/ Flight Engineers included in "Engineering" and Radar Observers in "Communications" prior to Jan 1945.

Table 27 — MILITARY PERSONNEL IN FAR EAST AIR FORCES, BY SPECIALTY: JUN 1944 TO AUG 1945

End of Month	OFFICERS												
	Total	Pilot	Bombardier	Navigator	Other Aircrew a/	Administrative	Armament and Ordnance	Communications	Engineering	Medical	Operations	Supply	Other
1944 Jun........	16,569	5,028	747	1,034	72	1,284	662	1,238	1,497	804	760	830	2,613
Jul........	17,493	5,111	707	1,015	78	1,386	671	1,195	1,567	790	733	1,010	3,230
Aug........	16,914	5,289	536	1,129	73	1,313	671	1,162	1,468	768	733	1,074	2,698
Sep........	17,360	5,927	694	1,241	62	1,328	654	1,136	1,576	782	790	1,055	2,115
Oct........	18,197	6,020	633	1,059	64	1,464	660	1,191	1,611	778	791	1,072	2,854
Nov........	19,267	6,168	807	1,368	56	1,435	648	1,242	1,625	778	779	1,077	3,284
Dec........	19,779	6,514	759	1,167	63	1,456	651	1,227	1,633	691	855	1,099	3,664
1945 Jan........	19,553	7,044	801	1,321	231	1,490	625	1,166	1,671	672	804	1,051	2,677
Feb........	20,026	7,142	841	1,424	239	1,498	643	1,152	1,633	656	825	1,116	2,857
Mar........	20,314	7,812	934	1,605	181	1,493	652	1,205	1,702	654	840	1,132	2,104
Apr........	20,450	7,713	863	1,772	199	1,460	645	1,163	1,708	678	895	1,154	2,200
May........	21,387	7,970	884	1,857	211	1,520	693	1,169	1,765	670	916	1,162	2,570
Jun........	21,168	8,029	795	1,834	252	1,503	651	1,154	1,800	669	901	1,157	2,423
Jul........	30,781	9,791	1,266	2,725	415	2,223	990	1,720	2,898	961	1,213	1,591	4,988
Aug........	29,092	9,910	1,179	2,624	445	2,161	947	1,716	2,606	957	1,234	1,577	3,736

End of Month	ENLISTED PERSONNEL							
	Total	Airplane Maintenance	Aerial Gunner	Other Aircrew	Armament	Communications	Radar	Medical
1944 Jun......	156,599	23,895	5,756	124	8,752	15,850	4,348	2,934
Jul......	155,452	22,722	5,331	1,057	8,804	14,051	5,083	3,033
Aug......	156,684	22,426	5,324	1,624	8,532	12,698	4,341	2,965
Sep......	150,828	21,778	6,220	1,871	8,491	13,023	4,179	2,872
Oct......	151,602	22,938	5,394	1,969	9,094	13,331	4,259	3,071
Nov......	152,837	23,177	6,434	2,006	8,824	13,330	4,695	3,040
Dec......	153,841	24,048	6,359	2,204	8,882	13,780	4,744	2,507
1945 Jan......	158,458	24,249	6,873	2,729	9,037	14,620	4,972	2,564
Feb......	158,174	23,851	7,067	2,821	9,074	14,560	4,977	2,589
Mar......	159,289	24,368	7,510	3,127	8,979	15,361	5,321	2,563
Apr......	157,922	24,726	7,081	3,203	8,901	15,140	5,340	2,541
May......	161,246	21,765	7,695	3,313	9,282	16,373	5,698	3,080
Jun......	161,073	21,475	7,407	3,252	9,179	16,314	5,682	3,082
Jul......	239,955	27,470	10,591	4,137	13,070	22,407	9,022	4,612
Aug......	234,171	26,150	10,752	4,247	12,198	21,253	8,835	4,210

End of Month	ENLISTED PERSONNEL (Contd)					
	Supply	Utility and Construction	Automotive	Administrative	Other Specialists	Non-Specialists
1944 Jun......	6,418	11,335	22,598	14,422	19,939	20,228
Jul......	6,299	12,305	22,447	16,053	17,755	20,512
Aug......	6,299	10,841	21,060	15,521	25,441	19,612
Sep......	6,734	12,520	21,303	15,455	18,768	17,614
Oct......	6,514	12,719	21,792	16,064	15,846	18,611
Nov......	6,492	12,822	21,860	16,049	15,625	18,483
Dec......	6,723	12,894	21,975	17,680	13,612	18,433
1945 Jan......	6,729	13,208	21,751	17,239	16,954	17,533
Feb......	7,179	12,566	21,932	17,589	16,910	17,059
Mar......	7,377	13,081	22,239	17,575	15,530	16,258
Apr......	7,701	14,408	20,723	17,679	15,170	15,309
May......	8,731	12,743	26,932	19,118	12,761	13,755
Jun......	8,612	12,628	26,748	18,428	14,898	13,368
Jul......	12,721	22,619	42,821	26,176	21,072	23,237
Aug......	12,015	18,969	37,819	25,247	31,875	20,601

a/ Flight Engineers included in "Engineering" and Radar Observers in "Communications" prior to Jan 1945.

Table 28 — MILITARY PERSONNEL IN CHINA AND INDIA-BURMA, BY SPECIALTY: JUN 1944 TO AUG 1945

End of Month	OFFICERS												
	Total	Pilot	Bombardier	Navigator	Other Aircrew a/	Administrative	Armament and Ordnance	Communications	Engineering	Medical	Operations	Supply	Other
1944 Jun	8,186	2,620	196	397	7	664	331	430	708	421	349	462	1,601
Jul	8,612	2,799	223	410	8	759	331	484	807	416	373	537	1,465
Aug	9,222	3,487	245	434	9	803	325	500	773	453	385	568	1,240
Sep	9,892	3,514	249	488	9	838	333	533	824	423	393	560	1,728
Oct	10,092	3,613	297	500	10	806	361	523	842	421	370	566	1,783
Nov	11,422	4,617	296	596	10	886	356	593	841	447	380	579	1,821
Dec	11,645	4,398	326	522	10	981	386	661	900	457	398	680	1,926
1945 Jan	11,930	4,783	362	602	56	967	367	671	901	462	406	722	1,631
Feb	12,563	4,661	359	653	65	1,036	375	721	906	487	421	767	2,112
Mar	12,575	4,970	305	633	100	1,019	369	716	946	480	427	771	1,839
Apr	12,593	4,978	306	659	128	1,006	368	695	936	459	435	776	1,847
May	12,386	5,091	308	710	144	985	366	690	913	451	420	763	1,545
Jun	12,179	4,975	290	640	128	968	351	667	922	413	391	764	1,670
Jul	11,706	4,672	322	640	110	884	344	667	877	402	349	738	1,701
Aug	11,850	4,704	306	627	100	901	342	663	827	407	398	734	1,841

End of Month	ENLISTED PERSONNEL							
	Total	Airplane Maintenance	Aerial Gunner	Other Aircrew	Armament	Communications	Radar	Medical
1944 Jun	63,127	9,538	2,061	684	3,898	6,979	706	1,430
Jul	61,898	10,107	1,883	784	3,856	5,849	881	1,312
Aug	63,387	11,011	2,132	1,196	4,052	6,003	929	1,559
Sep	67,773	10,943	2,306	1,344	3,946	6,328	917	1,561
Oct	69,922	10,815	2,395	1,406	3,901	5,985	999	1,519
Nov	75,621	12,462	2,615	1,858	4,625	6,756	1,175	1,682
Dec	79,964	13,891	2,441	1,886	4,870	7,413	1,280	1,408
1945 Jan	81,725	14,271	2,826	2,198	4,749	8,173	1,365	1,427
Feb	85,500	14,728	2,712	2,322	4,950	8,892	1,588	1,508
Mar	84,945	14,640	2,530	2,508	4,831	8,848	1,789	1,523
Apr	83,392	14,398	2,500	2,533	4,712	8,667	1,794	1,477
May	82,956	12,256	2,656	2,665	4,554	9,023	1,781	1,885
Jun	81,431	12,090	2,530	2,623	4,745	8,849	1,737	1,870
Jul	79,657	11,685	2,405	2,597	4,480	8,798	1,761	1,888
Aug	79,574	11,700	2,587	2,700	4,324	8,677	1,689	1,859

End of Month	ENLISTED PERSONNEL (Contd)					
	Supply	Utility and Construction	Automotive	Administrative	Other Specialists	Non-Specialists
1944 Jun	3,088	3,761	8,281	6,849	10,224	5,628
Jul	3,103	4,109	8,532	7,442	8,616	5,424
Aug	3,375	4,536	8,939	8,058	5,705	5,892
Sep	3,425	4,629	9,168	8,225	9,052	5,929
Oct	3,538	4,869	9,465	8,242	11,001	5,787
Nov	3,869	4,654	10,097	9,193	10,475	6,160
Dec	4,828	4,826	11,119	10,514	8,787	6,701
1945 Jan	4,970	4,755	11,207	10,575	8,207	7,002
Feb	5,206	4,963	12,350	11,290	7,638	7,353
Mar	5,315	4,659	12,052	11,013	8,175	7,062
Apr	5,221	4,644	11,767	10,864	8,156	6,659
May	5,748	4,567	14,041	10,324	7,500	5,956
Jun	5,709	4,558	13,918	10,110	6,948	5,744
Jul	5,633	4,453	13,710	9,854	6,892	5,501
Aug	5,648	4,456	13,584	9,746	7,409	5,195

a/ Flight Engineers included in "Engineering" and Radar Observers in "Communications" prior to Jan 1945.

Table 29 — MILITARY PERSONNEL IN ALASKA, BY SPECIALTY: JUN 1944 TO AUG 1945

End of Month	OFFICERS												
	Total	Pilot	Bombardier	Navigator	Other Aircrew a/	Administrative	Armament and Ordnance	Communications	Engineering	Medical	Operations	Supply	Other
1944 Jun........	1,612	352	30	30	-	170	54	120	89	59	134	64	510
Jul........	1,554	354	27	27	-	192	65	112	92	61	123	99	402
Aug........	1,492	374	33	30	-	191	61	123	95	59	120	98	308
Sep........	1,609	411	30	35	-	192	64	130	95	59	138	107	348
Oct........	1,388	393	27	33	-	120	51	106	79	58	118	76	327
Nov........	1,335	414	30	39	-	111	45	92	75	55	115	75	284
Dec........	1,309	416	30	50	-	111	45	97	52	50	120	76	262
1945 Jan........	1,348	423	24	47	-	121	46	98	47	50	126	74	292
Feb........	1,299	443	28	51	-	122	46	97	49	49	121	80	213
Mar........	1,315	405	26	54	1	120	44	104	46	49	123	82	261
Apr........	1,360	397	24	54	8	139	48	109	50	56	120	92	263
May........	1,401	426	18	64	16	130	47	108	48	56	121	99	268
Jun........	1,354	409	19	60	14	126	47	106	46	56	123	96	252
Jul........	1,389	439	25	66	14	124	43	106	50	55	121	94	252
Aug........	1,320	440	25	60	14	115	38	98	46	50	113	81	240

End of Month	ENLISTED PERSONNEL							
	Total	Airplane Maintenance	Aerial Gunner	Other Aircrew	Armament	Communications	Radar	Medical
1944 Jun........	14,565	1,805	179	32	598	1,746	876	297
Jul........	14,008	1,805	161	139	599	1,573	888	322
Aug........	13,423	1,701	189	179	599	1,543	873	347
Sep........	13,496	1,704	181	218	588	1,458	875	325
Oct........	11,238	1,466	156	227	525	1,340	809	291
Nov........	10,738	1,468	182	225	523	1,266	666	276
Dec........	10,671	1,520	187	247	551	1,337	661	228
1945 Jan........	10,121	1,493	169	266	508	1,209	676	227
Feb........	9,885	1,393	183	280	491	1,158	673	222
Mar........	9,626	1,384	181	286	489	1,138	676	223
Apr........	10,009	1,503	191	251	515	1,150	669	250
May........	10,169	1,317	214	248	474	1,395	679	306
Jun........	9,786	1,278	206	239	454	1,336	645	288
Jul........	10,314	1,308	244	238	486	1,323	642	310
Aug........	9,693	1,131	234	248	452	1,266	630	291

End of Month	ENLISTED PERSONNEL (Contd)					
	Supply	Utility and Construction	Automotive	Administrative	Other Specialists	Non-Specialists
1944 Jun........	745	536	1,854	1,608	3,030	1,259
Jul........	717	576	1,723	1,726	2,638	1,141
Aug........	719	556	1,736	1,712	2,169	1,100
Sep........	714	519	1,780	1,731	2,347	1,056
Oct........	569	500	1,449	1,395	1,693	818
Nov........	553	398	1,378	1,331	1,678	794
Dec........	544	267	1,169	1,394	1,804	762
1945 Jan........	522	185	1,111	1,331	1,720	704
Feb........	524	208	1,119	1,349	1,567	718
Mar........	516	193	1,003	1,290	1,681	566
Apr........	540	207	1,079	1,405	1,679	570
May........	633	320	1,321	1,373	1,323	566
Jun........	618	367	1,233	1,320	1,287	515
Jul........	673	372	1,294	1,365	1,348	711
Aug........	600	330	1,187	1,299	1,352	673

a/ Flight Engineers included in "Engineering" and Radar Observers in "Communications" prior to Jan 1945.

Table 30 — MILITARY PERSONNEL IN TWENTIETH AIR FORCE, BY SPECIALTY: JUN 1944 TO AUG 1945

End of Month	OFFICERS												
	Total	Pilot	Bombardier	Navigator	Other Aircrew a/	Administrative	Armament and Ordnance	Communications	Engineering	Medical	Operations	Supply	Other
1944 Jun	2,271	512	2	501	-	129	87	192	340	75	76	75	282
Jul	2,582	512	2	513	-	155	91	191	342	68	76	85	547
Aug	2,844	510	6	510	-	149	93	205	337	68	73	84	809
Sep	2,846	518	6	512	-	240	141	249	506	104	90	126	354
Oct	3,547	739	25	683	-	269	171	321	513	120	95	140	471
Nov	5,119	1,097	71	995	-	379	225	413	750	164	119	183	723
Dec	5,891	1,455	159	1,069	-	432	257	430	779	164	143	225	778
1945 Jan	6,642	1,723	214	1,108	497	475	302	474	330	188	169	265	897
Feb	7,392	2,005	303	1,278	516	486	398	492	265	199	214	276	960
Mar	9,101	2,690	520	1,535	589	559	349	546	416	229	261	317	1,090
Apr	10,233	2,824	694	1,819	737	631	388	538	455	255	274	368	1,250
May	10,829	3,040	752	1,151	1,426	690	444	565	485	261	289	394	1,332
Jun	11,514	3,204	909	1,356	1,467	699	447	593	510	264	307	385	1,373
Jul	14,480	4,351	1,174	1,590	1,521	970	553	716	651	320	423	497	1,714
Aug	15,914	4,759	1,347	1,754	1,930	987	595	738	690	334	440	519	1,821

End of Month	ENLISTED PERSONNEL							
	Total	Airplane Maintenance	Aerial Gunner	Other Aircrew	Armament	Communications	Radar	Medical
1944 Jun	12,860	2,869	1,209	120	1,420	953	179	286
Jul	18,489	2,956	1,248	180	1,415	838	213	271
Aug	23,634	2,973	1,255	209	1,408	874	208	273
Sep	25,156	4,889	1,248	185	2,677	1,411	475	507
Oct	25,415	5,912	1,586	262	2,643	1,897	727	520
Nov	36,325	8,604	2,320	395	3,616	2,531	1,065	708
Dec	40,526	10,273	2,700	614	4,058	2,763	1,271	680
1945 Jan	45,779	11,703	2,948	990	4,748	3,098	1,184	777
Feb	47,168	12,129	3,517	1,201	4,772	3,142	1,307	771
Mar	55,218	13,852	4,106	1,570	5,620	3,783	1,435	873
Apr	62,044	14,888	4,539	1,913	6,400	4,274	1,569	991
May	66,750	13,140	4,643	1,839	7,796	4,375	1,835	1,214
Jun	68,155	13,919	4,955	2,082	7,764	4,565	2,060	1,217
Jul	79,675	16,674	5,404	2,352	9,158	5,265	2,233	1,431
Aug	85,551	17,292	5,703	2,450	9,624	5,618	2,422	1,510

End of Month	ENLISTED PERSONNEL (Contd)					
	Supply	Utility and Construction	Automotive	Administrative	Other Specialists	Non-Specialists
1944 Jun	414	203	1,757	1,546	716	1,188
Jul	418	213	1,738	1,583	6,203	1,213
Aug	441	230	1,733	1,586	11,225	1,219
Sep	928	1,934	3,840	2,564	1,996	2,502
Oct	1,102	404	3,303	3,104	1,944	2,011
Nov	1,409	583	4,421	4,243	3,594	2,836
Dec	1,683	611	4,797	4,892	3,254	2,930
1945 Jan	1,843	678	5,306	5,424	3,886	3,194
Feb	1,901	678	5,339	5,508	3,791	3,112
Mar	2,334	804	6,287	6,548	4,402	3,604
Apr	2,692	997	7,306	7,312	4,840	4,323
May	3,841	1,836	8,612	7,704	5,179	4,736
Jun	3,832	1,783	8,561	7,777	5,439	4,201
Jul	4,463	2,190	9,976	9,675	5,947	4,907
Aug	4,739	2,402	10,789	10,058	6,557	6,387

a/ Flight Engineers included in "Engineering" and Radar Observers in "Communications" prior to Jan 1945.

Table 31 — MILITARY PERSONNEL IN ATC OVERSEAS, BY SPECIALTY: JUN 1944 TO AUG 1945

End of Month	OFFICERS												
	Total	Pilot	Bombardier	Navigator	Other Aircrew a/	Administrative	Armament and Ordnance	Communications	Engineering	Medical	Operations	Supply	Other
1944 Jun.	11,003	3,719	1	288	1	943	81	228	931	612	1,439	653	2,107
Jul.	11,428	4,143	4	309	1	1,392	110	234	993	581	1,511	855	1,295
Aug.	12,425	4,179	1	265	2	1,336	121	245	889	587	1,554	870	2,376
Sep.	12,433	4,398	2	294	2	1,372	122	255	909	569	1,570	879	2,061
Oct.	14,191	5,691	1	597	2	1,524	125	245	973	648	1,779	884	1,722
Nov.	15,275	6,226	2	666	2	1,694	131	265	1,014	698	1,894	876	1,807
Dec.	16,565	6,818	4	789	5	1,770	126	272	1,015	846	2,025	900	1,995
1945 Jan.	17,152	7,019	3	873	2	1,852	123	281	1,032	852	2,197	917	2,001
Feb.	17,901	7,549	3	871	2	1,944	130	285	1,040	860	2,344	953	1,920
Mar.	18,699	8,116	5	927	2	2,027	135	290	1,045	864	2,449	969	1,870
Apr.	19,330	8,397	6	975	1	2,065	134	312	1,105	977	2,500	969	1,889
May	21,168	9,466	8	1,133	2	2,201	178	356	1,164	1,050	2,586	1,034	1,990
Jun.	23,441	10,440	22	1,374	6	2,433	239	438	1,276	1,154	2,331	1,140	2,588
Jul.	23,761	10,523	25	1,579	2	2,455	238	419	1,293	1,176	2,029	1,127	2,895
Aug.	24,253	10,950	16	1,800	2	2,463	225	402	1,287	1,181	1,954	1,134	2,839

End of Month	ENLISTED PERSONNEL							
	Total	Airplane Maintenance	Aerial Gunner	Other Aircrew	Armament	Communications	Radar	Medical
1944 Jun.	64,028	15,278	38	1,418	832	3,575	211	1,622
Jul.	69,648	15,536	115	3,545	772	2,220	210	1,770
Aug.	76,311	16,278	27	4,131	774	2,043	207	1,896
Sep.	79,614	17,176	60	4,436	791	2,096	205	2,105
Oct.	87,039	18,915	25	5,609	819	2,158	207	2,449
Nov.	92,890	20,336	24	6,074	871	2,461	252	2,584
Dec.	95,190	20,787	27	6,252	765	2,480	238	2,398
1945 Jan.	96,591	21,483	127	6,521	702	2,452	235	2,344
Feb.	96,148	22,379	338	6,920	679	2,542	237	2,316
Mar.	98,147	23,513	676	7,239	662	2,577	257	2,347
Apr.	100,433	24,470	507	7,528	653	2,631	266	2,440
May	107,716	24,852	472	8,069	650	2,964	539	3,152
Jun.	123,580	29,147	537	9,095	1,437	3,737	674	3,478
Jul.	124,072	29,280	565	9,085	1,573	3,718	727	3,491
Aug.	125,046	29,804	711	9,697	1,414	3,599	716	3,587

End of Month	ENLISTED PERSONNEL (Contd)					
	Supply	Utility and Construction	Automotive	Administrative	Other Specialists	Non-Specialists
1944 Jun.	4,075	1,295	7,596	11,543	3,299	13,246
Jul.	4,374	1,326	7,525	12,058	6,256	13,941
Aug.	4,693	1,463	8,104	12,615	9,495	14,585
Sep.	4,950	1,602	8,953	13,628	7,723	15,889
Oct.	5,689	1,811	9,416	15,285	7,304	17,352
Nov.	6,342	2,022	10,328	16,867	6,573	18,156
Dec.	6,980	2,056	10,566	17,608	7,854	17,179
1945 Jan.	7,170	2,064	10,787	17,878	8,368	16,460
Feb.	7,291	2,068	10,671	17,865	7,725	15,117
Mar.	7,377	2,108	10,627	18,040	7,956	14,768
Apr.	7,690	2,146	10,749	18,423	8,045	14,885
May	5,684	3,892	12,574	22,104	8,760	14,004
Jun.	6,570	4,227	15,242	24,370	9,836	15,230
Jul.	6,603	4,381	15,122	24,515	9,967	15,045
Aug.	6,389	4,404	15,261	24,627	9,994	14,843

a/ Flight Engineers included in "Engineering" and Radar Observers in "Communications" prior to Jan 1945.

Table 32 — MILITARY PERSONNEL IN OTHER OVERSEAS THEATER, BY SPECIALTY: JUN 1944 TO AUG 1945

End of Month	OFFICERS												
	Total	Pilot	Bombardier	Navigator	Other Aircrew	Administrative	Armament and Ordnance	Communications	Engineering	Medical	Operations	Supply	Other
1944 Jun.	2,583	467	50	57	2	332	64	208	173	80	137	146	867
Jul.	2,554	452	49	60	1	348	70	168	171	60	127	179	869
Aug.	2,374	462	49	57	1	344	68	194	164	53	127	176	679
Sep.	2,066	416	40	52	-	329	69	174	180	53	131	190	432
Oct.	4,574	545	43	66	-	446	67	2,034	183	52	129	202	807
Nov.	4,705	568	44	70	-	447	68	2,081	198	55	129	209	836
Dec.	4,633	563	44	72	-	447	64	2,143	176	42	120	180	782
1945 Jan.	5,045	708	51	146	15	433	60	2,244	241	45	134	211	757
Feb.	5,315	735	50	181	24	468	54	2,367	242	48	122	190	834
Mar.	5,622	825	48	226	24	490	66	2,493	209	52	118	231	840
Apr.	5,647	824	45	204	53	496	64	2,514	176	55	132	228	856
May	5,762	835	44	221	37	480	62	2,600	175	54	125	237	892
Jun.	6,030	814	45	214	41	454	60	2,595	170	57	136	248	1,196
Jul.	5,789	838	44	207	49	436	56	2,583	184	48	158	252	934
Aug.	5,786	835	45	207	60	446	57	2,508	176	50	167	263	972

End of Month	ENLISTED PERSONNEL							
	Total	Airplane Maintenance	Aerial Gunner	Other Aircrew	Armament	Communications	Radar	Medical
1944 Jun.	26,359	4,505	324	56	1,134	2,055	1,750	357
Jul.	24,666	4,352	301	55	1,101	1,518	1,559	300
Aug.	22,112	4,015	297	103	981	1,792	1,576	268
Sep.	20,798	3,899	268	91	967	1,439	1,479	274
Oct.	42,808	4,197	332	102	980	18,081	1,652	272
Nov.	43,692	4,268	317	114	975	19,020	1,669	284
Dec.	43,009	3,732	322	176	956	19,459	1,556	218
1945 Jan.	45,444	3,907	632	288	956	20,082	1,546	218
Feb.	46,068	3,700	630	424	870	21,642	1,596	176
Mar.	48,010	4,114	742	471	870	22,793	1,715	248
Apr.	48,423	3,995	758	543	877	22,962	1,799	253
May	49,968	3,606	776	514	904	20,805	1,857	303
Jun.	51,804	3,571	781	567	744	21,133	1,968	350
Jul.	50,509	3,698	764	583	749	20,723	1,976	382
Aug.	49,183	3,627	813	580	721	20,305	1,747	344

End of Month	ENLISTED PERSONNEL (Contd)					
	Supply	Utility and Construction	Automotive	Administrative	Other Specialists	Non-Specialists
1944 Jun.	1,558	1,030	3,537	2,903	5,019	2,131
Jul.	1,346	974	2,883	2,878	5,445	1,954
Aug.	1,199	918	2,668	2,775	3,579	1,941
Sep.	1,275	945	2,702	2,600	3,069	1,790
Oct.	1,480	984	3,154	4,351	5,188	2,035
Nov.	1,533	992	3,176	4,546	4,802	1,996
Dec.	1,418	923	3,027	4,652	4,672	1,898
1945 Jan.	1,402	928	3,030	5,145	5,575	1,735
Feb.	1,384	942	2,884	5,274	4,971	1,575
Mar.	1,462	769	2,930	5,800	4,740	1,356
Apr.	1,423	714	2,853	5,806	4,932	1,508
May	1,644	943	3,380	6,268	7,684	1,284
Jun.	1,685	939	3,389	6,233	9,034	1,410
Jul.	1,755	841	3,387	6,514	7,705	1,432
Aug.	1,683	729	3,247	6,514	7,458	1,415

a/ Flight Engineers included in "Engineering" and Radar Observers in "Communications" prior to Jan 1945.

Table 33 — MILITARY PERSONNEL SHIPPED TO OVERSEAS THEATERS, BY THEATER AND BY TYPE OF PERSONNEL: JAN 1943 TO AUG 1945

(Includes permanent change of station only.)

Year and Month	Total	Officers	Enlisted Personnel	Total	Officers	Enlisted Personnel	Total	Officers	Enlisted Personnel
	ALL THEATERS			THEATERS VS GERMANY			THEATERS VS JAPAN		
Grand Total	1,410,493	266,380	1,144,113	712,022	154,525	557,497	547,706	35,698	462,008
Annually 1943	506,973	67,738	439,235	320,520	42,655	277,865	150,109	19,014	131,095
1944	636,429	138,142	498,287	332,886	92,458	240,428	231,799	34,351	197,448
(Jan-Aug) 1945	267,091	60,500	206,591	58,616	19,412	39,204	165,798	32,333	133,465
Monthly 1943 Jan.	20,285	2,576	17,709	17,635	1,879	15,756	2,004	592	1,412
Feb.	28,822	3,553	25,269	18,386	2,024	16,362	7,564	1,279	6,285
Mar.	13,264	3,219	10,045	3,881	1,536	2,345	6,669	1,047	5,622
Apr.	20,357	3,839	16,518	12,039	2,557	9,482	5,233	866	4,367
May	62,059	7,599	54,460	43,931	5,121	38,810	14,363	1,928	12,435
Jun.	49,879	5,733	44,146	30,194	3,248	26,946	14,998	1,569	13,429
Jul.	44,256	5,449	38,807	21,945	2,743	19,202	17,805	2,258	15,547
Aug.	51,518	5,445	46,073	37,822	3,510	34,312	9,933	1,466	8,467
Sep.	33,165	5,688	27,477	17,664	3,337	14,327	12,108	1,571	10,537
Oct.	48,040	6,532	41,508	23,416	3,509	19,907	22,093	2,438	19,655
Nov.	51,250	9,131	42,119	28,860	6,176	22,684	20,753	2,507	18,246
Dec.	84,078	8,974	75,104	64,747	7,015	57,732	16,586	1,493	15,093
1944 Jan.	70,111	9,358	60,753	43,626	6,378	37,248	23,202	2,345	20,857
Feb.	69,136	9,797	59,339	49,924	7,504	42,420	16,964	1,703	15,261
Mar.	75,557	14,468	61,089	52,319	11,535	40,784	20,575	2,569	18,006
Apr.	57,249	12,317	44,932	33,657	8,601	25,056	21,399	3,289	18,110
May	47,722	12,472	35,250	27,606	9,194	18,412	15,635	2,365	13,270
Jun.	42,753	10,555	32,198	18,893	6,719	12,174	18,176	2,859	15,317
Jul.	51,920	12,992	38,928	26,968	9,534	17,434	14,086	2,161	11,925
Aug.	45,783	10,813	34,970	19,064	7,220	11,844	18,178	2,785	15,393
Sep.	32,667	9,611	23,056	14,234	6,252	7,982	11,810	2,098	9,712
Oct.	43,512	12,082	31,430	16,841	7,131	9,710	17,657	3,371	14,286
Nov.	57,735	13,330	44,405	16,356	7,030	9,326	31,057	5,055	26,002
Dec.	42,284	10,347	31,937	13,398	5,360	8,038	23,060	3,751	19,309
1945 Jan.	38,704	10,875	27,829	15,150	5,998	9,152	18,738	3,649	15,089
Feb.	32,066	9,364	22,702	11,379	4,482	6,897	15,946	3,823	12,123
Mar.	53,178	11,777	41,401	24,891	6,255	18,636	20,686	4,175	16,511
Apr.	31,066	6,886	24,180	6,640	2,423	4,217	19,869	3,554	16,315
May	32,613	5,643	26,970	268	123	145	26,222	4,329	21,893
Jun.	34,022	6,149	27,873	127	52	75	26,816	4,618	22,198
Jul.	18,756	4,946	13,810	105	46	59	15,010	4,045	10,965
Aug.	26,686	4,860	21,826	56	33	23	22,511	4,140	18,371
	E T O			M T O			P O A		
Grand Total	493,445	104,217	389,228	218,577	50,308	168,269	97,856	13,226	84,630
Annually 1943	226,391	27,086	199,305	94,129	15,569	78,560	21,189	2,826	18,363
1944	223,499	63,116	160,383	109,387	29,342	80,045	32,591	4,739	27,852
(Jan-Aug) 1945	43,555	14,015	29,540	15,061	5,397	9,664	44,076	5,661	38,415
Monthly 1943 Jan.	6,607	782	5,825	11,028	1,097	9,931	38	21	17
Feb.	776	213	563	17,610	1,811	15,799	655	400	255
Mar.	1,250	493	757	2,631	1,043	1,588	1,649	202	1,447
Apr.	4,206	1,105	3,101	7,833	1,452	6,381	2,383	171	2,212
May	34,214	3,052	31,162	9,717	2,069	7,648	2,458	218	2,240
Jun.	26,839	2,646	24,193	3,355	602	2,753	1,942	106	1,836
Jul.	19,966	1,943	18,023	1,979	800	1,179	721	110	611
Aug.	24,298	2,552	21,746	13,524	958	12,566	450	42	408
Sep.	14,425	2,354	12,071	3,239	983	2,256	408	164	244
Oct.	21,273	2,909	18,364	2,143	600	1,543	4,065	799	3,266
Nov.	26,216	5,188	21,028	2,644	988	1,656	1,961	315	1,646
Dec.	46,321	3,849	42,472	18,426	3,166	15,260	4,459	278	4,181
1944 Jan.	27,046	4,085	22,961	16,580	2,293	14,287	2,315	326	1,989
Feb.	37,086	5,273	31,813	12,838	2,231	10,607	2,084	346	1,738
Mar.	38,434	8,496	29,938	13,885	3,039	10,846	740	145	595
Apr.	26,061	6,713	19,348	7,596	1,888	5,708	2,055	349	1,706
May	19,605	6,772	12,833	8,001	2,422	5,579	4,631	475	4,156
Jun.	14,310	5,024	9,286	4,583	1,695	2,888	6,667	756	5,911
Jul.	16,711	6,267	10,444	10,257	3,267	6,990	3,503	458	3,045
Aug.	9,661	4,446	5,215	9,403	2,774	6,629	1,919	343	1,576
Sep.	7,817	3,826	3,991	6,417	2,426	3,991	1,258	210	1,048
Oct.	8,761	3,820	4,941	8,080	3,311	4,769	1,900	374	1,526
Nov.	9,144	4,580	4,564	7,212	2,450	4,762	1,101	341	760
Dec.	8,863	3,814	5,049	4,535	1,546	2,989	4,418	616	3,802
1945 Jan.	9,463	4,197	5,266	5,687	1,801	3,886	3,720	630	3,090
Feb.	8,220	3,286	4,934	3,159	1,196	1,963	3,382	442	2,940
Mar.	21,130	4,745	16,385	3,761	1,510	2,251	7,475	759	6,716
Apr.	4,248	1,557	2,691	2,392	866	1,526	6,926	703	6,223
May	247	114	133	21	9	12	9,668	1,082	8,586
Jun.	102	47	55	25	5	20	5,921	767	5,154
Jul.	96	41	55	9	5	4	4,660	664	3,996
Aug.	49	28	21	7	5	2	2,324	614	1,710

Table 33 — MILITARY PERSONNEL SHIPPED TO OVERSEAS THEATERS, BY THEATER AND BY TYPE OF PERSONNEL : JAN 1943 TO AUG 1945 — Continued

(Includes permanent change of station only.)

Year and Month	Total	Officers	Enlisted Personnel	Total	Officers	Enlisted Personnel	Total	Officers	Enlisted Personnel
	F E A F			C & I - B			A L A S K A		
Grand Total	211,937	33,971	177,966	126,381	19,618	106,763	19,713	2,903	16,810
Annually 1943	80,865	10,487	70,378	35,330	4,098	31,232	12,725	1,603	11,122
1944	90,819	13,498	77,321	71,676	10,808	60,868	4,618	800	3,818
(Jan-Aug)1945	40,253	9,986	30,267	19,375	4,712	14,663	2,370	500	1,870
Monthly 1943 Jan	899	264	635	373	158	215	694	149	545
Feb	3,398	411	2,987	2,259	352	1,907	1,252	116	1,136
Mar	2,710	549	2,161	485	125	360	1,825	171	1,654
Apr	1,856	528	1,328	194	99	95	800	68	732
May	8,446	1,297	7,149	3,040	358	2,682	419	55	364
Jun	11,051	1,182	9,869	296	117	179	1,709	164	1,545
Jul	7,387	922	6,465	7,959	826	7,133	1,738	400	1,338
Aug	6,282	1,044	5,238	1,206	228	978	1,995	152	1,843
Sep	6,834	866	5,968	4,139	437	3,702	727	104	623
Oct	14,093	1,260	12,833	3,363	305	3,058	572	74	498
Nov	11,537	1,411	10,126	6,867	679	6,188	388	102	286
Dec	6,372	753	5,619	5,149	414	4,735	606	48	558
1944 Jan	14,000	1,345	12,655	6,450	584	5,866	437	90	347
Feb	4,500	506	3,994	10,035	822	9,213	345	29	316
Mar	12,532	1,196	11,336	6,923	1,153	5,770	380	75	305
Apr	10,860	1,017	9,843	6,092	944	5,148	352	75	277
May	5,099	1,060	4,039	5,627	757	4,870	256	61	195
Jun	8,450	1,198	7,252	2,696	747	1,949	159	54	105
Jul	8,000	1,085	6,915	2,033	503	1,530	418	46	372
Aug	6,598	1,039	5,559	4,822	1,133	3,689	87	51	36
Sep	3,846	981	2,865	4,279	725	3,554	528	105	423
Oct	4,604	1,146	3,458	5,176	912	4,264	280	45	235
Nov	8,121	1,747	6,374	10,273	1,632	8,641	351	71	280
Dec	4,209	1,178	3,031	7,270	896	6,374	1,025	98	927
1945 Jan	6,351	1,414	4,937	2,720	633	2,087	253	93	160
Feb	3,452	1,417	2,035	6,041	834	5,207	79	24	55
Mar	3,771	1,019	2,752	2,988	882	2,106	182	40	142
Apr	3,707	1,207	2,500	1,296	485	811	701	102	599
May	6,805	1,316	5,489	3,061	1,107	1,954	333	63	270
Jun	8,881	1,284	7,597	2,233	397	1,836	146	52	94
Jul	2,688	1,283	1,405	542	128	414	599	84	515
Aug	4,598	1,046	3,552	494	246	248	77	42	35
	TWENTIETH AIR FORCE			OTHER OVERSEAS THEATERS					
Grand Total	91,819	15,980	75,839	150,765	26,157	124,608			
Annually 1943	-	-	-	36,344	6,069	30,275			
1944	a/ 32,095	a/ 4,506	a/ 27,589	71,744	11,333	60,411			
(Jan-Aug)1945	59,724	11,474	48,250	42,677	8,755	33,922			
Monthly 1943 Jan	-	-	-	646	105	541			
Feb	-	-	-	2,872	250	2,622			
Mar	-	-	-	2,714	636	2,078			
Apr	-	-	-	3,085	416	2,669			
May	-	-	-	3,765	550	3,215			
Jun	-	-	-	4,687	916	3,771			
Jul	-	-	-	4,506	448	4,058			
Aug	-	-	-	3,763	469	3,294			
Sep	-	-	-	3,393	780	2,613			
Oct	-	-	-	2,531	585	1,946			
Nov	-	-	-	1,637	448	1,189			
Dec	-	-	-	2,745	466	2,279			
1944 Jan	-	-	-	3,283	635	2,648			
Feb	-	-	-	2,248	590	1,658			
Mar	-	-	-	2,663	364	2,299			
Apr	2,040	904	1,136	2,193	427	1,766			
May	22	12	10	4,481	913	3,568			
Jun	204	104	100	5,684	977	4,707			
Jul	132	69	63	10,866	1,297	9,569			
Aug	4,752	219	4,533	8,541	808	7,733			
Sep	1,899	77	1,822	6,623	1,261	5,362			
Oct	5,697	894	4,803	9,014	1,580	7,434			
Nov	11,211	1,264	9,947	10,322	1,245	9,077			
Dec	6,138	963	5,175	5,826	1,236	4,590			
1945 Jan	5,694	879	4,815	4,816	1,228	3,588			
Feb	2,992	1,106	1,886	4,741	1,059	3,682			
Mar	6,270	1,475	4,795	7,601	1,347	6,254			
Apr	7,239	1,057	6,182	4,557	909	3,648			
May	6,355	761	5,594	6,123	1,191	4,932			
Jun	9,635	2,118	7,517	7,079	1,479	5,600			
Jul	6,521	1,886	4,635	3,641	855	2,786			
Aug	15,018	2,192	12,826	4,119	687	3,432			

a/ Totals for 1944 comprise the nine months, Mar-Dec.

Table 34—BATTLE CASUALTIES IN ALL OVERSEAS THEATERS, BY TYPE OF CASUALTY AND BY TYPE OF PERSONNEL: DEC 1941 TO AUG 1945

(As reported to The Adjutant General)

Year and Month	Total Personnel				Officers				Enlisted Personnel			
	Total Casualties	Died	Wounded and Evacuated	Missing, Interned and Captured	Total Casualties	Died	Wounded and Evacuated	Missing, Interned and Captured	Total Casualties	Died	Wounded and Evacuated	Missing, Interned and Captured
Grand Total	121,867	40,061	18,238	63,568	50,415	17,021	6,442	26,952	71,452	23,040	11,796	36,616
Annually												
1941(Dec)	728	315	401	12	79	49	29	1	649	266	372	11
1942	8,788	3,477	469	4,842	1,840	987	149	704	6,948	2,490	320	4,138
1943	22,512	10,002	4,181	8,329	8,881	3,999	1,213	3,669	13,631	6,003	2,968	4,660
1944	68,617	21,072	9,957	37,588	29,790	9,481	3,705	16,604	38,827	11,591	6,252	20,984
1945(Jan-Aug)	19,560	4,600	3,046	11,914	9,325	2,413	1,290	5,622	10,235	2,187	1,756	6,292
Date unknown	1,662	595	184	883	500	92	56	352	1,162	503	128	531
Monthly												
1941 Dec	728	315	401	12	79	49	29	1	649	266	372	11
1942 Jan	192	125	53	14	76	62	8	6	116	63	45	8
Feb	282	141	36	105	145	63	7	75	137	78	29	30
Mar	77	60	10	7	35	30	3	2	42	30	7	5
Apr	119	96	5	18	78	66	1	11	41	30	4	7
May	6,136	1,926	16	4,194	482	113	9	360	5,654	1,813	7	3,834
Jun	176	127	18	31	90	74	7	9	86	53	11	22
Jul	176	126	12	38	108	77	3	28	68	49	9	10
Aug	206	107	18	81	115	68	5	42	91	39	13	39
Sep	229	111	43	75	110	61	13	36	119	50	30	39
Oct	265	145	58	62	135	92	15	28	130	53	43	34
Nov	407	207	98	102	204	119	32	53	203	88	66	49
Dec	523	306	102	115	262	162	46	54	261	144	56	61
1943 Jan	1,305	713	322	270	575	351	100	124	730	362	222	146
Feb	1,447	740	274	433	503	271	65	167	944	469	209	266
Mar	743	385	205	153	346	183	82	81	397	202	123	72
Apr	973	451	220	302	442	206	71	165	531	245	149	137
May	1,450	733	286	431	603	293	108	202	847	440	178	229
Jun	1,358	617	229	512	567	248	71	248	791	369	158	264
Jul	2,442	1,169	462	811	1,061	550	156	355	1,381	619	306	456
Aug	2,612	1,096	338	1,178	1,093	464	110	519	1,519	632	228	659
Sep	1,618	651	268	699	687	300	98	289	931	351	170	410
Oct	2,798	1,056	370	1,372	1,131	441	114	576	1,667	615	256	796
Nov	3,259	1,585	794	880	844	360	122	362	2,415	1,225	672	518
Dec	2,507	806	413	1,288	1,029	332	116	581	1,478	474	297	707
1944 Jan	3,512	1,314	491	1,707	1,504	585	169	750	2,008	729	322	957
Feb	4,937	1,544	576	2,817	2,006	687	164	1,155	2,931	857	412	1,662
Mar	5,242	1,710	661	2,871	2,142	726	215	1,201	3,100	984	446	1,670
Apr	7,777	2,426	861	4,490	3,074	878	309	1,887	4,703	1,548	552	2,603
May	6,517	2,161	948	3,408	2,720	874	337	1,509	3,797	1,287	611	1,899
Jun	7,165	2,613	1,157	3,395	3,362	1,290	534	1,538	3,803	1,323	623	1,857
Jul	7,105	2,357	1,051	3,697	3,066	1,066	418	1,582	4,039	1,291	633	2,115
Aug	6,389	1,832	898	3,659	2,942	938	403	1,601	3,447	894	495	2,058
Sep	5,321	1,410	859	3,052	2,463	672	348	1,443	2,858	738	511	1,609
Oct	4,196	1,134	675	2,387	1,836	535	245	1,056	2,360	599	430	1,331
Nov	5,056	1,356	917	2,783	2,167	628	230	1,309	2,889	728	687	1,474
Dec	5,400	1,215	863	3,322	2,508	602	333	1,573	2,892	613	530	1,749
1945 Jan	3,706	1,085	695	1,926	1,740	554	285	901	1,966	531	410	1,025
Feb	4,061	781	533	2,747	1,874	389	217	1,268	2,187	392	316	1,479
Mar	5,523	1,292	937	3,294	2,627	679	435	1,513	2,896	613	502	1,781
Apr	3,550	825	477	2,248	1,682	443	184	1,055	1,868	382	293	1,193
May	1,270	277	200	793	586	138	71	377	684	139	129	416
Jun	786	181	115	490	416	99	53	264	370	82	62	226
Jul	435	102	60	273	260	72	31	157	175	30	29	116
Aug	229	57	29	143	140	39	14	87	89	18	15	56

Table 35 — BATTLE CASUALTIES IN THEATERS VS GERMANY, BY TYPE OF CASUALTY AND BY TYPE OF PERSONNEL: DEC 1941 TO AUG 1945

(As reported to The Adjutant General)

Year and Month	Total Personnel				Officers				Enlisted Personnel			
	Total Casualties	Died	Wounded and Evacuated	Missing, Interned and Captured	Total Casualties	Died	Wounded and Evacuated	Missing, Interned and Captured	Total Casualties	Died	Wounded and Evacuated	Missing, Interned and Captured
Grand Total	94,565	30,099	13,360	51,106	40,944	13,341	4,988	22,615	53,621	16,758	8,372	28,491
Annually												
1941 (Dec)	1	-	1	-	1	-	1	-	-	-	-	-
1942	1,022	579	233	210	477	298	71	108	545	281	162	102
1943	18,170	8,097	2,997	7,076	7,178	3,179	887	3,112	10,992	4,918	2,110	3,964
1944	61,426	18,561	8,069	34,796	26,830	8,380	3,142	15,308	34,596	10,181	4,927	19,488
1945 (Jan-Aug)	13,121	2,756	1,952	8,413	6,110	1,446	854	3,810	7,011	1,310	1,098	4,603
Date unknown	825	106	108	611	348	38	33	277	477	68	75	334
Monthly												
1941 Dec	1	-	1	-	1	-	1	-	-	-	-	-
1942 Jan	63	38	22	3	23	18	5	-	40	20	17	3
Feb	59	29	16	14	22	9	4	9	37	20	12	5
Mar	1	-	-	1	-	-	-	-	1	-	-	1
Apr	7	4	1	2	4	4	-	-	3	-	1	2
May	9	3	-	6	3	2	-	1	6	1	-	5
Jun	12	2	1	9	6	1	-	5	6	1	1	4
Jul	41	35	2	4	21	18	-	3	20	17	2	1
Aug	43	37	2	4	29	24	1	4	14	13	1	-
Sep	77	36	15	26	38	18	6	14	39	18	9	12
Oct	142	77	39	26	57	40	6	11	85	37	33	15
Nov	250	134	71	45	115	66	22	27	135	68	49	18
Dec	318	184	64	70	159	98	27	34	159	86	37	36
1943 Jan	957	518	256	183	390	234	78	78	567	284	178	105
Feb	1,059	498	231	330	399	226	51	122	660	272	180	208
Mar	538	275	144	119	252	133	56	63	286	142	88	56
Apr	803	341	169	293	377	161	59	157	426	180	110	136
May	1,191	575	254	362	513	245	98	170	678	330	156	192
Jun	1,167	536	199	432	478	211	56	211	689	325	143	221
Jul	2,082	998	383	701	885	454	127	304	1,197	544	256	397
Aug	2,235	944	249	1,042	920	395	73	452	1,315	549	176	590
Sep	1,290	511	210	569	538	233	74	231	752	278	136	338
Oct	2,378	853	239	1,286	943	343	73	527	1,435	510	166	759
Nov	2,348	1,358	340	650	631	267	71	293	1,717	1,091	269	357
Dec	2,122	690	323	1,109	852	277	71	504	1,270	413	252	605
1944 Jan	2,984	1,107	371	1,506	1,243	474	114	655	1,741	633	257	851
Feb	4,653	1,418	506	2,729	1,873	626	136	1,111	2,780	792	370	1,618
Mar	4,744	1,513	528	2,703	1,932	639	168	1,125	2,812	874	360	1,578
Apr	7,219	2,233	724	4,262	2,832	792	260	1,780	4,387	1,441	464	2,482
May	6,088	1,936	867	3,285	2,551	790	306	1,455	3,537	1,146	561	1,830
Jun	6,511	2,346	1,013	3,152	3,074	1,155	485	1,434	3,437	1,191	528	1,718
Jul	6,649	2,202	918	3,529	2,886	996	375	1,515	3,763	1,206	543	2,014
Aug	5,853	1,642	833	3,378	2,709	851	373	1,485	3,144	791	460	1,893
Sep	4,862	1,262	736	2,864	2,294	615	314	1,365	2,568	647	422	1,499
Oct	3,398	867	451	2,080	1,517	411	183	923	1,881	456	268	1,157
Nov	4,005	1,080	505	2,420	1,854	555	183	1,116	2,151	525	322	1,304
Dec	4,460	955	617	2,888	2,065	476	245	1,344	2,395	479	372	1,544
1945 Jan	2,679	686	528	1,465	1,227	349	219	659	1,452	337	309	806
Feb	3,431	577	447	2,407	1,553	278	186	1,089	1,878	299	261	1,318
Mar	4,373	939	626	2,808	2,104	522	318	1,264	2,269	417	308	1,544
Apr	2,581	541	345	1,695	1,193	289	127	777	1,388	252	218	918
May	45	6	4	35	24	3	3	18	21	3	1	17
Jun	9	5	1	3	8	4	1	3	1	1	-	-
Jul	3	2	1	-	1	1	-	-	2	1	1	-
Aug	-	-	-	-	-	-	-	-	-	-	-	-

Table 36 — BATTLE CASUALTIES IN EUROPEAN THEATER OF OPERATIONS, BY TYPE OF CASUALTY AND BY TYPE OF PERSONNEL: DEC 1941 TO AUG 1945

(As reported to The Adjutant General)

Year and Month	Total Personnel				Officers				Enlisted Personnel			
	Total Casualties	Died	Wounded and Evacuated	Missing, Interned and Captured	Total Casualties	Died	Wounded and Evacuated	Missing, Interned and Captured	Total Casualties	Died	Wounded and Evacuated	Missing, Interned and Captured
Grand Total	63,410	19,876	8,413	35,121	28,190	9,125	3,236	15,829	35,220	10,751	5,177	19,292
Annually												
1941 (Dec)	-	-	-	-	-	-	-	-	-	-	-	-
1942	586	310	136	140	274	165	41	68	312	145	95	72
1943	11,977	4,637	1,604	5,736	4,717	1,808	457	2,452	7,260	2,829	1,147	3,284
1944	41,593	12,845	5,267	23,481	18,794	6,056	2,109	10,629	22,799	6,789	3,158	12,852
1945 (Jan-Aug)	8,687	2,041	1,346	5,300	4,154	1,078	605	2,471	4,533	963	741	2,829
Date unknown	567	43	60	464	251	18	24	209	316	25	36	255
Monthly												
1941 Dec	-	-	-	-	-	-	-	-	-	-	-	-
1942 Jan	42	30	9	3	12	11	1	-	30	19	8	3
Feb	43	26	8	9	12	7	1	4	31	19	7	5
Mar	1	-	-	1	-	-	-	-	1	-	-	1
Apr	7	4	1	2	4	4	-	-	3	-	1	2
May	5	1	-	4	1	1	-	-	4	-	-	4
Jun	4	2	1	1	1	1	-	-	3	1	1	1
Jul	14	9	1	4	8	5	-	3	6	4	1	1
Aug	22	18	2	2	21	18	1	2	1	-	1	-
Sep	51	23	11	17	23	13	3	7	28	10	8	10
Oct	90	50	21	19	38	29	1	8	52	21	20	11
Nov	141	71	42	28	73	38	17	18	68	33	25	10
Dec	166	76	40	50	81	38	17	26	85	38	23	24
1943 Jan	586	324	140	122	215	142	33	40	371	182	107	82
Feb	688	364	136	188	236	151	29	56	452	213	107	132
Mar	295	156	77	62	117	66	23	28	178	90	54	34
Apr	353	114	33	206	147	35	7	105	206	79	26	101
May	882	416	137	329	350	151	47	152	532	265	90	177
Jun	956	437	116	403	377	153	33	191	579	284	83	212
Jul	1,238	505	163	570	489	201	49	239	749	304	114	331
Aug	1,219	364	131	724	486	130	39	317	733	234	92	407
Sep	903	329	112	462	366	139	45	182	537	190	67	280
Oct	2,018	670	163	1,185	781	256	49	476	1,237	414	114	709
Nov	1,138	441	163	534	477	180	51	246	661	261	112	288
Dec	1,701	517	233	951	676	204	52	420	1,025	313	181	531
1944 Jan	2,254	796	261	1,197	923	329	72	522	1,331	467	189	675
Feb	3,460	1,055	370	2,035	1,382	468	102	812	2,078	587	268	1,223
Mar	3,745	1,028	329	2,388	1,563	452	126	985	2,182	576	203	1,403
Apr	4,828	1,213	519	3,096	2,015	525	187	1,303	2,813	688	332	1,793
May	4,116	1,335	464	2,317	1,748	540	174	1,034	2,368	795	290	1,283
Jun	4,543	1,743	780	2,020	2,230	908	379	943	2,313	835	401	1,077
Jul	3,837	1,380	524	1,933	1,790	642	228	920	2,047	738	296	1,013
Aug	3,610	1,142	509	1,959	1,756	606	225	925	1,854	536	284	1,034
Sep	3,788	1,081	553	2,154	1,855	525	250	1,080	1,933	556	303	1,074
Oct	2,017	579	264	1,174	923	286	102	535	1,094	293	162	639
Nov	2,725	795	320	1,610	1,284	410	114	760	1,441	385	206	850
Dec	2,670	698	374	1,598	1,325	365	150	810	1,345	333	224	788
1945 Jan	1,932	533	401	998	887	263	167	457	1,045	270	234	541
Feb	2,013	377	259	1,377	930	180	104	646	1,083	197	155	731
Mar	2,943	760	480	1,703	1,496	429	256	811	1,447	331	224	892
Apr	1,766	362	202	1,202	823	201	75	547	943	161	127	655
May	29	5	4	20	15	2	3	10	14	3	1	10
Jun	4	4	-	-	3	3	-	-	1	1	-	-
Jul	-	-	-	-	-	-	-	-	-	-	-	-
Aug	-	-	-	-	-	-	-	-	-	-	-	-

Table 37 — BATTLE CASUALTIES IN MEDITERRANEAN THEATER OF OPERATIONS, BY TYPE OF CASUALTY AND BY TYPE OF PERSONNEL: DEC 1941 TO AUG 1945

(As reported to The Adjutant General)

Year and Month	Total Personnel				Officers				Enlisted Personnel			
	Total Casualties	Died	Wounded and Evacuated	Missing, Interned and Captured	Total Casualties	Died	Wounded and Evacuated	Missing, Interned and Captured	Total Casualties	Died	Wounded and Evacuated	Missing, Interned and Captured
Grand Total	31,155	10,223	4,947	15,985	12,754	4,216	1,752	6,786	18,401	6,007	3,195	9,199
Annually												
1941 (Dec)	1	-	1	-	1	-	1	-	-	-	-	-
1942	436	269	97	70	203	133	30	40	233	136	67	30
1943	6,193	3,460	1,393	1,340	2,461	1,371	430	660	3,732	2,089	963	680
1944	19,833	5,716	2,802	11,315	8,036	2,324	1,033	4,679	11,797	3,392	1,769	6,636
1945 (Jan-Aug)	4,434	715	606	3,113	1,956	368	249	1,339	2,478	347	357	1,774
Date unknown	258	63	48	147	97	20	9	68	161	43	39	79
Monthly												
1941 Dec	1	-	1	-	1	-	1	-	-	-	-	-
1942 Jan	21	8	13	-	11	7	4	-	10	1	9	-
Feb	16	3	8	5	10	2	3	5	6	1	5	-
Mar	-	-	-	-	-	-	-	-	-	-	-	-
Apr	-	-	-	-	-	-	-	-	-	-	-	-
May	4	2	-	2	2	1	-	1	2	1	-	1
Jun	8	-	-	8	5	-	-	5	3	-	-	3
Jul	27	26	1	-	13	13	-	-	14	13	1	-
Aug	21	19	-	2	8	6	-	2	13	13	-	-
Sep	26	13	4	9	15	5	3	7	11	8	1	2
Oct	52	27	18	7	19	11	5	3	33	16	13	4
Nov	109	63	29	17	42	28	5	9	67	35	24	8
Dec	152	108	24	20	78	60	10	8	74	48	14	12
1943 Jan	371	194	116	61	175	92	45	38	196	102	71	23
Feb	371	134	95	142	163	75	22	66	208	59	73	76
Mar	243	119	67	57	135	67	33	35	108	52	34	22
Apr	450	227	136	87	230	126	52	52	220	101	84	35
May	309	159	117	33	163	94	51	18	146	65	66	15
Jun	211	99	83	29	101	58	23	20	110	41	60	9
Jul	844	493	220	131	396	253	78	65	448	240	142	66
Aug	1,016	580	118	318	434	265	34	135	582	315	84	183
Sep	387	182	98	107	172	94	29	49	215	88	69	58
Oct	360	183	76	101	162	87	24	51	198	96	52	50
Nov	1,210	917	177	116	154	87	20	47	1,056	830	157	69
Dec	421	173	90	158	176	73	19	84	245	100	71	74
1944 Jan	730	311	110	309	320	145	42	133	410	166	68	176
Feb	1,193	363	136	694	491	158	34	299	702	205	102	395
Mar	999	485	199	315	369	187	42	140	630	298	157	175
Apr	2,391	1,020	205	1,166	817	267	73	477	1,574	753	132	689
May	1,972	601	403	968	803	250	132	421	1,169	351	271	547
Jun	1,968	603	233	1,132	844	247	106	491	1,124	356	127	641
Jul	2,812	822	394	1,596	1,096	354	147	595	1,716	468	247	1,001
Aug	2,243	500	324	1,419	953	245	148	560	1,290	255	176	859
Sep	1,074	181	183	710	439	90	64	285	635	91	119	425
Oct	1,381	288	187	906	594	125	81	388	787	163	106	518
Nov	1,280	285	185	810	570	145	69	356	710	140	116	454
Dec	1,790	257	243	1,290	740	111	95	534	1,050	146	148	756
1945 Jan	747	153	127	467	340	86	52	202	407	67	75	265
Feb	1,418	200	188	1,030	623	98	82	443	795	102	106	587
Mar	1,430	179	146	1,105	608	93	62	453	822	86	84	652
Apr	815	179	143	493	370	88	52	230	445	91	91	263
May	16	1	-	15	9	1	-	8	7	-	-	7
Jun	5	1	1	3	5	1	1	3	-	-	-	-
Jul	3	2	1	-	1	1	-	-	2	1	1	-
Aug	-	-	-	-	-	-	-	-	-	-	-	-

Table 38 — BATTLE CASUALTIES IN THEATERS VS JAPAN, BY TYPE OF CASUALTY AND BY TYPE OF PERSONNEL: DEC 1941 TO AUG 1945

(As reported to The Adjutant General)

Year and Month	Total Personnel				Officers				Enlisted Personnel			
	Total Casualties	Died	Wounded and Evacuated	Missing, Interned and Captured	Total Casualties	Died	Wounded and Evacuated	Missing, Interned and Captured	Total Casualties	Died	Wounded and Evacuated	Missing, Interned and Captured
Grand Total	27,142	9,810	4,877	12,455	9,331	3,544	1,454	4,333	17,811	6,266	3,423	8,122
Annually												
1941 (Dec)	723	311	400	12	74	45	28	1	649	266	372	11
1942	7,667	2,801	236	4,630	1,268	594	78	596	6,399	2,207	158	4,034
1943	4,294	1,860	1,183	1,251	1,670	788	326	556	2,624	1,072	857	695
1944	7,187	2,507	1,888	2,792	2,957	1,098	563	1,296	4,230	1,409	1,325	1,496
1945 (Jan-Aug)	6,438	1,844	1,094	3,500	3,214	967	436	1,811	3,224	877	658	1,689
Date unknown	833	487	76	270	148	52	23	73	685	435	53	197
Monthly												
1941 Dec	723	311	400	12	74	45	28	1	649	266	372	11
1942 Jan	122	80	31	11	46	37	3	6	76	43	28	5
Feb	216	105	20	91	116	47	3	66	100	58	17	25
Mar	72	56	10	6	31	26	3	2	41	30	7	4
Apr	101	81	4	16	63	51	1	11	38	30	3	5
May	6,120	1,917	16	4,187	474	106	9	359	5,646	1,811	7	3,828
Jun	156	118	17	21	78	67	7	4	78	51	10	17
Jul	122	78	10	34	74	46	3	25	48	32	7	9
Aug	154	61	16	77	77	35	4	38	77	26	12	39
Sep	145	68	28	49	65	36	7	22	80	32	21	27
Oct	112	57	19	36	67	41	9	17	45	16	10	19
Nov	146	62	27	57	78	42	10	26	68	20	17	31
Dec	201	118	38	45	99	60	19	20	102	58	19	25
1943 Jan	329	176	66	87	166	98	22	46	163	78	44	41
Feb	384	239	42	103	102	43	14	45	282	196	28	58
Mar	197	102	61	34	88	44	26	18	109	58	35	16
Apr	163	103	51	9	64	44	12	8	99	59	39	1
May	256	155	32	69	88	46	10	32	168	109	22	37
Jun	191	81	30	80	89	37	15	37	102	44	15	43
Jul	358	169	79	110	174	94	29	51	184	75	50	59
Aug	375	151	89	135	172	69	37	66	203	82	52	69
Sep	328	140	58	130	149	67	24	58	179	73	34	72
Oct	418	202	131	85	188	98	41	49	230	104	90	36
Nov	911	227	454	230	213	93	51	69	698	134	403	161
Dec	384	115	90	179	177	55	45	77	207	60	45	102
1944 Jan	528	207	120	201	261	111	55	95	267	96	65	106
Feb	284	126	70	88	133	61	28	44	151	65	42	44
Mar	498	197	133	168	210	87	47	76	288	110	86	92
Apr	556	191	137	228	241	85	49	107	315	106	88	121
May	428	224	81	123	168	83	31	54	260	141	50	69
Jun	653	266	144	243	287	134	49	104	366	132	95	139
Jul	456	155	133	168	180	70	43	67	276	85	90	101
Aug	536	190	65	281	233	87	30	116	303	103	35	165
Sep	459	148	123	188	169	57	34	78	290	91	89	110
Oct	798	267	224	307	319	124	62	133	479	143	162	174
Nov	1,051	276	412	363	313	73	47	193	738	203	365	170
Dec	940	260	246	434	443	126	88	229	497	134	158	205
1945 Jan	1,027	399	167	461	513	205	66	242	514	194	101	219
Feb	629	204	86	339	320	111	31	178	309	93	55	161
Mar	1,150	353	311	486	523	157	117	249	627	196	194	237
Apr	969	284	132	553	489	154	57	278	480	130	75	275
May	1,225	271	196	758	562	135	68	359	663	136	128	399
Jun	777	176	114	487	408	95	52	261	369	81	62	226
Jul	432	100	59	273	259	71	31	157	173	29	28	116
Aug	229	57	29	143	140	39	14	87	89	18	15	56

Table 39 — BATTLE CASUALTIES IN PACIFIC OCEAN AREAS, BY TYPE OF CASUALTY AND BY TYPE OF PERSONNEL: DEC 1941 TO AUG 1945

(As reported to The Adjutant General)

Year and Month	Total Personnel				Officers				Enlisted Personnel			
	Total Casualties	Died	Wounded and Evacuated	Missing, Interned and Captured	Total Casualties	Died	Wounded and Evacuated	Missing, Interned and Captured	Total Casualties	Died	Wounded and Evacuated	Missing, Interned and Captured
Grand Total	2,476	926	882	668	922	375	226	321	1,554	551	656	347
Annually												
1941 (Dec)	548	211	327	10	21	10	11	-	527	201	316	10
1942	153	122	12	19	89	73	5	11	64	49	7	8
1943	258	122	55	81	123	66	18	39	135	56	37	42
1944	970	293	305	372	393	133	109	151	577	160	196	221
1945 (Jan-Aug)	503	172	167	164	290	93	80	117	213	79	87	47
Date unknown	44	6	16	22	6	-	3	3	38	6	13	19
Monthly												
1941 Dec	548	211	327	10	21	10	11	-	527	201	316	10
1942 Jan	7	3	3	1	3	3	-	-	4	-	3	1
Feb	3	3	-	-	1	1	-	-	2	2	-	-
Mar	1	1	-	-	1	1	-	-	-	-	-	-
Apr	4	4	-	-	4	4	-	-	-	-	-	-
May	4	3	-	1	2	2	-	-	2	1	-	1
Jun	44	40	2	2	15	14	-	1	29	26	2	1
Jul	13	13	-	-	10	10	-	-	3	3	-	-
Aug	14	8	1	5	11	6	1	4	3	2	-	1
Sep	19	9	3	7	13	6	2	5	6	3	1	2
Oct	14	13	1	-	8	7	1	-	6	6	-	-
Nov	13	10	2	1	11	10	1	-	2	-	1	1
Dec	17	15	-	2	10	9	-	1	7	6	-	1
1943 Jan	13	11	2	-	10	10	-	-	3	1	2	-
Feb	27	11	3	13	19	8	2	9	8	3	1	4
Mar	3	3	-	-	3	3	-	-	-	-	-	-
Apr	12	7	5	-	3	3	-	-	9	4	5	-
May	10	1	9	-	4	1	3	-	6	-	6	-
Jun	2	1	-	1	2	1	-	1	-	-	-	-
Jul	34	28	4	2	21	18	1	2	13	10	3	-
Aug	2	1	-	1	2	1	-	1	-	-	-	-
Sep	3	1	2	-	-	-	-	-	3	1	2	-
Oct	2	2	-	-	-	-	-	-	2	2	-	-
Nov	48	17	20	11	17	7	6	4	31	10	14	7
Dec	102	39	10	53	42	14	6	22	60	25	4	31
1944 Jan	166	75	41	50	79	35	21	23	87	40	20	27
Feb	35	4	7	24	18	3	3	12	17	1	4	12
Mar	64	11	27	26	28	6	10	12	36	5	17	14
Apr	141	56	37	48	56	23	15	18	85	33	22	30
May	56	35	3	18	16	10	2	4	40	25	1	14
Jun	167	30	37	100	70	18	13	39	97	12	24	61
Jul	117	22	36	59	48	9	15	24	69	13	21	35
Aug	49	19	5	25	23	8	5	10	26	11	-	15
Sep	36	8	19	9	12	3	6	3	24	5	13	6
Oct	46	18	28	-	14	8	6	-	32	10	22	-
Nov	30	1	28	1	2	1	1	-	28	-	27	1
Dec	63	14	37	12	27	9	12	6	36	5	25	6
1945 Jan	68	20	14	34	31	8	7	16	37	12	7	18
Feb	42	15	3	24	22	9	-	13	20	6	3	11
Mar	157	64	90	3	74	23	49	2	83	41	41	1
Apr	45	16	16	13	31	11	7	13	14	5	9	-
May	79	23	31	25	36	11	7	18	43	12	24	7
Jun	52	15	5	32	49	13	4	32	3	2	1	-
Jul	58	17	8	33	45	16	6	23	13	1	2	10
Aug	2	2	-	-	2	2	-	-	-	-	-	-

Table 40— BATTLE CASUALTIES IN FAR EAST AIR FORCES, BY TYPE OF CASUALTY AND BY TYPE OF PERSONNEL: DEC 1941 TO AUG 1945

(As reported to The Adjutant General)

Year and Month	Total Personnel				Officers				Enlisted Personnel			
	Total Casualties	Died	Wounded and Evacuated	Missing, Interned and Captured	Total Casualties	Died	Wounded and Evacuated	Missing, Interned and Captured	Total Casualties	Died	Wounded and Evacuated	Missing, Interned and Captured
Grand Total	17,237	6,594	3,005	7,638	4,842	2,063	847	1,932	12,395	4,531	2,158	5,706
Annually												
1941(Dec)....	173	99	72	2	52	34	17	1	121	65	55	1
1942.........	7,174	2,441	207	4,526	1,030	401	62	567	6,144	2,040	145	3,959
1943.........	2,936	1,124	981	831	1,070	487	231	352	1,866	637	750	479
1944.........	3,732	1,360	1,206	1,166	1,370	524	336	510	2,362	836	870	656
1945(Jan-Aug)	2,489	1,102	485	902	1,213	574	186	453	1,276	528	299	449
Date unknown..	733	468	54	211	107	43	15	49	626	425	39	162
Monthly												
1941 Dec.....	173	99	72	2	52	34	17	1	121	65	55	1
1942 Jan.....	112	75	28	9	41	32	3	6	71	43	25	3
Feb.....	211	101	20	90	113	45	3	65	98	56	17	25
Mar.....	65	52	10	3	26	22	3	1	39	30	7	2
Apr.....	86	69	4	13	50	41	1	8	36	28	3	5
May.....	6,035	1,864	16	4,155	469	102	9	358	5,566	1,762	7	3,797
Jun.....	47	33	12	2	35	29	4	2	12	4	8	-
Jul.....	71	29	9	33	43	17	2	24	28	12	7	9
Aug.....	117	36	14	67	55	19	3	33	62	17	11	34
Sep.....	105	42	25	38	38	18	5	15	67	24	20	23
Oct.....	65	19	14	32	36	15	6	15	29	4	8	17
Nov.....	117	47	25	45	57	27	9	21	60	20	16	24
Dec.....	143	74	30	39	67	34	14	19	76	40	16	20
1943 Jan.....	265	129	60	76	126	64	22	40	139	65	38	36
Feb.....	158	50	23	85	62	22	7	33	96	28	16	52
Mar.....	121	50	49	22	51	19	21	11	70	31	28	11
Apr.....	114	66	41	7	45	28	11	6	69	38	30	1
May.....	188	116	21	51	53	26	5	22	135	90	16	29
Jun.....	181	76	27	78	84	34	15	35	97	42	12	43
Jul.....	267	127	51	89	117	64	13	40	150	63	38	49
Aug.....	250	105	64	81	112	48	22	42	138	57	42	39
Sep.....	200	94	44	62	95	46	16	33	105	48	28	29
Oct.....	319	138	117	64	135	67	34	34	184	71	83	30
Nov.....	725	150	419	156	126	58	37	31	599	92	382	125
Dec.....	148	23	65	60	64	11	28	25	84	12	37	35
1944 Jan.....	286	86	76	124	139	48	32	59	147	38	44	65
Feb.....	145	63	48	34	67	31	20	16	78	32	28	18
Mar.....	311	121	84	106	123	48	31	44	188	73	53	62
Apr.....	308	109	83	116	129	48	25	56	179	61	58	60
May.....	204	124	57	23	72	41	21	10	132	83	36	13
Jun.....	287	136	91	60	108	58	25	25	179	78	66	35
Jul.....	174	70	65	39	62	27	22	13	112	43	43	26
Aug.....	196	59	31	106	72	24	14	34	124	35	17	72
Sep.....	286	94	75	117	91	35	16	40	195	59	59	77
Oct.....	508	148	159	201	189	62	45	82	319	86	114	119
Nov.....	652	213	284	155	149	39	25	85	503	174	259	70
Dec.....	375	137	153	85	169	63	60	46	206	74	93	39
1945 Jan.....	479	210	95	174	239	118	33	88	240	92	62	86
Feb.....	251	107	38	106	134	61	17	56	117	46	21	50
Mar.....	498	202	136	160	204	83	39	82	294	119	97	78
Apr.....	313	193	53	67	161	100	28	33	152	93	25	34
May.....	263	139	70	54	124	71	25	28	139	68	45	26
Jun.....	335	140	56	139	158	71	23	64	177	69	33	75
Jul.....	208	63	25	120	107	39	15	53	101	24	10	67
Aug.....	142	48	12	82	86	31	6	49	56	17	6	33

Table 41 — BATTLE CASUALTIES IN CHINA & INDIA — BURMA, BY TYPE OF CASUALTY AND BY TYPE OF PERSONNEL: DEC 1941 TO AUG 1945

(As reported to The Adjutant General)

Year and Month	Total Personnel				Officers				Enlisted Personnel			
	Total Casualties	Died	Wounded and Evacuated	Missing, Interned and Captured	Total Casualties	Died	Wounded and Evacuated	Missing, Interned and Captured	Total Casualties	Died	Wounded and Evacuated	Missing, Interned and Captured
Grand Total	3,332	1,263	494	1,575	1,723	653	197	873	1,609	610	297	702
Annually												
1941 (Dec)	-	-	-	-	-	-	-	-	-	-	-	-
1942	141	82	3	56	41	25	-	16	100	57	3	40
1943	792	351	107	334	400	176	61	163	392	175	46	171
1944	1,490	575	242	673	751	302	77	372	739	273	165	301
1945 (Jan-Aug)	859	248	136	475	500	145	54	301	359	103	82	174
Date unknown	50	7	6	37	31	5	5	21	19	2	1	16
Monthly												
1941 Dec	-	-	-	-	-	-	-	-	-	-	-	-
1942 Jan	1	-	-	1	-	-	-	-	1	-	-	1
Feb	1	-	-	1	1	-	-	1	-	-	-	-
Mar	3	-	-	3	1	-	-	1	2	-	-	2
Apr	5	2	-	3	3	-	-	3	2	2	-	-
May	70	50	-	20	3	2	-	1	67	48	-	19
Jun	17	6	-	11	-	-	-	-	17	6	-	11
Jul	5	4	-	1	5	4	-	1	-	-	-	-
Aug	4	4	-	-	4	4	-	-	-	-	-	-
Sep	5	3	-	2	5	3	-	2	-	-	-	-
Oct	12	7	1	4	8	6	-	2	4	1	1	2
Nov	13	3	-	10	8	3	-	5	5	-	-	5
Dec	5	3	2	-	3	3	-	-	2	-	2	-
1943 Jan	22	10	1	11	16	10	-	6	6	-	1	5
Feb	10	4	2	4	5	2	-	3	5	2	2	1
Mar	45	29	4	12	20	13	-	7	25	16	4	5
Apr	25	18	5	2	11	8	1	2	14	10	4	-
May	43	25	1	17	21	11	1	9	22	14	-	8
Jun	5	1	3	1	2	1	-	1	3	-	3	-
Jul	36	5	12	19	24	5	10	9	12	-	2	10
Aug	122	44	25	53	57	19	15	23	65	25	10	30
Sep	122	44	12	66	52	20	8	24	70	24	4	42
Oct	93	60	12	21	52	30	7	15	41	30	5	6
Nov	136	59	15	62	69	27	8	34	67	32	7	28
Dec	133	32	15	66	71	30	11	30	62	22	4	36
1944 Jan	75	45	3	27	42	27	2	13	33	18	1	14
Feb	86	48	9	29	42	22	4	16	44	26	5	13
Mar	122	64	22	36	58	32	6	20	64	32	16	16
Apr	90	24	17	49	49	13	9	27	41	11	8	22
May	166	64	21	81	79	31	8	40	87	33	13	41
Jun	111	48	9	54	63	30	5	28	48	18	4	26
Jul	123	46	31	46	51	25	5	21	72	21	26	25
Aug	158	66	17	75	82	34	6	42	76	32	11	33
Sep	104	42	21	41	52	18	8	26	52	24	13	15
Oct	176	58	28	90	78	28	7	43	98	30	21	47
Nov	114	24	30	60	68	14	8	46	46	10	22	14
Dec	165	46	34	85	87	28	9	50	78	18	25	35
1945 Jan	232	80	34	118	115	38	14	63	117	42	20	55
Feb	100	31	17	52	54	20	7	27	46	11	10	25
Mar	183	54	51	78	97	32	14	51	86	22	37	27
Apr	95	33	18	44	61	23	8	30	34	10	10	14
May	123	34	10	79	69	17	8	44	54	17	2	35
Jun	78	4	3	71	56	3	-	53	22	1	3	18
Jul	47	11	3	33	47	11	3	33	-	-	-	-
Aug	1	1	-	-	1	1	-	-	-	-	-	-

Table 42 — BATTLE CASUALTIES IN ALASKA, BY TYPE OF CASUALTY AND BY TYPE OF PERSONNEL: DEC 1941 TO AUG 1945

(As reported to The Adjutant General)

Year and Month	Total Personnel				Officers				Enlisted Personnel			
	Total Casualties	Died	Wounded and Evacuated	Missing, Interned and Captured	Total Casualties	Died	Wounded and Evacuated	Missing, Interned and Captured	Total Casualties	Died	Wounded and Evacuated	Missing, Interned and Captured
Grand Total	682	451	63	168	269	172	31	66	413	279	32	102
Annually												
1941 (Dec)	2	1	1	-	1	1	-	-	1	-	1	-
1942	199	156	14	29	108	95	11	2	91	61	3	27
1943	303	262	38	3	73	58	15	-	230	204	23	3
1944	104	25	10	69	46	13	5	28	58	12	5	41
1945 (Jan-Aug)	68	1	-	67	37	1	-	36	31	-	-	31
Date unknown	6	6	-	-	4	4	-	-	2	2	-	-
Monthly												
1941 Dec	2	1	1	-	1	1	-	-	1	-	1	-
1942 Jan	2	2	-	-	2	2	-	-	-	-	-	-
Feb	1	1	-	-	1	1	-	-	-	-	-	-
Mar	3	3	-	-	3	3	-	-	-	-	-	-
Apr	6	6	-	-	6	6	-	-	-	-	-	-
May	11	-	-	11	-	-	-	-	11	-	-	11
Jun	48	39	3	6	28	24	3	1	20	15	-	5
Jul	33	32	1	-	16	15	1	-	17	17	-	-
Aug	19	13	1	5	7	6	-	1	12	7	1	4
Sep	16	14	-	2	9	9	-	-	7	5	-	2
Oct	21	18	3	-	15	13	2	-	6	5	1	-
Nov	3	2	-	1	2	2	-	-	1	-	-	1
Dec	36	26	6	4	19	14	5	-	17	12	1	4
1943 Jan	29	26	3	-	14	14	-	-	15	12	3	-
Feb	188	174	13	1	16	11	5	-	172	163	8	1
Mar	28	20	8	-	14	9	5	-	14	11	3	-
Apr	12	12	-	-	5	5	-	-	7	7	-	-
May	14	13	1	-	9	8	1	-	5	5	-	-
Jun	3	3	-	-	1	1	-	-	2	2	-	-
Jul	20	9	11	-	11	7	4	-	9	2	7	-
Aug	1	1	-	-	1	1	-	-	-	-	-	-
Sep	2	1	-	1	1	1	-	-	1	-	-	1
Oct	3	1	2	-	-	-	-	-	3	1	2	-
Nov	2	1	-	1	1	1	-	-	1	-	-	1
Dec	1	1	-	-	-	-	-	-	1	1	-	-
1944 Jan	1	1	-	-	1	1	-	-	-	-	-	-
Feb	16	10	6	-	6	5	1	-	10	5	5	-
Mar	1	1	-	-	1	1	-	-	-	-	-	-
Apr	15	1	-	14	7	1	-	6	8	-	-	8
May	-	-	-	-	-	-	-	-	-	-	-	-
Jun	2	-	1	1	1	-	1	-	1	-	-	1
Jul	3	1	-	2	-	-	-	-	3	1	-	2
Aug	1	-	1	-	1	-	1	-	-	-	-	-
Sep	11	1	-	10	5	1	-	4	6	-	-	6
Oct	5	-	1	4	1	-	1	-	4	-	-	4
Nov	21	-	1	20	8	-	1	7	13	-	-	13
Dec	28	10	-	18	15	4	-	11	13	6	-	7
1945 Jan	13	-	-	13	6	-	-	6	7	-	-	7
Feb	-	-	-	-	-	-	-	-	-	-	-	-
Mar	1	-	-	1	1	-	-	1	-	-	-	-
Apr	-	-	-	-	-	-	-	-	-	-	-	-
May	25	-	-	25	12	-	-	12	13	-	-	13
Jun	17	1	-	16	10	1	-	9	7	-	-	7
Jul	12	-	-	12	8	-	-	8	4	-	-	4
Aug	-	-	-	-	-	-	-	-	-	-	-	-

Table 43 — BATTLE CASUALTIES IN TWENTIETH AIR FORCE - XX AND XXI BOMBER COMMANDS, BY TYPE OF CASUALTY AND BY TYPE OF PERSONNEL: FEB 1943 TO AUG 1945

(As reported to The Adjutant General)

Year and Month	Total Personnel				Officers				Enlisted Personnel			
	Total Casualties	Died	Wounded and Evacuated	Missing, Interned and Captured	Total Casualties	Died	Wounded and Evacuated	Missing, Interned and Captured	Total Casualties	Died	Wounded and Evacuated	Missing, Interned and Captured
TWENTIETH AIR FORCE												
Grand Total Annually	3,415	576	433	2,406	1,575	281	153	1,141	1,840	295	280	1,265
1943(Feb-Dec)	5	1	2	2	4	1	1	2	1	-	1	-
1944.........	891	254	125	512	397	126	36	235	494	128	89	277
1945(Jan-Aug)	2,519	321	306	1,892	1,174	154	116	904	1,345	167	190	988
Monthly												
1944(Jan-Jun)	92	55	6	31	46	29	5	12	46	26	1	19
Jul.....	39	16	1	22	19	9	1	9	20	7	-	13
Aug.....	132	46	11	75	55	21	4	30	77	25	7	45
Sep.....	22	3	8	11	9	-	4	5	13	3	4	6
Oct.....	63	43	8	12	37	26	3	8	26	17	5	4
Nov.....	234	38	69	127	86	19	12	55	148	19	57	72
Dec.....	309	53	22	234	145	22	7	116	164	31	15	118
1945 Jan.....	235	89	24	122	122	41	12	69	113	48	12	53
Feb.....	236	51	28	157	110	21	7	82	126	30	21	75
Mar.....	311	33	34	244	147	19	15	113	164	14	19	131
Apr.....	516	42	45	429	236	20	14	202	280	22	31	227
May.....	735	75	85	575	321	36	28	257	414	39	57	318
Jun.....	295	16	50	229	135	7	25	103	160	9	25	126
Jul.....	107	9	23	75	52	5	7	40	55	4	16	35
Aug.....	84	6	17	61	51	5	8	38	33	1	9	23
XX BOMBER COMMAND												
Grand Total Annually	677	226	84	367	325	119	35	171	352	107	49	196
1943(Feb-Dec)	2	-	1	1	1	-	-	1	1	-	1	-
1944.........	582	205	56	321	274	106	24	144	308	99	32	177
1945(Jan-Aug)	93	21	27	45	50	13	11	26	43	8	16	19
Monthly												
1944(Jan-Jun)	88	55	5	28	44	29	4	11	44	26	1	17
Jul.....	39	16	1	22	19	9	1	9	20	7	-	13
Aug.....	132	46	11	75	55	21	4	30	77	25	7	45
Sep.....	22	3	8	11	9	-	4	5	13	3	4	6
Oct.....	62	43	7	12	37	26	3	8	25	17	4	4
Nov.....	119	25	15	79	51	13	6	32	68	12	9	47
Dec.....	120	17	9	94	59	8	2	49	61	9	7	45
1945 Jan.....	33	16	4	13	19	10	-	9	14	6	4	4
Feb.....	37	3	17	17	18	3	6	9	19	-	11	8
Mar.....	18	1	6	11	10	-	5	5	8	1	1	6
Apr.....	3	1	-	2	2	-	-	2	1	1	-	-
May.....	1	-	-	1	1	-	-	1	-	-	-	-
Jun.....	1	-	-	1	-	-	-	-	1	-	-	1
Jul.....	-	-	-	-	-	-	-	-	-	-	-	-
Aug.....	-	-	-	-	-	-	-	-	-	-	-	-
XXI BOMBER COMMAND												
Grand Total Annually	2,738	350	349	2,039	1,250	162	118	970	1,488	188	231	1,069
1943(Jul-Dec)	3	1	1	1	3	1	1	1	-	-	-	-
1944.........	309	49	69	191	123	20	12	91	186	29	57	100
1945(Jan-Aug)	2,426	300	279	1,847	1,124	141	105	878	1,302	159	174	969
Monthly												
1944(Jan-Jun)	4	-	1	3	2	-	1	1	2	-	-	2
Jul.....	-	-	-	-	-	-	-	-	-	-	-	-
Aug.....	-	-	-	-	-	-	-	-	-	-	-	-
Sep.....	-	-	-	-	-	-	-	-	-	-	-	-
Oct.....	1	-	1	-	-	-	-	-	1	-	1	-
Nov.....	115	13	54	48	35	6	6	23	80	7	48	25
Dec.....	189	36	13	140	86	14	5	67	103	22	8	73
1945 Jan.....	202	73	20	109	103	31	12	60	99	42	8	49
Feb.....	199	48	11	140	92	18	1	73	107	30	10	67
Mar.....	293	32	28	233	137	19	10	108	156	13	18	125
Apr.....	513	41	45	427	234	20	14	200	279	21	31	227
May.....	734	75	85	574	320	36	28	256	414	39	57	318
Jun.....	294	16	50	228	135	7	25	103	159	9	25	125
Jul.....	107	9	23	75	52	5	7	40	55	4	16	35
Aug.....	84	6	17	61	51	5	8	38	33	1	9	23

Table 44 — BATTLE CASUALTIES IN OTHER OVERSEAS THEATERS, BY TYPE OF CASUALTY AND BY TYPE OF PERSONNEL: DEC 1941 TO AUG 1945

(As reported to The Adjutant General)

Year and Month	Total Personnel				Officers				Enlisted Personnel			
	Total Casualties	Died	Wounded and Evacuated	Missing, Interned and Captured	Total Casualties	Died	Wounded and Evacuated	Missing, Interned and Captured	Total Casualties	Died	Wounded and Evacuated	Missing, Interned and Captured
Grand Total	160	152	1	7	140	136	-	4	20	16	1	3
Annually												
1941 (Dec)	4	4	-	-	4	4	-	-	-	-	-	-
1942	99	97	-	2	95	95	-	-	4	2	-	2
1943	48	45	1	2	33	32	-	1	15	13	1	1
1944	4	4	-	-	3	3	-	-	1	1	-	-
1945 (Jan-Aug)	1	-	-	1	1	-	-	1	-	-	-	-
Date unknown	4	2	-	2	4	2	-	2	-	-	-	-
Monthly												
1941 Dec	4	4	-	-	4	4	-	-	-	-	-	-
1942 Jan	7	7	-	-	7	7	-	-	-	-	-	-
Feb	7	7	-	-	7	7	-	-	-	-	-	-
Mar	4	4	-	-	4	4	-	-	-	-	-	-
Apr	11	11	-	-	11	11	-	-	-	-	-	-
May	7	6	-	1	5	5	-	-	2	1	-	1
Jun	8	7	-	1	6	6	-	-	2	1	-	1
Jul	13	13	-	-	13	13	-	-	-	-	-	-
Aug	9	9	-	-	9	9	-	-	-	-	-	-
Sep	7	7	-	-	7	7	-	-	-	-	-	-
Oct	11	11	-	-	11	11	-	-	-	-	-	-
Nov	11	11	-	-	11	11	-	-	-	-	-	-
Dec	4	4	-	-	4	4	-	-	-	-	-	-
1943 Jan	19	19	-	-	19	19	-	-	-	-	-	-
Feb	4	3	1	-	2	2	-	-	2	1	1	-
Mar	8	8	-	-	6	6	-	-	2	2	-	-
Apr	7	7	-	-	1	1	-	-	6	6	-	-
May	3	3	-	-	2	2	-	-	1	1	-	-
Jun	-	-	-	-	-	-	-	-	-	-	-	-
Jul	2	2	-	-	2	2	-	-	-	-	-	-
Aug	2	1	-	1	1	-	-	1	1	1	-	-
Sep	-	-	-	-	-	-	-	-	-	-	-	-
Oct	2	1	-	1	-	-	-	-	2	1	-	1
Nov	-	-	-	-	-	-	-	-	-	-	-	-
Dec	1	1	-	-	-	-	-	-	1	1	-	-
1944 Jan	-	-	-	-	-	-	-	-	-	-	-	-
Feb	-	-	-	-	-	-	-	-	-	-	-	-
Mar	-	-	-	-	-	-	-	-	-	-	-	-
Apr	2	2	-	-	1	1	-	-	1	1	-	-
May	1	1	-	-	1	1	-	-	-	-	-	-
Jun	1	1	-	-	1	1	-	-	-	-	-	-
Jul	-	-	-	-	-	-	-	-	-	-	-	-
Aug	-	-	-	-	-	-	-	-	-	-	-	-
Sep	-	-	-	-	-	-	-	-	-	-	-	-
Oct	-	-	-	-	-	-	-	-	-	-	-	-
Nov	-	-	-	-	-	-	-	-	-	-	-	-
Dec	-	-	-	-	-	-	-	-	-	-	-	-
1945 Jan	-	-	-	-	-	-	-	-	-	-	-	-
Feb	1	-	-	1	1	-	-	1	-	-	-	-
Mar	-	-	-	-	-	-	-	-	-	-	-	-
Apr	-	-	-	-	-	-	-	-	-	-	-	-
May	-	-	-	-	-	-	-	-	-	-	-	-
Jun	-	-	-	-	-	-	-	-	-	-	-	-
Jul	-	-	-	-	-	-	-	-	-	-	-	-
Aug	-	-	-	-	-	-	-	-	-	-	-	-

Table 45 — MILITARY PERSONNEL RETURNED FROM OVERSEAS THEATERS,

(Includes permanent

Theater and Type of Personnel	Total	1944 (May-Dec)	1945 (Jan-Aug)	1944			
				May	Jun	Jul	Aug
All Theaters - Total	574,086	144,573	429,513	9,579	12,095	10,211	15,957
Officers	137,937	39,302	98,635	2,154	2,730	2,375	5,305
Combat Crew	98,175	29,513	68,662	1,285	1,577	1,683	3,865
Other	39,762	9,789	29,973	869	1,153	692	1,440
Enlisted Personnel	436,149	105,271	330,878	7,425	9,365	7,836	10,652
Combat Crew	117,989	35,062	82,927	1,614	1,641	1,170	3,483
Other	318,160	70,209	247,951	5,811	7,724	6,666	7,169
European Theater of Operations - Total	280,639	49,104	231,535	2,784	1,776	2,202	5,219
Officers	73,999	18,016	55,983	871	681	1,174	2,868
Combat Crew	57,790	15,763	42,027	698	519	1,042	2,310
Other	16,209	2,253	13,956	173	162	132	558
Enlisted Personnel	206,640	31,088	175,552	1,913	1,095	1,028	2,351
Combat Crew	70,360	20,796	49,564	1,084	666	591	1,905
Other	136,280	10,292	125,988	829	429	437	446
Mediterranean Theater of Operations - Total	136,015	34,104	101,911	1,766	3,888	810	4,050
Officers	31,786	10,483	21,303	445	914	328	1,050
Combat Crew	24,433	7,981	16,452	182	506	262	723
Other	7,353	2,502	4,851	263	408	66	327
Enlisted Personnel	104,229	23,621	80,608	1,321	2,974	482	3,000
Combat Crew	31,294	9,915	21,379	308	512	302	1,131
Other	72,935	13,706	59,229	1,013	2,462	180	1,869
Pacific Ocean Areas - Total	12,381	3,297	9,084	109	127	91	137
Officers	2,622	615	2,007	32	46	18	23
Combat Crew	1,723	357	1,366	16	24	1	12
Other	899	258	641	16	22	17	11
Enlisted Personnel	9,759	2,682	7,077	77	81	73	114
Combat Crew	2,310	436	1,874	16	3	1	3
Other	7,449	2,246	5,203	61	78	72	111
Far East Air Forces - Total	48,808	19,055	29,753	1,276	1,218	2,306	2,068
Officers	10,385	3,649	6,736	295	379	300	638
Combat Crew	6,274	2,304	3,970	182	267	138	507
Other	4,111	1,345	2,766	113	112	162	131
Enlisted Personnel	38,423	15,406	23,017	981	839	2,006	1,430
Combat Crew	7,331	1,931	5,400	100	199	83	299
Other	31,092	13,475	17,617	881	640	1,923	1,131
China and India-Burma - Total	26,473	8,942	17,531	262	474	409	1,253
Officers	5,556	2,227	3,329	101	188	127	271
Combat Crew	3,574	1,339	2,235	67	135	76	154
Other	1,982	888	1,094	34	53	51	117
Enlisted Personnel	20,917	6,715	14,202	161	286	282	982
Combat Crew	3,351	1,011	2,340	37	141	68	93
Other	17,566	5,704	11,862	124	145	214	889
Alaska - Total	10,192	7,303	2,889	423	615	1,312	135
Officers	942	628	314	42	30	62	51
Combat Crew	266	138	128	23	1	3	18
Other	676	490	186	19	29	59	33
Enlisted Personnel	9,250	6,675	2,575	381	585	1,250	84
Combat Crew	285	149	136	21	-	6	8
Other	8,965	6,526	2,439	360	585	1,244	76
Twentieth Air Force - Total	2,046	309	1,737	-	-	14	49
Officers	937	168	769	-	-	4	26
Combat Crew	753	114	639	-	-	3	20
Other	184	54	130	-	-	1	6
Enlisted Personnel	1,109	141	968	-	-	10	23
Combat Crew	647	106	541	-	-	1	19
Other	462	35	427	-	-	9	4
Other Overseas - Total	57,532	22,459	35,073	2,959	3,997	3,067	3,046
Officers	11,710	3,516	8,194	368	492	362	378
Combat Crew	3,362	1,517	1,845	117	125	158	121
Other	8,348	1,999	6,349	251	367	204	257
Enlisted Personnel	45,822	18,943	26,879	2,591	3,505	2,705	2,668
Combat Crew	2,411	718	1,693	48	120	118	25
Other	43,411	18,225	25,186	2,543	3,385	2,587	2,643

BY THEATER AND BY TYPE OF PERSONNEL: MAY 1944 TO AUG 1945

change of station only.)

	1944				1945							
Sep	Oct	Nov	Dec	Jan	Feb	Mar	Apr	May	Jun	Jul	Aug
26,102	22,811	22,408	25,410	20,859	13,730	22,189	30,443	54,766	108,865	82,204	96,457
7,387	6,314	5,864	7,173	5,194	4,117	5,718	11,064	13,813	27,406	18,172	13,151
5,846	4,963	4,741	5,553	3,919	3,247	4,354	6,167	11,141	19,727	13,443	6,664
1,541	1,351	1,123	1,620	1,275	870	1,364	4,897	2,672	7,679	4,729	6,487
18,715	16,497	16,544	18,237	15,665	9,613	16,471	19,379	40,953	81,459	64,032	83,306
7,958	8,006	5,242	5,948	4,704	3,810	5,543	8,142	15,886	24,800	12,743	7,299
10,757	8,491	11,302	12,289	10,961	5,803	10,928	11,237	25,067	56,659	51,289	76,007
8,112	9,532	8,841	10,638	6,459	6,220	6,369	8,061	25,089	76,485	43,081	59,771
2,729	2,777	3,292	3,624	2,466	2,043	2,556	3,253	8,044	20,239	9,823	7,559
2,435	2,491	3,084	3,184	2,216	1,858	2,289	3,032	7,158	14,203	7,607	3,664
294	286	208	440	250	185	267	221	886	6,036	2,216	3,895
5,383	6,755	5,549	7,014	3,993	4,177	3,813	4,808	17,045	56,246	33,258	52,212
4,263	5,404	3,312	3,571	2,512	2,728	2,702	3,798	10,459	16,890	6,810	3,665
1,120	1,351	2,237	3,443	1,481	1,449	1,111	1,010	6,586	39,356	26,448	48,547
11,847	4,865	3,411	3,467	5,495	1,835	3,445	8,333	18,358	20,018	23,894	20,533
3,643	1,557	1,198	1,348	1,292	520	1,102	2,286	3,531	5,002	5,227	2,343
2,842	1,312	993	1,161	1,007	450	974	1,861	2,750	4,316	3,942	1,152
801	245	205	187	285	70	128	425	781	686	1,285	1,191
8,204	3,308	2,213	2,119	4,203	1,315	2,343	6,047	14,827	15,016	18,667	18,190
3,121	1,911	1,236	1,394	1,310	400	1,408	2,268	3,954	6,511	4,050	1,478
5,083	1,397	977	725	2,893	915	935	3,779	10,873	8,505	14,617	16,712
149	503	1,452	729	300	721	671	690	909	1,112	1,740	2,941
41	143	200	112	68	166	156	114	335	160	356	652
12	93	132	67	40	107	92	66	268	110	250	433
29	50	68	45	28	59	64	48	67	50	106	219
108	360	1,252	617	232	555	515	576	574	952	1,384	2,289
11	11	314	77	53	150	111	183	264	88	282	743
97	349	938	540	179	405	404	393	310	864	1,102	1,546
3,303	2,226	3,201	3,457	4,183	1,517	4,230	3,384	4,043	3,001	5,161	4,234
422	576	424	615	684	632	653	925	888	754	1,072	1,128
255	390	206	359	332	369	228	579	463	517	765	717
167	186	218	256	352	263	425	346	425	237	307	411
2,881	1,650	2,777	2,842	3,499	885	3,577	2,459	3,155	2,247	4,089	3,106
404	354	196	296	499	216	446	1,031	720	834	711	943
2,477	1,296	2,581	2,546	3,000	669	3,131	1,428	2,435	1,413	3,378	2,163
881	1,249	2,481	1,933	2,058	1,111	2,975	2,895	2,756	2,758	2,363	615
201	403	314	622	345	279	506	567	379	452	633	168
107	254	152	394	176	219	378	406	237	281	458	80
94	149	162	228	169	60	128	161	142	171	175	88
680	846	2,167	1,311	1,713	832	2,469	2,328	2,377	2,306	1,730	447
103	133	128	308	220	197	468	403	192	279	534	47
577	713	2,039	1,003	1,493	635	2,001	1,925	2,185	2,027	1,196	400
299	2,475	906	1,138	656	296	143	312	148	290	220	824
22	261	74	86	41	31	31	44	18	26	47	76
13	29	10	41	10	10	21	25	12	11	23	16
9	232	64	45	31	21	10	19	6	15	24	60
277	2,214	832	1,052	615	265	112	268	130	264	173	748
3	43	31	37	22	3	11	27	12	19	19	23
274	2,171	801	1,015	593	262	101	241	118	245	154	725
5	12	14	215	47	29	403	41	166	50	500	501
5	5	3	125	26	9	191	16	47	22	173	285
-	1	2	88	9	5	155	11	43	14	163	239
5	4	1	37	17	4	36	5	4	8	10	46
-	7	11	90	21	20	212	25	119	28	327	216
-	-	6	80	3	-	162	11	45	7	155	158
-	7	5	10	18	20	50	14	74	21	172	58
1,506	1,949	2,102	3,833	1,661	2,001	3,953	6,727	3,297	5,151	5,245	7,038
324	592	359	641	272	437	523	3,859	571	751	841	940
182	393	162	259	129	229	217	187	210	275	235	363
142	199	197	382	143	208	306	3,672	361	476	606	577
1,182	1,357	1,743	3,192	1,389	1,564	3,430	2,868	2,726	4,400	4,404	6,098
53	150	19	185	85	116	235	421	240	172	182	242
1,129	1,207	1,724	3,007	1,304	1,448	3,195	2,447	2,486	4,228	4,222	5,856

Table 46 — FLYING TRAINING STUDENTS UNDER INSTRUCTION,

(Figures are as of

Course	1939		1940				1941				1942	
	Sep	Dec	Mar	Jun	Sep	Dec	Mar	Jun	Sep	Dec	Mar	Jun
Total..................	966	1,427	1,609	1,849	2,987	4,491	6,485	6,962	9,125	13,286	23,425	37,375
Pilot - Total...........	966	1,427	1,609	1,849	2,855	4,150	6,485	6,962	9,125	12,122	19,548	26,070
Primary................	709	711	688	931	1,727	1,623	3,277	3,017	4,387	6,835	9,678	12,566
Basic..................	257	493	466	491	674	1,685	1,843	2,297	2,265	3,183	6,056	7,039
Advanced - Total.......	-	223	455	427	454	842	1,365	1,648	2,473	2,104	3,814	6,092
Single Engine........	-	223	455	427	454	842	1,365	1,648	2,275	1,956	2,577	3,494
Two Engine...........	-	-	-	-	-	-	-	-	198	148	1,237	2,598
Transition - Total.....	-	-	-	-	-	-	-	-	-	-	-	373
Single Engine........	-	-	-	-	-	-	-	-	-	-	-	-
Two Engine...........	-	-	-	-	-	-	-	-	-	-	-	-
Four Engine..........	-	-	-	-	-	-	-	-	-	-	-	373
P-38..................	-	-	-	-	-	-	-	-	-	-	-	-
P-39..................	-	-	-	-	-	-	-	-	-	-	-	-
P-40..................	-	-	-	-	-	-	-	-	-	-	-	-
P-47..................	-	-	-	-	-	-	-	-	-	-	-	-
B-25..................	-	-	-	-	-	-	-	-	-	-	-	-
B-26..................	-	-	-	-	-	-	-	-	-	-	-	-
B-17..................	-	-	-	-	-	-	-	-	-	-	-	-
B-24..................	-	-	-	-	-	-	-	-	-	-	-	-
B-29..................	-	-	-	-	-	-	-	-	-	-	-	-
B-32..................	-	-	-	-	-	-	-	-	-	-	-	-
Liaison FA............	-	-	-	-	-	-	-	-	-	-	-	-
Advanced Liaison.....	-	-	-	-	-	-	-	-	-	-	-	-
Photo Rcn (P322).....	-	-	-	-	-	-	-	-	-	-	-	-
Helicopter............	-	-	-	-	-	-	-	-	-	-	-	-
Observation...........	-	-	-	-	-	-	-	-	-	-	-	-
Primary ATC...........	-	-	-	-	-	-	-	-	-	-	-	-
Advanced Phase-ATC..	-	-	-	-	-	-	-	-	-	-	-	-
ATC...................	-	-	-	-	-	-	-	-	-	-	-	-
B-17 Instructor......	-	-	-	-	-	-	-	-	-	-	-	-
B-24 Instructor......	-	-	-	-	-	-	-	-	-	-	-	-
Four Eng Instructor..	-	-	-	-	-	-	-	-	-	-	-	-
Women..................	-	-	-	-	-	-	-	-	-	-	-	-
US in British Schools.	-	-	-	-	-	-	-	-	-	-	-	-
Instructor Tng - Total	-	-	-	-	-	-	-	-	-	-	-	-
Pilot Instructor....	-	-	-	-	-	-	-	-	-	-	-	-
Instrument Pilot....	-	-	-	-	-	-	-	-	-	-	-	-
Other................	-	-	-	-	-	-	-	-	-	-	-	-
Bombardier - Total......	-	-	-	-	82	105	-	-	-	164	896	1,465
Precision.............	-	-	-	-	-	-	-	-	-	-	-	-
Instructor............	-	-	-	-	82	105	-	-	-	164	896	1,465
Refresher.............	-	-	-	-	-	-	-	-	-	-	-	-
Navigation - Total......	-	-	-	-	50	122	-	-	-	767	1,760	1,848
Celestial.............	-	-	-	-	50	122	-	-	-	767	1,760	1,848
Dead Reckoning........	-	-	-	-	-	-	-	-	-	-	-	-
Instructor............	-	-	-	-	-	-	-	-	-	-	-	-
Refresher.............	-	-	-	-	-	-	-	-	-	-	-	-
Bombdr-Navigation-Total	-	-	-	-	-	-	-	-	-	-	-	-
Bombardier-Navigation.	-	-	-	-	-	-	-	-	-	-	-	-
Bombdr-DR&DS Navigation	-	-	-	-	-	-	-	-	-	-	-	-
Instructor Bombardier.	-	-	-	-	-	-	-	-	-	-	-	-
DR Navigation.........	-	-	-	-	-	-	-	-	-	-	-	-
Radar Obsr Bombardment..	-	-	-	-	-	-	-	-	-	-	-	-
Flt Engr Officer Training	-	-	-	-	-	-	-	-	-	-	-	-
Flt Engr B-29 Transition	-	-	-	-	-	-	-	-	-	-	-	-
Aerial Engineer B-32 Transition............	-	-	-	-	-	-	-	-	-	-	-	-
Flexible Gunnery - Total	-	-	-	-	-	114	-	-	-	233	1,173	2,648
Cadets & Enlisted Men	-	-	-	-	-	-	-	-	-	-	1,081	2,534
Gunnery Officers......	-	-	-	-	-	-	-	-	-	106	-	-
Observer Non-Pilot....	-	-	-	-	-	114	-	-	-	127	92	114
Instructor............	-	-	-	-	-	-	-	-	-	-	-	-
Aircrew - Total.........	-	-	-	-	-	-	-	-	-	-	-	2,693
Pre-Flight............	-	-	-	-	-	-	-	-	-	-	-	-
Aircrew Colleges......	-	-	-	-	-	-	-	-	-	-	-	2,693
Instructor - Total......	-	-	-	-	-	-	-	-	-	-	-	-
Instrument Training...	-	-	-	-	-	-	-	-	-	-	-	-
Other..................	-	-	-	-	-	-	-	-	-	-	-	-
Glider Pilot - Total....	-	-	-	-	-	-	-	-	-	-	-	2,651
Basic..................	-	-	-	-	-	-	-	-	-	-	-	155
Elementary-Advanced...	-	-	-	-	-	-	-	-	-	-	-	2,496
Other..................	-	-	-	-	-	-	-	-	-	-	48	-

BY TYPE OF COURSE: QUARTERLY, SEP 1939 TO AUG 1945

end of month.)

1942		1943				1944				1945		
Sep	Dec	Mar	Jun	Sep	Dec	Mar	Jun	Sep	Dec	Mar	Jun	Aug
38,079	83,282	94,114	114,488	223,984	247,959	227,761	159,918	132,845	105,787	44,467	29,793	22,117
31,352	39,080	46,514	56,207	65,440	74,031	70,668	56,170	44,633	28,776	21,347	11,378	5,442
15,488	19,480	20,996	24,078	26,189	25,496	17,794	14,969	8,650	3,379	3,482	911	236
8,714	11,792	14,010	14,769	17,869	22,508	21,152	13,313	11,488	6,386	2,597	2,307	858
6,459	7,078	10,408	11,260	13,139	17,935	21,113	15,928	11,629	9,654	5,587	2,260	1,792
3,337	2,854	10,408	11,260	13,139	5,192	7,016	5,381	4,110	2,941	1,684	914	527
3,122	4,224	-	-	-	12,743	14,097	10,547	7,519	6,713	3,903	1,346	1,265
691	730	1,100	3,686	5,657	5,623	8,461	10,437	11,321	8,268	7,746	4,742	2,012
-	-	-	-	-	-	-	-	257	-	-	-	-
-	-	34	776	1,094	-	-	-	-	-	-	-	-
691	408	556	2,284	3,879	-	-	-	-	-	-	-	-
-	-	-	-	-	-	-	-	-	-	59	108	-
-	-	-	-	-	-	1,385	471	126	-	-	-	-
-	-	-	-	-	-	-	1,496	1,361	994	1,077	-	-
-	-	-	-	-	-	-	-	-	-	-	-	6
-	-	-	-	-	605	541	251	210	209	131	86	-
-	-	-	-	-	462	453	651	496	580	377	570	-
-	-	-	-	-	1,656	2,818	3,020	3,156	2,492	2,417	1,146	1,078
-	-	-	-	-	1,795	1,986	3,055	4,456	2,803	2,454	667	703
-	-	-	-	-	-	-	-	-	498	504	1,504	-
-	-	-	-	-	-	-	-	-	-	-	68	-
-	-	200	400	529	249	198	246	70	-	237	189	95
-	-	120	125	155	183	-	-	-	-	-	99	-
-	-	-	-	-	-	-	63	-	-	-	-	-
-	-	-	-	-	-	-	-	10	12	28	26	-
-	116	190	101	-	-	-	-	-	-	-	-	-
-	136	-	-	-	-	-	-	-	-	-	-	-
-	70	-	-	-	-	-	-	-	-	-	-	-
-	-	-	-	-	-	634	976	854	123	49	73	27
-	-	-	-	-	-	-	-	219	281	306	130	71
-	-	-	-	-	-	-	-	106	276	107	76	32
-	-	-	-	-	673	446	208	-	-	-	-	-
-	-	-	476	437	406	528	369	321	-	-	-	-
-	-	-	251	250	280	190	-	-	-	-	-	-
-	-	-	1,291	1,224	1,567	1,178	1,087	1,133	1,089	1,508	1,158	544
-	-	-	1,291	1,224	1,231	796	726	687	669	682	364	118
-	-	-	-	-	336	382	361	446	420	826	794	426
-	-	-	396	675	216	252	67	91	-	427	-	-
-	1,780	3,670	4,630	3,028	675	282	313	375	897	578	986	145
-	-	-	4,430	2,731	405	-	-	-	-	-	-	-
-	1,780	3,670	200	297	270	282	313	375	897	-	232	38
-	-	-	-	-	-	-	-	-	-	578	754	107
-	1,694	1,796	8,306	7,797	8,419	8,712	8,233	9,319	7,525	4,346	3,315	2,971
-	1,694	1,796	7,797	7,797	8,300	8,507	8,068	9,038	6,466	3,562	2,687	1,794
-	-	-	509	-	1	-	-	-	-	-	-	-
-	-	-	-	-	118	205	165	281	1,059	103	94	79
-	-	-	-	-	-	-	-	-	-	681	534	1,098
-	632	-	-	2,511	6,263	7,524	8,617	6,782	5,756	4,089	2,462	966
-	-	-	-	-	481	599	-	121	492	443	412	34
-	632	-	-	2,426	5,757	6,925	8,617	6,661	5,264	3,646	2,050	932
-	-	-	-	85	25	-	-	-	-	-	-	-
-	-	-	-	-	-	-	-	-	-	-	481	25
-	-	-	-	-	-	-	-	-	-	-	170	56
-	-	-	-	-	-	-	-	-	-	400	941	1,680
-	-	-	-	-	-	-	-	-	-	-	34	-
-	9,526	10,836	12,000	16,268	18,794	18,282	19,402	18,513	11,940	8,701	8,920	8,613
-	9,526	10,766	11,552	15,923	18,161	17,644	18,668	17,524	10,639	6,939	8,021	8,209
-	-	-	-	-	-	-	-	118	218	108	62	-
-	-	70	113	-	-	-	-	-	-	117	-	-
-	-	-	335	345	633	638	616	771	1,193	1,645	837	404
6,727	25,324	29,872	33,140	95,975	102,056	79,463	23,678	11,197	2,686	4,366	525	1,585
6,727	25,324	29,872	33,140	35,026	33,947	26,857	23,664	11,197	2,686	4,366	525	1,585
-	-	-	-	60,949	68,109	52,606	14	-	-	-	-	-
-	-	-	-	-	262	498	252	475	366	302	284	149
-	-	-	-	-	262	498	252	475	366	302	130	81
-	-	-	-	-	-	-	-	-	-	-	154	68
-	5,246	1,426	205	232	138	333	857	552	103	-	-	-
-	1,962	884	-	-	-	-	283	168	-	-	-	-
-	-	-	-	-	-	130	-	-	-	-	-	-
-	3,284	542	205	232	138	203	574	384	103	-	-	-
-	-	-	-	32,733	37,321	41,999	42,396	40,999	47,738	338	297	485

Table 47 — FLYING TRAINING GRADUATES, BY TYPE OF

Course	Grand Total	1939 (Jul-Dec)	1940	1941	1942	1943	1944	1945 (Jan-Aug)	1939 3rd Qtr	1939 4th Qtr
Total	1,561,288	982	8,125	27,531	192,468	561,072	617,961	153,149	257	725
Pilot - Total	768,991	982	8,043	27,071	107,871	256,145	299,405	69,474	257	725
Primary	233,198	757	3,831	11,209	46,353	92,544	71,319	7,185	257	500
Basic	202,986	225	2,426	8,618	32,802	72,022	77,091	9,802	-	225
Advanced - Total	193,440	-	1,786	7,244	24,948	61,872	81,024	16,566	-	-
Single Engine	102,907	-	1,786	6,853	13,885	49,503	25,733	5,147	-	-
Two Engine	90,533	-	-	391	11,063	12,369	55,291	11,419	-	-
Transition - Total	108,337	-	-	-	3,768	17,464	57,590	29,515	-	-
Single Engine	262	-	-	-	-	14	248	-	-	-
Two Engine	1,983	-	-	-	-	1,974	9	-	-	-
Four Engine	11,938	-	-	-	3,514	7,846	578	-	-	-
P-38	252	-	-	-	-	-	-	252	-	-
P-39	3,448	-	-	-	-	-	3,448	-	-	-
P-40	14,917	-	-	-	-	-	9,955	4,962	-	-
B-25	2,890	-	-	-	-	521	1,723	646	-	-
B-26	4,691	-	-	-	-	382	2,679	1,630	-	-
B-17	24,843	-	-	-	-	1,680	16,082	7,081	-	-
B-24	24,222	-	-	-	-	1,239	15,818	7,165	-	-
B-29	5,072	-	-	-	-	-	139	4,933	-	-
B-32	240	-	-	-	-	-	-	240	-	-
Liaison FA	2,792	-	-	-	-	1,683	788	321	-	-
Advanced Liaison	1,155	-	-	-	-	904	221	30	-	-
Photographic Rcn (P322)	204	-	-	-	-	-	204	-	-	-
Helicopter	129	-	-	-	-	-	36	93	-	-
Observation	931	-	-	-	184	747	-	-	-	-
Primary ATC	35	-	-	-	35	-	-	-	-	-
Advanced Phase - ATC	35	-	-	-	35	-	-	-	-	-
ATC	3,464	-	-	-	-	-	3,246	218	-	-
B-17 Instructor	1,621	-	-	-	-	-	345	1,276	-	-
B-24 Instructor	1,067	-	-	-	-	-	399	668	-	-
Four Engine Instructor	2,146	-	-	-	-	474	1,672	-	-	-
Women	1,282	-	-	-	-	380	902	-	-	-
US in British Schools	552	-	-	-	-	297	255	-	-	-
Instructor Training	24,805	-	-	-	-	9,002	9,948	5,855	-	-
Pilot Instructor	16,985	-	-	-	-	8,193	6,468	2,324	-	-
Instrument Pilot	7,820	-	-	-	-	809	3,480	3,531	-	-
Other	4,391	-	-	-	-	2,564	1,276	551	-	-
Bombardier - Total	28,361	-	18	206	3,858	15,246	2,501	6,532	-	-
Precision	9,444	-	-	-	-	9,053	391	-	-	-
Instructor	14,571	-	18	206	3,858	6,193	2,110	2,186	-	-
Refresher	4,346	-	-	-	-	-	-	4,346	-	-
Navigation - Total	56,119	-	44	137	3,609	15,905	23,217	13,207	-	-
Celestial	47,273	-	44	137	3,609	14,351	21,919	7,213	-	-
Dead Reckoning	1,597	-	-	-	-	1,536	61	-	-	-
Instructor	2,815	-	-	-	-	18	1,237	1,560	-	-
Refresher	4,434	-	-	-	-	-	-	4,434	-	-
Bombardier-Navigation-Total	28,480	-	-	-	666	2,076	18,783	6,955	-	-
Bombardier-Navigation	2,546	-	-	-	-	292	1,257	997	-	-
Bombdr-DR & DS Navigation	25,828	-	-	-	666	1,700	17,504	5,958	-	-
Instr Bombdr-DR Navigation	106	-	-	-	-	84	22	-	-	-
Radar Obsr Bombardment	1,477	-	-	-	-	-	-	1,477	-	-
Flt Engr Officer Training	403	-	-	-	-	-	-	403	-	-
Flt Engr B-29 Transition	3,707	-	-	-	-	-	31	3,676	-	-
Aerial E. r B-32 Transition	146	-	-	-	-	-	-	146	-	-
Flexible Gunnery - Total	309,236	-	20	117	21,081	94,481	154,592	38,945	-	-
Cadets and Enlisted Men	290,628	-	-	-	20,728	91,587	146,202	32,111	-	-
Gunnery Officer	1,175	-	-	-	-	-	650	525	-	-
Observer Non-Pilot	866	-	20	117	353	376	-	-	-	-
Instructor	16,567	-	-	-	-	2,518	7,740	6,309	-	-
Aircrew-Pre-Flight	335,495	-	-	-	45,471	168,856	110,480	10,688	-	-
Instructor - Total	4,593	-	-	-	-	96	2,932	1,565	-	-
Instrument Training	4,245	-	-	-	-	96	2,932	1,217	-	-
Other	348	-	-	-	-	-	-	348	-	-
Glider Pilot - Total	21,240	-	-	-	9,802	7,463	3,894	81	-	-
Basic	6,354	-	-	-	2,466	2,334	1,554	-	-	-
Elementary-Advanced	777	-	-	-	445	-	332	-	-	-
Other	14,109	-	-	-	6,891	5,129	2,008	81	-	-
Other	3,040	-	-	-	110	804	2,126	-	-	-

COURSE: 3rd QUARTER 1939 TO 3rd QUARTER 1945

1940				1941				1942				1943	
1st Qtr	2nd Qtr	3rd Qtr	4th Qtr	1st Qtr	2nd Qtr	3rd Qtr	4th Qtr	1st Qtr	2nd Qtr	3rd Qtr	4th Qtr	1st Qtr	2nd Qtr
1,151	1,373	1,578	4,023	4,429	5,338	9,657	8,107	17,646	35,345	32,604	106,873	121,583	138,018
1,151	1,373	1,558	3,961	4,319	5,338	9,657	7,757	16,385	25,878	23,683	41,925	52,558	62,730
482	501	695	2,153	1,900	2,366	3,706	3,237	8,372	10,519	9,054	18,408	19,985	22,001
452	424	447	1,103	1,481	1,638	3,408	2,091	4,891	8,500	6,398	13,013	17,065	16,865
217	448	416	705	938	1,334	2,543	2,429	3,122	6,185	5,905	9,736	14,103	17,022
217	448	416	705	938	1,334	2,348	2,233	2,776	3,942	3,361	3,806	11,467	17,022
-	-	-	-	-	-	195	196	346	2,243	2,544	5,930	2,636	-
-	-	-	-	-	-	-	-	-	674	2,326	768	1,405	2,366
-	-	-	-	-	-	-	-	-	-	-	-	14	485
-	-	-	-	-	-	-	-	-	-	-	-	50	-
-	-	-	-	-	-	-	-	-	674	2,326	514	837	1,007
-	-	-	-	-	-	-	-	-	-	-	-	-	-
-	-	-	-	-	-	-	-	-	-	-	-	-	-
-	-	-	-	-	-	-	-	-	-	-	-	-	-
-	-	-	-	-	-	-	-	-	-	-	-	-	-
-	-	-	-	-	-	-	-	-	-	-	-	-	-
-	-	-	-	-	-	-	-	-	-	-	-	185	434
-	-	-	-	-	-	-	-	-	-	-	-	41	268
-	-	-	-	-	-	-	-	-	-	-	-	-	-
-	-	-	-	-	-	-	-	-	-	-	184	278	172
-	-	-	-	-	-	-	-	-	-	-	35	-	-
-	-	-	-	-	-	-	-	-	-	-	35	-	-
-	-	-	-	-	-	-	-	-	-	-	-	-	-
-	-	-	-	-	-	-	-	-	-	-	-	-	-
-	-	-	-	-	-	-	-	-	-	-	-	-	66
-	-	-	-	-	-	-	-	-	-	-	-	-	70
-	-	-	-	-	-	-	-	-	-	-	-	-	3,358
-	-	-	-	-	-	-	-	-	-	-	-	-	3,358
-	-	-	-	-	-	-	-	-	-	-	-	-	982
-	-	-	18	110	-	-	96	130	1,053	249	2,426	4,239	3,841
-	-	-	-	-	-	-	-	-	-	-	-	-	2,875
-	-	-	18	110	-	-	96	130	1,053	249	2,426	4,239	966
-	-	-	-	-	-	-	-	-	-	-	-	-	-
-	-	-	44	-	-	-	137	263	1,440	309	1,597	2,234	3,663
-	-	-	44	-	-	-	137	263	1,440	309	1,597	2,234	2,840
-	-	-	-	-	-	-	-	-	-	-	-	-	823
-	-	-	-	-	-	-	-	-	-	-	-	-	-
-	-	-	-	-	-	-	-	-	-	-	666	286	-
-	-	-	-	-	-	-	-	-	-	-	-	61	-
-	-	-	-	-	-	-	-	-	-	-	666	225	-
-	-	-	-	-	-	-	-	-	-	-	-	-	-
-	-	-	-	-	-	-	-	-	-	-	-	-	-
-	-	20	-	-	-	-	117	835	3,809	2,518	13,919	14,615	20,338
-	-	-	-	-	-	-	-	663	3,681	2,465	13,919	14,471	19,596
-	-	20	-	-	-	-	117	172	128	53	-	144	132
-	-	-	-	-	-	-	-	-	-	-	-	-	610
-	-	-	-	-	-	-	-	-	2,796	4,553	38,122	41,453	47,023
-	-	-	-	-	-	-	-	-	-	-	-	-	-
-	-	-	-	-	-	-	-	-	292	1,292	8,218	6,198	423
-	-	-	-	-	-	-	-	-	-	-	2,466	2,334	-
-	-	-	-	-	-	-	-	-	142	303	-	-	-
-	-	-	-	-	-	-	-	-	150	989	5,752	3,864	423
-	-	-	-	-	-	-	-	33	77	-	-	-	-

Table 47 — FLYING TRAINING GRADUATES, BY TYPE OF COURSE: 3rd QUARTER 1939 TO 3rd QUARTER 1945 — Continued

Course	1943		1944				1945		
	3rd Qtr	4th Qtr	1st Qtr	2nd Qtr	3rd Qtr	4th Qtr	1st Qtr	2nd Qtr	3rd Qtr (Jul-Aug)
Total	120,429	181,042	188,996	184,625	141,173	103,167	71,618	57,183	24,348
Pilot - Total	51,536	89,321	103,167	93,385	59,706	43,147	32,217	27,105	10,152
Primary	18,049	32,509	31,612	21,508	11,663	6,536	2,550	4,071	564
Basic	12,988	25,104	30,588	25,516	11,410	9,577	5,442	3,289	1,071
Advanced - Total	10,835	19,912	26,868	28,963	14,624	10,569	9,150	6,416	1,000
Single Engine	10,835	10,179	8,219	9,287	4,663	3,564	2,709	2,030	408
Two Engine	-	9,733	18,649	19,676	9,961	7,005	6,441	4,386	592
Transition - Total	6,125	7,568	10,430	14,739	18,624	13,797	13,245	10,424	5,846
Single Engine	-	-	-	-	-	248	-	-	-
Two Engine	962	477	9	-	-	-	-	-	-
Four Engine	4,085	1,917	578	-	-	-	-	-	-
P-38	-	-	-	-	-	-	-	155	97
P-39	-	-	1,562	1,450	436	-	-	-	-
P-40	-	-	-	4,090	3,654	2,211	2,428	2,091	443
B-25	-	521	703	517	324	179	267	128	251
B-26	-	382	557	546	1,142	434	729	357	544
B-17	-	1,680	3,075	3,378	5,664	3,965	3,919	2,048	1,114
B-24	-	1,239	2,180	2,954	5,769	4,915	3,786	2,764	615
B-29	-	-	-	-	-	139	761	1,892	2,280
B-32	-	-	-	-	-	-	28	106	106
Liaison FA	477	587	315	203	206	64	30	189	102
Advanced Liaison	304	291	221	-	-	-	-	-	30
Photographic Rcn (P322)	-	-	-	133	71	-	-	-	-
Helicopter	-	-	-	-	12	24	31	36	26
Observation	297	-	-	-	-	-	-	-	-
Primary ATC	-	-	-	-	-	-	-	-	-
Advanced Phase - ATC	-	-	-	-	-	-	-	-	-
ATC	-	-	275	982	918	1,071	119	44	55
B-17 Instructor	-	-	-	-	57	288	727	424	125
B-24 Instructor	-	-	-	-	140	259	420	190	58
Four Engine Instructor	-	474	955	486	231	-	-	-	-
Women	123	191	98	181	190	433	-	-	-
US in British Schools	70	157	73	182	-	-	-	-	-
Instructor Training	2,293	3,351	3,345	1,950	2,675	1,978	1,769	2,625	1,461
Pilot Instructor	2,293	2,542	2,381	1,185	1,859	1,043	782	1,087	455
Instrument Pilot	-	809	964	765	816	935	987	1,538	1,006
Other	1,053	529	153	346	520	257	61	280	210
Bombardier - Total	3,898	3,268	890	437	480	694	2,824	2,464	1,244
Precision	3,492	2,686	391	-	-	-	-	-	-
Instructor	406	582	499	437	480	694	928	788	470
Refresher	-	-	-	-	-	-	1,896	1,676	774
Navigation - Total	4,979	5,029	4,593	5,272	5,914	7,438	7,098	4,063	2,046
Celestial	4,311	4,966	4,324	4,966	5,716	6,913	4,229	2,034	950
Dead Reckoning	668	45	61	-	-	-	-	-	-
Instructor	-	18	208	306	198	525	901	460	199
Refresher	-	-	-	-	-	-	1,968	1,569	897
Bombardier-Navigation-Total	-	1,790	3,653	4,671	6,557	3,902	3,226	2,485	1,244
Bombardier-Navigation	-	231	585	601	-	71	291	371	335
Bombdr-DR & DS Navigation	-	1,475	3,046	4,070	6,557	3,831	2,935	2,114	909
Instr Bombdr-DR Navigation	-	84	22	-	-	-	-	-	-
Radar Obsr Bombardment	-	-	-	-	-	-	-	584	893
Flt Engr Officer Training	-	-	-	-	-	-	-	190	213
Flt Engr B-29 Transition	-	-	-	-	-	31	358	1,079	2,239
Aerial Engr B-32 Transition	-	-	-	-	-	-	-	59	87
Flexible Gunnery - Total	25,074	34,454	37,380	39,647	41,547	36,018	21,128	12,286	5,531
Cadets and Enlisted Men	24,249	33,271	35,590	37,603	39,490	33,519	18,140	9,315	4,656
Gunnery Officer	-	-	-	-	-	-	-	-	-
Observer Non-Pilot	100	-	-	24	271	355	214	246	65
Instructor	725	1,183	1,790	2,020	1,786	2,144	2,774	2,725	810
Aircrew - Pre-Flight	34,547	45,833	37,702	38,000	24,467	10,311	4,199	6,230	259
Instructor - Total	-	96	577	965	700	690	487	638	440
Instrument Training	-	96	577	965	700	690	487	563	167
Other	-	-	-	-	-	-	-	75	273
Glider Pilot - Total	395	447	551	1,288	1,213	842	81	-	-
Basic	-	-	-	758	536	260	-	-	-
Elementary-Advanced	-	-	332	-	-	-	-	-	-
Other	395	447	219	530	677	582	81	-	-
Other	-	804	483	960	589	94	-	-	-

Table 48 — FLYING TRAINING ELIMINEES AND FATALITIES, BY TYPE OF COURSE: 3rd QUARTER 1939 TO 3rd QUARTER 1945

Course	Grand Total	1939 (Jul-Dec)	1940	1941	1942	1943	1944	1945 (Jan-Aug)
Total	200,392	594	2,554	7,682	34,784	73,751	65,689	15,338
Pilot - Total	136,120	594	2,533	7,635	27,721	52,564	37,785	7,288
Primary	88,279	552	2,236	6,429	22,417	36,866	17,258	2,521
Basic	28,790	40	276	1,093	4,210	10,689	10,257	2,225
Advanced - Total	7,315	2	21	113	551	1,456	4,467	705
Single Engine	4,631	2	21	106	339	1,255	2,560	348
Two Engine	2,684	-	-	7	212	201	1,907	357
Transition - Total	7,474	-	-	-	543	1,888	3,984	1,059
Single Engine	12	-	-	-	-	4	8	-
Two Engine	257	-	-	-	-	256	1	-
Four Engine	967	-	-	-	490	471	6	-
P-38	6	-	-	-	-	-	-	6
P-39	121	-	-	-	-	-	121	-
P-40	676	-	-	-	-	-	525	151
B-25	112	-	-	-	-	17	86	9
B-26	483	-	-	-	-	87	327	69
B-17	852	-	-	-	-	37	686	129
B-24	1,762	-	-	-	-	161	1,331	270
B-29	51	-	-	-	-	-	10	41
Liaison FA	698	-	-	-	-	422	165	111
Advanced Liaison	290	-	-	-	-	248	41	1
Photographic Reconnaissance (P322)	7	-	-	-	-	-	7	-
Helicopter	10	-	-	-	-	-	3	7
Observation	169	-	-	-	20	149	-	-
Primary ATC	33	-	-	-	33	-	-	-
ATC	474	-	-	-	-	-	455	19
B-17 Instructor	100	-	-	-	-	-	22	78
B-24 Instructor	203	-	-	-	-	-	35	168
Four Engine Instructor	191	-	-	-	-	36	155	-
Women	747	-	-	-	-	211	536	-
US in British Schools	68	-	-	-	-	39	29	-
Instructor Training - Total	3,168	-	-	-	-	1,306	1,147	715
Pilot Instructor	2,818	-	-	-	-	1,279	1,018	521
Instrument Pilot	350	-	-	-	-	27	129	194
Other	279	-	-	-	-	109	107	63
Bombardier - Total	3,423	-	14	35	284	2,414	313	363
Precision	1,935	-	-	-	-	1,913	22	-
Instructor	1,192	-	14	35	284	501	291	67
Refresher	296	-	-	-	-	-	-	296
Navigation - Total	10,822	-	6	8	1,001	3,913	4,393	1,501
Celestial	9,784	-	6	8	1,001	3,737	4,065	967
Dead Reckoning	370	-	-	-	-	172	198	-
Instructor	252	-	-	-	-	4	130	118
Refresher	416	-	-	-	-	-	-	416
Bombardier-Navigation - Total	3,533	-	-	-	140	360	2,077	956
Bombardier-Navigation	186	-	-	-	-	46	47	93
Bombardier-DR and DS Navigation	3,343	-	-	-	140	314	2,026	863
Instructor-Bombardier DR Navigation	4	-	-	-	-	-	4	-
Flight Engineer Officer Training	1	-	-	-	-	-	-	1
Flight Engineer B-29 Transition	52	-	-	-	-	-	3	49
Aerial Engineer B-32 Transition	1	-	-	-	-	-	-	1
Flexible Gunnery - Total	26,815	-	1	4	2,249	8,570	12,321	3,670
Cadets and Enlisted Men	24,164	-	-	-	2,223	8,125	11,356	2,460
Gunnery Officers	177	-	-	-	-	-	76	101
Observer Non-Pilot	113	-	1	4	26	82	-	-
Instructor	2,361	-	-	-	-	363	889	1,109
Aircrew - Pre-Flight	16,221	-	-	-	2,221	4,929	7,808	1,263
Instructor - Total	338	-	-	-	-	3	110	225
Instrument Training	315	-	-	-	-	3	110	202
Other	23	-	-	-	-	-	-	23
Glider Pilot - Total	2,445	-	-	-	1,166	628	630	21
Basic	606	-	-	-	123	121	362	-
Elementary-Advanced	64	-	-	-	42	-	22	-
Other	1,775	-	-	-	1,001	507	246	21
Other	621	-	-	-	2	370	249	-

Table 48 — FLYING TRAINING ELIMINEES AND FATALITIES, BY TYPE OF

Course	1939		1940				1941				1942
	3rd Qtr	4th Qtr	1st Qtr	2nd Qtr	3rd Qtr	4th Qtr	1st Qtr	2nd Qtr	3rd Qtr	4th Qtr	1st Qtr
Total	231	363	393	378	623	1,160	1,843	1,976	1,783	2,080	5,485
Pilot - Total	231	363	393	378	623	1,139	1,840	1,976	1,783	2,036	5,263
Primary	231	321	333	321	553	1,029	1,560	1,680	1,413	1,776	4,592
Basic	-	40	57	53	66	100	260	275	330	228	626
Advanced - Total	-	2	3	4	4	10	20	21	40	32	45
Single Engine	-	2	3	4	4	10	20	21	34	31	40
Two Engine	-	-	-	-	-	-	-	-	6	1	5
Transition - Total	-	-	-	-	-	-	-	-	-	-	-
Single Engine	-	-	-	-	-	-	-	-	-	-	-
Two Engine	-	-	-	-	-	-	-	-	-	-	-
Four Engine	-	-	-	-	-	-	-	-	-	-	-
P-38	-	-	-	-	-	-	-	-	-	-	-
P-39	-	-	-	-	-	-	-	-	-	-	-
P-40	-	-	-	-	-	-	-	-	-	-	-
B-25	-	-	-	-	-	-	-	-	-	-	-
B-26	-	-	-	-	-	-	-	-	-	-	-
B-17	-	-	-	-	-	-	-	-	-	-	-
B-24	-	-	-	-	-	-	-	-	-	-	-
B-29	-	-	-	-	-	-	-	-	-	-	-
Liaison FA	-	-	-	-	-	-	-	-	-	-	-
Advanced Liaison	-	-	-	-	-	-	-	-	-	-	-
Photographic Reconnaissance (P322)	-	-	-	-	-	-	-	-	-	-	-
Helicopter	-	-	-	-	-	-	-	-	-	-	-
Observation	-	-	-	-	-	-	-	-	-	-	-
Primary ATC	-	-	-	-	-	-	-	-	-	-	-
ATC	-	-	-	-	-	-	-	-	-	-	-
B-17 Instructor	-	-	-	-	-	-	-	-	-	-	-
B-24 Instructor	-	-	-	-	-	-	-	-	-	-	-
Four Engine Instructor	-	-	-	-	-	-	-	-	-	-	-
Women	-	-	-	-	-	-	-	-	-	-	-
US in British Schools	-	-	-	-	-	-	-	-	-	-	-
Instructor Training - Total	-	-	-	-	-	-	-	-	-	-	-
Pilot Instructor	-	-	-	-	-	-	-	-	-	-	-
Instrument Pilot	-	-	-	-	-	-	-	-	-	-	-
Other	-	-	-	-	-	-	-	-	-	-	-
Bombardier - Total	-	-	-	-	-	14	-	-	-	35	5
Precision	-	-	-	-	-	-	-	-	-	-	-
Instructor	-	-	-	-	-	14	-	-	-	35	5
Refresher	-	-	-	-	-	-	-	-	-	-	-
Navigation - Total	-	-	-	-	-	6	-	-	-	8	121
Celestial	-	-	-	-	-	6	-	-	-	8	121
Dead Reckoning	-	-	-	-	-	-	-	-	-	-	-
Instructor	-	-	-	-	-	-	-	-	-	-	-
Refresher	-	-	-	-	-	-	-	-	-	-	-
Bombardier-Navigation - Total	-	-	-	-	-	-	-	-	-	-	-
Bombardier-Navigation	-	-	-	-	-	-	-	-	-	-	-
Bombardier-DR and DS Navigation	-	-	-	-	-	-	-	-	-	-	-
Instructor-Bombardier DR Navigation	-	-	-	-	-	-	-	-	-	-	-
Flight Engineer Officer Training	-	-	-	-	-	-	-	-	-	-	-
Flight Engineer B-29 Transition	-	-	-	-	-	-	-	-	-	-	-
Aerial Engineer B-32 Transition	-	-	-	-	-	-	-	-	-	-	-
Flexible Gunnery - Total	-	-	-	-	-	1	3	-	-	1	94
Cadets and Enlisted Men	-	-	-	-	-	-	-	-	-	-	84
Gunnery Officers	-	-	-	-	-	-	-	-	-	-	-
Observer Non-Pilot	-	-	-	-	-	1	3	-	-	1	10
Instructor	-	-	-	-	-	-	-	-	-	-	-
Aircrew - Pre-Flight	-	-	-	-	-	-	-	-	-	-	-
Instructor - Total	-	-	-	-	-	-	-	-	-	-	-
Instrument Training	-	-	-	-	-	-	-	-	-	-	-
Other	-	-	-	-	-	-	-	-	-	-	-
Glider Pilot - Total	-	-	-	-	-	-	-	-	-	-	-
Basic	-	-	-	-	-	-	-	-	-	-	-
Elementary Advanced	-	-	-	-	-	-	-	-	-	-	-
Other	-	-	-	-	-	-	-	-	-	-	-
Other	-	-	-	-	-	-	-	-	-	-	2

COURSE: 3rd QUARTER 1939 TO 3rd QUARTER 1945 — Continued

1942			1943				1944				1945		
2nd Qtr	3rd Qtr	4th Qtr	1st Qtr	2nd Qtr	3rd Qtr	4th Qtr	1st Qtr	2nd Qtr	3rd Qtr	4th Qtr	1st Qtr	2nd Qtr	3rd Qtr (Jul-Aug)
8,368	7,101	13,830	17,415	21,420	16,007	18,909	16,278	19,349	16,251	13,811	6,863	6,269	2,206
6,577	6,193	9,688	13,357	16,457	10,732	12,018	9,414	12,261	8,578	7,532	3,138	3,160	990
5,202	4,854	7,769	10,257	11,959	7,339	7,311	5,189	5,582	3,699	2,788	901	1,447	173
1,204	765	1,615	2,652	3,016	1,990	3,031	2,365	3,487	2,013	2,392	1,138	753	334
142	137	227	311	528	234	383	514	1,649	1,178	1,126	397	248	60
91	88	120	280	528	234	213	227	953	720	660	202	113	33
51	49	107	31	-	-	170	287	696	458	466	195	135	27
29	437	77	137	391	664	696	840	1,047	1,226	871	467	394	198
-	-	-	4	-	-	-	-	-	-	8	-	-	-
-	-	-	5	60	108	83	1	-	-	-	-	-	-
29	437	24	30	57	255	129	6	-	-	-	-	-	-
-	-	-	-	-	-	-	-	-	-	-	-	1	5
-	-	-	-	-	-	-	68	20	33	-	-	-	-
-	-	-	-	-	-	-	-	226	189	110	83	65	3
-	-	-	-	-	-	17	42	15	26	3	4	2	3
-	-	-	-	-	-	87	115	82	90	40	31	18	20
-	-	-	-	-	-	37	133	141	259	153	75	40	14
-	-	-	-	-	-	161	255	321	443	312	134	112	24
-	-	-	-	-	-	-	-	-	-	10	9	18	14
-	-	-	38	148	149	87	40	42	62	21	3	55	53
-	-	-	19	87	83	59	41	-	-	-	-	-	1
-	-	-	-	-	-	-	-	5	2	-	-	-	-
-	-	-	-	-	-	-	-	-	-	3	1	6	-
-	-	20	41	39	69	-	-	-	-	-	-	-	-
-	-	33	-	-	-	-	-	-	-	-	-	-	-
-	-	-	-	-	-	-	26	170	98	161	8	7	4
-	-	-	-	-	-	-	-	-	1	21	55	21	2
-	-	-	-	-	-	-	-	-	6	29	64	49	55
-	-	-	-	-	-	36	113	25	17	-	-	-	-
-	-	-	-	15	72	124	112	138	102	184	-	-	-
-	-	-	-	9	12	18	15	14	-	-	-	-	-
-	-	-	-	515	363	428	361	324	297	165	233	311	171
-	-	-	-	515	363	401	323	293	281	121	198	209	114
-	-	-	-	-	-	27	38	31	16	44	35	102	57
-	-	-	-	24	58	27	18	20	63	6	2	7	54
150	13	116	318	852	791	453	80	109	76	48	233	108	22
-	-	-	-	729	759	425	22	-	-	-	-	-	-
150	13	116	318	123	32	28	58	109	76	48	42	19	6
-	-	-	-	-	-	-	-	-	-	-	191	89	16
422	92	366	466	680	1,266	1,501	1,287	1,260	872	974	720	439	342
422	92	366	466	597	1,177	1,497	1,243	1,174	832	816	501	266	200
-	-	-	-	83	89	-	-	-	40	158	-	-	-
-	-	-	-	-	-	4	44	86	-	-	57	35	26
-	-	-	-	-	-	-	-	-	-	-	162	138	116
-	-	140	16	-	-	344	392	558	732	395	372	379	205
-	-	-	11	-	-	35	20	22	-	5	11	33	49
-	-	-	5	-	-	309	368	536	732	390	361	346	156
-	-	140	-	-	-	-	4	-	-	-	-	-	-
-	-	-	-	-	-	-	-	-	-	-	-	1	-
-	-	-	-	-	-	-	-	-	-	3	11	28	10
-	-	-	-	-	-	-	-	-	-	-	-	-	1
611	245	1,299	1,585	2,065	2,102	2,818	3,193	3,375	3,130	2,623	1,859	1,302	509
600	240	1,299	1,550	1,972	1,961	2,642	2,946	3,194	2,900	2,316	1,367	762	331
-	-	-	-	-	-	-	-	4	33	39	32	50	19
11	5	-	35	23	24	-	-	-	-	-	-	-	-
-	-	-	-	70	117	176	247	177	197	268	460	490	159
590	430	1,201	1,079	1,352	1,112	1,386	1,658	1,626	2,491	2,033	453	750	60
-	-	-	-	-	-	3	-	16	24	35	56	102	67
-	-	-	-	-	-	3	16	24	35	35	56	99	47
-	-	-	-	-	-	-	-	-	-	-	-	3	20
18	128	1,020	594	14	4	16	27	121	318	164	21	-	-
-	-	123	121	-	-	-	-	60	190	112	-	-	-
4	38	-	-	-	-	-	22	-	-	-	-	-	-
14	90	897	473	14	4	16	5	61	128	52	21	-	-
-	-	-	-	-	-	370	211	15	19	4	-	-	-

Table 49 — TECHNICAL TRAINING STUDENTS UNDER INSTRUCTION,

(Figures are as of

Course	1939		1940				1941				1942	
	Sep	Dec	Mar	Jun	Sep	Dec	Mar	Jun	Sep	Dec	Mar	Jun
Total..........	1,423	3,296	3,914	4,280	4,941	11,557	18,258	22,309	24,054	36,205	56,764	79,801
Officers & Officer Candidates - Total	-	-	-	194	-	-	682	356	1,337	881	1,749	8,678
Administrative...	-	-	-	--	-	-	-	-	-	-	500	6,581
Armament.........	-	-	-	-	-	-	84	127	333	366	386	404
Cold Weather Flying..........	-	-	-	-	-	-	-	-	-	-	-	-
Communications...	-	-	-	-	-	-	122	124	123	123	179	503
Cryptography.....	-	-	-	-	-	-	-	-	-	-	-	-
Emergency Rescue Boat...........	-	-	-	-	-	-	-	-	-	-	-	-
Engineering-Total	-	-	-	194	-	-	97	-	394	201	185	641
Engineering Maint Cadets..	-	-	-	194	-	-	97	-	-	201	185	503
Engineering Officer Maint.	-	-	-	-	-	-	-	-	394	-	-	138
Flight Engineer	-	-	-	-	-	-	-	-	-	-	-	-
Pre-Flight Engr	-	-	-	-	-	-	-	-	-	-	-	-
Weight & Balance Control..	-	-	-	-	-	-	-	-	-	-	-	-
Helicopter Tng...	-	-	-	-	-	-	-	-	-	-	-	-
Link Trainer.....	-	-	-	-	-	-	-	-	-	-	-	-
Navigator-Bombardier-Radar.......	-	-	-	-	-	-	-	-	-	-	-	-
Navigator-Instructor-Radar	-	-	-	-	-	-	215	-	255	-	-	-
Photography......	-	-	-	-	-	-	52	105	75	37	78	93
Radar - Total....	-	-	-	-	-	-	-	-	-	-	1	12
Air Radar......	-	-	-	-	-	-	-	-	-	-	-	-
Air Radar (MIT)	-	-	-	-	-	-	-	-	-	-	-	-
Radar Air Intelligence..	-	-	-	-	-	-	-	-	-	-	-	-
Radar Maint....	-	-	-	-	-	-	-	-	-	-	-	12
Radar Observer, Bomb (BTO)....	-	-	-	-	-	-	-	-	-	-	-	-
Radar Observer Night Ftr Cadet	-	-	-	-	-	-	-	-	-	-	1	-
Radar Observer (RCM).........	-	-	-	-	-	-	-	-	-	-	-	-
Other..........	-	-	-	-	-	-	-	-	-	-	-	-
Rescue Arctic....	-	-	-	-	-	-	-	-	-	-	-	-
Weather..........	-	-	-	-	-	-	112	-	157	154	420	444
Enlisted Men-Total.	1,423	3,296	3,914	4,086	4,941	11,557	17,576	21,953	22,717	35,324	55,015	71,123
Aircraft Maint...	901	1,948	2,448	2,735	3,402	8,730	12,633	14,765	14,102	23,241	37,703	53,625
Armament.........	130	273	292	238	217	369	852	1,449	2,364	3,521	3,969	4,350
Communications...	177	579	662	729	663	1,756	3,199	4,241	4,587	6,783	10,084	10,626
Emerg Rescue Boat	-	-	-	-	-	-	-	-	-	-	-	54
Photography......	72	102	111	79	84	145	128	99	319	247	355	396
Radar............	-	-	-	-	-	-	-	-	-	-	323	362
Weather..........	17	29	69	-	196	180	200	426	409	552	671	-
Other............	126	365	332	305	379	377	564	973	936	980	1,910	1,710

BY TYPE OF COURSE: QUARTERLY, SEP 1939 TO AUG 1945

end of month.)

1942		1943				1944				1945		
Sep	Dec	Mar	Jun	Sep	Dec	Mar	Jun	Sep	Dec	Mar	Jun	Aug
126,072	175,832	185,981	166,415	124,894	97,136	67,594	70,595	58,306	59,057	52,337	50,588	54,696
12,716	12,606	12,805	11,178	8,400	8,788	8,222	5,034	4,405	5,755	7,597	9,140	4,310
9,733	8,806	5,409	3,267	3,045	2,934	2,376	965	369	258	287	329	324
470	337	271	341	37	70	577	117	209	310	341	219	119
-	-	-	-	-	17	-	-	-	-	-	-	-
803	509	1,047	994	1,132	1,359	1,499	1,609	1,211	680	777	23	195
-	-	-	45	58	20	63	-	-	54	60	9	2
-	-	-	-	263	-	-	42	5	1	-	-	-
825	1,075	1,691	2,293	1,878	1,893	1,740	711	1,170	2,162	3,347	5,884	1,153
-	935	1,594	1,873	1,390	1,126	980	86	594	42	-	-	-
825	133	40	409	296	498	510	420	325	474	589	821	697
-	-	-	-	165	250	231	184	3	891	1,680	3,540	-
-	-	-	-	-	-	-	-	225	730	1,064	1,507	455
-	7	57	11	27	19	19	21	23	25	14	16	1
-	-	-	-	-	-	-	-	-	3	-	-	-
6	5	14	13	19	23	20	17	20	6	19	3	4
-	-	-	-	-	-	96	123	116	-	-	-	-
-	-	-	-	-	-	-	-	10	-	-	-	-
24	137	273	334	227	126	73	730	100	39	47	43	31
8	102	-	-	-	396	339	690	1,122	2,193	2,605	2,438	2,229
-	-	-	-	-	-	-	-	198	279	200	79	33
-	-	-	-	-	17	225	1	16	33	55	50	41
-	-	-	-	-	131	-	220	-	-	32	39	50
8	-	-	-	-	-	-	-	19	3	24	10	10
-	-	-	-	-	-	-	223	545	1,748	1,776	1,783	2,055
-	-	-	-	-	209	98	189	87	72	86	83	40
-	-	-	-	-	31	10	45	196	35	20	-	-
-	102	-	-	-	8	6	12	61	23	412	394	-
-	-	-	-	-	1	-	-	-	-	-	9	6
847	1,635	4,100	3,891	1,741	1,949	1,439	30	73	49	114	183	247
113,356	163,226	173,176	155,237	116,494	88,348	59,372	65,561	53,901	53,302	44,740	41,448	50,386
66,974	90,768	99,064	76,128	55,253	41,210	19,652	20,189	14,350	17,206	17,886	24,990	25,460
10,083	12,785	14,991	14,588	11,699	10,225	9,689	7,155	6,179	3,912	2,359	3,668	4,077
26,426	44,141	42,403	42,092	37,286	27,148	24,889	33,147	26,135	14,126	16,798	6,757	9,800
-	-	-	-	-	52	-	-	14	23	-	-	-
2,084	2,493	2,688	1,596	1,141	751	475	273	424	625	458	710	1,733
362	1,851	1,955	-	-	1,905	3,274	4,231	6,262	7,368	6,721	4,166	4,079
1,682	1,647	6,484	9,693	5,939	4,873	1,222	57	-	131	98	116	345
5,745	9,541	5,591	11,140	5,176	2,184	171	509	537	9,911	420	1,041	4,892

Table 50 — TECHNICAL TRAINING GRADUATES, BY TYPE

Course	Grand Total	1939 (Jul-Dec)	1940	1941	1942	1943	1944	1945 (Jan-Aug)	1939 3rd Qtr	1939 4th Qtr
Total	1,436,744	1,588	14,375	43,028	286,411	615,628	311,330	164,384	369	1,219
Officers & Officer Candidates - Total	125,984	-	-	1,402	30,802	40,385	27,812	25,583	-	-
Administrative	52,780	-	-	-	24,856	21,959	5,079	886	-	-
Armament	5,266	-	-	356	1,425	1,678	823	984	-	-
Cold Weather Flying	84	-	-	-	-	34	25	25	-	-
Communications	12,172	-	-	237	1,582	3,869	5,450	1,034	-	-
Cryptography	942	-	-	-	-	294	361	287	-	-
Emergency Rescue Boat	13	-	-	-	-	-	13	-	-	-
Engineering - Total	31,630	-	-	571	1,828	6,980	8,808	13,443	-	-
Engineering Maintenance Cadets	5,812	-	-	571	888	2,521	1,783	49	-	-
Engineering Officer Maintenance	15,467	-	-	-	934	3,068	4,278	7,187	-	-
Flight Engineer	7,766	-	-	-	-	388	1,652	5,726	-	-
Pre-Flight Engineer	1,095	-	-	-	-	-	1,095	-	-	-
Weight & Balance Control	1,490	-	-	-	6	1,003	-	481	-	-
Helicopter Training	5	-	-	-	-	-	-	5	-	-
Link Trainer	236	-	-	-	12	84	99	41	-	-
Navigator-Bombardier-Radar	990	-	-	-	-	-	990	-	-	-
Navigator-Instructor-Radar	62	-	-	-	-	-	62	-	-	-
Photography	2,235	-	-	126	475	1,027	537	70	-	-
Radar - Total	13,569	-	-	-	54	662	4,248	8,605	-	-
Air Radar	580	-	-	-	-	-	226	354	-	-
Air Radar (MIT)	390	-	-	-	-	38	167	185	-	-
Radar Air Intelligence	712	-	-	-	-	108	324	280	-	-
Radar Maintenance	273	-	-	-	31	52	41	149	-	-
Radar Observer Bomb (BTO)	7,623	-	-	-	-	-	1,882	5,741	-	-
Radar Observer Night Fighter Cadets	1,087	-	-	-	5	120	687	275	-	-
Radar Observer (RCM)	524	-	-	-	-	38	427	59	-	-
Other	2,380	-	-	-	18	306	494	1,562	-	-
Rescue Arctic	76	-	-	-	-	66	1	9	-	-
Weather	5,924	-	-	112	570	3,732	1,316	194	-	-
Enlisted Men - Total	1,310,760	1,588	14,375	41,626	255,609	575,243	283,518	138,801	369	1,219
Aircraft Maintenance	695,866	872	8,932	27,407	159,903	299,042	128,849	70,861	236	636
Armament	158,766	191	1,396	3,927	26,895	79,461	38,553	8,343	44	147
Communications	222,223	292	2,148	5,825	35,642	90,199	65,238	22,879	57	235
Emergency Rescue Boat	414	-	-	-	-	297	69	48	-	-
Photography	15,805	118	498	871	3,487	7,606	2,172	1,053	23	95
Radar	71,854	-	-	-	2,634	7,816	34,082	27,322	-	-
Weather	18,513	14	238	803	3,092	9,116	4,856	394	-	14
Other	127,319	101	1,163	2,793	23,956	81,706	9,699	7,901	9	92

OF COURSE: 3rd QUARTER 1939 TO 3rd QUARTER 1945

	1940				1941				1942				1943	
	1st Qtr	2nd Qtr	3rd Qtr	4th Qtr	1st Qtr	2nd Qtr	3rd Qtr	4th Qtr	1st Qtr	2nd Qtr	3rd Qtr	4th Qtr	1st Qtr	2nd Qtr
	3,481	4,414	3,475	3,005	4,215	9,772	12,188	16,853	18,850	57,597	79,324	130,640	178,173	187,986
	-	-	-	-	-	360	345	697	916	3,534	10,920	15,432	11,898	11,302
	-	-	-	-	-	-	-	-	-	2,860	9,220	12,776	9,783	6,690
	-	-	-	-	-	38	92	226	279	333	411	402	311	627
	-	-	-	-	-	-	-	-	-	-	-	-	-	-
	-	-	-	-	-	61	62	114	172	116	492	802	453	1,348
	-	-	-	-	-	-	-	-	-	-	-	-	-	100
	-	-	-	-	-	-	-	-	-	-	-	-	-	-
	-	-	-	-	-	97	191	283	289	125	639	775	959	1,595
	-	-	-	-	-	97	191	283	289	87	346	166	-	391
	-	-	-	-	-	-	-	-	-	38	293	603	720	945
	-	-	-	-	-	-	-	-	-	-	-	-	-	6
	-	-	-	-	-	-	-	-	-	-	-	6	239	253
	-	-	-	-	-	-	-	-	-	-	-	-	-	-
	-	-	-	-	-	-	-	-	-	1	-	11	14	14
	-	-	-	-	-	-	-	-	-	-	-	-	-	-
	-	-	-	-	-	52	-	74	23	98	145	209	225	381
	-	-	-	-	-	-	-	-	4	1	13	36	152	168
	-	-	-	-	-	-	-	-	-	-	-	-	-	-
	-	-	-	-	-	-	-	-	-	-	9	22	13	39
	-	-	-	-	-	-	-	-	-	-	-	-	-	-
	-	-	-	-	-	-	-	-	4	1	-	-	-	-
	-	-	-	-	-	-	-	-	-	-	-	4	14	139	129
	-	-	-	-	-	-	-	-	-	-	-	-	-	-
	-	-	-	-	-	112	-	-	149	-	-	421	1	379
	3,481	4,414	3,475	3,005	4,215	9,412	11,843	16,156	17,934	54,063	68,404	115,208	166,275	176,684
	2,108	2,749	2,114	1,961	2,886	6,385	8,049	10,087	10,347	38,057	46,744	64,755	89,564	86,118
	363	435	350	248	362	727	958	1,880	2,951	4,162	6,314	13,468	17,507	30,639
	563	689	658	238	384	1,388	1,548	2,505	2,590	7,199	7,357	18,496	27,731	23,169
	-	-	-	-	-	-	-	-	-	-	-	-	-	-
	142	173	125	58	130	175	145	421	317	449	577	2,144	2,411	2,500
	-	-	-	-	-	-	-	-	158	660	594	1,222	2,878	2,272
	17	80	10	131	120	145	243	295	372	544	824	1,352	1,617	1,267
	288	288	218	369	333	592	900	968	1,199	2,992	5,994	13,771	24,567	30,719

73

Table 50 — TECHNICAL TRAINING GRADUATES, BY TYPE OF COURSE: 3rd QUARTER 1939 TO 3rd QUARTER 1945 — Continued

Course	1943		1944				1945		
	3rd Qtr	4th Qtr	1st Qtr	2nd Qtr	3rd Qtr	4th Qtr	1st Qtr	2nd Qtr	3rd Qtr (Jul-Aug)
Total..........................	149,095	100,374	100,398	66,792	71,788	72,352	62,855	60,149	41,380
Officers & Officer Candidates Total........................	9,617	7,568	8,044	7,046	5,807	6,915	7,779	10,488	7,316
Administrative.................	2,943	2,543	2,555	811	1,110	603	260	343	283
Armament.......................	502	238	128	94	331	270	282	433	269
Cold Weather Flying............	-	34	25	-	-	-	18	7	-
Communications.................	1,183	885	2,334	1,314	728	1,074	267	506	261
Cryptography...................	77	117	61	115	107	78	154	124	9
Emergency Rescue Boat..........	-	-	8	-	-	5	-	-	-
Engineering - Total............	2,354	2,072	1,820	2,524	1,712	2,752	3,923	5,566	3,954
Engineering Maintenance Cadets.....................	1,332	798	465	485	391	442	49	-	-
Engineering Officer Maintenance................	589	814	820	1,482	1,099	877	1,951	3,132	2,104
Flight Engineer..............	196	186	259	268	-	1,125	1,663	2,249	1,814
Pre-Flight Engineer..........	-	-	276	289	222	308	-	-	-
Weight & Balance Control.....	237	274	-	-	-	-	260	185	36
Helicopter Training............	-	-	-	-	-	-	-	-	5
Link Trainer...................	26	30	23	18	23	35	13	25	3
Navigator-Bombardier-Radar.....	-	-	159	248	466	117	-	-	-
Navigator-Instructor-Radar.....	-	-	-	-	44	18	-	-	-
Photography....................	189	232	119	270	53	95	27	28	15
Radar - Total..................	-	342	351	930	1,169	1,798	2,785	3,367	2,453
Air Radar....................	-	-	-	-	68	158	165	129	60
Air Radar (MIT)..............	-	38	34	59	41	33	58	77	50
Radar Air Intelligence.......	-	108	64	121	50	89	105	88	87
Radar Maintenance............	-	-	-	-	13	28	39	79	31
Radar Observer Bomb (BTO)....	-	-	-	-	728	1,154	1,873	2,104	1,764
Radar Observer Night Fighter Cadets.............	-	120	100	392	112	83	72	125	78
Radar Observer (RCM).........	-	38	91	94	62	180	33	26	-
Other........................	-	38	62	264	95	73	440	739	383
Rescue Arctic..................	-	66	1	-	-	-	-	6	3
Weather........................	2,343	1,009	460	722	64	70	50	83	61
Enlisted Men - Total............	139,478	92,806	92,354	59,746	65,981	65,437	55,076	49,661	34,064
Aircraft Maintenance...........	74,586	48,774	48,837	26,914	27,279	25,819	25,858	25,753	19,250
Armament.......................	20,432	10,883	8,150	12,605	9,412	8,386	3,585	2,643	2,115
Communications.................	20,830	18,469	25,233	10,839	16,077	13,089	10,214	8,559	4,106
Emergency Rescue Boat..........	72	225	52	-	-	17	35	13	-
Photography....................	1,559	1,136	872	490	347	463	540	376	137
Radar..........................	85	2,581	3,059	6,796	9,848	14,379	13,637	9,469	4,216
Weather........................	4,231	2,001	3,454	1,294	51	57	157	127	110
Other..........................	17,683	8,737	2,697	808	2,967	3,227	1,050	2,721	4,130

Table 51 — TECHNICAL TRAINING ELIMINEES AND FATALITIES, BY TYPE OF COURSE: 3rd QUARTER 1939 TO 3rd QUARTER 1945

Course	Grand Total	1939 (Jul-Dec)	1940	1941	1942	1943	1944	1945 (Jul-Aug)
Total	255,495	220	1,042	5,480	28,153	96,035	77,265	47,300
Officers & Officer Candidates - Total	16,948	-	-	46	2,301	5,840	4,694	4,067
Administrative	6,512	-	-	-	1,955	3,200	1,010	347
Armament	697	-	-	18	226	292	74	87
Cold Weather Flying	16	-	-	-	-	6	-	10
Communications	1,728	-	-	7	37	207	1,091	386
Cryptography	56	-	-	-	-	48	5	3
Emergency Rescue Boat	3	-	-	-	-	-	3	-
Engineering - Total	1,869	-	-	14	26	123	392	1,314
Engineering Maintenance Cadets	270	-	-	14	7	51	198	-
Engineering Officer Maintenance	506	-	-	-	19	52	96	339
Flight Engineer	692	-	-	-	-	19	87	586
Pre-Flight Engineer	382	-	-	-	-	-	3	379
Weight & Balance Control	19	-	-	-	-	1	8	10
Link Trainer	3	-	-	-	-	1	1	1
Navigator-Bombardier-Radar	24	-	-	-	-	-	24	-
Navigator-Instructor-Radar	4	-	-	-	-	-	4	-
Photography	168	-	-	3	7	28	118	12
Radar - Total	3,868	-	-	-	-	232	1,755	1,881
Air Radar	63	-	-	-	-	-	22	41
Air Radar (MIT)	8	-	-	-	-	-	6	2
Radar Air Intelligence	56	-	-	-	-	9	24	23
Radar Maintenance	13	-	-	-	-	-	-	13
Radar Observer Bomb (BTO)	2,586	-	-	-	-	-	1,341	1,245
Radar Observer Night Fighter Cadets	71	-	-	-	-	22	44	5
Radar Observer (RCM)	38	-	-	-	-	2	28	8
Other	1,033	-	-	-	-	199	290	544
Rescue Arctic	85	-	-	-	-	26	52	7
Weather	1,915	-	-	4	50	1,677	165	19
Enlisted Men - Total	238,547	220	1,042	5,434	25,852	90,195	72,571	43,233
Aircraft Maintenance	68,614	135	644	2,428	12,581	20,678	20,037	12,111
Armament	31,830	28	69	884	3,455	9,528	11,715	6,151
Communications	106,027	34	169	1,595	5,893	44,267	34,257	19,812
Emergency Rescue Boat	239	-	-	-	-	224	15	-
Photography	1,755	4	13	60	178	1,022	168	310
Radar	12,230	-	-	-	1,029	3,599	4,304	3,298
Weather	5,755	14	57	268	450	4,360	586	20
Other	12,097	5	90	199	2,266	6,517	1,489	1,531

Table 51 — TECHNICAL TRAINING ELIMINEES AND FATALITIES, BY TYPE

Course	1939		1940				1941				1942
	3rd Qtr	4th Qtr	1st Qtr	2nd Qtr	3rd Qtr	4th Qtr	1st Qtr	2nd Qtr	3rd Qtr	4th Qtr	1st Qtr
Total	38	182	157	287	228	370	409	1,206	1,378	2,487	5,010
Officers & Officer Candidates - Total	-	-	-	-	-	-	2	8	19	17	37
Administrative	-	-	-	-	-	-	-	-	-	-	-
Armament	-	-	-	-	-	-	-	4	8	6	23
Cold Weather Flying	-	-	-	-	-	-	-	-	-	-	-
Communications	-	-	-	-	-	-	-	-	5	2	7
Cryptography	-	-	-	-	-	-	-	-	-	-	-
Emergency Rescue Boat	-	-	-	-	-	-	-	-	-	-	-
Engineering - Total	-	-	-	-	-	-	2	3	3	6	2
Engineering Maintenance Cadets	-	-	-	-	-	-	2	3	3	6	2
Engineering Officer Maintenance	-	-	-	-	-	-	-	-	-	-	-
Flight Engineer	-	-	-	-	-	-	-	-	-	-	-
Pre-Flight Engineer	-	-	-	-	-	-	-	-	-	-	-
Weight & Balance Control	-	-	-	-	-	-	-	-	-	-	-
Link Trainer	-	-	-	-	-	-	-	-	-	-	-
Navigator-Bombardier-Radar	-	-	-	-	-	-	-	-	-	-	-
Navigator-Instructor-Radar	-	-	-	-	-	-	-	-	-	-	-
Photography	-	-	-	-	-	-	-	1	2	-	-
Radar - Total	-	-	-	-	-	-	-	-	-	-	-
Air Radar	-	-	-	-	-	-	-	-	-	-	-
Air Radar (MIT)	-	-	-	-	-	-	-	-	-	-	-
Radar Air Intelligence	-	-	-	-	-	-	-	-	-	-	-
Radar Maintenance	-	-	-	-	-	-	-	-	-	-	-
Radar Observer Bomb (BTO)	-	-	-	-	-	-	-	-	-	-	-
Radar Observer Night Fighter Cadets	-	-	-	-	-	-	-	-	-	-	-
Radar Observer (RCM)	-	-	-	-	-	-	-	-	-	-	-
Other	-	-	-	-	-	-	-	-	-	-	-
Rescue Arctic	-	-	-	-	-	-	-	-	-	-	-
Weather	-	-	-	-	-	-	-	-	1	3	5
Enlisted Men - Total	38	182	157	287	228	370	407	1,198	1,359	2,470	4,973
Aircraft Maintenance	16	119	98	182	113	251	232	583	527	1,086	2,752
Armament	14	14	15	26	14	14	40	92	200	552	935
Communications	7	27	18	44	62	45	89	414	531	561	1,079
Emergency Rescue Boat	-	-	-	-	-	-	-	-	-	-	-
Photography	1	3	1	4	2	6	15	9	6	30	20
Radar	-	-	-	-	-	-	-	-	-	-	6
Weather	-	14	3	9	15	30	11	53	55	149	48
Other	-	5	22	22	22	24	20	47	40	92	133

OF COURSE: 3rd QUARTER 1939 TO 3rd QUARTER 1945—Continued

1942			1943				1944				1945		
2nd Qtr	3rd Qtr	4th Qtr	1st Qtr	2nd Qtr	3rd Qtr	4th Qtr	1st Qtr	2nd Qtr	3rd Qtr	4th Qtr	1st Qtr	2nd Qtr	3rd Qtr (Jul-Aug)
4,701	7,414	11,028	23,119	24,828	27,785	20,303	32,341	9,546	11,401	23,977	21,761	17,598	7,941
220	763	1,281	1,701	999	2,115	1,025	1,245	740	682	2,027	1,745	1,197	1,125
99	696	1,160	1,380	588	648	584	592	117	180	121	35	252	60
107	37	59	7	8	267	10	3	26	28	17	25	31	31
-	-	-	-	-	-	6	-	-	-	-	10	-	-
-	7	23	16	53	64	74	296	289	297	209	29	329	28
-	-	-	-	11	35	2	-	-	1	4	-	3	-
-	-	-	-	-	-	-	-	1	2	-	-	-	-
3	2	19	3	36	33	51	109	79	83	121	248	462	604
3	1	1	-	5	12	34	26	45	63	64	-	-	-
-	1	18	2	25	15	10	9	25	18	44	84	82	173
-	-	-	-	6	6	7	72	8	2	5	86	297	203
-	-	-	-	-	-	-	-	-	-	3	77	80	222
-	-	-	1	-	-	-	2	1	-	5	1	3	6
-	-	-	-	-	1	-	-	-	1	-	-	-	1
-	-	-	-	-	-	-	2	2	16	4	-	-	-
-	-	-	-	-	-	-	-	-	-	4	-	-	-
3	2	2	4	6	6	12	8	55	35	20	2	3	7
-	-	-	114	75	-	43	63	132	38	1,522	1,396	106	379
-	-	-	-	-	-	-	-	-	15	7	27	10	4
-	-	-	-	-	-	-	3	1	-	2	1	1	-
-	-	-	-	-	-	9	8	7	8	1	2	4	17
-	-	-	-	-	-	-	-	-	-	-	7	1	5
-	-	-	-	-	-	-	-	2	5	1,334	1,067	50	128
-	-	-	-	-	-	22	21	12	7	4	1	-	4
-	-	-	-	-	-	2	14	11	3	-	2	6	-
-	-	-	114	75	-	10	17	99	-	174	289	34	221
-	-	-	-	-	-	26	52	-	-	-	-	6	1
8	19	18	177	222	1,061	217	120	39	1	5	-	5	14
4,481	6,651	9,747	21,418	23,829	25,670	19,278	31,096	8,806	10,719	21,950	20,016	16,401	6,816
2,780	3,577	3,472	4,683	5,455	6,526	4,014	9,908	1,442	1,538	7,149	5,618	4,341	2,152
788	920	812	2,780	2,039	2,130	2,579	2,031	1,317	995	7,372	4,285	731	1,135
556	1,341	2,917	9,063	12,422	12,523	10,259	17,192	5,122	6,902	5,041	8,161	9,442	2,209
-	-	-	-	-	153	71	14	-	-	1	-	-	-
25	44	89	229	369	283	141	81	28	28	31	84	164	62
135	154	734	2,312	614	8	665	746	752	1,146	1,660	1,608	982	708
73	114	215	311	838	2,358	853	508	65	13	-	5	3	12
124	503	1,508	2,040	2,092	1,689	696	616	80	97	696	255	738	538

Table 52 — CREWS COMPLETING TRAINING IN

(Prior to May 1945, excludes crews assigned from training to Continental US activities.

Type of Crew	Grand Total	1942 (Dec)	1943	1944	1945 (Jan-Aug)	1942 Dec	1943 Jan	Feb	Mar	Apr	May
Total	80,744	624	26,860	36,854	16,406	624	1,298	1,472	1,713	1,718	2,107
Very Heavy Bomber											
B-29	2,347	-	-	626	1,721	-	-	-	-	-	-
Heavy Bomber											
Total	26,925	68	6,234	15,246	5,377	68	164	83	240	281	415
B-17	12,217	68	2,806	6,802	2,541	68	84	45	153	210	248
B-24	14,708	-	3,428	8,444	2,836	-	80	38	87	71	167
Medium Bomber											
Total	5,887	73	2,170	2,810	834	73	100	158	236	142	192
B-25	3,600	73	1,437	1,397	693	73	100	158	147	85	71
B-26	2,287	-	733	1,413	141	-	-	-	89	57	121
Light Bomber											
Total	1,602	-	-	961	641	-	-	-	-	-	-
A-20	1,118	-	-	894	224	-	-	-	-	-	-
A-26	484	-	-	67	417	-	-	-	-	-	-
Fighter											
Total	36,705	416	17,122	13,526	5,641	416	995	1,136	1,191	1,213	1,331
P-38	13,473	228	9,737	2,476	1,032	228	580	607	474	619	664
P-39	4,703	157	4,546	-	-	157	181	219	552	404	440
P-40	4,962	-	1,040	3,094	828	-	143	219	64	2	122
P-47	10,297	-	1,100	6,822	2,375	-	50	51	58	145	64
P-51	2,260	-	176	826	1,258	-	1	-	-	-	-
Night Fighter	485	-	58	279	148	-	-	-	-	-	-
Other	525	31	465	29	-	31	40	40	43	43	41
Reconnaissance											
Total	2,097	-	131	1,218	748	-	-	4	-	-	5
F-3	35	-	-	21	14	-	-	-	-	-	-
F-5	1,107	-	58	639	410	-	-	-	-	-	-
F-6	806	-	73	498	235	-	-	4	-	-	5
F-7	101	-	-	60	41	-	-	-	-	-	-
F-13	48	-	-	-	48	-	-	-	-	-	-
Troop Carrier											
Total	4,608	67	1,087	2,238	1,216	67	33	71	40	64	145
C-46	792	-	-	-	792	-	-	-	-	-	-
C-47	3,816	67	1,087	2,238	424	67	33	71	40	64	145
C-54	-	-	-	-	-	-	-	-	-	-	-
Communications											
Total	573	-	116	229	228	-	6	20	6	18	19
L-Type	552	-	95	229	228	-	4	20	6	16	5
Other	21	-	21	-	-	-	2	-	-	2	14

CONTINENTAL US, BY TYPE: DEC 1942 TO AUG 1945

The omitted figures probably amount to less than 2% of the total crews graduated.)

	1943						1944							
Jun	Jul	Aug	Sep	Oct	Nov	Dec	Jan	Feb	Mar	Apr	May	Jun	Jul	Aug
2,069	2,280	2,643	2,860	3,192	2,738	2,770	1,591	2,164	2,825	3,716	3,560	3,271	3,763	3,042
-	-	-	-	-	-	-	-	-	-	147	1	20	13	34
382	347	514	789	1,152	1,015	852	650	962	1,249	1,813	1,543	1,564	1,410	954
150	199	307	238	638	308	226	348	347	491	809	685	728	602	393
232	148	207	551	514	707	626	302	615	758	1,004	858	836	808	561
191	242	218	282	173	54	182	78	220	144	294	220	205	297	264
145	159	134	190	103	54	91	54	121	68	176	142	56	130	149
46	83	84	92	70	-	91	24	99	76	118	78	149	167	115
-	-	-	-	-	-	-	38	41	76	46	112	80	108	103
-	-	-	-	-	-	-	38	41	76	46	112	80	90	99
-	-	-	-	-	-	-	-	-	-	-	-	-	18	4
1,387	1,565	1,824	1,661	1,743	1,490	1,586	685	706	1,052	1,300	1,411	1,145	1,653	1,344
754	940	1,037	988	952	1,024	1,098	120	157	199	266	265	160	230	277
389	336	515	510	507	291	202	-	-	-	-	-	-	-	-
117	104	161	9	86	13	-	169	54	177	217	217	454	299	367
47	123	36	114	79	117	216	309	389	570	753	798	338	982	636
43	20	31	-	81	-	-	69	100	75	51	111	149	100	31
-	-	-	-	-	15	43	1	-	28	10	20	44	42	33
37	42	44	40	38	30	27	17	6	3	3	-	-	-	-
-	23	-	22	24	38	15	27	32	66	15	82	125	146	120
-	-	-	-	-	-	-	1	-	-	-	-	1	-	2
-	-	-	10	24	14	10	-	1	31	11	62	59	66	39
-	23	-	12	-	24	5	26	27	27	-	19	54	70	75
-	-	-	-	-	-	-	-	4	8	4	1	11	10	4
100	85	86	105	95	136	127	113	200	238	83	90	125	130	187
-	-	-	-	-	-	-	-	-	-	-	-	-	-	-
100	85	86	105	95	136	127	113	200	238	83	90	125	130	187
-	-	-	-	-	-	-	-	-	-	-	-	-	-	-
9	18	1	1	5	5	8	-	3	-	18	101	7	6	36
8	18	-	-	5	5	8	-	3	-	18	101	7	6	36
1	-	1	1	-	-	-	-	-	-	-	-	-	-	-

Table 52 — CREWS COMPLETING TRAINING IN CONTINENTAL US, BY TYPE: DEC 1942 TO AUG 1945 — Continued

Type of Crew	1944				1945							
	Sep	Oct	Nov	Dec	Jan	Feb	Mar	Apr	May	Jun	Jul	Aug
Total	2,944	3,959	2,980	3,039	3,168	2,801	2,606	1,810	1,630	1,246	1,889	1,256
Very Heavy Bomber												
B-29	118	149	25	119	230	74	188	120	141	134	473	361
Heavy Bomber												
Total	1,238	1,552	1,193	1,118	1,268	1,069	769	342	600	629	552	148
B-17	671	660	515	553	608	653	434	126	279	283	156	2
B-24	567	892	678	565	660	416	335	216	321	346	396	146
Medium Bomber												
Total	276	292	295	225	245	139	118	31	112	60	60	69
B-25	147	115	128	111	104	139	118	31	112	60	60	69
B-26	129	177	167	114	141	-	-	-	-	-	-	-
Light Bomber												
Total	114	105	59	79	88	95	100	99	87	59	43	70
A-20	100	105	59	48	38	35	37	36	35	-	43	-
A-26	14	-	-	31	50	60	63	63	52	59	-	70
Fighter												
Total	1,058	1,165	942	1,065	1,025	1,035	1,059	727	425	299	577	494
P-38	274	106	198	224	290	34	178	127	82	80	138	103
P-39	-	-	-	-	-	-	-	-	-	-	-	-
P-40	276	285	332	247	272	264	292	-	-	-	-	-
P-47	431	690	387	539	368	488	485	249	212	103	155	315
P-51	52	60	-	28	73	225	79	326	116	103	264	72
Night Fighter	25	24	25	27	22	24	25	25	15	13	20	4
Other	-	-	-	-	-	-	-	-	-	-	-	-
Reconnaissance												
Total	106	193	146	160	126	93	119	226	46	53	16	69
F-3	2	7	1	7	5	3	3	3	-	-	-	-
F-5	41	137	114	78	83	38	25	166	20	36	-	42
F-6	61	39	31	69	33	36	79	50	7	12	6	12
F-7	2	10	-	6	4	9	7	1	12	-	5	3
F-13	-	-	-	-	1	7	5	6	7	5	5	12
Troop Carrier												
Total	31	470	298	273	152	262	208	247	178	12	112	45
C-46	-	-	-	-	40	64	94	247	178	12	112	45
C-47	31	470	298	273	112	198	114	-	-	-	-	-
C-54	-	-	-	-	-	-	-	-	-	-	-	-
Communications												
Total	3	33	22	-	34	34	45	18	41	-	56	-
L-Type	3	33	22	-	34	34	45	18	41	-	56	-
Other	-	-	-	-	-	-	-	-	-	-	-	-

Source: Continental Air Forces, Statistical Control Office.

Table 53 — CREWS IN TRAINING IN CONTINENTAL US, BY TYPE: DEC 1942 TO AUG 1945

(Figures are average number of crews in training per month and are for complete crews unless otherwise indicated.)

Type of Crew	1942 Dec	1943 Jan	Feb	Mar	Apr	May	Jun	Jul	Aug	Sep	Oct	Nov	Dec
Total	1,448	2,715	3,488	3,083	3,476	3,914	4,221	4,995	6,818	7,920	7,828	7,375	8,928
Heavy Bomber													
Total	703	867	983	569	983	1,033	1,535	1,727	3,444	4,243	3,851	3,748	3,604
B-17	561	669	601	375	694	718	909	964	1,673	1,585	1,512	1,269	1,086
B-24	142	198	382	194	289	315	626	763	1,771	2,658	2,339	2,479	2,518
Medium Bomber													
Total	-	84	174	528	402	618	351	507	438	633	309	162	546
B-25 a/	-	84	174	261	231	255	213	258	186	357	99	162	273
B-26	-	-	-	267	171	363	138	249	252	276	210	-	273
Light Bomber													
Total a/	73	72	71	70	-	-	74	73	72	71	70	56	95
Fighter													
Total	416	1,291	1,530	1,341	1,435	1,567	1,713	1,942	2,187	1,784	2,322	1,739	2,265
P-38	228	512	507	459	547	567	698	839	944	865	858	921	989
P-39	157	307	326	647	839	593	498	689	623	852	831	569	850
P-40	-	429	657	192	6	366	351	312	483	27	258	39	-
P-47	-	-	-	-	-	-	-	-	-	-	94	165	356
P-51	-	3	-	-	-	-	129	60	93	-	243	-	-
Night Fighter	-	-	-	-	-	-	-	-	-	-	-	-	29
Other	31	40	40	43	43	41	37	42	44	40	38	45	41
Reconnaissance													
Total	-	-	12	-	-	15	-	69	-	66	72	228	90
F-5	-	-	-	-	-	-	-	-	-	30	72	114	45
F-6	-	-	12	-	-	15	-	69	-	36	-	42	30
F-7	-	-	-	-	-	-	-	-	-	-	-	72	15
Troop Carrier													
Total	256	383	658	557	602	624	524	623	674	1,120	1,189	1,427	2,304
C-47, C-53	211	208	320	349	394	416	376	371	422	463	471	576	678
Other	45	175	338	208	208	208	148	252	252	657	718	851	1,626
Communications													
Total	-	18	60	18	54	57	24	54	3	3	15	15	24
L-Type	-	12	60	18	48	15	24	54	-	-	-	15	24
Other	-	6	-	-	6	42	-	-	3	3	15	-	-

a/ Breakdown of light bomber crews by model not available prior to Jan 1944. Total light bomber crews include B-25 crews in Fourth Air Force from Dec 1942 to Dec 1943.

Table 53 — CREWS IN TRAINING IN CONTINENTAL US,

Type of Crew	1944						
	Jan	Feb	Mar	Apr	May	Jun	Jul
Total: Complete Crews	9,067	11,668	11,924	10,207	10,832	12,494	13,250
Partial Crews	889	866	474	2,251	2,248	1,425	2,247
Very Heavy Bomber							
B-29: Complete Crews	241	333	240	9	38	108	187
Partial Crews	97	-	-	194	244	172	267
Heavy Bomber							
Total: Complete Crews	2,848	2,778	3,122	2,757	2,650	2,854	2,355
Partial Crews	792	866	474	915	775	670	1,284
B-17: Complete Crews	1,095	1,109	1,197	1,062	1,168	1,247	936
Partial Crews	363	439	213	581	415	217	547
B-24: Complete Crews	1,753	1,669	1,925	1,695	1,482	1,607	1,419
Partial Crews	429	427	261	334	360	453	737
Medium Bomber							
Total: Complete Crews	938	1,025	874	843	792	841	785
Partial Crews	-	-	-	-	-	-	-
B-25: Complete Crews	539	696	530	450	363	413	462
Partial Crews	-	-	-	-	-	-	-
B-26: Complete Crews	399	329	344	393	429	428	323
Light Bomber							
Total	165	196	278	243	423	302	339
A-20	165	196	278	243	423	302	296
A-26	-	-	-	-	-	-	43
Fighter							
Total	4,233	4,385	4,752	3,988	3,966	5,369	6,329
P-38	774	677	658	487	416	1,468	1,555
P-39	1,075	815	1,348	681	794	-	-
P-40	363	515	575	747	917	1,351	1,293
P-47	1,714	1,970	1,779	1,648	1,363	2,026	2,997
P-51	194	235	190	190	219	253	246
Night Fighter	113	173	202	235	257	271	238
Other	-	-	-	-	-	-	-
Reconnaissance							
Total: Complete Crews	270	309	307	294	302	412	434
Partial Crews	-	-	-	-	-	-	-
F-3	-	-	-	-	-	-	-
F-5	107	173	208	223	196	227	252
F-6	109	106	76	42	78	165	166
F-7	54	30	23	29	28	-	16
F-13	-	-	-	-	-	-	-
Other: Complete Crews	-	-	-	-	-	20	-
Partial Crews	-	-	-	-	-	-	-
Troop Carrier							
Total: Complete Crews	372	2,642	2,351	2,073	2,661	2,608	2,821
Partial Crews	-	-	-	1,142	1,229	583	696
C-46	-	-	-	-	-	-	-
C-47, C-53: Complete Crews	372	1,272	1,448	1,734	2,310	2,608	2,821
Partial Crews	-	-	-	1,142	1,229	583	696
Other	-	1,370	903	339	351	-	-
Communications							
L-Type	-	-	-	-	-	-	-

BY TYPE: DEC 1942 TO AUG 1945 — Continued

	1944					1945							
	Aug	Sep	Oct	Nov	Dec	Jan	Feb	Mar	Apr	May	Jun	Jul	Aug
	13,433	12,517	12,572	12,546	12,807	11,408	10,717	10,314	10,225	9,431	8,862	8,104	6,963
	1,414	1,302	968	352	338	568	469	406	523	469	647	1,017	1,296
	369	528	559	659	791	437	529	628	708	717	670	639	545
	387	231	103	66	224	298	286	236	249	312	536	839	1,058
	2,287	2,436	2,705	3,337	3,466	3,193	2,878	2,754	2,744	1,913	1,527	1,213	791
	1,027	1,071	865	286	109	147	124	132	242	141	64	98	134
	1,019	1,050	1,052	1,581	1,645	1,504	1,316	1,198	1,159	902	610	492	214
	436	483	527	142	32	51	40	46	143	92	26	39	59
	1,263	1,386	1,653	1,756	1,821	1,689	1,562	1,556	1,585	1,011	917	721	577
	591	588	338	144	77	96	84	86	99	49	38	59	75
	786	820	776	690	667	544	366	312	340	354	329	292	232
	-	-	-	-	5	3	6	4	9	4	17	37	61
	455	471	439	394	376	408	351	287	302	313	287	259	203
	-	-	-	-	5	3	6	4	9	4	17	37	61
	331	349	337	296	291	136	15	25	38	41	42	33	29
	317	292	283	309	342	350	428	600	644	599	568	584	530
	317	292	249	183	116	108	123	132	102	61	38	-	-
	-	-	34	126	226	242	305	468	542	538	530	584	530
	5,505	5,230	5,166	4,729	4,805	4,906	4,556	4,321	4,187	4,258	4,161	3,796	3,369
	1,439	1,192	1,217	1,057	1,031	886	762	603	615	643	565	449	378
	1,361	1,330	1,314	1,245	1,203	1,265	1,277	1,262	Included	in	P-51	figures	
	2,239	2,298	2,269	2,079	2,061	2,188	2,064	1,985	2,166	2,006	1,938	1,859	1,354
	263	224	206	193	394	401	311	335	1,288	1,499	1,540	1,366	1,460
	203	186	160	155	116	150	125	123	118	110	118	122	177
	-	-	-	-	-	16	17	13	-	-	-	-	-
	551	587	634	553	635	544	537	533	526	587	564	542	514
	-	-	-	-	-	16	15	10	13	8	17	23	25
	4	-	-	-	-	-	-	-	-	-	-	-	-
	322	545	574	179	81	7	9	10	9	8	9	9	9
	207	15	11	318	377	350	369	342	315	384	346	320	293
	18	27	49	12	141	144	114	117	142	139	141	157	155
	-	-	-	44	21	9	10	20	16	10	12	13	15
	-	-	-	-	15	34	35	44	44	46	56	43	42
	-	-	-	-	-	16	15	10	13	8	17	23	25
	3,618	2,624	2,449	2,269	2,101	1,358	1,315	1,032	927	844	889	912	849
	-	-	-	-	-	104	38	24	10	4	13	20	18
	-	-	-	-	-	132	263	311	354	367	424	486	475
	3,618	2,624	2,449	2,269	1,625	721	506	286	182	91	81	63	50
	-	-	-	-	-	104	38	24	10	4	13	20	18
	-	-	-	-	476	505	546	435	391	386	384	363	324
	-	-	-	-	-	76	108	134	149	159	154	126	133

Source: Continental Air Forces, Statistical Control Office.

Table 54 — CREWS ON HAND OVERSEAS, BY TYPE AND PRINCIPAL MODEL: JUN 1943 TO AUG 1945

End of Month	Total	VHB	Heavy Bombers				Medium & Light Bombers					Fighters		
		B-29	Total	B-17	B-24	B-32	Total	B-25	B-26	A-20	A-26	Total	P-38	P-47
1943														
Jun......	6,553	-	1,150	613	537	-	1,134	628	328	178	-	3,350	877	379
Jul......	8,240	-	1,466	739	727	-	1,445	728	568	149	-	4,129	820	726
Aug......	8,843	-	1,564	843	721	-	1,600	837	600	163	-	4,347	846	802
Sep......	9,274	-	1,687	885	802	-	1,637	868	637	132	-	4,517	827	905
Oct......	10,118	-	1,961	1,023	938	-	1,729	938	689	102	-	4,773	953	1,181
Nov......	11,966	-	2,817	1,652	1,165	-	1,760	910	702	148	-	5,526	946	1,548
Dec......	12,434	-	3,117	1,713	1,404	-	1,698	865	650	183	-	5,640	1,043	1,606
1944														
Jan......	13,740	-	3,599	1,686	1,913	-	1,849	815	685	349	-	6,009	1,019	2,173
Feb......	13,852	-	3,740	1,585	2,155	-	1,912	689	783	440	-	5,923	1,198	2,020
Mar......	15,716	-	4,194	1,573	2,621	-	2,286	843	930	513	-	6,540	1,394	2,294
Apr......	18,098	143	4,630	1,822	2,808	-	2,492	899	1,003	590	-	7,814	1,615	3,252
May......	20,250	222	5,590	2,168	3,422	-	2,641	947	1,037	657	-	8,562	1,718	3,780
Jun......	21,208	226	5,821	2,222	3,599	-	2,695	914	1,116	665	-	8,915	1,966	3,922
Jul......	22,976	224	6,313	2,642	3,671	-	2,898	971	1,172	755	-	9,405	1,500	4,128
Aug......	23,816	221	6,332	2,735	3,597	-	2,860	973	1,106	768	13	9,961	1,724	4,570
Sep......	24,030	221	6,153	2,798	3,355	-	2,956	933	1,205	802	16	9,971	1,918	4,654
Oct......	24,680	287	6,452	2,883	3,569	-	2,994	941	1,182	753	118	10,065	1,840	4,885
Nov......	26,218	391	6,848	2,937	3,911	-	3,217	1,048	1,243	648	278	10,057	1,899	4,708
Dec......	26,810	484	7,093	3,113	3,980	-	3,215	1,070	1,202	646	297	9,848	1,867	4,116
1945														
Jan......	27,794	579	7,465	3,284	4,181	-	3,108	926	1,278	630	274	10,191	1,922	4,185
Feb......	28,138	688	7,781	3,414	4,367	-	3,113	959	1,185	598	371	9,971	1,777	4,039
Mar......	28,484	778	7,785	3,485	4,300	-	3,027	969	1,089	487	482	10,189	1,633	3,976
Apr......	28,070	870	6,862	3,128	3,734	-	3,023	976	966	343	738	10,178	1,690	3,942
May......	25,560	880	5,510	2,618	2,892	-	2,947	959	859	296	833	9,803	1,663	3,736
Jun......	22,099	1,106	3,221	1,570	1,641	10	2,683	849	834	281	719	9,143	1,432	3,726
Jul......	18,545	1,186	2,449	948	1,490	11	1,811	559	573	225	454	8,167	1,445	3,071
Aug......	15,255	1,378	2,145	813	1,316	16	1,620	574	518	241	287	6,417	1,380	2,042

End of Month	Fighters (contd)			Reconnaissance				Troop Carrier				Communications		
	P-51	Night Ftr	Other	Total	F-4/5	F-6	Other	Total	C-46	C-47, C-53	Other	Total	Liaison	Other
1943														
Jun......	-	242	1,852	244	141	73	30	595	-	595	-	80	80	-
Jul......	216	84	2,283	312	159	92	61	765	-	756	-	123	123	-
Aug......	212	71	2,421	329	190	94	45	868	-	868	-	135	135	-
Sep......	282	99	2,404	359	177	117	65	915	-	915	-	159	159	-
Oct......	275	110	2,254	427	213	140	74	1,074	-	1,074	-	154	154	-
Nov......	561	131	2,340	512	276	158	78	1,150	-	1,150	-	201	201	-
Dec......	731	139	2,121	549	255	190	104	1,231	-	1,231	-	199	199	-
1944														
Jan......	635	326	1,856	654	281	177	196	1,461	-	1,461	-	168	168	-
Feb......	683	306	1,716	614	251	135	228	1,494	-	1,494	-	169	169	-
Mar......	758	366	1,728	700	244	231	225	1,799	-	1,799	-	197	197	-
Apr......	1,044	252	1,651	790	331	178	281	1,909	-	1,909	-	320	320	-
May......	1,601	182	1,281	858	387	170	301	1,977	-	1,977	-	400	400	-
Jun......	1,687	183	1,157	863	395	165	303	2,173	-	2,173	-	515	515	-
Jul......	2,448	215	1,114	1,110	529	245	336	2,482	-	2,482	-	544	544	-
Aug......	2,729	257	681	1,153	499	314	340	2,748	-	2,748	-	541	541	-
Sep......	2,500	284	615	1,270	560	360	350	2,880	-	2,880	-	579	579	-
Oct......	2,418	322	600	1,264	576	398	290	3,028	18	3,010	-	590	590	-
Nov......	2,738	319	393	1,406	690	380	336	3,562	117	3,445	-	737	737	-
Dec......	3,172	331	362	1,371	678	371	322	3,911	176	3,735	-	888	888	-
1945														
Jan......	3,397	335	352	1,501	751	431	319	4,048	189	3,859	-	902	902	-
Feb......	3,516	310	329	1,518	761	397	360	4,174	534	3,640	-	893	893	-
Mar......	3,965	331	284	1,628	748	463	417	4,146	590	3,556	-	931	931	-
Apr......	4,005	328	213	1,847	838	562	447	4,345	855	3,490	-	945	941	4
May......	3,921	301	182	1,723	791	484	448	3,754	1,038	2,716	-	943	936	7
Jun......	3,561	315	109	1,594	708	430	456	3,426	1,110	2,308	8	926	912	14
Jul......	3,308	294	49	1,328	658	255	415	2,744	1,013	1,723	8	860	846	14
Aug......	2,731	223	41	1,082	520	184	378	2,007	1,045	954	8	606	606	-

Table 55 — CREWS ON HAND IN EUROPEAN THEATER OF OPERATIONS, BY TYPE AND PRINCIPAL MODEL: JUN 1943 TO AUG 1945

End of Month	Total	Heavy Bombers			Medium & Light Bombers				Fighters		
		Total	B-17	B-24	Total	B-26	A-20	A-26	Total	P-38	P-47
1943											
Jun	1,069	455	408	47	93	93	-	-	379	-	379
Jul	1,733	596	553	43	312	312	-	-	654	-	621
Aug	2,123	806	613	193	369	369	-	-	789	91	689
Sep	2,468	933	708	225	410	410	-	-	955	174	781
Oct	2,948	1,116	796	320	445	445	-	-	1,120	198	922
Nov	4,320	1,960	1,427	533	427	427	-	-	1,570	202	1,127
Dec	4,549	2,081	1,472	609	396	396	-	-	1,703	220	1,058
1944											
Jan	5,185	2,147	1,479	668	511	447	64	-	2,039	268	1,409
Feb	5,819	2,163	1,429	734	644	569	75	-	2,206	477	1,224
Mar	6,935	2,155	1,285	870	878	722	156	-	2,632	623	1,434
Apr	8,789	2,496	1,461	1,035	1,009	760	249	-	3,796	773	2,190
May	10,393	3,225	1,715	1,510	1,075	773	302	-	4,500	911	2,457
Jun	10,860	3,550	1,816	1,734	1,120	829	291	-	4,545	923	2,422
Jul	11,973	3,996	2,291	1,705	1,151	824	327	-	4,898	519	2,493
Aug	12,276	4,000	2,392	1,608	1,155	800	342	13	5,000	530	2,457
Sep	12,006	3,671	2,412	1,259	1,315	922	377	16	4,822	613	2,413
Oct	12,179	3,587	2,348	1,239	1,310	869	323	118	4,955	480	2,736
Nov	12,756	3,686	2,407	1,279	1,717	1,240	199	278	4,705	544	2,500
Dec	12,869	3,869	2,553	1,316	1,659	1,202	161	296	4,479	471	2,301
1945											
Jan	13,126	3,925	2,615	1,310	1,700	1,278	149	273	4,542	462	2,234
Feb	13,620	4,201	2,746	1,455	1,676	1,185	135	356	4,822	347	2,512
Mar	13,541	4,204	2,850	1,354	1,597	1,089	100	408	4,838	162	2,581
Apr	13,259	3,760	2,587	1,173	1,572	966	-	606	4,763	182	2,534
May	11,393	2,718	2,029	689	1,485	859	6	620	4,506	155	2,440
Jun	9,229	1,194	1,089	105	1,389	834	-	555	4,318	119	2,359
Jul	6,163	531	526	5	833	573	-	260	3,422	87	1,634
Aug	3,707	473	473	-	574	518	-	56	2,189	59	887

End of Month	Fighters (contd)			Reconnaissance				Troop Carrier			Communications
	P-51	Night Ftr	Other	Total	F-4/5	F-6	Other	Total	C-46	C-47, C-53	Liaison
1943											
Jun	-	-	-	82	20	41	21	26	-	26	34
Jul	-	33	-	121	46	31	44	13	-	13	37
Aug	-	9	-	108	46	49	13	6	-	6	45
Sep	-	-	-	104	43	48	13	5	-	5	61
Oct	-	-	-	145	55	76	14	60	-	60	62
Nov	241	-	-	192	87	90	15	110	-	110	61
Dec	425	-	-	174	71	99	4	135	-	135	60
1944											
Jan	362	-	-	181	68	113	-	247	-	247	60
Feb	505	-	-	174	66	108	-	572	-	572	60
Mar	558	17	-	255	59	196	-	955	-	955	60
Apr	770	33	30	328	140	141	47	1,036	-	1,036	124
May	1,101	36	1	352	152	135	65	1,115	-	1,115	126
Jun	1,152	48	-	353	154	134	65	1,098	-	1,098	194
Jul	1,826	59	1	451	205	183	63	1,276	-	1,276	201
Aug	1,951	59	3	527	203	263	61	1,392	-	1,392	202
Sep	1,734	62	-	592	222	304	66	1,410	-	1,410	196
Oct	1,662	77	-	676	237	374	65	1,444	-	1,444	207
Nov	1,587	74	-	711	266	368	77	1,669	-	1,669	268
Dec	1,636	71	-	669	239	337	93	1,866	-	1,866	327
1945											
Jan	1,759	87	-	689	272	323	94	1,933	-	1,933	337
Feb	1,885	78	-	712	283	308	121	1,886	-	1,886	323
Mar	2,014	81	-	765	259	370	136	1,749	23	1,726	388
Apr	1,976	71	-	869	314	405	150	1,892	209	1,683	403
May	1,836	75	-	735	285	332	118	1,530	214	1,316	419
Jun	1,763	77	-	666	258	296	112	1,247	155	1,092	415
Jul	1,633	68	-	365	201	125	39	695	6	689	317
Aug	1,200	43	-	217	136	56	25	-	-	-	254

Table 56 — CREWS ON HAND IN MEDITERRANEAN THEATER OF OPERATIONS, BY TYPE AND PRINCIPAL MODEL: JUN 1943 TO AUG 1945

End of Month	Total	Heavy Bombers			Medium & Light Bombers					Fighters		
		Total	B-17	B-24	Total	B-25	B-26	A-20	A-26	Total	P-38	P-47
1943												
Jun	2,887	243	169	74	666	307	235	124	-	1,530	444	-
Jul	3,274	404	186	218	659	293	256	110	-	1,652	402	-
Aug	3,116	302	230	72	648	309	231	108	-	1,588	362	-
Sep	3,039	291	177	114	606	282	227	97	-	1,532	240	-
Oct	3,190	310	227	83	606	279	244	83	-	1,595	330	142
Nov	3,256	304	225	79	634	274	275	85	-	1,662	336	141
Dec	3,393	440	241	199	605	267	254	84	-	1,641	350	160
1944												
Jan	3,669	808	207	601	580	268	238	74	-	1,572	312	235
Feb	3,166	869	149	720	477	209	214	54	-	1,442	298	248
Mar	3,699	1,329	281	1,048	527	259	208	60	-	1,509	300	292
Apr	3,964	1,436	361	1,075	640	321	243	76	-	1,521	309	358
May	4,157	1,537	453	1,084	723	360	264	99	-	1,525	298	443
Jun	4,153	1,355	406	949	691	309	287	95	-	1,637	399	521
Jul	4,361	1,369	351	1,018	778	312	348	118	-	1,660	313	571
Aug	4,260	1,386	343	1,043	695	309	306	80	-	1,658	313	709
Sep	4,421	1,530	386	1,144	640	283	283	74	-	1,722	354	717
Oct	4,888	1,901	535	1,366	656	261	313	82	-	1,806	487	693
Nov	5,199	2,177	530	1,647	469	359	3	107	-	1,984	512	796
Dec	5,094	2,174	560	1,614	477	364	-	112	1	1,866	472	725
1945												
Jan	5,371	2,422	669	1,753	396	283	-	112	1	1,958	479	751
Feb	5,011	2,380	668	1,712	439	299	-	125	15	1,560	481	410
Mar	5,003	2,348	635	1,713	449	321	-	54	74	1,538	469	429
Apr	4,449	1,874	541	1,333	465	333	-	-	132	1,418	432	390
May	3,573	1,525	589	936	389	276	-	-	113	1,282	421	321
Jun	2,089	773	481	292	185	169	-	-	16	849	229	296
Jul	1,602	592	422	170	5	5	-	-	-	751	218	217
Aug	965	405	340	65	3	3	-	-	-	317	212	-

End of Month	Fighters (contd)			Reconnaissance				Troop Carrier			Communications
	P-51	Night Ftr	Other	Total	F-4/5	F-6	Other	Total	C-46	C-47, C-53	Liaison
1943											
Jun	-	242	844	103	66	32	5	321	-	321	24
Jul	216	21	1,013	121	60	61	-	417	-	417	21
Aug	212	33	981	112	67	45	-	451	-	451	15
Sep	209	64	1,019	138	69	69	-	457	-	457	15
Oct	192	62	869	148	84	64	-	519	-	519	12
Nov	227	67	891	150	79	68	3	494	-	494	12
Dec	210	61	860	174	77	91	6	521	-	521	12
1944											
Jan	184	265	576	147	77	64	6	557	-	557	5
Feb	86	256	554	100	66	27	7	273	-	273	5
Mar	90	293	534	102	61	35	6	200	-	200	32
Apr	159	161	534	117	68	37	12	218	-	218	32
May	347	85	352	125	80	35	10	214	-	214	33
Jun	376	65	276	127	80	31	16	277	-	277	66
Jul	473	69	234	204	131	41	32	282	-	282	68
Aug	511	95	30	194	115	36	43	261	-	261	66
Sep	512	80	59	190	126	27	37	263	-	263	76
Oct	489	71	66	142	111	-	31	305	-	305	78
Nov	606	70	-	206	162	-	44	337	-	337	26
Dec	604	65	-	198	156	-	42	355	-	355	24
1945											
Jan	676	35	17	204	167	-	37	367	-	367	24
Feb	610	36	23	219	182	-	37	385	-	385	28
Mar	576	43	21	227	180	-	47	414	-	414	27
Apr	528	49	19	229	176	-	53	436	5	431	27
May	505	21	14	187	142	-	45	163	-	163	27
Jun	292	32	-	118	89	-	29	137	-	137	27
Jul	284	32	-	109	80	-	29	120	-	120	25
Aug	105	-	-	116	77	-	39	124	-	124	-

Table 57 — CREWS ON HAND IN PACIFIC OCEAN AREAS, BY TYPE AND PRINCIPAL MODEL: JUN 1943 TO AUG 1945

End of Month	Total	Heavy Bombers	Medium & Light Bombers			Fighters			
		B-24	Total	B-25	A-26	Total	P-38	P-47	P-51
1943									
Jun	231	35	-	-	-	184	-	-	-
Jul	216	37	-	-	-	165	-	-	-
Aug	284	36	-	-	-	234	-	-	-
Sep	295	40	-	-	-	216	-	-	-
Oct	399	97	56	56	-	210	-	-	-
Nov	437	101	73	73	-	218	-	22	-
Dec	412	95	86	86	-	194	-	42	-
1944									
Jan	486	109	75	75	-	266	-	71	-
Feb	493	129	70	70	-	243	-	89	-
Mar	553	137	84	84	-	276	-	118	-
Apr	544	122	92	92	-	265	-	174	-
May	616	136	128	128	-	285	-	195	-
Jun	732	194	135	135	-	332	-	223	-
Jul	817	234	133	133	-	369	10	227	-
Aug	929	230	118	118	-	496	126	334	-
Sep	961	223	102	102	-	540	145	354	-
Oct	946	216	97	97	-	516	121	343	-
Nov	967	225	86	86	-	516	141	321	-
Dec	1,012	253	87	87	-	529	38	161	275
1945									
Jan	1,276	233	105	105	-	740	25	326	329
Feb	1,385	277	104	104	-	744	23	331	331
Mar	1,539	281	113	113	-	889	-	346	485
Apr	1,820	281	114	114	-	1,142	-	580	499
May	1,997	315	217	117	100	1,163	-	590	508
Jun	2,146	319	268	138	130	1,236	-	690	482
Jul	390	61	-	-	-	43	-	-	-
Aug	467	126	65	28	37	45	-	-	-

End of Month	Fighters (contd)		Reconnaissance			Troop Carrier			Communications
	Night Ftr	Other	Total	F-4/5	Other	Total	C-46	C-47, C-53	Liaison
1943									
Jun	-	184	-	-	-	12	-	12	-
Jul	8	157	-	-	-	14	-	14	-
Aug	6	228	-	-	-	14	-	14	-
Sep	6	210	-	-	-	13	-	13	26
Oct	11	199	-	-	-	11	-	11	25
Nov	11	185	-	-	-	16	-	16	29
Dec	12	140	-	-	-	17	-	17	20
1944									
Jan	11	184	16	16	-	19	-	19	1
Feb	11	143	18	16	2	32	-	32	1
Mar	14	144	24	16	8	32	-	32	-
Apr	16	75	30	16	14	35	-	35	-
May	16	74	34	17	17	33	-	33	-
Jun	15	94	39	20	19	32	-	32	-
Jul	22	110	46	25	21	35	-	35	-
Aug	25	11	46	23	23	39	-	39	-
Sep	38	3	48	26	22	48	-	48	-
Oct	52	-	50	28	22	67	-	67	-
Nov	54	-	51	29	22	89	-	87	-
Dec	55	-	53	31	22	90	-	90	-
1945									
Jan	60	-	60	34	26	106	-	106	32
Feb	59	-	65	33	32	163	-	163	32
Mar	58	-	62	32	30	160	-	160	34
Apr	63	-	91	54	37	158	3	155	34
May	65	-	111	59	52	158	4	154	33
Jun	64	-	121	63	58	172	52	120	30
Jul	43	-	109	69	40	177	88	89	-
Aug	45	-	58	25	33	173	118	55	-

Table 58 — CREWS ON HAND IN FAR EAST AIR FORCES, BY TYPE AND PRINCIPAL MODEL: JUN 1943 TO AUG 1945

End of Month	Total	Heavy Bombers			Medium & Light Bombers				Fighters			
		Total	B-24	B-32	Total	B-25	A-20	A-26	Total	P-38	P-47	P-51
1943												
Jun.	1,322	231	231	-	242	188	54	-	664	378	-	-
Jul.	1,694	256	256	-	286	247	39	-	886	340	105	-
Aug.	1,946	247	247	-	399	344	55	-	953	311	113	-
Sep.	2,099	269	269	-	441	406	35	-	1,006	326	124	-
Oct.	2,127	287	287	-	434	415	19	-	974	314	117	-
Nov.	2,474	301	301	-	439	376	63	-	1,175	288	258	-
Dec.	2,635	364	364	-	462	363	99	-	1,224	340	346	-
1944												
Jan.	2,856	402	402	-	537	326	211	-	1,182	300	458	-
Feb.	2,829	452	452	-	580	269	311	-	1,088	304	459	-
Mar.	2,771	442	442	-	566	269	297	-	1,062	361	421	-
Apr.	2,822	453	453	-	531	266	265	-	1,152	417	458	-
May	2,808	530	530	-	525	269	256	-	1,066	400	412	-
Jun.	2,937	527	527	-	570	291	279	-	1,108	528	442	-
Jul.	3,115	497	497	-	645	335	310	-	1,167	549	465	-
Aug.	3,327	489	489	-	663	317	346	-	1,303	631	531	-
Sep.	3,455	504	504	-	673	322	351	-	1,307	648	585	-
Oct.	3,421	508	508	-	680	332	348	-	1,309	589	550	-
Nov.	3,733	519	519	-	679	337	342	-	1,291	556	510	72
Dec.	3,941	566	566	-	727	354	373	-	1,344	638	451	107
1945												
Jan.	4,092	646	646	-	647	278	369	-	1,396	710	408	103
Feb.	4,147	684	684	-	667	329	338	-	1,360	692	364	165
Mar.	4,188	701	701	-	621	288	333	-	1,401	738	208	312
Apr.	4,149	701	701	-	631	288	343	-	1,316	728	120	365
May	4,164	691	691	-	617	327	290	-	1,305	714	143	354
Jun.	4,185	700	690	10	631	333	281	17	1,310	689	132	398
Jul.	4,716	1,038	1,027	11	769	362	225	182	1,367	703	165	386
Aug.	4,700	936	920	16	836	442	241	153	1,420	655	141	527

End of Month	Fighters (contd)		Reconnaissance				Troop Carrier			Communications		
	Night Ftr	Other	Total	F-4/5	F-6	Other	Total	C-46	C-47, C-53	Total	Liaison	Other
1943												
Jun.	-	286	34	34	-	-	151	-	151	-	-	-
Jul.	22	419	31	30	-	1	235	-	235	-	-	-
Aug.	23	506	45	44	-	1	302	-	302	-	-	-
Sep.	29	527	38	37	-	1	345	-	345	-	-	-
Oct.	37	506	45	42	-	3	387	-	387	-	-	-
Nov.	53	576	79	76	-	3	441	-	441	39	39	-
Dec.	66	472	89	74	-	15	459	-	459	37	37	-
1944												
Jan.	50	374	193	89	-	104	505	-	505	37	37	-
Feb.	39	286	184	72	-	112	488	-	488	37	37	-
Mar.	42	238	186	74	-	112	476	-	476	39	39	-
Apr.	42	235	167	69	-	98	484	-	484	35	35	-
May	45	209	175	70	-	105	472	-	472	40	40	-
Jun.	55	83	174	73	-	101	521	-	521	37	37	-
Jul.	65	80	204	81	6	117	562	-	562	40	40	-
Aug.	66	75	189	73	-	116	643	-	643	40	40	-
Sep.	74	-	223	93	-	130	708	-	708	40	40	-
Oct.	91	79	154	95	-	59	729	18	711	41	41	-
Nov.	90	63	205	126	-	79	902	78	824	137	137	-
Dec.	101	47	222	138	-	84	929	80	849	153	153	-
1945												
Jan.	116	59	306	160	55	91	954	93	861	143	143	-
Feb.	101	38	286	151	42	93	995	391	604	155	155	-
Mar.	106	37	319	166	39	114	1,007	414	593	139	139	-
Apr.	103	-	391	180	95	116	974	444	530	136	132	4
May	94	-	395	179	92	124	1,017	448	569	139	135	4
Jun.	91	-	412	190	83	139	968	446	522	164	156	8
Jul.	113	-	430	195	74	161	918	433	485	194	186	8
Aug.	97	-	411	185	74	152	915	443	472	182	182	-

Table 59 — CREWS ON HAND IN CHINA & INDIA—BURMA, BY TYPE AND PRINCIPAL MODEL: JUN 1943 TO AUG 1945

End of Month	Total	Heavy Bombers	Medium & Light Bombers			Fighters					
		B-24	Total	B-25	A-26	Total	P-38	P-47	P-51	Night Ftr	Other
1943											
Jun	482	84	78	78	-	255	-	-	-	-	255
Jul	623	93	96	96	-	368	11	-	-	-	357
Aug	716	107	94	94	-	433	20	-	-	-	413
Sep	738	99	97	97	-	464	29	-	73	-	362
Oct	814	97	105	105	-	523	57	-	83	-	383
Nov	850	99	102	102	-	549	61	-	93	-	395
Dec	871	83	88	88	-	534	76	-	96	-	362
1944											
Jan	952	80	86	86	-	573	80	-	89	-	404
Feb	1,005	76	102	102	-	575	87	-	92	-	396
Mar	1,308	81	189	189	-	785	80	29	110	-	566
Apr	1,367	70	182	182	-	792	86	72	115	-	519
May	1,643	109	164	164	-	924	83	279	153	-	409
Jun	1,806	141	155	155	-	955	81	314	159	-	401
Jul	1,981	164	168	168	-	959	77	372	149	-	361
Aug	2,292	163	203	203	-	1,156	92	514	267	12	271
Sep	2,439	165	210	210	-	1,202	106	560	254	30	252
Oct	2,495	183	234	234	-	1,153	112	539	269	31	204
Nov	2,636	183	247	247	-	1,186	98	551	473	31	33
Dec	2,848	173	238	238	-	1,239	167	452	550	39	31
1945											
Jan	2,795	179	238	238	-	1,168	157	444	530	37	-
Feb	2,719	181	203	203	-	1,091	133	397	525	36	-
Mar	2,893	193	222	222	-	1,159	151	387	578	43	-
Apr	2,956	187	215	215	-	1,190	222	289	637	42	-
May	2,975	204	214	214	-	1,190	206	220	718	46	-
Jun	2,773	177	187	186	1	1,097	171	249	626	51	-
Jul	2,587	164	185	173	12	968	147	232	551	38	-
Aug	2,151	141	124	83	41	842	147	192	465	38	-

End of Month	Reconnaissance				Troop Carrier			Communications		
	Total	F-4/5	F-6	Other	Total	C-46	C-47, C-53	Total	Liaison	Other
1943										
Jun	17	17	-	-	30	-	30	18	18	-
Jul	18	18	-	-	30	-	30	18	18	-
Aug	28	28	-	-	36	-	36	18	18	-
Sep	23	23	-	-	37	-	37	18	18	-
Oct	27	27	-	-	39	-	39	23	23	-
Nov	37	33	-	4	35	-	35	28	28	-
Dec	72	33	-	39	48	-	48	46	46	-
1944										
Jan	79	31	-	48	80	-	80	54	54	-
Feb	111	31	-	80	85	-	85	56	56	-
Mar	106	34	-	72	91	-	91	56	56	-
Apr	111	38	-	73	92	-	92	120	120	-
May	148	68	-	80	99	-	99	199	199	-
Jun	147	68	-	79	191	-	191	217	217	-
Jul	186	87	15	84	271	-	271	233	233	-
Aug	182	85	15	82	356	-	356	232	232	-
Sep	202	93	29	80	395	-	395	265	265	-
Oct	224	105	24	95	438	-	438	263	263	-
Nov	202	107	12	83	512	39	473	306	306	-
Dec	197	114	34	49	617	96	521	384	384	-
1945										
Jan	209	118	53	38	635	96	539	366	366	-
Feb	201	112	47	42	688	143	545	355	355	-
Mar	215	111	54	50	761	153	608	343	343	-
Apr	223	114	62	47	796	162	634	345	345	-
May	240	126	60	54	802	345	457	325	322	3
Jun	212	108	51	53	810	430	380	290	284	6
Jul	204	101	56	47	742	459	283	324	318	6
Aug	170	82	54	34	704	457	247	170	170	-

Table 60 — CREWS ON HAND IN ALASKA, BY TYPE AND PRINCIPAL MODEL: JUN 1943 TO AUG 1945

End of Month	Total	Heavy Bombers B-24	Medium & Light Bombers B-25	Fighters Total	P-38	Other	Reconnaissance Total	F-4/5	Other	Troop Carrier C-47, C-53	Communications Liaison
1943											
Jun.	231	33	26	126	32	94	4	4	-	38	4
Jul.	295	32	54	161	43	118	5	5	-	39	4
Aug.	244	27	53	118	37	81	5	5	-	36	5
Sep.	194	12	28	112	31	81	5	5	-	34	3
Oct.	198	12	22	119	30	89	5	5	-	36	4
Nov.	188	10	20	118	34	84	1	1	-	36	3
Dec.	187	14	19	116	34	82	-	-	-	35	3
1944											
Jan.	188	14	18	120	34	86	-	-	-	34	2
Feb.	184	13	18	124	32	92	-	-	-	27	2
Mar.	179	12	20	118	30	88	-	-	-	27	2
Apr.	170	13	16	112	30	82	1	-	1	27	1
May.	153	13	17	93	26	67	1	-	1	27	2
Jun.	197	14	18	126	35	91	1	-	1	37	1
Jul.	215	14	17	144	32	112	1	-	1	37	2
Aug.	227	19	20	149	32	117	1	-	1	37	1
Sep.	255	16	16	185	52	133	1	-	1	35	2
Oct.	247	14	17	178	51	127	1	-	1	36	1
Nov.	234	15	19	164	48	116	1	-	1	35	-
Dec.	268	14	27	190	81	109	1	-	1	36	-
1945											
Jan.	267	16	22	193	89	104	1	-	1	35	-
Feb.	274	16	24	193	88	105	1	-	1	40	-
Mar.	246	16	25	166	86	80	1	-	1	38	-
Apr.	240	17	26	156	91	65	1	-	1	40	-
May.	251	17	25	167	119	48	2	-	2	40	-
Jun.	256	18	23	170	124	46	5	-	5	40	-
Jul.	268	25	19	179	139	40	5	-	5	40	-
Aug.	276	25	18	188	156	32	6	-	6	39	-

Table 61 — CREWS ON HAND IN TWENTIETH AIR FORCE, BY TYPE AND PRINCIPAL MODEL: APR 1944 TO AUG 1945

End of Month	Total	Very Heavy Bombers B-29	Fighters Total	P-47	P-51	Reconnaissance Total	F-13	Other	Troop Carrier Total	C-46	Other
1944											
Apr.	143	143	-	-	-	-	-	-	-	-	-
May.	222	222	-	-	-	-	-	-	-	-	-
Jun.	226	226	-	-	-	-	-	-	-	-	-
Jul.	224	224	-	-	-	-	-	-	-	-	-
Aug.	221	221	-	-	-	-	-	-	-	-	-
Sep.	221	221	-	-	-	-	-	-	-	-	-
Oct.	289	287	-	-	-	2	2	-	-	-	-
Nov.	408	391	-	-	-	17	17	-	-	-	-
Dec.	505	484	-	-	-	21	21	-	-	-	-
1945											
Jan.	600	579	-	-	-	21	21	-	-	-	-
Feb.	714	688	-	-	-	26	22	4	-	-	-
Mar.	808	778	-	-	-	30	26	4	-	-	-
Apr.	933	870	-	-	-	31	27	4	32	32	-
May.	947	880	-	-	-	40	36	4	27	27	-
Jun.	1,188	1,106	-	-	-	47	43	4	35	27	8
Jul.	2,576	1,186	1,277	823	454	78	28	50	35	27	8
Aug.	2,739	1,378	1,256	822	434	70	28	42	35	27	8

Table 62— CREWS ON HAND IN OTHER OVERSEAS THEATERS, BY TYPE AND PRINCIPAL MODEL: JUN 1943 TO AUG 1945

End of Month	Total	Heavy Bombers			Medium & Light Bombers	Fighters	
		Total	B-17	B-24	B-25	Total	P-38
1943							
Jun.	331	69	36	33	29	212	23
Jul.	405	48	-	48	38	243	24
Aug.	414	39	-	39	37	232	25
Sep.	441	43	-	43	55	232	27
Oct.	442	42	-	42	61	232	24
Nov.	441	42	-	42	65	234	25
Dec.	387	40	-	40	42	228	23
1944							
Jan.	404	39	-	39	42	257	25
Feb.	356	38	7	31	21	245	-
Mar.	271	38	7	31	22	158	-
Apr.	299	40	-	40	22	176	-
May	258	40	-	40	9	169	-
Jun.	297	40	-	40	6	212	-
Jul.	290	39	-	39	6	208	-
Aug.	284	45	-	45	6	199	-
Sep.	272	44	-	44	-	193	-
Oct.	215	43	-	43	-	148	-
Nov.	285	43	-	43	-	211	-
Dec.	273	44	-	44	-	201	-
1945							
Jan.	267	44	-	44	-	194	-
Feb.	268	42	-	42	-	201	13
Mar.	266	42	-	42	-	198	27
Apr.	264	42	-	42	-	193	35
May	260	40	-	40	-	190	48
Jun.	233	40	-	40	-	163	100
Jul.	243	38	-	38	-	160	151
Aug.	250	39	-	39	-	160	151

End of Month	Fighters (contd)		Reconnaissance			Troop Carrier	Communications
	P-47	Other	Total	F-4/5	Other	C-47, C-53	Liaison
1943							
Jun.	-	189	4	-	4	17	-
Jul.	-	219	16	-	16	17	43
Aug.	-	207	31	-	31	23	52
Sep.	-	205	51	-	51	24	36
Oct.	-	208	57	-	57	22	28
Nov.	-	209	53	-	53	18	29
Dec.	-	205	40	-	40	16	21
1944							
Jan.	-	232	38	-	38	19	9
Feb.	-	245	27	-	27	17	8
Mar.	-	158	27	-	27	18	8
Apr.	-	176	36	-	36	17	8
May	-	169	23	-	23	17	-
Jun.	-	212	22	-	22	17	-
Jul.	-	208	18	-	18	19	-
Aug.	25	174	14	-	14	20	-
Sep.	25	168	14	-	14	21	-
Oct.	24	124	15	-	15	9	-
Nov.	30	181	13	-	13	18	-
Dec.	26	175	10	-	10	18	-
1945							
Jan.	22	172	11	-	11	18	-
Feb.	25	163	8	-	8	17	-
Mar.	25	146	9	-	9	17	-
Apr.	29	129	12	-	12	17	-
May	22	120	13	-	13	17	-
Jun.	-	63	13	-	13	17	-
Jul.	-	9	28	12	16	17	-
Aug.	-	9	34	15	19	17	-

Table 63 — CREW ARRIVALS FROM US IN OVERSEAS THEATERS, BY THEATER AND BY TYPE OF CREW: 1943 TO 1945

Theater and Type of Crew	Total	1943 (Jun-Dec)	1944	1945 (Jan-Aug)
All Theaters - Total	63,717	9,818	37,468	16,431
Very Heavy Bombers	2,164	-	618	1,546
Heavy Bombers	22,823	3,443	14,838	4,542
Medium & Light Bombers	7,125	1,290	4,106	1,729
Day Fighters	22,466	3,736	13,117	5,613
Night Fighters	666	140	344	182
Reconnaissance	3,000	466	1,432	1,102
Troop Carriers	4,386	636	2,330	1,420
Communications	1,087	107	683	297
European Theater of Operations - Total	30,450	4,730	19,995	5,725
Heavy Bombers	13,607	2,477	8,738	2,392
Medium & Light Bombers	2,704	392	1,838	474
Day Fighters	10,951	1,490	7,346	2,115
Night Fighters	143	35	80	28
Reconnaissance	1,130	184	580	366
Troop Carrier	1,643	138	1,236	269
Communications	272	14	177	81
Mediterranean Theater of Operations - Total	13,603	2,115	9,469	2,019
Heavy Bombers	6,225	491	4,795	939
Medium & Light Bombers	1,673	407	1,018	248
Day Fighters	4,509	920	3,003	586
Night Fighters	180	47	105	28
Reconnaissance	371	73	220	78
Troop Carrier	566	174	257	135
Communications	79	3	71	5
Pacific Ocean Areas - Total	2,965	213	836	1,916
Heavy Bombers	530	62	291	177
Medium & Light Bombers	382	86	72	224
Day Fighters	1,500	27	290	1,183
Night Fighters	94	7	52	35
Reconnaissance	178	-	58	120
Troop Carrier	220	5	73	142
Communications	61	26	-	35
Far East Air Forces - Total	8,934	1,945	3,494	3,495
Heavy Bombers	1,888	323	752	813
Medium & Light Bombers	1,831	351	812	668
Day Fighters	3,013	772	1,045	1,196
Night Fighters	200	51	83	66
Reconnaissance	774	123	305	346
Troop Carrier	1,000	289	355	356
Communications	228	36	142	50
China & India-Burma - Total	4,886	644	2,753	1,489
Heavy Bombers	516	79	239	198
Medium & Light Bombers	481	43	333	105
Day Fighters	2,028	412	1,206	410
Night Fighters	49	-	24	25
Reconnaissance	432	57	251	124
Troop Carrier	934	25	408	501
Communications	446	28	292	126
Alaska - Total	479	93	258	128
Heavy Bombers	51	8	20	23
Medium & Light Bombers	46	9	27	10
Day Fighters	361	70	210	81
Reconnaissance	6	1	-	5
Troop Carrier	14	5	-	9
Communications	1	-	1	-
Twentieth Air Force - Total	2,278	-	624	1,654
Very Heavy Bombers	2,164	-	618	1,546
Day Fighters	42	-	-	42
Reconnaissance	64	-	6	58
Troop Carrier	8	-	-	8
Other Overseas - Total	122	78	39	5
Heavy Bombers	6	3	3	-
Medium & Light Bombers	8	2	6	-
Day Fighters	62	45	17	-
Reconnaissance	45	28	12	5
Troop Carrier	1	-	1	-

Table 64 — CREW LOSSES ENROUTE FROM US TO OVERSEAS THEATERS, BY THEATER AND BY TYPE OF CREW: 1943 TO 1945

Theater and Type of Crew	Total	1943 (Jan-Dec)	1944	1945 (Jan-Aug)
All Theaters - Total	400	269	108	23
Very Heavy Bombers	4	-	3	1
Heavy Bombers	195	133	48	14
Medium & Light Bombers	125	100	20	5
Fighters	21	21	-	-
Reconnaissance	33	3	30	-
Troop Carrier	20	12	7	1
Communications	2	-	-	2
European Theater of Operations - Total	149	104	37	8
Heavy Bombers	116	90	21	5
Medium & Light Bombers	26	13	10	3
Troop Carrier	7	1	6	-
Mediterranean Theater - Total	183	122	55	6
Heavy Bombers	51	23	22	6
Medium & Light Bombers	81	76	5	-
Fighters	9	9	-	-
Reconnaissance	30	3	27	-
Troop Carrier	12	11	1	-
Pacific Ocean Areas - Total	2	1	-	1
Fighters	1	1	-	-
Communications	1	-	-	1
Far East Air Forces - Total	38	23	11	4
Heavy Bombers	19	13	3	3
Medium & Light Bombers	16	10	5	1
Reconnaissance	3	-	3	-
China & India-Burma - Total	23	19	2	2
Heavy Bombers	9	7	2	-
Medium & Light Bombers	2	1	-	1
Fighters	11	11	-	-
Troop Carrier	1	-	-	1
Twentieth Air Force - Total	5	-	3	2
Very Heavy Bombers	4	-	3	1
Communications	1	-	-	1

Table 65 — LOSSES OF ALL TYPES OF CREWS OVERSEAS, BY THEATER AND BY TYPE OF LOSS: 1943 TO 1945

(Figures in parenthesis indicate the excess over losses of gains resulting from the formation of additional crews out of such crew personnel as those returned from missing, those reclassified from ground to air duties, and those received from the United States as individuals rather than as members of a crew.)

Theater and Type of Loss	Grand Total	1943 (Jun-Dec)	1944	1945 (Jan-Aug)
All Theaters				
Total Losses	43,973	4,765	23,185	16,023
Combat & Accident Losses	17,265	2,392	10,728	4,145
Retirements	23,372	1,354	11,706	10,312
Net Other Losses	3,336	1,019	751	1,566
European Theater of Operations				
Total Losses	20,744	1,398	12,479	6,867
Combat & Accident Losses	9,439	977	6,458	2,004
Retirements	10,090	170	5,534	4,386
Net Other Losses	1,215	251	487	477
Mediterranean Theater of Operations				
Total Losses	11,170	1,890	6,875	2,405
Combat & Accident Losses	4,403	842	2,919	642
Retirements	6,091	793	3,585	1,713
Net Other Losses	676	255	371	50
Pacific Ocean Areas				
Total Losses	834	29	159	646
Combat & Accident Losses	384	32	114	238
Retirements	450	6	170	274
Net Other Losses	-	(9)	(125)	134
Far East Air Forces				
Total Losses	6,205	755	2,243	3,207
Combat & Accident Losses	1,737	379	693	665
Retirements	3,587	219	1,416	1,952
Net Other Losses	881	157	134	590
China & India-Burma				
Total Losses	3,334	293	1,024	2,017
Combat & Accident Losses	793	114	393	286
Retirements	2,442	114	816	1,512
Net Other Losses	99	65	(185)	219
Alaska				
Total Losses	410	111	180	119
Combat & Accident Losses	96	32	40	24
Retirements	285	40	151	94
Net Other Losses	29	39	(11)	1
Twentieth Air Force				
Total Losses	888	-	136	752
Combat & Accident Losses	354	-	87	267
Retirements	375	-	-	375
Net Other Losses	159	-	49	110
Other Overseas				
Total Losses	388	289	89	10
Combat & Accident Losses	59	16	24	19
Retirements	52	12	34	6
Net Other Losses	277	261	31	(15)

Table 66 — VERY HEAVY BOMBER CREW LOSSES OF TWENTIETH AIR FORCE, BY TYPE OF LOSS, JUN 1944 TO AUG 1945

(Figures in parenthesis indicate the excess over losses of gains resulting from the formation of additional crews out of such crew personnel as those returned from missing, those reclassified from ground to air duties, and those received from the United States as individuals rather than as members of a crew.)

Command and Type of Loss	Grand Total	1944 (Jun-Dec)	1945 (Jan-Aug)	1944					
				Jun	Jul	Aug	Sep	Oct	Nov
Twentieth Air Force									
Total Losses	791	134	657	12	10	13	18	8	33
Combat & Accident Losses	319	85	234	10	6	7	5	6	19
Retirements	346	-	346	-	-	-	-	-	-
Net Other Losses	126	49	77	2	4	6	13	2	14
XX Bomber Command									
Total Losses	149	111	38	12	10	13	18	8	29
Combat & Accident Losses	69	65	4	10	6	7	5	6	15
Retirements	30	-	30	-	-	-	-	-	-
Net Other Losses	50	46	4	2	4	6	13	2	14
XXI Bomber Command									
Total Losses	642	23	619	-	-	-	-	-	4
Combat & Accident Losses	250	20	230	-	-	-	-	-	4
Retirements	316	-	316	-	-	-	-	-	-
Net Other Losses	76	3	73	-	-	-	-	-	-

Command and Type of Loss	1944	1945						
	Dec	Jan	Feb	Mar	Apr	May	Jun	Jul	Aug
Twentieth Air Force									
Total Losses	40	37	61	25	73	89	77	174	121
Combat & Accident Losses	32	27	22	27	47	63	27	15	6
Retirements	-	-	23	2	4	10	64	148	95
Net Other Losses	8	10	16	(4)	22	16	(14)	11	20
XX Bomber Command									
Total Losses	21	5	31	(3)	4	1	-	-	-
Combat & Accident Losses	16	1	2	1	-	-	-	-	-
Retirements	-	-	23	2	4	1	-	-	-
Net Other Losses	5	4	6	(6)	-	-	-	-	-
XXI Bomber Command									
Total Losses	19	32	30	28	69	88	77	174	121
Combat & Accident Losses	16	26	20	26	47	63	27	15	6
Retirements	-	-	-	-	-	9	64	148	95
Net Other Losses	3	6	10	2	22	16	(14)	11	20

Table 67 — HEAVY BOMBER CREW LOSSES OVERSEAS, BY THEATER

(Figures in parenthesis indicate the excess over losses of gains resulting from the formation of additional and those received from the United States as

Theater and Type of Loss	Grand Total	1943 (Jun-Dec)	1944	1945 (Jan-Aug)	1943 Jun	Jul	Aug	Sep	Oct	Nov	Dec	1944 Jan
All Theaters												
Total Losses	17,036	1,531	10,827	4,678	251	233	173	251	305	131	187	465
Combat & Accident Losses	6,935	1,162	4,781	992	110	172	206	128	217	135	194	309
Retirements	9,334	256	5,295	3,783	-	-	4	78	89	37	48	103
Net Other Losses	767	113	751	(97)	141	61	(37)	45	(1)	(41)	(55)	53
European Theater of Operations												
Total Losses	10,081	897	6,699	2,485	173	123	77	117	211	70	126	329
Combat & Accident Losses	4,358	791	2,977	590	87	114	103	83	186	87	131	248
Retirements	5,389	70	3,233	2,086	-	-	-	24	19	10	17	46
Net Other Losses	334	36	489	(191)	86	9	(26)	10	6	(27)	(22)	35
Mediterranean Theater of Operations												
Total Losses	4,733	330	3,223	1,180	30	49	65	73	53	17	43	80
Combat & Accident Losses	2,020	217	1,546	257	9	32	84	24	13	22	33	34
Retirements	2,491	124	1,514	853	-	-	-	46	45	12	21	41
Net Other Losses	222	(11)	163	70	21	17	(19)	3	(5)	(17)	(11)	5
Pacific Ocean Areas												
Total Losses	298	4	133	161	1	-	2	(3)	(5)	1	8	13
Combat & Accident Losses	72	12	35	25	1	-	1	-	-	2	8	12
Retirements	234	-	100	134	-	-	-	-	-	-	-	-
Net Other Losses	(8)	(8)	(2)	2	-	-	1	(3)	(5)	(1)	-	1
Far East Air Forces												
Total Losses	1,404	172	603	629	27	46	23	29	33	26	(12)	31
Combat & Accident Losses	339	93	160	86	13	24	9	12	13	14	8	10
Retirements	937	39	367	531	-	-	-	7	21	9	2	11
Net Other Losses	128	40	76	12	14	22	14	10	(1)	3	(22)	10
China & India-Burma												
Total Losses	439	80	151	208	-	14	2	16	12	15	21	11
Combat & Accident Losses	116	38	52	26	-	1	7	4	4	8	14	5
Retirements	265	23	69	173	-	-	4	1	4	6	8	4
Net Other Losses	58	19	30	9	-	13	(9)	11	4	1	(1)	2
Alaska												
Total Losses	58	27	20	11	-	1	5	20	-	2	(1)	1
Combat & Accident Losses	25	10	10	5	-	1	2	5	-	2	-	-
Retirements	18	-	12	6	-	-	-	-	-	-	-	1
Net Other Losses	15	17	(2)	-	-	-	3	15	-	-	(1)	-
Other Overseas												
Total Losses	23	21	(2)	4	20	-	(1)	(1)	1	-	2	-
Combat & Accident Losses	5	1	1	3	-	-	-	-	1	-	-	-
Retirements	-	-	-	-	-	-	-	-	-	-	-	-
Net Other Losses	18	20	(3)	1	20	-	(1)	(1)	-	-	2	-

AND BY TYPE OF LOSS: JUN 1943 TO AUG 1945

crews out of such crew personnel as those returned from missing, those reclassified from ground to air duties, individuals rather than as members of a crew.)

	1944											1945						
Feb	Mar	Apr	May	Jun	Jul	Aug	Sep	Oct	Nov	Dec	Jan	Feb	Mar	Apr	May	Jun	Jul	Aug
622	788	923	867	896	1,242	1,298	1,025	882	973	846	728	800	1,070	1,476	159	98	177	170
378	400	589	500	438	571	367	347	276	316	290	217	201	279	208	17	31	29	10
188	238	220	274	380	640	850	590	602	677	533	550	572	890	1,237	179	103	108	144
56	150	114	93	78	31	81	88	4	(20)	23	(39)	27	(99)	31	(37)	(36)	40	16
410	631	662	544	437	679	741	681	532	591	462	514	457	661	827	34	(47)	35	4
264	308	371	308	239	302	203	274	130	211	119	157	101	167	150	6	6	3	-
98	167	167	191	257	342	451	347	410	410	347	420	379	597	690	-	-	-	-
48	156	124	45	(59)	35	87	60	(8)	(30)	(4)	(63)	(23)	(103)	(13)	28	(53)	32	4
166	85	181	263	386	452	522	264	241	303	280	104	259	301	507	(20)	28	(7)	8
109	71	183	169	175	255	149	55	111	84	151	37	85	93	46	(7)	2	-	1
43	25	20	52	89	206	366	216	131	218	107	55	126	196	426	50	-	-	-
14	(11)	(22)	42	122	(9)	7	(7)	(1)	1	22	12	48	12	35	(63)	26	(7)	7
(3)	3	30	18	17	4	4	7	11	13	16	33	15	26	45	8	4	31	(1)
1	1	7	4	1	2	2	1	2	-	2	5	3	2	-	3	2	11	(1)
-	-	23	15	17	2	2	6	9	12	14	27	11	24	38	9	5	20	-
(4)	2	-	(1)	(1)	-	-	-	-	1	-	1	1	-	7	(4)	(3)	-	-
39	60	36	25	48	96	26	58	80	42	62	49	45	55	78	106	85	95	116
3	18	23	10	21	8	7	13	26	10	11	13	7	14	11	9	16	10	6
37	43	5	12	15	82	28	14	44	25	51	26	36	49	63	98	77	73	109
(1)	(1)	8	3	12	6	(9)	31	10	7	-	10	2	(8)	4	(1)	(8)	12	1
8	6	11	17	9	8	10	11	15	23	22	26	23	26	18	27	27	19	42
-	-	3	9	2	4	5	2	7	10	5	3	4	3	1	3	4	3	5
10	3	2	4	2	5	3	5	6	12	13	21	20	24	19	22	21	13	33
(2)	3	6	4	5	(1)	2	4	2	1	4	2	(1)	(1)	(2)	2	2	3	4
1	3	3	-	(1)	2	1	3	2	1	4	2	-	1	1	2	1	2	2
-	2	2	-	-	-	1	2	-	1	2	2	-	-	-	2	1	-	-
-	-	3	-	-	3	-	2	2	-	1	1	-	-	1	-	-	2	2
1	1	(2)	-	(1)	(1)	-	(1)	-	-	1	(1)	-	1	-	-	-	-	-
1	-	-	-	-	1	(6)	1	1	-	-	-	1	-	-	2	-	2	(1)
1	-	-	-	-	-	-	-	-	-	-	-	1	-	-	1	-	2	(1)
-	-	-	-	-	-	-	-	-	-	-	-	-	-	-	-	-	-	-
-	-	-	-	-	1	(6)	1	1	-	-	-	-	-	-	1	-	-	-

Table 68 — MEDIUM & LIGHT BOMBER CREW LOSSES OVERSEAS, BY

(Figures in parenthesis indicate the excess over losses of gains resulting from the formation of additional and those received from the United States as

Theater and Type of Loss	Grand Total	1943 (Jun-Dec)	1944	1945 (Jan-Aug)	1943							1944
					Jun	Jul	Aug	Sep	Oct	Nov	Dec	Jan
All Theaters												
Total Losses.....................	5,347	818	2,638	1,891	88	120	54	110	186	97	163	187
Combat & Accident Losses.........	1,581	295	792	494	29	75	47	58	29	34	23	59
Retirements.....................	3,316	324	1,707	1,285	-	-	5	44	138	33	104	106
Net Other Losses................	450	199	139	112	59	45	2	8	19	30	36	22
European Theater of Operations												
Total Losses.....................	1,707	161	824	722	1	(21)	12	19	58	60	32	13
Combat & Accident Losses.........	590	24	371	195	-	2	4	9	1	6	2	4
Retirements.....................	1,049	92	524	433	-	-	-	8	47	16	21	-
Net Other Losses................	68	45	(71)	94	1	(23)	8	2	10	38	9	9
Mediterranean Theater of Operations												
Total Losses.....................	1,438	411	848	179	47	88	42	49	68	30	87	116
Combat & Accident Losses.........	407	174	177	56	18	56	34	34	9	8	15	20
Retirements.....................	1,030	139	644	247	-	-	-	2	58	12	67	94
Net Other Losses................	1	98	27	(124)	29	32	8	13	1	10	5	2
Pacific Ocean Areas												
Total Losses.....................	93	-	71	22	-	-	-	-	-	(1)	1	14
Combat & Accident Losses.........	33	1	24	8	-	-	-	-	-	-	1	13
Retirements.....................	51	-	37	14	-	-	-	-	-	-	-	-
Net Other Losses................	9	(1)	10	-	-	-	-	-	-	(1)	-	1
Far East Air Forces												
Total Losses.....................	1,534	192	592	750	35	51	(6)	42	58	8	4	35
Combat & Accident Losses.........	429	70	158	201	10	15	7	4	16	15	3	17
Retirements.....................	830	59	339	432	-	-	-	30	24	2	3	10
Net Other Losses................	275	63	95	117	25	36	(13)	8	18	(9)	(2)	8
China & India-Burma												
Total Losses.....................	473	38	236	199	1	-	4	9	7	2	15	8
Combat & Accident Losses.........	92	13	55	24	1	-	2	3	2	3	2	5
Retirements.....................	321	29	142	150	-	-	5	3	9	-	12	1
Net Other Losses................	60	(4)	39	25	-	-	(3)	3	(4)	(1)	1	2
Alaska												
Total Losses.....................	54	16	19	19	2	2	-	8	1	2	1	1
Combat & Accident Losses.........	28	11	7	10	-	2	-	8	-	1	-	-
Retirements.....................	22	1	12	9	-	-	-	-	-	-	1	1
Net Other Losses................	4	4	-	-	2	-	-	-	1	1	-	-
Other Overseas												
Total Losses.....................	48	-	48	-	2	-	2	(17)	(6)	(4)	23	-
Combat & Accident Losses.........	2	2	-	-	-	-	-	-	1	1	-	-
Retirements.....................	13	4	9	-	-	-	-	1	-	3	-	-
Net Other Losses................	33	(6)	39	-	2	-	2	(18)	(7)	(8)	23	-

THEATER AND BY TYPE OF LOSS: JUN 1943 TO AUG 1945

crews out of such crew personnel as those returned from missing, those reclassified from ground to air duties, individuals rather than as members of a crew.)

	1944											1945						
Feb	Mar	Apr	May	Jun	Jul	Aug	Sep	Oct	Nov	Dec	Jan	Feb	Mar	Apr	May	Jun	Jul	Aug
171	106	179	169	184	213	445	173	288	234	289	334	283	364	324	276	121	66	123
58	67	61	74	80	56	78	42	64	53	100	88	117	112	78	42	17	22	18
83	89	41	76	57	179	303	187	221	195	170	178	156	216	246	248	116	48	77
30	(50)	77	19	47	(22)	64	(56)	3	(14)	19	68	10	36	-	(14)	(12)	(4)	28
20	5	63	49	45	115	144	(14)	122	108	154	84	169	168	128	97	26	27	23
17	15	34	47	42	32	39	18	26	19	78	28	62	48	39	9	5	2	2
5	10	-	-	-	110	85	66	109	51	88	36	79	108	100	109	1	-	-
(2)	(20)	29	2	3	(27)	20	(98)	(13)	38	(12)	20	28	12	(11)	(21)	20	25	21
82	23	17	48	80	52	156	108	68	57	41	54	14	61	62	69	(21)	(52)	(8)
19	22	6	13	11	13	21	9	12	22	9	7	17	20	11	-	1	-	-
63	19	14	44	30	40	97	59	57	98	29	45	22	39	57	66	18	-	-
-	(18)	(3)	(9)	39	(1)	38	40	(1)	(63)	3	2	(25)	2	(6)	3	(40)	(52)	(8)
5	(1)	(2)	2	1	3	18	16	5	11	(1)	1	10	-	2	-	1	8	-
5	(1)	1	2	1	2	1	-	-	-	-	1	-	2	1	-	1	3	-
-	-	-	-	-	-	16	12	5	4	-	-	10	-	-	-	-	4	-
-	-	(3)	-	-	1	1	4	-	7	(1)	-	-	(2)	1	-	-	1	-
37	59	75	16	33	39	110	27	71	38	52	164	67	118	105	81	85	66	64
11	27	13	7	19	8	14	10	17	5	10	48	33	39	26	23	6	10	16
15	36	15	9	19	27	92	22	36	30	28	76	36	47	66	55	77	39	36
11	(4)	47	-	(5)	4	4	(5)	18	3	14	40	(2)	32	13	3	2	17	12
6	19	19	39	22	3	16	26	21	18	39	26	23	16	26	24	28	13	43
6	4	7	5	7	1	3	3	8	5	1	4	5	3	1	5	2	4	-
-	24	6	22	7	1	11	20	13	12	25	16	9	21	22	18	20	4	40
-	(9)	6	12	8	1	2	3	-	1	13	6	9	(8)	3	1	6	5	3
-	-	5	-	-	1	1	4	1	2	4	5	-	1	1	5	2	4	1
-	-	-	-	-	-	-	2	1	2	2	-	-	-	-	5	2	3	-
-	-	5	-	-	1	2	2	1	-	-	5	-	1	1	-	-	1	1
-	-	-	-	-	-	(1)	-	(1)	-	2	-	-	-	-	-	-	-	-
21	1	2	15	3	-	-	6	-	-	-	-	-	-	-	-	-	-	-
-	-	-	-	-	-	-	-	-	-	-	-	-	-	-	-	-	-	-
-	-	1	1	1	-	-	6	-	-	-	-	-	-	-	-	-	-	-
21	1	1	14	2	-	-	-	-	-	-	-	-	-	-	-	-	-	-

Table 69 — DAY FIGHTER CREW LOSSES OVERSEAS, BY

(Figures in parenthesis indicate the excess over losses of gains resulting from the formation of additional and those received from the United States as

Theater and Type of Loss	Grand Total	1943 (Jun-Dec)	1944	1945 (Jan-Aug)	1943							1944
					Jun	Jul	Aug	Sep	Oct	Nov	Dec	Jan
All Theaters												
Total Losses....................	16,696	2,087	8,861	5,748	238	410	217	322	237	197	466	326
Combat & Accident Losses.........	7,083	776	4,421	1,886	76	135	158	112	64	94	137	211
Retirements.....................	7,532	611	3,908	3,013	-	48	-	182	125	101	155	174
Net Other Losses................	2,081	700	532	849	162	227	59	28	48	2	174	(59)
European Theater of Operations												
Total Losses....................	7,587	266	4,743	2,578	10	17	4	(4)	35	50	154	118
Combat & Accident Losses.........	3,930	151	2,801	978	9	17	10	13	12	37	53	85
Retirements.....................	2,967	7	1,572	1,388	-	-	-	2	2	3	-	-
Net Other Losses................	690	108	370	212	1	-	(6)	(19)	21	10	101	33
Mediterranean Theater of Operations												
Total Losses....................	4,194	962	2,387	845	130	245	184	181	69	7	146	156
Combat & Accident Losses.........	1,691	347	1,046	298	52	74	93	50	12	12	54	72
Retirements.....................	2,057	405	1,183	469	-	35	-	156	75	49	90	90
Net Other Losses................	446	210	158	78	78	136	91	(25)	(18)	(54)	2	(6)
Pacific Ocean Areas												
Total Losses....................	317	16	(58)	359	10	(10)	-	18	2	4	(8)	(61)
Combat & Accident Losses.........	248	16	51	181	1	5	2	5	1	-	2	7
Retirements.....................	133	4	33	96	-	-	-	-	-	-	4	-
Net Other Losses................	(64)	(4)	(142)	82	9	(15)	(2)	13	1	4	(14)	(68)
Far East Air Forces												
Total Losses....................	2,460	385	999	1,076	46	48	(1)	37	76	83	96	112
Combat & Accident Losses.........	709	185	290	234	9	32	43	32	28	34	7	43
Retirements.....................	1,159	107	523	529	-	-	-	15	17	36	39	65
Net Other Losses................	592	93	186	313	37	16	(44)	(10)	31	13	50	4
China & India-Burma												
Total Losses....................	1,537	155	648	734	24	23	(24)	40	21	24	47	12
Combat & Accident Losses.........	389	55	190	144	4	2	6	6	8	8	21	3
Retirements.....................	933	56	443	434	-	5	-	-	26	11	14	10
Net Other Losses................	215	44	15	156	20	16	(30)	34	(13)	5	12	(1)
Alaska												
Total Losses....................	271	49	139	83	2	9	11	13	3	5	6	12
Combat & Accident Losses.........	39	10	22	7	1	1	2	4	-	2	-	1
Retirements.....................	227	31	127	69	-	8	-	9	5	2	7	9
Net Other Losses................	5	8	(10)	7	1	-	9	-	(2)	1	(1)	2
Twentieth Air Force												
Total Losses....................	64	-	-	64	-	-	-	-	-	-	-	-
Combat & Accident Losses.........	30	-	-	30	-	-	-	-	-	-	-	-
Retirements.....................	22	-	-	22	-	-	-	-	-	-	-	-
Net Other Losses................	12	-	-	12	-	-	-	-	-	-	-	-
Other Overseas												
Total Losses....................	266	254	3	9	16	78	43	37	31	24	25	(23)
Combat & Accident Losses.........	47	12	21	14	-	4	2	2	3	1	-	-
Retirements.....................	34	1	27	6	-	-	-	-	-	-	1	-
Net Other Losses................	185	241	(45)	(11)	16	74	41	35	28	23	24	(23)

THEATER AND BY TYPE OF LOSS: JUN 1943 TO AUG 1945

crews out of such crew personnel as those returned from missing, those reclassified from ground to air duties, individuals rather than as members of a crew.)

	1944											1945						
	Feb	Mar	Apr	May	Jun	Jul	Aug	Sep	Oct	Nov	Dec	Jan	Feb	Mar	Apr	May	Jun	Jul	Aug
	337	562	491	674	707	806	1,118	1,041	908	1,001	890	844	773	938	1,092	907	477	363	354
	196	274	338	403	628	440	536	317	283	396	399	322	353	456	388	71	117	114	65
	167	197	276	242	188	260	373	527	582	552	370	372	302	391	560	736	236	200	216
	(26)	91	(123)	29	(109)	106	209	197	43	53	121	150	118	91	144	100	124	49	73
	57	219	258	271	435	354	727	616	434	662	592	432	451	520	584	534	51	(2)	8
	105	192	207	245	458	297	385	191	144	246	246	190	232	267	230	23	15	22	(1)
	4	3	58	47	43	66	118	319	353	340	221	219	162	212	307	488	-	-	-
	(52)	24	(7)	(21)	(66)	(9)	224	106	(63)	76	125	23	57	41	47	23	36	(24)	9
	148	94	159	236	202	358	279	217	127	237	174	137	161	166	243	102	48	12	(24)
	61	47	85	123	137	104	113	86	61	85	72	56	69	83	83	(11)	10	5	3
	80	57	119	112	90	138	150	87	60	124	76	60	79	80	141	96	13	-	-
	7	(10)	(45)	1	(25)	116	16	44	6	28	26	21	13	3	19	17	25	7	(27)
	23	(11)	6	(20)	(26)	(20)	(49)	19	68	8	5	16	9	46	27	48	100	113	-
	4	2	6	1	3	7	4	3	5	7	2	19	2	29	21	19	40	51	-
	-	-	12	-	-	-	-	-	21	-	-	-	-	-	-	17	44	35	-
	19	(13)	(12)	(21)	(29)	(27)	(53)	16	42	1	3	(3)	7	17	6	12	16	27	-
	67	111	67	120	121	21	53	89	94	74	70	177	88	134	125	147	114	122	169
	12	16	27	9	16	18	11	28	27	37	46	41	28	41	32	24	27	14	27
	55	98	58	38	34	5	25	40	53	28	24	47	38	43	55	92	63	86	105
	-	(3)	(18)	73	71	(2)	17	21	14	9	-	89	22	50	38	31	24	22	37
	45	45	9	41	40	82	85	71	125	57	36	71	78	43	86	72	150	105	129
	10	12	10	24	14	12	17	8	36	19	25	15	22	31	16	12	23	18	7
	24	34	7	25	18	43	65	58	83	35	41	41	23	32	39	37	108	73	81
	11	(1)	(8)	(8)	8	27	3	5	6	3	(30)	15	33	(20)	31	23	19	14	41
	8	9	10	19	(22)	7	21	24	15	26	10	6	-	27	22	1	9	9	9
	2	4	2	-	-	-	6	1	3	-	3	-	-	1	1	2	1	1	1
	4	5	8	20	1	8	14	13	12	25	8	5	-	24	18	-	8	6	8
	2	-	-	(1)	(23)	(1)	1	10	-	1	(1)	1	-	2	3	(1)	-	2	-
	-	-	-	-	-	-	-	-	-	-	-	-	-	-	-	-	-	1	63
	-	-	-	-	-	-	-	-	-	-	-	-	-	-	-	-	-	3	27
	-	-	-	-	-	-	-	-	-	-	-	-	-	-	-	-	-	-	22
	-	-	-	-	-	-	-	-	-	-	-	-	-	-	-	-	-	(2)	14
	(11)	95	(18)	7	(43)	4	2	5	45	(63)	3	5	(14)	2	5	3	5	3	-
	2	1	1	1	-	2	-	-	7	2	5	1	-	4	5	2	1	-	1
	-	-	14	-	2	-	1	10	-	-	-	-	-	-	-	6	-	-	-
	(13)	94	(33)	6	(45)	2	1	(5)	38	(65)	(2)	4	(14)	(2)	-	(5)	4	3	(1)

Table 70 — NIGHT FIGHTER CREW LOSSES OVERSEAS, BY

(Figures in parenthesis indicate the excess over losses of gains resulting from the formation of additional
and those received from the United States as

Theater and Type of Loss	Grand Total	1943 (Jun-Dec)	1944	1945 (Jan-Aug)	1943							1944
					Jun	Jul	Aug	Sep	Oct	Nov	Dec	Jan
All Theaters												
Total Losses....................	492	67	200	225	1	26	17	(1)	15	(8)	17	30
Combat & Accident Losses.........	185	32	79	74	1	12	2	1	8	1	7	13
Retirements.....................	238	39	76	123	-	4	-	11	3	5	16	12
Net Other Losses................	69	(4)	45	28	-	10	15	(13)	4	(14)	(6)	5
European Theater of Operations												
Total Losses....................	82	6	25	51	-	2	-	4	-	-	-	-
Combat & Accident Losses.........	20	-	7	13	-	-	-	-	-	-	-	-
Retirements.....................	39	-	7	32	-	-	-	-	-	-	-	-
Net Other Losses................	23	6	11	6	-	2	-	4	-	-	-	-
Mediterranean Theater of Operations												
Total Losses....................	221	55	128	38	-	24	14	(1)	11	(4)	11	21
Combat & Accident Losses.........	98	27	57	14	-	12	2	1	8	-	4	10
Retirements.....................	107	39	51	17	-	4	-	11	3	5	16	8
Net Other Losses................	16	(11)	20	7	-	8	12	(13)	-	(9)	(9)	3
Pacific Ocean Areas												
Total Losses....................	26	-	8	18	1	-	2	-	-	-	(3)	1
Combat & Accident Losses.........	13	2	2	9	1	-	-	-	-	-	1	-
Retirements.....................	10	-	-	10	-	-	-	-	-	-	-	-
Net Other Losses................	3	(2)	6	(1)	-	-	2	-	-	-	(4)	1
Far East Air Forces												
Total Losses....................	134	6	36	92	-	-	1	(4)	4	(4)	9	8
Combat & Accident Losses.........	37	3	11	23	-	-	-	-	-	1	2	3
Retirements.....................	71	-	18	53	-	-	-	-	-	-	-	4
Net Other Losses................	26	3	7	16	-	-	1	(4)	4	(5)	7	1
China & India-Burma												
Total Losses....................	29	-	3	26	-	-	-	-	-	-	-	-
Combat & Accident Losses.........	17	-	2	15	-	-	-	-	-	-	-	-
Retirements.....................	11	-	-	11	-	-	-	-	-	-	-	-
Net Other Losses................	1	-	1	-	-	-	-	-	-	-	-	-

THEATER AND BY TYPE OF LOSS: JUN 1943 TO AUG 1945

crews out of such crew personnel as those returned from missing, those reclassified from ground to air duties, individuals rather than as members of a crew.)

	1944										1945						
Feb	Mar	Apr	May	Jun	Jul	Aug	Sep	Oct	Nov	Dec	Jan	Feb	Mar	Apr	May	Jun	Jul	Aug
35	4	10	19	23	6	17	12	3	16	25	17	36	6	35	45	21	40	25
14	11	6	4	2	3	3	1	4	9	9	8	10	10	14	6	6	13	7
12	2	5	2	3	4	3	13	6	3	11	12	9	8	11	38	19	16	10
9	(9)	(1)	13	18	(1)	11	(2)	(7)	4	5	(3)	17	(12)	10	1	(4)	11	8
-	(1)	(4)	12	(1)	(1)	3	2	5	3	7	5	8	2	9	23	(2)	2	4
-	-	-	-	1	-	-	(1)	2	1	4	2	3	2	4	-	1	1	-
-	-	-	-	-	-	-	1	1	2	3	3	3	2	1	23	-	-	-
-	(1)	(4)	12	(2)	(1)	3	2	2	-	-	-	2	(2)	4	-	(3)	1	4
28	5	9	6	18	5	11	6	4	10	5	6	6	2	9	12	3	-	-
14	10	4	4	-	1	1	2	1	8	2	5	2	-	5	2	-	-	-
12	2	4	2	3	4	3	4	5	1	3	1	3	2	3	5	3	-	-
2	(7)	1	-	15	-	7	-	(2)	1	-	-	1	-	1	5	-	-	-
-	(1)	-	-	1	1	1	-	1	1	3	(1)	3	4	(1)	2	7	4	-
-	-	-	-	1	1	-	-	-	-	-	-	-	5	-	1	-	3	-
-	(1)	-	-	-	-	1	-	1	1	3	1	3	1	(1)	1	8	-	-
											(2)		(2)			(1)	1	
7	1	5	1	5	1	2	4	(7)	1	8	5	14	2	14	9	14	17	17
-	1	2	-	-	1	2	-	1	-	1	-	5	4	2	-	2	4	6
-	-	1	-	-	-	-	8	-	-	5	7	3	3	7	7	8	8	10
7	-	2	1	5	-	-	(4)	(8)	1	2	(2)	6	(5)	5	2	4	5	1
-	-	-	-	-	-	-	-	-	1	2	2	5	(4)	4	(1)	(1)	17	4
-	-	-	-	-	-	-	-	-	-	2	1	-	(1)	3	3	3	5	1
-	-	-	-	-	-	-	-	-	-	-	-	-	-	-	3	-	8	-
-	-	-	-	-	-	-	-	-	1	-	1	5	(3)	1	(7)	(4)	4	3

Table 71 — RECONNAISSANCE CREW LOSSES OVERSEAS, BY

(Figures in parenthesis indicate the excess over losses of gains resulting from the formation of additional and those received from the United States as

Theater and Type of Loss	Grand Total	1943 (Jun-Dec)	1944	1945 (Jan-Aug)	1943							1944
					Jun	Jul	Aug	Sep	Oct	Nov	Dec	Jan
All Theaters												
Total Losses	1,872	133	779	960	37	38	8	(5)	(5)	21	39	52
Combat & Accident Losses	500	42	265	193	3	11	2	6	6	9	5	13
Retirement	870	38	279	553	-	-	-	8	4	8	18	4
Net Other Losses	502	53	235	214	34	27	6	(19)	(15)	4	16	35
European Theater of Operations												
Total Losses	788	53	298	437	5	16	31	(14)	(21)	(20)	56	23
Combat & Accident Losses	246	10	141	95	1	4	-	1	-	1	3	4
Retirements	307	-	79	228	-	-	-	-	-	-	-	-
Net Other Losses	235	43	78	114	4	12	31	(15)	(21)	(21)	53	19
Mediterranean Theater of Operations												
Total Losses	351	64	191	96	18	20	6	(2)	2	9	11	8
Combat & Accident Losses	81	16	56	9	1	1	1	1	4	7	1	5
Retirements	202	21	100	81	-	-	-	3	3	4	11	3
Net Other Losses	68	27	35	6	17	19	5	(6)	(5)	(2)	(1)	-
Pacific Ocean Areas												
Total Losses	28	-	4	24	-	-	-	-	-	-	-	-
Combat & Accident Losses	9	-	-	9	-	-	-	-	-	-	-	-
Retirements	9	-	-	9	-	-	-	-	-	-	-	-
Net Other Losses	10	-	4	6	-	-	-	-	-	-	-	-
Far East Air Forces												
Total Losses	368	16	131	221	14	6	(14)	7	1	33	(31)	8
Combat & Accident Losses	106	12	43	51	1	5	1	2	1	1	1	3
Retirements	178	6	45	127	-	-	-	3	-	-	3	1
Net Other Losses	84	(2)	43	43	13	1	(15)	2	-	32	(35)	4
China & India-Burma												
Total Losses	294	13	125	156	-	1	(2)	2	6	1	5	1
Combat & Accident Losses	49	4	21	24	-	1	-	2	1	-	-	1
Retirements	166	4	55	107	-	-	-	-	1	-	3	-
Net Other Losses	79	5	49	25	-	-	(2)	-	4	1	2	-
Alaska												
Total Losses	5	5	-	-	-	-	-	-	-	4	1	-
Combat & Accident Losses	-	-	-	-	-	-	-	-	-	-	-	-
Retirements	5	5	-	-	-	-	-	-	-	4	1	-
Net Other Losses	-	-	-	-	-	-	-	-	-	-	-	-
Twentieth Air Force												
Total Losses	32	-	2	30	-	-	-	-	-	-	-	-
Combat & Accident Losses	5	-	2	3	-	-	-	-	-	-	-	-
Retirements	1	-	-	1	-	-	-	-	-	-	-	-
Net Other Losses	26	-	-	26	-	-	-	-	-	-	-	-
Other Overseas												
Total Losses	6	(18)	28	(4)	-	(5)	(13)	2	7	(6)	(3)	12
Combat & Accident Losses	4	-	2	2	-	-	-	-	-	-	-	-
Retirements	2	2	-	-	-	-	-	2	-	-	-	-
Net Other Losses	-	(20)	26	(6)	-	(5)	(13)	-	7	(6)	(3)	12

THEATER AND BY TYPE OF LOSS: JUN 1943 TO AUG 1945

crews out of such crew personnel as those returned from missing, those reclassified from ground to air duties, individuals rather than as members of a crew.)

	1944										1945						
Feb	Mar	Apr	May	Jun	Jul	Aug	Sep	Oct	Nov	Dec	Jan	Feb	Mar	Apr	May	Jun	Jul	Aug
41	8	49	10	59	43	93	112	56	119	137	134	132	117	78	206	114	96	83
16	10	12	17	35	24	31	23	17	37	30	30	34	30	16	32	28	18	5
18	8	8	5	6	14	21	31	50	72	42	70	65	70	60	167	38	33	50
7	(10)	29	(12)	18	5	41	58	(11)	10	65	34	33	17	2	7	48	45	28
8	(15)	4	(6)	33	7	29	53	(3)	60	105	68	79	53	38	124	42	29	4
2	1	4	10	22	17	15	15	10	21	20	11	16	20	14	15	18	1	-
-	2	-	-	1	-	-	1	16	35	24	28	42	26	29	103	-	-	-
6	(18)	-	(16)	10	(10)	14	37	(29)	4	61	29	21	7	(5)	6	24	28	4
26	5	10	8	11	11	30	27	20	24	11	16	9	25	8	31	3	2	2
9	3	2	4	1	2	10	2	3	10	5	2	2	3	1	1	-	-	-
17	1	7	4	5	6	7	24	12	12	2	18	6	17	8	32	-	-	-
-	1	1	-	5	3	13	1	5	2	4	(4)	1	5	(1)	(2)	3	2	2
-	-	-	-	(1)	(3)	2	1	3	1	1	2	3	5	7	(1)	4	1	3
-	-	-	-	-	-	-	-	-	-	-	-	1	1	-	-	2	2	3
-	-	-	-	-	-	-	-	-	-	-	-	-	6	2	-	1	-	-
-	-	-	-	(1)	(3)	2	1	3	1	1	2	2	(2)	5	(1)	1	(1)	-
7	10	24	6	6	11	22	16	6	1	14	34	21	14	13	29	35	40	35
5	6	5	3	5	3	3	5	1	1	3	12	11	(1)	2	13	3	11	-
1	5	1	1	-	2	13	5	5	-	11	19	7	8	8	11	21	24	29
1	(1)	18	2	1	6	6	6	-	-	-	3	3	7	3	5	11	5	6
-	15	1	1	5	13	10	16	28	30	5	13	17	18	14	23	30	19	22
-	-	1	-	5	2	3	1	3	4	1	4	1	7	(1)	3	5	3	2
-	-	-	-	-	6	1	1	17	25	5	5	10	13	13	20	16	9	21
-	15	-	1	-	5	6	14	8	1	(1)	4	6	(2)	2	-	9	7	(1)
-	-	-	-	-	-	-	-	-	-	-	-	-	-	-	-	-	-	-
-	-	-	-	-	-	-	-	-	-	-	-	-	-	-	-	-	-	-
-	-	-	-	-	-	-	-	-	-	-	-	-	-	-	-	-	-	-
-	-	-	-	-	-	-	-	-	1	1	1	1	2	-	-	-	6	20
-	-	-	-	-	-	-	-	-	1	1	1	1	-	-	1	-	1	-
-	-	-	-	-	-	-	-	-	-	-	-	-	2	-	(1)	-	5	20
-	(7)	10	1	5	4	-	(1)	2	2	-	-	2	-	(2)	-	-	(1)	(3)
-	-	-	-	2	-	-	-	-	-	-	-	2	-	-	-	-	-	-
-	(7)	10	1	3	4	-	(1)	2	2	-	-	-	-	(2)	-	-	(1)	(3)

Table 72 — TROOP CARRIER CREW LOSSES OVERSEAS, BY

(Figures in parenthesis indicate the excess over losses of gains resulting from the formation of additional and those received from the United States as

Theater and Type of Loss	Grand Total	1943 (Jun-Dec)	1944	1945 (Jan-Aug)	1943 Jun	Jul	Aug	Sep	Oct	Nov	Dec	1944 Jan
All Theaters												
Total Losses	1,308	40	(235)	1,503	47	(24)	(2)	8	(48)	33	26	(39)
Combat & Accident Losses	590	84	267	239	2	54	8	5	2	6	7	10
Retirements	1,411	86	373	952	-	3	2	6	2	57	16	9
Net Other Losses	(693)	(130)	(875)	312	45	(81)	(12)	(3)	(52)	(30)	3	(58)
European Theater of Operations												
Total Losses	478	8	(77)	547	2	-	-	3	-	-	3	4
Combat & Accident Losses	267	1	150	116	-	-	-	1	-	-	-	-
Retirements	315	1	115	199	-	-	-	1	-	-	-	-
Net Other Losses	(104)	6	(342)	232	2	-	-	1	-	-	3	4
Mediterranean Theater of Operations												
Total Losses	186	30	93	63	31	(40)	(2)	22	(21)	32	8	(26)
Combat & Accident Losses	102	61	35	6	2	52	-	2	-	2	3	5
Retirements	203	65	93	45	-	-	-	4	1	55	5	7
Net Other Losses	(119)	(96)	(35)	12	29	(92)	(2)	16	(22)	(25)	-	(38)
Pacific Ocean Areas												
Total Losses	57	-	-	57	-	-	2	1	2	(5)	-	-
Combat & Accident Losses	4	1	1	2	-	-	-	-	1	-	-	-
Retirements	13	2	-	11	-	-	-	1	1	-	-	-
Net Other Losses	40	(3)	(1)	44	-	-	2	-	-	(5)	-	-
Far East Air Forces												
Total Losses	239	(18)	(116)	373	11	13	3	(18)	(29)	(5)	7	(19)
Combat & Accident Losses	112	16	31	65	-	2	7	2	1	2	2	2
Retirements	367	8	121	238	-	-	-	-	-	-	8	1
Net Other Losses	(240)	(42)	(268)	70	11	11	(4)	(20)	(30)	(7)	(3)	(22)
China & India-Burma												
Total Losses	331	7	(131)	455	3	-	(5)	(1)	-	7	3	3
Combat & Accident Losses	101	4	49	48	-	-	-	-	-	2	2	3
Retirements	491	2	46	443	-	-	-	-	-	2	-	-
Net Other Losses	(261)	1	(226)	(36)	3	-	(5)	(1)	-	3	1	-
Alaska												
Total Losses	13	8	(1)	6	-	-	4	2	(1)	-	3	1
Combat & Accident Losses	4	1	1	2	-	-	1	-	-	-	-	-
Retirements	13	3	-	10	-	-	-	-	-	-	3	-
Net Other Losses	(4)	4	(2)	(6)	-	-	3	2	(1)	-	-	1
Twentieth Air Force												
Total Losses	1	-	-	1	-	-	-	-	-	-	-	-
Combat & Accident Losses	-	-	-	-	-	-	-	-	-	-	-	-
Retirements	6	-	-	6	-	-	-	-	-	-	-	-
Net Other Losses	(5)	-	-	(5)	-	-	-	-	-	-	-	-
Other Overseas												
Total Losses	3	5	(3)	1	-	3	(4)	(1)	1	4	2	(2)
Combat & Other Losses	-	-	-	-	-	-	-	-	-	-	-	-
Retirements	3	5	(2)	-	-	3	2	-	-	-	-	1
Net Other Losses	-	-	(1)	1	-	-	(6)	(1)	1	4	2	(3)

THEATER AND BY TYPE OF LOSS: JUN 1943 TO AUG 1945

crews out of such crew personnel as those returned from missing, those reclassified from ground to air duties, individuals rather than as members of a crew.)

	1944											1945						
Feb	Mar	Apr	May	Jun	Jul	Aug	Sep	Oct	Nov	Dec	Jan	Feb	Mar	Apr	May	Jun	Jul	Aug
24	75	14	22	(126)	(175)	(7)	(11)	65	(204)	127	95	82	249	167	172	145	360	233
10	6	6	12	39	13	11	58	18	36	48	·37	7	77	42	18	11	36	11
56	6	11	12	10	7	46	27	31	69	89	72	75	153	108	115	112	210	107
(42)	63	(3)	(2)	(175)	(195)	(64)	(96)	16	(309)	(10)	(14)	-	19	17	39	22	114	115
(20)	57	(1)	-	62	(74)	(14)	47	25	(216)	53	52	57	88	41	44	5	163	97
1	3	2	3	32	7	3	53	7	15	24	14	14	50	19	7	2	9	1
34	-	-	-	-	-	-	-	9	47	25	17	3	19	7	27	-	126	-
(55)	54	(3)	(3)	30	(81)	(17)	(6)	9	(278)	4	21	40	19	15	10	3	28	96
22	8	1	7	(44)	2	45	18	21	21	18	10	18	6	9	27	5	3	(15)
4	-	1	7	3	3	1	2	1	9	(1)	-	2	2	1	1	-	-	-
11	2	-	-	4	2	21	9	15	7	15	6	10	5	7	17	-	-	-
7	6	-	-	(51)	(3)	23	7	5	5	4	4	6	(1)	1	9	5	3	(15)
-	-	-	2	3	1	-	(7)	1	1	(1)	1	1	3	9	1	2	6	34
-	-	-	-	-	1	-	-	-	-	-	-	1	-	1	1	-	4	6
-	-	-	2	3	-	-	(7)	1	1	(1)	1	-	3	8	-	2	2	28
8	9	12	16	(35)	(25)	(55)	(47)	14	(24)	30	24	-	61	92	35	58	80	23
3	-	1	1	2	2	2	-	2	8	8	3	2	18	13	3	5	15	6
4	3	11	12	15	4	17	11	7	1	35	24	26	32	20	32	47	47	10
1	6	-	3	(52)	(31)	(74)	(58)	5	(33)	(13)	(3)	(28)	11	59	-	6	18	7
(2)	2	-	(3)	(92)	(77)	18	(24)	(6)	21	29	7	7	89	20	58	73	108	93
2	3	2	1	2	-	5	2	8	4	17	20	(12)	6	7	7	4	12	4
-	1	-	-	1	1	8	6	1	13	15	22	36	95	73	31	63	33	90
(4)	(2)	(2)	(4)	(95)	(78)	5	(32)	(15)	4	(3)	(35)	(17)	(12)	(60)	20	6	63	(1)
7	-	-	-	(10)	-	-	2	(1)	1	(1)	1	(2)	2	-	2	2	-	1
-	-	-	-	-	-	-	1	-	-	-	-	-	1	1	-	-	-	-
-	-	-	-	-	-	-	-	-	-	-	3	-	2	-	2	2	-	1
7	-	-	-	(10)	-	-	1	(1)	1	(1)	(2)	(2)	(1)	(1)	-	-	-	-
-	-	-	-	-	-	-	-	-	-	-	-	-	-	(4)	5	-	-	-
-	-	-	-	-	-	-	-	-	-	-	-	-	-	1	5	-	-	-
-	-	-	-	-	-	-	-	-	-	-	-	-	-	(5)	-	-	-	-
9	(1)	2	-	(10)	(2)	(1)	-	11	(8)	(1)	-	1	-	-	-	-	-	-
-	-	-	-	-	-	-	-	-	-	-	-	-	-	-	-	-	-	-
7	-	-	-	(10)	-	-	1	(1)	1	(1)	-	-	-	-	-	-	-	-
2	(1)	2	-	-	(2)	(1)	(1)	12	(9)	-	-	1	-	-	-	-	-	-

Table 73— COMMUNICATIONS CREW LOSSES OVERSEAS, BY

(Figures in parenthesis indicate the excess over losses of gains resulting from the formation of additional and those received from the United States as

Theater and Type of Loss	Grand Total	1943 (Jun-Dec)	1944	1945 (Jan-Aug)	1943							1944
					Jun	Jul	Aug	Sep	Oct	Nov	Dec	Jan
All Theaters												
Total Losses....................	431	89	(19)	361	27	8	6	22	2	4	20	15
Combat & Accident Losses.........	72	1	38	33	-	-	-	1	-	-	-	1
Retirements.....................	325	-	68	257	-	-	-	-	-	-	-	-
Net Other Losses................	34	88	(125)	71	27	8	6	21	2	4	20	14
European Theater of Operations												
Total Losses....................	21	7	(33)	47	1	2	-	2	-	1	1	-
Combat & Accident Losses.........	28	-	11	17	-	-	-	-	-	-	-	-
Retirements.....................	24	-	4	20	-	-	-	-	-	-	-	-
Net Other Losses................	(31)	7	(48)	10	1	2	-	2	-	1	1	-
Mediterranean Theater of Operations												
Total Losses....................	47	38	5	4	26	4	6	-	2	-	-	7
Combat & Accident Losses.........	4	-	2	2	-	-	-	-	-	-	-	-
Retirements.....................	1	-	-	1	-	-	-	-	-	-	-	-
Net Other Losses................	42	38	3	1	26	4	6	-	2	-	-	7
Pacific Ocean Areas												
Total Losses....................	15	9	1	5	-	-	-	-	-	-	9	1
Combat & Accident Losses.........	5	-	1	4	-	-	-	-	-	-	-	1
Retirements.....................	-	-	-	-	-	-	-	-	-	-	-	-
Net Other Losses................	10	9	-	1	-	-	-	-	-	-	9	-
Far East Air Forces												
Total Losses....................	66	2	(2)	66	-	-	-	-	-	-	2	-
Combat & Accident Losses.........	5	-	-	5	-	-	-	-	-	-	-	-
Retirements.....................	45	-	3	42	-	-	-	-	-	-	-	-
Net Other Losses................	16	2	(5)	19	-	-	-	-	-	-	2	-
China & India-Burma												
Total Losses....................	231	-	(8)	239	-	-	-	-	-	-	-	-
Combat & Accident Losses.........	29	-	24	5	-	-	-	-	-	-	-	-
Retirements.....................	255	-	61	194	-	-	-	-	-	-	-	-
Net Other Losses................	(53)	-	(93)	40	-	-	-	-	-	-	-	-
Alaska												
Total Losses....................	9	6	3	-	-	-	-	4	-	2	-	1
Combat & Accident Losses.........	-	-	-	-	-	-	-	-	-	-	-	-
Retirements.....................	-	-	-	-	-	-	-	-	-	-	-	-
Net Other Losses................	9	6	3	-	-	-	-	4	-	2	-	1
Other Overseas												
Total Losses....................	42	27	15	-	-	2	-	16	-	1	8	6
Combat & Accident Losses.........	1	1	-	-	-	-	-	1	-	-	-	-
Retirements.....................	-	-	-	-	-	-	-	-	-	-	-	-
Net Other Losses................	41	26	15	-	-	2	-	15	-	1	8	6

THEATER AND BY TYPE OF LOSS: JUN 1943 TO AUG 1945

crews out of such crew personnel as those returned from missing, those reclassified from ground to air duties, individuals rather than as members of a crew.)

	1944											1945						
Feb	Mar	Apr	May	Jun	Jul	Aug	Sep	Oct	Nov	Dec	Jan	Feb	Mar	Apr	May	Jun	Jul	Aug
2	3	7	(59)	(9)	(11)	10	(1)	6	7	11	51	30	23	27	36	63	39	92
-	-	-	-	2	1	5	9	3	3	14	2	1	(2)	9	6	8	7	2
-	-	-	-	-	3	9	6	9	12	29	34	25	33	20	50	49	6	40
2	3	7	(59)	(11)	(15)	(4)	(16)	(6)	(8)	(32)	15	4	(8)	(2)	(20)	6	26	50
-	-	-	3	(4)	(7)	(1)	7	(10)	(7)	(14)	13	15	(28)	5	(14)	4	30	22
-	-	-	-	1	1	-	4	(1)	1	5	2	2	-	5	2	1	4	1
-	-	-	-	-	-	-	-	1	-	3	8	4	-	-	8	-	-	-
-	-	-	3	(5)	(8)	(1)	3	(10)	(8)	(22)	3	9	(28)	-	(24)	3	26	21
-	5	-	-	(2)	2	(7)	-	(2)	2	-	-	1	1	-	-	1	2	(1)
-	-	-	-	-	-	-	-	-	-	2	-	-	1	-	-	1	-	-
-	-	-	-	-	-	-	-	-	-	-	-	-	-	-	-	1	-	-
-	5	-	-	-	(2)	2	(7)	-	(2)	-	-	1	-	-	-	(1)	2	(1)
-	-	-	-	-	-	-	-	-	-	-	-	-	-	-	1	3	1	-
-	-	-	-	-	-	-	-	-	-	-	-	-	-	-	1	2	1	-
-	-	-	-	-	-	-	-	-	-	-	-	-	-	-	-	1	-	-
-	(2)	6	1	3	(3)	-	-	2	-	(9)	20	(11)	21	6	2	6	-	22
-	-	-	-	-	-	-	-	-	-	-	1	(4)	-	2	1	5	-	-
-	-	-	-	-	-	-	-	2	-	1	12	-	4	6	5	3	1	11
-	(2)	6	1	3	(3)	-	-	-	-	(10)	7	(7)	17	(2)	(4)	(2)	(1)	11
1	-	-	(70)	(9)	2	8	-	13	15	32	18	25	29	16	47	49	6	49
-	-	-	-	1	-	5	5	4	2	7	(1)	3	(3)	2	2	(1)	2	1
-	-	-	-	-	3	9	6	6	12	25	14	21	29	14	37	45	5	29
1	-	-	(70)	(10)	(1)	(6)	(11)	3	1	-	5	1	3	-	8	5	(1)	19
-	-	1	(1)	1	(1)	1	(1)	1	1	-	-	-	-	-	-	-	-	-
-	-	-	-	-	-	-	-	-	-	-	-	-	-	-	-	-	-	-
-	-	1	(1)	1	(1)	1	(1)	1	1	-	-	-	-	-	-	-	-	-
1	-	-	8	-	-	-	-	-	-	-	-	-	-	-	-	-	-	-
-	-	-	-	-	-	-	-	-	-	-	-	-	-	-	-	-	-	-
-	-	-	-	-	-	-	-	-	-	-	-	-	-	-	-	-	-	-
1	-	-	8	-	-	-	-	-	-	-	-	-	-	-	-	-	-	-

AIRCRAFT AND EQUIPMENT

When the Army Air Forces began its unprecedented expansion from peace-time to war-time strength, two problems of materiel management became most critical: the determination of advance requirements and the affective distribution of equipment on hand. Requirements for aircraft, for spare parts and for expendable supplies had to be gauged for long periods ahead because the production cycle was as long as two years for some items. It was also necessary to make new calculations of the useful life and required replacement rates of aircraft and equipment under combat conditions abroad and under intensified training operations in the United States. In order to study requirements and to make the necessary forward estimates, it was mandatory that a reporting system be developed to provide current, continuous data on aircraft and equipment on hand and on inventory gains and losses.

The problem of effective distribution of equipment on hand could be solved only through a similar reporting system. The Army Air Forces was initially short of airplanes - bombers, fighters, transports and trainers - and had to be certain that every plane produced was put to use as quickly as possible and in the most profitable place and manner. Close accounting was required to provide the degree of control that had to be attained.

The completed aircraft, as the instrument of air power, was brought under the closest possible control with a detailed reporting system. In the United States, every organization with Army Air Forces aircraft submitted a daily inventory report (the AAF Form 110) by teletype, giving the number of aircraft on hand for each type, model, and series, the number in and out of commission and flying hours. Gains and losses of aircraft were reported on this form by serial number, with the designation of the organization from which the aircraft were gained or to which they were lost. These daily reports were passed through each echelon of command to Headquarters, Army Air Forces, in Washington, thus providing each command headquarters with the information it needed to control aircraft assignment within subordinate commands or units.

Reporting from overseas theaters was more difficult to organize than reporting in Continental US because of the nature of combat operations and less adequate communications systems. Aircraft loss statistics in preliminary form were reported by cable from the theaters. These preliminary reports were supported (and corrected, as was frequently necessary) by monthly air mail summaries which gave the "firm" inventory figures and the aircraft losses by serial number.

In establishing effective materiel controls, it was recognized early that some component parts of the aircraft, and some types of supply, were very nearly as critical as the complete aircraft itself. Engines and propellers were two items for which specific, detailed reports were set up on a continuing basis. High octane aviation gasoline became a highly critical item and was the subject of several special and periodic reports both in the United States and overseas. Gasoline stocks and consumption rates per aircraft per hour were watched closely through the medium of standard statistical reports.

Not all of the hundreds of thousands of items of equipment and supply used by the Army Air Forces could be covered by the type of report used in controlling the assignment and use of aircraft, engines, gasoline and a limited number of other major equipment assemblies and supply items. For the mass of supply items, a machine tabulation stock balance ledger system was organized in Headquarters, Air Technical Service Command. This system covered only the United States. Like and related items were grouped in "classes" and reported monthly. Because of the great number of items, it was necessary to stagger the complete report over the month, different "classes" of items being reported on different days. There were over 600,000 separate items in the inventory, and the vast amount of paper work involved in tabulating bin cards, filling in inventory transmission sheets, then transcribing the information on punch cards and tabulating a complete record, made this one of the most difficult reporting problems handled by the Army Air Forces.

In addition to the data on major items of equipment and supply and the stock balance ledger summary, a few tables have been included in this section as representative of special information used for control purposes within the Air Technical Service Command. These include data on the repair and overhaul of aircraft engines, storage, movements of materiel and overseas shipments, all of which are important functions of ATSC. Standardized reports have been important aids in providing the required control over these activities.

Table 74 — FACTORY ACCEPTANCES OF ALL MILITARY AIRPLANES, BY TYPE OF AIRPLANE: JAN 1940 TO AUG 1945

(Includes experimental airplanes and US financed Canadian production.)

Year or Month	Total	VH Bombers	Heavy Bombers	Medium Bombers	Light Bombers	Fighters	Reconnaissance	Transports	Trainers	Communications
Grand Total..	299,230	3,764	31,890	22,110	40,646	100,554	3,981	24,059	58,568	13,658
Annually										
1940...........	6,028	-	61	95	1,038	1,689	123	290	2,731	1
1941...........	19,445	1	318	865	2,935	4,421	727	532	9,376	270
1942...........	47,675	3	2,615	4,122	5,894	10,780	1,468	1,985	17,632	3,176
1943...........	85,433	92	9,524	7,624	12,122	24,005	734	7,013	19,942	4,377
1944...........	95,272	1,161	15,173	6,782	11,892	38,895	261	9,834	7,578	3,696
1945 (Jan-Aug)	45,377	2,507	4,199	2,622	6,765	20,764	668	4,405	1,309	2,138
Monthly										
1940 Jan......	255	-	6	5	103	28	35	12	66	-
Feb......	258	-	4	14	72	51	9	17	91	-
Mar......	296	-	5	7	59	91	3	22	109	-
Apr......	402	-	-	1	74	97	3	26	201	-
May......	450	-	-	3	100	106	5	28	208	-
Jun......	553	-	-	8	107	150	5	21	262	-
Jul......	576	-	2	13	103	176	4	25	253	-
Aug......	543	-	9	8	83	156	9	26	252	-
Sep......	548	-	7	7	35	163	21	26	288	1
Oct......	626	-	15	3	52	196	16	33	311	-
Nov......	683	-	6	8	105	211	13	40	300	-
Dec......	838	-	7	18	145	264	-	14	390	-
1941 Jan......	1,013	-	1	23	145	258	27	28	531	-
Feb......	982	-	13	34	198	204	27	41	463	2
Mar......	1,133	-	10	38	231	222	25	22	576	9
Apr......	1,386	-	27	71	249	289	14	25	696	15
May......	1,341	-	13	72	229	252	25	31	711	8
Jun......	1,480	-	10	100	254	224	68	28	779	17
Jul......	1,459	-	2	80	266	202	34	31	822	22
Aug......	1,851	-	19	101	234	441	86	60	880	30
Sep......	1,926	-	32	80	281	472	100	50	865	46
Oct......	2,282	-	42	82	295	571	101	62	1,119	10
Nov......	2,128	1	55	36	237	588	98	53	975	85
Dec......	2,464	-	94	148	316	698	122	101	959	26
1942 Jan......	2,971	-	86	89	323	757	185	104	1,334	93
Feb......	3,078	-	134	158	325	755	115	117	1,156	318
Mar......	3,468	-	156	316	307	756	136	109	1,355	333
Apr......	3,497	-	171	284	266	747	106	152	1,413	358
May......	3,913	-	178	323	520	773	94	114	1,617	294
Jun......	3,703	-	197	380	430	934	127	130	1,234	271
Jul......	4,097	-	213	398	440	1,010	130	247	1,345	314
Aug......	4,276	-	234	407	505	874	184	165	1,617	290
Sep......	4,303	-	263	449	599	912	118	202	1,578	182
Oct......	4,065	-	288	334	700	895	83	163	1,382	220
Nov......	4,815	-	304	448	720	1,143	110	242	1,606	242
Dec......	5,489	3	391	536	759	1,224	80	240	1,995	261
1943 Jan......	5,013	-	355	439	649	1,055	74	368	1,769	304
Feb......	5,452	-	473	534	781	1,184	43	321	1,851	265
Mar......	6,203	-	543	619	724	1,470	113	564	1,824	346
Apr......	6,404	-	642	649	749	1,672	45	589	1,861	197
May......	7,015	-	722	707	1,129	1,614	42	566	1,816	419
Jun......	7,061	-	736	744	1,031	1,816	39	574	1,765	356
Jul......	7,329	7	823	656	966	2,083	26	639	1,728	401
Aug......	7,571	4	931	669	1,078	2,310	20	631	1,562	366
Sep......	7,575	15	962	547	1,241	2,175	121	655	1,541	318
Oct......	8,271	13	1,065	635	1,165	2,726	27	644	1,518	478
Nov......	8,758	18	1,083	697	1,372	3,002	47	678	1,395	466
Dec......	8,781	35	1,189	728	1,237	2,898	137	784	1,312	461
1944 Jan......	8,766	54	1,286	661	1,217	3,173	43	798	1,112	422
Feb......	8,735	57	1,340	695	1,175	3,229	-	884	974	381
Mar......	9,068	60	1,509	720	1,140	3,534	-	925	901	279
Apr......	8,286	51	1,366	635	1,050	3,315	4	838	775	252
May......	8,851	88	1,493	655	1,136	3,462	-	992	740	285
Jun......	7,912	82	1,468	584	989	3,202	-	909	363	315
Jul......	7,859	75	1,349	490	882	3,247	2	866	631	317
Aug......	7,791	94	1,260	462	958	3,374	6	814	505	318
Sep......	7,465	122	1,250	446	893	3,219	14	730	473	318
Oct......	7,322	125	1,074	465	849	3,308	29	727	430	315
Nov......	6,632	163	926	494	779	2,852	97	702	382	237
Dec......	6,585	190	852	475	824	2,980	66	649	292	257
1945 Jan......	6,420	221	818	535	823	2,811	102	644	252	214
Feb......	6,216	260	781	397	825	2,798	80	599	207	269
Mar......	6,968	291	826	425	1,002	3,227	104	613	176	304
Apr......	6,332	321	686	355	908	2,937	84	589	168	284
May......	6,274	350	531	329	958	2,927	92	617	184	286
Jun......	5,713	370	405	231	909	2,683	97	553	150	315
Jul......	4,635	375	114	209	792	2,115	79	522	110	319
Aug......	2,819	319	38	141	548	1,266	30	268	62	147

Source: Assistant Chief of Air Staff-4, Office of Plans and Policies.

Table 75 — FACTORY ACCEPTANCES OF ALL MILITARY AIRPLANES, BY PLANT AND BY TYPE AND MODEL OF AIRPLANE: 1940 TO 1945

(Includes experimental airplanes and US financed Canadian production. Army cognizance production is shown by model, Navy cognizance by type.)

Plant, Type and Model	Total	1940	1941	1942	1943	1944	1945 (Jan-Aug)
Aeronca: Middletown, Ohio - Total	2,439	-	29	829	1,276	305	-
Army - PT-19, PT-23	995	-	-	16	754	225	-
L-3	1,439	-	24	813	522	80	-
Others	5	-	5	-	-	-	-
Beech: Wichita, Kans - Total	7,430	49	255	1,924	2,610	1,979	613
Army - F-2	55	13	-	-	-	20	22
C-45	1,771	19	41	-	60	1,060	591
C-43 a/	419	7	23	71	157	161	-
AT-7, AT-10, AT-11	5,175	-	191	1,853	2,393	738	-
Others	10	10	-	-	-	-	-
Bell: Atlanta, Ga							
Army - B-29	652	-	-	-	4	201	447
Bell: Buffalo, NY - Total	12,942	24	928	1,973	4,979	3,552	1,486
Army - P-59	66	-	-	-	1	36	29
P-39	9,588	13	926	1,973	4,947	1,729	-
P-63	3,273	-	-	-	31	1,786	1,456
Others	14	11	1	-	-	1	1
Navy - Fighters	1	-	1	-	-	-	-
Bellanca: New Castle, Del - Total	42	-	3	-	-	39	-
Army - O-50	3	-	3	-	-	-	-
AT-21	39	-	-	-	-	39	-
Boeing: Renton, Wash - Total	1,000	-	-	-	-	139	861
Army - B-29	998	-	-	-	-	139	859
C-97	2	-	-	-	-	-	2
Boeing: Seattle, Wash - Total	7,340	61	345	1,447	2,341	2,837	309
Army - B-29	3	-	-	-	3	-	-
B-17	6,942	53	144	1,259	2,340	2,837	309
A-20	380	-	195	185	-	-	-
Others	14	8	6	-	-	-	-
Navy - Patrol Bombers	1	-	-	-	1	-	-
Boeing: Vancouver, Canada							
Navy - Patrol Bombers	290	-	-	-	75	203	12
Boeing: Wichita, Kans - Total	9,890	590	2,062	2,218	2,732	1,430	858
Army - B-29	1,595	-	-	-	87	722	786
PT-13, PT-17 b/	7,839	490	2,009	1,917	2,643	708	72
Others	456	100	53	301	2	-	-
Brewster: Johnsville, Pa - Total	1,997	160	311	188	704	634	-
Navy - Light Bombers	771	-	-	168	568	35	-
Fighters	1,226	160	311	20	136	599	-
Brewster: Long Island City, NY							
Army - A-32	2	-	-	-	-	-	2
Budd: Philadelphia, Pa							
Navy - Transports	17	-	-	-	-	17	-
Canadian Car: Fort William, Canada							
Navy - Light Bombers	832	-	-	-	29	497	306
Cessna: Wichita, Kans - Total	5,359	6	618	1,435	2,829	471	-
Army - C-87	-	-	-	-	-	-	-
C-78	3,206	-	-	187	2,548	471	-
AT-8	673	6	596	71	-	-	-
AT-17	1,480	-	22	1,177	281	-	-
Chance-Vought: Stratford, Conn - Total	7,896	59	632	820	1,780	2,673	1,932
Navy - Light Bombers	108	-	107	1	-	-	-
Reconnaissance	1,219	57	524	638	-	-	-
Fighters	6,564	1	-	178	1,780	2,673	1,932
Transports	5	1	1	3	-	-	-

a/ Includes 23 Navy transports in 1941 and 44 in 1942.
b/ Includes 114 Navy trainers in 1940 and 486 in 1941.

Table 75 — FACTORY ACCEPTANCES OF ALL MILITARY AIRPLANES, BY PLANT AND BY TYPE AND MODEL OF AIRPLANE: 1940 TO 1945 — Continued

Plant, Type and Model	Total	1940	1941	1942	1943	1944	1945 (Jan-Aug)
Columbia: Valley Stream, NY							
Navy - Transports.................	319	-	-	-	13	198	108
Consolidated Vultee: Allentown, Pa							
Navy - Light Bombers...............	174	-	-	-	-	2	172
Consolidated Vultee: Downey, Calif - Total..	11,687	232	1,913	4,207	4,050	1,283	2
Army - A-31........................	2	-	-	2	-	-	-
BT-13, BT-15.................	11,537	232	1,841	4,132	4,049	1,283	-
Others.......................	148	-	72	73	1	-	2
Consolidated Vultee: Fort Worth, Tex - Total	3,148	-	-	50	1,233	1,765	100
Army - B-24........................	2,743	-	-	9	1,123	1,611	-
B-32.........................	114	-	-	-	-	14	100
C-87.........................	291	-	-	41	110	140	-
Consolidated Vultee: Nashville, Tenn - Total	1,966	1	171	645	766	270	113
Army - A-31, A-35.................	1,529	-	-	493	766	270	-
P-38.........................	113	-	-	-	-	-	113
L-1, L-9.....................	324	1	171	152	-	-	-
Consolidated Vultee: New Orleans, La							
Navy - Patrol Bombers..............	221	-	-	-	-	51	170
Consolidated Vultee: San Diego, Calif - Total	9,630	30	569	1,891	3,098	2,958	1,084
Army - B-24........................	6,725	7	169	1,123	2,345	2,450	631
B-32.........................	4	-	-	-	-	2	2
Navy - Patrol Bombers..............	2,833	23	400	768	753	461	428
Transports...................	68	-	-	-	-	45	23
Consolidated Vultee: Wayne, Mich - Total....	4,104	6	-	20	1,346	1,629	1,103
Army - AT-19.......................	500	-	-	2	230	268	-
L-5..........................	3,590	-	-	10	1,116	1,361	1,103
Others.......................	14	6	-	8	-	-	-
Culver: Wichita, Kans							
Army - LCA, LFA....................	19	1	6	12	-	-	-
Curtiss-Wright: Buffalo, NY - Total........	17,575	1,295	2,523	4,513	4,885	3,236	1,123
Army - P-40........................	13,738	778	2,246	4,454	4,258	2,002	-
P-47.........................	354	-	-	6	271	77	-
C-46.........................	2,674	-	-	46	353	1,152	1,123
Others.......................	723	482	227	7	3	4	-
Navy - Light Bombers...............	85	35	50	-	-	-	-
Fighters.....................	1	-	-	-	-	1	-
Curtiss-Wright: Columbus, Ohio - Total......	6,343	1	-	357	1,062	2,999	1,924
Navy - Light Bombers...............	4,998	-	-	50	612	2,833	1,503
Reconnaissance...............	1,345	1	-	307	450	166	421
Curtiss-Wright: Louisville, Ky - Total......	458	-	-	-	10	175	273
Army - C-46........................	438	-	-	-	-	165	273
Others.......................	20	-	-	-	10	10	-
Curtiss-Wright: St. Louis, Mo - Total.......	2,261	61	234	997	623	316	30
Army - A-25........................	900	-	-	1	585	314	-
C-46.........................	29	-	-	-	-	2	27
AT-9.........................	791	-	45	713	33	-	-
Others.......................	36	27	1	-	5	-	3
Navy - Trainers....................	505	34	188	283	-	-	-
De Havilland: Toronto, Canada							
Army - PT-24.......................	200	-	5	195	-	-	-
Douglas: Chicago, Ill							
Army - C-54........................	629	-	-	-	9	227	393
Douglas: El Segundo, Calif - Total..........	5,414	122	335	964	2,985	985	23
Army - A-26........................	3	-	-	-	2	1	-
Navy - Light Bombers...............	5,400	111	335	964	2,983	984	23
Transports...................	11	11	-	-	-	-	-

Table 75 — FACTORY ACCEPTANCES OF ALL MILITARY AIRPLANES, BY PLANT AND BY TYPE AND MODEL OF AIRPLANE: 1940 TO 1945 — Continued

Plant, Type and Model	Total	1940	1941	1942	1943	1944	1945 (Jan-Aug)
Douglas: Long Beach, Calif - Total	9,439	-	1	1,860	2,930	3,203	1,445
Army - B-17	3,000	-	-	85	952	1,271	692
A-26	1,155	-	-	-	7	395	753
A-20	999	-	1	975	23	-	-
C-47	4,285	-	-	800	1,948	1,537	-
Douglas: Oklahoma City, Okla							
Army - C-47, C-117	5,319	-	-	-	465	3,363	1,491
Douglas: Santa Monica, Calif - Total	7,309	472	981	971	2,197	2,446	242
Army - A-20	6,006	297	815	625	1,952	2,317	-
P-70	60	-	-	60	-	-	-
C-54	460	-	-	26	63	129	242
DC-3 Type	719	115	165	257	182	-	-
Others	64	60	1	3	-	-	-
Douglas: Tulsa, Okla - Total	2,870	-	-	8	1,009	877	976
Army - B-24	964	-	-	8	394	562	-
A-26	1,291	-	-	-	-	315	976
A-24	615	-	-	-	615	-	-
Eastern: Linden, NJ							
Navy - Fighters	5,927	-	-	23	1,437	3,130	1,337
Eastern: Trenton, NJ							
Navy - Light Bombers	7,522	-	-	3	1,109	3,481	2,929
Engineering & Research: Riverdale, Md							
Army - O-55	1	-	1	-	-	-	-
Fairchild: Burlington, NC							
Army - AT-21	105	-	-	-	8	97	-
Fairchild: Hagerstown, Md - Total	5,975	267	964	1,878	2,062	802	2
Army - C-82	2	-	-	-	-	-	2
C-61 c/	1,012	14	147	400	400	400	-
PT-19, PT-23, PT-26	4,958	253	913	1,731	1,661	400	-
Others	3	-	-	-	1	2	-
Fairchild: Montreal, Canada							
Navy - Light Bombers	300	-	-	-	1	199	100
Fisher Body: Cleveland, Ohio							
Army - P-75	14	-	-	-	-	2	12
Fleet: Fort Erie, Canada							
Army - PT-23, PT-26	1,150	-	-	7	1,094	49	-
Fleetwings: Bristol, Pa							
Army - BT-12	25	-	1	1	23	-	-
Ford: Willow Run, Mich							
Army - B-24	6,792	-	-	24	1,291	3,991	1,486
G & A: Willow Grove, Pa							
Army - R-390	7	-	7	-	-	-	-
Globe: Fort Worth, Tex							
Army - AT-10	600	-	-	-	268	332	-
Goodyear: Akron, Ohio							
Navy - Fighters	3,940	-	-	-	377	2,108	1,455
Grumman: Bethpage, NY - Total	17,478	148	429	2,277	4,406	6,328	3,890
Navy - Light Bombers	2,292	-	1	646	1,645	-	-
Fighters	14,594	106	325	1,457	2,647	6,207	3,852
Transports	592	42	103	174	114	121	38
Higgins: New Orleans, La							
Army - C-46	2	-	-	-	-	2	-

c/ Includes 3 Navy transports in 1940.

Table 75 — FACTORY ACCEPTANCES OF ALL MILITARY AIRPLANES, BY PLANT AND BY TYPE AND MODEL OF AIRPLANE: 1940 TO 1945 — Continued

Plant, Type and Model	Total	1940	1941	1942	1943	1944	1945 (Jan-Aug)
Howard: Chicago, Ill - Total	832	-	6	30	617	179	-
Army - PT-23	349	-	-	3	344	2	-
Navy - Transports	278	-	6	26	69	177	-
Trainers	205	-	-	1	204	-	-
Interstate: El Segundo, Calif - Total	259	-	-	19	240	-	-
Army - L-6	251	-	-	11	240	-	-
L-8	8	-	-	8	-	-	-
Kellett: Philadelphia, Pa							
Army - O-60	7	-	-	-	5	1	1
Lockheed "A": Burbank, Calif - Total	5,693	-	25	981	2,072	1,661	954
Army - B-17	2,750	-	-	68	887	1,244	551
B-34	1,014	-	25	913	76	-	-
Navy - Patrol Bombers	1,929	-	-	-	1,109	417	403
Lockheed "B": Burbank, Calif - Total	13,385	386	1,424	2,542	3,164	4,196	1,673
Army - A-28, A-29	2,189	170	1,100	836	83	-	-
P-38	9,423	1	205	1,265	2,213	4,186	1,553
P-80	115	-	-	-	-	5	110
F-4, F-5	500	-	2	214	284	-	-
C-69	14	-	-	-	1	3	10
Lodestar Type	620	45	98	180	297	-	-
Others d/	524	170	19	47	286	2	-
Martin: Baltimore, Md - Total	6,883	238	548	1,344	2,294	1,926	533
Army - B-26	3,572	-	263	717	1,149	1,267	176
A-30	1,575	-	146	505	675	249	-
Others	464	227	128	-	109	-	-
Navy - Patrol Bombers	1,272	11	11	122	361	410	357
Martin: Omaha, Nebr - Total	2,100	-	-	86	1,216	383	415
Army - B-29	515	-	-	-	1	99	415
B-26	1,585	-	-	86	1,215	284	-
McDonnell: Memphis, Tenn							
Army - AT-21	30	-	-	-	-	30	-
McDonnell: St. Louis, Mo							
Army - P-67	1	-	-	-	-	-	1
Nash Kelvinator: Detroit, Mich							
Army - R-6	201	-	-	-	-	5	196
Naval Aircraft: Philadelphia, Pa - Total	1,302	228	612	307	39	97	19
Navy - Patrol Bombers	155	-	-	-	39	97	19
Light Bombers	30	1	22	7	-	-	-
Reconnaissance	300	-	-	300	-	-	-
Trainers	817	227	590	-	-	-	-
Noorduyn: Montreal, Canada - Total	2,252	-	6	441	1,223	500	82
Army - C-64	752	-	6	1	209	454	82
AT-16	1,500	-	-	440	1,014	46	-
North American: Dallas, Tex - Total	18,784	-	711	3,697	4,262	6,817	3,297
Army - B-24	966	-	-	-	61	905	-
P-51	4,552	-	-	-	177	2,540	1,835
F-6	299	-	-	-	-	74	225
AT-6	12,967	-	711	3,697	4,024	3,298	1,237
North American: Inglewood, Calif - Total	16,447	1,245	1,843	1,904	3,145	5,033	3,277
Army - B-25	3,208	-	171	1,119	1,253	665	-
A-36	500	-	-	142	358	-	-
P-51	9,949	-	138	634	1,533	4,368	3,276
AT-6 e/	2,163	631	1,524	8	-	-	-
Others	627	614	10	1	1	-	1
North American: Kansas City, Kans							
Army - B-25	6,608	-	-	435	1,701	3,012	1,460

d/ Includes 1 Navy transport in 1941.
e/ Includes 36 Navy trainers in 1940.

Table 75 — FACTORY ACCEPTANCES OF ALL MILITARY AIRPLANES, BY PLANT AND BY TYPE AND MODEL OF AIRPLANE: 1940 TO 1945 — Continued

Plant, Type and Model	Total	1940	1941	1942	1943	1944	1945 (Jan-Aug)
Northrop: Hawthorne, Calif - Total	1,107	-	24	291	144	449	199
Army - A-31	400	-	-	291	109	-	-
P-61	682	-	-	-	34	449	199
Others	1	-	-	-	1	-	-
Navy - Light Bombers	24	-	24	-	-	-	-
Piper: Lockhaven, Pa - Total	5,941	-	44	1,855	1,319	1,904	819
Army - L-4, L-14	5,611	-	44	1,595	1,249	1,904	819
Navy - Trainers	230	-	-	230	-	-	-
Liaison	100	-	-	30	70	-	-
Platt-Le Page: Eddystone, Pa							
Army - R-1	2	-	-	-	-	-	2
Rearwin: Kansas City, Kans							
Army - 8125	25	25	-	-	-	-	-
Republic: Evansville, Ind							
Army - P-47	6,225	-	-	10	1,131	3,087	1,997
Republic: Farmingdale, NY - Total	9,438	153	170	626	3,026	3,901	1,562
Army - P-43	272	2	160	110	-	-	-
P-47	9,006	-	1	516	3,026	3,901	1,562
Others	160	151	9	-	-	-	-
Ryan: San Diego, Calif - Total	1,485	152	607	679	5	3	39
Army - PT-20, PT-21, PT-25	392	149	238	-	5	-	-
PT-22	1,048	-	369	679	-	-	-
Others	3	3	-	-	-	-	-
Navy - Fighters	42	-	-	-	-	3	39
St. Louis: St. Louis, Mo - Total	363	13	-	1	288	61	-
Army - PT-19, PT-23	350	-	-	1	288	61	-
Others	13	13	-	-	-	-	-
Sikorsky: Stratford, Conn - Total	151	-	-	1	14	119	17
Army - R-4	130	-	-	1	14	115	-
R-5	16	-	-	-	-	1	15
R-6	5	-	-	-	-	3	2
Spartan: Tulsa, Okla							
Navy - Trainers	201	-	76	125	-	-	-
Taylorcraft: Alliance, Ohio							
Army - L-2	1,940	-	24	529	1,161	226	-
Timm: Van Nuys, Calif							
Navy - Trainers	262	-	-	15	247	-	-
Universal: Bristol, Va							
Army - L-7	19	-	-	19	-	-	-
Vickers: Montreal, Canada							
Navy - Patrol Bombers	230	-	-	-	4	201	25
Waco: Troy, Ohio - Total	6	3	2	1	-	-	-
Army - PT-14	2	-	1	1	-	-	-
Others	4	3	1	-	-	-	-

Source: Assistant Chief of Air Staff-4, Office of Plans and Policies.

Table 76 — FACTORY ACCEPTANCES OF ARMY COGNIZANCE AIRPLANES, BY TYPE AND MODEL OF AIRPLANE: JUN 1940 TO AUG 1945

(Includes experimental airplanes and US financed Canadian production.)

Type and Model	Grand Total	1940	1941	1942	1943	1944	1945 (Jan-Aug)
Total	230,287	5,054	15,860	41,092	68,600	69,956	29,725
Combat Airplanes	138,319	2,500	7,156	19,230	37,985	49,406	22,042
Very Heavy Bombers - Total	3,764	-	1	3	92	1,161	2,507
B-19	1	-	1	-	-	-	-
B-29	3,763	-	-	3	92	1,161	2,507
Heavy Bombers - Total	31,000	60	313	2,576	9,393	14,887	3,771
B-17	12,692	53	144	1,412	4,179	5,352	1,552
B-24	18,190	7	169	1,164	5,214	9,519	2,117
B-32	118	-	-	-	-	16	102
Medium Bombers - Total	16,069	62	459	3,271	5,413	5,228	1,636
B-25	9,816	-	171	1,554	2,954	3,677	1,460
B-26	5,157	-	263	803	2,364	1,551	176
Others	1,096	62	25	914	95	-	-
Light Bombers - Total	18,110	891	2,396	4,055	5,175	3,861	1,732
A-20	7,385	297	1,011	1,785	1,975	2,317	-
A-24	615	-	-	-	615	-	-
A-25	900	-	-	1	585	314	-
A-26	2,449	-	-	-	9	711	1,729
A-28, A-29	2,189	170	1,100	836	83	-	-
A-30	1,575	-	146	505	675	249	-
A-31, A-35	1,931	-	-	786	875	270	-
A-36	500	-	-	142	358	-	-
Others	566	424	139	-	-	-	3
Fighters - Total	68,259	1,422	3,784	9,102	17,628	24,174	12,149
P-38	9,536	1	205	1,265	2,213	4,186	1,666
P-39	9,588	13	926	1,973	4,947	1,729	-
P-40	13,738	778	2,246	4,454	4,258	2,002	-
P-47	15,585	-	1	532	4,428	7,065	3,559
P-51	14,501	-	138	634	1,710	6,908	5,111
P-59	66	-	-	-	1	36	29
P-61	682	-	-	-	34	449	199
P-63	3,273	-	-	-	31	1,786	1,456
P-70	60	-	-	60	-	-	-
P-80	115	-	-	-	-	5	110
Others	1,115	630	268	184	6	8	19
Reconnaissance - Total	1,117	65	203	223	284	95	247
F-2	55	13	-	-	-	20	22
F-4, F-5	500	-	2	214	284	-	-
F-6	299	-	-	-	-	74	225
Others	263	52	201	9	-	1	-
Transports - Total	22,698	233	398	1,738	6,817	9,276	4,236
C-43	352	7	-	27	157	161	-
C-45	1,771	19	41	-	60	1,060	591
C-46	3,144	-	1	46	353	1,321	1,423
C-54	1,089	-	-	26	72	356	635
C-61	1,009	11	51	147	400	400	-
C-64	752	-	6	1	209	454	82
C-69	14	-	-	-	1	3	10
C-78	3,206	-	-	187	2,548	471	-
C-87	291	-	-	41	110	140	-
DC-3 type	10,323	115	165	1,057	2,595	4,900	1,491
Lodestar type	620	45	98	180	297	-	-
Others	127	36	36	26	15	10	4
Trainers - Total	55,712	2,320	8,036	16,978	19,491	7,578	1,309
AT-6	15,094	595	2,235	3,705	4,024	3,298	1,237
AT-7, AT-10, AT-11	5,775	-	191	1,853	2,661	1,070	-
AT-8, AT-17	2,153	6	618	1,248	281	-	-
BT-13, BT-15	11,537	232	1,841	4,132	4,049	1,283	-
PT-13, PT-17, PT-27	7,539	376	1,523	2,217	2,643	708	72
PT-19, PT-23, PT-26	7,802	253	913	1,758	4,141	737	-
Others	5,812	858	715	2,065	1,692	482	-
Communications - Total	13,558	1	270	3,146	4,307	3,696	2,138
L-1	324	1	171	152	-	-	-
L-2	1,940	-	24	529	1,161	226	-
L-3	1,439	-	24	813	522	80	-
L-4, L-14	5,611	-	44	1,595	1,249	1,904	819
L-5	3,590	-	-	10	1,116	1,361	1,103
R-4, R-5	146	-	-	1	14	116	15
R-6	206	-	-	-	-	8	198
Others	302	-	7	46	245	1	3

Table 76.—FACTORY ACCEPTANCES OF ARMY COGNIZANCE AIRPLANES, BY TYPE AND MODEL OF AIRPLANE: JUN 1940 TO AUG 1945 — Continued

Type and Model	1940											
	Jan	Feb	Mar	Apr	May	Jun	Jul	Aug	Sep	Oct	Nov	Dec
Total	202	225	274	346	395	483	533	489	448	503	538	618
Combat Airplanes	152	135	149	148	200	243	284	218	165	205	262	339
Heavy Bombers - Total	6	4	5	-	-	-	2	9	7	15	6	6
B-17	6	4	5	-	-	-	2	8	7	15	6	-
B-24	-	-	-	-	-	-	-	1	-	-	-	6
Medium Bombers - Total	5	14	7	1	3	8	12	8	4	-	-	-
B-10	-	1	1	-	-	-	-	-	-	-	-	-
B-18	5	12	6	-	-	-	-	-	-	-	-	-
B-23	-	1	-	1	3	8	12	8	4	-	-	-
Light Bombers - Total	103	72	43	48	96	103	101	78	20	36	63	128
A-20	19	28	24	7	30	47	44	38	1	-	25	34
A-27	-	-	-	-	-	-	1	16	9	5	-	-
A-28, A-29	-	-	-	-	-	-	-	19	10	31	38	72
B-14	31	21	18	24	21	23	21	5	-	-	-	-
167	51	21	1	17	45	33	35	-	-	-	-	22
212	2	2	-	-	-	-	-	-	-	-	-	-
Fighters - Total	4	37	91	96	98	128	165	123	128	154	193	205
P-35	4	8	12	13	11	-	15	5	11	9	5	9
P-36	-	29	77	83	76	95	91	14	-	-	-	16
P-38	-	-	-	-	-	-	-	-	1	-	-	-
P-39	-	-	-	-	-	-	-	-	1	2	-	10
P-40	-	-	-	-	11	25	56	104	114	135	168	165
P-43	-	-	-	-	-	-	-	-	1	-	-	1
FM	-	-	2	-	-	5	2	-	-	2	-	-
Others	-	-	-	-	-	3	1	-	-	6	20	4
Reconnaissance - Total	34	8	3	3	3	4	4	-	6	-	-	-
F-2	-	-	2	3	3	4	1	-	-	-	-	-
O-47	34	8	1	-	-	-	-	-	-	-	-	-
Others	-	-	-	-	-	-	3	-	6	-	-	-
Transports - Total	8	9	16	15	24	17	19	26	23	32	36	8
C-40	-	-	-	-	-	-	-	1	1	-	-	-
C-43	2	-	3	1	-	-	-	-	1	-	-	-
C-45	-	-	1	-	4	3	5	1	-	1	2	2
C-61	-	-	-	-	-	-	-	5	-	6	-	-
S-307	-	-	2	-	4	1	1	-	-	-	-	-
DC-3 type	6	9	10	12	15	13	10	5	10	10	13	2
Lodestar type	-	-	-	2	1	-	3	14	3	7	12	3
Others	-	-	-	-	-	-	-	-	8	8	9	1
Trainers - Total	42	81	109	183	171	223	230	245	259	266	240	271
AT-6	32	45	27	45	25	12	27	26	45	70	62	179
AT-8	-	-	-	-	-	-	-	-	-	-	-	6
AT-12	-	-	-	1	-	3	8	8	7	5	7	8
AT-18	1	-	-	-	-	-	-	-	-	3	5	1
BT-13	-	-	1	-	-	16	10	29	44	40	67	25
BT-14	2	10	24	35	44	53	46	26	10	1	-	-
PT-13, PT-17	-	6	5	23	34	37	60	74	49	44	37	7
PT-19	-	-	-	1	9	16	27	29	47	49	42	33
PT-20	5	6	16	23	16	9	4	15	16	9	18	12
Others	2	14	36	55	43	77	48	38	41	45	2	-
Communications												
L-1	-	-	-	-	-	-	-	-	1	-	-	-

Table 76—FACTORY ACCEPTANCES OF ARMY COGNIZANCE AIRPLANES, BY TYPE AND MODEL OF AIRPLANE: JUN 1940 TO AUG 1945 — Continued

Type and Model	1941											
	Jan	Feb	Mar	Apr	May	Jun	Jul	Aug	Sep	Oct	Nov	Dec
Total..................	671	757	843	1,060	1,040	1,139	1,169	1,539	1,652	1,957	1,880	2,153
Combat Airplanes..........	300	327	352	440	390	458	439	688	787	908	889	1,178
Very Heavy Bombers												
B-19..................	-	-	-	-	-	-	-	-	-	-	1	-
Heavy Bombers - Total....	-	13	10	27	12	9	1	19	32	42	55	93
B-17..................	-	13	8	21	-	-	-	-	5	12	25	60
B-24..................	-	-	2	6	12	9	1	19	27	30	30	33
Medium Bombers - Total...	31	108	266	222	261	316	330	349	359	242	361	426
B-25..................	18	55	151	128	89	129	152	123	183	96	174	256
B-26..................	1	17	49	9	70	82	75	119	95	44	135	107
B-34..................	12	36	66	85	102	105	103	107	81	101	52	63
Others................	-	-	-	-	-	-	-	-	-	1	-	-
Light Bombers - Total....	116	146	162	184	172	177	208	195	269	251	220	296
A-20..................	43	42	38	72	44	64	87	105	119	146	98	153
A-27..................	-	10	-	-	-	-	-	-	-	-	-	-
A-28, A-29............	29	52	85	109	128	111	121	81	135	70	90	89
A-30..................	-	-	-	-	-	1	-	9	15	35	32	54
167...................	44	42	39	3	-	-	-	-	-	-	-	-
V-12..................	-	-	-	-	-	1	-	-	-	-	-	-
Fighters - Total........	184	159	161	196	172	178	169	386	413	542	564	660
P-35..................	6	-	-	-	-	-	-	-	-	-	-	-
P-36..................	20	-	9	1	-	-	-	-	-	-	-	-
P-38..................	1	-	2	4	4	4	23	26	12	3	74	52
P-39..................	3	6	11	1	15	37	50	158	128	198	128	191
P-40..................	153	153	133	186	146	125	81	179	254	270	281	285
P-43..................	1	-	6	4	6	12	15	21	13	33	23	26
P-47..................	-	-	-	-	-	-	-	-	-	-	-	1
P-51..................	-	-	-	-	-	-	-	2	6	25	37	68
FM....................	-	-	-	-	1	-	-	-	-	-	-	-
Others................	-	-	-	-	-	-	-	-	-	13	21	37
Reconnaissance - Total...	-	-	1	2	-	33	21	31	35	31	28	21
F-4...................	-	-	-	-	-	-	-	-	-	-	-	2
O-52..................	-	-	-	-	-	32	21	31	35	31	28	19
Others................	-	-	1	2	-	1	-	-	-	-	-	-
Transports - Total........	24	39	21	24	31	26	27	46	44	32	23	60
C-40..................	-	-	-	4	-	-	-	-	-	3	-	3
C-45..................	-	-	1	2	3	4	5	16	10	-	-	-
C-55(C-46)............	-	-	-	-	-	1	-	-	-	-	-	-
C-61..................	-	-	-	-	-	-	1	2	6	9	8	25
C-64..................	-	-	-	-	-	-	-	-	-	1	3	2
A-314.................	-	-	1	1	1	1	2	-	-	-	-	-
DC-3 type.............	12	21	12	10	15	11	12	9	16	19	11	17
Lodestar type.........	10	17	7	6	8	7	5	18	17	-	1	12
Others................	2	1	-	1	4	3	2	1	5	-	-	1
Trainers - Total..........	347	389	461	581	611	637	681	775	775	1,007	883	889
AT-6..................	144	212	168	188	237	177	130	213	136	228	184	218
AT-7, AT-10, AT-11....	-	2	7	14	15	16	10	2	26	38	39	22
AT-8, AT-17...........	5	16	25	32	40	47	68	61	89	94	68	73
AT-12.................	3	-	-	-	-	-	-	-	-	-	-	-
BT-13, BT-15..........	69	15	84	125	136	154	198	192	215	257	233	163
PT-13, PT-17..........	28	52	117	160	140	142	89	160	191	186	151	107
PT-19, PT-23..........	29	72	58	62	42	76	87	69	81	116	92	129
PT-20.................	18	20	-	-	-	-	-	-	-	-	-	-
Others................	51	-	2	-	1	25	99	78	37	88	116	177
Communications - Total....	-	2	9	15	8	17	22	30	46	10	85	26
L-1...................	-	2	9	15	8	17	22	30	27	10	5	26
L-2...................	-	-	-	-	-	-	-	-	4	-	20	-
L-3...................	-	-	-	-	-	-	-	-	4	-	20	-
L-4...................	-	-	-	-	-	-	-	-	4	-	40	-
PA-39.................	-	-	-	-	-	-	-	-	7	-	-	-

Table 76 — FACTORY ACCEPTANCES OF ARMY COGNIZANCE AIRPLANES, BY TYPE AND MODEL OF AIRPLANE: JUN 1940 TO AUG 1945 — Continued

Type and Model	1942											
	Jan	Feb	Mar	Apr	May	Jun	Jul	Aug	Sep	Oct	Nov	Dec
Total................	2,600	2,765	3,124	2,994	3,362	3,215	3,539	3,670	3,702	3,414	4,008	4,699
Combat Airplanes........	1,212	1,246	1,372	1,222	1,529	1,639	1,738	1,657	1,772	1,661	1,967	2,215
Very Heavy Bombers												
B-29...............	-	-	-	-	-	-	-	-	-	-	-	3
Heavy Bombers - Total.	86	134	156	171	178	196	210	231	255	281	298	380
B-17................	74	75	85	90	90	99	107	121	137	150	163	221
B-24................	12	59	71	81	88	97	103	110	118	131	135	159
Medium Bombers - Total	31	108	266	222	261	316	330	349	359	242	361	426
B-25................	18	55	151	128	89	129	152	123	183	96	174	256
B-26................	1	17	49	9	70	82	75	119	95	44	135	107
B-34................	12	36	66	85	102	105	103	107	81	101	52	63
Others..............	-	-	-	-	-	-	-	-	-	1	-	-
Light Bombers - Total.	321	316	265	186	424	305	290	327	387	438	398	398
A-20................	186	152	124	21	218	98	71	163	233	165	189	165
A-25................	-	-	-	-	-	-	-	-	-	-	-	1
A-28, A-29..........	86	112	92	88	88	76	87	63	46	54	40	4
A-30................	42	46	39	50	44	33	-	9	71	60	60	51
A-31, A-35..........	7	6	10	27	74	98	132	92	37	128	99	76
A-36................	-	-	-	-	-	-	-	-	-	31	10	101
Fighters - Total......	684	674	665	640	666	802	908	730	771	700	890	972
P-38................	32	113	80	100	100	85	170	60	132	145	124	124
P-39................	179	113	141	53	86	227	185	188	93	129	277	302
P-40................	317	295	348	396	386	347	421	390	417	360	373	404
P-43................	38	46	25	1	-	-	-	-	-	-	-	-
P-47................	-	-	5	1	10	26	38	61	67	66	116	142
P-51................	84	84	52	86	84	84	76	24	60	-	-	-
P-70................	-	-	-	1	-	33	17	7	2	-	-	-
Others..............	34	23	14	2	-	-	1	-	-	-	-	-
Reconnaissance - Total	90	14	20	3	-	20	-	20	-	-	20	36
F-4, F-5............	84	14	20	-	-	20	-	20	-	-	20	36
O-52................	6	-	-	-	-	-	-	-	-	-	-	-
Others..............	-	-	-	3	-	-	-	-	-	-	-	-
Transports - Total......	35	55	73	124	90	91	184	150	184	152	213	200
C-40................	4	6	4	-	-	-	-	-	-	-	-	-
C-43................	-	-	-	-	-	-	-	-	-	-	10	17
C-46................	-	-	-	-	-	1	4	7	10	8	1	15
C-54................	-	-	1	1	3	3	1	5	5	5	-	2
C-61................	23	11	14	18	10	27	28	-	-	1	-	15
C-64................	-	-	1	-	-	-	-	-	-	-	-	-
C-78................	-	-	-	-	-	-	6	6	56	35	71	13
C-87................	-	-	-	-	-	-	-	-	9	8	13	11
DC-3 type...........	29	47	57	110	86	70	157	112	89	65	104	131
Lodestar type.......	2	2	11	13	1	17	16	20	15	31	24	28
Others..............	4	-	8	-	-	-	-	-	-	-	-	-
Trainers - Total........	1,233	1,135	1,323	1,272	1,439	1,187	1,275	1,573	1,564	1,380	1,606	1,991
AT-6................	240	175	212	250	255	254	311	335	461	371	391	450
AT-7, AT-10, AT-11..	47	72	53	105	132	116	141	243	265	126	233	320
AT-8, AT-17.........	95	98	137	73	129	92	111	94	32	59	113	215
AT-16...............	-	-	-	-	21	48	47	72	81	68	63	40
AT-19...............	-	-	-	-	-	-	-	-	-	-	1	1
BT-13, BT-15........	327	351	325	338	325	306	316	403	369	349	322	401
PT-17, PT-27........	122	122	189	191	195	171	171	180	145	206	250	275
PT-19, PT-23, PT-26.	112	115	120	131	125	126	150	191	165	127	194	202
Others..............	290	202	287	184	257	74	28	55	46	74	39	87
Communications - Total..	93	318	333	358	294	271	314	290	182	220	212	261
L-1.................	93	56	3	-	-	-	-	-	-	-	-	-
L-2.................	-	47	73	91	95	70	50	57	18	-	1	27
L-3.................	-	5	78	84	114	61	135	80	36	74	60	86
L-4.................	-	210	179	183	85	139	128	153	128	118	139	133
L-5.................	-	-	-	-	-	-	-	-	-	-	3	7
R-4.................	-	-	-	-	-	1	-	-	-	-	-	-
Others..............	-	-	-	-	-	-	1	-	-	28	9	8

Table 76 — FACTORY ACCEPTANCES OF ARMY COGNIZANCE AIRPLANES, BY TYPE AND MODEL OF AIRPLANE: JUN 1940 TO AUG 1945 — Continued

Type and Model	1943											
	Jan	Feb	Mar	Apr	May	Jun	Jul	Aug	Sep	Oct	Nov	Dec
Total................	4,514	4,643	5,229	5,345	5,587	5,594	5,917	6,003	5,831	6,526	6,675	6,736
Combat Airplanes........	2,088	2,231	2,551	2,746	2,842	2,980	3,198	3,527	3,383	3,962	4,238	4,239
Very Heavy Bombers												
B-29..................	-	-	-	-	-	-	7	4	15	13	18	35
Heavy Bombers - Total.	339	461	529	627	705	736	820	913	944	1,048	1,083	1,188
B-17..................	199	259	286	327	345	333	379	383	386	406	426	450
B-24..................	140	202	243	300	360	403	441	530	558	642	657	738
Medium Bombers - Total	384	369	431	478	501	535	451	467	377	433	490	497
B-25..................	214	229	235	259	271	290	266	221	182	250	260	277
B-26..................	93	138	190	210	230	245	185	245	195	183	230	220
B-34..................	76	-	-	-	-	-	-	-	-	-	-	-
Others................	1	2	6	9	-	-	-	1	-	-	-	-
Light Bombers - Total.	375	381	299	318	431	363	341	459	508	527	574	599
A-20..................	95	108	120	145	195	191	100	186	190	185	210	250
A-24..................	-	-	1	8	19	35	65	75	103	81	114	114
A-25..................	1	4	5	12	25	31	36	68	73	120	109	101
A-26..................	-	-	-	-	-	1	-	-	2	1	1	4
A-28, A-29............	-	-	-	7	76	-	-	-	-	-	-	-
A-30..................	60	55	60	60	60	30	60	50	60	60	60	60
A-31, A-35............	39	56	93	86	56	75	80	80	80	80	80	70
A-36..................	180	158	20	-	-	-	-	-	-	-	-	-
Fighters - Total......	966	1,020	1,232	1,323	1,205	1,346	1,579	1,684	1,450	1,940	2,073	1,810
P-38..................	151	168	133	122	84	180	264	102	66	350	387	206
P-39..................	330	385	472	511	312	439	503	501	280	420	403	391
P-40..................	315	314	324	325	380	400	337	463	400	378	422	200
P-47..................	170	151	232	244	307	307	382	434	496	496	549	660
P-49..................	-	-	-	-	-	-	1	-	-	-	-	-
P-51..................	-	-	70	121	121	20	91	175	201	284	295	332
P-59..................	-	-	-	-	-	-	-	1	-	-	-	-
P-61..................	-	-	-	-	-	-	1	8	6	3	6	10
P-63..................	-	-	1	-	1	-	-	-	1	7	10	11
Others................	-	2	-	-	-	-	-	-	-	2	1	-
Reconnaissance												
F-5...................	24	-	60	-	-	-	-	-	89	1	-	110
Transports - Total....	359	315	555	581	557	565	628	621	644	619	643	730
C-43..................	6	10	20	15	25	16	11	14	9	16	4	11
C-45..................	2	-	-	1	1	-	3	2	-	3	16	32
C-46..................	24	14	23	26	25	34	34	34	38	14	58	29
C-54..................	4	4	4	5	6	4	5	6	8	7	8	11
C-61..................	27	30	35	31	31	31	31	32	32	40	40	40
C-64..................	3	7	9	6	19	11	16	23	27	22	28	38
C-69..................	-	-	-	-	-	-	1	-	-	-	-	-
C-76..................	-	1	-	-	-	-	-	-	9	3	2	-
C-78..................	126	68	250	250	200	200	238	250	250	250	216	250
C-87..................	10	11	8	10	6	11	11	11	11	9	5	7
DC-3 type.............	130	136	193	195	208	227	238	223	241	242	257	305
Lodestar type.........	27	34	13	42	36	31	40	26	19	13	9	7
Trainers - Total......	1,766	1,832	1,794	1,825	1,780	1,728	1,690	1,489	1,486	1,467	1,328	1,306
AT-6..................	410	451	449	451	475	430	358	200	200	200	200	200
AT-7, AT-10, AT-11....	248	245	233	255	259	244	302	240	145	158	165	167
AT-16.................	90	63	74	96	86	113	86	46	107	85	100	68
AT-17.................	99	182	-	-	-	-	-	-	-	-	-	-
AT-19.................	3	3	11	15	20	26	25	25	25	26	25	26
AT-21.................	-	-	-	-	-	-	-	-	1	1	-	6
BT-13, BT-15..........	375	372	450	370	320	275	297	320	325	316	314	315
PT-13, PT-17..........	250	235	250	275	275	275	240	250	230	197	86	80
PT-19, PT-23, PT-26..	212	209	250	291	342	355	377	399	403	422	437	444
Others................	79	72	77	72	3	10	5	9	50	62	1	-
Communications - Total..	301	265	329	193	408	321	401	366	318	478	466	461
L-2...................	101	90	100	69	127	45	101	104	84	130	110	100
L-3...................	92	10	-	-	65	47	55	50	35	63	55	50
L-4...................	70	125	92	-	68	132	140	104	71	140	147	160
L-5...................	27	21	72	72	73	80	102	104	125	140	150	150
R-4...................	-	-	-	-	-	2	2	2	2	3	4	1
O-60..................	-	-	-	-	-	-	-	2	1	2	-	-
Others................	11	19	65	52	75	17	1	-	-	-	-	-

Table 76 — FACTORY ACCEPTANCES OF ARMY COGNIZANCE AIRPLANES, BY TYPE AND MODEL OF AIRPLANE: JUN 1940 TO AUG 1945 — Continued

Type and Model	1944											
	Jan	Feb	Mar	Apr	May	Jun	Jul	Aug	Sep	Oct	Nov	Dec
Total..............	6,595	6,592	6,800	6,034	6,489	5,841	5,813	5,772	5,416	5,239	4,730	4,635
Combat Airplanes........	4,326	4,417	4,761	4,237	4,521	4,288	4,037	4,176	3,933	3,800	3,441	3,469
Very Heavy Bombers												
B-29...............	54	57	60	51	88	82	75	94	122	125	163	190
Heavy Bombers - Total	1,286	1,340	1,508	1,365	1,488	1,455	1,333	1,219	1,206	1,024	876	787
B-17...............	472	488	578	475	524	508	468	476	422	327	308	306
B-24...............	814	852	930	890	964	947	865	741	783	697	567	469
B-32...............	-	-	-	-	-	-	-	2	1	-	1	12
Medium Bombers - Total	429	494	538	502	516	516	404	381	360	357	378	353
B-25...............	219	291	348	341	396	396	284	281	285	275	286	275
B-26...............	210	203	190	161	120	120	120	100	75	82	92	78
Light Bombers - Total	555	539	514	389	364	266	246	300	223	153	142	170
A-20...............	286	287	322	275	297	223	220	230	133	44	-	-
A-25...............	134	116	64	-	-	-	-	-	-	-	-	-
A-26...............	5	8	8	15	29	39	26	70	90	109	142	170
A-30...............	60	60	60	60	9	-	-	-	-	-	-	-
A-35...............	70	68	60	39	29	4	-	-	-	-	-	-
Fighters - Total.....	2,002	1,987	2,141	1,930	2,065	1,969	1,979	2,182	2,018	2,133	1,820	1,948
P-38...............	317	313	352	342	352	355	367	402	397	364	325	300
P-39...............	351	350	300	252	201	150	112	13	-	-	-	-
P-40...............	275	241	283	203	200	73	97	155	202	193	80	-
P-47...............	651	633	648	623	601	600	600	600	594	494	377	644
P-51...............	370	380	482	407	580	581	569	700	665	763	709	702
P-58...............	-	-	-	-	-	-	-	-	-	-	-	1
P-59...............	-	-	3	-	6	-	2	2	8	6	7	2
P-61...............	12	20	23	31	15	48	21	50	50	59	65	55
P-63...............	26	50	50	72	110	160	210	260	101	252	255	240
P-80...............	-	-	-	-	-	-	-	-	-	1	-	4
Others.............	-	-	-	-	-	2	1	-	1	1	2	-
Reconnaissance - Total	-	-	-	-	-	-	-	-	4	8	62	21
F-2................	-	-	-	-	-	-	-	-	4	8	6	2
F-6................	-	-	-	-	-	-	-	-	-	-	56	18
F-14...............	-	-	-	-	-	-	-	-	-	-	-	1
Transports - Total.....	735	820	859	770	943	875	828	773	692	694	670	617
C-43...............	13	23	42	29	37	6	11	-	-	-	-	-
C-45...............	55	70	46	53	108	122	104	108	100	98	90	98
C-46...............	38	30	71	92	81	64	125	114	170	180	189	167
C-54...............	11	12	14	18	24	30	32	44	42	37	39	53
C-61...............	40	40	14	40	50	40	40	40	37	59	-	-
C-64...............	40	38	43	39	49	45	27	53	31	6	44	39
C-69...............	-	-	-	1	-	-	-	-	-	2	-	-
C-76...............	5	4	1	-	-	-	-	-	-	-	-	-
C-78...............	180	160	131	-	-	-	-	-	-	-	-	-
C-87...............	11	16	21	21	21	21	20	9	-	-	-	-
DC-3 type..........	342	427	476	477	573	547	469	405	312	312	300	260
Trainers - Total........	1,112	974	901	775	740	363	631	505	473	430	382	292
AT-6...............	208	200	233	250	311	110	401	323	350	330	330	252
AT-7, AT-10, AT-11..	177	167	152	139	132	96	107	54	26	20	-	-
AT-14..............	-	-	1	-	-	-	-	-	-	-	-	-
AT-16..............	46	-	-	-	-	-	-	-	-	-	-	-
AT-19..............	21	23	23	23	27	26	26	27	26	26	20	-
AT-21..............	-	8	8	11	17	20	17	36	26	24	-	-
BT-13..............	310	310	260	175	180	48	-	-	-	-	-	-
PT-13..............	75	69	75	61	73	63	80	65	45	30	32	40
PT-19, PT-23, PT-26.	275	197	149	116	-	-	-	-	-	-	-	-
Communications - Total	422	381	279	252	285	315	317	318	318	315	237	257
L-2................	100	100	26	-	-	-	-	-	-	-	-	-
L-3................	55	25	-	-	-	-	-	-	-	-	-	-
L-4................	131	125	125	150	175	202	200	200	200	186	110	100
L-5................	135	125	122	100	104	105	100	108	100	110	113	139
R-4, R-5...........	1	6	6	2	6	7	17	10	18	16	12	15
R-6................	-	-	-	-	-	1	-	-	-	3	2	2
O-60...............	-	-	-	-	-	-	-	-	-	-	-	1

Table 76 — FACTORY ACCEPTANCES OF ARMY COGNIZANCE AIRPLANES, BY TYPE AND MODEL OF AIRPLANE: JUN 1940 TO AUG 1945 — Continued

Type and Model	1945							
	Jan	Feb	Mar	Apr	May	Jun	Jul	Aug
Total	4,520	4,314	4,621	4,268	4,153	3,743	2,750	1,356
Combat Airplanes	3,445	3,272	3,550	3,245	3,084	2,743	1,817	886
Very Heavy Bombers								
B-29	221	260	291	321	350	370	375	319
Heavy Bombers - Total	753	716	761	636	477	353	72	3
B-17	319	304	307	243	179	136	64	-
B-24	427	395	436	382	281	196	-	-
B-32	7	17	18	11	17	21	8	3
Medium Bombers - Total	382	278	283	181	177	163	122	50
B-25	315	220	236	177	177	163	122	50
B-26	67	58	47	4	-	-	-	-
Light Bombers - Total	160	189	282	287	318	281	167	48
A-26	160	188	282	287	318	279	167	48
A-32	-	-	-	-	-	2	-	-
A-41	-	1	-	-	-	-	-	-
Fighters - Total	1,885	1,807	1,887	1,794	1,729	1,537	1,047	463
P-38	301	253	289	252	225	175	118	53
P-47	480	544	539	591	528	415	305	157
P-51	822	704	759	670	677	701	570	208
P-59	5	5	5	8	6	-	-	-
P-61	37	33	26	26	26	26	13	12
P-63	240	265	255	240	252	199	5	-
P-80	-	1	3	6	13	20	36	31
Others	-	2	11	1	2	1	-	2
Reconnaissance - Total	44	22	46	26	33	39	34	3
F-2	9	5	2	2	-	2	1	1
F-6	35	17	44	24	33	37	33	2
Transports - Total	609	566	591	571	599	535	504	261
C-45	72	67	79	73	81	76	77	66
C-46	220	211	212	200	203	162	155	60
C-54	56	71	78	86	87	89	95	73
C-64	30	23	5	10	10	2	-	2
C-69	1	2	1	2	-	2	2	-
C-82	-	-	-	-	-	2	-	-
C-97	-	-	-	-	-	2	-	-
DC-3 type	230	192	216	200	218	200	175	60
Trainers - Total	252	207	176	168	184	150	110	62
AT-6	207	180	176	168	184	150	110	62
PT-13	45	27	-	-	-	-	-	-
Communications - Total	214	269	304	282	286	315	319	147
L-4, L-14	47	100	111	101	102	133	165	60
L-5	156	154	163	151	163	156	110	50
R-5	-	1	4	2	-	5	-	3
R-6	11	14	25	30	20	20	44	34
O-60	-	-	-	-	1	-	-	-
Others	-	-	1	-	-	1	-	-

Source: Assistant Chief of Air Staff-4, Office of Plans and Policies.

Table 77 — AIRFRAME WEIGHT OF ALL FACTORY ACCEPTED MILITARY AIRPLANES, BY TYPE OF AIRPLANE: JAN 1940 TO AUG 1945

(Includes experimental airplanes - for 1945 - and US financed Canadian production. In thousands of pounds.)

Year and Month	Total	VH Bombers	Heavy Bombers	Medium Bombers	Light Bombers	Fighters	Reconnaissance	Transports	Trainers	Communications
Grand Total.	2,516,326	181,524	757,712	313,344	313,450	528,007	14,997	265,092	132,549	9,651
Annually										
1940	23,110	-	1,182	1,221	6,781	5,486	348	2,483	5,607	2
1941	81,364	-	6,761	11,456	22,657	16,389	1,884	3,761	18,097	359
1942	275,830	-	62,042	55,858	44,590	48,808	5,119	18,250	39,294	1,869
1943	654,187	4,425	227,789	107,555	83,181	121,845	3,878	55,498	47,058	2,958
1944	961,120	55,834	360,099	98,013	95,283	215,536	1,030	113,619	19,059	2,647
1945 (Jan-Aug)	520,715	121,265	99,839	39,241	60,958	119,943	2,738	71,481	3,434	1,816
Monthly										
1940 Jan	1,331	-	112	59	714	82	139	89	136	-
Feb	1,261	-	75	161	496	157	33	135	204	-
Mar	1,328	-	94	78	345	300	11	227	273	-
Apr	1,471	-	-	13	417	308	11	219	503	-
May	1,920	-	-	39	670	338	15	389	469	-
Jun	2,198	-	-	103	716	509	17	219	634	-
Jul	2,285	-	40	155	690	573	11	258	558	-
Aug	1,958	-	158	103	507	518	18	186	468	-
Sep	1,643	-	139	83	166	542	34	195	482	2
Oct	2,096	-	297	49	327	642	32	206	543	-
Nov	2,422	-	119	116	656	671	27	291	542	-
Dec	3,197	-	148	262	1,077	846	-	69	795	-
1941 Jan	3,454	-	24	340	990	830	68	251	951	-
Feb	4,079	-	282	445	1,281	657	68	400	942	4
Mar	4,455	-	215	498	1,566	740	60	245	1,115	16
Apr	5,941	-	579	920	1,799	981	34	248	1,354	26
May	5,624	-	270	975	1,689	839	62	315	1,460	14
Jun	6,085	-	211	1,311	1,821	774	179	278	1,481	30
Jul	5,874	-	45	1,080	2,039	785	91	294	1,502	38
Aug	7,654	-	389	1,358	1,892	1,722	224	349	1,667	53
Sep	8,145	-	666	1,054	2,401	1,703	261	315	1,683	62
Oct	9,242	-	884	1,028	2,430	2,070	262	350	2,200	18
Nov	8,549	-	1,175	482	2,007	2,432	254	248	1,900	51
Dec	12,262	-	2,021	1,965	2,742	2,856	321	468	1,842	47
1942 Jan	13,384	-	1,915	1,239	2,909	3,026	893	543	2,692	167
Feb	15,283	-	3,046	2,101	2,878	3,354	359	817	2,494	234
Mar	17,770	-	3,551	4,108	2,590	3,262	442	883	2,753	181
Apr	17,736	-	3,895	3,601	1,971	3,346	291	1,509	2,931	192
May	20,822	-	4,067	4,305	4,158	3,465	239	1,160	3,265	163
Jun	21,537	-	4,725	4,993	3,204	4,200	430	1,162	2,679	144
Jul	23,985	-	5,119	5,193	3,124	4,788	330	2,258	3,004	169
Aug	25,224	-	5,627	5,650	3,720	3,809	627	1,849	3,794	148
Sep	27,769	-	6,353	6,222	4,669	4,321	365	1,921	3,829	89
Oct	25,933	-	6,946	4,531	5,017	4,278	251	1,616	3,177	117
Nov	30,639	-	7,332	6,488	5,243	5,282	454	1,986	3,728	126
Dec	35,748	-	9,466	7,427	5,107	5,677	438	2,546	4,948	139
1943 Jan	31,836	-	8,626	5,756	4,250	5,186	365	3,088	4,386	179
Feb	37,448	-	11,430	7,310	5,007	5,790	151	2,877	4,736	147
Mar	43,120	-	13,107	8,451	5,018	7,062	660	4,036	4,559	227
Apr	47,501	-	15,470	9,271	5,466	7,976	157	4,417	4,592	152
May	52,077	-	17,365	10,218	7,803	7,838	147	4,393	4,034	279
Jun	53,368	-	17,575	10,768	6,953	9,030	136	4,791	3,880	235
Jul	55,708	337	19,679	9,174	6,415	10,716	91	5,172	3,855	269
Aug	59,392	192	22,276	9,582	7,512	11,285	70	4,928	3,294	253
Sep	61,227	722	22,921	7,767	8,478	11,018	842	5,383	3,860	236
Oct	66,583	625	25,339	8,939	8,016	14,514	99	4,671	4,048	332
Nov	71,271	866	25,764	9,932	9,401	16,077	164	5,773	2,966	328
Dec	74,656	1,683	28,237	10,387	8,862	15,353	996	5,969	2,848	321
1944 Jan	78,680	2,597	30,543	9,585	9,201	17,092	151	6,689	2,527	295
Feb	81,298	2,741	31,820	10,144	8,941	17,352	-	7,771	2,259	270
Mar	88,908	2,886	35,876	10,454	8,998	19,038	-	9,322	2,127	207
Apr	82,216	2,453	32,380	9,220	8,291	18,124	11	9,666	1,893	178
May	89,584	4,233	35,423	9,281	9,008	18,668	-	10,840	1,932	199
Jun	83,973	3,944	34,817	8,206	7,792	17,718	-	10,292	989	215
Jul	80,091	3,608	31,995	7,090	7,003	17,739	8	10,712	1,715	221
Aug	79,238	4,521	29,891	6,558	8,042	18,662	23	9,905	1,416	220
Sep	79,014	5,868	29,639	6,366	7,437	18,414	53	9,715	1,299	223
Oct	75,142	6,004	25,397	6,800	6,941	18,751	110	9,725	1,191	223
Nov	71,472	7,840	21,927	7,308	6,551	16,480	413	9,793	974	186
Dec	71,504	9,139	20,391	7,001	7,078	17,498	261	9,189	737	210
1945 Jan	72,244	10,631	19,239	7,739	7,081	16,512	414	9,815	618	195
Feb	71,293	12,506	18,523	5,938	7,314	16,411	316	9,539	521	225
Mar	79,184	13,998	19,577	6,233	9,230	19,042	429	9,940	475	260
Apr	73,576	15,441	16,236	5,276	8,517	17,273	342	9,790	454	247
May	71,543	16,837	12,688	4,905	9,097	16,815	382	10,079	497	243
Jun	65,251	18,029	9,812	3,562	8,469	15,100	405	9,207	405	262
Jul	52,950	18,254	2,841	3,277	6,953	12,021	333	8,722	297	252
Aug	34,674	15,569	923	2,311	4,297	6,769	117	4,389	167	132

Source: Air Technical Service Command, Statistical Control Office; War Production Board, Program and Statistics Bureau.

Table 78—AIRFRAME WEIGHT OF FACTORY ACCEPTED ARMY COGNIZANCE AIRPLANES, BY TYPE OF AIRPLANE: JAN 1940 TO AUG 1945

(Includes experimental airplanes - for 1945 - and US financed Canadian production. In thousands of pounds.)

Year and Month	Total	VH Bombers	Heavy Bombers	Medium Bombers	Light Bombers	Fighters	Reconnaissance	Transports	Trainers	Communications
Grand Total	2,076,350	181,524	736,382	219,655	169,742	365,242	6,367	259,408	128,440	9,590
Annually										
1940	20,279	-	1,157	763	6,284	4,638	235	2,208	4,992	2
1941	68,064	-	6,664	6,015	20,502	14,418	574	3,344	16,188	359
1942	239,858	-	60,914	42,801	34,222	42,428	1,699	17,501	38,442	1,851
1943	542,397	4,425	224,186	75,520	42,187	89,560	2,304	54,975	46,325	2,915
1944	797,120	55,834	353,521	72,649	41,823	140,324	415	110,848	19,059	2,647
1945 (Jan-Aug)	408,632	121,265	89,940	21,907	24,724	73,874	1,140	70,532	3,434	1,816
Monthly										
1940 Jan	1,207	-	112	59	714	10	139	75	98	-
Feb	1,175	-	75	161	496	115	33	107	188	-
Mar	1,260	-	94	78	297	300	11	207	273	-
Apr	1,301	-	-	13	337	305	11	160	475	-
May	1,800	-	-	39	657	314	11	375	404	-
Jun	2,018	-	-	103	703	443	15	205	549	-
Jul	2,168	-	40	155	684	542	11	209	527	-
Aug	1,795	-	158	103	489	401	-	186	458	-
Sep	1,332	-	139	52	112	417	4	164	442	2
Oct	1,749	-	297	-	270	504	-	196	482	-
Nov	1,977	-	119	-	508	620	-	269	461	-
Dec	2,497	-	123	-	1,017	667	-	55	635	-
1941 Jan	2,422	-	-	-	881	605	-	229	707	-
Feb	3,243	-	282	107	1,095	526	-	393	836	4
Mar	3,495	-	215	222	1,297	549	-	241	955	16
Apr	4,834	-	579	519	1,564	697	4	245	1,200	26
May	4,425	-	246	466	1,462	598	-	315	1,324	14
Jun	4,821	-	186	787	1,526	633	92	276	1,291	30
Jul	4,719	-	21	538	1,796	683	59	283	1,301	38
Aug	6,388	-	389	769	1,716	1,552	87	307	1,515	53
Sep	7,045	-	666	506	2,347	1,523	98	299	1,544	62
Oct	7,982	-	884	507	2,232	1,979	87	253	2,022	18
Nov	7,714	-	1,175	219	1,930	2,350	79	152	1,758	51
Dec	10,976	-	2,021	1,375	2,656	2,723	68	351	1,735	47
1942 Jan	11,717	-	1,915	372	2,897	2,770	656	410	2,530	167
Feb	13,714	-	3,046	1,341	2,832	3,062	106	633	2,460	234
Mar	16,080	-	3,551	3,348	2,365	2,932	152	843	2,708	181
Apr	15,616	-	3,895	2,712	1,556	2,965	27	1,463	2,806	192
May	18,622	-	4,067	3,452	3,640	3,080	-	1,124	3,096	163
Jun	19,108	-	4,696	4,182	2,495	3,725	158	1,113	2,595	144
Jul	21,243	-	5,032	4,297	2,266	4,418	-	2,170	2,892	169
Aug	22,129	-	5,540	4,742	2,739	3,274	158	1,812	3,716	148
Sep	23,908	-	6,122	4,762	3,464	3,788	-	1,878	3,805	89
Oct	21,797	-	6,744	3,097	3,556	3,515	-	1,594	3,174	117
Nov	25,677	-	7,158	4,953	3,375	4,265	158	1,932	3,728	108
Dec	30,247	-	9,148	5,543	3,037	4,634	284	2,520	4,942	139
1943 Jan	28,320	-	8,163	5,008	2,563	4,778	190	3,061	4,380	177
Feb	31,590	-	11,083	5,077	2,724	4,995	-	2,858	4,706	147
Mar	36,464	-	12,702	6,040	2,597	5,914	474	4,011	4,509	217
Apr	39,889	-	15,037	6,665	2,853	6,257	-	4,393	4,535	149
May	42,178	-	16,874	7,002	3,874	5,809	-	4,367	3,980	272
Jun	43,658	-	17,575	7,459	3,168	6,657	-	4,763	3,822	214
Jul	46,152	337	19,592	6,179	2,731	8,109	-	5,139	3,796	269
Aug	48,798	192	21,756	6,617	3,767	8,140	-	4,900	3,173	253
Sep	50,052	722	22,480	5,381	4,080	7,304	730	5,351	3,768	236
Oct	55,214	625	24,923	6,070	4,231	10,454	8	4,606	3,965	332
Nov	58,349	866	25,764	6,974	4,576	11,306	-	5,680	2,855	328
Dec	61,733	1,683	28,237	7,048	5,023	9,837	902	5,846	2,836	321
1944 Jan	64,946	2,597	30,543	6,242	5,125	11,095	-	6,522	2,527	295
Feb	67,773	2,741	31,820	7,089	5,035	11,062	-	7,497	2,259	270
Mar	74,749	2,886	35,853	7,650	5,036	11,961	-	9,029	2,127	207
Apr	68,466	2,453	32,357	7,105	4,066	11,082	-	9,332	1,893	178
May	74,840	4,233	35,308	7,057	3,929	11,561	-	10,621	1,932	199
Jun	71,248	3,944	34,518	7,044	3,008	11,507	-	10,023	989	215
Jul	67,286	3,608	31,627	5,588	2,730	11,340	-	10,457	1,715	221
Aug	66,092	4,521	28,948	5,233	3,483	12,677	-	9,594	1,416	220
Sep	65,500	5,868	28,627	4,890	2,748	12,361	15	9,469	1,299	223
Oct	60,778	6,004	24,247	4,771	2,077	12,654	30	9,581	1,191	223
Nov	58,009	7,840	20,777	5,172	2,087	11,005	280	9,688	974	186
Dec	57,433	9,139	18,896	4,808	2,499	12,019	90	9,035	737	210
1945 Jan	57,930	10,631	17,744	5,186	2,274	11,484	194	9,604	618	195
Feb	57,319	12,506	17,028	3,798	2,703	11,107	96	9,335	521	225
Mar	62,241	13,998	18,082	3,834	4,001	11,584	209	9,798	475	260
Apr	58,658	15,441	15,071	2,382	4,075	11,137	122	9,729	454	247
May	56,468	16,837	11,430	2,319	4,515	10,451	158	10,018	497	243
Jun	51,740	18,029	8,600	2,135	3,975	9,056	185	9,093	405	262
Jul	39,829	18,254	1,871	1,598	2,461	6,326	162	8,608	297	252
Aug	24,447	15,569	114	655	720	2,729	14	4,347	167	132

Source: Air Technical Service Command, Statistical Control Office; War Production Board, Program and Statistics Bureau.

Table 79 — FACTORY DELIVERIES OF ALL MILITARY AIRPLANES, BY TYPE OF AIRPLANE AND BY RECIPIENT: JUL 1940 TO AUG 1945

(Includes experimental airplanes and U S financed Canadian production. Subsequent reallocations are not reflected.)

Type of Airplane and Recipient	Total	1940 (Jul-Dec)	1941	1942	1943	1944	1945 (Jan-Aug)	1940 Jul	1940 Aug
Grand Total	295,959	3,611	18,466	46,907	84,853	96,270	45,852	494	513
Army Air Forces	158,880	1,209	8,723	26,448	45,889	51,547	25,064	157	241
US Navy	73,711	517	3,517	8,347	20,005	25,579	15,746	29	24
Other US	3,714	71	114	23	1,484	2,012	10	14	17
British Empire	38,811	1,507	5,249	7,698	10,565	10,956	2,836	270	201
USSR	14,717	1	221	3,032	5,141	4,636	1,686	-	1
China	1,225	30	141	410	384	223	37	4	-
Other Foreign	4,901	276	501	949	1,385	1,317	473	20	29
Combat Airplanes - Total	200,443	1,771	8,395	24,669	53,183	74,564	37,861	276	236
Army Air Forces	99,487	256	2,772	11,235	27,108	38,648	19,468	38	53
US Navy	56,695	208	1,463	4,443	13,502	22,489	14,590	4	17
Other US	8	-	-	8	-	-	-	-	-
British Empire	27,152	1,160	3,618	5,537	6,759	8,051	2,027	219	157
USSR	13,929	1	221	3,002	4,966	4,386	1,353	-	1
China	829	-	71	222	360	176	-	-	-
Other Foreign	2,343	146	250	222	488	814	423	15	8
Very Heavy Bombers									
Army Air Forces	3,740	-	-	4	91	1,147	2,498	-	-
Heavy Bombers - Total	31,685	46	282	2,513	9,574	15,057	4,213	-	9
Army Air Forces	27,867	19	181	2,241	8,695	13,057	3,674	-	6
US Navy	1,683	1	5	86	382	747	462	-	-
British Empire	2,135	26	96	186	497	1,253	77	-	3
Medium Bombers - Total	21,461	52	762	4,040	7,256	6,732	2,619	11	9
Army Air Forces	11,835	24	326	2,429	3,989	3,636	1,431	10	9
US Navy	4,693	21	214	597	1,657	1,287	917	1	-
Other US	8	-	-	8	-	-	-	-	-
British Empire	3,247	7	175	792	1,205	1,032	36	-	-
USSR	1,010	-	5	154	212	486	153	-	-
China	134	-	-	-	59	75	-	-	-
Other Foreign	534	-	42	60	134	216	82	-	-
Light Bombers - Total	39,986	453	2,617	5,954	11,848	12,376	6,738	100	71
Army Air Forces	7,779	16	373	1,153	2,247	2,276	1,714	-	-
US Navy	20,703	65	404	1,410	5,791	8,202	4,831	2	5
British Empire	8,003	320	1,674	2,188	2,397	1,231	193	98	63
USSR	3,021	-	81	1,136	1,204	600	-	-	-
China	29	-	18	11	-	-	-	-	-
Other Foreign	451	52	67	56	209	67	-	-	3
Fighters - Total	99,465	1,157	4,036	10,721	23,621	38,848	21,082	165	138
Army Air Forces	47,050	187	1,727	5,213	11,766	13,291	9,866	28	38
US Navy	27,163	68	340	1,259	5,449	12,090	7,957	1	3
British Empire	13,417	807	1,673	2,271	2,410	4,535	1,721	121	91
USSR	9,868	1	105	1,712	3,550	3,300	1,200	-	1
China	666	-	53	211	301	101	-	-	-
Other Foreign	1,301	94	138	55	145	531	338	15	5
Reconnaissance - Total	4,106	63	698	1,437	793	404	711	-	9
Army Air Forces	1,216	10	165	195	320	241	285	-	-
US Navy	2,453	53	500	1,091	223	163	423	-	9
British Empire	350	-	-	100	250	-	-	-	-
USSR	30	-	30	-	-	-	-	-	-
Other Foreign	57	-	3	51	-	-	3	-	-
Transports - Total	23,900	164	525	1,387	6,913	9,925	4,486	19	32
Army Air Forces	15,769	5	133	1,264	5,072	6,430	2,865	-	5
US Navy	2,702	23	155	290	535	1,215	484	2	-
Other US	267	71	114	15	14	43	10	14	17
British Empire	3,789	25	65	197	922	1,808	772	1	5
USSR	703	-	-	-	175	250	278	-	-
China	119	-	-	31	24	27	37	-	-
Other Foreign	551	40	58	90	171	152	40	2	5
Trainers - Total	58,085	1,676	9,294	17,237	20,590	7,936	1,352	199	245
Army Air Forces	34,469	948	5,585	11,004	11,246	4,861	825	119	183
US Navy	13,359	286	1,399	3,586	5,845	1,787	456	23	7
Other US	3	-	-	-	2	1	-	-	-
British Empire	7,640	322	1,547	1,933	2,880	952	6	50	39
USSR	85	-	-	30	-	-	55	-	-
China	277	30	70	157	-	20	-	4	-
Other Foreign	1,752	90	193	527	617	315	10	3	16
Communications - Total	13,531	-	252	3,114	4,167	3,845	2,153	-	-
Army Air Forces	9,155	-	233	2,945	2,463	1,608	1,906	-	-
US Navy	455	-	-	28	123	88	216	-	-
Other US	3,436	-	-	-	1,468	1,968	-	-	-
British Empire	230	-	19	31	4	145	31	-	-
Other Foreign	255	-	-	110	109	36	-	-	-

Table 79 — FACTORY DELIVERIES OF ALL MILITARY AIRPLANES, BY TYPE OF AIRPLANE AND BY RECIPIENT: JUL 1940 TO AUG 1945 — Continued

Type of Airplane and Recipient	1940				1941							
	Sep	Oct	Nov	Dec	Jan	Feb	Mar	Apr	May	Jun	Jul	Aug
Grand Total	607	630	666	701	1,044	1,003	1,217	1,280	1,335	1,310	1,515	1,799
Army Air Forces	297	219	175	120	280	282	543	632	570	616	651	877
US Navy	71	100	124	169	297	203	223	266	255	315	350	386
Other US	10	10	18	2	16	15	16	13	15	6	4	10
British Empire	163	254	275	344	403	448	353	335	413	336	484	512
USSR	-	-	-	-	-	-	-	16	-	-	-	2
China	20	-	-	6	-	-	-	-	-	1	-	-
Other Foreign	46	47	74	60	48	55	82	18	82	36	26	12
Combat Airplanes - Total	262	288	331	378	435	509	559	636	505	477	653	841
Army Air Forces	99	45	6	15	8	89	192	237	56	99	186	365
US Navy	39	53	58	37	103	110	102	126	96	141	103	159
Other US	-	-	-	-	-	-	-	-	-	-	-	-
British Empire	109	169	218	288	296	292	220	246	296	219	361	309
USSR	-	-	-	-	-	-	-	16	-	-	-	2
China	-	-	-	-	-	-	-	-	-	1	-	-
Other Foreign	15	21	49	38	28	18	45	11	57	17	3	6
Heavy Bombers - Total	8	16	6	7	1	13	9	28	13	9	3	16
Army Air Forces	3	7	3	-	-	13	8	21	-	8	2	-
US Navy	-	-	-	1	1	-	-	-	1	1	1	-
British Empire	5	9	3	6	-	-	1	7	12	-	-	16
Medium Bombers - Total	7	3	7	15	26	31	37	66	55	61	58	68
Army Air Forces	4	-	-	1	-	7	17	25	16	21	18	24
US Navy	3	3	5	9	19	12	12	13	18	24	35	31
Other US	-	-	-	-	-	-	-	-	-	-	-	-
British Empire	-	-	2	5	7	12	8	28	21	16	5	7
USSR	-	-	-	-	-	-	-	-	-	-	-	-
China	-	-	-	-	-	-	-	-	-	-	-	-
Other Foreign	-	-	-	-	-	-	-	-	-	-	-	6
Light Bombers - Total	41	49	97	95	126	224	267	247	166	162	332	251
Army Air Forces	10	-	-	6	6	31	36	38	7	13	33	33
US Navy	15	13	22	8	24	44	51	54	45	53	24	20
British Empire	12	30	45	72	94	131	162	155	114	95	275	196
USSR	-	-	-	-	-	-	-	-	-	-	-	2
China	-	-	-	-	-	-	-	-	-	1	-	-
Other Foreign	4	6	30	9	2	18	18	-	-	-	-	-
Fighters - Total	181	204	208	261	255	214	221	282	245	195	216	430
Army Air Forces	72	38	3	8	2	38	130	152	32	42	102	287
US Navy	6	21	18	19	32	27	15	47	7	28	33	53
British Empire	92	130	168	205	195	149	49	56	149	108	81	90
USSR	-	-	-	-	-	-	-	16	-	-	-	-
China	-	-	-	-	-	-	-	-	-	-	-	-
Other Foreign	11	15	19	29	26	-	27	11	57	17	-	-
Reconnaissance - Total	25	16	13	-	27	27	25	13	26	50	44	76
Army Air Forces	10	-	-	-	-	-	1	1	1	15	31	21
US Navy	15	16	13	-	27	27	24	12	25	35	10	55
British Empire	-	-	-	-	-	-	-	-	-	-	-	-
USSR	-	-	-	-	-	-	-	-	-	-	-	-
Other Foreign	-	-	-	-	-	-	-	-	-	-	3	-
Transports - Total	22	34	39	18	27	36	27	26	30	22	35	52
Army Air Forces	-	-	-	-	-	10	2	2	1	10	15	15
US Navy	3	2	6	10	3	2	3	3	4	2	5	20
Other US	10	10	18	2	16	15	16	13	15	6	4	10
British Empire	1	7	6	5	6	9	5	3	1	2	1	1
USSR	-	-	-	-	-	-	-	-	-	-	-	-
China	-	-	-	-	-	-	-	-	-	-	-	-
Other Foreign	8	15	9	1	2	-	1	5	9	2	10	6
Trainers - Total	323	308	296	305	582	456	624	606	793	794	807	890
Army Air Forces	198	174	169	105	272	181	342	381	506	490	430	485
US Navy	29	45	60	122	191	91	118	137	155	172	242	207
Other US	-	-	-	-	-	-	-	-	-	-	-	-
British Empire	53	78	51	51	101	147	128	86	116	115	122	198
USSR	-	-	-	-	-	-	-	-	-	-	-	-
China	20	-	-	6	-	-	-	-	-	-	-	-
Other Foreign	23	11	16	21	18	37	36	2	16	17	13	-
Communications - Total	-	-	-	-	-	2	7	12	7	17	20	16
Army Air Forces	-	-	-	-	-	2	7	12	7	17	20	12
US Navy	-	-	-	-	-	-	-	-	-	-	-	-
Other US	-	-	-	-	-	-	-	-	-	-	-	-
British Empire	-	-	-	-	-	-	-	-	-	-	-	4
Other Foreign	-	-	-	-	-	-	-	-	-	-	-	-

Table 79 — FACTORY DELIVERIES OF ALL MILITARY AIRPLANES, BY TYPE OF AIRPLANE AND BY RECIPIENT: JUL 1940 TO AUG 1945 — Continued

Type of Airplane and Recipient	1941 Sep	Oct	Nov	Dec	1942 Jan	Feb	Mar	Apr	May	Jun	Jul	Aug
Grand Total	1,842	2,122	1,803	2,196	3,089	2,966	3,738	3,212	4,040	3,850	4,053	4,110
Army Air Forces	855	1,113	916	1,388	1,872	1,439	2,226	1,727	2,276	2,165	2,314	2,495
US Navy	291	317	300	314	307	300	321	451	630	803	853	745
Other US	10	-	-	9	-	3	-	-	-	-	-	3
British Empire	644	518	468	335	541	750	777	723	693	493	745	564
USSR	14	128	25	36	189	276	194	179	363	341	91	266
China	-	20	20	100	32	63	114	89	54	31	2	2
Other Foreign	28	26	74	14	148	135	106	43	24	17	48	35
Combat Airplanes - Total	925	943	880	1,032	1,594	1,587	1,727	1,534	1,834	2,131	2,112	2,289
Army Air Forces	275	354	366	545	830	420	616	408	534	1,055	1,246	1,326
US Navy	138	114	123	148	185	226	209	305	358	363	299	341
Other US	-	-	-	-	-	-	-	-	-	-	-	-
British Empire	483	329	337	230	329	587	636	559	577	344	476	356
USSR	14	128	25	36	189	276	194	179	363	341	91	266
China	-	-	-	70	30	59	59	44	2	23	-	-
Other Foreign	15	18	29	3	31	19	13	39	-	-	-	-
Very Heavy Bombers												
Army Air Forces	-	-	-	-	1	-	-	-	-	-	-	-
Heavy Bombers - Total	26	30	46	88	92	92	195	125	167	218	245	216
Army Air Forces	5	11	29	84	71	86	165	103	111	192	239	204
US Navy	-	-	-	1	-	-	-	-	-	1	2	6
British Empire	21	19	17	3	21	6	30	22	56	25	4	6
Medium Bombers - Total	78	94	48	140	81	197	308	294	307	330	324	499
Army Air Forces	38	64	31	65	19	25	133	81	100	302	252	331
US Navy	5	1	11	33	52	50	30	48	59	29	37	24
Other US	-	-	-	-	-	-	-	-	-	-	-	-
British Empire	20	6	6	39	10	88	129	134	133	49	34	100
USSR	-	5	-	-	-	15	10	31	15	-	1	44
China	-	-	-	-	-	-	-	-	-	-	-	-
Other Foreign	15	18	-	3	-	19	6	-	-	-	-	-
Light Bombers - Total	242	209	214	177	490	409	298	242	522	519	382	430
Army Air Forces	22	69	58	27	276	40	6	5	24	73	135	93
US Navy	12	20	33	24	1	7	42	71	114	125	112	128
British Empire	194	59	92	107	134	200	165	119	200	147	109	95
USSR	14	61	2	2	79	161	84	41	182	173	26	114
China	-	-	-	17	-	1	1	6	2	1	-	-
Other Foreign	-	-	29	-	-	-	-	-	-	-	-	-
Fighters - Total	482	489	473	534	828	800	789	737	738	867	1,029	981
Army Air Forces	178	189	219	356	451	269	287	204	281	456	611	673
US Navy	56	23	9	10	63	80	55	95	103	113	75	45
British Empire	248	245	222	81	164	293	282	284	188	103	279	155
USSR	-	32	23	34	110	100	100	107	166	168	64	108
China	-	-	-	53	30	58	58	38	-	27	-	-
Other Foreign	-	-	-	-	10	-	7	9	-	-	-	-
Reconnaissance - Total	97	121	99	93	102	89	137	136	100	147	132	163
Army Air Forces	32	21	29	13	12	-	25	15	18	32	9	25
US Navy	65	70	70	80	69	89	82	91	82	95	73	138
British Empire	-	-	-	-	-	-	30	-	-	20	50	-
USSR	-	30	-	-	-	-	-	-	-	-	-	-
Other Foreign	-	-	-	-	21	-	-	30	-	-	-	-
Transports - Total	58	57	55	100	76	124	105	161	103	111	215	194
Army Air Forces	16	16	10	36	16	31	32	112	66	67	154	132
US Navy	16	29	30	38	34	41	25	13	26	23	30	28
Other US	10	-	-	9	-	3	-	-	-	-	-	3
British Empire	8	12	9	8	12	32	39	31	6	17	23	12
USSR	-	-	-	-	-	-	-	-	-	-	-	-
China	-	-	6	-	2	4	1	1	2	2	-	2
Other Foreign	8	-	-	6	12	13	8	4	3	2	8	17
Trainers - Total	820	1,086	793	1,043	1,320	1,099	1,496	1,275	1,619	1,313	1,412	1,353
Army Air Forces	530	711	467	790	935	864	1,189	965	1,192	748	600	764
US Navy	137	174	147	128	88	33	87	133	246	417	524	376
Other US	-	-	-	-	-	-	-	-	-	-	-	-
British Empire	148	173	120	93	192	131	102	133	110	132	246	196
USSR	-	-	-	-	-	-	-	-	-	-	-	-
China	-	20	20	30	-	-	54	44	50	1	2	-
Other Foreign	5	8	39	2	105	71	64	-	21	15	40	17
Communications - Total	39	36	75	21	99	156	410	242	484	295	314	274
Army Air Forces	34	32	73	17	91	124	389	242	484	295	314	273
US Navy	-	-	-	-	-	-	-	-	-	-	-	-
Other US	-	-	-	-	-	-	-	-	-	-	-	-
British Empire	5	4	2	4	8	-	-	-	-	-	-	-
Other Foreign	-	-	-	-	-	32	21	-	-	-	-	1

Table 79 — FACTORY DELIVERIES OF ALL MILITARY AIRPLANES, BY TYPE OF AIRPLANE AND BY RECIPIENT: JUL 1940 TO AUG 1945 — Continued

Type of Airplane and Recipient	1942				1943							
	Sep	Oct	Nov	Dec	Jan	Feb	Mar	Apr	May	Jun	Jul	Aug
Grand Total	4,152	4,230	4,643	4,824	5,053	5,619	6,155	6,557	6,959	7,074	7,434	7,307
Army Air Forces	2,092	2,399	2,377	3,066	3,013	2,944	3,736	3,719	3,545	3,809	4,095	3,942
US Navy	1,013	935	1,123	866	1,156	1,423	1,281	1,484	1,615	1,834	1,623	1,562
Other US	9	1	4	3	59	102	158	135	243	84	128	207
British Empire	690	596	696	430	529	536	633	613	999	828	826	993
USSR	246	218	353	316	210	546	241	445	395	366	581	458
China	2	-	14	7	3	1	4	2	32	37	13	30
Other Foreign	100	81	76	136	83	67	102	159	130	116	168	115
Combat Airplanes - Total	2,371	2,370	2,517	2,603	2,579	3,210	3,296	3,815	4,311	4,311	4,600	4,667
Army Air Forces	1,118	1,141	1,123	1,418	1,427	1,587	1,932	2,013	2,016	2,144	2,416	2,394
US Navy	471	519	613	554	586	748	732	916	1,095	1,245	1,090	1,128
Other US	3	-	4	1	-	-	-	-	-	-	-	-
British Empire	495	465	435	278	346	326	371	363	768	503	459	667
USSR	246	218	323	316	192	534	231	426	378	365	563	428
China	-	-	-	-	-	-	-	-	30	35	13	28
Other Foreign	38	27	19	36	28	15	30	97	24	19	59	22
Very Heavy Bombers												
Army Air Forces	-	-	-	3	-	-	-	-	-	-	1	8
Heavy Bombers - Total	237	272	287	367	362	481	525	707	689	744	815	944
Army Air Forces	222	251	264	333	324	434	466	612	615	668	752	863
US Navy	7	13	23	34	23	35	25	59	44	30	17	32
British Empire	8	8	-	-	15	12	34	36	30	46	46	49
Medium Bombers - Total	418	384	375	473	474	486	701	666	653	797	639	568
Army Air Forces	276	281	301	328	305	262	464	403	414	485	321	309
US Navy	94	38	40	96	129	161	160	159	140	178	170	102
Other US	3	-	4	1	-	-	-	-	-	-	-	-
British Empire	29	51	26	9	22	24	76	81	66	111	113	112
USSR	4	12	-	22	1	24	1	12	23	11	15	25
China	-	-	-	-	-	-	-	-	-	-	8	8
Other Foreign	12	2	4	17	17	15	-	11	10	12	12	12
Light Bombers - Total	630	674	730	628	610	940	616	795	970	1,181	919	1,043
Army Air Forces	109	143	95	154	174	299	106	31	61	203	155	231
US Navy	137	208	240	225	252	351	345	368	548	671	479	496
British Empire	256	298	299	166	166	168	146	172	270	145	138	210
USSR	102	5	86	83	18	122	19	198	87	155	100	96
China	-	-	-	-	-	-	-	-	-	-	-	-
Other Foreign	26	20	10	-	-	-	-	26	4	7	47	10
Fighters - Total	927	929	1,022	1,074	1,019	1,254	1,341	1,610	1,948	1,577	2,210	2,082
Army Air Forces	493	446	461	581	564	592	836	967	926	788	1,187	983
US Navy	92	169	209	160	165	201	202	330	363	365	420	476
British Empire	202	108	110	103	106	73	62	37	351	190	150	296
USSR	140	201	237	211	173	388	211	216	268	199	448	307
China	-	-	-	-	-	-	-	-	30	35	5	20
Other Foreign	-	5	5	19	11	-	30	60	10	-	-	-
Reconnaissance - Total	159	111	103	58	114	49	113	37	51	12	16	22
Army Air Forces	18	20	2	19	60	-	60	-	-	-	-	-
US Navy	141	91	101	39	17	-	-	-	-	1	4	22
British Empire	-	-	-	-	37	49	53	37	51	11	12	-
USSR	-	-	-	-	-	-	-	-	-	-	-	-
Other Foreign	-	-	-	-	-	-	-	-	-	-	-	-
Transports - Total	174	206	222	196	352	267	632	583	599	587	613	627
Army Air Forces	143	166	179	166	260	172	507	446	433	472	475	483
US Navy	9	29	21	11	24	33	21	41	55	38	52	36
Other US	6	1	-	2	-	6	-	3	-	-	4	-
British Empire	1	5	5	14	35	38	74	68	61	71	44	70
USSR	-	-	-	-	18	12	10	19	17	1	18	30
China	2	-	13	2	3	1	4	2	2	2	-	2
Other Foreign	13	5	4	1	12	5	16	4	31	3	20	6
Trainers - Total	1,430	1,437	1,719	1,764	1,986	1,959	1,909	1,859	1,678	1,826	1,708	1,520
Army Air Forces	657	903	904	1,283	1,258	1,099	1,160	1,106	994	986	818	779
US Navy	533	387	483	279	542	641	515	523	457	511	479	398
Other US	-	-	-	-	1	-	-	-	-	1	-	-
British Empire	191	106	256	138	148	172	188	182	170	254	322	256
USSR	-	-	30	-	-	-	-	-	-	-	-	-
China	-	-	1	5	-	-	-	-	-	-	-	-
Other Foreign	49	41	45	59	37	47	46	48	57	74	89	87
Communications - Total	177	217	185	261	136	183	318	300	371	350	513	493
Army Air Forces	174	189	171	199	68	86	137	154	102	207	386	286
US Navy	-	-	6	22	4	1	13	4	8	40	2	-
Other US	-	-	-	-	58	96	158	132	243	83	124	207
British Empire	3	20	-	-	-	-	-	-	-	-	1	-
Other Foreign	-	8	8	40	6	-	10	10	18	20	-	-

Table 79 — FACTORY DELIVERIES OF ALL MILITARY AIRPLANES, BY TYPE OF AIRPLANE AND BY RECIPIENT: JUL 1940 TO AUG 1945 — Continued

Type of Airplane and Recipient	1943				1944							
	Sep	Oct	Nov	Dec	Jan	Feb	Mar	Apr	May	Jun	Jul	Aug
Grand Total	7,231	8,310	8,582	8,572	9,267	9,020	9,573	8,244	8,970	8,157	7,755	7,553
Army Air Forces	3,739	4,440	4,395	4,512	4,919	4,748	5,155	4,198	4,883	4,701	4,367	4,136
US Navy	1,829	1,856	2,210	2,132	2,342	2,209	2,557	2,240	2,443	2,023	2,006	1,782
Other US	68	69	122	109	154	182	134	148	181	211	195	211
British Empire	954	1,211	1,249	1,194	1,252	1,124	1,049	1,053	1,008	569	803	914
USSR	464	518	436	481	529	590	547	429	300	581	241	302
China	50	88	97	27	12	22	19	2	18	19	54	74
Other Foreign	127	128	73	117	59	145	112	174	137	53	89	134
Combat Airplanes - Total	4,723	5,404	6,028	6,239	6,725	6,727	7,311	6,346	6,809	6,500	6,005	6,002
Army Air Forces	2,248	2,736	2,952	3,243	3,432	3,311	3,555	3,059	3,662	3,702	3,332	3,316
US Navy	1,310	1,234	1,728	1,690	2,002	1,950	2,301	1,978	2,066	1,826	1,796	1,544
Other US	-	-	-	-	-	-	-	-	-	-	-	-
British Empire	613	787	787	769	733	778	834	827	725	359	545	718
USSR	459	499	423	468	509	560	519	407	280	575	227	282
China	48	86	95	25	10	20	15	-	16	19	46	50
Other Foreign	45	62	43	44	39	108	87	75	60	19	59	92
Very Heavy Bombers												
Army Air Forces	10	4	24	44	52	55	53	63	88	82	73	92
Heavy Bombers - Total	921	1,079	1,085	1,222	1,271	1,343	1,531	1,377	1,489	1,445	1,311	1,259
Army Air Forces	840	978	1,029	1,114	1,180	1,217	1,352	1,230	1,329	1,400	1,128	1,061
US Navy	57	21	19	20	30	43	61	40	41	24	79	66
British Empire	24	80	37	88	61	83	118	107	119	21	104	132
Medium Bombers - Total	518	479	532	743	705	660	706	695	555	632	502	434
Army Air Forces	208	169	222	427	357	403	372	231	296	522	376	189
US Navy	114	121	90	133	178	108	185	227	149	59	25	24
Other US	-	-	-	-	-	-	-	-	-	-	-	-
British Empire	135	129	167	169	101	84	70	195	76	27	47	139
USSR	37	37	26	-	38	29	33	25	25	-	23	61
China	12	12	19	-	4	8	9	-	4	19	31	-
Other Foreign	12	11	8	14	27	28	37	17	5	5	-	21
Light Bombers - Total	989	1,227	1,321	1,237	1,323	1,282	1,361	1,085	1,173	973	940	959
Army Air Forces	154	387	279	167	214	166	170	166	235	190	260	294
US Navy	514	480	659	628	664	714	837	642	750	706	657	655
British Empire	148	214	307	313	318	284	205	134	128	24	14	2
USSR	140	119	46	104	127	118	137	119	59	40	-	-
China	-	-	-	-	-	-	-	-	-	-	-	-
Other Foreign	33	27	30	25	-	-	12	24	1	13	9	8
Fighters - Total	2,148	2,566	3,016	2,850	3,361	3,368	3,648	3,122	3,504	3,368	3,177	3,169
Army Air Forces	948	1,196	1,398	1,381	1,629	1,470	1,608	1,369	1,714	1,508	1,495	1,596
US Navy	576	565	910	876	1,117	1,066	1,206	1,065	1,126	1,037	1,033	794
British Empire	306	364	276	199	253	327	441	391	402	287	380	445
USSR	282	343	351	364	344	413	349	263	196	535	204	221
China	36	74	76	25	6	12	6	-	12	-	15	50
Other Foreign	-	24	5	5	12	80	38	34	54	1	50	63
Reconnaissance - Total	137	49	50	143	13	19	12	4	-	-	2	89
Army Air Forces	88	2	-	110	-	-	-	-	-	-	-	84
US Navy	49	47	50	33	13	19	12	4	-	-	2	5
British Empire	-	-	-	-	-	-	-	-	-	-	-	-
USSR	-	-	-	-	-	-	-	-	-	-	-	-
Other Foreign	-	-	-	-	-	-	-	-	-	-	-	-
Transports - Total	645	677	640	691	802	839	934	821	1,098	938	878	740
Army Air Forces	496	460	446	422	541	530	680	529	661	697	594	451
US Navy	47	72	50	66	82	49	71	114	199	86	79	97
Other US	-	-	-	1	1	-	2	2	5	8	7	3
British Empire	91	101	117	152	154	192	133	148	209	140	155	142
USSR	5	19	13	13	20	30	28	22	20	6	14	20
China	2	2	2	2	2	2	4	2	2	-	8	4
Other Foreign	4	23	12	35	2	36	16	4	2	1	21	23
Trainers - Total	1,551	1,872	1,573	1,149	1,302	978	948	813	771	426	547	549
Army Air Forces	763	991	781	511	691	626	677	493	462	246	358	348
US Navy	472	515	432	360	246	198	182	148	178	99	127	131
Other US	-	-	-	-	-	-	-	-	-	1	-	-
British Empire	248	323	345	272	365	153	80	77	74	47	53	31
USSR	-	-	-	-	-	-	-	-	-	-	-	-
China	-	-	-	-	-	-	-	-	-	-	-	20
Other Foreign	68	43	15	6	-	1	9	95	57	33	9	19
Communications - Total	312	357	341	493	438	476	380	264	292	293	325	262
Army Air Forces	232	253	216	336	255	281	243	117	98	56	83	21
US Navy	-	35	-	16	12	12	3	-	-	12	4	10
Other US	68	69	122	108	153	182	132	146	176	202	188	208
British Empire	2	-	-	1	-	1	2	1	-	23	50	23
Other Foreign	10	-	3	32	18	-	-	-	18	-	-	-

Table 79—FACTORY DELIVERIES OF ALL MILITARY AIRPLANES, BY TYPE OF AIRPLANE AND BY RECIPIENT: JUL 1940 TO AUG 1945 — Continued

Type of Airplane and Recipient	1944 Sep	Oct	Nov	Dec	1945 Jan	Feb	Mar	Apr	May	Jun	Jul	Aug
Grand Total	7,543	7,403	6,341	6,444	6,455	6,236	7,376	6,334	6,457	5,600	4,343	3,051
Army Air Forces	4,001	3,701	3,268	3,470	3,907	3,657	4,023	3,355	3,394	3,027	2,264	1,437
US Navy	2,122	2,061	1,862	1,932	1,760	1,850	2,390	2,075	2,279	2,069	1,822	1,501
Other US	179	155	173	89	3	3	1	1	1	-	-	1
British Empire	836	1,059	663	626	501	412	527	530	353	241	200	72
USSR	298	283	319	217	229	238	348	233	326	229	47	36
China	-	-	2	1	1	2	10	6	10	-	4	4
Other Foreign	107	144	54	109	54	74	77	134	94	34	6	-
Combat Airplanes - Total	5,921	5,967	4,952	5,299	5,296	5,214	6,154	5,323	5,374	4,582	3,398	2,520
Army Air Forces	3,028	2,930	2,520	2,801	3,030	2,851	3,086	2,704	2,782	2,381	1,583	1,051
US Navy	1,860	1,802	1,631	1,733	1,656	1,767	2,295	1,901	2,072	1,870	1,647	1,382
British Empire	664	874	472	522	355	312	380	417	212	123	156	72
USSR	278	253	299	197	209	218	328	180	219	177	7	15
China	-	-	-	-	-	-	-	-	-	-	-	-
Other Foreign	91	108	30	46	46	66	65	121	89	31	5	-
Very Heavy Bombers												
Army Air Forces	116	127	160	186	222	269	293	320	350	362	368	314
Heavy Bombers - Total	1,223	1,020	972	816	807	763	812	662	568	382	158	61
Army Air Forces	957	792	757	654	671	704	762	629	469	345	89	5
US Navy	126	85	95	57	64	54	50	33	99	37	69	56
British Empire	140	143	120	105	72	5	-	-	-	-	-	-
Medium Bombers - Total	438	469	453	483	506	378	483	339	294	262	212	145
Army Air Forces	239	193	234	224	390	229	218	133	134	144	126	57
US Navy	58	79	118	77	94	123	206	123	115	110	74	72
Other US	-	-	-	-	-	-	-	-	-	-	-	-
British Empire	57	61	40	135	4	3	7	16	3	-	2	1
USSR	61	98	46	47	12	22	27	27	35	8	7	15
China	-	-	-	-	-	-	-	-	-	-	-	-
Other Foreign	23	38	15	-	6	1	25	40	7	-	3	-
Light Bombers - Total	876	872	742	790	826	795	1,061	863	998	941	642	612
Army Air Forces	180	109	123	169	168	183	260	207	332	326	74	164
US Navy	643	711	609	614	646	597	765	632	645	610	518	418
British Empire	53	52	10	7	12	15	36	24	21	5	50	30
USSR	-	-	-	-	-	-	-	-	-	-	-	-
China	-	-	-	-	-	-	-	-	-	-	-	-
Other Foreign	-	-	-	-	-	-	-	-	-	-	-	-
Fighters - Total	3,232	3,428	2,574	2,897	2,829	2,926	3,390	3,039	3,071	2,536	1,942	1,349
Army Air Forces	1,507	1,679	1,230	1,486	1,531	1,441	1,496	1,374	1,463	1,164	896	501
US Navy	1,026	906	774	940	794	935	1,216	1,055	1,154	1,055	941	807
British Empire	414	618	302	275	267	289	337	377	188	118	104	41
USSR	217	155	253	150	197	196	301	153	184	169	-	-
China	-	-	-	-	-	-	-	-	-	-	-	-
Other Foreign	68	70	15	46	40	65	40	80	82	30	1	-
Reconnaissance - Total	36	51	51	127	106	83	115	100	93	99	76	39
Army Air Forces	29	30	16	82	48	25	57	41	34	40	30	10
US Navy	7	21	35	45	58	58	58	58	59	58	45	29
British Empire	-	-	-	-	-	-	-	-	-	-	-	-
USSR	-	-	-	-	-	-	-	-	-	-	-	-
Other Foreign	-	-	-	-	-	-	-	1	-	1	1	-
Transports - Total	784	722	733	636	683	555	693	573	613	543	527	299
Army Air Forces	483	406	445	413	465	362	451	334	326	338	394	195
US Navy	122	112	99	105	48	62	57	58	78	32	71	78
Other US	5	4	2	4	3	3	1	1	1	-	-	1
British Empire	145	152	155	83	138	98	147	113	141	118	17	-
USSR	20	30	20	20	20	20	20	53	52	52	40	21
China	-	-	2	1	1	2	10	6	10	-	4	4
Other Foreign	9	18	10	10	8	8	7	8	5	3	1	-
Trainers - Total	486	446	375	295	291	194	193	168	174	160	108	64
Army Air Forces	323	269	231	137	242	192	188	63	10	23	54	53
US Navy	136	133	118	91	45	-	-	100	109	137	54	11
Other US	-	-	-	-	-	-	-	-	-	-	-	-
British Empire	20	26	12	14	4	2	-	-	-	-	-	-
USSR	-	-	-	-	-	-	-	-	55	-	-	-
China	-	-	-	-	-	-	-	-	-	-	-	-
Other Foreign	7	18	14	53	-	-	5	5	-	-	-	-
Communications - Total	352	268	281	214	185	273	336	270	296	315	310	168
Army Air Forces	167	96	72	119	170	252	293	254	276	285	233	138
US Navy	4	14	14	3	11	21	38	16	20	30	50	30
Other US	174	151	171	85	-	-	-	-	-	-	-	-
British Empire	7	7	24	7	4	-	-	-	-	-	27	-
Other Foreign	-	-	-	-	-	-	-	-	-	-	-	-

Table 80 — FACTORY ACCEPTANCES OF ALL MILITARY SPECIAL PURPOSE AIRCRAFT AND GLIDERS: JAN 1941 TO AUG 1945

(Excludes experimental types.)

Year and Month	Special Purpose Aircraft a/	Gliders	Year and Month	Special Purpose Aircraft a/	Gliders	Year and Month	Special Purpose Aircraft a/	Gliders
Grand Total...	2,452	15,782	1942 Feb......	14	9	1944 Jan......	23	574
			Mar......	25	3	Feb......	25	554
Annually			Apr......	6	6	Mar......	49	565
1941..........	30	4	May......	70	7	Apr......	45	480
1942..........	183	1,609	Jun......	35	13	May......	51	548
1943..........	493	6,298	Jul......	14	22	Jun......	137	459
1944..........	1,081	4,434	Aug......	-	68	Jul......	141	304
1945(Jan-Aug).	665	3,437	Sep......	-	230	Aug......	145	163
			Oct......	-	449	Sep......	129	156
Monthly			Nov......	-	609	Oct......	110	228
1941 Jan......	-	-	Dec......	11	190	Nov......	115	194
Feb......	-	-				Dec......	111	209
Mar......	1	-	1943 Jan......	1	309			
Apr......	-	-	Feb......	-	294	1945 Jan......	112	290
May......	1	-	Mar......	58	407	Feb......	80	346
Jun......	-	-	Apr......	68	523	Mar......	85	470
Jul......	-	-	May......	72	639	Apr......	80	465
Aug......	5	-	Jun......	36	673	May......	80	532
Sep......	10	-	Jul......	47	678	Jun......	81	563
Oct......	2	-	Aug......	42	613	Jul......	97	532
Nov......	4	1	Sep......	23	521	Aug......	50	239
Dec......	7	3	Oct......	92	595			
			Nov......	33	449			
1942 Jan......	8	3	Dec......	21	597			

a/ Includes antiaircraft targets of PQ and TD types.

Table 81 — FACTORY DELIVERIES OF AIRCRAFT ENGINES AND PROPELLERS: JAN 1940 TO AUG 1945

(Includes commercial types.)

Year and Month	Engines	Propellers a/	Year and Month	Engines	Propellers a/	Year and Month	Engines	Propellers a/
Grand Total...	808,471	799,972	1941 May......	4,119	3,198	1943 Jul......	18,738	22,772
			Jun......	4,407	3,380	Aug......	19,703	23,594
Annually			Jul......	5,041	3,544	Sep......	20,593	23,285
1940..........	21,821	-	Aug......	5,514	4,215	Oct......	22,226	24,408
1941..........	58,178	48,200	Sep......	5,660	5,220	Nov......	22,717	23,141
1942..........	138,089	135,317	Oct......	5,624	5,619	Dec......	22,014	23,805
1943..........	227,116	250,086	Nov......	6,245	5,573			
1944..........	256,915	264,614	Dec......	6,576	6,429	1944 Jan......	22,697	25,225
1945(Jan-Aug).	106,352	101,755				Feb......	21,147	25,104
			1942 Jan......	7,257	7,807	Mar......	23,995	24,377
Monthly			Feb......	7,404	6,973	Apr......	22,690	23,208
1940 Jan......	856	N	Mar......	9,483	9,038	May......	22,819	24,270
Feb......	866	o	Apr......	10,131	11,133	Jun......	23,094	23,034
Mar......	1,132	t	May......	10,931	10,725	Jul......	22,613	21,558
Apr......	1,309		Jun......	11,735	12,498	Aug......	24,109	22,680
May......	1,145	A	Jul......	11,926	12,426	Sep......	20,939	21,101
Jun......	1,649	v	Aug......	13,061	12,195	Oct......	19,270	18,864
Jul......	1,744	a	Sep......	13,224	12,165	Nov......	17,239	17,787
Aug......	2,197	i	Oct......	13,716	13,245	Dec......	16,303	17,396
Sep......	2,614	l	Nov......	14,233	12,299			
Oct......	3,067	a	Dec......	14,988	14,813	1945 Jan......	17,324	16,328
Nov......	2,406	b				Feb......	15,684	15,391
Dec......	2,836	l	1943 Jan......	16,063	15,428	Mar......	16,669	16,104
		e	Feb......	15,302	15,767	Apr......	14,017	14,963
1941 Jan.....	3,181	2,347	Mar......	17,012	18,448	May......	14,427	13,877
Feb.....	3,628	2,522	Apr......	16,849	18,787	Jun......	11,251	11,073
Mar.....	3,918	3,197	May......	17,891	20,682	Jul......	10,692	9,174
Apr.....	4,265	2,956	Jun......	18,008	19,969	Aug......	6,288	4,845

a/ Includes US financed Canadian production.

Source of above tables: Assistant Chief of Air Staff-4, Office of Plans and Policies.

Table 82 — AVERAGE UNIT COST OF AIRPLANES AUTHORIZED, BY PRINCIPAL MODEL: FISCAL YEARS 1939 TO 1945

(Average cost per airplane is the weighted average on all programs approved during a designated fiscal year and represents the estimated cost of a complete airplane ready for flyaway, including factory installed ordnance and radio equipment. Costs exclude equipment installed at modification centers and airplane spare parts. Unit costs reflect renegotiation of contracts only to the extent of reductions in contract prices for future deliveries but do not reflect reductions in price effected by cash refunds.)

Type and Model	1939-1941	1942	1943	1944	1945
Very Heavy Bombers					
B-29	$ -	$ 893,730	$ -	$ 605,360	$ 509,465
Heavy Bombers					
B-17	301,221	258,949	-	204,370	187,742
B-24	379,162	304,391	-	215,516	-
B-32	-	790,433	-	790,433	-
Medium Bombers					
B-25	180,031	153,396	151,894	142,194	116,752
B-26	261,062	239,655	212,932	192,427	-
Light Bombers					
A-20	136,813	124,253	110,324	100,800	-
A-26	224,498	-	254,624	192,457	175,892
A-28	-	118,704	-	-	-
A-29	-	118,080	-	-	-
A-30	-	155,570	151,017	-	-
Fighters					
P-38	134,284	120,407	105,567	97,147	-
P-39	77,159	69,534	-	50,666	-
P-40	60,562	59,444	49,449	44,892	-
P-47	113,246	105,594	104,258	85,578	83,001
P-51	-	58,698	58,824	51,572	50,985
P-59	-	-	-	236,299	-
P-61	649,584	245,327	180,711	-	199,598
P-63	-	60,277	57,379	59,966	65,914
P-70	143,076	-	-	-	-
P-80	-	-	-	109,471	71,840
Reconnaissance					
OA-10	222,799	-	-	216,617	207,541
Transports					
C-43	-	49,524	27,342	27,332	-
C-45	67,743	-	66,189	52,507	48,830
C-46	341,831	314,700	259,268	233,377	221,550
C-47	128,761	109,696	92,417	88,574	85,035
C-53	136,399	143,479	150,470	-	-
C-54	516,553	370,492	400,831	285,113	259,816
C-60	-	126,881	113,168	-	-
C-61	-	12,208	13,057	15,973	-
UC-64	-	-	36,811	35,264	32,427
C-69	-	-	605,456	-	-
C-74	-	1,213,445	-	-	-
C-78	-	27,470	33,797	-	-
C-82	-	-	-	478,549	210,233
C-87	-	-	-	208,730	-
Trainers					
PT-13, PT-17, PT-27	10,022	9,896	-	-	-
PT-19, PT-23, PT-26	9,710	12,911	11,100	15,052	-
BT-13, BT-15	25,035	23,068	-	-	-
AT-6	29,423	25,672	-	22,952	-
AT-7, AT-11	76,827	85,688	68,441	-	-
AT-8, AT-17	41,701	34,323	-	-	-
AT-9	44,321	44,392	-	-	-
AT-10	43,501	42,688	-	-	-
AT-16	-	27,564	27,416	-	-
AT-19	-	26,574	22,496	-	-
AT-21	-	92,295	-	-	-
Communications					
L-1	25,419	-	-	-	-
L-2	-	2,770	2,916	-	-
L-3	-	2,236	2,460	-	-
L-4	-	2,432	2,437	2,620	2,701
L-5	-	10,165	-	9,704	8,323
L-6	-	-	6,065	-	-
R-4	-	-	43,584	-	-
R-5, YR-5	-	-	59,488	50,950	-
R-6	-	-	47,635	-	-

Source: Air Technical Service Command, Budget and Fiscal Office.

Table 83 — AIRPLANES ON HAND IN THE AAF, BY MAJOR TYPE: JUL 1939 TO AUG 1945

End of Month	Total	Very Heavy Bombers	Heavy Bombers	Medium Bombers	Light Bombers	Fighters	Reconnaissance	Transports	Trainers	Communications
1939 Jul.	2,402	-	16	400	276	494	356	118	735	7
Aug.	2,440	-	18	414	276	492	359	129	745	7
Sep.	2,473	-	22	428	278	489	359	136	754	7
Oct.	2,507	-	27	446	277	490	365	137	758	7
Nov.	2,536	-	32	458	275	498	375	136	755	7
Dec.	2,546	-	39	464	274	492	378	131	761	7
1940 Jan.	2,588	-	45	466	271	464	409	128	798	7
Feb.	2,658	-	49	470	271	458	415	128	860	7
Mar.	2,709	-	54	468	267	453	415	125	920	7
Apr.	2,806	-	54	468	263	451	416	125	1,022	7
May	2,906	-	54	470	259	459	410	124	1,123	7
Jun.	2,966	-	54	478	166	477	414	127	1,243	7
Jul.	3,102	-	56	483	161	500	410	128	1,357	7
Aug.	3,295	-	65	485	158	539	407	128	1,506	7
Sep.	3,451	-	72	484	157	568	404	128	1,630	8
Oct.	3,642	-	87	483	154	581	408	127	1,794	8
Nov.	3,862	-	93	483	153	613	404	125	1,983	8
Dec.	3,961	-	92	481	158	625	404	124	2,069	8
1941 Jan.	4,219	-	92	478	165	630	403	122	2,326	3
Feb.	4,479	-	103	484	195	647	401	131	2,513	5
Mar.	4,975	-	108	494	240	775	397	133	2,814	14
Apr.	5,604	-	112	522	276	939	394	133	3,199	29
May	6,102	-	112	554	279	969	389	132	3,630	37
Jun.	6,777	-	120	611	292	1,018	415	144	4,124	53
Jul.	7,423	-	121	642	323	1,101	434	159	4,568	75
Aug.	8,242	-	121	696	339	1,374	458	174	4,979	101
Sep.	9,063	-	126	722	350	1,513	482	187	5,544	139
Oct.	9,964	-	137	751	356	1,696	473	206	6,199	146
Nov.	10,329	-	157	685	350	1,618	495	216	6,594	214
Dec.	12,297	-	288	745	799	2,170	475	254	7,340	226
1942 Jan.	13,401	-	315	709	798	2,349	458	273	8,200	299
Feb.	14,420	-	365	690	756	2,446	440	292	9,008	423
Mar.	16,364	-	504	799	745	2,646	436	423	10,014	797
Apr.	17,807	-	627	829	722	2,731	453	557	10,853	1,035
May	19,617	-	721	886	670	2,762	461	663	11,948	1,506
Jun.	21,173	-	846	1,047	696	2,950	468	824	12,610	1,732
Jul.	23,237	-	1,062	1,380	819	3,375	463	1,066	13,054	2,018
Aug.	25,456	-	1,223	1,656	874	4,064	465	1,224	13,683	2,267
Sep.	27,105	-	1,433	1,872	961	4,321	480	1,388	14,278	2,372
Oct.	29,150	-	1,605	2,074	1,099	4,789	484	1,549	15,029	2,521
Nov.	30,825	-	1,802	2,300	1,127	4,915	470	1,693	15,879	2,639
Dec.	33,304	3	2,076	2,556	1,201	5,303	468	1,857	17,044	2,796
1943 Jan.	35,710	3	2,305	2,753	1,308	5,490	511	2,109	18,338	2,893
Feb.	38,163	2	2,625	2,927	1,574	5,837	497	2,264	19,423	3,014
Mar.	41,184	2	3,029	3,309	1,601	6,415	545	2,984	20,325	2,974
Apr.	44,216	2	3,518	3,630	1,614	7,110	514	3,472	21,229	3,127
May	46,534	2	3,954	3,890	1,572	7,617	487	3,823	22,145	3,044
Jun.	49,018	2	4,421	4,242	1,689	8,010	486	4,268	22,849	3,051
Jul.	51,783	3	4,921	4,415	1,786	8,749	458	4,648	23,345	3,458
Aug.	53,531	11	5,415	4,472	1,836	9,020	458	4,991	23,871	3,457
Sep.	55,720	21	5,974	4,473	1,867	9,442	547	5,405	24,339	3,652
Oct.	58,506	24	6,572	4,217	2,175	10,142	528	5,776	25,231	3,841
Nov.	61,190	47	7,288	4,144	2,235	10,948	582	6,138	25,819	3,989
Dec.	64,232	91	8,027	4,370	2,371	11,875	714	6,466	26,051	4,267
1944 Jan.	67,030	142	8,701	4,552	2,609	13,040	767	6,802	26,533	3,884
Feb.	70,043	196	9,278	4,754	2,660	14,103	797	7,264	26,997	3,994
Mar.	73,173	248	10,000	4,961	2,730	14,963	843	7,864	27,412	4,152
Apr.	74,968	307	10,492	5,021	2,799	15,256	941	8,325	27,694	4,133
May	77,434	388	11,111	5,120	2,917	15,818	1,029	8,921	27,923	4,207
Jun.	78,757	445	11,720	5,427	2,914	15,644	1,056	9,433	27,907	4,211
Jul.	79,908	500	11,967	5,606	3,043	15,793	1,332	9,908	27,568	4,191
Aug.	79,660	564	12,255	6,246	3,249	16,019	1,475	10,196	26,085	3,571
Sep.	77,959	652	12,526	6,211	3,338	16,183	1,675	10,387	23,254	3,733
Oct.	74,522	748	12,590	6,262	3,202	16,646	1,763	10,384	19,786	3,141
Nov.	72,567	862	12,840	6,254	3,047	16,958	1,719	10,299	17,479	3,109
Dec.	72,726	977	12,813	6,189	2,980	17,198	1,804	10,456	17,060	3,249
1945 Jan.	71,430	1,151	12,844	6,208	2,813	17,332	1,866	10,237	15,840	3,139
Feb.	70,735	1,373	12,890	6,137	2,757	17,664	1,890	10,138	14,708	3,178
Mar.	70,583	1,613	12,883	6,094	2,753	17,708	1,950	9,955	14,124	3,503
Apr.	69,581	1,852	12,919	6,022	2,750	17,440	2,007	9,540	13,494	3,557
May	69,089	2,083	12,718	5,869	2,844	17,725	2,009	9,367	12,873	3,601
Jun.	68,398	2,374	12,221	5,576	3,063	17,703	1,990	9,473	12,581	3,417
Jul.	65,795	2,624	11,778	5,523	3,002	17,279	1,977	9,593	10,671	3,348
Aug.	63,715	2,865	11,065	5,384	3,079	16,799	1,971	9,561	9,558	3,433

Table 84 — AIRPLANES ON HAND IN THE AAF, BY TYPE AND PRINCIPAL MODEL: NOV 1941 TO AUG 1945

(The data below do not reflect changes resulting from information becoming available subsequent to the initial reporting date. Figures are as of end of month.)

Type and Model	1941		1942									
	Nov	Dec	Jan	Feb	Mar	Apr	May	Jun	Jul	Aug	Sep	Oct
Total	10,329	12,297	13,401	14,420	16,364	17,807	19,617	21,173	23,237	25,456	27,105	29,150
Combat Airplanes	3,305	4,477	4,629	4,697	5,130	5,362	5,500	6,007	7,099	8,282	9,067	10,051
Heavy Bombers - Total	157	288	315	365	504	627	721	846	1,062	1,223	1,433	1,605
1st Line - Total	156	287	313	363	502	625	719	844	1,060	1,221	1,431	1,603
B-17	145	198	221	261	355	445	499	535	645	721	830	926
B-24	11	89	92	102	147	180	220	309	415	500	601	677
2nd Line & Misc	1	1	2	2	2	2	2	2	2	2	2	2
Medium Bombers - Total	685	745	709	690	799	829	886	1,047	1,380	1,656	1,872	2,074
1st Line - Total	256	332	340	335	459	498	565	687	870	1,109	1,296	1,398
B-25	113	151	158	145	231	260	290	356	473	629	737	812
B-26	143	181	182	190	228	238	275	331	397	480	559	586
2nd Line & Misc	429	413	369	355	340	331	321	360	510	547	576	676
Light Bombers - Total	350	799	798	756	745	722	670	696	819	874	961	1,099
1st Line - Total	342	792	796	754	743	721	669	695	819	874	961	1,099
A-20	131	417	433	396	397	383	367	359	398	419	473	567
A-36	-	-	-	-	-	-	-	-	-	-	-	31
Other	211	375	363	358	346	338	302	336	421	455	488	501
2nd Line & Misc	8	7	2	2	2	1	1	1	-	-	-	-
Fighters - Total	1,618	2,170	2,349	2,446	2,646	2,731	2,762	2,950	3,375	4,064	4,321	4,789
1st Line - Total	1,603	2,155	2,347	2,444	2,644	2,729	2,760	2,948	3,373	4,062	4,319	4,787
P-38	69	96	132	181	309	387	469	550	706	797	881	997
P-39	325	609	684	755	807	803	883	922	996	1,005	1,033	1,200
P-40	755	938	1,080	1,143	1,192	1,227	1,100	1,162	1,320	1,601	1,776	1,909
P-47	-	1	1	1	3	3	5	30	59	120	177	226
P-51	-	-	2	2	2	2	2	2	6	43	60	58
Other	454	511	448	362	331	307	301	282	286	496	392	397
2nd Line & Misc	15	15	2	2	2	2	2	2	2	2	2	2
Reconnaissance - Total	495	475	458	440	436	453	461	468	463	465	480	484
1st Line - Total	489	469	455	437	433	453	461	468	460	462	477	482
F-4, F-5	-	-	-	-	5	39	55	82	87	112	126	142
Other	489	469	455	437	428	414	406	386	373	350	351	340
2nd Line & Misc	6	6	3	3	3	-	-	-	3	3	3	2
Transports - Total	216	254	273	292	423	557	663	824	1,066	1,224	1,388	1,549
C-46	-	-	-	-	-	-	-	1	4	6	14	19
C-47, C-53	25	33	51	76	107	215	279	335	468	567	653	709
C-54	-	-	-	-	1	1	2	3	9	12	19	22
C-87	-	-	-	-	-	-	-	-	-	1	10	18
Other Hv & Med Trans	108	110	109	108	137	131	130	205	254	277	295	323
Light Transports	83	111	113	108	178	210	252	280	331	361	397	458
Trainers - Total	6,594	7,340	8,200	9,008	10,014	10,853	11,948	12,610	13,054	13,683	14,278	15,029
Advanced	1,409	1,574	1,860	2,132	2,518	2,878	3,335	3,589	3,764	4,038	4,450	4,770
Basic	2,008	2,248	2,497	2,813	3,087	3,384	3,646	3,898	4,059	4,342	4,407	4,756
Primary	3,177	3,518	3,843	4,063	4,409	4,591	4,967	5,123	5,231	5,303	5,421	5,503
Communications - Total	214	226	299	423	797	1,035	1,506	1,732	2,018	2,267	2,372	2,521
Liaison	213	225	298	422	796	1,034	1,505	1,730	2,016	2,265	2,370	2,520
Rotary Wing	1	1	1	1	1	1	1	2	2	2	2	1

Table 84 — AIRPLANES ON HAND IN THE AAF, BY TYPE AND PRINCIPAL MODEL: NOV 1941 TO AUG 1945 — Continued

Type and Model	1942 Nov	1942 Dec	1943 Jan	1943 Feb	1943 Mar	1943 Apr	1943 May	1943 Jun	1943 Jul	1943 Aug	1943 Sep	1943 Oct
Total	30,825	33,304	35,710	38,163	41,184	44,216	46,534	49,018	51,783	53,531	55,720	58,506
Combat Airplanes	10,614	11,607	12,370	13,462	14,901	16,388	17,522	18,850	20,332	21,212	22,324	23,658
Very Heavy Bombers-Total	-	3	3	2	2	2	2	2	3	11	21	24
1st Line												
B-29	-	-	-	-	-	-	-	-	-	-	5	9
2nd Line & Misc	-	3	3	2	2	2	2	2	3	11	16	15
Heavy Bombers - Total	1,802	2,076	2,305	2,625	3,029	3,518	3,954	4,421	4,921	5,415	5,974	6,572
1st Line - Total	1,799	2,073	2,229	2,548	2,939	3,432	3,862	4,327	4,833	5,339	5,852	6,379
B-17	1,063	1,239	1,356	1,556	1,765	2,035	2,265	2,460	2,675	2,874	3,031	3,194
B-24	736	834	873	992	1,174	1,397	1,597	1,867	2,158	2,465	2,821	3,185
2nd Line & Misc	3	3	76	77	90	86	92	94	88	76	122	193
Medium Bombers - Total	2,300	2,556	2,753	2,927	3,309	3,630	3,890	4,242	4,415	4,472	4,473	4,217
1st Line - Total	1,576	1,840	1,850	2,061	2,486	2,815	3,105	3,450	3,633	3,729	3,761	3,587
B-25	912	1,128	1,237	1,347	1,577	1,701	1,817	2,014	2,059	2,104	2,155	2,106
B-26	664	712	613	714	909	1,114	1,288	1,436	1,574	1,625	1,606	1,481
2nd Line & Misc	724	716	903	866	823	815	785	792	782	743	712	630
Light Bombers - Total	1,127	1,201	1,308	1,574	1,601	1,614	1,572	1,689	1,786	1,836	1,867	2,175
1st Line - Total	1,127	1,201	789	1,077	1,126	1,143	1,146	1,275	1,385	1,513	908	887
A-20	587	569	393	450	434	419	391	478	479	528	545	608
A-26	-	-	-	-	-	-	-	-	-	-	1	2
A-36	29	111	226	445	442	452	436	419	391	347	305	277
Other	511	521	170	182	250	272	319	378	515	638	57	-
2nd Line & Misc	-	-	519	497	475	471	426	414	401	323	959	1,288
Fighters - Total	4,915	5,303	5,490	5,837	6,415	7,110	7,617	8,010	8,749	9,020	9,442	10,142
1st Line - Total	4,913	5,301	4,667	5,059	5,663	6,416	6,966	7,425	8,188	8,514	8,941	9,581
P-38	1,046	1,123	871	1,001	1,086	1,183	1,213	1,267	1,421	1,315	1,270	1,525
P-39	1,143	1,116	1,137	1,162	1,343	1,581	1,800	1,898	1,984	2,050	1,981	1,913
P-40	1,951	2,133	2,017	2,072	2,226	2,295	2,287	2,371	2,365	2,352	2,388	2,267
P-47	326	442	378	528	678	913	1,118	1,272	1,716	1,975	2,381	2,796
P-51	57	57	56	56	87	184	286	298	327	438	560	720
P-61	-	-	-	-	-	-	-	-	-	-	-	2
P-63	-	-	-	-	-	-	-	-	-	-	-	2
Other	390	430	208	240	243	260	262	319	375	384	361	356
2nd Line & Misc	2	2	823	778	752	694	651	585	561	506	501	561
Reconnaissance - Total	470	468	511	497	545	514	487	486	458	458	547	528
1st Line - Total	469	467	510	496	544	513	486	484	456	246	338	313
F-4, F-5	141	146	204	198	252	232	218	203	185	180	263	229
Other	328	321	306	298	292	281	268	281	271	66	75	84
2nd Line & Misc	1	1	1	1	1	1	1	2	2	212	209	215
Transports - Total	1,693	1,857	2,109	2,264	2,984	3,472	3,823	4,268	4,648	4,991	5,405	5,776
C-46	20	28	39	56	95	103	131	161	192	204	228	224
C-47, C-53	735	835	899	967	1,059	1,238	1,343	1,515	1,598	1,677	1,821	1,966
C-54	23	23	25	31	36	38	42	46	51	54	59	65
C-87	31	36	49	59	60	69	80	91	100	101	100	105
Other Hv & Med Trans	337	378	406	425	430	451	452	468	474	472	473	479
Light Transports	547	557	691	726	1,304	1,573	1,775	1,987	2,233	2,483	2,724	2,937
Trainers - Total	15,879	17,044	18,338	19,423	20,325	21,229	22,145	22,849	23,345	23,871	24,339	25,231
Advanced	5,255	5,890	6,603	7,171	7,443	7,797	8,130	8,374	8,491	8,638	8,757	9,242
Basic	4,961	5,261	5,508	5,783	6,130	6,446	6,625	6,747	6,910	7,103	7,222	7,441
Primary	5,663	5,893	6,227	6,469	6,752	6,986	7,390	7,728	7,944	8,130	8,360	8,548
Communications - Total	2,639	2,796	2,893	3,014	2,974	3,127	3,044	3,051	3,458	3,457	3,652	3,841
Liaison	2,638	2,795	2,892	3,013	2,973	3,126	3,043	3,050	3,456	3,453	3,647	3,834
Rotary Wing	1	1	1	1	1	1	1	1	2	4	5	7

Table 84 — AIRPLANES ON HAND IN THE AAF, BY TYPE AND PRINCIPAL MODEL: NOV 1941 TO AUG 1945 — Continued

Type and Model	1943		1944									
	Nov	Dec	Jan	Feb	Mar	Apr	May	Jun	Jul	Aug	Sep	Oct
Total..................	61,190	64,232	67,030	70,043	73,173	74,968	77,434	78,757	79,908	79,660	77,959	74,522
Combat Airplanes..........	25,244	27,448	29,811	31,788	33,745	34,816	36,383	37,206	38,241	39,808	40,585	41,211
Very Heavy Bombers-Total	47	91	142	196	248	307	388	445	500	564	652	748
1st Line												
B-29...............	32	76	128	182	235	295	376	435	492	558	647	743
2nd Line & Misc.......	15	15	14	14	13	12	12	10	8	6	5	5
Heavy Bombers - Total...	7,288	8,027	8,701	9,278	10,000	10,492	11,111	11,720	11,967	12,255	12,526	12,590
1st Line - Total......	6,225	7,018	7,697	8,292	9,024	9,459	9,948	10,305	10,431	10,522	10,595	10,342
B-17..............	3,270	3,528	3,717	3,836	4,070	4,160	4,268	4,428	4,525	4,574	4,552	4,499
B-24..............	2,955	3,490	3,980	4,456	4,954	5,299	5,680	5,877	5,906	5,948	6,043	5,843
2nd Line & Misc.......	1,063	1,009	1,004	986	976	1,033	1,163	1,415	1,536	1,733	1,931	2,248
Medium Bombers - Total..	4,144	4,370	4,552	4,754	4,961	5,021	5,120	5,427	5,606	6,246	6,211	6,262
1st Line - Total......	3,530	3,768	3,951	4,187	4,310	4,339	4,321	4,348	4,458	4,269	3,790	3,552
B-25..............	2,057	2,117	2,136	2,265	2,379	2,456	2,553	2,562	2,656	2,600	2,289	2,151
B-26..............	1,473	1,651	1,815	1,922	1,931	1,883	1,768	1,786	1,802	1,669	1,501	1,401
2nd Line & Misc.......	614	602	601	567	651	682	799	1,079	1,148	1,977	2,421	2,710
Light Bombers - Total...	2,235	2,371	2,609	2,660	2,730	2,799	2,917	2,914	3,043	3,249	3,338	3,202
1st Line - Total......	983	1,099	1,165	1,243	1,325	1,386	1,493	1,598	1,733	1,908	2,038	2,027
A-20..............	743	867	948	1,046	1,135	1,194	1,297	1,397	1,520	1,666	1,711	1,605
A-26..............	3	6	10	17	24	39	66	81	113	189	278	380
A-36..............	237	226	207	180	166	153	130	120	100	53	49	42
2nd Line & Misc.......	1,252	1,272	1,444	1,417	1,405	1,413	1,424	1,316	1,310	1,341	1,300	1,175
Fighters - Total........	10,948	11,875	13,040	14,103	14,963	15,256	15,818	15,644	15,793	16,019	16,183	16,646
1st Line - Total......	10,402	11,328	12,484	13,561	14,377	14,688	15,180	14,673	14,828	14,622	14,779	14,980
P-38..............	1,712	1,805	1,948	2,130	2,294	2,382	2,457	2,383	2,453	2,479	2,579	2,644
P-39..............	1,975	2,019	2,068	2,150	2,043	1,942	1,793	1,401	1,298	1,163	1,015	844
P-40..............	2,195	2,245	2,275	2,330	2,417	2,499	2,434	2,314	2,286	2,096	2,090	1,990
P-47..............	3,235	3,765	4,349	4,687	5,041	5,297	5,446	5,317	5,483	5,375	5,413	5,353
P-51..............	924	1,165	1,420	1,733	2,027	2,086	2,484	2,693	2,733	2,779	2,933	3,341
P-59..............	-	-	-	-	-	-	-	-	-	-	2	6
P-61..............	8	8	31	50	73	101	119	164	177	221	263	320
P-63..............	2	6	36	70	73	94	221	210	217	339	330	323
Other..............	351	315	357	411	409	287	226	191	181	170	154	159
2nd Line & Misc.......	546	547	556	542	586	568	638	971	965	1,397	1,404	1,666
Reconnaissance - Total..	582	714	767	797	843	941	1,029	1,056	1,332	1,475	1,675	1,763
1st Line - Total......	393	528	588	626	674	779	872	915	1,192	1,372	1,592	1,700
F-4, F-5..........	294	393	379	365	369	437	497	517	552	591	684	748
F-6...............	-	-	-	-	-	-	-	-	193	289	390	417
F-13..............	-	-	-	-	-	-	-	-	-	1	10	22
Other..............	99	135	209	261	305	342	375	398	447	491	508	513
2nd Line & Misc.......	189	186	179	171	169	162	157	141	140	103	83	63
Transports - Total........	6,138	6,466	6,802	7,264	7,864	8,325	8,921	9,433	9,908	10,196	10,387	10,384
C-46..............	239	244	268	281	307	413	488	541	649	715	858	988
C-47, C-53.........	2,095	2,230	2,397	2,651	3,033	3,366	3,779	4,156	4,454	4,602	4,658	4,800
C-54..............	70	79	88	99	106	119	134	152	178	214	248	273
C-87..............	105	115	121	133	145	156	177	185	208	198	177	169
Other Hv & Med Trans	479	466	463	464	455	426	422	405	367	381	411	489
Light Transports....	3,150	3,332	3,465	3,636	3,818	3,845	3,921	3,994	4,052	4,086	4,035	3,665
Trainers - Total..........	25,819	26,051	26,533	26,997	27,412	27,694	27,923	27,907	27,568	26,085	23,254	19,786
Advanced...........	9,576	9,770	9,960	10,112	10,242	10,383	10,492	10,511	10,650	10,161	10,190	9,867
Basic..............	7,480	7,485	7,655	7,804	7,903	7,961	8,038	7,999	7,864	7,721	6,684	5,968
Primary............	8,763	8,796	8,918	9,081	9,267	9,350	9,393	9,397	9,054	8,203	6,380	3,951
Communications - Total....	3,989	4,267	3,884	3,994	4,152	4,133	4,207	4,211	4,191	3,571	3,733	3,141
Liaison............	3,980	4,255	3,871	3,977	4,133	4,114	4,183	4,184	4,162	3,534	3,689	3,094
Rotary Wing.........	9	12	13	17	19	19	24	27	29	37	44	47

Table 84 — AIRPLANES ON HAND IN THE AAF, BY TYPE AND PRINCIPAL MODEL: NOV 1941 TO AUG 1945 — Continued

Type and Model	1942		1943									
	Nov	Dec	Jan	Feb	Mar	Apr	May	Jun	Jul	Aug	Sep	Oct
Total................	30,825	33,304	35,710	38,163	41,184	44,216	46,534	49,018	51,783	53,531	55,720	58,506
Combat Airplanes.........	10,614	11,607	12,370	13,462	14,901	16,388	17,522	18,850	20,332	21,212	22,324	23,658
Very Heavy Bombers-Total	-	3	3	2	2	2	2	2	3	11	21	24
1st Line												
B-29.............	-	-	-	-	-	-	-	-	-	-	5	9
2nd Line & Misc......	-	3	3	2	2	2	2	2	3	11	16	15
Heavy Bombers - Total..	1,802	2,076	2,305	2,625	3,029	3,518	3,954	4,421	4,921	5,415	5,974	6,572
1st Line - Total.....	1,799	2,073	2,229	2,548	2,939	3,432	3,862	4,327	4,833	5,339	5,852	6,379
B-17.............	1,063	1,239	1,356	1,556	1,765	2,035	2,265	2,460	2,675	2,874	3,031	3,194
B-24.............	736	834	873	992	1,174	1,397	1,597	1,867	2,158	2,465	2,821	3,185
2nd Line & Misc......	3	3	76	77	90	86	92	94	88	76	122	193
Medium Bombers - Total.	2,300	2,556	2,753	2,927	3,309	3,630	3,890	4,242	4,415	4,472	4,473	4,217
1st Line - Total.....	1,576	1,840	1,850	2,061	2,486	2,815	3,105	3,450	3,633	3,729	3,761	3,587
B-25.............	912	1,128	1,237	1,347	1,577	1,701	1,817	2,014	2,059	2,104	2,155	2,106
B-26.............	664	712	613	714	909	1,114	1,288	1,436	1,574	1,625	1,606	1,481
2nd Line & Misc......	724	716	903	866	823	815	785	792	782	743	712	630
Light Bombers - Total..	1,127	1,201	1,308	1,574	1,601	1,614	1,572	1,689	1,786	1,836	1,867	2,175
1st Line - Total.....	1,127	1,201	789	1,077	1,126	1,143	1,146	1,275	1,385	1,513	908	887
A-20.............	587	569	393	450	434	419	391	478	479	528	545	608
A-26.............	-	-	-	-	-	-	-	-	-	-	1	2
A-36.............	29	111	226	445	442	452	436	419	391	347	305	277
Other............	511	521	170	182	250	272	319	378	515	638	57	-
2nd Line & Misc......	-	-	519	497	475	471	426	414	401	323	959	1,288
Fighters - Total......	4,915	5,303	5,490	5,837	6,415	7,110	7,617	8,010	8,749	9,020	9,442	10,142
1st Line - Total.....	4,913	5,301	4,667	5,059	5,663	6,416	6,966	7,425	8,188	8,514	8,941	9,581
P-38.............	1,046	1,123	871	1,001	1,086	1,183	1,213	1,267	1,421	1,315	1,270	1,525
P-39.............	1,143	1,116	1,137	1,162	1,343	1,581	1,800	1,898	1,984	2,050	1,981	1,913
P-40.............	1,951	2,133	2,017	2,072	2,226	2,295	2,287	2,371	2,365	2,352	2,388	2,267
P-47.............	326	442	378	528	678	913	1,118	1,272	1,716	1,975	2,381	2,796
P-51.............	57	57	56	56	87	184	286	298	327	438	560	720
P-61.............	-	-	-	-	-	-	-	-	-	-	-	2
P-63.............	-	-	-	-	-	-	-	-	-	-	-	2
Other............	390	430	208	240	243	260	262	319	375	384	361	356
2nd Line & Misc......	2	2	823	778	752	694	651	585	561	506	501	561
Reconnaissance - Total.	470	468	511	497	545	514	487	486	458	458	547	528
1st Line - Total.....	469	467	510	496	544	513	486	484	456	246	338	313
F-4, F-5...........	141	146	204	198	252	232	218	203	185	180	263	229
Other............	328	321	306	298	292	281	268	281	271	66	75	84
2nd Line & Misc......	1	1	1	1	1	1	1	2	2	212	209	215
Transports - Total.......	1,693	1,857	2,109	2,264	2,984	3,472	3,823	4,268	4,648	4,991	5,405	5,776
C-46............	20	28	39	56	95	103	131	161	192	204	228	224
C-47, C-53.........	735	835	899	967	1,059	1,238	1,343	1,515	1,598	1,677	1,821	1,966
C-54............	23	23	25	31	36	38	42	46	51	54	59	65
C-87............	31	36	49	59	60	69	80	91	100	101	100	105
Other Hv & Med Trans	337	378	406	425	430	451	452	468	474	472	473	479
Light Transports...	547	557	691	726	1,304	1,573	1,775	1,987	2,233	2,483	2,724	2,937
Trainers - Total.........	15,879	17,044	18,338	19,423	20,325	21,229	22,145	22,849	23,345	23,871	24,339	25,231
Advanced..........	5,255	5,890	6,603	7,171	7,443	7,797	8,130	8,374	8,491	8,638	8,757	9,242
Basic............	4,961	5,261	5,508	5,783	6,130	6,446	6,625	6,747	6,910	7,103	7,222	7,441
Primary...........	5,663	5,893	6,227	6,469	6,752	6,986	7,390	7,728	7,944	8,130	8,360	8,548
Communications - Total...	2,639	2,796	2,893	3,014	2,974	3,127	3,044	3,051	3,458	3,457	3,652	3,841
Liaison...........	2,638	2,795	2,892	3,013	2,973	3,126	3,043	3,050	3,456	3,453	3,647	3,834
Rotary Wing........	1	1	1	1	1	1	1	1	2	4	5	7

Table 84 — AIRPLANES ON HAND IN THE AAF, BY TYPE AND PRINCIPAL MODEL: NOV 1941 TO AUG 1945 — Continued

Type and Model	1943		1944									
	Nov	Dec	Jan	Feb	Mar	Apr	May	Jun	Jul	Aug	Sep	Oct
Total	61,190	64,232	67,030	70,043	73,173	74,968	77,434	78,757	79,908	79,660	77,959	74,522
Combat Airplanes	25,244	27,448	29,811	31,788	33,745	34,816	36,383	37,206	38,241	39,808	40,585	41,211
Very Heavy Bombers-Total	47	91	142	196	248	307	388	445	500	564	652	748
1st Line												
B-29	32	76	128	182	235	295	376	435	492	558	647	743
2nd Line & Misc.	15	15	14	14	13	12	12	10	8	6	5	5
Heavy Bombers - Total	7,288	8,027	8,701	9,278	10,000	10,492	11,111	11,720	11,967	12,255	12,526	12,590
1st Line - Total	6,225	7,018	7,697	8,292	9,024	9,459	9,948	10,305	10,431	10,522	10,595	10,342
B-17	3,270	3,528	3,717	3,836	4,070	4,160	4,268	4,428	4,525	4,574	4,552	4,499
B-24	2,955	3,490	3,980	4,456	4,954	5,299	5,680	5,877	5,906	5,948	6,043	5,843
2nd Line & Misc.	1,063	1,009	1,004	986	976	1,033	1,163	1,415	1,536	1,733	1,931	2,248
Medium Bombers - Total	4,144	4,370	4,552	4,754	4,961	5,021	5,120	5,427	5,606	6,246	6,211	6,262
1st Line - Total	3,530	3,768	3,951	4,187	4,310	4,339	4,321	4,348	4,458	4,269	3,790	3,552
B-25	2,057	2,117	2,136	2,265	2,379	2,456	2,553	2,562	2,656	2,600	2,289	2,151
B-26	1,473	1,651	1,815	1,922	1,931	1,883	1,768	1,786	1,802	1,669	1,501	1,401
2nd Line & Misc.	614	602	601	567	651	682	799	1,079	1,148	1,977	2,421	2,710
Light Bombers - Total	2,235	2,371	2,609	2,660	2,730	2,799	2,917	2,914	3,043	3,249	3,338	3,202
1st Line - Total	983	1,099	1,165	1,243	1,325	1,386	1,493	1,598	1,733	1,908	2,038	2,027
A-20	743	867	948	1,046	1,135	1,194	1,297	1,397	1,520	1,666	1,711	1,605
A-26	3	6	10	17	24	39	66	81	113	189	278	380
A-36	237	226	207	180	166	153	130	120	100	53	49	42
2nd Line & Misc.	1,252	1,272	1,444	1,417	1,405	1,413	1,424	1,316	1,310	1,341	1,300	1,175
Fighters - Total	10,948	11,875	13,040	14,103	14,963	15,256	15,818	15,644	15,793	16,019	16,183	16,646
1st Line - Total	10,402	11,328	12,484	13,561	14,377	14,688	15,180	14,673	14,828	14,622	14,779	14,980
P-38	1,712	1,805	1,948	2,130	2,294	2,382	2,457	2,383	2,453	2,479	2,579	2,644
P-39	1,975	2,019	2,068	2,150	2,043	1,942	1,793	1,401	1,298	1,163	1,015	844
P-40	2,195	2,245	2,275	2,330	2,417	2,499	2,434	2,314	2,286	2,096	2,090	1,990
P-47	3,235	3,765	4,349	4,687	5,041	5,297	5,446	5,317	5,483	5,375	5,413	5,353
P-51	924	1,165	1,420	1,733	2,027	2,086	2,484	2,693	2,733	2,779	2,933	3,341
P-59	-	-	-	-	-	-	-	-	-	-	2	6
P-61	8	8	31	50	73	101	119	164	177	221	263	320
P-63	2	6	36	70	73	94	221	210	217	339	330	323
Other	351	315	357	411	409	287	226	191	181	170	154	159
2nd Line & Misc.	546	547	556	542	586	568	638	971	965	1,397	1,404	1,666
Reconnaissance - Total	582	714	767	797	843	941	1,029	1,056	1,332	1,475	1,675	1,763
1st Line - Total	393	528	588	626	674	779	872	915	1,192	1,372	1,592	1,700
F-4, F-5	294	393	379	365	369	437	497	517	552	591	684	748
F-6	-	-	-	-	-	-	-	-	193	289	390	417
F-13	-	-	-	-	-	-	-	-	-	1	10	22
Other	99	135	209	261	305	342	375	398	447	491	508	513
2nd Line & Misc.	189	186	179	171	169	162	157	141	140	103	83	63
Transports - Total	6,138	6,466	6,802	7,264	7,864	8,325	8,921	9,433	9,908	10,196	10,387	10,384
C-46	239	244	268	281	307	413	488	541	649	715	858	988
C-47, C-53	2,095	2,230	2,397	2,651	3,033	3,366	3,779	4,156	4,454	4,602	4,658	4,800
C-54	70	79	88	99	106	119	134	152	178	214	248	273
C-87	105	115	121	133	145	156	177	185	208	198	177	169
Other Hv & Med Trans	479	466	463	464	455	426	422	405	367	381	411	489
Light Transports	3,150	3,332	3,465	3,636	3,818	3,845	3,921	3,994	4,052	4,086	4,035	3,665
Trainers - Total	25,819	26,051	26,533	26,997	27,412	27,694	27,923	27,907	27,568	26,085	23,254	19,786
Advanced	9,576	9,770	9,960	10,112	10,242	10,383	10,492	10,511	10,650	10,161	10,190	9,867
Basic	7,480	7,485	7,655	7,804	7,903	7,961	8,038	7,999	7,864	7,721	6,684	5,968
Primary	8,763	8,796	8,918	9,081	9,267	9,350	9,393	9,397	9,054	8,203	6,380	3,951
Communications - Total	3,989	4,267	3,884	3,994	4,152	4,133	4,207	4,211	4,191	3,571	3,733	3,141
Liaison	3,980	4,255	3,871	3,977	4,133	4,114	4,183	4,184	4,162	3,534	3,689	3,094
Rotary Wing	9	12	13	17	19	19	24	27	29	37	44	47

Table 84 — AIRPLANES ON HAND IN THE AAF, BY TYPE AND PRINCIPAL MODEL: NOV 1941 TO AUG 1945—Continued

Type and Model	1944		1945							
	Nov	Dec	Jan	Feb	Mar	Apr	May	Jun	Jul	Aug
Total.....................	72,567	72,726	71,430	70,735	70,583	69,581	69,089	68,398	65,795	63,715
Combat Airplanes............	41,680	41,961	42,214	42,711	43,001	42,990	43,248	42,927	42,183	41,163
Very Heavy Bombers - Total	862	977	1,151	1,373	1,613	1,852	2,083	2,374	2,624	2,865
1st Line										
B-29...................	834	942	1,096	1,114	1,295	1,415	1,565	1,764	1,970	2,132
2nd Line & Misc.........	28	35	55	259	318	437	518	610	654	733
Heavy Bombers - Total.....	12,840	12,813	12,844	12,890	12,883	12,919	12,718	12,221	11,778	11,065
1st Line - Total.......	10,201	10,103	9,869	9,629	9,249	8,931	8,733	8,724	8,339	7,975
B-17...................	4,440	4,419	4,253	4,146	3,972	3,717	3,654	3,692	3,675	3,677
B-24...................	5,760	5,678	5,609	5,474	5,267	5,201	5,055	4,986	4,606	4,236
B-32...................	1	6	7	9	10	13	24	46	58	62
2nd Line & Misc.........	2,639	2,710	2,975	3,261	3,634	3,988	3,985	3,497	3,439	3,090
Medium Bombers - Total....	6,254	6,189	6,208	6,137	6,094	6,022	5,869	5,576	5,523	5,384
1st Line - Total.......	3,374	3,181	3,250	3,169	3,113	3,084	2,987	2,799	2,737	2,595
B-25...................	2,040	1,942	2,139	2,138	2,160	2,154	2,087	2,039	1,988	1,865
B-26...................	1,334	1,239	1,111	1,031	953	930	900	760	749	730
2nd Line & Misc.........	2,880	3,008	2,958	2,968	2,981	2,938	2,882	2,777	2,786	2,789
Light Bombers - Total.....	3,047	2,980	2,813	2,757	2,753	2,750	2,844	3,063	3,002	3,079
1st Line - Total.......	2,034	2,107	2,129	2,167	2,264	2,328	2,512	2,724	2,712	2,788
A-20...................	1,497	1,417	1,300	1,195	1,085	985	839	806	775	739
A-26...................	495	653	797	941	1,152	1,319	1,652	1,906	1,927	2,049
A-36...................	42	37	32	31	27	24	21	12	10	-
2nd Line & Misc.........	1,013	873	684	590	489	422	332	339	290	291
Fighters - Total...........	16,958	17,198	17,332	17,664	17,708	17,440	17,725	17,703	17,279	16,799
1st Line - Total.......	14,923	15,100	15,190	15,510	15,538	15,326	15,611	15,493	14,848	13,961
P-38...................	2,775	2,759	2,745	2,764	2,863	2,775	2,753	2,732	2,568	2,417
P-39...................	822	746	665	575	354	237	156	97	53	22
P-40...................	1,822	1,716	1,564	1,522	1,390	1,281	1,031	763	434	116
P-47...................	5,047	5,100	5,011	5,133	5,302	5,364	5,595	5,595	5,408	5,308
P-51...................	3,666	3,914	4,338	4,642	4,802	4,833	5,192	5,471	5,541	5,384
P-59...................	13	16	17	20	17	20	20	20	26	35
P-61...................	352	422	440	455	468	475	476	493	487	437
P-63...................	322	320	309	308	265	295	346	282	272	183
P-80...................	-	-	-	1	3	3	11	24	45	45
Other..................	104	107	101	90	74	43	31	16	14	14
2nd Line & Misc.........	2,035	2,098	2,142	2,154	2,170	2,114	2,114	2,210	2,431	2,838
Reconnaissance - Total....	1,719	1,804	1,866	1,890	1,950	2,007	2,009	1,990	1,977	1,971
1st Line - Total.......	1,659	1,746	1,811	1,843	1,893	1,944	1,941	1,938	1,899	1,784
F-4, F-5...............	713	704	725	764	774	826	826	844	795	705
F-6....................	412	469	470	448	436	442	446	466	479	470
F-13...................	31	45	48	46	52	51	55	53	72	85
Other..................	503	528	568	585	631	625	614	575	553	524
2nd Line & Misc.........	60	58	55	47	57	63	68	52	78	187
Transports - Total.........	10,299	10,456	10,237	10,138	9,955	9,540	9,367	9,473	9,593	9,561
C-46...................	1,133	1,278	1,476	1,643	1,798	1,914	2,059	2,173	2,266	2,276
C-47, C-53.............	4,876	4,901	4,837	4,817	4,789	4,717	4,632	4,598	4,635	4,598
C-54...................	306	356	399	445	506	563	625	708	785	852
C-87...................	162	151	145	143	134	134	120	116	120	112
Other Hv & Med Trans..	491	464	453	451	402	364	269	248	231	215
Light Transports......	3,331	3,306	2,927	2,639	2,326	1,848	1,662	1,630	1,556	1,508
Trainers - Total...........	17,479	17,060	15,840	14,708	14,124	13,494	12,873	12,581	10,671	9,558
Advanced...............	9,495	9,399	9,044	8,563	8,349	7,861	7,651	7,514	7,466	7,432
Basic..................	4,706	4,599	3,686	3,064	2,750	2,634	2,307	2,253	1,262	635
Primary................	3,278	3,062	3,110	3,081	3,025	2,999	2,915	2,814	1,943	1,491
Communications - Total......	3,109	3,249	3,139	3,178	3,503	3,557	3,601	3,417	3,348	3,433
Liaison................	3,059	3,193	3,090	3,119	3,428	3,479	3,513	3,275	3,180	3,244
Rotary Wing............	50	56	49	59	75	78	88	142	168	189

Table 85 — AIRPLANES ON HAND IN CONTINENTAL US, BY TYPE AND PRINCIPAL MODEL: NOV 1941 TO AUG 1945

(The data below do not reflect changes resulting from information becoming available subsequent to the initial reporting date. Figures are as of end of month.)

Type and Model	1941		1942									
	Nov	Dec	Jan	Feb	Mar	Apr	May	Jun	Jul	Aug	Sep	Oct
Total................	9,207	11,082	12,084	12,615	14,408	15,658	17,441	18,928	20,761	22,188	23,538	24,821
Combat Airplanes.........	2,281	3,372	3,428	3,025	3,309	3,366	3,512	4,009	4,925	5,432	5,984	6,357
Heavy Bombers - Total..	96	207	199	223	337	420	475	585	762	790	962	942
1st Line - Total.....	95	206	197	221	335	418	473	583	760	788	960	940
B-17................	84	117	107	133	211	281	312	333	408	393	501	505
B-24................	11	89	90	88	124	137	161	250	352	395	459	435
2nd Line & Misc......	1	1	2	2	2	2	2	2	2	2	2	2
Medium Bombers - Total.	531	597	576	533	612	614	599	812	1,125	1,347	1,527	1,659
1st Line - Total.....	256	332	316	274	366	386	375	548	710	903	1,049	1,070
B-25................	113	151	158	145	225	244	239	317	425	518	585	601
B-26................	143	181	158	129	141	142	136	231	285	385	464	469
2nd Line & Misc......	275	265	260	259	246	228	224	264	415	444	478	589
Light Bombers - Total..	235	688	682	648	619	571	548	565	682	743	836	962
1st Line - Total.....	231	684	680	646	617	570	547	564	682	743	836	962
A-20................	107	395	412	372	355	317	299	271	317	339	392	465
A-36................	-	-	-	-	-	-	-	-	-	-	-	31
Other...............	124	289	268	274	262	253	248	293	365	404	444	466
2nd Line & Misc......	4	4	2	2	2	1	1	1	-	-	-	-
Fighters - Total.......	969	1,442	1,567	1,234	1,359	1,365	1,484	1,634	1,959	2,168	2,265	2,418
1st Line - Total.....	948	1,421	1,565	1,232	1,357	1,363	1,482	1,632	1,957	2,166	2,263	2,416
P-38................	69	96	132	181	309	386	468	439	580	536	622	636
P-39................	265	503	491	294	297	260	343	430	473	423	400	492
P-40................	357	472	587	470	494	497	449	534	645	861	834	853
P-47................	-	1	1	1	3	3	5	30	59	120	177	226
P-51................	-	-	2	2	2	2	2	2	6	43	60	58
Other...............	257	349	352	284	252	215	215	197	194	183	170	151
2nd Line & Misc......	21	21	2	2	2	2	2	2	2	2	2	2
Reconnaissance - Total.	450	438	404	387	382	396	406	413	397	384	394	376
1st Line - Total.....	444	432	401	384	379	396	406	413	394	381	391	374
F-4, F-5............	-	-	-	-	5	35	51	79	75	79	88	89
Other...............	444	432	401	384	374	361	355	334	319	302	303	285
2nd Line & Misc......	6	6	3	3	3	-	-	-	3	3	3	2
Transports - Total.......	174	210	222	221	347	465	531	649	861	942	1,077	1,126
C-46................	-	-	-	-	-	-	-	1	4	6	14	19
C-47, C-53..........	25	33	41	61	88	186	225	245	348	391	461	411
C-54................	-	-	-	-	1	1	2	3	9	12	19	22
C-87................	-	-	-	-	-	-	-	-	-	1	10	18
Other Hv & Med Trans	91	92	93	90	119	112	100	174	224	230	234	257
Light Transports...	58	85	88	70	139	166	204	226	276	302	339	399
Trainers - Total.........	6,551	7,292	8,155	8,965	9,974	10,811	11,913	12,572	13,023	13,649	14,243	14,990
Advanced............	1,389	1,549	1,835	2,107	2,493	2,851	3,313	3,563	3,741	4,012	4,423	4,741
Basic...............	1,999	2,239	2,488	2,804	3,082	3,379	3,643	3,895	4,056	4,340	4,405	4,754
Primary.............	3,163	3,504	3,832	4,054	4,399	4,581	4,957	5,114	5,226	5,297	5,415	5,495
Communications - Total...	201	208	279	404	778	1,016	1,485	1,698	1,952	2,165	2,234	2,348
Liaison.............	200	207	278	403	777	1,015	1,484	1,696	1,950	2,163	2,232	2,347
Rotary Wing........	1	1	1	1	1	1	1	2	2	2	2	1

Table 85 — AIRPLANES ON HAND IN CONTINENTAL US, BY TYPE AND PRINCIPAL MODEL: NOV 1941 TO AUG 1945 — Continued

Type and Model	1942		1943									
	Nov	Dec	Jan	Feb	Mar	Apr	May	Jun	Jul	Aug	Sep	Oct
Total................	25,578	27,678	29,645	31,587	33,888	35,509	36,723	38,087	40,102	41,368	43,129	45,160
Combat Airplanes.........	6,121	6,809	7,259	7,876	8,629	8,928	9,228	9,849	10,695	11,342	12,178	12,883
Very Heavy Bombers-Total	-	-	3	2	2	2	2	2	3	11	21	24
1st Line												
B-29.............	-	-	-	-	-	-	-	-	-	-	5	9
2nd Line & Misc......	-	3	3	2	2	2	2	2	3	11	16	15
Heavy Bombers - Total..	1,028	1,287	1,494	1,713	1,924	2,017	2,198	2,496	2,891	3,358	3,650	3,965
1st Line - Total.....	1,025	1,284	1,445	1,664	1,863	1,959	2,146	2,447	2,847	3,332	3,620	3,854
B-17..............	604	769	892	1,082	1,148	1,144	1,175	1,282	1,416	1,643	1,772	1,859
B-24..............	421	515	553	582	715	815	971	1,165	1,431	1,689	1,848	1,995
2nd Line & Misc......	3	3	49	49	61	58	52	49	44	26	30	111
Medium Bombers - Total.	1,746	1,955	2,169	2,219	2,483	2,618	2,397	2,476	2,487	2,511	2,592	2,332
1st Line - Total.....	1,113	1,342	1,401	1,462	1,748	1,889	1,718	1,825	1,842	1,900	2,008	1,826
B-25..............	649	841	955	907	1,070	1,125	992	1,097	1,069	1,059	1,181	1,093
B-26..............	464	501	446	555	678	764	726	728	773	841	827	733
2nd Line & Misc......	633	613	768	757	735	729	679	651	645	611	584	506
Light Bombers - Total..	932	1,016	1,073	1,303	1,219	988	921	1,045	1,113	1,227	1,319	1,589
1st Line - Total.....	932	1,016	637	880	812	597	570	701	782	969	464	439
A-20..............	426	419	243	262	206	198	156	243	253	332	333	368
A-26..............	-	-	-	-	-	-	-	-	-	-	1	2
A-36..............	29	111	224	443	372	147	134	124	83	76	75	69
Other.............	477	486	170	175	234	252	280	334	446	561	55	-
2nd Line & Misc......	-	-	436	423	407	391	351	344	331	258	855	1,150
Fighters - Total......	2,060	2,204	2,136	2,294	2,612	2,934	3,379	3,526	3,941	3,982	4,248	4,626
1st Line - Total.....	2,058	2,202	1,539	1,740	2,074	2,425	2,891	3,100	3,527	3,623	3,897	4,291
P-38..............	540	576	302	335	299	349	392	477	568	453	470	689
P-39..............	311	322	349	388	532	620	694	756	853	948	993	1,033
P-40..............	715	776	652	642	723	694	703	746	707	776	840	876
P-47..............	296	338	191	329	443	588	811	794	1,063	1,024	1,184	1,253
P-51..............	57	57	22	21	52	152	257	269	257	344	335	382
P-61..............	-	-	-	-	-	-	-	-	-	-	-	2
P-63..............	-	-	-	-	-	-	-	-	-	-	-	2
Other.............	139	133	23	25	25	22	34	58	79	78	75	54
2nd Line & Misc......	2	2	597	554	538	509	488	426	414	359	351	335
Reconnaissance - Total.	355	344	384	345	389	369	331	304	260	253	348	347
1st Line - Total.....	354	343	383	344	388	368	330	302	258	77	174	163
F-4, F-5...........	77	72	125	93	147	134	107	76	43	42	129	102
Other.............	277	271	258	251	241	234	223	226	215	35	45	61
2nd Line & Misc......	1	1	1	1	1	1	1	2	2	176	174	184
Transports - Total.......	1,236	1,344	1,500	1,617	2,351	2,620	2,732	2,791	3,076	3,218	3,496	3,791
C-46..............	20	28	37	54	93	69	84	53	62	64	102	115
C-47, C-53.........	386	447	427	468	573	633	563	598	661	633	625	701
C-54..............	23	23	24	29	34	36	42	10	9	7	8	5
C-87..............	31	30	35	43	48	57	69	20	20	17	14	21
Other Hv & Med Trans	287	314	344	362	371	388	399	397	403	395	402	414
Light Transports...	489	502	633	661	1,232	1,437	1,575	1,713	1,921	2,102	2,345	2,535
Trainers - Total.........	15,855	17,009	18,298	19,386	20,266	21,170	22,090	22,745	23,231	23,744	24,214	25,106
Advanced..........	5,237	5,869	6,577	7,145	7,412	7,766	8,093	8,310	8,427	8,560	8,681	9,166
Basic.............	4,960	5,260	5,507	5,782	6,123	6,439	6,615	6,734	6,898	7,091	7,210	7,429
Primary...........	5,658	5,880	6,214	6,459	6,731	6,965	7,382	7,701	7,906	8,093	8,323	8,511
Communications - Total...	2,366	2,516	2,588	2,708	2,642	2,791	2,673	2,702	3,100	3,064	3,241	3,380
Liaison............	2,365	2,515	2,587	2,707	2,641	2,790	2,672	2,701	3,098	3,060	3,236	3,373
Rotary Wing........	1	1	1	1	1	1	1	1	2	4	5	7

Table 85 — AIRPLANES ON HAND IN CONTINENTAL US, BY TYPE AND PRINCIPAL MODEL: NOV 1941 TO AUG 1945 — Continued

Type and Model	1943		1944									
	Nov	Dec	Jan	Feb	Mar	Apr	May	Jun	Jul	Aug	Sep	Oct
Total	46,954	48,595	49,064	50,254	50,879	50,555	51,421	52,418	52,426	51,139	48,743	43,981
Combat Airplanes	13,728	14,729	15,040	15,677	15,704	15,215	15,712	16,392	16,778	17,792	18,332	18,280
Very Heavy Bombers-Total	47	91	142	196	245	162	248	294	330	398	486	515
1st Line												
B-29	32	76	128	182	233	150	236	284	322	390	479	508
2nd Line & Misc	15	15	14	14	12	12	12	10	8	8	7	7
Heavy Bombers - Total	4,309	4,627	4,816	5,178	5,323	5,042	5,173	5,676	5,641	5,676	5,697	5,594
1st Line - Total	3,447	3,788	3,991	4,363	4,535	4,259	4,302	4,631	4,540	4,451	4,324	4,107
B-17	1,752	1,868	1,896	2,038	2,165	2,126	2,225	2,359	2,386	2,311	2,067	1,764
B-24	1,695	1,920	2,095	2,325	2,370	2,133	2,077	2,272	2,154	2,140	2,257	2,343
2nd Line & Misc	862	839	825	815	788	783	871	1,045	1,101	1,225	1,373	1,487
Medium Bombers - Total	2,327	2,415	2,257	2,271	2,292	2,172	2,233	2,438	2,463	3,024	3,123	3,143
1st Line - Total	1,835	1,940	1,783	1,805	1,825	1,677	1,678	1,725	1,654	1,441	1,185	991
B-25	1,065	1,037	929	1,064	1,126	1,052	1,101	1,105	1,054	982	840	784
B-26	770	903	854	741	699	625	577	620	600	459	345	207
2nd Line & Misc	492	475	474	466	467	495	555	713	809	1,583	1,938	2,152
Light Bombers - Total	1,680	1,705	1,817	1,818	1,726	1,747	1,798	1,786	1,923	2,066	2,002	1,839
1st Line - Total	551	568	529	549	509	527	577	616	770	946	963	933
A-20	485	502	463	479	434	437	466	499	615	746	749	704
A-26	3	6	10	16	24	39	62	72	113	157	171	187
A-36	63	60	56	54	51	51	49	45	42	43	43	42
2nd Line & Misc	1,129	1,137	1,288	1,269	1,217	1,220	1,221	1,170	1,153	1,120	1,039	906
Fighters - Total	5,033	5,466	5,567	5,795	5,692	5,665	5,802	5,787	5,986	6,117	6,486	6,647
1st Line - Total	4,714	5,152	5,247	5,490	5,416	5,413	5,509	5,375	5,532	5,521	5,869	5,961
P-38	756	682	596	605	659	593	591	681	810	892	969	1,112
P-39	1,139	1,224	1,204	1,212	1,054	1,000	949	783	757	671	662	633
P-40	877	918	1,015	1,129	1,324	1,471	1,508	1,488	1,540	1,428	1,481	1,531
P-47	1,325	1,618	1,709	1,698	1,590	1,632	1,413	1,439	1,433	1,393	1,524	1,392
P-51	556	650	574	621	535	462	675	607	615	613	695	726
P-59	-	-	-	-	-	-	-	-	-	-	2	6
P-61	7	7	30	48	67	51	47	64	61	91	113	145
P-63	2	6	36	70	73	94	221	210	217	339	330	323
Other	52	47	83	107	114	110	105	103	99	94	93	93
2nd Line & Misc	319	314	320	305	276	252	293	412	454	596	617	686
Reconnaissance - Total	332	425	441	419	426	427	458	411	435	511	538	542
1st Line - Total	174	276	299	285	296	301	333	301	325	442	490	511
F-4, F-5	109	178	152	101	97	111	120	95	113	131	185	203
F-6	-	-	-	-	-	-	-	-	-	66	62	43
F-13	-	-	-	-	-	-	-	-	-	1	10	20
Other	65	98	147	184	199	190	213	206	212	244	233	245
2nd Line & Misc	158	149	142	134	130	126	125	110	110	69	48	31
Transports - Total	4,015	4,183	4,349	4,475	4,642	4,558	4,719	5,076	5,176	5,152	5,315	4,836
C-46	113	71	71	77	83	143	156	160	190	233	348	414
C-47, C-53	735	775	852	869	911	856	990	1,286	1,367	1,226	1,308	1,195
C-54	7	9	11	7	9	13	13	19	17	39	60	61
C-87	27	45	27	19	23	29	42	52	64	74	65	38
Other Hv & Med Trans	409	394	394	397	386	371	367	352	315	315	344	336
Light Transports	2,724	2,889	2,994	3,106	3,230	3,146	3,151	3,207	3,223	3,265	3,190	2,792
Trainers - Total	25,695	25,927	26,393	26,853	27,248	27,507	27,703	27,669	27,344	25,846	23,007	19,539
Advanced	9,496	9,689	9,865	10,010	10,122	10,240	10,315	10,341	10,465	9,964	9,992	9,674
Basic	7,468	7,473	7,643	7,793	7,892	7,950	8,028	7,963	7,856	7,713	6,669	5,949
Primary	8,731	8,765	8,885	9,050	9,234	9,317	9,360	9,365	9,023	8,169	6,346	3,916
Communications - Total	3,516	3,756	3,282	3,249	3,285	3,275	3,287	3,281	3,128	2,349	2,089	1,326
Liaison	3,507	3,745	3,270	3,233	3,270	3,260	3,267	3,257	3,102	2,315	2,048	1,282
Rotary Wing	9	11	12	16	15	15	20	24	26	34	41	44

Table 85 — AIRPLANES ON HAND IN CONTINENTAL U.S., BY TYPE AND PRINCIPAL MODEL: NOV 1941 TO AUG 1945 — Continued

Type and Model	1944		1945							
	Nov	Dec	Jan	Feb	Mar	Apr	May	Jun	Jul	Aug
Total....................	41,462	41,670	40,587	39,018	37,809	36,345	36,080	38,328	38,363	38,091
Combat Airplanes............	18,566	19,175	19,644	19,436	19,040	18,868	19,303	21,952	23,427	23,848
Very Heavy Bombers - Total	540	570	664	791	970	1,129	1,316	1,449	1,596	1,775
1st Line										
B-29................	512	538	612	535	655	695	800	853	964	1,067
2nd Line & Misc........	28	32	52	256	315	434	516	596	632	708
Heavy Bombers - Total.....	5,833	5,919	5,983	5,875	5,759	5,878	6,324	8,249	8,767	8,390
1st Line - Total........	4,062	4,111	3,841	3,471	2,965	2,747	3,226	5,447	6,010	5,651
B-17................	1,617	1,533	1,335	1,178	966	880	1,023	1,907	2,449	2,405
B-24................	2,444	2,572	2,499	2,284	1,989	1,854	2,179	3,494	3,508	3,193
B-32................	1	6	7	9	10	13	24	46	53	53
2nd Line & Misc........	1,771	1,808	2,142	2,404	2,794	3,131	3,098	2,802	2,757	2,739
Medium Bombers - Total....	3,161	3,228	3,412	3,334	3,440	3,412	3,260	3,258	3,578	3,518
1st Line - Total........	876	876	993	889	969	997	911	984	1,274	1,187
B-25................	712	745	920	852	914	963	891	965	1,256	1,174
B-26................	164	131	73	37	55	34	20	19	18	13
2nd Line & Misc........	2,285	2,352	2,419	2,445	2,471	2,415	2,349	2,274	2,304	2,331
Light Bombers - Total.....	1,648	1,566	1,475	1,320	1,342	1,195	1,256	1,509	1,715	2,010
1st Line - Total........	926	1,008	1,036	985	1,080	1,006	1,134	1,360	1,553	1,841
A-20................	667	662	607	508	452	330	205	194	172	147
A-26................	217	309	397	446	601	652	908	1,154	1,371	1,694
A-36................	42	37	32	31	27	24	21	12	10	-
2nd Line & Misc........	722	558	439	335	262	189	122	149	162	169
Fighters - Total..........	6,914	7,379	7,557	7,588	7,008	6,730	6,640	6,957	7,179	7,503
1st Line - Total........	5,861	6,260	6,242	6,258	5,613	5,323	5,186	5,349	5,659	5,758
P-38................	1,213	1,293	1,148	1,073	1,121	971	821	746	818	829
P-39................	620	552	478	440	241	129	52	30	24	5
P-40................	1,417	1,365	1,286	1,257	1,160	1,107	909	652	355	45
P-47................	1,345	1,646	1,682	1,815	1,674	1,743	1,899	2,074	2,036	2,197
P-51................	748	842	1,113	1,150	998	923	1,048	1,409	1,989	2,283
P-59................	12	15	16	19	17	20	20	20	26	35
P-61................	141	186	195	196	140	118	132	149	145	133
P-63................	321	319	284	283	240	292	285	238	216	181
P-80................	-	-	-	1	3	3	11	24	45	45
Other................	44	42	40	24	19	17	9	7	5	5
2nd Line & Misc........	1,053	1,119	1,315	1,330	1,395	1,407	1,454	1,608	1,520	1,745
Reconnaissance - Total....	470	513	553	528	521	524	507	530	592	652
1st Line - Total........	443	494	537	517	506	508	492	516	579	631
F-4, F-5.............	141	158	179	236	175	200	184	197	189	228
F-6..................	36	55	53	31	35	34	53	61	87	116
F-13.................	17	25	25	20	22	19	25	27	45	48
Other................	249	256	280	230	274	255	230	231	258	239
2nd Line & Misc........	27	19	16	11	15	16	15	14	13	21
Transports - Total..........	4,521	4,560	4,221	3,992	3,677	3,143	2,905	2,948	3,571	3,932
C-46................	407	481	469	566	573	598	597	610	818	875
C-47, C-53...........	1,231	1,246	1,272	1,225	1,274	1,251	1,234	1,266	1,723	2,023
C-54................	70	92	92	96	111	111	134	144	164	193
C-87................	24	19	19	23	34	21	28	46	46	47
Other Hv & Med Trans..	335	266	268	259	213	183	98	86	71	66
Light Transports......	2,454	2,456	2,101	1,823	1,472	979	814	796	749	728
Trainers - Total............	17,156	16,737	15,524	14,398	13,776	13,136	12,486	12,198	10,296	9,213
Advanced.............	9,288	9,191	8,844	8,367	8,109	7,606	7,392	7,245	7,182	7,166
Basic................	4,657	4,550	3,634	3,015	2,702	2,584	2,247	2,201	1,212	588
Primary..............	3,211	2,996	3,046	3,016	2,965	2,946	2,847	2,752	1,902	1,459
Communications - Total......	1,219	1,198	1,198	1,192	1,316	1,198	1,386	1,230	1,069	1,098
Liaison..............	1,172	1,155	1,159	1,147	1,255	1,136	1,318	1,115	967	980
Rotary Wing..........	47	43	39	45	61	62	68	115	102	118

Table 86 — COMBAT AND TRANSPORT AIRPLANES ON HAND IN CONTINENTAL U S , BY TYPE OF AIRPLANE AND BY AIR FORCE OR COMMAND: OCT 1942 TO AUG 1945

(The sum of the data below does not equal that for the total Continental US published elsewhere in this volume since a final audit is made only on the total figures and not on those for individual air forces and commands. Prior to Dec 1943 data for very heavy bombers are included with heavy bombers. Figures are as of end of month.)

Air Force or Command and Type of Airplane	1942			1943								
	Oct	Nov	Dec	Jan	Feb	Mar	Apr	May	Jun	Jul	Aug	Sep
First Air Force												
Total..............	391	395	410	410	485	450	500	447	450	657	679	758
Combat Airplanes........	360	367	383	383	456	412	460	404	405	610	631	701
Heavy Bombers.......	-	-	-	-	-	-	-	-	-	4	4	49
Medium Bombers......	20	17	15	12	13	19	18	20	20	20	18	41
Light Bombers.......	17	14	17	12	9	3	16	15	11	21	27	34
Fighters............	321	331	341	345	420	377	412	355	361	552	574	569
Reconnaissance......	2	5	10	14	14	13	14	14	13	13	8	8
Transports..............	31	28	27	27	29	38	40	43	45	47	48	57
Second Air Force												
Total..............	389	469	561	633	796	842	797	778	783	1,000	1,192	1,429
Combat Airplanes........	354	429	526	604	768	804	761	742	748	966	1,153	1,389
Heavy Bombers.......	185	279	378	594	745	801	760	741	747	966	1,152	1,320
Medium Bombers......	29	26	23	7	4	2	1	-	-	-	1	1
Light Bombers.......	71	48	52	3	4	1	-	1	1	-	-	-
Fighters............	15	20	19	-	15	-	-	-	-	-	-	67
Reconnaissance......	54	56	54	-	-	-	-	-	-	-	-	1
Transports..............	35	40	35	29	28	38	36	36	35	34	39	40
Third Air Force												
Total..............	849	1,010	1,057	1,155	1,237	1,530	1,799	2,000	2,130	2,091	2,262	2,086
Combat Airplanes........	804	963	1,021	1,091	1,175	1,447	1,721	1,920	2,045	2,020	2,180	2,009
Heavy Bombers.......	1	1	2	1	1	18	36	29	35	43	50	23
Medium Bombers......	330	418	430	474	477	742	796	735	713	599	615	640
Light Bombers.......	219	313	337	266	306	256	313	368	439	455	508	491
Fighters............	224	198	223	255	291	321	471	671	753	839	929	806
Reconnaissance......	30	33	29	95	100	110	105	107	105	84	78	49
Transports..............	45	47	36	64	62	83	78	80	85	71	82	77
Fourth Air Force												
Total..............	360	346	334	323	374	351	391	423	530	613	595	535
Combat Airplanes........	340	329	315	294	343	319	355	378	487	570	552	497
Heavy Bombers.......	6	3	2	3	4	7	9	11	11	31	32	29
Medium Bombers......	43	46	44	38	42	61	69	71	79	87	77	81
Light Bombers.......	48	46	45	37	29	8	8	11	9	10	10	6
Fighters............	242	233	223	211	263	239	265	282	385	439	430	378
Reconnaissance......	1	1	1	5	5	4	4	3	3	3	3	3
Transports..............	20	17	19	29	31	32	36	45	43	43	43	38

Table 86 — COMBAT AND TRANSPORT AIRPLANES ON HAND IN CONTINENTAL U.S., BY TYPE OF AIRPLANE AND BY AIR FORCE OR COMMAND: OCT 1942 TO AUG 1945 — Continued

Air Force or Command and Type of Airplane	1943			1944								
	Oct	Nov	Dec	Jan	Feb	Mar	Apr	May	Jun	Jul	Aug	Sep
First Air Force												
Total................	862	1,117	1,103	1,249	1,271	1,252	1,531	1,589	1,619	1,655	1,479	1,371
Combat Airplanes........	809	1,047	1,027	1,160	1,176	1,154	1,423	1,475	1,499	1,539	1,356	1,251
Heavy Bombers........	113	211	253	304	323	251	357	368	439	500	359	344
Medium Bombers......	29	75	79	84	111	119	143	143	166	161	172	135
Light Bombers........	58	147	154	180	177	167	226	214	208	183	142	117
Fighters.............	603	596	524	570	544	596	676	729	674	682	668	645
Reconnaissance.......	6	18	17	22	21	21	21	21	12	13	15	10
Transports..............	53	70	76	89	95	98	108	114	120	116	123	120
Second Air Force												
Total................	1,694	1,578	1,476	2,045	2,213	2,559	2,070	2,332	2,620	2,466	2,471	2,481
Combat Airplanes........	1,643	1,522	1,408	1,954	2,106	2,434	1,948	2,202	2,489	2,336	2,340	2,331
Very Heavy Bombers..	-	-	34	35	43	157	22	93	158	218	235	328
Heavy Bombers........	1,509	1,315	1,158	1,533	1,672	1,759	1,387	1,422	1,599	1,420	1,260	1,120
Medium Bombers......	21	31	12	45	76	41	26	20	14	16	110	108
Light Bombers........	1	45	42	101	71	82	84	91	91	86	82	89
Fighters.............	111	130	161	238	242	393	427	574	620	593	648	682
Reconnaissance.......	1	1	1	2	2	2	2	2	7	3	5	4
Transports..............	51	56	68	91	107	125	122	130	131	130	131	150
Third Air Force												
Total................	2,236	2,360	2,620	3,263	3,259	3,121	3,306	2,979	2,960	2,886	2,933	3,016
Combat Airplanes........	2,152	2,298	2,554	3,166	3,156	2,977	3,163	2,847	2,808	2,736	2,790	2,872
Heavy Bombers........	10	127	186	268	281	243	350	340	323	327	399	360
Medium Bombers......	641	666	706	819	667	765	713	632	690	613	605	653
Light Bombers........	520	392	339	433	495	420	499	486	482	502	495	468
Fighters.............	935	1,042	1,246	1,527	1,610	1,467	1,495	1,272	1,179	1,166	1,158	1,210
Reconnaissance.......	46	71	77	119	103	82	106	117	134	128	133	181
Transports..............	84	62	66	97	103	144	143	132	152	150	143	144
Fourth Air Force												
Total................	511	701	684	812	912	1,113	1,219	1,492	1,558	1,589	1,685	1,700
Combat Airplanes........	469	663	627	747	836	1,032	1,137	1,411	1,464	1,496	1,592	1,607
Heavy Bombers........	70	148	153	156	184	222	214	276	337	296	303	300
Medium Bombers......	47	61	58	61	61	57	66	69	68	64	75	97
Light Bombers........	22	40	37	81	91	104	101	148	148	141	125	113
Fighters.............	327	414	379	437	492	644	755	917	911	995	1,089	1,097
Reconnaissance.......	3	-	-	12	8	5	1	1	-	-	-	-
Transports..............	42	38	57	65	76	81	82	81	94	93	93	93

Table 86 — COMBAT AND TRANSPORT AIRPLANES ON HAND IN CONTINENTAL US, BY TYPE OF AIRPLANE AND BY AIR FORCE OR COMMAND: OCT 1942 TO AUG 1945 – Continued

Air Force or Command and Type of Airplane	1944			1945							
	Oct	Nov	Dec	Jan	Feb	Mar	Apr	May	Jun	Jul	Aug
Continental Air Forces											
Total	-	-	-	-	-	-	-	8,639	8,390	7,920	7,568
Combat Airplanes	-	-	-	-	-	-	-	7,533	7,335	6,782	6,236
Very Heavy Bombers	-	-	-	-	-	-	-	772	734	860	907
Heavy Bombers	-	-	-	-	-	-	-	1,388	1,131	995	772
Medium Bombers	-	-	-	-	-	-	-	716	677	644	678
Light Bombers	-	-	-	-	-	-	-	569	526	659	583
Fighters	-	-	-	-	-	-	-	3,864	4,018	3,357	3,045
Reconnaissance	-	-	-	-	-	-	-	224	249	267	251
Transports	-	-	-	-	-	-	-	1,106	1,055	1,138	1,332
First Air Force											
Total	1,283	1,320	1,298	1,369	1,868	2,149	2,053				
Combat Airplanes	1,180	1,223	1,194	1,268	1,756	2,044	1,956				
Very Heavy Bombers	-	-	-	-	-	1	14				
Heavy Bombers	221	216	202	248	238	283	235				
Medium Bombers	127	125	135	124	328	802	370	I			
Light Bombers	106	100	71	62	236	93	536	n			
Fighters	725	781	785	834	923	864	801	c			
Reconnaissance	1	1	1	-	31	1	-	l			
Transports	103	97	104	101	112	105	97	u			
Second Air Force								d			
Total	2,356	2,426	2,365	2,345	2,255	2,079	2,309	e			
Combat Airplanes	2,201	2,289	2,214	2,200	2,126	1,951	2,170	d			
Very Heavy Bombers	317	282	280	327	341	448	574				
Heavy Bombers	989	1,075	985	1,025	815	597	602	i			
Medium Bombers	102	109	110	93	96	97	91	n			
Light Bombers	82	81	57	42	35	8	8				
Fighters	696	728	763	689	722	773	888	C			
Reconnaissance	15	14	19	24	117	28	7	o			
Transports	155	137	151	145	129	128	139	n			
Third Air Force								t			
Total	2,966	2,923	2,839	2,837	2,479	2,111	2,239	i			
Combat Airplanes	2,827	2,796	2,727	2,732	2,368	2,021	2,145	n			
Very Heavy Bombers	-	-	3	7	16	46	144	e			
Heavy Bombers	360	367	343	325	312	463	428	n			
Medium Bombers	634	593	575	573	215	200	135	t			
Light Bombers	451	419	425	459	195	21	113	a			
Fighters	1,209	1,261	1,221	1,226	1,149	1,118	1,170	l			
Reconnaissance	173	156	160	142	481	173	155				
Transports	139	127	112	105	111	90	94	A			
Fourth Air Force								i			
Total	1,699	1,617	1,497	1,481	1,565	1,592	1,334	r			
Combat Airplanes	1,625	1,541	1,423	1,404	1,489	1,515	1,254				
Very Heavy Bombers	-	-	-	-	-	4	10	F			
Heavy Bombers	316	293	268	282	404	544	412	o			
Medium Bombers	113	107	98	100	115	135	141	r			
Light Bombers	90	90	83	71	38	31	24	c			
Fighters	1,088	1,047	972	949	900	801	665	e			
Reconnaissance	18	4	2	2	32	-	2	s			
Transports	74	76	74	77	76	77	80				

Table 86 — COMBAT AND TRANSPORT AIRPLANES ON HAND IN CONTINENTAL US, BY TYPE OF AIRPLANE AND BY AIR FORCE OR COMMAND: OCT 1942 TO AUG 1945 – Continued

Air Force or Command and Type of Airplane	1942			1943								
	Oct	Nov	Dec	Jan	Feb	Mar	Apr	May	Jun	Jul	Aug	Sep
I Troop Carrier Command												
Total................	284	310	222	295	304	454	365	338	333	437	484	470
Combat Airplanes........	1	65	2	1	-	2	2	2	2	2	3	6
Heavy Bombers.......	-	63	-	-	-	-	-	-	-	-	-	1
Medium Bombers......	-	1	1	-	-	1	1	1	1	1	2	3
Light Bombers.......	1	1	1	1	-	1	1	1	1	1	1	1
Fighters............	-	-	-	-	-	-	-	-	-	-	-	1
Transports..............	283	245	220	294	304	452	363	336	331	435	481	464
Training Command												
Total................	390	466	511	613	755	988	1,525	1,853	2,116	2,407	2,658	3,235
Combat Airplanes........	386	450	477	550	688	897	992	1,089	1,255	1,344	1,459	1,749
Heavy Bombers.......	90	101	108	119	143	190	280	324	408	438	530	621
Medium Bombers......	100	170	190	261	312	356	362	368	447	493	492	642
Light Bombers.......	51	36	26	28	45	40	44	40	46	33	38	59
Fighters............	97	103	115	109	152	266	261	310	309	337	354	380
Reconnaissance......	48	40	38	33	36	45	45	47	45	43	45	47
Transports..............	4	16	34	63	67	91	533	764	861	1,063	1,199	1,486
Air Technical Service Command												
Total................	2,754	2,863	3,121	3,393	3,638	3,435	3,581	3,904	4,017	4,227	4,549	4,855
Combat Airplanes........	2,448	2,463	2,617	2,938	3,095	2,901	2,934	3,178	3,202	3,498	3,838	4,134
Heavy Bombers.......	446	436	528	532	707	628	645	806	1,014	1,060	1,250	1,205
Medium Bombers......	626	680	754	913	941	775	790	781	664	766	864	940
Light Bombers.......	328	383	448	537	668	616	416	303	324	361	444	509
Fighters............	953	894	808	839	683	759	953	1,194	1,136	1,239	1,218	1,319
Reconnaissance......	95	70	79	117	96	123	130	94	64	72	62	161
Transports..............	306	400	504	455	543	534	647	726	815	729	711	721
Air Transport Command												
Total................	506	576	618	738	694	668	955	998	832	671	704	1,094
Combat Airplanes........	332	305	430	518	480	451	651	656	493	317	353	685
Heavy Bombers.......	69	57	89	124	76	121	154	144	81	99	105	253
Medium Bombers......	99	102	84	96	134	122	251	232	181	89	63	85
Light Bombers.......	20	38	72	85	107	59	41	19	46	23	22	67
Fighters............	144	108	152	183	155	116	198	238	160	101	158	241
Reconnaissance......	-	-	33	30	8	33	7	23	25	5	5	39
Transports..............	174	271	188	220	214	217	304	342	339	354	351	409
Miscellaneous a/												
Total................	637	530	593	763	819	776	770	810	914	941	1,126	864
Combat Airplanes........	559	468	516	643	695	660	651	691	780	808	986	752
Heavy Bombers.......	33	30	42	50	66	75	68	99	129	158	211	158
Medium Bombers......	233	169	200	284	282	241	250	200	258	262	337	123
Light Bombers.......	79	69	68	107	110	153	127	142	131	124	150	102
Fighters............	95	88	100	122	143	152	165	215	237	237	259	345
Reconnaissance......	119	112	106	80	94	39	41	35	25	27	29	24
Transports..............	78	62	77	120	124	116	119	119	134	133	140	112

a/ Includes Commanding General, AAF; AAF Center; Personnel Distribution Command; Technical Training Command prior to Sep 1943 (subsequently in Training Command); Anti-Submarine Command prior to Sep 1943 (subsequently in First Air Force); and transient airplanes undergoing base maintenance beginning with Jan 1944.(previously in the air force or command in which the maintenance was being accomplished).

Table 86 — COMBAT AND TRANSPORT AIRPLANES ON HAND IN CONTINENTAL U S, BY TYPE OF AIRPLANE AND BY AIR FORCE OR COMMAND: OCT 1942 TO AUG 1945 - Continued

Air Force or Command and Type of Airplane	1943			1944								
	Oct	Nov	Dec	Jan	Feb	Mar	Apr	May	Jun	Jul	Aug	Sep
I Troop Carrier Command												
Total	461	514	528	732	732	690	694	768	933	936	905	926
Combat Airplanes	4	3	5	11	11	14	13	18	15	11	12	11
Heavy Bombers	-	-	-	-	-	1	2	3	2	2	1	1
Medium Bombers	3	1	2	2	2	4	3	4	4	3	5	5
Light Bombers	1	2	3	9	9	9	8	10	8	6	6	5
Reconnaissance	-	-	-	-	-	-	-	1	1	-	-	-
Transports	457	511	523	721	721	676	681	750	918	925	893	915
Training Command												
Total	3,342	3,623	3,782	4,486	4,462	4,666	4,716	4,889	5,196	5,336	5,883	6,283
Combat Airplanes	1,804	1,826	1,913	2,311	2,320	2,516	2,603	2,819	3,115	3,233	3,709	4,147
Very Heavy Bombers	-	-	2	1	2	2	2	3	2	3	2	12
Heavy Bombers	626	729	845	1,011	1,030	998	1,095	1,283	1,403	1,510	1,521	1,578
Medium Bombers	652	590	543	585	570	656	666	697	817	858	1,197	1,509
Light Bombers	84	93	108	176	168	166	145	112	95	76	50	31
Fighters	395	367	359	469	472	605	614	681	744	747	900	968
Reconnaissance	47	47	56	69	78	89	81	43	54	39	39	49
Transports	1,538	1,797	1,869	2,175	2,142	2,150	2,113	2,070	2,081	2,103	2,174	2,136
Air Technical Service Command												
Total	5,496	5,694	6,190	4,006	4,064	4,279	3,698	3,931	3,986	4,471	4,606	4,953
Combat Airplanes	4,592	4,860	5,343	3,531	3,519	3,665	3,122	3,239	3,237	3,715	3,950	4,322
Very Heavy Bombers	-	-	53	103	148	83	113	137	117	91	125	119
Heavy Bombers	1,313	1,487	1,565	1,081	1,033	1,261	958	1,082	1,054	1,083	1,356	1,551
Medium Bombers	833	627	630	259	337	302	258	346	343	438	390	341
Light Bombers	656	752	793	535	512	517	422	440	472	672	824	848
Fighters	1,590	1,855	2,106	1,425	1,391	1,419	1,274	1,088	1,143	1,279	1,117	1,307
Reconnaissance	200	139	196	128	98	83	97	146	108	152	138	156
Transports	904	834	847	475	545	614	576	692	749	756	656	631
Air Transport Command												
Total	1,117	1,236	1,753	1,879	2,384	1,810	1,714	1,708	1,811	1,805	1,777	1,862
Combat Airplanes	711	822	1,281	1,357	1,787	1,159	1,102	1,016	1,060	995	1,057	983
Very Heavy Bombers	-	-	-	-	-	4	23	11	14	12	19	21
Heavy Bombers	289	262	413	326	525	473	456	306	376	358	339	290
Medium Bombers	72	183	257	273	299	183	204	184	229	203	145	150
Light Bombers	105	84	83	112	153	108	119	147	153	121	151	123
Fighters	241	277	490	614	767	340	264	323	266	282	315	349
Reconnaissance	4	16	38	32	43	51	36	45	22	19	88	50
Transports	406	414	472	522	597	651	612	692	751	810	720	879
Miscellaneous a/												
Total	763	743	624	887	893	849	859	881	863	904	957	1,000
Combat Airplanes	646	625	507	735	758	674	672	682	663	687	728	777
Very Heavy Bombers	-	-	2	3	3	-	2	4	2	5	16	7
Heavy Bombers	91	80	64	129	119	94	158	91	107	134	137	135
Medium Bombers	86	98	82	134	157	149	107	121	148	137	144	150
Light Bombers	127	135	128	167	144	150	156	171	142	139	174	213
Fighters	314	282	199	265	278	205	167	211	188	192	171	186
Reconnaissance	28	30	32	37	57	76	82	84	76	80	86	86
Transports	117	118	117	152	135	175	187	199	200	217	229	223

a/ Includes Commanding General, AAF; AAF Center; Personnel Distribution Command; Technical Training Command prior to Sep 1943 (subsequently in Training Command); Anti-Submarine Command prior to Sep 1943 (subsequently in First Air Force); and transient airplanes undergoing base maintenance beginning with Jan 1944 (previously in the air force or command in which the maintenance was being accomplished).

Table 86 — COMBAT AND TRANSPORT AIRPLANES ON HAND IN CONTINENTAL US, BY TYPE OF AIRPLANE AND BY AIR FORCE OR COMMAND: OCT 1942 TO AUG 1945 — Continued

Air Force or Command and Type of Airplane	1944 Oct	Nov	Dec	1945 Jan	Feb	Mar	Apr	May	Jun	Jul	Aug
I Troop Carrier Command											
Total	930	781	786	848	910	788	699				
Combat Airplanes	20	15	16	10	54	9	11	Included in Continental Air Forces			
Heavy Bombers	4	3	3	2	1	3	4				
Medium Bombers	7	4	4	4	4	4	5				
Light Bombers	8	8	8	2	2	-	-				
Fighters	-	-	1	2	1	2	1				
Reconnaissance	1	-	-	-	46	-	1				
Transports	910	766	770	838	856	779	688				
Training Command											
Total	6,132	5,911	5,932	5,629	5,694	5,566	5,277	4,904	4,812	4,234	4,425
Combat Airplanes	4,229	4,257	4,304	4,333	4,633	4,747	4,832	4,650	4,565	3,959	4,185
Very Heavy Bombers	18	26	25	48	71	105	127	141	208	242	252
Heavy Bombers	1,644	1,642	1,678	1,747	1,760	1,808	1,830	1,831	1,741	1,525	1,508
Medium Bombers	1,527	1,663	1,676	1,697	1,815	1,866	1,838	1,675	1,600	1,479	1,334
Light Bombers	30	19	16	14	18	11	15	6	51	22	79
Fighters	958	841	842	813	849	910	1,006	954	922	676	967
Reconnaissance	52	66	67	14	120	47	16	43	43	15	45
Transports	1,903	1,654	1,628	1,296	1,061	819	445	254	247	275	240
Air Technical Service Command											
Total	5,135	5,364	5,757	6,384	6,680	5,930	5,763	6,101	8,872	11,663	12,592
Combat Airplanes	4,562	4,774	5,121	5,738	5,983	5,262	5,153	5,540	8,349	10,705	11,556
Very Heavy Bombers	150	180	192	244	329	340	278	323	394	403	357
Heavy Bombers	1,716	1,830	1,891	1,809	1,828	1,724	2,030	2,535	4,845	5,695	5,748
Medium Bombers	339	282	293	493	502	572	566	602	701	1,091	1,192
Light Bombers	720	692	662	623	572	491	377	519	734	991	1,046
Fighters	1,447	1,654	1,944	2,463	2,368	2,006	1,770	1,420	1,529	2,340	3,076
Reconnaissance	190	136	139	106	384	129	132	141	146	185	137
Transports	573	590	636	646	697	668	610	561	523	958	1,036
Air Transport Command											
Total	1,608	1,830	2,312	1,941	1,954	1,600	1,414	1,516	1,632	1,338	1,388
Combat Airplanes	848	964	1,469	1,182	1,221	864	676	844	843	509	496
Very Heavy Bombers	22	44	73	47	52	62	36	67	79	63	62
Heavy Bombers	244	228	379	467	352	201	197	345	303	128	102
Medium Bombers	123	170	184	153	107	209	118	107	102	31	86
Light Bombers	108	98	135	103	142	13	53	80	101	98	39
Fighters	304	394	631	369	487	329	266	215	245	166	176
Reconnaissance	47	30	67	43	81	50	6	30	13	23	31
Transports	760	866	843	759	733	736	738	672	789	829	892
Miscellaneous a/											
Total	1,001	946	884	792	664	863	790	1,003	1,091	1,007	1,240
Combat Airplanes	778	695	631	569	489	602	531	708	761	686	883
Very Heavy Bombers	8	11	5	5	8	13	13	18	33	28	92
Heavy Bombers	137	143	114	108	82	106	106	215	201	152	157
Medium Bombers	157	147	149	140	106	170	132	154	170	154	157
Light Bombers	242	134	110	95	78	63	40	60	88	63	65
Fighters	171	180	169	148	125	175	165	202	216	247	343
Reconnaissance	63	80	84	73	90	75	75	59	53	42	69
Transports	223	251	253	223	175	261	259	295	330	321	357

a/ Includes Commanding General, AAF; AAF Center; Personnel Distribution Command; Technical Training Command prior to Sep 1943 (subsequently in Training Command); Anti-Submarine Command prior to Sep 1943 (subsequently in First Air Force); and transient airplanes undergoing base maintenance beginning with Jan 1944 (previously in the air force or command in which the maintenance was being accomplished).

Table 87 — AIRPLANES ON HAND OVERSEAS, BY TYPE AND PRINCIPAL MODEL: NOV. 1941 TO AUG 1945

(The data below do not equal the sum of those for the individual theaters published elsewhere in this volume since changes resulting from information becoming available subsequent to the initial reporting date are reflected only in the individual theater data. In addition, a small number of airplanes located in such areas as Iceland, Newfoundland and Bermuda are included below but not in any individual theater. Figures are as of end of month.)

	1941		1942									
	Nov	Dec	Jan	Feb	Mar	Apr	May	Jun	Jul	Aug	Sep	Oct
Total................	1,122	1,215	1,317	1,805	1,956	2,149	2,176	2,245	2,476	3,268	3,567	4,329
Combat Airplanes.........	1,024	1,105	1,201	1,672	1,821	1,996	1,988	1,998	2,174	2,850	3,083	3,694
Heavy Bombers												
1st Line - Total......	61	81	116	142	167	207	246	261	300	433	471	663
B-17................	61	81	114	128	144	164	187	202	237	328	329	421
B-24................	-	-	2	14	23	43	59	59	63	105	142	242
Medium Bombers - Total..	154	148	133	157	187	215	287	235	255	309	345	415
1st Line - Total......	-	-	24	61	93	112	190	139	150	206	247	328
B-25................	-	-	-	-	6	16	51	39	48	111	152	211
B-26................	-	-	24	61	87	96	139	100	112	95	95	117
2nd Line & Misc.......	154	148	109	96	94	103	97	96	95	103	98	87
Light Bombers												
1st Line - Total......	115	111	116	108	126	151	122	131	137	131	125	137
A-20................	24	22	21	24	42	66	68	88	81	80	81	102
Other................	91	89	95	84	84	85	54	43	56	51	44	35
Fighters												
1st Line - Total......	649	728	782	1,212	1,287	1,366	1,278	1,316	1,416	1,896	2,056	2,371
P-38................	-	-	-	-	-	1	1	111	126	261	259	361
P-39................	60	106	193	461	510	543	540	492	523	582	633	708
P-40................	398	466	493	673	698	730	651	628	675	740	942	1,056
Other................	191	156	96	78	79	92	86	85	92	318	222	246
Reconnaissance												
1st Line - Total......	45	37	54	53	54	57	55	55	66	81	86	108
F-4, F-5.............	-	-	-	-	-	4	4	3	12	33	38	53
Other................	45	37	54	53	54	53	51	52	54	48	48	55
Transports - Total........	42	44	51	71	76	92	132	175	205	282	311	423
C-47, C-53..........	-	-	10	15	19	29	54	90	120	176	192	298
Other Hv & Med Trans	17	18	16	18	18	19	30	31	30	47	61	66
Light Transports....	25	26	25	38	39	44	48	54	55	59	58	59
Trainers - Total..........	43	48	45	43	40	42	35	38	31	34	35	39
Advanced............	20	25	25	25	25	27	22	26	23	26	27	29
Basic................	9	9	9	9	5	5	3	3	3	2	2	2
Primary.............	14	14	11	9	10	10	10	9	5	6	6	8
Communications												
Liaison.............	13	18	20	19	19	19	21	34	66	102	138	173

Table 87 — AIRPLANES ON HAND OVERSEAS, BY TYPE AND PRINCIPAL MODEL: NOV 1941 TO AUG 1945 — Continued

Type and Model	1942		1943									
	Nov	Dec	Jan	Feb	Mar	Apr	May	Jun	Jul	Aug	Sep	Oct
Total.................	5,247	5,626	6,065	6,576	7,296	8,707	9,811	10,931	11,681	12,163	12,591	13,346
Combat Airplanes..........	4,493	4,798	5,111	5,586	6,272	7,460	8,294	9,001	9,637	9,870	10,146	10,775
Heavy Bombers - Total...	774	789	811	912	1,105	1,501	1,756	1,925	2,030	2,057	2,324	2,607
1st Line - Total......	774	789	784	884	1,076	1,473	1,716	1,880	1,986	2,007	2,232	2,525
B-17................	459	470	464	474	617	891	1,090	1,178	1,259	1,231	1,259	1,335
B-24................	315	319	320	410	459	582	626	702	727	776	973	1,190
2nd Line & Misc.......	-	-	27	28	29	28	40	45	44	50	92	82
Medium Bombers - Total..	554	601	584	708	826	1,012	1,493	1,766	1,928	1,961	1,881	1,885
1st Line - Total......	463	498	449	599	738	926	1,387	1,625	1,791	1,829	1,753	1,761
B-25................	263	287	282	440	507	576	825	917	990	1,045	974	1,013
B-26................	200	211	167	159	231	350	562	708	801	784	779	748
2nd Line & Misc.......	91	103	135	109	88	86	106	141	137	132	128	124
Light Bombers - Total...	195	185	235	271	382	626	651	644	673	609	548	586
1st Line - Total......	195	185	152	197	314	546	576	574	603	544	444	448
A-20................	161	150	150	188	228	221	235	235	226	196	212	240
A-36................	-	-	2	2	70	305	302	295	308	271	230	208
Other...............	34	35	-	7	16	20	39	44	69	77	2	-
2nd Line & Misc.......	-	-	83	74	68	80	75	70	70	65	104	138
Fighters - Total........	2,855	3,099	3,354	3,543	3,803	4,176	4,238	4,484	4,808	5,038	5,194	5,516
1st Line - Total......	2,855	3,099	3,128	3,319	3,589	3,991	4,075	4,325	4,661	4,891	5,044	5,290
P-38................	506	547	569	666	787	834	821	790	853	862	800	836
P-39................	832	794	788	774	811	961	1,106	1,142	1,131	1,102	988	880
P-40................	1,236	1,357	1,365	1,430	1,503	1,601	1,584	1,625	1,658	1,576	1,548	1,391
P-47................	30	104	187	199	235	325	307	478	653	951	1,197	1,543
P-51................	-	-	34	35	35	32	29	29	70	94	225	338
Other...............	251	297	185	215	218	238	228	261	296	306	286	302
2nd Line & Misc.......	-	-	226	224	214	185	163	159	147	147	150	226
Reconnaissance - Total..	115	124	127	152	156	145	156	182	198	205	199	181
1st Line - Total......	115	124	127	152	156	145	156	182	198	169	164	150
F-4, F-5.............	64	74	79	105	105	98	111	127	142	138	134	127
Other...............	51	50	48	47	51	47	45	55	56	31	30	23
2nd Line & Misc.......	-	-	-	-	-	-	-	-	-	36	35	31
Transports - Total........	457	513	609	647	633	852	1,091	1,477	1,572	1,773	1,909	1,985
C-46................	-	-	2	2	2	34	47	108	130	140	126	109
C-47, C-53..........	349	388	472	499	486	605	780	917	937	1,044	1,196	1,265
C-54................	-	-	1	2	2	2	-	36	42	47	51	60
C-87................	-	6	14	16	12	12	11	71	80	84	86	84
Other Hv & Med Trans	50	64	62	63	59	63	53	71	71	77	71	65
Light Transports....	58	55	58	65	72	136	200	274	312	381	379	402
Trainers - Total..........	24	35	40	37	59	59	55	104	114	127	125	125
Advanced............	18	21	26	26	31	31	37	64	64	78	76	76
Basic...............	1	1	1	1	7	7	10	13	12	12	12	12
Primary.............	5	13	13	10	21	21	8	27	38	37	37	37
Communications Liaison.............	273	280	305	306	332	336	371	349	358	393	411	461

Table 87 — AIRPLANES ON HAND OVERSEAS, BY TYPE AND PRINCIPAL MODEL: NOV 1941 TO AUG 1945 — Continued

	1943		1944									
	Nov	Dec	Jan	Feb	Mar	Apr	May	Jun	Jul	Aug	Sep	Oct
Total	14,236	15,637	17,966	19,789	22,294	24,413	26,013	26,339	27,482	28,521	29,216	30,541
Combat Airplanes	11,516	12,719	14,771	16,111	18,041	19,601	20,671	20,814	21,463	22,016	22,253	22,931
Very Heavy Bombers-Total	-	-	-	-	3	145	140	151	170	168	168	235
1st Line												
B-29	-	-	-	-	2	145	140	151	170	168	168	235
2nd Line & Misc.	-	-	-	-	1	-	-	-	-	-	-	-
Heavy Bombers - Total	2,979	3,400	3,885	4,100	4,677	5,450	5,938	6,044	6,326	6,577	6,827	6,994
1st Line - Total	2,778	3,230	3,706	3,929	4,489	5,200	5,646	5,674	5,891	6,071	6,271	6,235
B-17	1,518	1,660	1,821	1,798	1,905	2,034	2,043	2,069	2,139	2,263	2,485	2,735
B-24	1,260	1,570	1,885	2,131	2,584	3,166	3,603	3,605	3,752	3,808	3,786	3,500
2nd Line & Misc.	201	170	179	171	188	250	292	370	435	506	556	759
Medium Bombers - Total	1,817	1,955	2,295	2,483	2,669	2,849	2,887	2,989	3,143	3,222	3,088	3,119
1st Line - Total	1,695	1,828	2,168	2,382	2,485	2,662	2,643	2,623	2,804	2,828	2,605	2,561
B-25	992	1,080	1,207	1,201	1,253	1,404	1,452	1,457	1,602	1,618	1,449	1,367
B-26	703	748	961	1,181	1,232	1,258	1,191	1,166	1,202	1,210	1,156	1,194
2nd Line & Misc.	122	127	127	101	184	187	244	366	339	394	483	558
Light Bombers - Total	555	666	792	842	1,004	1,052	1,119	1,128	1,120	1,183	1,336	1,363
1st Line - Total	432	531	636	694	816	859	916	982	963	962	1,075	1,094
A-20	258	365	485	567	701	757	831	898	905	920	962	901
A-26	-	-	-	1	-	-	4	9	-	32	107	193
A-36	174	166	151	126	115	102	81	75	58	10	6	-
2nd Line & Misc.	123	135	156	148	188	193	203	146	157	221	261	269
Fighters - Total	5,915	6,409	7,473	8,308	9,271	9,591	10,016	9,857	9,807	9,902	9,697	9,999
1st Line - Total	5,688	6,176	7,237	8,071	8,961	9,275	9,671	9,298	9,296	9,101	8,910	9,019
P-38	956	1,123	1,352	1,525	1,635	1,789	1,866	1,702	1,643	1,587	1,610	1,532
P-39	836	795	864	938	989	942	844	618	541	492	353	211
P-40	1,318	1,327	1,260	1,201	1,093	1,028	926	826	746	668	609	459
P-47	1,910	2,147	2,640	2,989	3,451	3,665	4,033	3,878	4,050	3,982	3,889	3,961
P-51	368	515	846	1,112	1,492	1,624	1,809	2,086	2,118	2,166	2,238	2,615
P-61	1	1	1	2	6	50	72	100	116	130	150	175
Other	1,199	268	274	304	295	177	121	88	82	76	61	66
2nd Line & Misc.	227	233	236	237	310	316	345	559	511	801	787	980
Reconnaissance - Total	250	289	326	378	417	514	571	645	897	964	1,137	1,221
1st Line - Total	219	252	289	341	378	478	539	614	867	930	1,102	1,189
F-4, F-5	185	215	227	264	272	326	377	422	439	513	499	545
F-6	-	-	-	-	-	-	-	-	193	223	328	374
F-13	-	-	-	-	-	-	-	-	-	-	-	2
Other	34	37	62	77	106	152	162	192	235	194	275	268
2nd Line & Misc.	31	37	37	37	39	36	32	31	30	34	35	32
Transports - Total	2,123	2,283	2,453	2,789	3,222	3,767	4,202	4,357	4,732	5,044	5,072	5,548
C-46	126	173	197	204	224	270	332	381	459	482	510	574
C-47, C-53	1,360	1,455	1,545	1,782	2,122	2,510	2,789	2,870	3,087	3,376	3,350	3,605
C-54	63	70	77	92	97	106	121	133	161	175	188	212
C-87	78	70	94	114	122	127	135	133	144	124	112	131
Other Hv & Med Trans	70	72	69	67	69	55	55	53	52	66	67	153
Light Transports	426	443	471	530	588	699	770	787	829	821	845	873
Trainers - Total	124	124	140	144	164	187	220	238	224	239	247	247
Advanced	80	81	95	102	120	143	177	170	185	197	198	193
Basic	12	12	12	11	11	11	10	36	8	8	15	19
Primary	32	31	33	31	33	33	33	32	31	34	34	35
Communications - Total	473	511	602	745	867	858	920	930	1,063	1,222	1,644	1,815
Liaison	473	510	601	744	863	854	916	927	1,060	1,219	1,641	1,812
Rotary Wing	-	1	1	1	4	4	4	3	3	3	3	3

Table 87 — AIRPLANES ON HAND OVERSEAS, BY TYPE AND PRINCIPAL MODEL: NOV 1941 TO AUG 1945 — Continued

Type and Model	1944		1945							
	Nov	Dec	Jan	Feb	Mar	Apr	May	Jun	Jul	Aug
Total..................	31,105	31,056	30,843	31,717	32,774	33,236	33,009	30,070	27,432	25,624
Combat Airplanes...........	23,114	22,786	22,570	23,275	23,961	24,122	23,945	20,975	18,756	17,315
Very Heavy Bombers - Total	322	407	487	582	643	723	767	925	1,028	1,090
1st Line										
B-29.................	322	404	484	579	640	720	765	911	1,006	1,065
2nd Line & Misc.........	-	3	3	3	3	3	2	14	22	25
Heavy Bombers - Total.....	7,007	6,894	6,861	7,015	7,124	7,041	6,394	3,972	3,011	2,675
1st Line - Total........	6,139	5,992	6,028	6,158	6,284	6,184	5,507	3,277	2,329	2,324
B-17.................	2,823	2,886	2,918	2,968	3,006	2,837	2,631	1,785	1,226	1,272
B-24.................	3,316	3,106	3,110	3,190	3,278	3,347	2,876	1,492	1,098	1,043
B-32.................	-	-	-	-	-	-	-	-	5	9
2nd Line & Misc.........	868	902	833	857	840	857	887	695	682	351
Medium Bombers - Total....	3,093	2,961	2,796	2,803	2,654	2,610	2,609	2,318	1,945	1,866
1st Line - Total........	2,498	2,305	2,257	2,280	2,144	2,087	2,076	1,815	1,463	1,408
B-25.................	1,328	1,197	1,219	1,286	1,246	1,191	1,196	1,074	732	691
B-26.................	1,170	1,108	1,038	994	898	896	880	741	731	717
2nd Line & Misc.........	595	656	539	523	510	523	533	503	482	458
Light Bombers - Total.....	1,399	1,414	1,338	1,437	1,411	1,555	1,588	1,554	1,287	1,069
1st Line - Total........	1,108	1,099	1,093	1,182	1,184	1,322	1,378	1,364	1,159	947
A-20.................	830	755	693	687	633	655	634	612	603	592
A-26.................	278	344	400	495	551	667	744	752	556	355
2nd Line & Misc.........	291	315	245	255	227	233	210	190	128	122
Fighters - Total..........	10,044	9,819	9,775	10,076	10,700	10,710	11,085	10,746	10,100	9,296
1st Line - Total........	9,062	8,840	8,948	9,252	9,925	10,003	10,425	10,144	9,189	8,203
P-38.................	1,562	1,466	1,597	1,691	1,742	1,804	1,932	1,986	1,750	1,588
P-39.................	202	194	187	135	113	108	104	67	29	17
P-40.................	405	351	278	265	230	174	122	111	79	71
P-47.................	3,702	3,454	3,329	3,318	3,628	3,621	3,696	3,521	3,372	3,111
P-51.................	2,918	3,072	3,225	3,492	3,804	3,910	4,144	4,062	3,552	3,101
P-59.................	1	1	1	1	-	-	-	-	-	-
P-61.................	211	236	245	259	328	357	344	344	342	304
P-63.................	1	1	25	25	25	3	61	44	56	2
Other................	60	65	61	66	55	26	22	9	9	9
2nd Line & Misc.........	982	979	827	824	775	707	660	602	911	1,093
Reconnaissance - Total....	1,249	1,291	1,313	1,362	1,429	1,483	1,502	1,460	1,385	1,319
1st Line - Total........	1,216	1,252	1,274	1,326	1,387	1,436	1,449	1,422	1,320	1,153
F-4, F-5.............	572	546	546	528	599	626	642	647	606	477
F-6..................	376	414	417	417	401	408	393	405	392	354
F-13.................	14	20	23	26	30	32	30	26	27	37
Other................	254	272	288	355	357	370	384	344	295	285
2nd Line & Misc.........	33	39	39	36	42	47	53	38	65	166
Transports - Total.........	5,778	5,896	6,016	6,146	6,278	6,397	6,462	6,525	6,022	5,629
C-46.................	726	797	1,007	1,077	1,225	1,316	1,462	1,563	1,448	1,401
C-47, C-53...........	3,645	3,655	3,565	3,592	3,515	3,466	3,398	3,332	2,913	2,575
C-54.................	236	264	307	349	395	452	491	564	621	659
C-87.................	138	132	126	120	100	113	92	70	74	65
Other Hv & Med Trans..	156	198	185	192	189	181	171	162	159	149
Light Transports......	877	850	826	816	854	869	848	834	807	780
Trainers - Total.;..........	323	323	316	310	348	358	387	383	375	345
Advanced.............	207	208	200	196	240	255	259	269	284	266
Basic................	49	49	52	49	48	50	60	52	50	47
Primary..............	67	66	64	65	60	53	68	62	41	32
Communications - Total......	1,890	2,051	1,941	1,986	2,187	2,359	2,215	2,187	2,279	2,335
Liaison..............	1,887	2,038	1,931	1,972	2,173	2,343	2,195	2,160	2,213	2,264
Rotary Wing..........	3	13	10	14	14	16	20	27	66	71

Table 88 — AIRPLANES ON HAND IN THEATERS VS GERMANY,

(Figures are as of

Type and Model	1942							1943					
	Jun	Jul	Aug	Sep	Oct	Nov	Dec	Jan	Feb	Mar	Apr	May	Jun
Total..............	26	445	692	762	1,286	1,690	2,065	2,245	2,758	3,291	4,101	5,263	5,928
Combat Airplanes.........	26	393	592	638	1,089	1,458	1,780	1,935	2,445	2,918	3,732	4,596	5,212
1st Line.............	17	369	567	613	1,060	1,426	1,744	1,905	2,416	2,888	3,682	4,522	5,107
2nd Line & Misc......	9	24	25	25	29	32	36	30	29	30	50	74	105
Heavy Bombers - Total..	17	86	161	242	362	369	369	414	463	558	892	1,042	1,308
1st Line - Total.....	17	86	160	241	361	368	368	413	462	557	891	1,028	1,295
B-17................	-	54	114	155	245	244	246	293	328	396	697	828	1,052
B-24................	17	32	46	86	116	124	122	120	134	161	194	200	243
2nd Line & Misc......	-	-	1	1	1	1	1	1	1	1	1	14	13
Medium Bombers - Total.	-	-	50	56	105	116	179	212	250	317	424	722	1,051
1st Line - Total.....	-	-	50	56	105	116	179	212	250	317	424	722	1,051
B-25................	-	-	50	55	77	92	104	125	161	232	236	369	438
B-26................	-	-	-	1	28	24	75	87	89	85	188	353	613
2nd Line & Misc......	-	-	-	-	-	-	-	-	-	-	-	-	-
Light Bombers - Total..	9	24	24	33	42	56	59	58	76	114	189	202	203
1st Line - Total.....	-	-	-	9	18	33	40	43	62	101	157	165	166
A-20................	-	-	-	9	18	33	40	43	62	101	157	165	166
A-26................	-	-	-	-	-	-	-	-	-	-	-	-	-
2nd Line & Misc......	9	24	24	24	24	23	19	15	14	13	32	37	37
Fighters - Total.......	-	283	355	294	556	884	1,058	1,117	1,457	1,797	2,022	2,447	2,413
1st Line - Total.....	-	283	355	294	556	884	1,058	1,117	1,457	1,797	2,022	2,443	2,394
P-38................	-	80	131	133	184	253	302	293	336	472	558	567	516
P-39................	-	-	-	-	177	251	210	177	180	224	294	359	350
P-40................	-	44	60	59	72	190	259	366	571	649	668	733	717
P-47................	-	-	-	-	-	-	88	120	176	203	263	307	341
P-51................	-	-	-	-	-	-	-	-	-	51	89	298	290
Night Fighters......	-	-	-	-	-	-	-	-	-	-	-	-	-
Other...............	-	159	164	102	123	190	199	161	194	198	150	179	180
2nd Line & Misc......	-	-	-	-	-	-	-	-	-	-	-	4	19
Reconnaissance - Total.	-	-	2	13	24	33	115	134	199	132	205	183	237
1st Line - Total.....	-	-	2	13	20	25	99	120	185	116	188	164	201
F-4, F-5............	-	-	2	13	20	21	36	33	54	53	47	46	48
F-6.................	-	-	-	-	-	-	-	10	35	20	27	27	27
F-7.................	-	-	-	-	-	-	-	-	-	-	-	-	-
F-8.................	-	-	-	-	-	-	-	-	-	-	-	-	-
Other...............	-	-	-	-	-	4	63	77	96	43	114	91	126
2nd Line & Misc......	-	-	-	-	4	8	16	14	14	16	17	19	36
Transports - Total.......	-	52	100	124	161	160	213	238	241	240	255	532	585
C-47, C-53..........	-	52	98	122	159	158	211	236	237	235	234	450	487
Other Hv & Med Trans	-	-	1	1	1	1	1	1	1	1	1	1	1
Light Transports...	-	-	1	1	1	1	1	1	3	4	20	81	97
Trainers - Total.........	-	-	-	-	-	-	-	-	-	15	16	16	16
Advanced............	-	-	-	-	-	-	-	-	-	15	15	15	15
Basic...............	-	-	-	-	-	-	-	-	-	-	1	1	1
Primary.............	-	-	-	-	-	-	-	-	-	-	-	-	-
Communications...........	-	-	-	-	36	72	72	72	72	118	98	119	115

BY TYPE AND PRINCIPAL MODEL: JUN 1942 TO AUG 1945

end of month.)

	1943						1944							
	Jul	Aug	Sep	Oct	Nov	Dec	Jan	Feb	Mar	Apr	May	Jun	Jul	Aug
	6,099	6,152	6,354	6,582	7,395	8,237	9,644	10,897	13,163	14,169	15,461	15,210	16,485	16,913
	5,403	5,410	5,537	5,716	6,471	7,238	8,483	9,619	11,341	12,062	12,798	12,429	13,406	13,699
	5,283	5,277	5,371	5,532	6,273	7,003	8,267	9,413	10,910	11,593	11,844	11,522	12,538	12,493
	120	133	166	184	198	235	216	206	431	469	954	907	868	1,206
	1,401	1,361	1,489	1,554	1,955	2,263	2,672	2,899	3,587	4,022	4,636	4,492	4,899	5,233
	1,388	1,348	1,448	1,520	843	2,167	2,608	2,842	3,524	3,900	4,347	4,226	4,605	4,880
	1,134	1,124	1,148	1,205	1,434	1,591	1,650	1,701	1,884	1,860	1,863	1,786	2,011	2,195
	254	224	300	315	409	576	958	1,141	1,640	2,040	2,484	2,440	2,594	2,685
	13	13	41	34	112	96	64	57	63	122	289	266	294	353
	1,152	1,161	1,122	985	1,051	1,084	1,227	1,402	1,591	1,741	1,798	1,749	1,834	1,834
	1,152	1,161	1,121	984	1,037	1,074	1,217	1,385	1,491	1,640	1,561	1,471	1,604	1,563
	423	399	360	252	341	378	403	395	361	453	465	395	440	438
	729	762	761	732	696	696	814	990	1,130	1,187	1,096	1,076	1,164	1,125
	-	-	1	1	14	10	10	17	100	101	237	278	230	271
	192	168	155	144	145	167	184	289	457	493	546	557	602	611
	155	137	126	116	112	134	150	247	410	444	488	501	541	531
	155	137	126	116	112	134	150	247	410	444	488	501	541	514
	-	-	-	-	-	-	-	-	-	-	-	-	-	17
	37	31	29	28	33	33	34	42	47	49	58	56	61	80
	2,386	2,414	2,459	2,775	3,077	3,456	4,111	4,730	5,345	5,415	5,295	5,102	5,535	5,444
	2,366	2,407	2,451	2,744	3,042	3,392	4,033	4,665	5,179	5,260	4,969	4,844	5,277	4,969
	450	374	389	372	441	596	809	893	1,048	1,063	1,050	905	842	643
	333	393	259	251	232	241	248	366	375	336	293	244	241	175
	690	625	579	491	456	432	391	328	298	274	181	139	103	-
	421	653	811	1,084	1,320	1,514	1,696	2,009	2,288	2,335	2,241	2,176	2,355	2,465
	260	231	221	322	369	399	659	819	989	1,175	1,132	1,284	1,642	1,588
	23	43	43	39	42	45	50	51	47	46	66	90	94	98
	189	188	149	185	182	165	180	199	134	31	6	6	-	-
	20	7	8	31	35	64	78	65	166	155	326	258	258	475
	272	306	312	258	243	268	289	299	361	391	523	529	536	577
	222	224	225	168	239	236	259	274	306	349	479	480	511	550
	73	71	72	69	108	127	128	149	160	174	196	218	234	242
	24	40	44	22	42	52	71	76	101	119	205	192	177	195
	-	-	-	-	-	-	-	-	1	1	-	-	-	-
	-	-	-	1	1	1	1	1	6	16	28	36	65	67
	125	113	109	76	88	56	59	48	38	39	50	34	35	46
	50	82	87	90	4	32	30	25	55	42	44	49	25	27
	564	607	683	746	806	849	969	1,059	1,506	1,736	1,981	2,036	2,189	2,235
	446	481	520	601	651	681	802	894	1,268	1,432	1,582	1,645	1,758	1,817
	1	1	2	-	3	5	10	11	11	15	29	25	15	9
	117	125	161	145	152	163	157	154	227	289	370	366	416	409
	16	19	19	9	8	9	9	9	17	31	70	83	84	95
	15	15	15	5	5	5	5	5	13	27	67	80	81	92
	1	1	1	1	-	1	1	1	1	1	-	-	-	-
	-	3	3	3	3	3	3	3	3	3	3	3	3	3
	116	116	115	111	110	141	183	210	299	340	612	662	806	884

Table 88 — AIRPLANES ON HAND IN THEATERS VS GERMANY, BY TYPE AND PRINCIPAL MODEL: JUN 1942 TO AUG 1945 — Continued

Type and Model	1944				1945							
	Sep	Oct	Nov	Dec	Jan	Feb	Mar	Apr	May	Jun	Jul	Aug
Total................	17,027	17,959	18,134	17,787	17,575	17,906	18,367	18,736	17,061	13,568	10,854	9,329
Combat Airplanes.........	13,949	14,499	14,685	14,261	14,135	14,406	14,685	14,845	13,538	10,378	8,295	7,131
1st Line..............	12,692	13,030	13,174	12,707	12,612	12,889	13,242	13,378	12,292	9,301	6,914	6,004
2nd Line & Misc......	1,257	1,469	1,511	1,554	1,523	1,517	1,443	1,467	1,246	1,077	1,381	1,127
Heavy Bombers - Total..	5,379	5,629	5,508	5,442	5,334	5,543	5,662	5,559	4,520	2,273	1,459	1,205
1st Line - Total.....	4,995	5,054	4,894	4,460	4,727	4,899	5,072	4,925	4,047	1,854	1,189	1,135
B-17................	2,334	2,619	2,599	2,677	2,663	2,790	2,891	2,788	2,517	1,604	1,164	1,123
B-24................	2,661	2,435	2,295	2,134	2,064	2,109	2,181	2,137	1,530	250	25	12
2nd Line & Misc......	384	575	614	631	607	644	590	634	473	419	270	70
Medium Bombers - Total.	1,772	1,748	1,726	1,617	1,579	1,570	1,492	1,444	1,404	1,108	871	843
1st Line - Total.....	1,569	1,533	1,507	1,395	1,363	1,376	1,297	1,220	1,177	951	720	715
B-25................	463	436	402	375	397	423	414	393	367	217	3	1
B-26................	1,106	1,097	1,105	1,020	966	953	883	827	810	734	717	714
2nd Line & Misc......	203	215	219	222	216	194	195	224	227	157	151	128
Light Bombers - Total..	692	719	868	845	862	897	963	1,069	1,053	879	623	430
1st Line - Total.....	617	648	802	782	791	827	889	977	942	802	564	378
A-20................	549	517	490	459	439	420	395	358	315	308	297	295
A-26................	68	131	312	323	352	407	494	619	627	494	267	83
2nd Line & Misc......	75	71	66	63	71	70	74	92	111	77	59	52
Fighters - Total........	5,416	5,641	5,797	5,574	5,614	5,668	5,806	6,003	5,840	5,505	4,758	4,128
1st Line - Total.....	4,844	5,053	5,203	4,955	5,002	5,079	5,268	5,284	5,423	5,099	3,924	3,381
P-38................	678	684	661	575	562	570	625	579	555	518	311	182
P-39................	-	-	-	-	-	-	-	-	1	2	-	-
P-47................	2,457	2,477	2,435	2,244	2,285	2,319	2,283	2,355	2,292	2,183	1,829	1,749
P-51................	1,616	1,796	2,019	2,039	2,053	2,086	2,228	2,455	2,427	2,279	1,670	1,368
Night Fighters......	93	96	88	97	102	104	132	145	148	117	114	82
2nd Line & Misc......	572	588	594	619	612	589	538	469	417	406	834	747
Reconnaissance - Total.	690	762	786	783	746	728	762	770	721	613	584	525
1st Line - Total.....	667	742	768	764	729	708	716	722	703	595	517	395
F-4, F-5............	288	307	346	352	332	317	330	338	318	285	228	135
F-6.................	265	317	309	296	270	255	248	259	254	247	242	216
F-8.................	65	63	57	65	79	82	89	78	78	12	6	-
Other...............	49	55	56	51	48	54	49	47	53	51	41	44
2nd Line & Misc......	23	20	18	19	17	20	46	48	18	18	67	130
Transports - Total.......	2,190	2,418	2,419	2,441	2,458	2,553	2,490	2,592	2,291	2,064	1,512	1,224
C-46................	-	-	-	1	41	118	138	206	219	218	21	13
C-47, C-53..........	1,776	1,948	1,958	1,954	1,937	1,956	1,871	1,878	1,580	1,380	1,036	768
Other Hv & Med Trans	9	20	18	53	68	71	74	74	73	71	78	77
Light Transports...	405	450	443	433	412	408	407	434	419	395	377	366
Trainers - Total........	92	90	86	84	79	78	79	108	106	104	101	91
Advanced...........	89	87	83	81	76	75	76	105	103	101	98	88
Primary............	3	3	3	3	3	3	3	3	3	3	3	3
Communications..........	796	952	944	1,001	903	869	1,113	1,191	1,126	1,022	946	883

Table 89 — AIRPLANES ON HAND IN EUROPEAN THEATER OF OPERATIONS, BY TYPE AND PRINCIPAL MODEL: JUN 1942 TO AUG 1945

(Figures are as of end of month.)

Type and Model	1942							1943						
	Jun	Jul	Aug	Sep	Oct	Nov	Dec	Jan	Feb	Mar	Apr	May	Jun	Jul
Total..................	9	359	520	588	1,100	932	944	860	903	873	1,211	1,420	1,841	2,069
Combat Airplanes...........	9	307	425	469	907	859	847	763	805	729	1,076	1,260	1,671	1,895
1st Line................	-	283	401	445	879	840	823	739	781	718	1,047	1,213	1,613	1,826
2nd Line & Misc........	9	24	24	24	28	19	24	24	24	11	29	47	58	69
Heavy Bombers - Total....	-	44	104	178	296	247	219	214	255	303	590	705	846	856
1st Line................	-	44	104	178	296	247	219	214	255	303	590	692	834	844
B-17...................	-	44	104	144	234	180	178	175	186	229	502	599	783	820
B-24...................	-	-	-	34	62	67	41	39	69	74	88	93	51	24
2nd Line & Misc........	-	-	-	-	-	-	-	-	-	-	-	13	12	12
Medium Bombers														
1st Line - Total.......	-	-	-	10	61	44	29	19	17	18	54	121	336	450
B-25...................	-	-	-	9	33	34	23	13	4	1	1	1	1	1
B-26...................	-	-	-	1	28	10	6	6	13	17	53	120	335	449
Light Bombers - Total....	9	24	24	33	42	44	16	16	16	11	28	33	33	33
1st Line														
A-20...................	-	-	-	9	18	33	8	6	6	2	-	-	-	-
2nd Line & Misc........	9	24	24	24	24	11	8	10	10	9	28	33	33	33
Fighters														
1st Line - Total.......	-	239	295	235	484	495	516	458	432	358	297	332	346	426
P-38...................	-	80	131	133	184	138	168	163	100	56	25	16	2	2
P-39...................	-	-	-	-	177	251	177	102	56	22	9	9	3	3
P-40...................	-	-	-	-	-	-	-	-	15	15	-	-	-	-
P-47...................	-	-	-	-	-	-	88	120	176	203	263	307	341	421
Other..................	-	159	164	102	123	106	83	73	85	62	-	-	-	-
Reconnaissance - Total...	-	-	2	13	24	29	67	56	85	39	107	69	110	130
1st Line - Total.......	-	-	2	13	20	21	51	42	71	37	106	68	97	106
F-4, F-5...............	-	-	2	13	20	21	15	18	19	19	17	17	11	21
F-6....................	-	-	-	-	-	-	-	10	35	-	-	-	-	-
Other..................	-	-	-	-	-	-	36	14	17	18	89	51	86	85
2nd Line & Misc........	-	-	-	-	4	8	16	14	14	2	1	1	13	24
Transports - Total........	-	52	95	119	157	1	25	25	26	26	37	62	72	76
C-47, C-53.............	-	52	95	119	157	1	25	25	26	26	26	9	11	11
Light Transports.......	-	-	-	-	-	-	-	-	-	-	11	53	61	65
Communications............	-	-	-	-	36	72	72	72	72	118	98	98	98	98

Table 89 — AIRPLANES ON HAND IN EUROPEAN THEATER OF OPERATIONS,

Type and Model	1943					1944					
	Aug	Sep	Oct	Nov	Dec	Jan	Feb	Mar	Apr	May	Jun
Total	2,452	2,827	3,310	4,152	4,618	5,685	6,917	8,562	9,645	10,637	10,343
Combat Airplanes	2,275	2,619	3,063	3,835	4,242	5,133	6,045	7,171	7,875	8,351	7,965
1st Line	2,177	2,485	2,936	3,708	4,111	5,035	5,952	7,035	7,700	7,834	7,505
2nd Line & Misc	98	134	127	127	131	98	93	136	175	517	460
Heavy Bombers - Total	907	971	1,138	1,554	1,686	1,817	1,998	2,295	2,647	3,137	3,100
1st Line - Total	895	931	1,104	1,460	1,610	1,774	1,965	2,259	2,562	2,937	2,929
B-17	786	835	907	1,166	1,302	1,341	1,412	1,487	1,492	1,502	1,471
B-24	109	96	197	294	308	433	553	772	1,070	1,435	1,458
2nd Line & Misc	12	40	34	94	76	43	33	36	85	200	171
Medium Bombers - Total	493	485	480	468	444	507	671	838	878	846	845
1st Line - Total	493	484	479	467	443	506	670	837	866	788	804
B-25	1	-	-	-	-	-	-	-	-	-	-
B-26	492	484	479	467	443	506	670	837	866	788	804
2nd Line & Misc	-	1	1	1	1	1	1	1	12	58	41
Light Bombers - Total	31	29	28	36	53	69	158	324	366	425	426
1st Line - Total	-	-	-	8	25	40	121	289	331	385	387
A-20	-	-	-	8	25	40	121	289	331	385	387
A-26	-	-	-	-	-	-	-	-	-	-	-
2nd Line & Misc	31	29	28	28	28	29	37	35	35	40	39
Fighters - Total	668	943	1,274	1,625	1,866	2,532	3,002	3,440	3,697	3,570	3,219
1st Line - Total	668	939	1,270	1,621	1,862	2,528	2,998	3,419	3,685	3,382	3,046
P-38	12	93	105	188	380	637	669	707	750	673	568
P-39	3	1	1	1	1	-	-	-	-	-	-
P-47	653	811	1,005	1,201	1,215	1,348	1,630	1,920	1,985	1,870	1,632
P-51	-	34	159	231	266	543	699	792	950	819	803
Night Fighters	-	-	-	-	-	-	-	-	-	20	43
2nd Line & Misc	-	4	4	4	4	4	4	21	12	188	173
Reconnaissance - Total	176	191	143	152	193	208	216	274	287	373	375
1st Line - Total	121	131	83	152	171	187	198	231	256	342	339
F-4, F-5	20	20	20	56	79	79	97	118	117	115	134
F-6	18	24	3	23	36	50	53	71	87	152	138
F-8	-	-	-	-	-	-	-	5	15	27	35
Other	83	87	60	73	56	58	48	37	37	48	32
2nd Line & Misc	55	60	60	-	22	21	18	43	31	31	36
Transports - Total	79	96	153	213	253	378	687	1,165	1,438	1,661	1,678
C-46	-	-	-	-	-	-	-	-	-	-	-
C-47, C-53	14	15	74	124	157	270	578	985	1,195	1,351	1,348
Other Hv & Med Trans	-	-	-	-	4	10	11	11	15	29	25
Light Transports	65	81	79	89	92	98	98	169	228	281	305
Trainers - Total	-	-	-	-	-	-	-	7	21	62	75
Advanced	-	-	-	-	-	-	-	7	21	62	75
Primary	-	-	-	-	-	-	-	-	-	-	-
Communications	98	112	94	104	123	174	185	219	311	563	625

BY TYPE AND PRINCIPAL MODEL: JUN 1942 TO AUG 1945 — Continued

	1944						1945							
	Jul	Aug	Sep	Oct	Nov	Dec	Jan	Feb	Mar	Apr	May	Jun	Jul	Aug
	11,091	11,835	11,951	12,858	13,427	13,126	12,598	13,116	13,518	13,927	12,819	10,500	8,674	7,993
	8,896	9,214	9,372	9,915	10,418	10,070	9,798	10,210	10,397	10,673	9,796	7,774	6,493	6,061
	8,423	8,605	8,735	9,165	9,620	9,210	8,948	9,323	9,525	9,776	9,053	7,238	6,046	5,634
	473	609	637	750	798	860	850	887	872	897	743	536	447	427
	3,492	3,662	3,659	3,818	3,795	3,706	3,534	3,702	3,761	3,688	2,958	1,442	860	828
	3,304	3,435	3,398	3,473	3,444	3,351	3,202	3,335	3,412	3,332	2,707	1,306	811	792
	1,695	1,829	1,927	2,143	2,123	2,168	2,125	2,269	2,367	2,291	1,988	1,147	787	780
	1,609	1,606	1,471	1,330	1,321	1,183	1,077	1,066	1,045	1,041	719	159	24	12
	188	227	261	345	351	355	332	367	349	356	251	136	49	36
	892	915	876	862	1,057	1,045	993	988	922	908	900	761	746	751
	853	850	843	818	1,012	998	952	943	873	821	810	734	717	714
	-	-	-	-	-	-	-	-	-	-	-	-	-	-
	853	850	843	818	1,012	998	952	943	873	821	810	734	717	714
	39	65	33	44	45	47	41	45	49	87	90	27	29	37
	473	482	552	589	747	727	707	699	760	847	837	803	583	404
	430	436	508	550	710	692	663	657	718	809	804	775	556	378
	430	419	440	419	398	371	359	344	327	320	315	308	297	295
	-	17	68	131	312	321	304	313	391	489	489	467	259	83
	43	46	44	39	37	35	44	42	42	38	33	28	27	26
	3,671	3,728	3,759	4,040	4,204	4,002	3,974	4,245	4,358	4,642	4,544	4,299	3,860	3,687
	3,480	3,470	3,470	3,721	3,843	3,585	3,550	3,821	3,951	4,250	4,186	3,960	3,529	3,368
	584	477	379	356	322	257	257	239	250	244	234	202	195	176
	-	-	-	-	-	-	-	-	-	-	-	-	-	-
	1,706	1,768	1,840	1,942	1,890	1,735	1,735	1,959	1,931	2,057	2,012	1,942	1,789	1,749
	1,143	1,177	1,203	1,366	1,579	1,548	1,515	1,576	1,694	1,867	1,846	1,728	1,459	1,361
	47	48	48	57	52	45	43	47	76	82	94	88	86	82
	191	258	289	319	361	417	424	424	407	392	358	339	331	319
	368	427	526	606	615	590	590	576	596	588	557	469	444	391
	356	414	516	603	611	584	581	567	571	564	546	463	433	382
	131	156	184	186	193	179	191	183	194	188	167	153	144	135
	128	153	222	304	308	292	266	251	244	254	250	247	242	216
	64	67	65	63	57	65	79	82	89	78	78	12	6	-
	33	38	45	50	53	48	45	51	44	44	51	51	41	31
	12	13	10	3	4	6	9	9	25	24	11	6	11	9
	1,423	1,866	1,834	2,067	2,082	2,083	2,088	2,161	2,150	2,179	2,012	1,814	1,287	1,025
	-	-	-	-	-	1	41	118	138	197	207	206	9	1
	1,049	1,500	1,471	1,654	1,674	1,653	1,625	1,619	1,584	1,532	1,369	1,193	871	625
	15	9	9	20	18	53	68	71	74	74	73	71	78	77
	359	357	354	393	390	376	354	353	354	376	363	344	329	322
	76	86	84	82	78	76	72	71	72	101	99	97	95	86
	76	86	84	82	78	76	72	71	72	101	99	97	95	85
	-	-	-	-	-	-	-	-	-	-	-	-	-	1
	696	669	661	794	849	897	640	674	899	974	912	815	799	821

Table 90 — AIRPLANES ON HAND IN MEDITERRANEAN THEATER OF

(Figures are as of

Type and Model	1942							1943					
	Jun	Jul	Aug	Sep	Oct	Nov	Dec	Jan	Feb	Mar	Apr	May	Jun
Total..................	17	86	172	174	186	758	1,121	1,385	1,855	2,418	2,890	3,843	4,087
Combat Airplanes..........	17	86	167	169	182	599	933	1,172	1,640	2,189	2,656	3,336	3,541
1st Line................	17	86	166	168	181	586	921	1,166	1,635	2,170	2,635	3,309	3,494
2nd Line & Misc.........	-	-	1	1	1	13	12	6	5	19	21	27	47
Heavy Bombers - Total.....	17	42	57	64	66	122	150	200	208	255	302	337	462
1st Line - Total........	17	42	56	63	65	121	149	199	207	254	301	336	461
B-17...................	-	10	10	11	11	64	68	118	142	167	195	229	269
B-24...................	17	32	46	52	54	57	81	81	65	87	106	107	192
2nd Line & Misc.........	-	-	1	1	1	1	1	1	1	1	1	1	1
Medium Bombers - Total....	-	-	50	46	44	72	150	193	233	299	370	601	715
1st Line - Total........	-	-	50	46	44	72	150	193	233	299	370	601	715
B-25...................	-	-	50	46	44	58	81	112	157	231	235	368	437
B-26...................	-	-	-	-	-	14	69	81	76	68	135	233	278
2nd Line & Misc.........	-	-	-	-	-	-	-	-	-	-	-	-	-
Light Bombers - Total.....	-	-	-	-	-	12	43	42	60	103	161	169	170
1st Line													
A-20...................	-	-	-	-	-	-	32	37	56	99	157	165	166
2nd Line & Misc.........	-	-	-	-	-	12	11	5	4	4	4	4	4
Fighters - Total..........	-	44	60	59	72	389	542	659	1,025	1,439	1,725	2,115	2,067
1st Line - Total........	-	44	60	59	72	389	542	659	1,025	1,439	1,725	2,111	2,048
P-38...................	-	-	-	-	-	115	134	130	236	416	533	551	514
P-39...................	-	-	-	-	-	-	33	75	124	202	285	350	347
P-40...................	-	44	60	59	72	190	259	366	556	634	668	733	717
P-47...................	-	-	-	-	-	-	-	-	-	-	-	-	-
P-51...................	-	-	-	-	-	-	-	-	-	51	89	298	290
Night Fighters.........	-	-	-	-	-	-	-	-	-	-	-	-	-
Other..................	-	-	-	-	-	84	116	88	109	136	150	179	180
2nd Line & Misc.........	-	-	-	-	-	-	-	-	-	-	-	4	19
Reconnaissance - Total....	-	-	-	-	-	4	48	78	114	93	98	114	127
1st Line - Total........	-	-	-	-	-	4	48	78	114	79	82	96	104
F-4, F-5...............	-	-	-	-	-	-	21	15	35	34	30	29	37
F-6....................	-	-	-	-	-	-	-	-	-	20	27	27	27
F-7....................	-	-	-	-	-	-	-	-	-	-	-	-	-
F-8....................	-	-	-	-	-	-	-	-	-	-	-	-	-
Other..................	-	-	-	-	-	4	27	63	79	25	25	40	40
2nd Line & Misc.........	-	-	-	-	-	-	-	-	-	14	16	18	23
Transports - Total........	-	-	5	5	4	159	188	213	215	214	218	470	513
C-47, C-53.............	-	-	3	3	2	157	186	211	211	209	208	441	476
Other Hv & Med Trans...	-	-	1	1	1	1	1	1	1	1	1	1	1
Light Transports.......	-	-	1	1	1	1	1	1	3	4	9	28	36
Trainers - Total..........	-	-	-	-	-	-	-	-	-	15	16	16	16
Advanced...............	-	-	-	-	-	-	-	-	-	15	15	15	15
Basic..................	-	-	-	-	-	-	-	-	-	-	1	1	1
Primary................	-	-	-	-	-	-	-	-	-	-	-	-	-
Communications............	-	-	-	-	-	-	-	-	-	-	-	21	17

OPERATIONS: BY TYPE AND PRINCIPAL MODEL: JUN 1942 TO AUG 1945

end of month.)

1943						1944								
Jul	Aug	Sep	Oct	Nov	Dec	Jan	Feb	Mar	Apr	May	Jun	Jul	Aug	Sep
4,030	3,700	3,527	3,272	3,243	3,619	3,959	3,980	4,601	4,524	4,824	4,867	5,394	5,078	5,076
3,508	3,135	2,918	2,653	2,636	2,996	3,350	3,574	4,170	4,187	4,447	4,464	4,510	4,485	4,577
3,457	3,100	2,886	2,596	2,565	2,892	3,232	3,461	3,875	3,893	4,010	4,017	4,115	3,888	3,957
51	35	32	57	71	104	118	113	295	294	437	447	395	597	620
545	454	518	416	401	577	855	901	1,292	1,375	1,499	1,392	1,407	1,571	1,720
544	453	517	416	383	557	834	877	1,265	1,338	1,410	1,297	1,301	1,445	1,597
314	338	313	298	268	289	309	289	397	368	361	315	316	366	407
230	115	204	118	115	268	525	588	868	970	1,049	982	985	1,079	1,190
1	1	1	-	18	20	21	24	27	37	89	95	106	126	123
702	668	637	505	583	640	720	731	753	863	952	904	942	919	896
702	668	637	505	570	631	711	715	654	774	773	667	751	713	726
422	398	360	252	341	378	403	395	361	453	465	395	440	438	463
280	270	277	253	229	253	308	320	293	321	308	272	311	275	263
-	-	-	-	13	9	9	16	99	89	179	237	191	206	170
159	137	126	116	109	114	115	131	133	127	121	131	129	129	140
155	137	126	116	104	109	110	126	121	113	103	114	111	95	109
4	-	-	-	5	5	5	5	12	14	18	17	18	34	31
1,960	1,746	1,516	1,501	1,452	1,590	1,579	1,728	1,905	1,718	1,725	1,883	1,764	1,716	1,657
1,940	1,739	1,512	1,474	1,421	1,530	1,505	1,667	1,760	1,575	1,587	1,798	1,797	1,499	1,374
448	362	296	267	253	216	172	224	341	313	377	337	258	166	299
330	290	258	250	231	240	248	366	375	336	293	244	241	175	-
690	625	579	491	456	432	391	328	298	274	181	139	103	-	-
-	-	-	79	119	299	348	379	368	350	371	544	649	697	617
260	231	187	163	138	133	116	120	197	225	313	481	499	411	413
23	43	43	39	42	45	50	51	47	46	46	47	47	50	45
189	188	149	185	182	165	180	199	134	31	6	6	-	-	-
20	7	4	27	31	60	74	61	145	143	138	85	67	217	283
142	130	121	115	91	75	81	83	87	104	150	154	168	150	164
116	103	94	85	87	65	72	76	75	93	137	141	155	136	151
52	51	52	49	52	48	49	52	42	57	81	84	103	86	104
24	22	20	19	19	16	21	23	30	32	53	54	49	42	43
-	-	-	-	-	-	-	-	1	1	-	-	-	-	-
-	-	-	1	1	1	1	1	1	1	1	1	1	-	-
40	30	22	16	15	-	1	-	1	2	2	2	2	8	4
26	27	27	30	4	10	9	7	12	11	13	13	13	14	13
488	528	587	593	593	596	591	372	341	298	320	358	766	369	356
435	467	505	527	527	524	532	316	283	237	231	297	709	317	305
1	1	2	-	3	1	-	-	-	-	-	-	-	-	-
52	60	80	66	63	71	59	56	58	61	89	61	57	52	51
16	19	19	9	8	9	9	9	10	10	8	8	8	9	8
15	15	15	5	5	5	5	5	6	6	5	5	5	6	5
1	1	1	1	-	1	1	1	1	1	-	-	-	-	-
-	3	3	3	3	3	3	3	3	3	3	3	3	3	3
18	18	3	17	6	18	9	25	80	29	49	37	110	215	135

Table 90 — AIRPLANES ON HAND IN MEDITERRANEAN THEATER OF OPERATIONS: BY TYPE AND PRINCIPAL MODEL: JUN 1942 TO AUG 1945—Continued

Type and Model	1944			1945							
	Oct	Nov	Dec	Jan	Feb	Mar	Apr	May	Jun	Jul	Aug
Total	5,101	4,707	4,661	4,977	4,790	4,849	4,809	4,242	3,068	2,180	1,336
Combat Airplanes	4,584	4,267	4,191	4,337	4,196	4,288	4,172	3,742	2,604	1,802	1,070
1st Line	3,865	3,554	3,497	3,664	3,566	3,717	3,602	3,239	2,063	868	370
2nd Line & Misc	719	713	694	673	630	571	570	503	541	934	700
Heavy Bombers - Total	1,811	1,713	1,736	1,800	1,841	1,901	1,871	1,562	831	599	377
1st Line - Total	1,581	1,450	1,460	1,525	1,564	1,660	1,593	1,340	548	378	343
B-17	476	476	509	538	521	524	497	529	457	377	343
B-24	1,105	974	951	987	1,043	1,136	1,096	811	91	1	-
2nd Line & Misc	230	263	276	275	277	241	278	222	283	221	34
Medium Bombers - Total	886	669	572	586	582	570	536	504	347	125	92
1st Line - Total	715	495	397	411	433	424	399	367	217	3	1
B-25	436	402	375	397	423	414	393	367	217	3	1
B-26	279	93	22	14	10	10	6	-	-	-	-
2nd Line & Misc	171	174	175	175	149	146	137	137	130	122	91
Light Bombers - Total	130	121	118	155	198	203	222	216	76	40	26
1st Line - Total	98	92	90	128	170	171	168	138	27	8	-
A-20	98	92	88	80	76	68	38	-	-	-	-
A-26	-	-	2	48	94	103	130	138	27	8	-
2nd Line & Misc	32	29	28	27	28	32	54	78	49	32	26
Fighters - Total	1,601	1,593	1,572	1,640	1,423	1,448	1,361	1,296	1,206	898	441
1st Line - Total	1,332	1,360	1,370	1,452	1,258	1,317	1,284	1,237	1,139	395	13
P-38	328	339	318	305	331	375	335	321	316	116	6
P-39	-	-	-	-	-	-	-	1	2	-	-
P-47	535	545	509	550	360	352	298	280	241	40	-
P-51	430	440	491	538	510	534	588	581	551	211	7
Night Fighters	39	36	52	59	57	56	63	54	29	28	-
2nd Line & Misc	269	233	202	188	165	131	77	59	67	503	428
Reconnaissance - Total	156	171	193	156	152	166	182	164	144	140	134
1st Line - Total	139	157	180	148	141	145	158	157	132	84	13
F-4, F-5	121	153	173	141	134	136	150	151	132	84	-
F-6	13	1	4	4	4	4	5	4	-	-	-
Other	5	3	3	3	3	5	3	2	-	-	13
2nd Line & Misc	17	14	13	8	11	21	24	7	12	56	121
Transports - Total	351	337	358	370	392	340	413	279	250	225	199
C-46	-	-	-	-	-	-	9	12	12	12	12
C-47, C-53	294	284	301	312	337	287	346	211	187	165	143
Light Transports	57	53	57	58	55	53	58	56	51	48	44
Trainers - Total	8	8	8	7	7	7	7	7	7	6	5
Advanced	5	5	5	4	4	4	4	4	4	3	3
Primary	3	3	3	3	3	3	3	3	3	3	2
Communications	158	95	104	263	195	214	217	214	207	147	62

Table 91 — AIRPLANES ON HAND IN THEATERS VS JAPAN, BY TYPE AND PRINCIPAL MODEL: NOV 1941 TO AUG 1945

(Figures are as of end of month.)

Type and Model	1941		1942											
	Nov	Dec	Jan	Feb	Mar	Apr	May	Jun	Jul	Aug	Sep	Oct	Nov	Dec
Total.................	607	427	620	899	894	1,079	1,184	1,319	1,318	1,482	1,704	1,957	1,887	1,910
Combat Airplanes.........	596	416	596	877	871	1,038	1,100	1,218	1,201	1,338	1,555	1,779	1,695	1,749
1st Line...............	313	298	474	757	758	929	999	1,110	1,088	1,218	1,444	1,673	1,603	1,662
2nd Line & Misc.......	283	118	122	120	113	109	101	108	113	120	111	106	92	87
Heavy Bombers - Total..	48	56	73	78	74	99	137	189	179	186	226	265	270	281
1st Line - Total.....	48	56	69	73	70	91	129	181	171	178	220	259	264	275
B-17...............	47	56	69	73	70	90	128	167	153	157	168	142	141	132
B-24...............	1	-	-	-	-	1	1	14	18	21	52	117	123	143
2nd Line & Misc......	-	-	4	5	4	8	8	8	8	8	6	6	6	6
Medium Bombers - Total.	82	43	48	47	84	124	157	174	170	182	203	212	230	241
1st Line - Total.....	-	-	5	7	48	90	124	140	135	149	170	179	199	210
B-25...............	-	-	-	-	23	31	37	35	31	63	89	101	125	140
B-26...............	-	-	5	7	7	8	24	43	27	25	22	20	20	19
Other..............	-	-	-	-	18	51	63	62	77	61	59	58	54	51
2nd Line & Misc......	82	43	43	40	36	34	33	34	35	33	33	33	31	31
Light Bombers - Total..	21	18	18	10	9	23	47	54	52	50	46	44	38	35
1st Line														
A-20...............	12	10	10	10	9	23	47	46	45	43	39	38	32	29
2nd Line & Misc......	9	8	8	-	-	-	-	8	7	7	7	6	6	6
Fighters - Total.......	410	290	448	723	686	771	741	784	776	893	1,057	1,221	1,124	1,148
1st Line - Total.....	253	232	390	667	631	721	696	740	734	839	1,008	1,175	1,089	1,118
P-38...............	-	-	-	-	-	-	-	24	21	51	105	117	105	125
P-39...............	13	24	49	174	319	413	311	330	279	324	337	425	375	354
P-40...............	240	156	289	426	268	264	359	369	412	451	542	611	588	618
Night Fighters.....	-	-	-	-	-	-	-	-	-	13	24	22	21	21
Other..............	-	52	52	67	44	44	26	17	22	-	-	-	-	-
2nd Line & Misc......	157	58	58	56	55	50	45	44	42	54	49	46	35	30
Reconnaissance - Total.	35	9	9	19	18	21	18	17	24	27	23	37	33	44
F-4, F-5...........	-	-	-	-	-	4	3	3	3	9	7	22	19	30
2nd Line & Misc......	35	9	9	19	18	17	15	14	21	18	16	15	14	14
Transports - Total.......	8	9	22	20	21	35	78	88	90	97	111	138	152	110
C-47, C-53.........	-	4	15	13	14	24	48	59	59	72	78	97	112	64
Other Hv & Med Trans	8	5	7	7	7	9	28	25	26	21	29	31	29	34
Light Transports...	-	-	-	-	-	2	2	4	5	4	4	10	11	12
Trainers														
Advanced...........	-	-	-	-	-	4	4	5	6	5	5	6	5	4
Communications..........	3	2	2	2	2	2	2	8	21	42	33	34	35	47

Table 91— AIRPLANES ON HAND IN THEATERS VS JAPAN, BY TYPE AND PRINCIPAL MODEL: NOV 1941 TO AUG 1945 — Continued

Type and Model	1943											
	Jan	Feb	Mar	Apr	May	Jun	Jul	Aug	Sep	Oct	Nov	Dec
Total................	2,000	2,042	2,193	2,154	2,324	2,650	3,042	3,507	3,791	3,938	4,168	4,254
Combat Airplanes........	1,725	1,759	1,904	1,840	1,987	2,270	2,583	2,947	3,163	3,307	3,506	3,488
1st Line............	1,645	1,681	1,827	1,768	1,916	2,201	2,511	2,878	3,024	3,097	3,277	3,182
2nd Line & Misc......	80	78	77	72	71	69	72	69	139	210	229	306
Heavy Bombers - Total..	265	294	337	370	395	417	441	452	535	669	725	716
1st Line - Total.....	259	288	332	365	389	411	435	446	532	615	658	649
B-17................	119	113	101	96	85	80	73	73	67	3	1	-
B-24................	140	175	231	269	304	331	362	373	465	612	657	649
2nd Line & Misc......	6	6	5	5	6	6	6	6	3	54	67	67
Medium Bombers - Total.	211	207	246	258	419	493	515	562	546	587	565	544
1st Line - Total.....	187	185	224	236	397	471	492	539	525	531	512	478
B-25................	133	145	184	197	360	435	455	502	488	531	512	478
B-26................	12	-	40	-	-	-	-	-	-	-	-	-
Other...............	42	40	-	39	37	36	37	37	37	-	-	-
2nd Line & Misc......	24	22	22	22	22	22	23	23	21	56	53	66
Light Bombers - Total..	30	32	29	27	25	31	28	31	67	77	97	179
1st Line												
A-20................	26	26	23	20	18	24	21	24	58	75	95	177
2nd Line & Misc......	4	6	6	7	7	7	7	7	9	2	2	2
Fighters - Total......	1,176	1,179	1,237	1,131	1,098	1,268	1,532	1,748	1,856	1,861	1,983	1,897
1st Line - Total.....	1,143	1,147	1,205	1,104	1,072	1,244	1,508	1,728	1,765	1,777	1,890	1,740
P-38................	163	174	169	152	151	187	274	347	333	357	357	356
P-39................	309	307	293	264	293	417	420	413	378	341	298	214
P-40................	651	647	709	403	597	554	642	748	781	699	710	630
P-47................	-	-	-	250	-	59	114	107	149	235	367	391
P-51................	-	-	-	-	-	-	-	70	77	82	95	100
Night Fighters.....	20	19	19	19	17	13	13	14	14	21	23	21
Other...............	-	-	15	16	14	14	45	29	33	42	40	28
2nd Line & Misc......	33	32	32	27	26	24	24	20	91	84	93	157
Reconnaissance - Total.	43	47	55	54	50	61	67	154	159	113	136	152
1st Line - Total.....	30	35	43	43	40	51	55	141	144	99	122	138
F-4, F-5...........	30	35	41	40	37	48	52	50	48	43	41	45
F-7................	-	-	-	-	-	-	-	-	-	-	-	4
Other...............	-	-	2	3	3	3	3	91	96	56	81	89
2nd Line & Misc......	13	12	12	11	10	10	12	13	15	14	14	14
Transports - Total......	175	177	166	170	183	229	313	397	436	452	497	545
C-46................	-	-	-	-	-	-	-	-	-	-	1	-
C-47, C-53..........	130	130	123	122	136	183	260	332	362	375	414	450
Other Hv & Med Trans	33	35	32	32	24	23	19	21	20	19	19	18
Light Transports...	12	12	11	16	23	23	34	44	54	58	63	77
Trainers - Total........	5	12	19	28	26	24	23	43	45	41	42	43
Advanced...........	5	5	5	15	15	15	15	20	19	17	21	23
Primary............	-	7	14	13	11	9	8	23	26	24	21	20
Communications..........	95	94	104	116	128	127	123	120	147	138	123	178

Table 91— AIRPLANES ON HAND IN THEATERS VS JAPAN, BY TYPE AND PRINCIPAL MODEL: NOV 1941 TO AUG 1945 — Continued

Type and Model	1944											
	Jan	Feb	Mar	Apr	May	Jun	Jul	Aug	Sep	Oct	Nov	Dec
Total..................	4,555	4,883	5,343	5,963	6,421	6,622	7,137	7,807	7,935	8,097	8,188	8,480
Combat Airplanes........	3,728	4,012	4,374	4,759	5,175	5,363	5,748	6,089	6,135	6,169	5,974	5,998
1st Line................	3,406	3,721	4,030	4,404	4,782	4,886	5,172	5,364	5,268	5,009	4,843	5,133
2nd Line & Misc........	322	291	344	355	393	477	576	725	867	1,160	1,131	865
Very Heavy Bombers-Total	-	-	-	94	137	133	146	150	163	219	262	348
1st Line												
B-29..................	-	-	-	94	137	133	146	150	163	219	262	345
2nd Line & Misc........	-	-	-	-	-	-	-	-	-	-	-	3
Heavy Bombers - Total..	735	768	773	767	867	948	1,007	993	1,010	1,026	961	943
1st Line												
B-24..................	642	685	686	683	781	850	887	860	877	792	754	764
2nd Line & Misc........	93	83	87	84	86	98	120	133	133	234	207	179
Medium Bombers - Total.	568	668	771	781	820	867	993	1,111	1,093	1,095	1,018	957
1st Line												
B-25..................	498	622	733	743	780	824	938	999	872	818	706	726
2nd Line & Misc........	70	46	38	38	40	43	55	112	221	277	312	231
Light Bombers - Total..	221	246	223	216	303	294	349	376	391	384	370	316
1st Line												
A-20..................	217	240	206	204	286	282	324	350	370	331	288	270
2nd Line & Misc........	4	6	17	12	17	12	25	26	21	53	82	46
Fighters - Total.......	1,943	2,039	2,341	2,611	2,740	2,793	2,821	3,029	3,065	3,014	2,915	3,002
1st Line - Total......	1,817	1,903	2,164	2,417	2,514	2,494	2,484	2,616	2,653	2,495	2,448	2,634
P-38..................	315	362	406	414	502	560	632	721	707	697	650	694
P-39..................	177	191	187	236	148	22	-	-	-	-	-	-
P-40..................	654	678	626	599	562	522	471	505	427	338	254	227
P-47..................	522	534	741	941	1,043	1,133	1,116	1,129	1,089	1,020	961	865
P-51..................	107	102	189	193	203	204	202	209	330	336	456	681
Night Fighters.......	17	17	15	34	56	53	62	52	100	104	127	167
Other.................	25	19	-	-	-	-	1	-	-	-	-	-
2nd Line & Misc........	126	136	177	194	226	299	337	413	412	519	467	368
Reconnaissance - Total.	261	291	266	290	308	328	432	430	413	431	448	432
1st Line - Total......	232	271	241	263	284	303	393	389	333	354	385	394
F-2...................	-	-	-	-	-	-	-	-	-	-	1	1
F-4, F-5..............	77	82	78	94	96	121	177	176	177	176	176	189
F-6...................	5	27	-	-	-	8	16	17	14	30	54	55
F-7...................	4	6	40	53	54	56	66	66	65	62	72	76
F-13..................	-	-	-	-	-	-	-	-	-	2	11	17
Other.................	146	156	123	116	134	118	134	130	77	84	71	56
2nd Line & Misc........	29	20	25	27	24	25	39	41	80	77	63	38
Transports - Total.....	585	605	623	869	901	951	969	1,193	1,264	1,337	1,408	1,479
C-46..................	-	-	-	-	-	-	-	-	4	21	121	237
C-47, C-53............	475	482	488	719	737	775	795	989	1,022	1,081	1,061	1,017
Other Hv & Med Trans	18	13	12	11	11	10	9	28	48	53	24	23
Light Transports.....	92	110	123	139	153	166	165	176	190	182	202	202
Trainers - Total........	48	54	53	53	52	51	51	64	66	75	130	163
Advanced.............	29	35	34	34	34	33	32	43	45	48	66	71
Basic.................	-	-	-	-	-	-	-	-	-	7	11	41
Primary..............	19	19	19	19	18	18	19	21	21	20	53	51
Communications...........	194	212	293	282	293	257	369	461	470	516	676	840

Table 91— AIRPLANES ON HAND IN THEATERS VS JAPAN, BY TYPE AND PRINCIPAL MODEL: NOV 1941 TO AUG 1945—Continued

Type and Model	1945							
	Jan	Feb	Mar	Apr	May	Jun	Jul	Aug
Total	8,476	8,799	9,286	9,718	10,406	10,889	11,791	12,007
Combat Airplanes	6,102	6,331	6,838	7,184	7,680	8,095	8,722	8,765
1st Line	5,343	5,612	6,089	6,328	6,845	7,265	7,891	7,988
2nd Line & Misc	759	719	749	856	835	830	831	777
Very Heavy Bombers - Total	450	541	605	708	732	888	998	1,056
1st Line								
B-29	447	538	602	705	730	878	979	1,042
2nd Line & Misc	3	3	3	3	2	10	19	14
Heavy Bombers - Total	947	987	1,029	1,108	1,167	1,112	1,104	1,076
1st Line - Total	804	850	873	910	992	950	896	883
B-24	804	850	873	910	992	950	892	874
B-32	-	-	-	-	-	-	4	9
2nd Line & Misc	143	137	156	198	175	162	208	193
Medium Bombers - Total	890	869	895	861	891	849	825	784
1st Line								
B-25	671	669	679	626	648	615	608	568
2nd Line & Misc	219	200	216	235	243	234	217	216
Light Bombers - Total	275	253	233	249	424	489	555	563
1st Line - Total	234	219	196	199	381	445	536	543
A-20	234	219	196	197	279	298	291	295
A-26	-	-	-	2	102	147	245	248
2nd Line & Misc	41	34	37	50	43	44	19	20
Fighters - Total	3,062	3,145	3,522	3,667	3,819	4,046	4,479	4,467
1st Line - Total	2,755	2,856	3,270	3,387	3,557	3,798	4,241	4,259
P-38	755	844	895	927	978	1,077	1,156	1,142
P-40	200	199	164	136	92	82	70	51
P-47	811	757	887	932	1,074	1,094	1,226	1,329
P-51	815	884	1,149	1,219	1,212	1,316	1,557	1,506
Night Fighters	174	172	175	173	201	229	232	231
2nd Line & Misc	307	289	252	280	262	248	238	208
Reconnaissance - Total	478	536	554	591	647	711	761	819
1st Line - Total	432	480	469	501	537	579	631	693
F-2	1	1	1	1	1	1	-	-
F-4, F-5	187	188	195	221	259	299	289	323
F-6	94	130	117	119	117	116	118	132
F-7	75	86	90	91	97	104	119	118
F-13	22	24	30	27	30	26	40	52
Other	53	51	36	42	33	33	65	68
2nd Line & Misc	46	56	85	90	110	132	130	126
Transports - Total	1,537	1,575	1,595	1,612	1,782	1,860	1,928	1,983
C-46	342	334	404	441	586	717	800	835
C-47, C-53	971	1,004	965	938	928	902	875	886
Other Hv & Med Trans	26	27	29	28	28	34	38	42
Light Transports	198	210	197	205	240	207	215	220
Trainers - Total	158	158	143	138	164	161	182	175
Advanced	70	68	64	64	93	102	134	135
Basic	38	41	39	38	38	36	32	29
Primary	50	49	40	36	33	23	16	11
Communications	679	735	710	784	780	773	959	1,084

Table 92 — AIRPLANES ON HAND IN PACIFIC OCEAN AREAS, BY TYPE AND PRINCIPAL MODEL: NOV 1941 TO AUG 1945

(Figures are as of end of month.)

Type and Model	1941		1942											
	Nov	Dec	Jan	Feb	Mar	Apr	May	Jun	Jul	Aug	Sep	Oct	Nov	Dec
Total	253	304	303	298	300	301	330	339	295	330	416	474	389	386
Combat Airplanes	246	295	291	286	288	289	318	330	276	310	397	449	365	362
1st Line	124	214	210	213	217	215	250	266	214	248	336	388	311	308
2nd Line & Misc	122	81	81	73	71	74	68	64	62	62	61	61	54	54
Heavy Bombers - Total	13	42	39	42	33	37	62	77	40	41	60	69	47	46
1st Line - Total	13	42	39	42	32	32	57	73	36	36	55	64	42	41
B-17	12	42	39	42	32	32	57	73	36	36	23	2	1	1
B-24	1	-	-	-	-	-	-	-	-	-	32	62	41	40
2nd Line & Misc	-	-	-	-	1	5	5	4	4	5	5	5	5	5
Medium Bombers - Total	39	26	26	26	23	23	28	36	22	21	21	21	21	21
1st Line - Total	-	-	-	-	-	-	6	14	-	-	-	-	-	-
B-25	-	-	-	-	-	-	3	-	-	-	-	-	-	-
B-26	-	-	-	-	-	-	3	14	-	-	-	-	-	-
2nd Line & Misc	39	26	26	26	23	23	22	22	22	21	21	21	21	21
Light Bombers - Total	21	18	18	10	9	9	8	7	7	7	6	5	3	3
1st Line														
A-20	12	10	10	10	9	9	8	7	7	7	6	5	3	3
2nd Line & Misc	9	8	8	-	-	-	-	-	-	-	-	-	-	-
Fighters - Total	161	202	201	201	216	213	213	203	200	234	303	347	288	286
1st Line - Total	99	162	161	161	176	174	179	172	171	205	275	319	266	264
P-39	-	24	24	24	48	44	44	40	40	40	39	66	43	43
P-40	99	138	137	137	128	130	135	132	131	152	212	231	202	200
Night Fighters	-	-	-	-	-	-	-	-	-	13	24	22	21	21
2nd Line & Misc	62	40	40	40	40	39	34	31	29	29	28	28	22	22
Reconnaissance														
2nd Line & Misc	12	7	7	7	7	7	7	7	7	7	7	7	6	6
Transports - Total	4	7	10	10	10	10	10	7	7	7	6	12	11	11
C-47, C-53	-	4	5	5	5	5	5	4	4	4	4	4	4	4
Other Hv & Med Trans	4	3	5	5	5	5	5	3	3	3	2	2	1	1
Light Transports	-	-	-	-	-	-	-	-	-	-	-	6	6	6
Communications	3	2	2	2	2	2	2	2	12	13	13	13	13	13

Table 92—AIRPLANES ON HAND IN PACIFIC OCEAN AREAS, BY TYPE

Type and Model	1943												1944	
	Jan	Feb	Mar	Apr	May	Jun	Jul	Aug	Sep	Oct	Nov	Dec	Jan	Feb
Total..................	376	368	366	369	351	405	404	411	431	626	647	631	649	730
Combat Airplanes..........	352	344	342	336	319	374	373	378	382	579	595	578	593	650
1st Line...............	302	296	292	288	272	327	328	333	338	523	538	507	529	586
2nd Line & Misc.......	50	48	50	48	47	47	45	45	44	56	57	71	64	64
Heavy Bombers - Total...	45	46	46	48	47	48	43	43	59	117	121	114	122	152
1st Line - Total......	40	43	41	43	42	43	38	38	56	109	113	105	114	144
B-17................	1	1	1	1	1	1	1	1	1	-	-	-	-	-
B-24................	39	42	40	42	41	42	37	37	55	109	113	105	114	144
2nd Line & Misc.......	5	3	5	5	5	5	5	5	3	8	8	9	8	8
Medium Bombers - Total..	17	17	17	17	16	16	16	16	15	87	98	104	112	115
1st Line														
B-25................	-	-	-	-	-	-	-	-	-	72	83	89	98	101
2nd Line & Misc.......	17	17	17	17	16	16	16	16	15	15	15	15	14	14
Light Bombers - Total...	3	3	3	3	3	3	3	3	2	2	2	2	2	2
1st Line - Total.....	3	3	3	3	3	3	3	3	-	-	-	-	-	-
A-20................	3	3	3	3	3	3	3	3	-	-	-	-	-	-
A-26................	-	-	-	-	-	-	-	-	-	-	-	-	-	-
2nd Line & Misc.......	-	-	-	-	-	-	-	-	2	2	2	2	2	2
Fighters - Total........	281	272	270	263	248	302	306	311	301	368	369	353	347	362
1st Line - Total......	259	250	248	242	227	281	287	292	282	342	342	313	311	326
P-38................	-	-	-	-	-	-	-	-	-	-	-	-	-	-
P-39................	42	42	39	39	37	100	94	102	89	89	86	86	82	91
P-40................	197	194	186	179	168	161	170	162	156	148	136	110	102	100
P-47................	-	-	-	-	-	-	-	-	-	60	74	83	97	111
P-51................	-	-	-	-	-	-	-	-	-	-	-	-	-	-
Night Fighters......	20	14	8	8	8	6	6	5	5	4	6	6	5	5
Other...............	-	-	15	16	14	14	17	23	32	41	40	28	25	19
2nd Line & Misc.......	22	22	22	21	21	21	19	19	19	26	27	40	36	36
Reconnaissance - Total..	6	6	6	5	5	5	5	5	5	5	5	5	10	19
1st Line - Total.....	-	-	-	-	-	-	-	-	-	-	-	-	6	15
F-4, F-5............	-	-	-	-	-	-	-	-	-	-	-	-	6	13
F-7.................	-	-	-	-	-	-	-	-	-	-	-	-	-	2
Other...............	-	-	-	-	-	-	-	-	-	-	-	-	-	-
2nd Line & Misc.......	6	6	6	5	5	5	5	5	5	5	5	5	4	4
Transports - Total........	12	12	12	13	13	15	15	17	28	27	29	30	34	60
C-46................	-	-	-	-	-	-	-	-	-	-	-	-	-	-
C-47, C-53..........	5	5	5	5	5	7	7	9	10	9	11	12	12	32
Other Hv & Med Trans	1	1	1	2	2	2	2	2	2	2	2	2	2	2
Light Transports....	6	6	6	6	6	6	6	6	16	16	16	16	20	26
Trainers														
Advanced............	-	-	-	9	9	9	9	9	9	9	13	15	14	14
Communications...........	12	12	12	11	10	7	7	7	12	11	10	8	8	6

AND PRINCIPAL MODEL: NOV 1941 TO AUG 1945 — Continued

	1944										1945							
	Mar	Apr	May	Jun	Jul	Aug	Sep	Oct	Nov	Dec	Jan	Feb	Mar	Apr	May	Jun	Jul	Aug
	728	837	824	967	992	976	1,003	1,036	1,079	1,314	1,343	1,361	1,610	1,747	2,031	2,008	825	760
	649	742	730	871	885	859	877	877	918	1,067	1,126	1,089	1,323	1,434	1,700	1,666	506	430
	581	674	668	765	781	773	793	797	829	989	1,042	1,002	1,225	1,340	1,599	1,581	438	376
	68	68	62	106	104	86	84	80	89	78	84	87	98	94	101	85	68	54
	162	165	183	256	254	235	222	225	242	243	252	256	281	288	289	253	158	126
	154	157	175	240	235	223	208	204	221	222	230	236	262	237	246	236	144	119
	-	-	-	-	-	-	-	-	-	-	-	-	-	-	-	-	-	-
	154	157	175	240	235	223	208	204	221	222	230	236	262	237	246	236	144	119
	8	8	8	16	19	12	14	21	21	21	22	20	19	51	43	17	14	7
	111	111	132	141	147	147	139	131	131	127	125	130	141	141	147	158	62	56
	98	98	122	131	137	141	134	130	130	127	125	130	124	119	117	128	32	24
	13	13	10	10	10	6	5	1	1	-	-	-	17	22	30	30	30	32
	2	2	2	2	2	2	1	-	-	-	-	-	-	2	102	122	37	28
	-	-	-	-	-	-	-	-	-	-	-	-	-	2	102	122	37	27
	-	-	-	-	-	-	-	-	-	-	-	-	-	-	-	-	-	-
	-	-	-	-	-	-	-	-	-	-	-	-	-	2	102	122	37	27
	2	2	2	2	2	2	1	-	-	-	-	-	-	-	-	-	-	1
	346	430	374	427	432	425	462	468	492	644	689	637	835	931	1,072	1,029	145	105
	305	389	336	353	363	362	401	410	425	587	632	580	783	920	1,054	1,006	122	93
	-	-	30	75	98	116	140	137	131	108	96	76	54	36	-	-	-	-
	90	125	45	-	-	-	-	-	-	-	-	-	-	-	-	-	-	-
	32	27	13	-	-	-	-	-	-	-	-	-	-	-	-	-	-	-
	178	224	235	265	254	236	232	240	236	211	205	181	330	428	562	553	40	19
	-	-	-	-	-	-	-	-	16	203	254	247	327	388	424	379	10	34
	5	13	13	13	11	10	29	33	42	65	77	76	72	68	68	74	72	40
	-	-	-	-	-	-	-	-	-	-	-	-	-	-	-	-	-	-
	41	41	38	74	69	63	61	58	67	57	57	57	52	11	18	23	23	12
	28	34	39	45	50	50	53	53	53	53	60	66	66	72	90	104	104	115
	24	30	35	41	46	47	50	53	53	53	55	56	56	62	80	89	103	113
	13	13	17	20	23	22	23	26	26	26	28	27	27	26	41	44	43	52
	11	17	18	21	23	25	27	27	27	27	27	29	29	28	31	36	18	18
	-	-	-	-	-	-	-	-	-	-	-	-	-	8	8	9	42	43
	4	4	4	4	4	3	3	-	-	-	5	10	10	10	10	15	1	2
	60	76	76	78	85	87	96	118	121	130	142	157	156	171	181	242	243	230
	-	-	-	-	-	-	-	-	-	-	3	3	3	17	27	86	109	109
	33	49	49	51	54	51	53	72	74	75	81	97	97	96	95	95	81	69
	2	2	2	2	2	6	10	12	13	16	18	17	19	18	18	19	14	13
	25	25	25	25	29	30	33	34	34	39	40	40	37	40	41	42	39	39
	14	14	14	14	14	14	15	17	17	17	17	15	15	15	21	30	31	20
	5	5	4	4	8	16	15	24	23	100	58	100	116	127	129	70	45	80

Table 93—AIRPLANES ON HAND IN FAR EAST AIR FORCES,

(Figures are as of

Type and Model	1941		1942												1943	
	Nov	Dec	Jan	Feb	Mar	Apr	May	Jun	Jul	Aug	Sep	Oct	Nov	Dec	Jan	Feb
Total................	317	89	257	535	504	671	630	611	616	696	774	947	940	957	1,053	1,087
Combat Airplanes.........	314	88	251	531	500	662	606	585	590	652	728	866	851	857	854	887
1st Line.............	189	84	243	513	486	648	594	574	579	640	719	858	844	850	847	880
2nd Line & Misc......	125	4	8	18	14	14	12	11	11	12	9	8	7	7	7	7
Heavy Bombers - Total..	35	14	31	28	30	48	54	70	102	110	124	142	169	170	159	174
1st Line - Total.....	35	14	27	23	27	45	51	67	99	108	124	142	169	170	159	172
B-17................	35	14	27	23	27	45	51	67	99	108	124	119	119	110	98	92
B-24................	-	-	-	-	-	-	-	-	-	-	-	23	50	60	61	80
2nd Line & Misc......	-	-	4	5	3	3	3	3	3	2	-	-	-	-	-	2
Medium Bombers - Total.	30	4	4	3	37	83	80	80	93	106	123	133	128	119	105	109
1st Line - Total.....	-	-	-	-	36	82	79	79	92	106	123	133	128	119	105	109
B-25................	-	-	-	-	18	31	16	17	15	45	64	75	74	68	63	69
Other...............	-	-	-	-	18	51	63	62	77	61	59	58	54	51	42	40
2nd Line & Misc......	30	4	4	3	1	1	1	1	1	-	-	-	-	-	-	-
Light Bombers - Total..	-	-	-	-	-	14	39	39	38	36	33	33	29	26	23	23
1st Line																
A-20................	-	-	-	-	-	14	39	39	38	36	33	33	29	26	23	23
2nd Line & Misc......	-	-	-	-	-	-	-	-	-	-	-	-	-	-	-	-
Fighters - Total.......	228	70	216	490	423	503	422	386	347	384	434	542	510	517	541	557
1st Line Total.....	154	70	216	490	423	503	422	386	347	381	432	541	509	516	540	557
P-38................	-	-	-	-	-	-	-	-	-	30	65	72	68	94	135	134
P-39................	13	-	25	150	271	369	267	238	188	233	250	314	299	291	255	262
P-40................	141	18	139	273	108	90	129	131	137	118	117	155	142	131	150	156
P-47................	-	-	-	-	-	-	-	-	-	-	-	-	-	-	-	-
Night Fighters......	-	-	-	-	-	-	-	-	-	-	-	-	-	-	-	5
Other...............	-	52	52	67	44	44	26	17	22	-	-	-	-	-	-	-
2nd Line & Misc......	74	-	-	-	-	-	-	-	-	3	2	1	1	1	1	-
Reconnaissance - Total.	21	-	-	10	10	14	11	10	10	16	14	16	15	25	26	24
1st Line - Total.....	-	-	-	-	-	4	3	3	3	9	7	9	9	19	20	19
F-4, F-5............	-	-	-	-	-	4	3	3	3	9	7	9	9	19	20	19
F-7.................	-	-	-	-	-	-	-	-	-	-	-	-	-	-	-	-
Other...............	-	-	-	-	-	-	-	-	-	-	-	-	-	-	-	-
2nd Line & Misc......	21	-	-	10	10	10	8	7	7	7	7	7	6	6	6	5
Transports - Total.......	3	1	6	4	4	9	24	24	24	22	33	67	72	71	120	122
C-47, C-53..........	-	-	5	3	3	5	5	5	5	11	13	44	45	38	88	90
Other Hv & Med Trans	3	1	1	1	1	4	19	19	19	11	20	23	23	28	27	27
Light Transports...	-	-	-	-	-	-	-	-	-	-	-	-	4	5	5	5
Communications..........	-	-	-	-	-	-	2	2	22	13	14	17	29	79	78	

BY TYPE AND PRINCIPAL MODEL: NOV 1941 TO AUG 1945

end of month.)

	1943										1944						
	Mar	Apr	May	Jun	Jul	Aug	Sep	Oct	Nov	Dec	Jan	Feb	Mar	Apr	May	Jun	Jul
	1,103	1,102	1,266	1,512	1,757	2,099	2,347	2,271	2,397	2,442	2,614	2,695	2,815	3,073	3,403	3,349	3,600
	904	886	1,046	1,248	1,429	1,700	1,914	1,836	1,945	1,981	2,150	2,226	2,345	2,462	2,761	2,704	2,930
	899	881	1,042	1,244	1,422	1,692	1,833	1,689	1,782	1,756	1,901	2,004	2,073	2,185	2,457	2,360	2,486
	5	5	4	4	7	8	81	147	163	225	249	222	272	277	304	344	444
	177	207	232	240	253	276	339	389	422	418	445	455	464	476	550	553	597
	177	207	232	240	253	276	339	343	363	361	360	380	385	400	475	474	499
	85	81	76	70	65	64	58	-	-	-	-	-	-	-	-	-	-
	92	126	156	170	188	212	281	343	363	361	360	380	385	400	475	474	499
	-	-	-	-	-	-	-	46	59	57	85	75	79	76	75	79	98
	135	139	257	308	323	381	386	368	344	324	331	351	394	399	401	439	520
	135	139	257	308	323	381	386	333	312	279	280	323	372	376	373	409	482
	95	100	220	272	286	344	349	333	312	279	280	323	372	376	373	409	482
	40	39	37	36	37	37	37	-	-	-	-	-	-	-	-	-	-
	-	-	-	-	-	-	-	35	32	45	51	28	22	23	28	30	38
	20	17	15	21	18	21	58	75	95	177	219	244	221	214	301	292	347
	20	17	15	21	18	21	58	75	95	177	217	240	206	204	286	282	324
	-	-	-	-	-	-	-	-	-	-	2	4	15	10	15	10	23
	539	490	512	648	804	903	1,009	923	1,000	974	971	999	1,108	1,208	1,346	1,256	1,246
	539	490	512	648	803	902	937	865	936	859	883	899	972	1,061	1,178	1,050	990
	132	117	115	144	211	291	279	263	269	279	236	262	306	323	383	394	432
	251	223	253	314	323	309	287	250	210	126	93	98	95	109	103	22	-
	145	139	135	124	148	186	213	160	147	131	117	104	98	99	88	80	74
	-	-	-	59	114	107	149	175	293	308	425	423	463	509	561	514	433
	11	11	9	7	7	9	9	17	17	15	12	12	10	21	43	40	51
	-	-	-	-	-	-	-	-	-	-	-	-	-	-	-	-	-
	-	-	-	-	1	1	72	58	64	115	88	100	136	147	168	206	256
	33	33	30	31	31	119	122	81	84	88	184	177	158	165	163	164	220
	28	28	26	27	25	112	113	73	76	80	161	162	138	144	145	145	191
	26	25	23	24	22	21	20	20	24	30	53	45	41	54	52	60	84
	-	-	-	-	-	-	-	-	-	-	-	-	12	15	14	13	20
	2	3	3	3	3	91	93	53	52	50	108	117	85	75	79	72	87
	5	5	4	4	6	7	9	8	8	8	23	15	20	21	18	19	29
	113	117	127	170	238	312	338	348	382	397	403	401	395	541	562	567	559
	84	84	97	141	203	273	299	310	345	356	362	361	358	496	511	509	502
	24	23	15	14	10	10	10	9	9	8	8	2	2	1	1	-	-
	5	10	15	15	25	29	29	29	28	33	33	38	35	44	50	58	57
	86	99	93	94	90	87	95	87	70	64	61	68	75	70	80	78	111

Table 93—AIRPLANES ON HAND IN FAR EAST AIR FORCES, BY TYPE AND PRINCIPAL MODEL: NOV 1941 TO AUG 1945—Continued

Type and Model	1944					1945							
	Aug	Sep	Oct	Nov	Dec	Jan	Feb	Mar	Apr	May	Jun	Jul	Aug
Total..................	3,932	3,879	3,888	3,804	3,640	3,407	3,514	3,684	3,956	4,244	4,519	5,393	5,588
Combat Airplanes.........	3,135	3,070	3,012	2,797	2,599	2,443	2,534	2,703	2,914	3,113	3,350	3,966	4,004
1st Line...............	2,629	2,448	2,208	1,988	2,082	2,033	2,172	2,324	2,428	2,654	2,882	3,536	3,598
2nd Line & Misc......	506	622	804	809	517	410	362	379	486	459	468	430	411
Heavy Bombers - Total..	597	627	617	543	523	525	541	542	615	641	621	757	774
1st Line - Total.....	491	522	441	388	403	438	460	455	520	552	526	680	698
B-24..................	491	522	441	388	403	438	460	455	520	552	526	676	689
B-32..................	-	-	-	-	-	-	-	-	-	-	-	4	9
2nd Line & Misc......	106	105	176	155	120	87	81	87	95	89	95	77	76
Medium Bombers - Total.	586	564	546	489	447	390	375	378	366	373	384	492	475
1st Line													
B-25..................	509	382	354	271	302	265	269	273	252	259	276	388	366
2nd Line & Misc......	77	182	192	218	145	125	106	105	114	114	108	104	109
Light Bombers - Total..	374	390	384	370	316	275	253	233	247	322	359	430	440
1st Line - Total.....	350	370	331	288	270	234	219	196	197	279	315	411	422
A-20..................	350	370	331	288	270	234	219	196	197	279	298	291	295
A-26..................	-	-	-	-	-	-	-	-	-	-	17	120	127
2nd Line & Misc......	24	20	53	82	46	41	34	37	50	43	44	19	18
Fighters - Total.......	1,370	1,274	1,252	1,185	1,133	1,048	1,159	1,328	1,431	1,481	1,648	1,902	1,882
1st Line - Total.....	1,103	1,032	940	889	958	921	1,048	1,229	1,259	1,338	1,510	1,769	1,771
P-38..................	497	458	436	398	470	467	505	556	613	655	685	814	808
P-40..................	135	126	83	69	67	66	67	59	42	37	35	30	30
P-47..................	429	399	336	295	257	229	196	190	162	185	224	281	307
P-51..................	-	-	41	75	95	94	216	357	373	366	465	542	502
Night Fighters.....	42	49	44	52	69	65	64	67	69	95	101	102	124
2nd Line & Misc......	267	242	312	296	175	127	111	99	172	143	138	133	111
Reconnaissance - Total.	208	215	213	210	180	205	206	222	255	296	338	385	433
1st Line - Total.....	176	142	142	152	149	175	176	171	200	226	255	288	336
F-4, F-5.............	77	83	75	71	70	70	76	74	99	125	151	166	195
F-6...................	-	6	15	24	22	51	47	44	46	46	48	54	76
F-7...................	21	22	20	32	36	34	36	38	41	45	47	60	57
Other.................	78	31	32	25	21	20	17	15	14	10	9	8	8
2nd Line & Misc......	32	73	71	58	31	30	30	51	55	70	83	97	97
Transports - Total......	633	646	666	712	752	784	790	798	801	840	862	892	922
C-46..................	-	4	21	82	145	219	214	262	277	309	347	387	408
C-47, C-53............	575	585	590	574	556	517	525	487	479	464	452	437	433
Other Hv & Med Trans	-	-	1	1	1	1	2	3	3	3	3	8	8
Light Transports...	58	57	54	55	50	47	49	46	42	64	60	60	73
Trainers - Total.........	-	-	7	11	11	8	11	10	10	34	33	32	41
Advanced............	-	-	-	-	-	-	-	-	-	24	24	24	34
Basic................	-	-	7	11	11	8	11	10	10	10	9	8	7
Communications..........	164	163	203	284	278	172	179	173	231	257	274	503	621

Table 94 — AIRPLANES ON HAND IN CHINA & INDIA — BURMA, BY TYPE AND PRINCIPAL MODEL: NOV 1941 TO AUG 1945

(Figures are as of end of month.)

Type and Model	1941		1942												1943	
	Nov	Dec	Jan	Feb	Mar	Apr	May	Jun	Jul	Aug	Sep	Oct	Nov	Dec	Jan	Feb
Total..................	-	-	3	8	23	25	115	136	167	195	226	241	244	271	306	320
Combat Airplanes............	-	-	3	8	23	18	82	96	124	146	173	200	201	270	290	298
1st Line................	-	-	3	8	23	18	82	96	124	137	165	193	194	266	283	291
2nd Line & Misc.........	-	-	-	-	-	-	-	-	-	9	8	7	7	4	7	7
Heavy Bombers																
1st Line - Total........	-	-	3	8	10	13	20	24	15	8	12	26	26	32	34	39
B-17..................	-	-	3	8	10	12	19	19	12	8	10	10	10	10	10	10
B-24..................	-	-	-	-	-	1	1	5	3	-	2	16	16	22	24	29
Medium Bombers																
1st Line																
B-25..................	-	-	-	-	5	-	18	17	15	17	24	25	27	43	42	47
Fighters - Total..........	-	-	-	-	8	5	44	55	94	121	137	136	138	184	204	199
1st Line																
P-40..................	-	-	-	-	8	5	44	55	94	112	129	129	131	180	197	192
2nd Line & Misc.........	-	-	-	-	-	-	-	-	-	9	8	7	7	4	7	7
Reconnaissance																
1st Line																
F-4, F-5..............	-	-	-	-	-	-	-	-	-	-	-	13	10	11	10	13
Transports - Total.........	-	-	-	-	-	7	33	40	43	49	53	41	43	1	16	15
C-47, C-53.............	-	-	-	-	-	7	31	38	40	47	51	40	42	-	15	13
Other Hv & Med Trans..	-	-	-	-	-	-	2	2	2	1	1	-	-	-	-	1
Light Transports......	-	-	-	-	-	-	-	-	1	1	1	1	1	1	1	1
Trainers																
Primary...............	-	-	-	-	-	-	-	-	-	-	-	-	-	-	-	7

Table 94— AIRPLANES ON HAND IN CHINA & INDIA — BURMA, BY

Type and Model	1943										1944		
	Mar	Apr	May	Jun	Jul	Aug	Sep	Oct	Nov	Dec	Jan	Feb	Mar
Total..................	473	443	446	453	539	677	722	773	873	933	1,031	1,196	1,544
Combat Airplanes...........	442	413	401	411	483	598	626	676	764	731	786	938	1,188
1st Line...............	435	407	396	408	479	598	625	675	763	730	784	937	1,187
2nd Line & Misc.......	7	6	5	3	4	-	1	1	1	1	2	1	1
Heavy Bombers - Total....	84	84	85	98	114	104	112	143	166	167	153	147	134
1st Line - Total.......	84	84	85	98	114	104	112	143	166	167	153	147	134
B-17.................	10	10	4	4	2	2	2	1	1	-	-	-	-
B-24.................	74	74	81	94	112	102	110	142	165	167	153	147	134
2nd Line & Misc.......	-	-	-	-	-	-	-	-	-	-	-	-	-
Medium Bombers - Total...	56	62	95	115	115	104	92	93	90	84	94	172	237
1st Line													
B-25.................	56	62	95	115	115	104	92	93	90	84	94	172	237
2nd Line & Misc.......	-	-	-	-	-	-	-	-	-	-	-	-	-
Light Bombers - Total....	-	-	-	-	-	-	-	-	-	-	-	-	-
1st Line													
A-26.................	-	-	-	-	-	-	-	-	-	-	-	-	-
2nd Line & Misc.......	-	-	-	-	-	-	-	-	-	-	-	-	-
Fighters - Total.........	290	256	211	178	228	365	394	417	462	422	473	524	737
1st Line - Total.......	283	250	206	175	224	365	394	417	462	422	473	524	737
P-38.................	-	-	-	-	23	19	21	58	52	42	41	62	64
P-40.................	283	250	206	175	201	276	296	277	315	280	325	360	384
P-47.................	-	-	-	-	-	-	-	-	-	-	-	-	100
P-51.................	-	-	-	-	-	70	77	82	95	100	107	102	189
Night Fighters........	-	-	-	-	-	-	-	-	-	-	-	-	-
Other................	-	-	-	-	-	-	-	-	-	-	-	-	-
2nd Line & Misc.......	7	6	5	3	4	-	-	-	-	-	-	-	-
Reconnaissance - Total...	12	11	10	20	26	25	28	23	46	58	66	95	80
1st Line - Total.......	12	11	10	20	26	25	27	22	45	57	64	94	79
F-4, F-5.............	12	11	10	20	26	25	24	19	16	14	17	24	24
F-6.................	-	-	-	-	-	-	-	-	-	-	5	27	-
F-7.................	-	-	-	-	-	-	-	-	-	4	4	4	17
Other................	-	-	-	-	-	-	3	3	29	39	38	39	38
2nd Line & Misc.......	-	-	-	-	-	-	1	1	1	1	2	1	1
Transports - Total........	14	14	16	15	30	32	33	35	47	79	105	107	131
C-46.................	-	-	-	-	-	-	-	-	1	-	-	-	-
C-47, C-53...........	13	13	15	14	29	29	29	31	35	60	80	74	82
Other Hv & Med Trans.	1	1	1	1	1	3	4	4	4	4	4	5	4
Light Transports.....	-	-	-	-	-	-	-	7	15	21	28	45	
Trainers - Total..........	14	13	11	9	8	29	30	28	25	23	21	21	20
Advanced.............	-	-	-	-	-	6	4	4	4	3	2	2	1
Basic................	-	-	-	-	-	-	-	-	-	-	-	-	-
Primary..............	14	13	11	9	8	23	26	24	21	20	19	19	19
Communications............	3	3	18	18	18	18	33	34	37	100	119	130	205

TYPE AND PRINCIPAL MODEL: NOV 1941 TO AUG 1945 — Continued

	1944								1945							
Apr	May	Jun	Jul	Aug	Sep	Oct	Nov	Dec	Jan	Feb	Mar	Apr	May	Jun	Jul	Aug
1,708	1,776	1,881	2,117	2,444	2,572	2,617	2,726	2,868	2,883	2,972	2,988	2,943	3,095	3,149	3,173	3,053
1,277	1,340	1,441	1,576	1,729	1,813	1,846	1,777	1,767	1,808	1,875	1,916	1,854	1,900	1,950	1,974	1,371
1,270	1,319	1,421	1,555	1,610	1,665	1,595	1,570	1,530	1,573	1,635	1,685	1,611	1,658	1,718	1,704	1,632
7	21	20	21	119	148	251	207	237	235	240	231	243	242	232	270	239
114	112	112	126	132	135	151	141	138	133	149	161	166	201	200	145	127
114	112	112	126	122	126	122	119	115	112	126	135	133	177	173	56	50
-	-	-	-	-	-	-	-	-	-	-	-	-	-	-	-	-
114	112	112	126	122	126	122	119	115	112	126	135	133	177	173	56	50
-	-	-	-	10	9	29	22	23	21	23	26	33	24	27	89	77
244	250	246	287	323	332	361	343	332	324	313	325	309	333	272	241	223
244	250	246	283	301	304	292	265	259	243	232	244	220	244	186	166	157
-	-	-	4	22	28	69	78	73	81	81	81	89	89	86	75	66
-	-	-	-	-	-	-	-	-	-	-	-	-	-	8	88	95
-	-	-	-	-	-	-	-	-	-	-	-	-	-	8	88	94
-	-	-	-	-	-	-	-	-	-	-	-	-	-	-	-	1
833	877	969	1,006	1,106	1,202	1,172	1,121	1,117	1,162	1,178	1,200	1,148	1,142	1,236	1,297	1,247
827	857	950	994	1,024	1,094	1,024	1,018	982	1,039	1,057	1,099	1,051	1,041	1,149	1,220	1,168
60	56	58	70	78	80	95	94	94	113	175	200	193	232	290	229	218
366	351	334	292	273	204	165	97	75	50	49	31	22	22	16	11	10
208	247	354	429	464	458	442	429	397	377	380	367	342	327	317	284	270
193	203	204	202	209	330	295	365	383	467	421	465	458	422	472	641	621
-	-	-	-	-	22	27	33	33	32	32	36	36	38	54	55	49
-	-	-	1	-	-	-	-	-	-	-	-	-	-	-	-	-
6	20	19	12	82	108	148	103	135	123	121	101	97	101	87	77	79
86	101	114	157	168	144	162	172	180	189	235	230	231	224	234	203	179
85	100	113	152	163	141	157	168	174	179	220	207	207	196	202	174	163
27	27	41	70	77	71	75	79	93	89	85	94	96	93	104	80	76
-	-	8	16	17	8	15	30	33	43	83	73	73	71	68	64	56
17	18	18	19	17	16	15	13	13	14	18	19	18	17	17	17	17
41	55	46	47	52	46	52	46	35	33	34	21	20	15	13	13	14
1	1	1	5	5	3	5	4	6	10	15	23	24	28	32	29	16
212	217	258	281	414	447	467	513	540	527	542	563	574	715	695	705	725
-	-	-	-	-	-	-	39	92	93	90	117	127	243	266	278	292
157	160	198	223	347	365	393	385	359	347	355	357	343	351	338	327	336
4	4	4	4	4	4	4	4	3	4	5	4	4	4	4	4	9
51	53	56	54	63	78	70	85	86	83	92	85	100	117	87	96	88
20	19	19	19	32	32	31	83	116	112	111	98	93	89	78	90	81
1	1	1	-	11	11	11	30	35	32	32	29	29	28	28	50	48
-	-	-	-	-	-	-	-	30	30	30	29	28	28	27	24	22
19	18	18	19	21	21	20	53	51	50	49	40	36	33	23	16	11
199	200	163	241	269	280	273	353	445	436	444	411	422	391	426	404	376

Table 95 — AIRPLANES ON HAND IN ALASKA, BY TYPE

(Figures are as of

Type and Model	1941		1942											
	Nov	Dec	Jan	Feb	Mar	Apr	May	Jun	Jul	Aug	Sep	Oct	Nov	Dec
Total................	37	34	57	58	67	82	109	233	240	261	288	295	314	296
Combat Airplanes.........	36	33	51	52	60	69	94	207	211	230	257	264	278	260
1st Line.............	-	-	18	23	32	48	73	174	171	193	224	234	254	238
2nd Line & Misc......	36	33	33	29	28	21	21	33	40	37	33	30	24	22
Heavy Bombers - Total..	-	-	-	-	1	1	1	18	22	27	30	28	28	33
1st Line - Total.....	-	-	-	-	1	1	1	17	21	26	29	27	27	32
B-17................	-	-	-	-	1	1	1	8	6	5	11	11	11	11
B-24................	-	-	-	-	-	-	-	9	15	21	18	16	16	21
2nd Line & Misc......	-	-	-	-	-	-	-	1	1	1	1	1	1	1
Medium Bombers - Total.	13	13	18	18	19	18	31	41	40	38	35	33	54	58
1st Line - Total.....	-	-	5	7	7	8	21	30	28	26	23	21	44	48
B-25................	-	-	-	-	-	-	-	1	1	1	1	1	24	29
B-26................	-	-	5	7	7	8	21	29	27	25	22	20	20	19
2nd Line & Misc......	13	13	13	11	12	10	10	11	12	12	12	12	10	10
Light Bombers														
2nd Line & Misc......	-	-	-	-	-	-	-	8	7	7	7	6	6	6
Fighters - Total.......	21	18	31	32	39	50	62	140	135	154	183	196	188	161
1st Line - Total.....	-	-	13	16	24	39	51	127	122	141	172	186	183	158
P-38................	-	-	-	-	-	-	-	24	21	21	40	45	37	31
P-39................	-	-	-	-	-	-	-	52	51	51	48	45	33	20
P-40................	-	-	13	16	24	39	51	51	50	69	84	96	113	107
Other...............	-	-	-	-	-	-	-	-	-	-	-	-	-	-
2nd Line & Misc......	21	18	18	16	15	11	11	13	13	13	11	10	5	3
Reconnaissance - Total.	2	2	2	2	1	-	-	-	7	4	2	1	2	2
1st Line - Total.....	-	-	-	-	-	-	-	-	-	-	-	-	-	-
F-4, F-5............	-	-	-	-	-	-	-	-	-	-	-	-	-	-
F-7.................	-	-	-	-	-	-	-	-	-	-	-	-	-	-
2nd Line & Misc......	2	2	2	2	1	-	-	-	7	4	2	1	2	2
Transports - Total........	1	1	6	6	7	9	11	17	16	19	19	18	26	27
C-47, C-53..........	-	-	5	5	6	7	7	12	10	10	10	9	21	22
Other Hv & Med Trans	1	1	1	1	1	-	2	1	2	6	6	6	5	5
Light Transports...	-	-	-	-	-	2	2	4	4	3	3	3	-	-
Trainers														
Advanced............	-	-	-	-	-	4	4	5	6	5	5	6	5	4
Communications............	-	-	-	-	-	-	-	4	7	7	7	7	5	5

AND PRINCIPAL MODEL: NOV 1941 TO AUG 1945

end of month.)

	1943												1944					
Jan	Feb	Mar	Apr	May	Jun	Jul	Aug	Sep	Oct	Nov	Dec	Jan	Feb	Mar	Apr	May	Jun
265	267	251	240	261	280	342	320	291	268	251	248	261	262	256	251	256	262
229	230	216	205	221	237	298	271	241	216	202	198	199	198	192	184	191	198
213	214	201	192	206	222	282	255	228	210	194	189	192	194	189	181	188	194
16	16	15	13	15	15	16	16	13	6	8	9	7	4	3	3	3	4
27	35	30	31	31	31	31	29	25	20	16	17	15	14	13	12	16	21
26	34	30	31	30	30	30	28	25	20	16	16	15	14	13	12	16	21
10	10	5	4	4	5	5	6	6	2	-	-	-	-	-	-	-	-
16	24	25	27	26	25	25	22	19	18	16	16	15	14	13	12	16	21
1	1	-	-	1	1	1	1	-	-	-	1	-	-	-	-	-	-
47	34	38	40	51	54	61	61	53	39	33	32	31	30	29	27	27	31
40	29	33	35	45	48	54	54	47	33	33	27	26	26	26	25	25	28
28	29	33	35	45	48	54	54	47	33	33	27	26	26	26	25	25	28
12	-	-	-	-	-	-	-	-	-	-	-	-	-	-	-	-	-
7	5	5	5	6	6	7	7	6	6	6	6	5	4	3	2	2	3
4	6	6	7	7	7	7	7	7	-	-	-	-	-	-	-	-	-
150	151	138	122	127	140	194	169	152	153	152	148	152	154	150	140	143	141
147	148	135	122	127	140	194	169	152	153	150	146	150	154	150	140	143	141
28	40	37	35	36	43	40	37	33	36	36	35	38	38	36	31	33	33
12	3	3	2	3	3	3	2	2	2	2	2	2	2	2	2	-	-
107	105	95	85	88	94	123	124	116	114	112	109	110	114	112	107	110	108
-	-	-	-	-	-	28	6	1	1	-	-	-	-	-	-	-	-
3	3	3	-	-	-	-	-	-	-	2	2	2	-	-	-	-	-
1	4	4	5	5	5	5	5	4	4	1	1	1	-	-	5	5	5
-	3	3	4	4	4	4	4	4	4	1	1	1	-	-	4	4	4
-	3	3	4	4	4	4	4	4	4	1	1	1	-	-	-	-	-
-	-	-	-	-	-	-	-	-	-	-	-	-	-	-	4	4	4
1	1	1	1	1	1	1	1	-	-	-	-	-	-	-	1	1	1
27	28	27	26	27	29	30	36	37	42	39	39	43	37	37	40	38	40
22	22	21	20	19	21	21	21	24	25	23	22	21	15	15	17	16	16
5	6	6	6	6	6	6	6	4	4	4	4	4	4	4	4	4	4
-	-	-	-	2	2	3	9	9	13	12	13	18	18	18	19	18	20
5	5	5	6	6	6	6	5	6	4	4	5	13	19	19	19	19	18
4	4	3	3	7	8	8	8	7	6	6	6	6	8	8	8	8	6

Table 95— AIRPLANES ON HAND IN ALASKA, BY TYPE AND PRINCIPAL MODEL: NOV 1941 TO AUG 1945 — Continued

Type and Model	1944						1945							
	Jul	Aug	Sep	Oct	Nov	Dec	Jan	Feb	Mar	Apr	May	Jun	Jul	Aug
Total..............	256	261	261	254	245	237	296	305	291	283	235	241	248	244
Combat Airplanes.........	195	200	198	189	182	172	226	234	228	221	179	185	193	178
1st Line.............	191	189	188	179	172	162	218	226	218	212	169	175	182	166
2nd Line & Misc......	4	11	10	10	10	10	8	8	10	9	10	10	11	12
Heavy Bombers - Total..	23	23	20	20	19	19	18	20	24	22	19	17	19	19
1st Line														
B-24..............	23	21	18	18	17	17	17	19	21	20	17	15	16	16
2nd Line & Misc......	-	2	2	2	2	2	1	1	3	2	2	2	3	3
Medium Bombers - Total.	30	45	50	48	46	44	44	44	44	41	34	31	28	27
1st Line														
B-25..............	27	38	44	42	40	38	38	38	38	35	28	25	22	21
2nd Line & Misc......	3	7	6	6	6	6	6	6	6	6	6	6	6	6
Fighters - Total.......	137	128	127	120	116	108	163	169	159	157	124	133	142	127
1st Line - Total.....	137	127	126	119	115	107	163	169	159	157	124	133	142	127
P-38...............	32	30	29	29	27	22	79	88	85	85	91	102	113	116
P-40...............	105	97	97	90	88	85	84	81	74	72	33	31	29	11
2nd Line & Misc......	-	1	1	1	1	1	-	-	-	-	-	-	-	-
Reconnaissance - Total.	5	4	1	1	1	1	1	1	1	1	2	4	4	5
1st Line - Total.....	4	3	-	-	-	-	-	-	-	-	-	2	2	2
F-7...............	4	3	-	-	-	-	-	-	-	-	-	-	-	-
Other.............	-	-	-	-	-	-	-	-	-	-	-	2	2	2
2nd Line & Misc......	1	1	1	1	1	1	1	1	1	1	2	2	2	3
Transports - Total.......	37	37	38	39	40	42	46	47	40	39	33	33	31	43
C-47, C-53.........	16	16	19	20	21	21	21	21	18	18	16	16	17	29
Other Hv & Med Trans	3	3	3	3	3	3	3	3	3	3	3	3	3	2
Light Transports...	18	18	16	16	16	18	22	23	19	18	14	14	11	12
Trainers														
Advanced...........	18	18	19	20	19	19	21	21	20	20	20	20	21	20
Communications...........	6	6	6	6	4	4	3	3	3	3	3	3	3	3

Table 96 — AIRPLANES ON HAND IN TWENTIETH AIR FORCE, BY TYPE AND PRINCIPAL MODEL: APR 1944 TO AUG 1945

(Figures are as of end of month.)

Type and Model	1944									1945							
	Apr	May	Jun	Jul	Aug	Sep	Oct	Nov	Dec	Jan	Feb	Mar	Apr	May	Jun	Jul	Aug
Total............	94	162	163	172	194	220	302	334	421	547	647	713	789	801	972	2,152	2,362
Combat Airplanes.....	94	153	149	162	166	177	245	300	393	499	599	668	761	788	944	2,083	2,282
1st Line.........	94	150	146	159	163	174	230	284	370	477	577	637	737	765	909	2,031	2,221
2nd Line & Misc..	-	3	3	3	3	3	15	16	23	22	22	31	24	23	35	52	61
Very Heavy Bombers - Total.............	94	137	133	146	150	163	219	262	348	450	541	605	708	732	888	998	1,056
1st Line B-29..........	94	137	133	146	150	163	219	262	345	447	538	602	705	730	878	979	1,042
2nd Line & Misc..	-	-	-	-	-	-	-	-	3	3	3	3	3	2	10	19	14
Heavy Bombers - Total.............	-	6	6	7	6	6	13	16	20	19	21	21	17	17	21	25	30
1st Line B-24...........	-	3	3	4	3	3	7	9	7	7	9	-	-	-	-	-	-
2nd Line & Misc..	-	3	3	3	3	3	6	7	13	12	12	21	17	17	21	25	30
Medium Bombers - Total.............	-	10	10	9	10	8	9	9	7	7	7	7	4	4	4	2	3
1st Line B-25...........	-	10	10	9	10	8	-	-	-	-	-	-	-	-	-	-	-
2nd Line & Misc..	-	-	-	-	-	-	9	9	7	7	7	7	4	4	4	2	3
Fighters - Total...	-	-	-	-	-	-	2	1	-	-	2	-	-	-	-	993	1,106
1st Line - Total.	-	-	-	-	-	-	2	1	-	-	2	-	-	-	-	988	1,100
P-40............	-	-	-	-	-	-	-	-	-	-	2	-	-	-	-	-	-
P-47............	-	-	-	-	-	-	2	1	-	-	-	-	-	-	-	621	733
P-51............	-	-	-	-	-	-	-	-	-	-	-	-	-	-	-	364	349
Night Fighters.	-	-	-	-	-	-	-	-	-	-	-	-	-	-	-	3	18
2nd Line & Misc..	-	-	-	-	-	-	-	-	-	-	-	-	-	-	-	5	6
Reconnaissance - Total.............	-	-	-	-	-	-	2	12	18	23	28	35	32	35	31	65	87
1st Line - Total.	-	-	-	-	-	-	2	12	18	23	28	35	32	35	31	64	79
F-2.............	-	-	-	-	-	-	-	1	1	1	1	1	1	1	1	-	-
F-7.............	-	-	-	-	-	-	-	-	-	-	3	4	4	4	4	24	26
F-13............	-	-	-	-	-	-	2	11	17	22	24	30	27	30	26	40	52
Other...........	-	-	-	-	-	-	-	-	-	-	-	-	-	-	-	-	1
2nd Line & Misc..	-	-	-	-	-	-	-	-	-	-	-	-	-	-	-	1	8
Transports - Total...	-	8	8	7	22	37	47	22	15	38	39	38	27	13	28	57	63
C-46............	-	-	-	-	-	-	-	-	-	27	27	22	20	7	18	26	26
C-47, C-53.....	-	1	1	-	-	-	6	7	6	5	6	6	2	2	1	13	19
Other Hv & Med Transports.....	-	-	-	-	15	31	33	3	-	-	-	-	-	-	5	9	10
Light Transports	-	7	7	7	7	6	8	12	9	6	6	10	5	4	4	9	8
Trainers Advanced.......	-	-	-	-	-	-	-	-	-	-	-	-	-	-	-	8	13
Communications.......	-	1	6	3	6	6	10	12	13	10	9	7	1	-	-	4	4

Table 97 — AIRPLANES ON HAND IN LATIN AMERICA,

(Figures are as of

Type and Model	1941 Dec	1942 Jan	Feb	Mar	Apr	May	Jun	Jul	Aug	Sep	Oct	Nov	Dec
Total.....................	359	375	349	384	415	404	382	386	483	539	536	547	539
Combat Airplanes...............	345	359	335	367	383	378	354	361	375	426	420	432	426
1st Line.................	192	214	199	221	230	238	220	237	241	278	276	287	282
2nd Line & Misc...........	153	145	136	146	153	140	134	124	134	148	144	145	144
Heavy Bombers - Total.......	8	14	14	26	39	38	39	40	37	44	45	53	51
1st Line - Total..........	8	14	14	16	23	23	23	24	22	29	30	38	38
B-17....................	8	14	14	16	23	23	23	24	22	22	20	21	20
B-24....................	-	-	-	-	-	-	-	-	-	7	10	17	18
2nd Line & Misc...........	-	-	-	10	16	15	16	16	15	15	15	15	13
Medium Bombers - Total......	69	65	62	62	61	58	57	51	50	65	62	64	65
1st Line													
B-25....................	-	-	-	-	-	-	-	-	-	-	-	-	-
2nd Line & Misc...........	69	65	62	62	61	58	57	51	50	65	62	64	65
Light Bombers - Total.......	15	14	14	13	12	12	12	12	12	12	12	11	12
1st Line													
A-20....................	12	11	11	10	9	9	9	9	9	9	9	8	9
2nd Line & Misc...........	3	3	3	3	3	3	3	3	3	3	3	3	3
Fighters - Total............	231	245	224	236	241	240	221	236	242	272	265	268	262
1st Line - Total..........	172	189	174	195	198	206	188	204	210	240	237	241	235
P-39....................	44	62	58	84	93	106	101	108	123	153	149	152	149
P-40....................	128	127	116	111	105	100	87	96	87	82	81	82	79
Night Fighters...........	-	-	-	-	-	-	-	-	-	5	7	7	7
2nd Line & Misc...........	59	56	50	41	43	34	33	32	32	32	28	27	27
Reconnaissance - Total......	22	21	21	30	30	30	25	22	34	33	36	36	36
1st Line - Total..........	-	-	-	-	-	-	-	-	-	-	-	-	-
F-7.....................	-	-	-	-	-	-	-	-	-	-	-	-	-
Other...................	-	-	-	-	-	-	-	-	-	-	-	-	-
2nd Line & Misc...........	22	21	21	30	30	30	25	22	34	33	36	36	36
Transports - Total.............	-	-	-	-	16	10	10	10	33	34	38	38	38
C-47, C-53...............	-	-	-	-	7	3	3	3	6	6	6	6	6
Other Hv & Med Trans.....	-	-	-	-	9	7	7	7	18	18	18	18	18
Light Transports.........	-	-	-	-	-	-	-	-	9	10	14	14	14
Trainers - Total...............	8	10	9	6	6	6	8	6	6	6	6	6	6
Advanced.................	5	7	6	6	6	6	8	6	6	6	6	6	6
Basic....................	3	3	3	-	-	-	-	-	-	-	-	-	-
Communications................	6	6	5	11	10	10	10	9	69	73	72	71	69

BY TYPE AND PRINCIPAL MODEL: DEC 1941 TO AUG 1945

end of month.)

	1943												1944					
Jan	Feb	Mar	Apr	May	Jun	Jul	Aug	Sep	Oct	Nov	Dec	Jan	Feb	Mar	Apr	May	Jun
537	530	540	552	565	566	586	602	599	621	593	574	568	512	542	533	482	459
420	409	416	420	420	423	447	462	465	488	464	454	448	382	416	407	349	327
278	272	279	289	304	314	351	369	374	401	396	352	347	282	315	308	268	263
142	137	137	131	116	109	96	93	91	87	68	102	101	100	101	99	81	64
53	53	51	49	48	46	45	41	46	39	39	43	43	44	49	52	48	47
40	40	38	37	36	35	34	33	38	31	31	34	34	35	40	43	47	46
17	17	17	17	17	17	16	15	12	10	10	9	9	9	9	9	9	5
23	23	21	20	19	18	18	18	26	21	21	25	25	26	31	34	38	41
13	13	13	12	12	11	11	8	8	8	8	9	9	9	9	9	1	1
65	62	62	59	58	56	54	71	69	104	85	97	94	40	45	43	27	27
-	-	-	-	-	-	11	28	32	67	65	78	76	22	26	25	10	11
65	62	62	59	58	56	43	43	37	37	20	19	18	18	19	18	17	16
12	10	9	8	8	6	6	6	6	6	5	5	5	5	5	5	5	5
9	7	6	6	6	6	6	6	-	-	-	-	-	-	-	-	-	-
3	3	3	2	2	-	-	-	6	6	5	5	5	5	5	5	5	5
255	250	260	270	267	269	273	273	278	276	272	262	259	246	271	261	235	214
229	225	235	246	257	261	265	265	270	268	265	220	217	205	230	221	200	195
149	147	159	179	193	193	182	180	185	174	172	167	166	157	183	174	153	151
77	77	75	66	63	67	82	85	85	94	93	53	51	48	47	47	47	44
3	1	1	1	1	1	1	-	-	-	-	-	-	-	-	-	-	-
26	25	25	24	10	8	8	8	8	8	7	42	42	41	41	40	35	19
35	34	34	34	39	46	69	71	66	63	63	47	47	47	46	46	34	34
-	-	-	-	5	12	35	37	34	35	35	20	20	20	19	19	11	11
-	-	-	-	-	-	15	1	-	-	-	-	-	-	-	-	-	-
-	-	-	-	5	12	20	36	34	35	35	20	20	20	19	19	11	11
35	34	34	34	34	34	34	34	32	28	28	27	27	27	27	27	23	23
40	42	46	51	58	59	58	64	60	61	64	56	59	63	60	61	71	74
6	6	6	6	6	8	7	7	7	7	7	8	7	7	7	8	9	11
18	19	19	19	18	17	17	16	15	16	16	16	15	15	15	14	15	15
16	17	21	26	34	34	34	41	38	38	41	32	37	41	38	39	47	48
6	6	6	12	18	18	17	16	16	16	14	14	13	19	18	17	17	15
6	6	6	6	6	6	6	5	5	5	4	4	4	10	9	8	8	8
-	-	-	6	12	12	11	11	11	11	10	10	9	9	9	9	9	7
71	73	72	69	69	66	64	60	58	56	51	50	48	48	48	48	45	43

Table 97—AIRPLANES ON HAND IN LATIN AMERICA, BY TYPE AND PRINCIPAL MODEL: DEC 1941 TO AUG 1945 — Continued

Type and Model	1944						1945							
	Jul	Aug	Sep	Oct	Nov	Dec	Jan	Feb	Mar	Apr	May	Jun	Jul	Aug
Total..................	455	446	443	453	468	482	466	458	451	521	574	514	490	482
Combat Airplanes.........	322	311	305	301	312	326	310	302	288	353	370	349	325	320
1st Line..............	276	269	265	266	271	275	259	256	240	310	350	329	305	301
2nd Line & Misc.......	46	42	40	35	41	51	51	46	48	43	20	20	20	19
Heavy Bombers - Total..	62	62	62	70	71	71	71	71	72	72	64	75	77	77
1st Line - Total.....	61	60	60	68	69	69	69	69	68	68	59	70	72	72
B-17..............	3	-	-	-	-	-	-	-	-	-	-	-	-	-
B-24..............	58	60	60	68	69	69	69	69	68	68	59	70	72	72
2nd Line & Misc......	1	2	2	2	2	2	2	2	4	4	5	5	5	5
Medium Bombers - Total.	27	24	23	22	18	18	18	17	17	14	7	7	7	7
1st Line														
B-25..............	11	9	9	9	8	8	8	7	7	7	7	7	7	6
2nd Line & Misc......	16	15	14	13	10	10	10	10	10	7	-	-	-	1
Light Bombers														
2nd Line & Misc......	5	5	4	4	4	4	4	-	-	-	-	-	-	-
Fighters - Total.......	195	189	185	178	191	205	190	187	172	240	271	231	204	202
1st Line - Total.....	194	188	184	177	182	186	171	169	154	222	271	231	204	202
P-38..............	-	-	-	-	8	20	36	36	34	105	154	199	198	196
P-39..............	150	144	142	137	135	130	99	98	96	93	93	26	6	6
P-40..............	44	44	42	40	39	36	36	35	24	24	24	6	-	-
2nd Line & Misc......	1	1	1	1	9	19	19	18	18	18	-	-	-	-
Reconnaissance - Total.	33	31	31	27	28	28	27	27	27	27	28	36	37	34
1st Line - Total.....	10	12	12	12	12	12	11	11	11	13	13	21	22	21
F-2...............	-	-	-	-	-	-	-	-	-	2	2	2	3	2
F-4, F-5...........	-	-	-	-	-	-	-	-	-	-	-	8	8	8
Other..............	10	12	12	12	12	12	11	11	11	11	11	11	11	11
2nd Line & Misc......	23	19	19	15	16	16	16	16	16	14	15	15	15	13
Transports - Total.......	76	77	80	80	85	85	85	86	91	94	96	96	96	94
C-46..............	-	-	-	-	-	-	-	-	4	4	4	4	4	4
C-47, C-53.........	12	19	19	20	24	24	24	24	25	27	27	30	31	31
Other Hv & Med Trans	13	7	8	8	6	7	7	7	7	6	5	5	5	5
Light Transports...	51	51	53	52	55	54	54	55	55	57	60	57	56	54
Trainers - Total..........	15	17	17	33	34	35	35	35	35	37	73	46	46	49
Advanced...........	8	10	10	26	27	28	28	28	29	31	37	35	35	35
Basic..............	7	7	7	7	7	7	7	7	6	6	21	6	6	9
Primary............	-	-	-	-	-	-	-	-	-	-	15	5	5	5
Communications..........	42	41	41	39	37	36	36	35	37	37	35	23	23	19

Table 98— AIRPLANE ARRIVALS FROM US IN OVERSEAS THEATERS, BY THEATER AND BY TYPE OF AIRPLANE: 1941 TO 1945

Theater and Type of Airplane	Total	1941 (Dec)	1942	1943	1944	1945 (Jan-Aug)
All Theaters - Total	76,076	212	5,374	16,149	37,018	17,323
Very Heavy Bombers	1,751	-	-	-	539	1,212
Heavy Bombers	18,774	18	955	4,289	10,740	2,772
Medium & Light Bombers	8,982	-	749	2,492	4,247	1,494
Fighters	31,273	190	2,812	6,729	14,113	7,429
Transports	6,895	4	474	1,453	3,464	1,500
Reconnaissance	3,138	-	168	729	1,311	930
Communications	5,263	-	216	457	2,604	1,986
European Theater of Operations - Total	31,359	-	1,414	5,881	18,613	5,451
Heavy Bombers	10,587	-	632	2,682	6,304	1,239
Medium & Light Bombers	2,991	-	161	551	1,838	441
Fighters	12,333	-	577	2,083	7,123	2,550
Transports	2,567	-	183	247	1,789	348
Reconnaissance	928	-	59	236	469	164
Communications	1,953	-	72	82	1,090	709
Mediterranean Theater of Operations - Total	16,290	-	618	4,916	8,538	2,218
Heavy Bombers	4,907	-	87	720	3,377	723
Medium & Light Bombers	2,473	-	132	1,054	1,046	241
Fighters	6,727	-	324	2,334	3,098	971
Transports	990	-	52	565	266	107
Reconnaissance	484	-	23	166	245	50
Communications	709	-	-	77	506	126
Pacific Ocean Areas - Total	4,344	142	418	495	1,310	1,979
Heavy Bombers	705	18	167	138	222	160
Medium & Light Bombers	364	-	33	91	90	150
Fighters	2,466	120	198	231	726	1,191
Transports	269	4	9	20	86	150
Reconnaissance	165	-	-	-	55	110
Communications	375	-	11	15	131	218
Far East Air Forces - Total	12,844	70	1,652	2,948	4,209	3,965
Heavy Bombers	1,715	-	171	473	591	480
Medium & Light Bombers	2,149	-	259	562	861	467
Fighters	5,515	70	1,070	1,232	1,648	1,495
Transports	1,486	-	76	437	539	434
Reconnaissance	816	-	36	142	252	386
Communications	1,163	-	40	102	318	703
China & India-Burma - Total	6,842	-	375	1,147	3,306	2,014
Heavy Bombers	589	-	54	237	170	128
Medium & Light Bombers	724	-	55	105	370	194
Fighters	3,054	-	190	517	1,378	969
Transports	1,187	-	63	94	622	408
Reconnaissance	468	-	13	60	258	137
Communications	820	-	-	134	508	178
Alaska - Total	915	-	447	222	106	140
Heavy Bombers	100	-	54	24	13	9
Medium & Light Bombers	152	-	77	43	32	-
Fighters	493	-	249	111	18	115
Transports	109	-	43	35	19	12
Reconnaissance	22	-	9	4	5	4
Communications	39	-	15	5	19	-
Twentieth Air Force - Total	1,986	-	-	-	676	1,310
Very Heavy Bombers	1,751	-	-	-	539	1,212
Heavy Bombers	33	-	-	-	14	19
Medium & Light Bombers	-	-	-	-	-	-
Fighters	-	-	-	-	-	-
Transports	118	-	-	-	102	16
Reconnaissance	84	-	-	-	21	63
Communications	-	-	-	-	-	-
Other Overseas - Total	1,496	-	450	540	260	246
Heavy Bombers	138	-	60	15	49	14
Medium & Light Bombers	129	-	32	86	10	1
Fighters	685	-	204	221	122	138
Transports	169	-	48	55	41	25
Reconnaissance	171	-	28	121	6	16
Communications	204	-	78	42	32	52

Table 99 — AIRPLANE LOSSES IN CONTINENTAL US AND

Year and Month	TOTAL ARMY AIR FORCES					
	Total	Very Heavy Bombers	Heavy Bombers	Medium & Light Bombers	Fighters	Others
Grand Total	65,164	772	14,280	8,479	26,743	14,890
Annually						
1941 (Dec)	445	-	31	53	318	43
1942	5,415	-	412	949	2,149	1,905
1943	15,032	3	2,607	2,298	5,609	4,515
1944	28,300	203	7,871	3,161	11,995	5,070
1945 (Jan-Aug)	15,972	566	3,359	2,018	6,672	3,357
Monthly						
1941						
Dec	445	-	31	53	318	43
1942						
Jan	154	-	22	34	48	50
Feb	264	-	27	32	132	73
Mar	347	-	16	42	210	79
Apr	318	-	13	65	129	111
May	357	-	21	71	153	112
Jun	399	-	28	60	177	134
Jul	470	-	26	72	133	239
Aug	594	-	48	123	205	218
Sep	547	-	44	90	189	224
Oct	566	-	46	107	199	214
Nov	632	-	57	82	281	212
Dec	767	-	64	171	293	239
1943						
Jan	1,029	-	106	213	402	308
Feb	793	1	113	156	307	216
Mar	925	-	96	195	394	240
Apr	1,242	-	126	201	488	427
May	970	-	166	192	435	177
Jun	1,087	-	179	159	429	320
Jul	1,463	-	243	202	500	518
Aug	1,357	-	332	200	592	233
Sep	1,554	-	247	234	555	518
Oct	1,564	1	389	184	503	487
Nov	1,490	1	250	176	496	567
Dec	1,558	-	360	186	508	504
1944						
Jan	1,617	-	470	187	550	410
Feb	1,713	1	553	227	553	379
Mar	1,987	-	560	246	760	421
Apr	2,355	4	808	231	913	399
May	2,571	7	731	283	1,130	420
Jun	3,050	24	764	249	1,447	566
Jul	2,705	14	851	226	1,109	505
Aug	2,938	25	747	311	1,386	469
Sep	2,365	18	637	270	997	443
Oct	2,208	19	568	275	1,034	312
Nov	2,255	36	625	242	996	356
Dec	2,536	55	557	414	1,120	390
1945						
Jan	2,345	44	647	283	961	410
Feb	1,993	46	450	282	885	330
Mar	2,580	50	624	292	1,107	507
Apr	2,342	83	468	251	1,104	436
May	1,832	113	385	218	635	481
Jun	1,672	70	248	291	659	404
Jul	1,524	98	188	240	565	433
Aug	1,684	62	349	161	756	356

OVERSEAS, BY TYPE OF AIRPLANE: DEC 1941 TO AUG 1945

CONTINENTAL US						OVERSEAS a/					
Total	Very Heavy Bombers	Heavy Bombers	Medium & Light Bombers	Fighters	Others	Total	Very Heavy Bombers	Heavy Bombers	Medium & Light Bombers	Fighters	Others
21,583	260	1,989	3,254	6,779	9,301	43,581	512	12,291	5,225	19,964	5,589
33	-	1	11	8	13	412	-	30	42	310	30
3,525	-	114	656	997	1,758	1,890	-	298	293	1,152	147
7,759	3	624	1,239	2,139	3,754	7,273	-	1,983	1,059	3,470	761
7,314	45	865	920	2,579	2,905	20,986	158	7,006	2,241	9,416	2,165
2,952	212	385	428	1,056	871	13,020	354	2,974	1,590	5,616	2,486
33	-	1	11	8	13	412	-	30	42	310	30
118	-	6	25	38	49	36	-	16	9	10	1
149	-	2	26	52	69	115	-	25	6	80	4
184	-	7	33	69	75	163	-	9	9	141	4
217	-	9	37	64	107	101	-	4	28	65	4
203	-	10	42	50	101	154	-	11	29	103	11
261	-	6	37	90	128	138	-	22	23	87	6
370	-	8	52	76	234	100	-	18	20	57	5
420	-	16	82	122	200	174	-	32	41	83	18
387	-	9	68	100	210	160	-	35	22	89	14
402	-	12	78	124	188	164	-	34	29	75	26
343	-	10	47	100	186	289	-	47	35	181	26
471	-	19	129	112	211	296	-	45	42	181	28
625	-	45	142	158	280	404	-	61	71	244	28
442	1	30	95	123	193	351	-	83	61	184	23
510	-	39	123	153	195	415	-	57	72	241	45
692	-	41	117	151	383	550	-	85	84	337	44
432	-	40	94	169	129	538	-	126	98	266	48
631	-	41	93	224	273	456	-	138	66	205	47
738	-	48	92	167	431	725	-	195	110	333	87
550	-	71	95	212	172	807	-	261	105	380	61
795	-	74	101	185	435	759	-	173	133	370	83
774	1	68	99	203	403	790	-	321	85	300	84
848	1	62	101	215	469	642	-	188	75	281	98
722	-	65	87	179	391	836	-	295	99	329	113
634	-	83	67	157	327	983	-	387	120	393	83
575	1	66	67	141	300	1,138	-	487	160	412	79
794	-	75	117	264	338	1,193	-	485	129	496	83
659	-	61	64	254	280	1,696	4	747	167	659	119
765	1	68	105	290	301	1,806	6	663	178	840	119
770	5	64	53	298	350	2,280	19	700	196	1,149	216
810	6	78	68	301	357	1,895	8	773	158	808	148
710	5	81	92	286	246	2,228	20	666	219	1,100	223
491	7	69	73	202	140	1,874	11	568	197	795	303
441	8	89	93	179	72	1,767	11	479	182	855	240
309	6	73	42	73	115	1,946	30	552	200	923	241
356	6	58	79	134	79	2,180	49	499	335	986	311
360	10	70	48	122	110	1,985	34	577	235	839	300
273	11	40	50	81	91	1,720	35	410	232	804	239
310	12	29	52	134	83	2,270	38	595	240	973	424
359	24	38	50	139	108	1,983	59	430	201	965	328
445	22	34	64	160	165	1,387	91	351	154	475	316
383	17	73	58	132	103	1,289	53	175	233	527	301
480	72	48	61	173	126	1,044	26	140	179	392	307
342	44	53	45	115	85	1,342	18	296	116	641	271

a/ Includes losses suffered enroute to and from overseas as well as losses in theaters, ATC foreign divisions and other overseas commands.

Table 100 — LOSSES OF ALL TYPES OF AIRPLANES OVERSEAS, BY THEATER AND BY TYPE OF LOSS: 1941 TO 1945

Theater and Type of Loss	Grand Total	1941 (Dec)	1942	1943	1944	1945 (Jan-Aug)
All Theaters						
Total Losses	41,575	411	1,727	6,619	20,394	12,424
1st Line Losses (Combat & Accident)	35,933	243	1,557	6,331	18,476	9,326
2nd Line Losses	5,642	168	170	288	1,918	3,098
Dropped to 2nd Line	6,952	-	-	561	4,160	2,231
European Theater of Operations						
Total losses	17,082	-	133	1,651	10,447	4,851
1st Line Losses (Combat & Accident)	15,769	-	130	1,614	9,937	4,088
2nd Line Losses	1,313	-	3	37	510	763
Dropped to 2nd Line	1,383	-	-	34	1,162	187
Mediterranean Theater of Operations						
Total Losses	10,612	-	224	2,771	5,228	2,389
1st Line Losses (Combat & Accident)	9,253	-	222	2,718	4,931	1,382
2nd Line Losses	1,359	-	2	53	297	1,007
Dropped to 2nd Line	2,541	-	-	67	1,271	1,203
Pacific Ocean Areas						
Total Losses	1,394	110	106	196	348	634
1st Line Losses (Combat & Accident)	1,054	67	82	172	274	459
2nd Line Losses	340	43	24	24	74	175
Dropped to 2nd Line	375	-	-	52	193	130
Far East Air Forces						
Total Losses	7,229	298	849	1,243	2,584	2,255
1st Line Losses (Combat & Accident)	5,738	176	813	1,185	1,902	1,662
2nd Line Losses	1,491	122	36	58	682	593
Dropped to 2nd Line	2,016	-	-	368	1,281	367
China & India-Burma						
Total Losses	3,289	-	106	403	1,354	1,426
1st Line Losses (Combat & Accident)	2,536	-	99	386	1,109	942
2nd Line Losses	753	-	7	17	245	484
Dropped to 2nd Line	425	-	-	-	233	192
Alaska						
Total Losses	492	3	118	145	99	127
1st Line Losses (Combat & Accident)	430	-	94	134	83	119
2nd Line Losses	62	3	24	11	16	8
Dropped to 2nd Line	10	-	-	1	8	1
Twentieth Air Force						
Total Losses	651	-	-	-	183	468
1st Line Losses (Combat & Accident)	619	-	-	-	158	461
2nd Line Losses	32	-	-	-	25	7
Dropped to 2nd Line	151	-	-	-	3	148
Other Overseas						
Total Losses	826	-	191	210	151	274
1st Line Losses (Combat & Accident)	534	-	117	122	82	213
2nd Line Losses	292	-	74	88	69	61
Dropped to 2nd Line	51	-	-	39	9	3

Table 101—VERY HEAVY BOMBER AIRPLANE LOSSES OF TWENTIETH AIR FORCE, BY TYPE OF LOSS: MAY 1944 TO AUG 1945

Command and Type of Loss	Grand Total	1944 (May-Dec)	1945 (Jan-Aug)	1944						1944		1945							
				May	Jun	Jul	Aug	Sep	Oct	Nov	Dec	Jan	Feb	Mar	Apr	May	Jun	Jul	Aug
Twentieth Air Force																			
Total Losses..................	502	150	352	5	18	8	19	10	11	30	49	34	35	38	58	91	51	27	18
1st Line Losses (Combat & Accident)........	501	150	351	5	18	8	19	10	11	30	49	34	35	38	58	91	51	26	18
2nd Line Losses...............	1	-	1	-	-	-	-	-	-	-	-	-	-	-	-	-	-	1	-
Dropped to 2nd Line...........	105	3	102	-	-	-	-	-	-	-	3	-	-	-	3	-	36	30	33
XX Bomber Command																			
1st Line Losses (Combat & Accident)........	130	114	16	5	18	8	19	10	11	21	22	7	6	3	-	-	-	-	-
XXI Bomber Command																			
Total Losses..................	372	36	336	-	-	-	-	-	-	9	27	27	29	35	58	91	51	27	18
1st Line Losses (Combat & Accident)........	371	36	335	-	-	-	-	-	-	9	27	27	29	35	58	91	51	26	18
2nd Line Losses...............	1	-	1	-	-	-	-	-	-	-	-	-	-	-	-	-	-	1	-
Dropped to 2nd Line...........	105	3	102	-	-	-	-	-	-	-	3	-	-	-	3	-	36	30	33

Table 102—HEAVY BOMBER AIRPLANE LOSSES OVERSEAS,

(In the case of losses, figures in parentheses indicate the excess of gains from salvage over losses;

Theater and Type of Loss	Grand Total	1941 (Dec)	1942	1943	1944	1945 (Jan-Aug)	1941 Dec	1942 Jan	1942 Feb
All Theaters									
Total Losses	12,007	29	262	1,897	6,898	2,921	29	15	22
1st Line Losses (Combat & Accident)	10,935	29	246	1,889	6,670	2,101	29	14	16
2nd Line Losses	1,072	-	16	8	228	820	-	1	6
Dropped to 2nd Line	1,821	-	-	148	1,185	488	-	-	-
European Theater of Operations									
Total Losses	6,592	-	50	1,185	4,021	1,336	-	-	-
1st Line Losses (Combat & Accident)	6,292	-	50	1,183	3,949	1,110	-	-	-
2nd Line Losses	300	-	-	2	72	226	-	-	-
Dropped to 2nd Line	635	-	-	28	542	65	-	-	-
Mediterranean Theater of Operations									
Total Losses	3,560	-	37	352	2,217	954	-	-	-
1st Line Losses (Combat & Accident)	3,174	-	37	349	2,180	608	-	-	-
2nd Line Losses	386	-	-	3	37	346	-	-	-
Dropped to 2nd Line	561	-	-	20	363	178	-	-	-
Pacific Ocean Areas									
Total Losses	253	8	16	44	55	130	8	-	-
1st Line Losses (Combat & Accident)	187	8	16	44	54	65	8	-	-
2nd Line Losses	66	-	-	-	1	65	-	-	-
Dropped to 2nd Line	88	-	-	3	27	58	-	-	-
Far East Air Forces									
Total Losses	1,182	21	121	208	447	385	21	14	22
1st Line Losses (Combat & Accident)	917	21	112	210	339	235	21	14	16
2nd Line Losses	265	-	9	(2)	108	150	-	-	6
Dropped to 2nd Line	401	-	-	96	211	94	-	-	-
China & India-Burma									
Total Losses	317	-	7	67	145	98	-	-	-
1st Line Losses (Combat & Accident)	276	-	7	67	136	66	-	-	-
2nd Line Losses	41	-	-	-	9	32	-	-	-
Dropped to 2nd Line	106	-	-	-	31	75	-	-	-
Alaska									
Total Losses	58	-	18	23	9	8	-	-	-
1st Line Losses (Combat & Accident)	55	-	16	23	9	7	-	-	-
2nd Line Losses	3	-	2	-	-	1	-	-	-
Dropped to 2nd Line	3	-	-	-	2	1	-	-	-
Twentieth Air Force									
Total Losses	3	-	-	-	2	1	-	-	-
1st Line Losses (Combat & Accident)	1	-	-	-	1	-	-	-	-
2nd Line Losses	2	-	-	-	1	1	-	-	-
Dropped to 2nd Line	16	-	-	-	-	16	-	-	-
Other Overseas									
Total Losses	42	-	13	18	2	9	-	1	-
1st Line Losses (Combat & Accident)	33	-	8	13	2	10	-	-	-
2nd Line Losses	9	-	5	5	-	(1)	-	1	-
Dropped to 2nd Line	11	-	-	1	9	1	-	-	-

BY THEATER AND BY TYPE OF LOSS: DEC 1941 TO AUG 1945

In the case of "Dropped to 2nd Line", figures in parentheses indicate net gains from 2nd to 1st Line.)

	1942									1943					
Mar	Apr	May	Jun	Jul	Aug	Sep	Oct	Nov	Dec	Jan	Feb	Mar	Apr	May	Jun
9	4	11	19	15	29	30	29	38	41	59	80	50	77	120	125
7	4	9	17	15	28	30	29	38	39	59	80	49	76	121	123
2	-	2	2	-	1	-	-	-	2	-	-	1	1	(1)	2
-	-	-	-	-	-	-	-	-	-	-	-	-	-	-	-
-	-	-	-	-	2	3	12	13	20	20	38	24	30	77	96
-	-	-	-	-	2	3	12	13	20	20	38	24	30	77	95
-	-	-	-	-	-	-	-	-	-	-	-	-	-	-	1
-	-	-	-	-	-	-	-	-	-	-	-	-	-	-	-
-	-	-	5	4	4	8	5	6	5	11	26	2	13	18	10
-	-	-	5	4	4	8	5	6	5	11	26	2	13	18	10
-	-	-	-	-	-	-	-	-	-	-	-	-	-	-	-
-	-	-	-	-	-	-	-	-	-	-	-	-	-	-	-
-	-	1	6	2	(1)	1	2	4	1	3	1	1	5	3	1
-	-	1	5	2	-	1	2	4	1	3	1	1	5	3	1
-	-	-	1	-	(1)	-	-	-	-	-	-	-	-	-	-
-	-	-	-	-	-	-	-	-	-	-	-	-	-	-	-
8	-	6	3	5	18	15	7	13	10	17	13	13	20	14	13
6	-	6	3	5	17	15	7	13	10	17	13	13	20	14	13
2	-	-	-	-	1	-	-	-	-	-	-	-	-	-	-
-	-	-	-	-	-	-	-	-	-	-	-	-	-	-	-
-	3	1	1	-	-	-	-	2	-	-	-	-	4	5	2
-	3	1	1	-	-	-	-	2	-	-	-	-	4	5	2
-	-	-	-	-	-	-	-	-	-	-	-	-	-	-	-
-	-	-	-	-	-	-	-	-	-	-	-	-	-	-	-
-	-	1	4	4	3	3	1	-	2	5	2	4	2	2	1
-	-	-	3	4	3	3	1	-	2	5	2	3	2	3	1
-	-	1	1	-	-	-	-	-	-	-	-	1	-	(1)	-
-	-	-	-	-	-	-	-	-	-	-	-	-	-	-	-
-	-	-	-	-	-	-	-	-	-	-	-	-	-	-	-
-	-	-	-	-	-	-	-	-	-	-	-	-	-	-	-
-	-	-	-	-	-	-	-	-	-	-	-	-	-	-	-
-	-	-	-	-	-	-	-	-	-	-	-	-	-	-	-
1	1	2	-	-	3	-	2	-	3	3	-	2	2	1	2
1	1	1	-	-	2	-	2	-	1	3	-	2	1	1	1
-	-	1	-	-	1	-	-	-	2	-	-	-	1	-	1
-	-	-	-	-	-	-	-	-	-	-	-	-	-	-	-

Table 102 — HEAVY BOMBER AIRPLANE LOSSES OVERSEAS,

Theater and Type of Loss	1943						1944			
	Jul	Aug	Sep	Oct	Nov	Dec	Jan	Feb	Mar	Apr
All Theaters										
Total Losses	190	256	165	315	182	278	370	477	466	737
1st Line Losses (Combat & Accident)	190	253	164	311	184	279	366	470	465	732
2nd Line Losses	-	3	1	4	(2)	(1)	4	7	1	5
Dropped to 2nd Line	-	-	28	58	34	28	34	7	19	120
European Theater of Operations										
Total Losses	118	137	111	215	112	207	267	315	325	469
1st Line Losses (Combat & Accident)	118	137	111	214	112	207	264	315	325	467
2nd Line Losses	-	-	-	1	-	-	3	-	-	2
Dropped to 2nd Line	-	-	28	-	-	-	-	-	5	101
Mediterranean Theater of Operations										
Total Losses	30	87	26	61	30	38	60	137	99	214
1st Line Losses (Combat & Accident)	30	87	26	59	29	38	60	135	99	211
2nd Line Losses	-	-	-	2	1	-	-	2	-	3
Dropped to 2nd Line	-	-	-	-	18	2	1	4	4	15
Pacific Ocean Areas										
Total Losses	5	1	1	3	9	11	8	5	1	9
1st Line Losses (Combat & Accident)	5	1	1	3	9	11	8	5	1	9
2nd Line Losses	-	-	-	-	-	-	-	-	-	-
Dropped to 2nd Line	-	-	-	2	-	1	-	-	-	-
Far East Air Forces										
Total Losses	30	13	20	27	15	13	20	11	36	32
1st Line Losses (Combat & Accident)	30	13	20	26	18	13	19	6	35	32
2nd Line Losses	-	-	-	1	(3)	-	1	5	1	-
Dropped to 2nd Line	-	-	-	56	16	24	33	3	10	4
China & India-Burma										
Total Losses	6	12	3	5	15	10	15	7	4	12
1st Line Losses (Combat & Accident)	6	12	3	5	15	10	15	7	4	12
2nd Line Losses	-	-	-	-	-	-	-	-	-	-
Dropped to 2nd Line	-	-	-	-	-	-	-	-	-	-
Alaska										
Total Losses	-	2	4	1	1	(1)	-	1	1	1
1st Line Losses (Combat & Accident)	-	2	3	1	1	-	-	1	1	1
2nd Line Losses	-	-	1	-	-	(1)	-	-	-	-
Dropped to 2nd Line	-	-	-	-	-	-	-	-	-	-
Twentieth Air Force										
Total Losses	-	-	-	-	-	-	-	-	-	-
1st Line Losses (Combat & Accident)	-	-	-	-	-	-	-	-	-	-
2nd Line Losses	-	-	-	-	-	-	-	-	-	-
Dropped to 2nd Line	-	-	-	-	-	-	-	-	-	-
Other Overseas										
Total Losses	1	4	-	3	-	-	-	1	-	-
1st Line Losses (Combat & Accident)	1	1	-	3	-	-	-	1	-	-
2nd Line Losses	-	3	-	-	-	-	-	-	-	-
Dropped to 2nd Line	-	-	-	-	-	1	-	-	-	-

BY THEATER AND BY TYPE OF LOSS: DEC 1941 TO AUG 1945—Continued

	1944								1945						
May	Jun	Jul	Aug	Sep	Oct	Nov	Dec	Jan	Feb	Mar	Apr	May	Jun	Jul	Aug
654	690	767	661	563	474	545	494	569	398	586	424	351	171	128	294
645	684	750	641	543	454	474	446	508	386	530	370	171	39	42	55
9	6	17	20	20	20	71	48	61	12	56	54	180	132	86	239
226	77	107	96	52	306	95	46	5	62	63	160	(3)	121	48	32
417	425	391	340	408	221	247	196	365	222	309	221	160	31	19	9
414	422	382	331	399	209	235	186	343	220	304	216	49	(25)	3	-
3	3	9	9	9	12	12	10	22	2	5	5	111	56	16	9
152	19	34	41	43	98	23	26	5	34	(5)	17	8	2	-	4
202	222	332	276	120	177	153	225	128	161	205	134	72	38	35	181
199	219	329	273	112	170	152	221	119	158	169	107	42	10	(1)	4
3	3	3	3	8	7	1	4	9	3	36	27	30	28	36	177
60	37	37	28	6	114	35	22	5	25	29	81	(23)	90	(26)	(3)
6	3	8	-	5	3	3	4	6	7	19	20	15	39	14	10
6	3	8	(1)	5	3	3	4	6	6	19	9	4	8	12	1
-	-	-	1	-	-	-	-	-	1	-	11	11	31	2	9
7	10	3	4	2	1	-	-	-	-	2	43	3	5	2	3
18	32	21	30	20	57	119	51	51	2	46	37	67	53	54	75
15	32	16	23	17	56	68	20	23	(4)	30	29	50	39	24	44
3	-	5	7	3	1	51	31	28	6	16	8	17	14	30	31
5	5	30	13	2	72	33	(4)	(5)	1	22	16	7	17	8	28
12	7	15	14	7	16	22	14	15	6	8	10	26	9	6	18
12	7	15	14	7	16	15	12	14	6	7	8	15	6	4	6
-	-	-	-	-	-	7	2	1	-	1	2	11	3	2	12
2	2	1	-	(1)	21	4	2	-	2	4	3	-	4	62	-
(1)	-	-	1	3	-	-	3	3	-	(1)	2	3	1	-	-
(1)	-	-	1	3	-	-	3	2	-	-	1	3	1	-	-
-	-	-	-	-	-	-	-	1	-	(1)	1	-	-	-	-
-	-	-	2	-	-	-	-	-	-	-	1	-	-	-	-
-	-	-	-	-	-	1	1	-	-	-	-	-	-	-	1
-	-	-	-	-	-	1	-	-	-	-	-	-	-	-	-
-	-	-	-	-	-	-	1	-	-	-	-	-	-	-	1
-	-	-	-	-	-	-	-	-	-	10	-	1	3	2	-
-	1	-	-	-	-	-	-	1	-	-	-	8	-	-	-
-	1	-	-	-	-	-	-	1	-	1	-	8	-	-	-
-	-	-	-	-	-	-	-	-	-	(1)	-	-	-	-	-
-	4	2	3	-	-	-	-	-	-	-	-	1	-	-	-

Table 103 — MEDIUM & LIGHT BOMBER AIRPLANE LOSSES OVERSEAS,

(In the case of losses, figures in parentheses indicate the excess of gains from salvage over losses;

Theater and Type of Loss	Grand Total	1941 (Dec)	1942	1943	1944	1945 (Jan-Aug)	1941 Dec	1942 Jan	1942 Feb
All Theaters									
Total Losses	4,954	42	248	950	2,158	1,556	42	4	6
1st Line Losses (Combat & Accident)	4,137	2	203	899	1,806	1,227	2	1	2
2nd Line Losses	817	40	45	51	352	329	40	3	4
Dropped to 2nd Line	1,271	-	-	72	953	246	-	-	-
European Theater of Operations									
Total Losses	1,553	-	13	91	818	631	-	-	-
1st Line Losses (Combat & Accident)	1,427	-	10	92	747	578	-	-	-
2nd Line Losses	126	-	3	(1)	71	53	-	-	-
Dropped to 2nd Line	123	-	-	1	102	20	-	-	-
Mediterranean Theater of Operations									
Total Losses	1,377	-	29	562	539	247	-	-	-
1st Line Losses (Combat & Accident)	1,122	-	27	552	435	108	-	-	-
2nd Line Losses	255	-	2	10	104	139	-	-	-
Dropped to 2nd Line	573	-	-	16	455	102	-	-	-
Pacific Ocean Areas									
Total Losses	114	16	17	9	54	18	16	-	-
1st Line Losses (Combat & Accident)	70	2	12	2	37	17	2	-	-
2nd Line Losses	44	14	5	7	17	1	14	-	-
Dropped to 2nd Line	26	-	-	3	3	20	-	-	-
Far East Air Forces									
Total Losses	1,385	26	129	186	582	462	26	-	1
1st Line Losses (Combat & Accident)	1,117	-	125	179	438	375	-	-	-
2nd Line Losses	268	26	4	7	144	87	26	-	1
Dropped to 2nd Line	465	-	-	52	333	80	-	-	-
China & India-Burma									
Total Losses	355	-	12	40	132	171	-	-	-
1st Line Losses (Combat & Accident)	316	-	12	40	128	136	-	-	-
2nd Line Losses	39	-	-	-	4	35	-	-	-
Dropped to 2nd Line	78	-	-	-	57	21	-	-	-
Alaska									
Total Losses	78	-	22	28	16	12	-	-	3
1st Line Losses (Combat & Accident)	63	-	14	23	14	12	-	-	2
2nd Line Losses	15	-	8	5	2	-	-	-	1
Dropped to 2nd Line	3	-	-	-	3	-	-	-	-
Twentieth Air Force									
Total Losses	4	-	-	-	4	-	-	-	-
1st Line Losses (Combat & Accident)	2	-	-	-	2	-	-	-	-
2nd Line Losses	2	-	-	-	2	-	-	-	-
Dropped to 2nd Line	1	-	-	-	-	1	-	-	-
Other Overseas									
Total Losses	88	-	26	34	13	15	-	4	2
1st Line Losses (Combat & Accident)	20	-	3	11	5	1	-	1	-
2nd Line Losses	68	-	23	23	8	14	-	3	2
Dropped to 2nd Line	2	-	-	-	-	2	-	-	-

BY THEATER AND BY TYPE OF LOSS: DEC 1941 TO AUG 1945

(In the case of "Dropped to 2nd Line", figures in parentheses indicate net gains from 2nd to 1st Line.)

	1942									1943					
Mar	Apr	May	Jun	Jul	Aug	Sep	Oct	Nov	Dec	Jan	Feb	Mar	Apr	May	Jun
9	23	26	20	18	35	20	25	29	33	68	56	44	70	77	47
2	20	22	17	11	32	21	21	26	28	58	51	40	68	75	43
7	3	4	3	7	3	(1)	4	3	5	10	5	4	2	2	4
-	-	-	-	-	-	-	-	-	-	-	-	-	-	-	-
-	-	-	-	-	-	-	-	7	6	(2)	-	4	1	12	-
-	-	-	-	-	-	-	-	7	3	-	-	3	1	12	-
-	-	-	-	-	-	-	-	-	3	(2)	-	1	-	-	-
-	-	-	-	-	-	-	-	-	-	-	-	-	-	-	-
-	-	-	-	-	5	6	4	2	12	40	43	25	52	45	29
-	-	-	-	-	5	6	4	1	11	34	42	25	52	45	29
-	-	-	-	-	-	-	-	1	1	6	1	-	-	-	-
-	-	-	-	-	-	-	-	-	-	-	-	-	-	-	-
4	-	2	6	-	1	1	1	2	-	4	-	-	-	1	-
1	-	1	6	-	-	1	1	2	-	-	-	-	-	-	-
3	-	1	-	-	1	-	-	-	-	4	-	-	-	1	-
-	-	-	-	-	-	-	-	-	-	-	-	-	-	-	-
2	19	21	6	7	26	10	11	14	12	18	6	7	10	9	14
-	19	21	6	7	25	10	11	14	12	18	6	7	10	9	14
2	-	-	-	-	1	-	-	-	-	-	-	-	-	-	-
-	-	-	-	-	-	-	-	-	-	-	-	-	-	-	-
-	-	-	5	1	-	1	3	1	1	2	-	1	3	7	(1)
-	-	-	5	1	-	1	3	1	1	2	-	1	3	7	(1)
-	-	-	-	-	-	-	-	-	-	-	-	-	-	-	-
-	-	-	-	-	-	-	-	-	-	-	-	-	-	-	-
-	2	-	2	4	2	3	3	1	2	6	1	2	3	1	1
-	-	-	-	3	2	3	2	-	2	4	1	2	2	1	1
-	2	-	2	1	-	-	1	1	-	2	-	-	1	-	-
-	-	-	-	-	-	-	-	-	-	-	-	-	-	-	-
-	-	-	-	-	-	-	-	-	-	-	-	-	-	-	-
-	-	-	-	-	-	-	-	-	-	-	-	-	-	-	-
-	-	-	-	-	-	-	-	-	-	-	-	-	-	-	-
-	-	-	-	-	-	-	-	-	-	-	-	-	-	-	-
3	2	3	1	6	1	(1)	3	2	-	-	6	5	1	2	4
1	1	-	-	-	-	-	-	1	(1)	-	2	2	-	1	-
2	1	3	1	6	1	(1)	3	1	1	-	4	3	1	1	4
-	-	-	-	-	-	-	-	-	-	-	-	-	-	-	-

Table 103 — MEDIUM & LIGHT BOMBER AIRPLANE LOSSES OVERSEAS, BY

Theater and Type of Loss	1943						1944			
	Jul	Aug	Sep	Oct	Nov	Dec	Jan	Feb	Mar	Apr
All Theaters										
Total Losses	102	104	133	82	73	94	115	152	124	155
1st Line Losses (Combat & Accident)	98	104	124	78	69	91	111	114	121	150
2nd Line Losses	4	-	9	4	4	3	4	38	3	5
Dropped to 2nd Line	-	-	4	36	20	12	9	32	83	22
European Theater of Operations										
Total Losses	3	9	22	5	12	25	11	19	35	68
1st Line Losses (Combat & Accident)	3	9	22	5	12	25	10	19	34	68
2nd Line Losses	-	-	-	-	-	-	1	-	1	-
Dropped to 2nd Line	-	-	1	-	-	-	-	8	2	11
Mediterranean Theater of Operations										
Total Losses	77	77	72	44	32	26	53	52	22	25
1st Line Losses (Combat & Accident)	77	77	72	42	31	26	53	45	22	20
2nd Line Losses	-	-	-	2	1	-	-	7	-	5
Dropped to 2nd Line	-	-	-	-	19	(3)	-	14	75	13
Pacific Ocean Areas										
Total Losses	-	-	2	-	-	2	12	9	4	-
1st Line Losses (Combat & Accident)	-	-	-	-	-	2	11	9	3	-
2nd Line Losses	-	-	2	-	-	-	1	-	1	-
Dropped to 2nd Line	-	-	3	-	-	-	-	-	-	-
Far East Air Forces										
Total Losses	15	13	18	23	25	28	28	58	43	45
1st Line Losses (Combat & Accident)	15	13	18	21	22	26	27	28	42	46
2nd Line Losses	-	-	-	2	3	2	1	30	1	(1)
Dropped to 2nd Line	-	-	-	36	1	15	9	10	6	(2)
China & India-Burma										
Total Losses	1	5	5	7	1	9	8	12	18	13
1st Line Losses (Combat & Accident)	1	5	5	7	1	9	8	12	18	13
2nd Line Losses	-	-	-	-	-	-	-	-	-	-
Dropped to 2nd Line	-	-	-	-	-	-	-	-	-	-
Alaska										
Total Losses	3	-	8	-	2	1	1	1	2	2
1st Line Losses (Combat & Accident)	2	-	7	-	2	1	-	-	2	2
2nd Line Losses	1	-	1	-	-	-	1	1	-	-
Dropped to 2nd Line	-	-	-	-	-	-	-	-	-	-
Twentieth Air Force										
Total Losses	-	-	-	-	-	-	-	-	-	-
1st Line Losses (Combat & Accident)	-	-	-	-	-	-	-	-	-	-
2nd Line Losses	-	-	-	-	-	-	-	-	-	-
Dropped to 2nd Line	-	-	-	-	-	-	-	-	-	-
Other Overseas										
Total Losses	3	-	6	3	1	3	2	1	-	2
1st Line Losses (Combat & Accident)	-	-	-	3	1	2	2	1	-	1
2nd Line Losses	3	-	6	-	-	1	-	-	-	1
Dropped to 2nd Line	-	-	-	-	-	-	-	-	-	-

THEATER AND BY TYPE OF LOSS: DEC 1941 TO AUG 1945 - Continued

1944								1945							
May	Jun	Jul	Aug	Sep	Oct	Nov	Dec	Jan	Feb	Mar	Apr	May	Jun	Jul	Aug
176	173	153	218	195	175	194	328	235	231	236	197	151	231	168	107
164	163	134	201	111	159	153	225	220	200	229	173	92	164	93	56
12	10	19	17	84	16	41	103	15	31	7	24	59	67	75	51
209	93	39	115	113	111	130	(3)	25	19	33	70	65	12	8	14
69	87	65	102	55	83	69	155	94	121	131	86	41	99	41	18
67	83	60	97	12	80	65	152	88	117	129	83	26	85	38	12
2	4	5	5	43	3	4	3	6	4	2	3	15	14	3	6
54	(14)	1	26	7	-	6	1	14	3	2	1	-	-	-	-
69	30	45	65	71	32	48	27	28	31	18	36	37	40	25	32
61	24	33	60	35	30	37	15	25	23	22	25	8	4	1	-
8	6	12	5	36	2	11	12	3	8	(4)	11	29	36	24	32
148	104	10	45	(3)	17	16	16	6	7	1	32	55	1	1	(1)
7	3	3	4	1	6	1	4	1	1	6	-	1	2	6	1
4	3	3	(1)	-	1	1	3	1	1	6	-	1	2	5	1
3	-	-	5	1	5	-	1	-	-	-	-	-	-	1	-
-	-	-	2	-	1	-	-	1	-	-	5	8	2	1	3
20	43	36	33	44	45	61	126	95	64	72	56	49	35	58	33
21	44	32	32	41	41	42	42	90	50	63	50	44	23	26	29
(1)	(1)	4	1	3	4	19	84	5	14	9	6	5	12	32	4
5	(3)	26	41	104	51	100	(14)	(3)	8	30	25	1	7	3	9
10	11	4	11	19	6	7	13	17	9	9	15	11	53	35	22
10	11	6	11	19	5	4	11	16	8	9	14	8	48	20	13
-	-	(2)	-	-	1	3	2	1	1	-	1	3	5	15	9
2	5	2	(3)	6	43	8	(6)	7	1	-	7	1	2	2	1
1	(2)	-	2	2	2	3	2	-	-	-	1	5	2	3	1
1	(2)	-	2	2	2	3	2	-	-	-	1	5	2	3	1
-	-	-	-	-	-	-	-	-	-	-	-	-	-	-	-
-	1	-	4	(1)	(1)	-	-	-	-	-	-	-	-	-	-
-	-	-	-	2	-	1	1	-	-	-	-	-	-	-	-
-	-	-	-	2	-	-	-	-	-	-	-	-	-	-	-
-	-	-	-	-	-	1	1	-	-	-	-	-	-	-	-
-	-	-	-	-	-	-	-	-	-	-	-	-	-	-	1
-	1	-	1	1	1	4	-	-	5	-	3	7	-	-	-
-	-	-	-	-	-	1	-	-	1	-	-	-	-	-	-
-	1	-	1	1	1	3	-	-	4	-	3	7	-	-	-
-	-	-	-	-	-	-	-	-	-	-	-	-	-	1	1

195

Table 104—FIGHTER AIRPLANE LOSSES OVERSEAS, BY

(In the case of losses, figures in parentheses indicate the excess of gains from salvage over losses;

Theater and Type of Loss	Grand Total	1941 (Dec)	1942	1943	1944	1945 (Jan-Aug)	1941 Dec	1942 Jan	1942 Feb
All Theaters									
Total Losses	19,586	310	1,085	3,240	9,400	5,551	310	7	80
1st Line Losses (Combat & Accident)	17,839	211	1,035	3,219	8,800	4,574	211	4	75
2nd Line Losses	1,747	99	50	21	600	977	99	3	5
Dropped to 2nd Line	3,090	-	-	322	1,775	993	-	-	-
European Theater of Operations									
Total Losses	7,421	-	68	301	4,897	2,155	-	-	-
1st Line Losses (Combat & Accident)	7,124	-	68	301	4,758	1,997	-	-	-
2nd Line Losses	297	-	-	-	139	158	-	-	-
Dropped to 2nd Line	601	-	-	5	506	90	-	-	-
Mediterranean Theater of Operations									
Total Losses	5,107	-	138	1,689	2,231	1,049	-	-	-
1st Line Losses (Combat & Accident)	4,572	-	138	1,678	2,150	606	-	-	-
2nd Line Losses	535	-	-	11	81	443	-	-	-
Dropped to 2nd Line	1,143	-	-	25	413	705	-	-	-
Pacific Ocean Areas									
Total Losses	922	79	66	131	218	428	79	1	-
1st Line Losses (Combat & Accident)	769	57	53	124	178	357	57	1	-
2nd Line Losses	153	22	13	7	40	71	22	-	-
Dropped to 2nd Line	239	-	-	46	160	33	-	-	-
Far East Air Forces									
Total Losses	3,575	228	555	692	1,185	915	228	-	62
1st Line Losses (Combat & Accident)	3,049	154	553	691	923	728	154	-	62
2nd Line Losses	526	74	2	1	262	187	74	-	-
Dropped to 2nd Line	896	-	-	207	574	115	-	-	-
China & India-Burma									
Total Losses	1,644	-	70	250	727	597	-	-	-
1st Line Losses (Combat & Accident)	1,479	-	64	250	666	499	-	-	-
2nd Line Losses	165	-	6	-	61	98	-	-	-
Dropped to 2nd Line	168	-	-	-	119	49	-	-	-
Alaska									
Total Losses	302	3	67	82	54	96	3	-	2
1st Line Losses (Combat & Accident)	291	-	60	83	53	95	-	-	-
2nd Line Losses	11	3	7	(1)	1	1	3	-	2
Dropped to 2nd Line	4	-	-	1	3	-	-	-	-
Twentieth Air Force									
Total Losses	92	-	-	-	1	91	-	-	-
1st Line Losses (Combat & Accident)	92	-	-	-	1	91	-	-	-
2nd Line Losses	-	-	-	-	-	-	-	-	-
Dropped to 2nd Line	1	-	-	-	-	1	-	-	-
Other Overseas									
Total Losses	523	-	121	95	87	220	-	6	16
1st Line Losses (Combat & Accident)	463	-	99	92	71	201	-	3	13
2nd Line Losses	60	-	22	3	16	19	-	3	3
Dropped to 2nd Line	38	-	-	38	-	-	-	-	-

THEATER AND BY TYPE OF LOSS: DEC 1941 TO AUG 1945

in the case of "Dropped to 2nd Line", figures in parentheses indicate net gains from 2nd to 1st Line.)

			1942									1943			
Mar	Apr	May	Jun	Jul	Aug	Sep	Oct	Nov	Dec	Jan	Feb	Mar	Apr	May	Jun
141	65	99	83	49	82	89	75	146	169	212	169	150	307	261	198
139	58	91	78	45	81	84	68	144	168	214	168	150	304	259	196
2	7	8	5	4	1	5	7	2	1	(2)	1	-	3	2	2
-	-	-	-	-	-	-	-	-	-	-	-	-	-	-	-
-	-	-	-	-	15	6	7	6	34	11	15	10	19	16	12
-	-	-	-	-	15	6	7	6	34	11	15	10	19	16	12
-	-	-	-	-	-	-	-	-	-	-	-	-	-	-	-
-	-	-	-	-	-	-	-	-	-	-	-	-	-	-	-
-	-	-	-	-	6	3	5	33	91	129	100	70	177	147	106
-	-	-	-	-	6	3	5	33	91	129	100	70	177	147	106
-	-	-	-	-	-	-	-	-	-	-	-	-	-	-	-
-	-	-	-	-	-	-	-	-	-	-	-	-	-	-	-
10	7	5	10	3	3	7	7	11	2	5	3	11	8	15	11
10	6	-	7	1	3	6	7	10	2	5	3	11	7	15	11
-	1	5	3	2	-	1	-	1	-	-	-	-	1	-	-
-	-	-	-	-	-	-	-	-	-	-	-	-	-	-	-
121	40	81	58	27	27	39	22	52	26	58	38	32	49	20	34
121	40	81	58	27	27	38	21	52	26	58	37	32	49	20	34
-	-	-	-	-	-	1	1	-	-	-	1	-	-	-	-
-	-	-	-	-	-	-	-	-	-	-	-	-	-	-	-
2	3	-	3	8	7	16	16	18	(3)	(4)	7	8	20	47	25
2	3	-	3	8	6	15	15	18	(6)	(1)	7	8	19	46	23
-	-	-	-	-	1	1	1	-	3	(3)	-	-	1	1	2
-	-	-	-	-	-	-	-	-	-	-	-	-	-	-	-
2	6	-	1	7	3	11	8	17	10	6	4	15	14	5	3
1	2	-	2	7	3	9	7	17	12	6	4	15	14	5	3
1	4	-	(1)	-	-	2	1	-	(2)	-	-	-	-	-	-
-	-	-	-	-	-	-	-	-	-	-	-	-	-	-	-
-	-	-	-	-	-	-	-	-	-	-	-	-	-	-	-
-	-	-	-	-	-	-	-	-	-	-	-	-	-	-	-
-	-	-	-	-	-	-	-	-	-	-	-	-	-	-	-
-	-	-	-	-	-	-	-	-	-	-	-	-	-	-	-
6	9	13	11	4	21	7	10	9	9	7	2	4	20	11	7
5	7	10	8	2	21	7	6	8	9	6	2	4	19	10	7
1	2	3	3	2	-	-	4	1	-	1	-	-	1	1	-
-	-	-	-	-	-	-	-	-	-	-	-	-	-	-	-

Table 104 — FIGHTER AIRPLANE LOSSES OVERSEAS, BY THEATER

Theater and Type of Loss	1943						1944			
	Jul	Aug	Sep	Oct	Nov	Dec	Jan	Feb	Mar	Apr
All Theaters										
Total Losses	304	365	367	300	279	328	393	413	496	646
1st Line Losses (Combat & Accident)	304	365	367	288	280	324	392	402	470	636
2nd Line Losses	-	-	-	12	(1)	4	1	11	26	10
Dropped to 2nd Line	-	-	5	111	30	176	26	40	118	36
European Theater of Operations										
Total Losses	18	23	27	30	62	58	111	129	232	358
1st Line Losses (Combat & Accident)	18	23	27	30	62	58	110	129	229	358
2nd Line Losses	-	-	-	-	-	-	1	-	3	-
Dropped to 2nd Line	-	-	5	-	-	-	-	-	20	5
Mediterranean Theater of Operations										
Total Losses	170	216	214	160	85	115	150	178	101	162
1st Line Losses (Combat & Accident)	170	216	214	149	85	115	150	175	99	161
2nd Line Losses	-	-	-	11	-	-	-	3	2	1
Dropped to 2nd Line	-	-	-	-	24	1	2	5	38	15
Pacific Ocean Areas										
Total Losses	17	13	20	8	15	5	33	10	21	22
1st Line Losses (Combat & Accident)	15	13	20	8	14	2	28	10	13	22
2nd Line Losses	2	-	-	-	1	3	5	-	8	-
Dropped to 2nd Line	-	-	-	7	2	37	1	-	15	-
Far East Air Forces										
Total Losses	64	76	71	77	92	81	63	54	90	55
1st Line Losses (Combat & Accident)	65	76	71	76	93	80	68	47	77	47
2nd Line Losses	(1)	-	-	1	(1)	1	(5)	7	13	8
Dropped to 2nd Line	-	-	-	104	3	100	23	35	45	16
China & India-Burma										
Total Losses	22	22	13	15	20	55	31	31	34	32
1st Line Losses (Combat & Accident)	23	22	13	15	20	55	31	31	34	32
2nd Line Losses	(1)	-	-	-	-	-	-	-	-	-
Dropped to 2nd Line	-	-	-	-	-	-	-	-	-	-
Alaska										
Total Losses	4	10	14	-	2	5	-	-	10	9
1st Line Losses (Combat & Accident)	4	10	14	-	3	5	-	-	10	9
2nd Line Losses	-	-	-	-	(1)	-	-	-	-	-
Dropped to 2nd Line	-	-	-	-	1	-	-	-	-	-
Twentieth Air Force										
Total Losses	-	-	-	-	-	-	-	-	-	-
1st Line Losses (Combat & Accident)	-	-	-	-	-	-	-	-	-	-
2nd Line Losses	-	-	-	-	-	-	-	-	-	-
Dropped to 2nd Line	-	-	-	-	-	-	-	-	-	-
Other Overseas										
Total Losses	9	5	8	10	3	9	5	11	8	8
1st Line Losses (Combat & Accident)	9	5	8	10	3	9	5	10	8	7
2nd Line Losses	-	-	-	-	-	-	-	1	-	1
Dropped to 2nd Line	-	-	-	-	-	38	-	-	-	-

AND BY TYPE OF LOSS: DEC 1941 TO AUG 1945—Continued

	1944							1945							
May	Jun	Jul	Aug	Sep	Oct	Nov	Dec	Jan	Feb	Mar	Apr	May	Jun	Jul	Aug
840	1,147	808	1,100	793	855	922	987	836	802	937	964	466	525	391	630
809	1,066	757	1,049	729	825	811	854	752	733	839	814	386	408	326	316
31	81	51	51	64	30	111	133	84	69	98	150	80	117	65	314
384	252	137	278	174	167	61	102	25	37	20	114	15	65	452	265
475	698	469	627	418	517	382	481	417	413	530	454	142	89	74	36
475	674	444	613	400	499	363	464	396	391	509	433	112	70	55	31
-	24	25	14	18	18	19	17	21	22	21	21	30	19	19	5
176	9	43	54	52	43	30	74	28	35	10	7	6	1	10	(7)
273	258	203	278	181	126	180	141	105	158	158	214	51	57	27	279
256	236	201	272	167	125	168	140	104	130	128	151	36	35	12	10
17	22	2	6	14	1	12	1	1	28	30	63	15	22	15	269
95	9	7	168	65	4	4	1	2	6	1	12	7	11	421	245
13	25	19	27	9	18	13	8	21	20	29	97	63	84	90	24
10	17	14	21	7	16	12	8	21	20	21	53	62	84	88	8
3	8	5	6	2	2	1	-	-	-	8	44	1	-	2	16
87	57	-	-	-	-	-	-	-	-	-	3	8	10	7	5
35	84	48	71	116	119	208	242	158	139	120	93	101	126	59	119
29	68	29	52	90	118	165	133	113	124	102	82	90	72	46	99
6	16	19	19	26	1	43	109	45	15	18	11	11	54	13	20
24	177	86	54	27	71	27	(11)	(8)	(6)	6	84	(18)	33	9	15
36	64	63	83	64	61	129	99	101	66	74	96	44	76	96	44
36	63	63	77	60	53	93	93	85	63	53	85	39	54	80	40
-	1	-	6	4	8	36	6	16	3	21	11	5	22	16	4
-	-	1	1	30	49	-	38	3	2	3	8	12	10	5	6
-	2	4	9	1	7	4	8	2	3	10	4	46	7	3	21
(1)	2	4	9	1	7	4	8	1	3	10	4	46	7	3	21
1	-	-	-	-	-	-	-	1	-	-	-	-	-	-	-
2	-	-	1	-	-	-	-	-	-	-	-	-	-	-	-
-	-	-	-	-	-	1	-	-	-	-	-	-	-	15	76
-	-	-	-	-	-	1	-	-	-	-	-	-	-	15	76
-	-	-	-	-	-	-	-	-	-	-	-	-	-	-	-
-	-	-	-	-	-	-	-	-	-	-	-	-	-	-	1
8	16	2	5	4	7	5	8	32	3	16	6	19	86	27	31
4	6	2	5	4	7	5	8	32	2	16	6	1	86	27	31
4	10	-	-	-	-	-	-	-	1	-	-	18	-	-	-
-	-	-	-	-	-	-	-	-	-	-	-	-	-	-	-

Table 105—RECONNAISSANCE AIRPLANE LOSSES OVERSEAS,

(In the case of losses, figures in parentheses indicate the excess of gains from salvage over losses;

Theater and Type of Loss	Grand Total	1941 (Dec)	1942	1943	1944	1945 (Jan-Aug)	1941 Dec	1942 Jan	1942 Feb
All Theaters									
Total Losses	1,426	26	26	202	637	535	26	1	-
1st Line Losses (Combat & Accident)	1,134	-	10	164	527	433	-	-	-
2nd Line Losses	292	26	16	38	110	102	26	1	-
Dropped to 2nd Line	297	-	-	6	88	203	-	-	-
European Theater of Operations									
Total Losses	459	-	-	47	225	187	-	-	-
1st Line Losses (Combat & Accident)	442	-	-	37	225	180	-	-	-
2nd Line Losses	17	-	-	10	-	7	-	-	-
Dropped to 2nd Line	24	-	-	-	12	12	-	-	-
Mediterranean Theater of Operations									
Total Losses	255	-	2	76	118	59	-	-	-
1st Line Losses (Combat & Accident)	204	-	2	66	109	27	-	-	-
2nd Line Losses	51	-	-	10	9	32	-	-	-
Dropped to 2nd Line	150	-	-	6	(1)	145	-	-	-
Pacific Ocean Areas									
Total Losses	39	5	1	1	7	25	5	-	-
1st Line Losses (Combat & Accident)	18	-	-	-	2	16	-	-	-
2nd Line Losses	21	5	1	1	5	9	5	-	-
Dropped to 2nd Line	9	-	-	-	-	9	-	-	-
Far East Air Forces									
Total Losses	433	21	9	42	205	156	21	-	-
1st Line Losses (Combat & Accident)	286	-	5	40	118	123	-	-	-
2nd Line Losses	147	21	4	2	87	33	21	-	-
Dropped to 2nd Line	86	-	-	-	71	15	-	-	-
China & India-Burma									
Total Losses	179	-	2	19	71	87	-	-	-
1st Line Losses	162	-	2	19	67	74	-	-	-
2nd Line Losses	17	-	-	-	4	13	-	-	-
Dropped to 2nd Line	25	-	-	-	6	19	-	-	-
Alaska									
Total Losses	6	-	3	2	1	-	-	-	-
1st Line Losses (Combat & Accident)	2	-	1	-	1	-	-	-	-
2nd Line Losses	4	-	2	2	-	-	-	-	-
Dropped to 2nd Line	-	-	-	-	-	-	-	-	-
Twentieth Air Force									
Total Losses	15	-	-	-	3	12	-	-	-
1st Line Losses (Combat & Accident)	15	-	-	-	3	12	-	-	-
2nd Line Losses	-	-	-	-	-	-	-	-	-
Dropped to 2nd Line	3	-	-	-	-	3	-	-	-
Other Overseas									
Total Losses	40	-	9	15	7	9	-	1	-
1st Line Losses (Combat & Accident)	5	-	-	2	2	1	-	-	-
2nd Line Losses	35	-	9	13	5	8	-	1	-
Dropped to 2nd Line	-	-	-	-	-	-	-	-	-

BY THEATER AND BY TYPE OF LOSS: DEC 1941 TO AUG 1945

in the case of "Dropped to 2nd Line", figures in parentheses indicate net gains from 2nd to 1st Line.)

			1942									1943			
Mar	Apr	May	Jun	Jul	Aug	Sep	Oct	Nov	Dec	Jan	Feb	Mar	Apr	May	Jun
1	2	5	2	-	4	3	1	2	5	15	8	6	19	13	14
-	-	1	-	-	2	2	-	-	5	9	3	5	16	12	12
1	2	4	2	-	2	1	1	2	-	6	5	1	3	1	2
-	-	-	-	-	-	-	-	-	-	-	-	-	-	-	-
-	-	-	-	-	-	-	-	-	-	3	3	1	3	6	6
-	-	-	-	-	-	-	-	-	-	-	1	1	3	6	6
-	-	-	-	-	-	-	-	-	-	3	2	-	-	-	-
-	-	-	-	-	-	-	-	-	-	-	-	-	-	-	-
-	-	-	-	-	-	-	-	-	2	8	1	3	12	2	4
-	-	-	-	-	-	-	-	-	2	8	1	2	11	2	2
-	-	-	-	-	-	-	-	-	-	-	-	1	1	-	2
-	-	-	-	-	-	-	-	-	-	-	-	-	-	-	-
-	-	-	-	-	-	-	-	1	-	-	-	-	1	-	-
-	-	-	-	-	-	-	-	-	-	-	-	-	-	-	-
-	-	-	-	-	-	-	-	1	-	-	-	-	1	-	-
-	-	-	-	-	-	-	-	-	-	-	-	-	-	-	-
-	-	3	1	-	1	2	-	1	1	-	2	1	1	4	3
-	-	1	-	-	1	2	-	-	1	-	1	1	1	3	3
-	-	2	1	-	-	-	-	1	-	-	1	-	-	1	-
-	-	-	-	-	-	-	-	-	-	-	-	-	-	-	-
-	-	-	-	-	-	-	-	-	2	1	-	1	1	1	1
-	-	-	-	-	-	-	-	-	2	1	-	1	1	1	1
-	-	-	-	-	-	-	-	-	-	-	-	-	-	-	-
-	-	-	-	-	-	-	-	-	-	-	-	-	-	-	-
1	1	-	-	-	1	-	-	-	-	1	-	-	-	-	-
-	-	-	-	-	1	-	-	-	-	-	-	-	-	-	-
1	1	-	-	-	-	-	-	-	-	1	-	-	-	-	-
-	-	-	-	-	-	-	-	-	-	-	-	-	-	-	-
-	-	-	-	-	-	-	-	-	-	-	-	-	-	-	-
-	-	-	-	-	-	-	-	-	-	-	-	-	-	-	-
-	-	-	-	-	-	-	-	-	-	-	-	-	-	-	-
-	-	-	-	-	-	-	-	-	-	-	-	-	-	-	-
-	1	2	1	-	2	1	1	-	-	2	2	-	1	-	-
-	-	-	-	-	-	-	-	-	-	-	-	-	-	-	-
-	1	2	1	-	2	1	1	-	-	2	2	-	1	-	-
-	-	-	-	-	-	-	-	-	-	-	-	-	-	-	-

Table 105 — RECONNAISSANCE AIRPLANE LOSSES OVERSEAS,

Theater and Type of Loss	1943						1944			
	Jul	Aug	Sep	Oct	Nov	Dec	Jan	Feb	Mar	Apr
All Theaters										
Total Losses..........................	17	17	20	21	20	32	23	31	33	24
1st Line Losses (Combat & Accident).	15	13	14	17	19	29	21	20	31	21
2nd Line Losses......................	2	4	6	4	1	3	2	11	2	3
Dropped to 2nd Line..................	-	-	-	-	2	4	3	(2)	8	(2)
European Theater of Operations										
Total Losses..........................	5	8	6	2	1	3	4	4	6	4
1st Line Losses (Combat & Accident).	4	5	5	2	1	3	4	4	6	4
2nd Line Losses......................	1	3	1	-	-	-	-	-	-	-
Dropped to 2nd Line..................	-	-	-	-	-	-	1	-	1	(4)
Mediterranean Theater of Operations										
Total Losses..........................	8	6	8	7	8	9	10	4	12	5
1st Line Losses (Combat & Accident).	7	5	5	7	8	8	10	4	12	4
2nd Line Losses......................	1	1	3	-	-	1	-	-	-	1
Dropped to 2nd Line..................	-	-	-	-	2	4	(1)	(4)	2	(1)
Pacific Ocean Areas										
Total Losses..........................	-	-	-	-	-	-	1	-	-	-
1st Line Losses (Combat & Accident).	-	-	-	-	-	-	-	-	-	-
2nd Line Losses......................	-	-	-	-	-	-	1	-	-	-
Dropped to 2nd Line..................	-	-	-	-	-	-	-	-	-	-
Far East Air Forces										
Total Losses..........................	2	1	-	4	8	16	7	21	11	11
1st Line Losses (Combat & Accident).	2	1	1	4	7	16	6	11	9	9
2nd Line Losses......................	-	-	(1)	-	1	-	1	10	2	2
Dropped to 2nd Line..................	-	-	-	-	-	-	3	2	5	3
China & India-Burma										
Total Losses..........................	1	2	2	4	3	2	1	2	3	4
1st Line Losses (Combat & Accident).	1	2	2	4	3	2	1	1	3	4
2nd Line Losses......................	-	-	-	-	-	-	-	1	-	-
Dropped to 2nd Line..................	-	-	-	-	-	-	-	-	-	-
Alaska										
Total Losses..........................	-	-	1	-	-	-	-	-	-	-
1st Line Losses (Combat & Accident).	-	-	-	-	-	-	-	-	-	-
2nd Line Losses......................	-	-	1	-	-	-	-	-	-	-
Dropped to 2nd Line..................	-	-	-	-	-	-	-	-	-	-
Twentieth Air Force										
Total Losses..........................	-	-	-	-	-	-	-	-	-	-
1st Line Losses (Combat & Accident).	-	-	-	-	-	-	-	-	-	-
2nd Line Losses......................	-	-	-	-	-	-	-	-	-	-
Dropped to 2nd Line..................	-	-	-	-	-	-	-	-	-	-
Other Overseas										
Total Losses..........................	1	-	3	4	-	2	-	-	1	-
1st Line Losses (Combat & Accident).	1	-	1	-	-	-	-	-	1	-
2nd Line Losses......................	-	-	2	4	-	2	-	-	-	-
Dropped to 2nd Line..................	-	-	-	-	-	-	-	-	-	-

BY THEATER AND BY TYPE OF LOSS: DEC 1941 TO AUG 1945—Continued

1944								1945							
May	Jun	Jul	Aug	Sep	Oct	Nov	Dec	Jan	Feb	Mar	Apr	May	Jun	Jul	Aug
50	51	45	75	67	61	89	88	69	73	79	68	70	68	44	64
46	47	43	73	57	49	59	60	66	68	70	62	43	50	34	40
4	4	2	2	10	12	30	28	3	5	9	6	27	18	10	24
(1)	3	1	4	39	10	21	4	1	4	19	4	14	20	54	87
22	29	21	27	23	33	24	28	33	33	29	47	14	18	8	5
22	29	21	27	23	33	24	28	33	33	27	45	12	17	8	5
-	-	-	-	-	-	-	-	-	-	2	2	2	1	-	-
-	-	-	1	-	4	8	1	-	-	11	(1)	-	(1)	5	(2)
14	4	10	22	6	3	19	9	8	6	7	3	14	3	(1)	19
12	2	10	22	5	3	16	9	6	5	7	2	6	-	(2)	3
2	2	-	-	1	-	3	-	2	1	-	1	8	3	1	16
1	-	-	-	-	2	-	-	-	-	7	4	-	8	45	81
1	-	-	2	-	3	-	-	-	1	-	1	8	4	8	3
1	-	-	1	-	-	-	-	-	1	-	1	-	4	7	3
-	-	-	1	-	3	-	-	-	-	-	-	8	-	1	-
-	-	-	-	-	-	-	-	-	-	-	-	-	8	-	1
10	12	11	15	21	14	30	42	18	23	10	16	21	30	15	23
9	10	9	14	14	9	4	14	17	20	9	15	13	19	10	20
1	2	2	1	7	5	26	28	1	3	1	1	8	11	5	3
(2)	3	(1)	3	39	2	13	1	-	-	(1)	-	5	5	3	3
2	6	2	8	17	4	15	7	8	6	30	(1)	9	11	14	10
2	6	2	8	15	4	14	7	8	6	26	(1)	8	8	11	8
-	-	-	-	2	-	1	-	-	-	4	-	1	3	3	2
-	-	2	-	-	2	-	2	1	4	2	1	1	6	-	4
-	-	-	1	-	-	-	-	-	-	-	-	-	-	-	-
-	-	-	1	-	-	-	-	-	-	-	-	-	-	-	-
-	-	-	-	-	-	-	-	-	-	-	-	-	-	-	-
-	-	-	-	-	-	-	-	-	-	-	-	-	-	-	-
-	-	-	-	-	-	1	2	1	3	1	-	4	2	-	1
-	-	-	-	-	-	1	2	1	3	1	-	4	2	-	1
-	-	-	-	-	-	-	-	-	-	-	-	-	-	-	-
-	-	-	-	-	-	-	-	-	-	-	-	-	2	1	-
1	-	1	-	-	4	-	-	1	1	2	2	-	-	-	3
-	-	1	-	-	-	-	-	1	-	-	-	-	-	-	-
1	-	-	-	-	4	-	-	-	1	2	2	-	-	-	3
-	-	-	-	-	-	-	-	-	-	-	-	-	-	-	-

203

Table 106 — TRANSPORT AIRPLANE LOSSES OVERSEAS, BY

(In the case of losses, figures in parentheses indicate the excess of gains from salvage over losses;

Theater and Type of Loss	Grand Total	1941 (Dec)	1942	1943	1944	1945 (Jan-Aug)	1941 Dec	1942 Jan	1942 Feb
All Theaters									
Total Losses..........................	1,942	3	81	199	715	944	3	-	2
1st Line Losses (Combat & Accident).	1,387	1	63	160	523	640	1	-	2
2nd Line Losses......................	555	2	18	39	192	304	2	-	-
Dropped to 2nd Line..................	368	-	-	13	156	199	-	-	-
European Theater of Operations									
Total Losses..........................	682	-	2	6	327	347	-	-	-
1st Line Losses (Combat & Accident).	484	-	2	1	258	223	-	-	-
2nd Line Losses......................	198	-	-	5	69	124	-	-	-
Dropped to 2nd Line..................	-	-	-	-	-	-	-	-	-
Mediterranean Theater of Operations									
Total Losses..........................	244	-	18	82	89	55	-	-	-
1st Line Losses (Combat & Accident).	181	-	18	73	57	33	-	-	-
2nd Line Losses......................	63	-	-	9	32	22	-	-	-
Dropped to 2nd Line..................	114	-	-	-	41	73	-	-	-
Pacific Ocean Areas									
Total Losses..........................	24	1	5	1	6	11	1	-	-
1st Line Losses (Combat & Accident).	10	-	1	2	3	4	-	-	-
2nd Line Losses......................	14	1	4	(1)	3	7	1	-	-
Dropped to 2nd Line..................	13	-	-	-	3	10	-	-	-
Far East Air Forces									
Total Losses..........................	470	2	26	79	112	251	2	-	2
1st Line Losses (Combat & Accident).	369	1	18	65	84	201	1	-	2
2nd Line Losses......................	101	1	8	14	28	50	1	-	-
Dropped to 2nd Line..................	168	-	-	13	92	63	-	-	-
China & India-Burma									
Total Losses..........................	406	-	15	10	131	250	-	-	-
1st Line Losses (Combat & Accident).	303	-	14	10	112	167	-	-	-
2nd Line Losses......................	103	-	1	-	19	83	-	-	-
Dropped to 2nd Line..................	48	-	-	-	20	28	-	-	-
Alaska									
Total Losses..........................	37	-	7	7	12	11	-	-	-
1st Line Losses (Combat & Accident).	19	-	3	5	6	5	-	-	-
2nd Line Losses......................	18	-	4	2	6	6	-	-	-
Dropped to 2nd Line..................	-	-	-	-	-	-	-	-	-
Twentieth Air Force									
Total Losses..........................	30	-	-	-	18	12	-	-	-
1st Line Losses (Combat & Accident).	8	-	-	-	1	7	-	-	-
2nd Line Losses......................	22	-	-	-	17	5	-	-	-
Dropped to 2nd Line..................	25	-	-	-	-	25	-	-	-
Other Overseas									
Total Losses..........................	49	-	8	14	20	7	-	-	-
1st Line Losses (Combat & Accident).	13	-	7	4	2	-	-	-	-
2nd Line Losses......................	36	-	1	10	18	7	-	-	-
Dropped to 2nd Line..................	-	-	-	-	-	-	-	-	-

THEATER AND BY TYPE OF LOSS: DEC 1941 TO AUG 1945

in the case of "Dropped to 2nd Line", figures in parentheses indicate net gains from 2nd to 1st Line.)

	1942									1943					
Mar	Apr	May	Jun	Jul	Aug	Sep	Oct	Nov	Dec	Jan	Feb	Mar	Apr	May	Jun
-	1	6	4	1	11	2	23	9	22	5	3	13	4	6	4
-	-	6	1	1	2	1	19	7	24	-	4	9	4	5	2
-	1	-	3	-	9	1	4	2	(2)	5	(1)	4	-	1	2
-	-	-	-	-	-	-	-	-	-	-	-	-	-	-	-
-	-	-	-	-	1	-	1	-	-	-	-	-	-	-	-
-	-	-	-	-	1	-	1	-	-	-	-	-	-	-	-
-	-	-	-	-	-	-	-	-	-	-	-	-	-	-	-
-	-	-	-	-	-	-	-	-	-	-	-	-	-	-	-
-	-	-	-	-	-	-	1	1	16	(6)	2	2	1	-	3
-	-	-	-	-	-	-	1	1	16	(6)	2	2	1	-	3
-	-	-	-	-	-	-	-	-	-	-	-	-	-	-	-
-	-	-	-	-	-	-	-	-	-	-	-	-	-	-	-
-	-	-	3	-	-	1	-	1	-	-	-	-	(1)	-	-
-	-	-	1	-	-	-	-	-	-	-	-	-	-	-	-
-	-	-	2	-	-	1	-	1	-	-	-	-	(1)	-	-
-	-	-	-	-	-	-	-	-	-	-	-	-	-	-	-
-	-	-	-	-	8	1	5	5	5	6	2	9	3	3	2
-	-	-	-	-	-	1	3	5	7	5	2	6	2	2	-
-	-	-	-	-	8	-	2	-	(2)	1	-	3	1	1	2
-	-	-	-	-	-	-	-	-	-	-	-	-	-	-	-
-	-	-	-	-	-	-	14	1	-	-	(1)	1	-	-	-
-	-	-	-	-	-	-	13	1	-	-	-	-	-	-	-
-	-	-	-	-	-	-	1	-	-	-	(1)	1	-	-	-
-	-	-	-	-	-	-	-	-	-	-	-	-	-	-	-
-	1	-	1	1	1	-	1	1	1	-	-	1	1	2	(1)
-	-	-	-	1	-	-	1	-	1	-	-	1	1	2	(1)
-	1	-	1	-	1	-	-	1	-	-	-	-	-	-	-
-	-	-	-	-	-	-	-	-	-	-	-	-	-	-	-
-	-	-	-	-	-	-	-	-	-	-	-	-	-	-	-
-	-	-	-	-	-	-	-	-	-	-	-	-	-	-	-
-	-	-	-	-	-	-	-	-	-	-	-	-	-	-	-
-	-	6	-	-	1	-	1	-	-	5	-	-	-	1	-
-	-	6	-	-	1	-	-	-	-	1	-	-	-	1	-
-	-	-	-	-	-	-	1	-	-	4	-	-	-	-	-
-	-	-	-	-	-	-	-	-	-	-	-	-	-	-	-

Table 106 — TRANSPORT AIRPLANE LOSSES OVERSEAS, BY

Theater and Type of Loss	1943						1944			
	Jul	Aug	Sep	Oct	Nov	Dec	Jan	Feb	Mar	Apr
All Theaters										
Total Losses..........................	49	11	19	19	34	32	27	25	14	25
1st Line Losses (Combat & Accident).	49	9	13	12	22	29	23	11	6	19
2nd Line Losses.....................	-	2	6	7	12	3	4	14	8	6
Dropped to 2nd Line.................	-	-	-	-	-	13	20	(4)	2	(1)
European Theater of Operations										
Total Losses..........................	-	-	-	3	1	2	3	2	4	4
1st Line Losses (Combat & Accident).	-	-	-	-	-	1	3	2	3	3
2nd Line Losses.....................	-	-	-	3	1	1	-	-	1	1
Dropped to 2nd Line.................	-	-	-	-	-	-	-	-	-	-
Mediterranean Theater of Operations										
Total Losses..........................	43	2	11	12	8	4	3	12	(2)	10
1st Line Losses (Combat & Accident).	43	1	10	9	5	3	1	1	-	7
2nd Line Losses.....................	-	1	1	3	3	1	2	11	(2)	3
Dropped to 2nd Line.................	-	-	-	-	-	-	-	-	-	-
Pacific Ocean Areas										
Total Losses..........................	-	-	-	1	1	-	1	-	1	-
1st Line Losses (Combat & Accident).	-	-	-	1	1	-	-	-	-	-
2nd Line Losses.....................	-	-	-	-	-	-	1	-	1	-
Dropped to 2nd Line.................	-	-	-	-	-	-	-	-	-	-
Far East Air Forces										
Total Losses..........................	5	7	4	3	14	21	10	-	4	7
1st Line Losses (Combat & Accident).	5	7	3	3	10	20	11	-	3	4
2nd Line Losses.....................	-	-	1	-	4	1	(1)	-	1	3
Dropped to 2nd Line.................	-	-	-	-	-	13	20	(4)	2	(1)
China & India-Burma										
Total Losses..........................	1	-	-	-	4	5	8	8	3	5
1st Line Losses (Combat & Accident).	1	-	-	-	4	5	6	6	-	5
2nd Line Losses.....................	-	-	-	-	-	-	2	2	3	-
Dropped to 2nd Line.................	-	-	-	-	-	-	-	-	-	-
Alaska										
Total Losses..........................	(1)	1	1	-	3	-	1	2	1	(1)
1st Line Losses (Combat & Accident).	(1)	1	-	-	2	-	1	2	-	-
2nd Line Losses.....................	-	-	1	-	1	-	-	-	1	(1)
Dropped to 2nd Line.................	-	-	-	-	-	-	-	-	-	-
Twentieth Air Force										
Total Losses..........................	-	-	-	-	-	-	-	-	-	-
1st Line Losses (Combat & Accident).	-	-	-	-	-	-	-	-	-	-
2nd Line Losses.....................	-	-	-	-	-	-	-	-	-	-
Dropped to 2nd Line.................	-	-	-	-	-	-	-	-	-	-
Other Overseas										
Total Losses..........................	1	1	3	-	3	-	1	1	3	-
1st Line Losses (Combat & Accident).	1	-	-	-	1	-	1	-	-	-
2nd Line Losses.....................	-	1	3	-	2	-	-	1	3	-
Dropped to 2nd Line.................	-	-	-	-	-	-	-	-	-	-

THEATER AND BY TYPE OF LOSS: DEC 1941 TO AUG 1945 - Continued

	1944							1945							
May	Jun	Jul	Aug	Sep	Oct	Nov	Dec	Jan	Feb	Mar	Apr	May	Jun	Jul	Aug
29	73	36	70	156	67	71	122	116	65	175	145	119	101	131	92
22	64	15	49	138	34	55	87	77	54	136	115	80	36	87	55
7	9	21	21	18	33	16	35	39	11	39	30	39	65	44	37
68	(2)	(13)	74	(3)	2	11	2	9	3	28	17	19	73	4	46
3	52	(3)	34	121	19	27	61	52	8	65	68	38	27	66	23
1	49	(10)	22	117	7	19	42	27	7	55	52	23	7	42	10
2	3	7	12	4	12	8	19	25	1	10	16	15	20	24	13
-	-	-	1	-	-	-	(1)	-	-	2	(2)	-	-	-	-
10	4	11	12	11	3	11	4	4	4	7	14	8	9	6	3
8	2	7	7	9	3	10	2	3	5	4	12	6	-	2	1
2	2	4	5	2	-	1	2	1	(1)	3	2	2	9	4	2
-	-	-	54	(2)	(3)	(4)	(4)	2	3	7	6	6	69	(8)	(12)
-	-	1	3	-	-	-	-	1	1	1	2	3	(1)	2	2
-	-	1	2	-	-	-	-	1	-	-	1	1	-	1	-
-	-	-	1	-	-	-	-	-	1	1	1	2	(1)	1	2
-	-	-	3	-	-	-	-	-	-	-	-	-	-	-	10
6	4	9	8	8	14	17	25	25	29	59	30	30	23	23	32
5	4	7	5	4	9	15	17	20	28	49	25	24	14	18	23
1	-	2	3	4	5	2	8	5	1	10	5	6	9	5	9
68	(2)	(13)	16	(1)	(6)	15	(2)	5	(1)	17	2	7	5	5	23
8	10	13	12	10	17	11	26	31	25	32	28	33	41	29	31
7	8	10	12	9	14	9	26	25	15	19	25	24	15	24	20
1	2	3	-	1	3	2	-	6	10	13	3	9	26	5	11
-	-	-	-	-	11	-	9	1	1	-	11	4	(1)	7	5
2	-	3	-	1	1	1	1	1	-	3	-	6	-	2	(1)
1	1	-	-	(1)	1	1	-	-	-	3	-	2	-	-	-
1	(1)	3	-	2	-	-	1	1	-	-	-	4	-	2	(1)
-	-	-	-	-	-	-	-	-	-	-	-	-	-	-	-
-	-	-	-	3	9	3	3	2	(1)	6	1	-	-	2	2
-	-	-	-	-	-	1	-	1	(1)	6	-	-	-	-	1
-	-	-	-	3	9	2	3	1	-	-	1	-	-	2	1
-	-	-	-	-	-	-	-	1	-	2	-	2	-	-	20
-	3	2	1	2	4	1	2	-	(1)	2	2	1	2	1	-
-	-	-	1	-	-	-	-	-	-	-	-	-	-	-	-
-	3	2	-	2	4	1	2	-	(1)	2	2	1	2	1	-
-	-	-	-	-	-	-	-	-	-	-	-	-	-	-	-

Table 107 — COMMUNICATIONS AND TRAINER AIRPLANE LOSSES OVERSEAS, BY THEATER: DEC 1941 TO AUG 1945

(Figures in parentheses indicate the excess of gains from salvage over losses.)

Year and Month	Total	European Theater of Operations	Mediterranean Theater of Operations	Pacific Ocean Areas	Far East Air Forces	China & India-Burma	Alaska	Twentieth Air Force	Other Overseas
Grand Total	1,158	375	69	42	184	388	11	5	84
Annually									
1941 (Dec)	1	-	-	1	-	-	-	-	-
1942	25	-	-	1	9	-	1	-	14
1943	131	21	10	10	36	17	3	-	34
1944	436	159	34	8	53	148	7	5	22
1945 (Jan-Aug)	565	195	25	22	86	223	-	-	14
Monthly									
1941									
Dec	1	-	-	1	-	-	-	-	-
1942									
Jan	-	-	-	-	-	-	-	-	-
Feb	2	-	-	-	-	-	-	-	2
Mar	3	-	-	-	-	-	-	-	3
Apr	1	-	-	-	-	-	1	-	-
May	-	-	-	-	-	-	-	-	-
Jun	-	-	-	-	-	-	-	-	-
Jul	3	-	-	-	-	-	-	-	3
Aug	2	-	-	-	-	-	-	-	2
Sep	9	-	-	-	9	-	-	-	-
Oct	2	-	-	1	-	-	-	-	1
Nov	1	-	-	-	-	-	-	-	1
Dec	2	-	-	-	-	-	-	-	2
1943									
Jan	3	-	-	1	1	-	1	-	-
Feb	5	-	-	-	1	-	-	-	4
Mar	3	-	-	-	-	-	1	-	2
Apr	7	1	-	1	-	2	-	-	3
May	15	3	-	1	6	3	(1)	-	3
Jun	10	-	-	3	3	1	-	-	3
Jul	8	-	-	-	5	-	-	-	3
Aug	8	-	-	-	1	1	1	-	5
Sep	21	16	-	-	3	-	-	-	2
Oct	18	-	10	1	2	2	1	-	2
Nov	17	1	-	1	7	2	-	-	6
Dec	16	-	-	2	7	6	-	-	1
1944									
Jan	14	1	-	1	4	5	-	-	3
Feb	10	-	1	2	5	1	-	-	1
Mar	13	-	1	1	4	6	-	-	1
Apr	55	3	-	-	8	43	-	-	1
May	15	2	4	1	-	4	-	-	4
Jun	55	7	2	-	4	35	3	-	4
Jul	45	33	2	-	-	8	1	-	1
Aug	32	16	5	-	2	8	-	-	1
Sep	43	20	12	-	2	9	-	-	-
Oct	53	28	5	3	4	6	-	5	2
Nov	44	22	-	-	10	8	3	(1)	2
Dec	57	27	2	-	10	15	-	1	2
1945									
Jan	87	60	1	-	11	15	(1)	-	1
Feb	45	16	2	2	9	14	-	-	2
Mar	99	17	4	-	11	65	1	-	1
Apr	70	30	3	3	12	22	-	-	-
May	75	23	2	3	13	30	-	-	4
Jun	87	20	5	9	12	38	-	-	3
Jul	41	11	1	1	8	21	(1)	-	-
Aug	61	18	7	4	10	18	1	-	3

Table 108 — AIRPLANE LOSSES ENROUTE FROM US TO OVERSEAS THEATERS, BY THEATER AND BY TYPE OF AIRPLANE: 1941 TO 1945

Theater and Type of Airplane	Total	1941 (Dec)	1942	1943	1944	1945 (Jan-Aug)
All Theaters - Total	909	1	163	483	214	48
Very Heavy Bombers	10	-	-	-	8	2
Heavy Bombers	242	1	34	83	101	23
Medium & Light Bombers	227	-	45	106	62	14
Fighters	310	-	67	226	13	4
Transports	57	-	8	22	24	3
Reconnaissance	54	-	9	39	4	2
Communications	9	-	-	7	2	-
European Theater of Operations - Total	340	-	51	157	117	15
Heavy Bombers	121	-	12	52	48	9
Medium & Light Bombers	69	-	9	20	36	4
Fighters	92	-	28	51	13	-
Transports	26	-	-	8	16	2
Reconnaissance	24	-	2	19	3	-
Communications	8	-	-	7	1	-
Mediterranean Theater of Operations - Total	377	-	60	245	57	15
Heavy Bombers	70	-	11	10	41	8
Medium & Light Bombers	100	-	10	69	15	6
Fighters	163	-	25	138	-	-
Transports	21	-	8	11	1	1
Reconnaissance	23	-	6	17	-	-
Communications	-	-	-	-	-	-
Pacific Ocean Areas - Total	7	-	2	1	-	4
Heavy Bombers	4	-	2	1	-	1
Medium & Light Bombers	-	-	-	-	-	-
Fighters	2	-	-	-	-	2
Transports	-	-	-	-	-	-
Reconnaissance	1	-	-	-	-	1
Communications	-	-	-	-	-	-
Far East Air Forces - Total	70	1	23	24	15	7
Heavy Bombers	28	1	8	8	7	4
Medium & Light Bombers	37	-	15	13	6	3
Fighters	-	-	-	-	-	-
Transports	4	-	-	3	1	-
Reconnaissance	1	-	-	-	1	-
Communications	-	-	-	-	-	-
China & India-Burma - Total	74	-	8	47	16	3
Heavy Bombers	18	-	1	12	4	1
Medium & Light Bombers	12	-	3	3	5	1
Fighters	35	-	4	31	-	-
Transports	6	-	-	-	6	-
Reconnaissance	2	-	-	1	-	1
Communications	1	-	-	-	1	-
Alaska - Total	22	-	19	1	-	2
Heavy Bombers	-	-	-	-	-	-
Medium & Light Bombers	9	-	8	1	-	-
Fighters	12	-	10	-	-	2
Transports	-	-	-	-	-	-
Reconnaissance	1	-	1	-	-	-
Communications	-	-	-	-	-	-
Twentieth Air Force - Total	11	-	-	-	9	2
Very Heavy Bombers	10	-	-	-	8	2
Heavy Bombers	1	-	-	-	1	-
Medium & Light Bombers	-	-	-	-	-	-
Fighters	-	-	-	-	-	-
Transports	-	-	-	-	-	-
Reconnaissance	-	-	-	-	-	-
Communications	-	-	-	-	-	-
Other Overseas - Total	8	-	-	8	-	-
Heavy Bombers	-	-	-	-	-	-
Medium & Light Bombers	-	-	-	-	-	-
Fighters	6	-	-	6	-	-
Transports	-	-	-	-	-	-
Reconnaissance	2	-	-	2	-	-
Communications	-	-	-	-	-	-

Table 109 — NUMBER OF DIFFERENT ITEMS AND DOLLAR COST OF SPARE PARTS AND EQUIPMENT AT ATSC INSTALLATIONS, BY PROPERTY CLASS

Property Class Number	Description	Number of Different Items (As of Jan 1945)	Dollar Cost (As of Nov 1944)
	Total	a/ 654,992	$3,881,413,521
01-B	Airplane Parts, Consolidated	32,475	70,391,817
01-C	Airplane Parts, Curtiss-Wright	29,910	54,025,815
01-D	Airplane Parts, Douglas	59,854	87,644,124
01-F	Airplane Parts, Boeing (Seattle)	31,253	111,756,433
01-G	Airplane Parts, Miscellaneous	3,448	1,269,998
01-H	Airplane Parts, Beech	10,909	30,521,973
01-I	Airplane Parts, Ryan and Fisher Body Division	728	81,491
01-J	Glider Parts, All Manufacturers	1,367	1,793,960
01-K	Airplane Parts, Martin	13,520	28,867,406
01-L	Airplane Parts, Lockheed and Vega	32,796	37,543,954
01-M	Airplane Parts, North American	31,287	137,539,497
01-N	Airplane Parts, Republic	14,382	30,225,372
01-P	Airplane Parts, Boeing (Wichita)	2,749	2,710,144
01-Q	Airplane Parts, Vultee	12,503	15,485,232
01-R	Airplane Parts, Fairchild	4,800	6,992,331
01-S	Airplane Parts, Cessna	3,831	8,512,737
01-T	Airplane Parts, Bell	17,613	21,097,716
01-U	Airplane Parts, Aeronca, Piper, Taylorcraft and Budd	3,905	4,096,864
02-B	Engines and Engine Parts for Auxiliary Power Plants	847	930,341
02-C	Engine Parts, Continental	855	14,199,728
02-D	Engine Parts, Wright	9,304	204,967,726
02-E	Engine Parts, Lycoming	1,666	15,192,896
02-G	Engine Parts, Jacobs	815	7,169,359
02-H	Engine Parts, Pratt and Whitney	9,618	305,211,650
02-I	Engine Parts, Allison	3,003	64,509,677
02-J	Engine Parts, Rolls Royce (Packard)	4,410	20,827,207
02-L	Engine Parts, Ranger	947	8,110,931
02-N	Engine Parts, Warner	426	547,850
02-P	Engine Parts, Franklin	834	832,524
03-A	Propellers and Propeller Parts	9,414	159,190,581
03-B	Wheels, Brakes and Parts	3,886	30,471,462
03-C	Aircraft Electrical Systems, Accessories and Related Parts	28,550	117,234,904
03-D	Carburetors and Parts	7,544	42,910,479
03-E	Superchargers and Parts	1,768	78,210,697
03-F	Miscellaneous Aircraft Accessories	4,088	14,614,593
03-G	Hydraulic Landing Gear	5,850	30,311,687
03-H	Magnetos and Spark Plugs	5,110	75,550,163
03-I	Pumps, Fuel, Air, Oil, etc.	21,330	86,556,986
03-J	Miscellaneous Engine Accessories	852	10,876,682
03-K	Aircraft Oxygen Equipment	831	15,149,135
03-L	Aircraft Auxiliary Fuel Tanks	28	4,412,983
04-A	Aircraft Hardware	12,969	70,538,852
04-B	Rubber Materials	3,793	14,634,082
04-C	Aircraft Casings and Inner Tubes	NA	10,662,397
05-A	Aircraft Navigation Instruments	208	8,066,601
05-B	Laboratory Test Equipment	1,765	13,555,153
05-C	Aircraft Flight Instruments	1,301	43,817,420
05-D	Aircraft Engine Instruments	1,795	19,298,714
05-E	Aircraft Instrument Parts	16,433	24,705,187
06-A	Aircraft Engine Fuels and Crankcase Lubricating Oils	6	42,768,815
06-B	Greases, etc.	303	4,061,001
07	Dopes, Paints, etc.	832	4,107,900
08-A	Electrical Equipment	954	15,111,131
08-B	Electrical Supplies	6,783	24,901,785
08-D	Night Lighting Equipment	244	6,014,224

a/ Excludes items in Classes 04-C and 15 and in Preassembled Organization Equipment List Kits.

Table 109 — NUMBER OF DIFFERENT ITEMS AND DOLLAR COST OF SPARE PARTS AND EQUIPMENT AT ATSC INSTALLATIONS, BY PROPERTY CLASS — Continued

Property Class Number	Description	Number of Different Items (As of Jan 1945)	Dollar Cost (As of Nov 1944)
10-A	Photographic Aerial Equipment	3,276	$ 38,762,859
10-B	Photographic Ground Equipment	4,581	3,880,275
10-C	Photographic Supplies	4,281	9,772,473
10-D	Motion Picture Equipment	2,636	5,464,257
11-A	Bombing Equipment and Accessories	1,855	18,781,076
11-B	Gunnery Equipment and Accessories	1,367	21,740,669
11-D	Locally Controlled Turrets and Accessories	7,470	92,500,202
11-E	Central Station Fire Control Systems	3,284	21,614,172
12	Fuel and Lubricating Equipment and Supplies	470	5,170,668
13	Clothing, Parachutes, Equipment and Supplies	1,251	81,312,826
15	Technical Order Compliance Kits	NA	50,087,317
16	Communications Equipment	24,374	877,500,000
17-A	Shop Manufacturing Equipment and Machine Tools	2,488	25,693,248
17-B	Small and Hand Tools	13,237	42,060,234
17-D	Preassembled Kits (TO 00-30-1)	154	1,594,334
	Preassembled Organization Equipment List Kits	NA	19,541,414
18	Special Tools and Equipment	19,008	25,875,785
19-A	Flying Field, Hangar and Manual Handling Equipment	564	24,654,512
19-B	Special Air Force Vehicles	139	24,742,938
19-C	Maintenance Parts for Class 19-A and B Equipment	51,230	31,864,127
20	Aerial Delivery Equipment and Paulins	402	8,613,394
21	Cordage, Fabrics and Leathers	645	20,610,108
22	Wood and Wood Products for Maintenance, Repair and Crating	506	10,149,687
23-A	Specification Metals	5,585	16,193,306
23-B	Composition Materials	463	6,384,137
24	Chemicals	354	6,908,872
25-A	Office Equipment	1,953	6,266,556
25-B	Office Supplies	2,986	19,269,858
28-A	Instrument and Navigation Training Equipment	3,057	4,387,426
28-B	Bombing, Gunnery and Identification Training Equipment	2,673	10,814,141
28-C	Miscellaneous Training Devices	85	34,817
29	Commercial Hardware	17,428	34,093,051
	Parts for R-3350 Engine	b/	17,571,428
	Parts for B-29 Aircraft	b/	28,500,000
	Parts for B-32 Aircraft	b/	360,000
	Parts for A-26 Aircraft	b/	5,454,654
	Parts for P-61 Aircraft	b/	4,398,333

b/ Included in property class numbers assigned to manufacturers.

Source: Air Technical Service Command, Supply Division.

Table 110 — MATERIEL SHIPPED OVERSEAS BY WATER, BY THEATER OF DESTINATION: JAN 1942 TO AUG 1945

(In measurement tons)

Year and Month	Total	European Theater of Operations	Mediterranean Theater of Operations	Pacific Ocean Areas a/	Far East Air Forces	China & India-Burma b/	Other c/
Grand Total.....	19,483,358	6,708,156	3,911,730	2,218,618	3,368,542	2,239,120	1,037,192
Annually							
1942............	1,154,862	135,051	187,512	124,337	279,904	45,987	382,071
1943............	5,702,438	1,866,131	1,691,760	248,161	1,005,695	504,923	385,768
1944............	8,709,765	3,635,010	1,668,987	670,445	1,337,998	1,271,124	126,201
1945 (Jan-Aug)...	3,916,293	1,071,965	363,472	d/ 1,175,675	d/ 744,945	417,086	143,150
Monthly							
1942							
Jan............	42,207	2,143	-	6,070	25,843	-	8,151
Feb............	44,879	-	-	19,078	20,575	-	5,226
Mar............	61,975	-	-	6,928	44,685	71	10,291
Apr............	41,449	648	-	6,683	18,305	932	14,881
May............	98,854	83	-	27,848	31,982	3,838	35,103
Jun............	96,611	9,493	-	6,596	29,000	14,613	36,909
Jul............	122,063	23,459	-	8,674	22,521	3,479	63,930
Aug............	112,595	34,798	-	8,469	20,278	9,901	39,149
Sep............	101,819	28,588		12,346	11,386	5,939	43,560
Oct............	173,804	21,501	59,154	7,506	10,747	4,413	70,483
Nov............	167,153	7,854	100,750	8,713	21,440	2,204	26,192
Dec............	91,453	6,484	27,608	5,426	23,142	597	28,196
1943							
Jan............	269,672	84,240	73,691	13,822	46,685	13,874	37,360
Feb............	212,837	40,980	103,082	8,300	26,624	11,464	22,387
Mar............	232,833	36,386	106,516	12,205	33,797	14,550	29,379
Apr............	460,994	50,481	268,299	10,824	37,121	15,356	78,913
May............	479,601	83,411	246,627	13,343	64,231	36,790	35,199
Jun............	438,010	134,202	159,204	7,319	70,809	33,666	32,810
Jul............	575,976	224,301	134,242	9,930	110,160	65,100	32,243
Aug............	558,906	244,667	100,601	8,067	117,782	51,962	35,827
Sep............	548,734	217,619	149,429	10,565	100,729	45,686	24,706
Oct............	590,671	186,970	117,594	100,843	99,913	67,578	17,773
Nov............	724,779	309,000	111,471	25,399	174,613	73,087	31,209
Dec............	609,425	253,874	121,004	27,544	123,231	75,810	7,962
1944							
Jan............	665,146	331,649	80,739	29,210	130,470	90,190	2,888
Feb............	682,696	256,939	133,266	36,230	122,151	129,212	4,898
Mar............	942,994	461,678	114,541	51,500	130,182	165,792	19,301
Apr............	809,953	312,056	182,997	42,680	189,231	71,929	11,060
May............	834,694	303,168	197,488	51,215	123,979	134,753	24,091
Jun............	721,032	294,304	161,381	39,046	133,521	82,200	10,580
Jul............	839,865	352,736	224,022	51,187	94,146	97,725	20,049
Aug............	722,169	329,004	172,783	54,359	77,858	74,495	13,670
Sep............	708,359	343,199	128,326	98,316	57,114	76,206	5,198
Oct............	715,810	282,190	116,447	53,470	111,831	147,389	4,483
Nov............	539,414	161,947	75,580	80,315	114,480	102,023	5,069
Dec............	527,633	206,140	81,417	82,917	53,035	99,210	4,914
1945							
Jan............	507,387	158,710	84,700	49,596	107,271	80,867	26,243
Feb............	546,182	217,587	59,277	93,863	81,394	79,740	14,321
Mar............	866,077	378,490	111,694	209,671	83,344	64,089	18,789
Apr............	669,366	271,022	56,956	134,552	137,161	50,108	19,567
May............	481,963	29,010	30,694	128,339	190,931	81,911	21,078
Jun............	344,261	6,813	16,847	116,377	144,844	39,484	19,896
Jul............	311,411	8,985	2,402	d/ 268,841	d/	13,142	18,041
Aug............	189,646	1,348	902	d/ 174,436	d/	7,745	5,215

a/ Includes XX Bomber Command after Mar 1945 and XXI Bomber Command.
b/ Includes XX Bomber Command to Mar 1945.
c/ Includes Atlantic, Caribbean and Alaskan bases.
d/ Far East Air Forces combined with Pacific Ocean Areas beginning Jul 1945.

Source: Air Technical Service Command, Statistical Control Office.

Table III — MATERIEL SHIPPED OVERSEAS BY AIR, BY THEATER OF DESTINATION: JAN 1943 TO AUG 1945

(In thousands of pounds)

Year and Month	Total	European Theater of Operations	Mediterranean Theater of Operations	Pacific Ocean Areas a/	Far East Air Forces	China & India-Burma b/	Other c/
Grand Total	91,014	8,931	9,476	9,457	6,623	19,221	37,306
Annually							
1943	16,706	1,118	2,718	338	1,346	2,267	8,919
1944	33,994	4,152	4,568	1,184	2,525	8,955	12,610
1945 (Jan–Aug)	40,314	3,661	2,190	d/ 7,935	d/ 2,752	7,999	15,777
Monthly							
1943							
Jan.	938	-	204	9	52	39	634
Feb.	939	-	137	9	31	29	733
Mar.	1,015	-	417	-	36	320	242
Apr.	1,361	27	185	43	131	43	932
May	1,953	74	165	40	78	32	1,564
Jun.	1,610	75	381	25	78	363	688
Jul.	1,363	137	239	30	87	151	719
Aug.	1,365	144	175	37	158	96	755
Sep.	1,706	164	447	20	250	148	677
Oct.	1,279	210	157	27	120	177	588
Nov.	1,540	161	90	27	144	423	695
Dec.	1,637	126	121	71	181	446	692
1944							
Jan.	1,819	113	223	61	214	516	692
Feb.	2,178	130	216	58	241	721	812
Mar.	1,970	142	157	81	304	477	809
Apr.	2,943	257	433	49	249	772	1,183
May	2,862	423	527	49	223	586	1,054
Jun.	3,046	451	561	52	238	623	1,121
Jul.	3,427	713	634	44	184	867	985
Aug.	3,103	473	424	66	110	1,006	1,024
Sep.	2,930	296	322	151	148	640	1,373
Oct.	3,233	486	512	137	174	888	1,036
Nov.	2,940	344	264	163	193	815	1,161
Dec.	3,543	324	295	273	247	1,044	1,360
1945							
Jan.	3,732	382	412	296	346	1,059	1,237
Feb.	3,583	417	260	566	297	725	1,313
Mar.	4,885	640	102	982	440	1,219	1,502
Apr.	5,256	506	173	1,304	485	1,509	1,279
May	6,840	572	439	1,236	424	998	3,171
Jun.	6,019	580	394	700	760	712	2,873
Jul.	5,421	291	274	d/ 1,403	d/	916	2,537
Aug.	4,578	273	136	d/ 1,448	d/	861	1,860

a/ Includes XX Bomber Command after Mar 1945 and XXI Bomber Command.
b/ Includes XX Bomber Command to Mar 1945.
c/ Includes Atlantic, Caribbean, and Alaskan bases.
d/ Far East Air Forces combined with Pacific Ocean Areas beginning Jul 1945.

Source: Air Technical Service Command, Statistical Control Office.

Table 112 — AIRPLANE MAINTENANCE JOBS ON HAND, RECEIVED AND COMPLETED AT DEPOTS IN CONTINENTAL US: JAN 1943 TO AUG 1945

Year and Month	Jobs on Hand (End of Month)	Jobs Received (Input)	Jobs Completed (Output)			
			Total	Major Overhaul	Minor Overhaul	Modification
Total..................................		a/ 31,121	a/ 30,949	6,096	21,374	a/ 10,562
Annually						
1943..................................		b/ 7,880	b/ 8,285	2,199	10,355	b/ 2,814
1944..................................		17,649	17,152	2,945	8,908	5,299
1945 (Jan-Aug)........................		5,592	5,512	952	2,111	2,449
Monthly						
1943						
Jan....................................	NA	NA	NA	29	799	NA
Feb....................................	NA	NA	NA	21	893	NA
Mar....................................	NA	NA	NA	49	924	NA
Apr....................................	NA	NA	NA	58	1,250	NA
May....................................	NA	NA	NA	90	1,650	NA
Jun....................................	NA	NA	NA	59	1,261	NA
Jul....................................	630	937	1,293	544	379	370
Aug....................................	760	1,040	1,158	313	522	323
Sep....................................	787	1,047	1,084	324	437	323
Oct....................................	761	1,096	1,239	213	441	585
Nov....................................	853	2,201	2,124	213	1,214	697
Dec....................................	644	1,559	1,387	286	585	516
1944						
Jan....................................	859	1,473	1,631	235	640	756
Feb....................................	902	1,426	1,380	237	511	632
Mar....................................	702	1,772	1,920	290	728	902
Apr....................................	753	1,346	1,497	339	850	308
May....................................	1,150	1,517	1,027	284	468	275
Jun....................................	1,156	1,463	1,384	295	677	412
Jul....................................	1,321	1,491	1,401	359	692	350
Aug....................................	1,592	2,720	c/ 2,150	305	c/ 1,547	298
Sep....................................	1,196	1,945	c/ 2,368	278	c/ 1,754	336
Oct....................................	680	987	983	106	425	452
Nov....................................	755	760	684	116	320	248
Dec....................................	769	749	727	101	296	330
1945						
Jan....................................	729	769	775	291	347	137
Feb....................................	769	543	500	92	288	120
Mar....................................	694	555	623	111	249	263
Apr....................................	752	845	807	135	415	257
May....................................	547	900	1,023	97	98	828
Jun....................................	639	678	535	98	146	291
Jul....................................	614	710	734	69	507	158
Aug....................................	669	592	515	59	61	395

a/ Includes figures for Jul 1943 to Aug 1945.
b/ Includes figures for Jul to Dec 1943.
c/ Removals from storage inflated minor overhaul jobs in Aug and Sep 1944.

Source: Air Technical Service Command, Statistical Control Office.

Table 113 — AIRPLANE ENGINE MAINTENANCE JOBS ON HAND, RECEIVED AND COMPLETED AT DEPOTS IN CONTINENTAL US: JAN 1942 TO AUG 1945

Year and Month	Jobs on Hand (End of Month)	Jobs Received (Input)	Jobs Completed (Output)			
			Total	Major Overhaul	Minor Overhaul	Modification
Total		a/ 301,548	b/ 183,248	248,560	19,365	b/ 5,820
Annually						
1942		NA	NA	19,458	5,880	NA
1943		74,927	NA	56,415	8,744	NA
1944		126,151	107,969	100,766	3,183	4,020
1945 (Jan-Aug)		100,470	75,279	71,921	1,558	1,800
Monthly						
1942						
Jan	Not Available	Not Available	Not Available	1,026	68	Not Available
Feb				1,026	338	
Mar				1,078	342	
Apr				1,364	411	
May				1,451	400	
Jun				1,527	729	
Jul				1,862	516	
Aug				1,984	382	
Sep				2,007	656	
Oct				1,990	704	
Nov				2,108	846	
Dec				2,035	488	
1943						
Jan	4,825	1,331	Not Available	2,921	663	Not Available
Feb	3,935	2,559		2,966	483	
Mar	4,338	4,923		3,497	1,023	
Apr	4,847	5,073		3,803	761	
May	8,499	8,926		4,515	759	
Jun	9,824	6,875		4,491	1,059	
Jul	8,882	5,931		4,301	1,324	
Aug	12,632	9,235		4,744	924	
Sep	14,551	7,812		5,952	383	
Oct	12,623	6,823		6,145	371	
Nov	14,897	8,326		6,414	394	
Dec	13,587	7,113		6,666	600	
1944						
Jan	10,057	6,117	7,905	7,499	304	102
Feb	9,120	7,137	7,547	7,158	238	151
Mar	10,948	9,405	7,490	6,731	358	401
Apr	13,286	8,963	7,508	6,814	248	446
May	14,983	10,422	7,793	7,047	242	504
Jun	18,956	12,393	8,388	8,118	164	106
Jul	21,486	11,705	9,074	8,498	403	173
Aug	22,315	11,442	10,234	9,634	261	339
Sep	22,406	11,312	10,875	10,025	292	558
Oct	24,962	14,097	11,151	10,321	238	592
Nov	26,718	12,355	10,196	9,470	195	531
Dec	27,351	10,803	9,808	9,451	240	117
1945						
Jan	29,747	13,629	10,524	10,092	196	236
Feb	29,951	10,329	9,803	9,447	207	149
Mar	31,216	11,905	10,277	10,087	184	6
Apr	35,595	16,139	9,835	9,444	134	257
May	35,722	13,172	10,203	9,556	318	329
Jun	32,714	11,523	9,223	8,684	348	191
Jul	33,166	11,583	8,849	8,338	108	403
Aug	37,244	12,190	6,565	6,273	63	229

a/ Includes figures for Jan 1943 to Aug 1945.
b/ Includes figures for Jan 1944 to Aug 1945.

Source: Air Technical Service Command, Statistical Control Office.

Table 114 — MAN-HOURS EXPENDED BY DEPOT MAINTENANCE PERSONNEL IN CONTINENTAL US ON AIRPLANE, ENGINE AND OTHER JOBS: JUL 1943 TO AUG 1945

(In thousands of hours)

Year and Month	Type of Job				Year and Month	Type of Job			
	Total	Airplane	Engine	Other		Total	Airplane	Engine	Other
Grand Total	203,555	41,522	44,465	117,568	1944				
					Apr	7,770	1,882	1,457	4,431
Annually					May	8,445	1,614	1,437	5,394
1943 (Jul-Dec)	44,900	10,458	9,817	24,625	Jun	8,098	1,752	1,583	4,763
1944	97,719	19,087	20,263	58,369	Jul	8,111	1,873	1,678	4,560
1945 (Jan-Aug)	60,936	11,977	14,385	34,574	Aug	8,355	1,844	1,770	4,741
					Sep	8,195	1,685	1,825	4,685
Monthly					Oct	8,234	1,202	1,935	5,097
1943					Nov	7,398	1,071	1,858	4,469
Jul	6,148	1,948	1,444	2,756	Dec	7,799	1,066	1,759	4,974
Aug	6,708	1,387	1,581	3,740					
Sep	7,682	1,986	1,614	4,082	1945				
Oct	7,839	1,554	1,696	4,589	Jan	8,121	1,620	2,093	4,408
Nov	8,479	1,794	1,719	4,966	Feb	7,029	1,356	1,808	3,865
Dec	8,044	1,789	1,763	4,492	Mar	8,391	1,834	1,972	4,585
					Apr	8,035	1,754	1,699	4,582
1944					May	8,100	1,564	1,844	4,692
Jan	8,370	1,606	1,791	4,973	Jun	7,841	1,386	1,697	4,758
Feb	8,326	1,627	1,659	5,040	Jul	7,382	1,381	1,754	4,247
Mar	8,618	1,865	1,511	5,242	Aug	6,037	1,082	1,518	3,437

Table 115 — AVERAGE MAN-HOURS EXPENDED PER MAJOR ENGINE OVERHAUL AT DEPOTS IN CONTINENTAL US, BY TYPE OF ENGINE: JUL 1943 TO AUG 1945

Month	Type of Engine							
	R-1340	V-1650	V-1710	R-1820	R-1830	R-2600	R-2800	R-3350
1943								
Jul	214	462	376	250	382	496	714	NA
Aug	147	592	339	255	364	492	510	NA
Sep	165	391	315	204	278	445	452	NA
Oct	196	401	334	189	259	380	445	NA
Nov	176	451	242	177	252	334	478	424
Dec	118	489	242	151	224	282	499	593
1944								
Jan	121	368	223	131	195	240	397	518
Feb	104	342	194	132	189	240	318	342
Mar	102	419	192	112	167	350	383	342
Apr	117	366	191	148	199	217	385	347
May	89	247	174	104	157	178	293	300
Jun	103	190	156	110	148	206	216	274
Jul	92	216	168	113	189	224	257	269
Aug	90	206	149	96	156	209	254	233
Sep	80	336	152	93	145	184	276	278
Oct	100	245	141	108	144	190	270	264
Nov	89	NA	124	119	156	186	234	237
Dec	74	217	127	113	150	313	248	259
1945								
Jan	62	262	141	112	147	209	235	243
Feb	64	256	120	105	148	198	246	249
Mar	65	236	142	96	147	210	245	267
Apr	77	292	155	95	137	227	235	238
May	64	244	172	92	144	207	252	246
Jun	66	240	143	92	142	165	236	258
Jul	77	266	149	82	135	165	233	273
Aug	86	272	117	77	147	116	249	254

Source of above tables: Air Technical Service Command, Statistical Control Office.

Table 116 — AIRPLANES IN STORAGE AT ATSC INSTALLATIONS, BY TYPE OF AIRPLANE: AUG 1944 TO AUG 1945

End of Month	Total	Heavy Bombers	Medium & Light Bombers	Fighters	Transports	Trainers	Other
1944							
Aug.	1,485						
Sep.	1,780			Not Available			
Oct.	2,136						
Nov.	2,333						
Dec.	2,508						
1945							
Jan.	3,551	1,184	702	568	58	940	99
Feb.	4,999	1,097	726	551	76	2,489	60
Mar.	5,370	987	772	410	91	2,946	164
Apr.	6,275	1,380	669	289	86	2,697	1,154
May.	7,311	1,897	797	123	88	2,633	1,773
Jun.	10,844	4,303	1,017	455	75	2,636	2,358
Jul.	12,977	5,481	1,746	1,465	564	1,258	2,463
Aug.	13,777	5,460	1,908	2,344	662	274	3,129

Table 117 — NUMBER OF CONTRACT TERMINATIONS AND COST OF TERMINATED PART OF PENDING CASES: APR 1944 TO AUG 1945

Month	Number of Cases a/						Cost Price of Terminated Part of Pending Cases (In Millions of Dollars)			
	New	Closed b/	Pending (As of end of month)							
			Total	Under 4 Months	4 and 5 Months	6 Months and Over	Total	Under 4 Months	4 and 5 Months	6 Months and Over
1944										
Apr...	Not		2,207	1,615	239	353	Not Available			
May...	Avail-		2,174	1,515	318	341				
Jun...	ble		2,251	1,389	455	407	3,726	980	321	2,425
Jul...	580	639	2,192	1,285	386	521	3,576	839	498	2,239
Aug...	357	708	1,841	1,003	353	485	3,967	1,136	518	2,313
Sep...	436	634	1,643	963	227	453	4,784	1,358	523	2,903
Oct...	251	486	1,406	779	208	419	5,360	1,886	512	2,962
Nov...	403	550	1,260	760	182	318	5,010	2,436	402	2,172
Dec...	181	569	872	582	111	179	4,535	2,219	671	1,645
1945										
Jan...	241	401	712	489	87	136	4,089	1,904	683	1,502
Feb...	203	243	672	472	100	100	3,864	1,234	1,182	1,448
Mar...	322	261	733	505	118	110	3,517	1,042	862	1,613
Apr...	407	322	818	610	96	112	4,934	2,209	386	2,339
May...	805	554	1,069	914	65	90	6,693	4,654	191	1,848
Jun...	1,292	583	1,778	1,652	44	82	6,900	5,111	131	1,658
Jul...	1,077	818	2,037	1,903	60	74	6,556	5,043	232	1,281
Aug...	10,266	659	11,644	11,472	91	81	13,955	12,357	289	1,309

a/ Includes partial as well as complete terminations of contracts.
b/ Includes cases which have been eliminated from the books by settlement, transfer, rescission or adjustment.

Source of above tables: Air Technical Service Command, Statistical Control Office.

OPERATIONS

In the early stages of the war, only summary combat statistics were secured from the routine operational cables sent in from the different theaters of war. As activity increased, it became obvious that a regular and accurate method of collecting detailed combat statistics was necessary. For this reason, the AAF Form 34 was originated to serve as the official report of statistics on every combat mission flown against the enemy. The report contained such data as the number of airplanes participating, the number considered to have accomplished the mission, the number which failed to complete the mission and the reasons therefor, the targets attacked, the tons of bombs, rounds of ammunition and gallons of gasoline expended, the hours flown by airplanes participating and the losses sustained and inflicted on enemy aircraft.

Although the report was modified from time to time to meet changing needs, the basic material collected was essentially similar. Moreover, the report provided a uniform set of definitions, so that world-wide statistics of combat operations could be compiled on a uniform basis.

After consolidating the reports, each echelon of command was able to analyze the effectiveness and cost of its operations. Staff planning factors were created for sorties, flying time, bomb, ammunition, gasoline and other supply requirements and losses in order to compare actual experience with that planned or reasonably expected. The following table sets forth some of the staff planning factors for B-29 airplanes and crews used by the XXI Bomber Command and the actual rates experienced during May 1945:

STAFF PLANNING FACTORS FOR B-29 AIRPLANES AND CREWS

Factor	Planned	Actual
Use of Airplanes		
Sorties per airplane per month	6.1	6.4
Combat flying hours per airplane per month	88	102
Percent of sorties bombing primary target	85	89
Use of Crews		
Sorties per crew per month	4.9	5.4
Combat flying hours per crew per month	70	87
Consumption		
Average bomb load per bombing sortie (tons)	8.5	6.3
Average gasoline consumption per flying hour (gallons)	450	414
Losses and Replacement		
Airplane losses per sortie (including second line)	2.0	2.1
Crew losses per sortie (excluding retirements)	1.6	1.4

By applying staff planning factors to planned group deployment, the AAF was able to estimate for a future period the number of sorties to be flown, tons of bombs to be dropped, airplane and crew losses and the required flow of men and materiel to sustain units at capacity operating levels.

Initial attempts to plan B-29 requirements were based in part on the operating experience of heavy bomber units. As experience in the operation of B-29s developed, planning factors were refined and improved by continuing analyses of the latest operating data, and as a result the program was a sensitive indicator of actual requirements.

As accurate damage assessment became available, additional planning factors were devised to estimate the rate at which AAF effort might be expected to reduce the power of the enemy to resist. As a result, it was possible to program the striking power of the AAF against specific types of targets to be destroyed.

In the pages that follow, primary attention has been directed towards providing basic operating statistics. Operating rates have been omitted for lack of space but may easily be derived from the data given (e.g., the loss rate per sortie on combat missions is the quotient resulting from the division of the number of airplanes lost on combat missions by the number of sorties flown; the sortie rate per airplane in theater may be obtained by dividing the number of sorties flown in a given month by the number of airplanes on hand in the theater; the airplane replacement flow necessary to support operations of a group would be the loss rate per sortie multiplied by the activity rate per month per airplane multiplied by the airplane strength of the group).

For the sake of simplification, data covering night fighters have been combined with day fighters. Statistics covering troop carrier and reconnaissance airplanes have not been included because complete data are not available; for example, flying time of combat type airplanes with units overseas is exclusive of that of reconnaissance types.

In tables on bomb expenditures, jettisoned bombs have been included while mines have been excluded. Fragmentation bombs have been included with high explosives.

Table 118 — COMBAT SORTIES FLOWN, BY THEATER: DEC 1941 TO AUG 1945

Year and Month	Total	Theaters vs Germany			Theaters vs Japan					
		Total	ETO	MTO	Total	POA	FEAF	C & I-B	Alaska	Twentieth Air Force
Grand Total	2,362,800	1,693,565	1,034,052	659,513	669,235	59,101	415,979	148,029	7,318	38,808
Annually										
1941 (Dec)...	212	-	-	-	212	-	212	-	-	-
1942.........	26,688	9,749	2,453	7,296	16,939	130	14,311	1,341	1,157	-
1943.........	365,940	233,523	63,929	169,594	132,417	1,413	103,147	23,151	4,706	-
1944.........	1,284,195	1,012,101	655,289	356,812	272,094	26,364	163,397	78,999	815	2,519
1945 (Jan-Aug)	685,765	438,192	312,381	125,811	247,573	31,194	134,912	44,538	640	36,289
Monthly										
1941										
Dec.......	212	-	-	-	212	-	212	-	-	-
1942										
Jan.......	353	-	-	-	353	-	341	-	12	-
Feb.......	761	-	-	-	761	-	742	5	14	-
Mar.......	1,019	-	-	-	1,019	-	979	23	17	-
Apr.......	1,229	-	-	-	1,229	-	1,181	30	18	-
May.......	1,306	-	-	-	1,306	6	1,223	52	25	-
Jun.......	1,561	70	-	70	1,491	59	1,180	158	94	-
Jul.......	1,579	166	-	166	1,413	-	1,172	111	130	-
Aug.......	2,041	579	324	255	1,462	-	1,197	115	150	-
Sep.......	2,679	999	423	576	1,680	-	1,352	171	157	-
Oct.......	4,020	2,053	534	1,519	1,967	-	1,604	191	172	-
Nov.......	5,218	3,173	629	2,544	2,045	10	1,663	199	173	-
Dec.......	4,922	2,709	543	2,166	2,213	55	1,677	286	195	-
1943										
Jan.......	10,149	5,097	767	4,330	5,052	37	4,315	485	215	-
Feb.......	8,272	4,338	976	3,362	3,934	9	2,816	797	312	-
Mar.......	14,171	8,042	1,564	6,478	6,129	-	4,257	1,237	635	-
Apr.......	21,664	13,952	989	12,963	7,712	29	5,023	1,522	1,138	-
May.......	24,721	16,639	3,915	12,724	8,082	27	5,517	1,760	778	-
Jun.......	24,605	17,352	4,104	13,248	7,253	22	5,874	955	402	-
Jul.......	40,718	29,901	5,531	24,370	10,817	29	8,826	1,454	508	-
Aug.......	40,787	27,358	5,826	21,532	13,429	-	11,472	1,304	653	-
Sep.......	44,597	29,953	9,294	20,659	14,644	49	12,777	1,798	20	-
Oct.......	36,586	21,587	7,463	14,124	14,999	4	12,149	2,818	28	-
Nov.......	42,890	25,480	9,624	15,856	17,410	362	13,073	3,969	6	-
Dec.......	56,780	33,824	13,876	19,948	22,956	845	17,048	5,052	11	-
1944										
Jan.......	65,603	44,175	15,183	28,992	21,428	1,402	17,064	2,962	-	-
Feb.......	64,913	44,993	24,425	20,568	19,920	1,090	15,233	3,589	8	-
Mar.......	78,366	56,748	31,950	24,798	21,618	1,189	15,185	5,171	73	-
Apr.......	94,145	74,079	43,434	30,645	20,066	1,365	13,671	4,971	59	-
May.......	134,500	110,518	67,979	42,539	23,982	1,086	16,084	6,750	62	-
Jun.......	151,796	130,043	96,096	33,947	21,753	950	14,410	6,115	112	166
Jul.......	130,829	108,865	74,878	33,987	21,964	4,142	10,402	7,261	45	114
Aug.......	136,578	115,944	77,976	37,968	20,634	3,317	9,644	7,413	89	171
Sep.......	106,096	83,743	57,384	26,359	22,353	2,384	12,476	7,146	130	217
Oct.......	98,139	75,203	52,596	22,607	22,936	2,105	11,846	8,575	100	310
Nov.......	104,100	78,354	52,299	26,055	25,746	2,854	13,111	9,087	83	611
Dec.......	119,130	89,436	61,089	28,347	29,694	4,480	14,271	9,959	54	930
1945										
Jan.......	96,528	64,491	47,577	16,914	32,037	3,520	17,277	10,162	69	1,009
Feb.......	131,649	99,713	68,365	31,348	31,936	3,015	17,919	9,607	64	1,331
Mar.......	186,377	146,880	111,472	35,408	39,497	4,270	21,658	10,352	114	3,103
Apr.......	157,978	120,897	79,402	41,495	37,081	3,105	22,953	7,429	107	3,487
May.......	39,180	6,211	5,565	646	32,969	2,988	22,461	2,866	92	4,562
Jun.......	33,164	-	-	-	33,164	6,538	19,292	1,663	90	5,581
Jul.......	27,871	-	-	-	27,871	6,496	9,054	1,955	75	10,291
Aug.......	13,018	-	-	-	13,018	1,262	4,298	504	29	6,925

Table 119 – AIRBORNE AND EFFECTIVE COMBAT SORTIES FLOWN IN EUROPEAN THEATER OF OPERATIONS, BY TYPE OF AIRPLANE : AUG 1942 TO MAY 1945

Year and Month	Total		Heavy Bomber		Medium & Light Bomber		Fighter	
	Airborne	Effective	Airborne	Effective	Airborne	Effective	Airborne	Effective
Grand Total........	1,034,052	898,758	332,904	274,921	131,051	96,523	570,097	527,314
Annually								
1942(Aug-Dec)......	2,453	1,704	1,453	754	-	-	1,000	950
1943...............	63,929	50,163	27,362	20,129	9,307	5,533	27,260	24,501
1944...............	655,289	559,617	210,544	170,117	79,461	54,922	365,284	334,578
1945(Jan-May)......	312,381	287,274	93,545	83,921	42,283	36,068	176,553	167,285
Monthly								
1942								
Aug.............	324	276	114	76	-	-	210	200
Sep.............	423	329	183	99	-	-	240	230
Oct.............	534	383	284	143	-	-	250	240
Nov.............	629	371	519	271	-	-	110	100
Dec.............	543	345	353	165	-	-	190	180
1943								
Jan.............	767	642	338	220	-	-	429	422
Feb.............	976	748	526	313	-	-	450	435
Mar.............	1,564	1,407	956	823	-	-	608	584
Apr.............	989	859	449	349	-	-	540	510
May.............	3,915	3,603	1,672	1,471	23	23	2,220	2,109
Jun.............	4,104	3,147	2,107	1,268	-	-	1,997	1,879
Jul.............	5,531	4,292	2,829	1,743	416	416	2,286	2,133
Aug.............	5,826	4,771	2,265	1,850	1,297	904	2,264	2,017
Sep.............	9,294	7,252	3,259	2,457	2,611	1,808	3,424	2,987
Oct.............	7,463	5,526	2,831	2,117	1,236	521	3,396	2,888
Nov.............	9,624	6,884	4,157	2,581	1,562	867	3,905	3,436
Dec.............	13,876	11,032	5,973	4,937	2,162	994	5,741	5,101
1944								
Jan.............	15,183	12,541	6,367	5,027	1,649	1,050	7,167	6,464
Feb.............	24,425	19,588	9,884	7,512	3,862	2,373	10,679	9,703
Mar.............	31,950	26,411	11,590	8,773	4,099	3,025	16,261	14,613
Apr.............	43,434	34,493	14,464	9,945	7,416	5,332	21,554	19,216
May.............	67,979	55,358	19,825	13,975	11,944	8,523	36,210	32,860
Jun.............	96,096	82,369	28,925	22,713	11,711	8,908	55,460	50,748
Jul.............	74,878	64,626	23,917	18,864	8,008	5,839	42,953	39,923
Aug.............	77,976	67,961	22,967	18,964	9,182	6,588	45,827	42,409
Sep.............	57,384	49,393	18,268	15,617	5,431	3,379	33,685	30,397
Oct.............	52,596	45,990	19,082	17,058	3,633	1,800	29,881	27,132
Nov.............	52,299	46,340	17,003	15,245	5,176	3,224	30,120	27,871
Dec.............	61,089	54,547	18,252	16,424	7,350	4,881	35,487	33,242
1945								
Jan.............	47,577	42,309	16,702	14,750	4,457	2,998	26,418	24,561
Feb.............	68,365	62,350	22,884	19,933	9,255	7,902	36,226	34,515
Mar.............	111,472	104,795	31,169	28,804	17,461	15,792	62,842	60,199
Apr.............	79,402	72,842	20,514	18,180	10,832	9,209	48,056	45,453
May.............	5,565	4,978	2,276	2,254	278	167	3,011	2,557

Table 120 — AIRBORNE AND EFFECTIVE COMBAT SORTIES FLOWN IN MEDITERRANEAN THEATER OF OPERATIONS, BY TYPE OF AIRPLANE: JUN 1942 TO MAY 1945

Year and Month	Total		Heavy Bomber		Medium & Light Bomber		Fighter	
	Airborne	Effective	Airborne	Effective	Airborne	Effective	Airborne	Effective
Grand Total	659,513	a/ 568,369	187,410	a/ 147,111	113,221	a/ 93,266	358,882	a/ 327,992
Annually								
1942 (Jun-Dec)	7,296	NA	1,908	NA	1,038	NA	4,350	NA
1943	169,594	154,418	22,389	18,518	35,012	31,206	112,193	104,694
1944	356,812	306,607	114,840	90,383	58,444	47,230	183,528	168,994
1945 (Jan-May)	125,811	107,344	48,273	38,210	18,727	14,830	58,811	54,304
Monthly								
1942								
Jun	70		70		-		-	
Jul	166		166		-		-	
Aug	255	Not Available	180	Not Available	71	Not Available	4	Not Available
Sep	576		217		73		286	
Oct	1,519		280		299		940	
Nov	2,544		513		351		1,680	
Dec	2,166		482		244		1,440	
1943								
Jan	4,330	3,845	739	622	891	771	2,700	2,452
Feb	3,362	2,843	734	585	607	503	2,021	1,755
Mar	6,478	5,730	835	720	1,134	931	4,509	4,079
Apr	12,963	11,820	1,586	1,359	2,404	2,089	8,973	8,372
May	12,724	11,642	2,152	1,890	2,283	2,099	8,289	7,653
Jun	13,248	12,394	2,065	1,944	2,656	2,476	8,527	7,974
Jul	24,370	23,099	3,242	2,860	4,784	4,579	16,344	15,660
Aug	21,532	20,508	2,298	2,097	4,563	4,337	14,671	14,074
Sep	20,659	19,121	2,909	2,339	5,429	5,011	12,321	11,771
Oct	14,124	12,364	2,005	1,427	3,259	2,791	8,860	8,146
Nov	15,856	13,419	1,785	1,069	3,358	2,633	10,713	9,717
Dec	19,948	17,633	2,039	1,606	3,644	2,986	14,265	13,041
1944								
Jan	28,992	26,289	4,720	3,811	4,933	4,248	19,339	18,230
Feb	20,568	16,652	3,981	2,380	4,065	2,804	12,522	11,468
Mar	24,798	21,052	5,996	4,202	4,141	3,437	14,661	13,413
Apr	30,645	26,382	10,182	8,084	4,153	3,390	16,310	14,908
May	42,539	37,023	14,432	11,584	7,028	5,787	21,079	19,652
Jun	33,947	30,346	11,761	10,001	5,420	4,777	16,766	15,568
Jul	33,987	30,040	12,642	10,825	5,295	4,447	16,050	14,768
Aug	37,968	33,959	12,194	10,760	6,802	5,661	18,972	17,538
Sep	26,359	23,128	10,056	8,509	5,002	4,152	11,301	10,467
Oct	22,607	17,020	9,567	6,037	3,477	2,382	9,563	8,601
Nov	26,055	21,354	9,259	6,955	4,811	3,623	11,985	10,776
Dec	28,347	23,362	10,050	7,235	3,317	2,522	14,980	13,605
1945								
Jan	16,914	14,339	4,002	2,918	2,947	2,202	9,965	9,219
Feb	31,348	26,142	13,444	10,748	3,998	2,961	13,906	12,433
Mar	35,408	31,376	14,939	12,737	4,971	4,056	15,498	14,583
Apr	41,495	34,898	15,846	11,771	6,752	5,560	18,897	17,567
May	646	589	42	36	59	51	545	502

a/ Figures are for Jan 1943 to May 1945.

Table 121 — AIRBORNE AND EFFECTIVE COMBAT SORTIES FLOWN IN PACIFIC OCEAN AREAS, BY TYPE OF AIRPLANE: MAY 1942 TO AUG 1945

Year and Month	Total		Heavy Bomber		Medium & Light Bomber		Fighter	
	Airborne	Effective	Airborne	Effective	Airborne	Effective	Airborne	Effective
Grand Total	59,101	a/ 54,304	14,043	a/ 12,801	6,027	a/ 5,615	39,031	a/ 35,888
Annually								
1942 (May-Dec)	130	NA	100	NA	10	NA	20	NA
1943	1,413	1,150	1,014	812	38	38	361	300
1944	26,364	25,223	6,720	6,164	3,984	3,780	15,660	15,279
1945 (Jan-Aug)	31,194	27,931	6,209	5,825	1,995	1,797	22,990	20,309
Monthly								
1942								
May	6		-		6		-	
Jun	59		55		4		-	
Jul	-	Not Available	-	Not Available	-	Not Available	-	Not Available
Aug	-		-		-		-	
Sep	-		-		-		-	
Oct	-		-		-		-	
Nov	10		-		-		10	
Dec	55		45		-		10	
1943								
Jan	37	37	36	36	-	-	1	1
Feb	9	9	9	9	-	-	-	-
Mar	-	-	-	-	-	-	-	-
Apr	29	26	29	26	-	-	-	-
May	27	16	23	12	-	-	4	4
Jun	22	16	20	14	-	-	2	2
Jul	29	21	29	21	-	-	-	-
Aug	-	-	-	-	-	-	-	-
Sep	49	39	47	37	-	-	2	2
Oct	4	3	-	-	-	-	4	3
Nov	362	286	362	286	-	-	-	-
Dec	845	697	459	371	38	38	348	288
1944								
Jan	1,402	1,230	314	269	288	221	800	740
Feb	1,090	995	363	329	213	199	514	467
Mar	1,189	1,056	387	335	640	611	162	110
Apr	1,365	1,317	469	437	896	880	-	-
May	1,086	1,042	413	385	673	657	-	-
Jun	950	883	318	289	216	199	416	395
Jul	4,142	4,046	389	354	323	306	3,430	3,386
Aug	3,317	3,187	548	483	444	421	2,325	2,283
Sep	2,384	2,299	620	579	189	184	1,575	1,536
Oct	2,105	2,058	511	473	102	102	1,492	1,483
Nov	2,854	2,731	1,023	944	-	-	1,831	1,787
Dec	4,480	4,379	1,365	1,287	-	-	3,115	3,092
1945								
Jan	3,520	3,402	1,303	1,227	-	-	2,217	2,175
Feb	3,015	2,796	1,342	1,175	-	-	1,673	1,621
Mar	4,270	4,164	807	774	-	-	3,463	3,390
Apr	3,105	2,695	667	646	-	-	2,438	2,049
May	2,988	2,508	514	483	-	-	2,474	2,025
Jun	6,538	5,473	213	193	-	-	6,325	5,280
Jul	6,496	5,713	871	853	1,225	1,091	4,400	3,769
Aug	1,262	1,180	492	474	770	706	-	-

a/ Figures are for Jan 1943 to Aug 1945.

Table 122— AIRBORNE AND EFFECTIVE COMBAT SORTIES FLOWN BY FAR EAST AIR FORCES, BY TYPE OF AIRPLANE: DEC 1941 TO AUG 1945

Year and Month	Total		Heavy Bomber		Medium & Light Bomber		Fighter	
	Airborne	Effective	Airborne	Effective	Airborne	Effective	Airborne	Effective
Grand Total.........	415,979	a/ 360,150	62,853	a/ 54,758	81,726	a/ 69,524	271,400	a/ 235,868
Annually								
1941 (Dec)..........	212	NA	49	NA	-	-	163	NA
1942................	14,311	NA	1,797	NA	2,969	NA	9,545	NA
1943................	103,147	92,115	12,610	10,821	13,228	11,167	77,309	70,127
1944................	163,397	145,640	25,158	22,572	37,241	32,828	100,998	90,240
1945 (Jan-Aug)......	134,912	122,395	23,239	21,365	28,288	25,529	83,385	75,501
Monthly								
1941								
Dec.................	212		49		-		163	
1942		Not		Not		Not		Not
Jan.................	341	Available	39	Available	10	Available	292	Available
Feb.................	742		64		7		671	
Mar.................	979		59		37		883	
Apr.................	1,181		74		158		949	
May.................	1,223		91		262		870	
Jun.................	1,180		103		293		784	
Jul.................	1,172		136		313		723	
Aug.................	1,197		195		325		677	
Sep.................	1,352		201		372		779	
Oct.................	1,604		232		412		960	
Nov.................	1,663		289		404		970	
Dec.................	1,677		314		376		987	
1943								
Jan.................	4,315	3,842	494	435	498	416	3,323	2,991
Feb.................	2,816	2,465	415	382	302	257	2,099	1,826
Mar.................	4,257	3,963	506	460	308	276	3,443	3,227
Apr.................	5,023	4,652	431	366	239	229	4,353	4,057
May.................	5,517	4,968	611	511	416	347	4,490	4,110
Jun.................	5,874	5,236	715	594	619	532	4,540	4,110
Jul.................	8,826	7,755	1,148	945	1,474	1,297	6,204	5,513
Aug.................	11,472	9,905	1,355	1,158	1,184	974	8,933	7,773
Sep.................	12,777	11,437	1,302	1,157	1,198	1,080	10,277	9,200
Oct.................	12,149	10,595	1,381	1,117	1,334	991	9,434	8,487
Nov.................	13,073	11,627	1,669	1,390	2,051	1,620	9,353	8,617
Dec.................	17,048	15,670	2,583	2,306	3,605	3,148	10,860	10,216
1944								
Jan.................	17,064	15,497	1,740	1,537	2,707	2,414	12,617	11,546
Feb.................	15,233	13,489	1,972	1,709	2,378	2,058	10,883	9,722
Mar.................	15,185	13,582	2,281	2,009	3,267	2,950	9,637	8,623
Apr.................	13,671	12,142	2,152	1,942	3,951	3,660	7,568	6,540
May.................	16,084	14,852	2,413	2,169	4,816	4,469	8,855	8,214
Jun.................	14,410	12,843	2,005	1,566	3,932	3,566	8,473	7,711
Jul.................	10,402	9,259	2,160	1,988	2,479	2,131	5,763	5,140
Aug.................	9,644	8,393	1,749	1,633	1,715	1,474	6,180	5,286
Sep.................	12,476	10,310	2,333	2,153	3,193	2,364	6,950	5,793
Oct.................	11,846	10,357	1,891	1,656	3,352	2,795	6,603	5,906
Nov.................	13,111	11,935	2,158	2,024	2,753	2,497	8,200	7,414
Dec.................	14,271	12,981	2,304	2,186	2,698	2,450	9,269	8,345
1945								
Jan.................	17,277	15,450	2,490	2,284	4,098	3,561	10,689	9,605
Feb.................	17,919	16,301	3,025	2,751	4,276	3,757	10,618	9,793
Mar.................	21,658	19,795	3,966	3,555	4,729	4,356	12,963	11,884
Apr.................	22,953	21,087	3,836	3,450	4,227	3,827	14,890	13,810
May.................	22,461	20,735	3,844	3,548	5,384	4,940	13,233	12,247
Jun.................	19,292	17,449	3,786	3,589	3,325	3,042	12,181	10,818
Jul.................	9,054	7,837	1,643	1,568	1,179	1,075	6,232	5,194
Aug.................	4,298	3,741	649	620	1,070	971	2,579	2,150

a/ Figures are for Jan 1943 to Aug 1945.

Table 123—AIRBORNE AND EFFECTIVE COMBAT SORTIES FLOWN IN CHINA & INDIA-BURMA, BY TYPE OF AIRPLANE: FEB 1942 TO AUG 1945

Year and Month	Total		Heavy Bomber		Medium & Light Bomber		Fighter	
	Airborne	Effective	Airborne	Effective	Airborne	Effective	Airborne	Effective
Grand Total	148,029	a/135,722	10,849	a/ 8,871	24,731	a/ 22,062	112,449	a/104,789
Annually								
1942 (Feb-Dec)	1,341	NA	179	NA	371	NA	791	NA
1943	23,151	21,186	3,562	2,726	4,694	4,303	14,895	14,157
1944	78,999	73,016	4,035	3,366	13,127	11,720	61,837	57,930
1945 (Jan-Aug)	44,538	41,520	3,073	2,779	6,539	6,039	34,926	32,702
Monthly								
1942								
Feb	5		5		-		-	
Mar	23		9		3		11	
Apr	30	Not	12	Not	3	Not	15	Not
May	52		18		23		11	
Jun	158	Avail-	22	Avail-	57	Avail-	79	Avail-
Jul	111		16		40		55	
Aug	115	able	10	able	33	able	72	able
Sep	171		10		43		118	
Oct	191		16		37		138	
Nov	199		28		47		124	
Dec	286		33		85		168	
1943								
Jan	485	484	59	58	95	95	331	331
Feb	797	753	130	118	87	77	580	558
Mar	1,237	1,170	195	189	252	226	790	755
Apr	1,522	1,326	239	152	401	340	882	834
May	1,760	1,571	373	302	443	386	944	883
Jun	955	763	201	102	382	326	372	335
Jul	1,454	1,294	307	229	397	371	750	694
Aug	1,304	1,109	304	195	462	422	538	492
Sep	1,798	1,573	336	233	614	567	848	773
Oct	2,818	2,610	473	406	685	659	1,660	1,545
Nov	3,969	3,664	482	366	335	314	3,152	2,984
Dec	5,052	4,869	463	376	541	520	4,048	3,973
1944								
Jan	2,962	2,768	298	203	203	195	2,461	2,370
Feb	3,589	3,349	221	205	260	224	3,108	2,920
Mar	5,171	4,888	280	246	413	371	4,478	4,271
Apr	4,971	4,449	353	219	675	576	3,943	3,654
May	6,750	5,966	383	306	1,292	1,100	5,075	4,560
Jun	6,115	5,508	326	260	1,757	1,564	4,032	3,684
Jul	7,261	6,688	325	279	1,069	923	5,867	5,486
Aug	7,413	6,896	238	197	1,223	1,050	5,952	5,649
Sep	7,146	6,519	349	285	1,557	1,389	5,240	4,845
Oct	8,575	7,959	265	239	1,403	1,210	6,907	6,510
Nov	9,087	8,577	510	473	1,491	1,412	7,086	6,692
Dec	9,959	9,449	487	454	1,784	1,706	7,688	7,289
1945								
Jan	10,162	9,606	618	550	1,727	1,572	7,817	7,484
Feb	9,607	9,151	630	571	1,334	1,263	7,643	7,317
Mar	10,352	9,562	847	775	1,497	1,379	8,008	7,408
Apr	7,429	6,857	682	622	1,015	964	5,732	5,271
May	2,866	2,600	254	223	628	570	1,984	1,807
Jun	1,663	1,513	13	13	169	160	1,481	1,340
Jul	1,955	1,731	20	17	141	103	1,794	1,661
Aug	504	450	9	8	28	28	467	414

a/ Figures are for Jan 1943 to Aug 1945.

Table 124—AIRBORNE AND EFFECTIVE COMBAT SORTIES FLOWN IN ALASKA, BY TYPE OF AIRPLANE: JAN 1942 TO AUG 1945

Year and Month	Total Airborne	Total Effective	Heavy Bomber Airborne	Heavy Bomber Effective	Medium & Light Bomber Airborne	Medium & Light Bomber Effective	Fighter Airborne	Fighter Effective
Grand Total	7,318	a/ 5,576	2,578	a/ 1,677	1,677	a/ 1,250	3,063	a/ 2,649
Annually								
1942	1,157	NA	679	NA	117	NA	361	NA
1943	4,706	4,592	1,056	1,024	1,035	1,000	2,615	2,568
1944	815	548	446	324	282	143	87	81
1945 (Jan-Aug)	640	436	397	329	243	107	-	-
Monthly								
1942								
Jan	12		-		5		7	
Feb	14		-		5		9	
Mar	17		-		6		11	
Apr	18		-		6		12	
May	25	Not	4	Not	7	Not	14	Not
Jun	94	Available	53	Available	10	Available	31	Available
Jul	130		79		12		39	
Aug	150		98		12		40	
Sep	157		102		12		43	
Oct	172		109		11		52	
Nov	173		106		13		54	
Dec	195		128		18		49	
1943								
Jan	215	215	60	60	45	45	110	110
Feb	312	312	67	67	86	86	159	159
Mar	635	635	172	172	119	119	344	344
Apr	1,138	1,138	198	198	166	166	774	774
May	778	778	188	188	198	198	392	392
Jun	402	402	93	93	110	110	199	199
Jul	508	453	132	112	117	93	259	248
Aug	653	604	127	118	182	172	344	314
Sep	20	17	8	6	12	11	-	-
Oct	28	28	-	-	-	-	28	28
Nov	6	-	-	-	-	-	6	-
Dec	11	10	11	10	-	-	-	-
1944								
Jan	-	-	-	-	-	-	-	-
Feb	8	1	8	1	-	-	-	-
Mar	73	29	50	19	7	-	16	10
Apr	59	38	50	33	9	5	-	-
May	62	43	28	20	34	23	-	-
Jun	112	94	40	34	37	25	35	35
Jul	45	33	15	13	10	-	20	20
Aug	89	76	36	33	41	31	12	12
Sep	130	83	60	50	66	29	4	4
Oct	100	72	70	54	30	18	-	-
Nov	83	58	55	46	28	12	-	-
Dec	54	21	34	21	20	-	-	-
1945								
Jan	69	59	40	34	29	25	-	-
Feb	56	30	38	26	26	4	-	-
Mar	114	54	62	40	52	14	-	-
Apr	107	64	50	44	57	20	-	-
May	92	82	64	62	28	20	-	-
Jun	90	69	59	57	31	12	-	-
Jul	75	53	55	41	20	12	-	-
Aug	29	25	29	25	-	-	-	-

a/ Figures are for Jan 1943 to Aug 1945.

Table 125—AIRBORNE AND EFFECTIVE COMBAT SORTIES FLOWN BY TWENTIETH AIR FORCE, BY TYPE OF AIRPLANE: JUN 1944 TO AUG 1945

Year and Month	Total		Very Heavy Bomber				Fighter	
			XX Bomber Command		XXI Bomber Command			
	Airborne	Effective	Airborne	Effective	Airborne	Effective	Airborne	Effective
Grand Total	38,808	35,790	3,058	2,752	28,329	26,401	7,421	6,637
Annually								
1944 (Jun-Dec)	2,519	2,157	1,703	1,490	816	667	-	-
1945 (Jan-Aug)	36,289	33,633	1,355	1,262	27,513	25,734	7,421	6,637
Monthly								
1944 Jun	166	131	166	131	-	-	-	-
Jul	114	102	114	102	-	-	-	-
Aug	171	145	171	145	-	-	-	-
Sep	217	199	217	199	-	-	-	-
Oct	310	279	310	279	-	-	-	-
Nov	611	514	390	339	221	175	-	-
Dec	930	787	335	295	595	492	-	-
1945 Jan	1,009	887	466	433	543	454	-	-
Feb	1,331	1,189	490	457	841	732	-	-
Mar	3,103	2,892	399	372	2,704	2,520	-	-
Apr	3,487	3,246	-	-	3,487	3,246	-	-
May	4,562	4,226	-	-	4,562	4,226	-	-
Jun	5,581	5,243	-	-	5,581	5,243	-	-
Jul	10,291	9,515	-	-	6,464	6,168	3,827	3,347
Aug	6,925	6,435	-	-	3,331	3,145	3,594	3,290

Table 126—TONS OF BOMBS DROPPED BY TWENTIETH AIR FORCE, BY TYPE OF AIRPLANE: JUN 1944 TO AUG 1945

Year and Month	All Types			Very Heavy Bomber						Fighter		
				XX Bomber Command			XXI Bomber Command					
	Total	High Explosive	Incendiary	Total	High Explosive	Incendiary	Total	High Explosive	Incendiary	Total	High Explosive	Incendiary
Grand Total	171,060	64,771	106,289	11,691	9,273	2,418	157,985	54,917	103,068	1,384	581	803
Annually												
1944 (Jun-Dec)	9,064	7,247	1,817	6,384	5,409	975	2,680	1,838	842	-	-	-
1945 (Jan-Aug)	161,996	57,524	104,472	5,307	3,864	1,443	155,305	53,079	102,226	1,384	581	803
Monthly												
1944 Jun	547	501	46	547	501	46	-	-	-	-	-	-
Jul	209	209	-	209	209	-	-	-	-	-	-	-
Aug	252	184	68	252	184	68	-	-	-	-	-	-
Sep	521	521	-	521	521	-	-	-	-	-	-	-
Oct	1,669	1,023	646	1,669	1,023	646	-	-	-	-	-	-
Nov	2,205	1,758	447	1,630	1,415	215	575	343	232	-	-	-
Dec	3,661	3,051	610	1,556	1,556	-	2,105	1,495	610	-	-	-
1945 Jan	3,410	2,511	899	2,006	1,584	422	1,404	927	477	-	-	-
Feb	4,020	2,401	1,619	1,865	1,261	604	2,155	1,140	1,015	-	-	-
Mar	15,283	4,105	11,178	1,436	1,019	417	13,847	3,086	10,761	-	-	-
Apr	17,492	13,209	4,283	-	-	-	17,492	13,209	4,283	-	-	-
May	24,285	6,937	17,348	-	-	-	24,285	6,937	17,348	-	-	-
Jun	32,542	9,954	22,588	-	-	-	32,542	9,954	22,588	-	-	-
Jul	43,091	9,766	33,325	-	-	-	42,551	9,388	33,163	540	378	162
Aug	21,873	8,641	13,232	-	-	-	21,029	8,438	12,591	844	203	641

Table 127—INDIVIDUAL CROSSINGS OF ENEMY LINES, BY THEATER: DEC 1941 TO AUG 1945

(Total combat sorties times personnel per crew.)

Year and Month	Total	Theaters vs Germany			Theaters vs Japan					Twentieth Air Force
		Total	ETO	MTO	Total	POA	FEAF	C & I-B	Alaska	
Grand Total...	9,562,653	7,298,689	4,439,619	2,859,070	2,263,964	213,265	1,289,791	369,325	38,905	352,678
Annually										
1941(Dec)	653	-	-	-	653	-	653	-	-	-
1942.....	101,404	44,435	15,530	28,905	56,969	1,080	43,229	4,807	7,853	-
1943.....	1,272,660	885,978	356,722	529,256	386,682	10,729	277,889	78,679	19,385	-
1944.....	5,321,323	4,471,971	2,810,826	1,661,145	849,352	106,764	527,691	180,949	6,239	27,709
1945(Jan-Aug)	2,866,613	1,896,305	1,256,541	639,764	970,308	94,692	440,329	104,890	5,428	324,969
Monthly										
1941										
Dec....	653	-	-	-	653	-	653	-	-	-
1942										
Jan....	779	-	-	-	779	-	742	-	37	-
Feb....	1,442	-	-	-	1,442	-	1,353	50	39	-
Mar....	1,861	-	-	-	1,861	-	1,695	119	47	-
Apr....	2,808	-	-	-	2,808	-	2,607	153	48	-
May....	3,582	-	-	-	3,582	36	3,121	329	96	-
Jun....	5,808	700	-	700	5,108	574	3,272	641	621	-
Jul....	6,683	1,660	-	1,660	5,023	-	3,667	455	901	-
Aug....	9,334	3,580	1,350	2,230	5,754	-	4,292	370	1,092	-
Sep....	11,341	4,964	2,070	2,894	6,377	-	4,766	476	1,135	-
Oct....	15,849	8,624	3,090	5,534	7,225	-	5,497	520	1,208	-
Nov....	21,770	13,838	5,300	8,538	7,932	10	6,044	686	1,192	-
Dec....	20,147	11,069	3,720	7,349	9,078	460	6,173	1,008	1,437	-
1943										
Jan....	32,329	18,654	3,809	14,845	13,675	361	10,843	1,491	980	-
Feb....	29,834	18,221	5,710	12,511	11,613	90	7,776	2,402	1,345	-
Mar....	45,898	28,808	10,168	18,640	17,090	-	10,060	4,252	2,778	-
Apr....	60,994	41,302	5,030	36,272	19,692	290	9,974	5,678	3,750	-
May....	85,438	61,508	19,078	42,430	23,930	234	12,904	7,332	3,460	-
Jun....	89,340	67,517	23,067	44,450	21,823	202	15,158	4,674	1,789	-
Jul....	143,824	108,818	33,072	75,746	35,006	290	26,233	6,202	2,281	-
Aug....	133,926	95,514	32,696	62,818	38,412	-	29,356	6,350	2,706	-
Sep....	163,742	124,960	51,680	73,280	38,782	472	30,266	7,892	152	-
Oct....	127,968	86,398	39,122	47,276	41,570	4	31,038	10,500	28	-
Nov....	152,794	101,236	54,847	46,389	51,558	3,620	37,950	9,982	6	-
Dec....	206,573	133,042	78,443	54,599	73,531	5,166	56,331	11,924	110	-
1944										
Jan....	231,487	174,419	80,731	93,688	57,068	5,668	44,741	6,659	-	-
Feb....	262,472	207,266	132,691	74,575	55,206	5,422	42,810	6,878	96	-
Mar....	320,516	253,975	156,014	97,961	66,541	7,872	48,371	9,756	542	-
Apr....	416,990	347,789	206,223	141,566	69,201	10,066	47,058	11,523	554	-
May....	580,060	501,334	296,560	204,774	78,726	8,168	53,382	16,657	519	-
Jun....	639,387	569,626	404,689	164,937	69,761	4,892	44,567	17,834	642	1,826
Jul....	546,711	481,743	309,516	172,227	64,968	9,258	38,703	15,531	222	1,254
Aug....	546,851	487,264	308,093	179,171	59,587	10,469	30,957	15,670	610	1,881
Sep....	447,130	371,891	230,723	141,168	75,239	8,909	44,875	18,072	996	2,387
Oct....	421,123	350,966	225,846	125,120	70,157	7,214	40,678	17,975	880	3,410
Nov....	432,458	347,748	215,387	132,361	84,710	12,061	44,078	21,132	718	6,721
Dec....	476,138	377,950	244,353	133,597	98,188	16,765	47,471	23,262	460	10,230
1945										
Jan....	374,532	269,850	204,112	65,738	104,682	15,247	53,403	24,359	574	11,099
Feb....	577,077	466,373	296,769	169,604	110,704	15,093	58,487	21,947	536	14,641
Mar....	774,850	630,126	439,159	190,967	144,724	11,533	72,666	25,460	932	34,133
Apr....	642,186	504,140	291,917	212,223	138,046	9,108	71,097	18,642	842	38,357
May....	167,734	25,816	24,584	1,232	141,918	7,614	75,022	8,292	808	50,182
Jun....	138,612	-	-	-	138,612	8,455	65,365	2,625	776	61,391
Jul....	126,954	-	-	-	126,954	19,206	29,307	2,840	670	74,931
Aug....	64,668	-	-	-	64,668	8,436	14,982	725	290	40,235

Table 128 — COMBAT SORTIES FLOWN BY FIGHTERS IN THEATERS VS GERMANY, BY THEATER AND BY TYPE OF SORTIE: JAN 1943 TO MAY 1945

Year and Month	Total	Escort	Bombing and Strafing	Reconnaissance	Other a/	Total	Escort	Bombing and Strafing	Reconnaissance	Other a/
	European Theater of Operations					Mediterranean Theater of Operations				
Grand Total...	569,097	283,902	167,028	18,216	99,951	354,532	116,632	151,953	4,693	81,254
Annually										
1943.........	27,260	15,536	194	67	11,463	112,193	36,975	34,054	3,112	38,052
1944.........	365,284	207,532	79,590	-	78,162	183,528	65,348	76,486	-	41,694
1945(Jan-May).	176,553	60,834	87,244	18,149	10,326	58,811	14,309	41,413	1,581	1,508
Monthly										
1943										
Jan.........	429	-	-	-	429	2,700	1,352	286	186	876
Feb.........	450	-	-	-	450	2,021	1,093	350	312	266
Mar.........	608	-	-	-	608	4,509	2,238	505	68	1,698
Apr.........	540	8	-	8	524	8,973	3,433	2,063	388	3,089
May.........	2,220	384	-	-	1,836	8,289	2,889	2,393	204	2,803
Jun.........	1,997	169	-	-	1,828	8,527	3,769	1,770	94	2,894
Jul.........	2,286	607	-	-	1,679	16,344	6,232	3,916	353	5,843
Aug.........	2,264	1,578	-	-	686	14,671	4,486	4,011	521	5,653
Sep.........	3,424	2,167	-	-	1,257	12,321	2,493	4,491	210	5,127
Oct.........	3,396	2,890	-	-	506	8,860	2,241	3,951	151	2,517
Nov.........	3,905	2,638	105	2	1,160	10,713	3,036	4,161	334	3,182
Dec.........	5,741	5,095	89	57	500	14,265	3,713	6,157	291	4,104
1944										
Jan.........	7,167	6,080	201	-	886	19,339	4,526	6,359	-	8,454
Feb.........	10,679	10,295	83	-	301	12,522	2,628	4,014	-	5,880
Mar.........	16,261	14,659	887	-	715	14,661	4,487	4,037	-	6,137
Apr.........	21,554	14,072	3,803	-	3,679	16,310	6,050	6,844	-	3,416
May.........	36,210	26,091	6,405	-	3,714	21,079	6,746	11,759	-	2,574
Jun.........	55,460	27,970	11,320	-	16,170	16,766	5,862	8,232	-	2,672
Jul.........	42,953	20,577	9,098	-	13,278	16,050	8,235	5,223	-	2,592
Aug.........	45,827	23,793	4,524	-	17,510	18,972	7,887	6,461	-	4,624
Sep.........	33,685	13,531	11,056	-	9,098	11,301	4,513	4,164	-	2,624
Oct.........	29,881	15,659	11,731	-	2,491	9,563	4,003	4,583	-	977
Nov.........	30,120	19,082	7,542	-	3,496	11,985	4,270	6,822	-	893
Dec.........	35,487	15,723	12,940	-	6,824	14,980	6,141	7,988	-	851
1945										
Jan.........	26,418	10,898	9,878	4,473	1,169	9,965	2,311	7,402	1	251
Feb.........	36,226	13,261	13,906	8,410	649	13,906	6,658	6,868	-	380
Mar.........	62,842	19,853	37,311	452	5,226	15,498	-	15,062	4	432
Apr.........	48,056	16,654	25,420	4,452	1,530	18,897	5,340	11,749	1,400	408
May.........	3,011	168	729	362	1,752	545	-	332	176	37

a/ Includes patrol, interception, sweep and sea-search sorties.

Table 129— COMBAT SORTIES FLOWN BY FIGHTERS IN THEATERS VS JAPAN, BY THEATER AND BY TYPE OF SORTIE: JAN 1943 TO AUG 1945

Year and Month	Pacific Ocean Areas					Far East Air Forces				
	Total	Escort	Bombing and Strafing	Reconnaissance	Other a/	Total	Escort	Bombing and Strafing	Reconnaissance	Other a/
Grand Total...	39,011	3,960	9,869	332	24,850	261,692	76,227	80,771	4,972	99,722
Annually										
1943..........	361	130	139	28	64	77,309	38,686	2,192	3,312	33,119
1944..........	15,660	560	4,707	-	10,393	100,998	24,600	29,602	-	46,796
1945(Jan-Aug).	22,990	3,270	5,023	304	14,393	83,385	12,941	48,977	1,660	19,807
Monthly										
1943										
Jan..........	1	-	-	-	1	3,323	2,489	119	52	663
Feb..........	-	-	-	-	-	2,099	1,697	4	27	371
Mar..........	-	-	-	-	-	3,443	2,292	39	95	1,017
Apr..........	-	-	-	-	-	4,353	1,918	103	398	1,934
May..........	4	-	4	-	-	4,490	1,667	78	672	2,073
Jun..........	2	-	2	-	-	4,540	2,545	55	539	1,401
Jul..........	-	-	-	-	-	6,204	3,835	20	291	2,058
Aug..........	-	-	-	-	-	8,933	6,965	81	288	1,599
Sep..........	2	-	-	-	2	10,277	6,398	176	677	3,026
Oct..........	4	-	-	-	4	9,434	3,714	202	159	5,359
Nov..........	-	-	-	-	-	9,353	2,477	363	27	6,486
Dec..........	348	130	133	28	57	10,860	2,689	952	87	7,132
1944										
Jan..........	800	182	365	-	253	12,617	3,456	677	-	8,484
Feb..........	514	24	338	-	152	10,883	3,600	624	-	6,659
Mar..........	162	-	162	-	-	9,637	3,570	1,661	-	4,406
Apr..........	-	-	-	-	-	7,568	2,413	2,344	-	2,811
May..........	-	-	-	-	-	8,855	859	4,892	-	3,104
Jun..........	416	10	294	-	112	8,473	1,277	3,218	-	3,978
Jul..........	3,430	4	1,803	-	1,623	5,763	1,276	1,760	-	2,727
Aug..........	2,325	24	726	-	1,575	6,180	1,392	2,892	-	1,896
Sep..........	1,575	-	442	-	1,133	6,950	1,750	3,531	-	1,669
Oct..........	1,492	20	281	-	1,191	6,603	1,004	3,699	-	1,900
Nov..........	1,831	58	278	-	1,495	8,200	1,910	1,659	-	4,631
Dec..........	3,115	238	18	-	2,859	9,269	2,093	2,645	-	4,531
1945										
Jan..........	2,217	83	33	84	2,017	10,689	2,542	2,145	413	5,589
Feb..........	1,673	75	28	96	1,474	10,618	2,193	3,177	257	4,991
Mar..........	3,463	6	531	56	2,870	12,963	2,284	6,926	268	3,485
Apr..........	2,438	550	474	9	1,405	14,890	1,782	11,355	155	1,598
May..........	2,474	279	584	20	1,591	13,233	514	11,223	219	1,277
Jun..........	6,325	1,271	1,619	31	3,404	12,181	962	9,455	304	1,460
Jul..........	4,400	1,006	1,754	8	1,632	6,232	1,760	3,398	34	1,040
Aug..........	-	-	-	-	-	2,579	904	1,298	10	367

a/ Includes patrol, interception, sweep and sea-search sorties.

Table 129— COMBAT SORTIES FLOWN BY FIGHTERS IN THEATERS VS JAPAN, BY THEATER AND BY TYPE OF SORTIE : JAN 1943 TO AUG 1945 — Continued

Year and Month	Total	Escort	Bombing and Strafing	Reconnaissance	Other a/	Total	Escort	Bombing and Strafing	Reconnaissance	Other a/
	China & India-Burma					Alaska				
Grand Total...	111,658	9,376	60,985	3,551	37,746	2,702	41	1,675	888	98
Annually										
1943.........	14,895	2,826	4,498	1,529	6,042	2,615	6	1,675	888	46
1944.........	61,837	4,673	33,606	-	23,558	87	35	-	-	52
1945(Jan-Aug).	34,926	1,877	22,881	2,022	8,146	-	-	-	-	-
Monthly										
1943										
Jan.........	331	161	78	15	77	110	-	105	5	-
Feb.........	580	197	168	37	178	159	-	96	63	-
Mar.........	790	222	231	134	203	344	-	260	84	-
Apr.........	882	121	281	148	332	774	-	337	437	-
May.........	944	58	299	231	356	392	-	263	129	-
Jun.........	372	70	181	77	44	199	-	88	111	-
Jul.........	750	129	292	127	202	259	-	218	23	18
Aug.........	538	129	111	74	224	344	-	308	36	-
Sep.........	848	153	211	77	407	-	-	-	-	-
Oct.........	1,660	284	532	176	668	28	-	-	-	28
Nov.........	3,152	588	1,140	93	1,331	6	6	-	-	-
Dec.........	4,048	714	974	340	2,020	-	-	-	-	-
1944										
Jan.........	2,461	598	597	-	1,266	-	-	-	-	-
Feb.........	3,108	178	1,227	-	1,703	16	16	-	-	-
Mar.........	4,478	317	2,200	-	1,961	-	-	-	-	-
Apr.........	3,943	131	2,440	-	1,372	-	-	-	-	-
May.........	5,075	453	2,363	-	2,259	35	11	-	-	24
Jun.........	4,032	440	2,234	-	1,358	20	4	-	-	16
Jul.........	5,867	353	3,549	-	1,965	12	-	-	-	12
Aug.........	5,952	378	3,816	-	1,758	4	4	-	-	-
Sep.........	5,240	300	2,946	-	1,994	-	-	-	-	-
Oct.........	6,907	495	3,911	-	2,501	-	-	-	-	-
Nov.........	7,086	534	4,316	-	2,236	-	-	-	-	-
Dec.........	7,688	496	4,007	-	3,185	-	-	-	-	-
1945										
Jan.........	7,817	432	4,831	177	2,377	-	-	-	-	-
Feb.........	7,643	222	5,384	202	1,835	-	-	-	-	-
Mar.........	8,008	597	4,657	413	2,341	-	-	-	-	-
Apr.........	5,732	279	4,214	449	790	-	-	-	-	-
May.........	1,984	165	951	180	688	-	-	-	-	-
Jun.........	1,481	100	1,137	236	8	-	-	-	-	-
Jul.........	1,794	72	1,321	304	97	-	-	-	-	-
Aug.........	467	10	386	61	10	-	-	-	-	-

Year and Month	Total	Escort	Bombing and Strafing	Reconnaissance	Other a/
	Twentieth Air Force				
Grand Total..	7,421	1,097	1,678	924	3,722
1945 Jan...	-	-	-	-	-
Feb...	-	-	-	-	-
Mar...	-	-	-	-	-
Apr...	-	-	-	-	-
May...	-	-	-	-	-
Jun...	-	-	-	-	-
Jul...	3,827	531	851	891	1,554
Aug...	3,594	566	827	33	2,168

a/ Includes patrol, interception, sweep and sea-search sorties.

Table 130—NON-EFFECTIVE COMBAT SORTIES FLOWN IN EUROPEAN THEATER OF OPERATIONS, BY TYPE OF AIRPLANE AND BY CAUSE: 3rd QUARTER 1942 TO 2nd QUARTER 1945

Type of Airplane and Cause	Grand Total	1942		1943				1944				1945	
		3rd Qtr (Aug-Sep)	4th Qtr	1st Qtr	2nd Qtr	3rd Qtr	4th Qtr	1st Qtr	2nd Qtr	3rd Qtr	4th Qtr	1st Qtr	2nd Qtr (Apr-May)
All Types													
Total	135,294	142	607	510	1,399	4,336	7,521	13,018	35,289	28,258	19,107	17,960	7,147
Weather	57,373	48	235	192	395	1,416	3,088	4,363	17,074	14,248	8,721	3,946	3,647
Mechanical	36,654	36	131	140	360	1,159	1,964	3,686	8,742	7,322	5,429	6,084	1,601
Other	41,267	58	241	178	644	1,761	2,469	4,969	9,473	6,688	4,957	7,930	1,899
Heavy Bomber													
Total	57,983	122	577	464	1,140	2,303	3,326	6,529	16,581	11,707	5,610	7,268	2,356
Weather	26,930	44	229	184	358	433	1,826	2,645	9,345	6,798	2,702	982	1,384
Mechanical	11,839	26	116	113	256	660	876	1,550	2,604	2,247	1,594	1,574	223
Other	19,214	52	232	167	526	1,210	624	2,334	4,632	2,662	1,314	4,712	749
Medium & Light Bomber													
Total	34,528	-	-	-	-	1,196	2,578	3,162	8,308	6,815	6,254	4,481	1,734
Weather	19,289	-	-	-	-	883	1,065	1,439	5,345	4,371	3,821	1,412	953
Mechanical	3,564	-	-	-	-	119	154	282	748	462	363	1,187	249
Other	11,675	-	-	-	-	194	1,359	1,441	2,215	1,982	2,070	1,882	532
Fighter													
Total	42,783	20	30	46	259	837	1,617	3,327	10,400	9,736	7,243	6,211	3,057
Weather	11,154	4	6	8	37	100	197	279	2,384	3,079	2,198	1,552	1,310
Mechanical	21,251	10	15	27	104	380	934	1,854	5,390	4,613	3,472	3,323	1,129
Other	10,378	6	9	11	118	357	486	1,194	2,626	2,044	1,573	1,336	618

Table 131—NON-EFFECTIVE COMBAT SORTIES FLOWN IN MEDITERRANEAN THEATER OF OPERATIONS, BY TYPE OF AIRPLANE AND BY CAUSE: 1st QUARTER 1943 TO 2nd QUARTER 1945

Type of Airplane and Cause	Grand Total	1943				1944				1945	
		1st Qtr	2nd Qtr	3rd Qtr	4th Qtr	1st Qtr	2nd Qtr	3rd Qtr	4th Qtr	1st Qtr	2nd Qtr (Apr-May)
All Types											
Total	83,848	1,752	3,079	3,833	6,512	10,365	13,380	11,187	15,273	11,823	6,644
Weather	31,406	683	644	379	2,643	3,790	4,171	3,013	6,669	5,238	4,176
Mechanical	25,414	374	315	1,534	1,591	2,871	4,768	4,961	4,003	3,825	1,172
Other	27,028	695	2,120	1,920	2,278	3,704	4,441	3,213	4,601	2,760	1,296
Heavy Bomber											
Total	38,391	381	610	1,153	1,727	4,304	6,706	4,798	8,649	5,992	4,071
Weather	16,759	122	134	164	698	1,822	2,585	1,056	4,280	2,964	2,934
Mechanical	11,122	111	79	359	567	1,177	2,214	2,272	1,973	1,806	564
Other	10,510	148	397	630	462	1,305	1,907	1,470	2,396	1,222	573
Medium & Light Bomber											
Total	18,917	427	679	849	1,851	2,650	2,647	2,839	3,078	2,697	1,200
Weather	6,532	219	242	40	601	738	738	1,091	1,191	1,168	504
Mechanical	2,964	50	35	248	198	361	374	528	419	537	214
Other	9,421	158	402	561	1,052	1,551	1,535	1,220	1,468	992	482
Fighter											
Total	26,540	944	1,790	1,831	2,934	3,411	4,027	3,550	3,546	3,134	1,373
Weather	8,115	342	268	175	1,344	1,230	848	866	1,198	1,106	738
Mechanical	11,328	213	201	927	826	1,333	2,180	2,161	1,611	1,482	394
Other	7,097	389	1,321	729	764	848	999	523	737	546	241

Table 132—NON-EFFECTIVE COMBAT SORTIES FLOWN IN PACIFIC OCEAN AREAS, BY TYPE OF AIRPLANE AND BY CAUSE: 2nd QUARTER 1943 TO 3rd QUARTER 1945

Type of Airplane and Cause	Grand Total	1943			1944				1945		
		2nd Qtr	3rd Qtr	4th Qtr	1st Qtr	2nd Qtr	3rd Qtr	4th Qtr	1st Qtr	2nd Qtr	3rd Qtr (Jul-Aug)
All Types											
Total.................	4,667	20	18	225	400	159	311	271	443	1,955	865
Weather..............	1,704	3	3	82	122	15	82	41	92	940	324
Mechanical...........	1,723	3	5	56	118	87	167	158	214	574	341
Other................	1,240	14	10	87	160	57	62	72	137	441	200
Heavy Bomber											
Total.................	1,142	20	18	164	131	89	141	195	276	72	36
Weather..............	185	3	3	66	17	2	29	14	45	6	-
Mechanical...........	566	3	5	39	58	56	86	117	128	41	33
Other................	391	14	10	59	56	31	26	64	103	25	3
Medium & Light Bomber											
Total.................	402	-	-	-	110	49	45	-	-	-	198
Weather..............	96	-	-	-	29	13	17	-	-	-	37
Mechanical...........	120	-	-	-	14	23	27	-	-	-	56
Other................	186	-	-	-	67	13	1	-	-	-	105
Fighter											
Total.................	3,123	-	-	61	159	21	125	76	167	1,883	631
Weather..............	1,423	-	-	16	76	-	36	27	47	934	287
Mechanical...........	1,037	-	-	17	46	8	54	41	86	533	252
Other................	663	-	-	28	37	13	35	8	34	416	92

Table 133—NON-EFFECTIVE COMBAT SORTIES FLOWN BY FAR EAST AIR FORCES, BY TYPE OF AIRPLANE AND BY CAUSE: 1st QUARTER 1943 TO 3rd QUARTER 1945

Type of Airplane and Cause	Grand Total	1943				1944				1945		
		1st Qtr	2nd Qtr	3rd Qtr	4th Qtr	1st Qtr	2nd Qtr	3rd Qtr	4th Qtr	1st Qtr	2nd Qtr	3rd Qtr (Jul-Aug)
All Types												
Total............	41,306	1,118	1,558	3,978	4,378	4,914	4,328	4,560	3,955	5,309	5,434	1,774
Weather.........	18,822	587	628	1,742	2,120	2,121	2,230	2,902	1,802	1,857	2,077	756
Mechanical.....	14,849	416	697	1,582	1,402	1,965	1,459	1,180	1,550	2,065	1,925	608
Other..........	7,635	115	233	654	856	828	639	478	603	1,387	1,432	410
Heavy Bomber												
Total............	6,249	138	286	545	820	738	893	468	487	891	879	104
Weather.........	2,188	45	156	190	415	307	367	145	162	200	187	14
Mechanical.....	2,460	77	102	256	246	301	323	239	200	262	380	74
Other..........	1,601	16	28	99	159	130	203	84	125	429	312	16
Medium & Light Bomber												
Total............	9,233	159	166	505	1,231	930	1,004	1,418	1,061	1,429	1,127	203
Weather.........	5,293	96	116	216	583	543	603	1,133	712	644	558	89
Mechanical.....	1,851	42	18	116	202	183	270	216	190	351	219	44
Other..........	2,089	21	32	173	446	204	131	69	159	434	350	70
Fighter												
Total............	25,824	821	1,106	2,928	2,327	3,246	2,431	2,674	2,407	2,989	3,428	1,467
Weather.........	11,341	446	356	1,336	1,122	1,274	1,260	1,624	928	1,013	1,332	653
Mechanical.....	10,538	297	577	1,210	954	1,481	866	725	1,160	1,452	1,326	490
Other..........	3,945	78	173	382	251	494	305	325	319	524	770	324

Table 134— NON-EFFECTIVE COMBAT SORTIES FLOWN IN CHINA & INDIA-BURMA, BY TYPE OF AIRPLANE AND BY CAUSE: 1st QUARTER 1943 TO 3rd QUARTER 1945

Type of Airplane and Cause	Grand Total	1943				1944				1945		
		1st Qtr	2nd Qtr	3rd Qtr	4th Qtr	1st Qtr	2nd Qtr	3rd Qtr	4th Qtr	1st Qtr	2nd Qtr	3rd Qtr (Jul-Aug)
All Types												
Total	10,966	112	577	580	696	717	1,913	1,717	1,636	1,802	988	228
Weather	4,753	72	342	333	108	312	1,054	881	506	590	456	99
Mechanical	3,474	22	131	149	297	181	405	585	680	620	345	59
Other	2,739	18	104	98	291	224	454	251	450	592	187	70
Heavy Bomber												
Total	1,799	19	257	290	270	145	277	151	96	199	91	4
Weather	697	6	157	200	42	64	130	60	12	23	2	1
Mechanical	622	7	58	47	123	30	56	73	64	118	44	2
Other	480	6	42	43	105	51	91	18	20	58	45	1
Medium & Light Bomber												
Total	2,298	36	174	113	68	86	484	487	350	344	118	38
Weather	1,000	22	116	42	6	26	265	264	100	78	51	30
Mechanical	696	8	50	56	41	14	86	166	138	85	45	7
Other	602	6	8	15	21	46	133	57	112	181	22	1
Fighter												
Total	6,869	57	146	177	358	486	1,152	1,079	1,190	1,259	779	186
Weather	3,056	44	69	91	60	222	659	557	394	489	403	68
Mechanical	2,156	7	23	46	133	137	263	346	478	417	256	50
Other	1,657	6	54	40	165	127	230	176	318	353	120	68

Table 135— NON-EFFECTIVE COMBAT SORTIES FLOWN IN ALASKA, BY TYPE OF AIRPLANE AND BY CAUSE: 3rd QUARTER 1943 TO 3rd QUARTER 1945

Type of Airplane and Cause	Grand Total	1943		1944				1945		
		3rd Qtr	4th Qtr	1st Qtr	2nd Qtr	3rd Qtr	4th Qtr	1st Qtr	2nd Qtr	3rd Qtr (Jul-Aug)
All Types										
Total	585	107	7	51	58	72	86	104	74	26
Weather	250	31	6	37	30	13	29	44	46	14
Mechanical	114	42	1	1	6	14	12	20	10	8
Other	221	34	-	13	22	45	45	40	18	4
Heavy Bomber										
Total	222	31	1	38	31	15	38	40	10	18
Weather	97	1	-	27	21	7	16	14	1	10
Mechanical	71	11	1	1	6	8	11	19	6	8
Other	54	19	-	10	4	-	11	7	3	-
Medium & Light Bomber										
Total	310	35	-	7	27	57	48	64	64	8
Weather	120	9	-	4	9	6	13	30	45	4
Mechanical	28	16	-	-	-	6	1	1	4	-
Other	162	10	-	3	18	45	34	33	15	4
Fighter										
Total	53	41	6	6	-	-	-	-	-	-
Weather	33	21	6	6	-	-	-	-	-	-
Mechanical	15	15	-	-	-	-	-	-	-	-
Other	5	5	-	-	-	-	-	-	-	-

Table 136 — NON-EFFECTIVE COMBAT SORTIES FLOWN BY TWENTIETH AIR FORCE, BY TYPE OF AIRPLANE AND BY CAUSE: JUN 1944 TO AUG 1945

Type of Airplane and Cause	Grand Total	1944 (Jun-Dec)	1945 (Jan-Aug)	1944					
				Jun	Jul	Aug	Sep	Oct	Nov
All Types									
Total	3,018	362	2,656	35	12	26	18	31	97
Weather	227	-	227	-	-	-	-	-	-
Mechanical	2,054	275	1,779	28	10	24	15	26	82
Other	737	87	650	7	2	2	3	5	15
Very Heavy Bomber									
XX Bomber Command									
Total	306	213	93	35	12	26	18	31	51
Weather	4	-	4	-	-	-	-	-	-
Mechanical	211	151	60	28	10	24	15	26	39
Other	91	62	29	7	2	2	3	5	12
XXI Bomber Command									
Total	1,928	149	1,779	-	-	-	-	-	46
Weather	15	-	15	-	-	-	-	-	-
Mechanical	1,423	124	1,299	-	-	-	-	-	43
Other	490	25	465	-	-	-	-	-	3
Fighter									
Total	784	-	784	-	-	-	-	-	-
Weather	208	-	208	-	-	-	-	-	-
Mechanical	420	-	420	-	-	-	-	-	-
Other	156	-	156	-	-	-	-	-	-

Type of Airplane and Cause	1944	1945							
	Dec	Jan	Feb	Mar	Apr	May	Jun	Jul	Aug
All Types									
Total	143	122	142	211	241	336	338	776	490
Weather	-	2	6	2	-	-	4	174	39
Mechanical	90	96	97	150	162	225	244	452	353
Other	53	24	39	59	79	111	90	150	98
Very Heavy Bomber									
XX Bomber Command									
Total	40	33	33	27	-	-	-	-	-
Weather	-	2	-	2	-	-	-	-	-
Mechanical	9	24	18	18	-	-	-	-	-
Other	31	7	15	7	-	-	-	-	-
XXI Bomber Command									
Total	103	89	109	184	241	336	338	296	186
Weather	-	-	6	-	-	-	4	-	5
Mechanical	81	72	79	132	162	225	244	238	147
Other	22	17	24	52	79	111	90	58	34
Fighter									
Total	-	-	-	-	-	-	-	480	304
Weather	-	-	-	-	-	-	-	174	34
Mechanical	-	-	-	-	-	-	-	214	206
Other	-	-	-	-	-	-	-	92	64

Table 137 — NUMBER OF BOMBS DROPPED OVERSEAS, BY TYPE OF BOMB: 1943 TO 1945

Type of Bomb	Total	1943	1944	1945 (Jan-Aug)	Type of Bomb	Total	1943	1944	1945 (Jan-Aug)
High Explosive					**Individual Incendiary (Cont)**				
Total	7,952,020	725,981	4,630,218	2,595,821	200 (British)	350	350	-	-
4,500 lb	158	-	-	158	174	16	-	16	-
4,000	1,220	-	-	1,220	162	8	-	8	-
2,000	64,962	2,668	34,360	27,934	140	4	4	-	-
1,000	753,167	61,283	425,981	265,903	125	1	-	1	-
600	712	712	-	-	100	1,669,044	146,580	648,533	873,931
550	204	-	204	-	100 (White Phosphorous)	16,162	567	3,639	11,956
550 (Russian)	1,645	-	1,645	-	67	756	756	-	-
500	3,695,468	366,353	2,117,938	1,211,177	4	512	512	-	-
350	12	-	-	12	**Incendiary Cluster**				
300	750	62	-	688	Total	649,911	4,124	176,111	469,676
280	8	-	8	-					
250	1,328,458	147,864	815,444	365,150	525 lb	6	-	-	6
220	123	123	-	-	512	5,873	-	5,438	435
200	24	24	-	-	500	839	335	504	-
180	11	11	-	-	480	838	-	475	363
160	79	79	-	-	440	360,440	-	159,666	200,774
132	8	-	8	-	360	4,469	-	1,554	2,915
110	70	70	-	-	338	9,516	-	-	9,516
100	2,102,186	143,977	1,234,630	723,579	250	35	35	-	-
90	48	48	-	-	228	255,073	-	3,180	251,893
40	2,707	2,707	-	-	200	193	193	-	-
Individual Fragmentation					180	36	-	36	-
Total	327,322	7,237	129,597	190,488	136	7,788	3,493	3,854	441
					112	62	8	54	-
360 lb	30	-	-	30	100	68	60	8	-
260	318,877	1,100	127,339	190,438	84	4,675	-	1,342	3,333
192	336	336	-	-	**Class C-Fire**				
150	3	-	3	-	Total	36,918	-	6,409	30,509
125	4	-	4	-					
100	92	2	70	20	300 gal	4	-	-	4
90	1,861	-	1,861	-	165-150	16,312	-	1,475	14,837
85	290	-	290	-	110-100	8,088	-	3,406	4,682
30	5,829	5,799	30	-	75-70	10,012	-	1,498	8,514
Fragmentation Cluster					50	1,720	-	30	1,690
Total	1,157,591	175,787	565,649	416,155	30	782	-	-	782
					Armor-Piercing				
540 lb	4,666	-	400	4,266	Total	1,126	-	1,122	4
480-400	18,030	-	1,460	16,570					
360	3,442	-	22	3,420	1,600 lb	1,122	-	1,122	-
180	213	211	2	-	500	4	-	-	4
138	319	-	319	-	**Semi-Armor Piercing**				
120	1,025,128	163,576	525,690	335,862	Total	53,521	-	33,200	20,321
96	1,392	8	884	500					
69 (Parachute)	104,401	11,992	36,872	55,537	1,000 lb	22,528	-	12,266	10,262
Individual Incendiary					500	30,993	-	20,934	10,059
Total	1,762,889	161,664	679,004	922,221	**Aerial Torpedo**				
					2,000 lb	31	-	-	31
500 lb	64,208	3,469	24,605	36,134	**Spray**				
360	91	-	-	91	500 lb	35	-	35	-
256 (Napalm)	16	-	-	16					
250	109	16	-	93					
250 (British)	11,612	9,410	2,202	-					

Table 138 — NUMBER OF BOMBS DROPPED IN THEATERS VS GERMANY, BY TYPE OF BOMB: 1943 TO 1945

Type of Bomb	Total	1943	1944	1945 (Jan-Aug)
High Explosive - Total	6,284,271	508,830	3,906,831	1,868,610
4,500 lb	158	-	-	158
2,000	48,575	2,322	32,104	14,149
1,000	564,969	36,548	350,755	177,666
600	712	712	-	-
550 (Russian)	1,645	-	1,645	-
500	3,089,916	296,093	1,865,398	928,425
350	12	-	-	12
250	1,055,289	108,464	711,293	235,532
160	79	79	-	-
100	1,520,209	61,905	945,636	512,668
40	2,707	2,707	-	-
Individual Fragmentation - Total	206,179	5,435	118,941	81,803
260 lb	198,758	-	116,955	81,803
90	1,696	-	1,696	-
85	290	-	290	-
30	5,435	5,435	-	-
Fragmentation Cluster - Total	768,929	127,383	433,130	208,416
540 lb	3,976	-	306	3,670
480-400	2,884	-	991	1,893
360	3,279	-	4	3,275
180	7	5	2	-
120	756,304	127,378	429,667	199,259
96	500	-	200	300
69 (Parachute)	1,979	-	1,960	19
Individual Incendiary - Total	868,972	159,100	644,249	65,623
500 lb	33,905	2,546	12,578	18,781
360	91	-	-	91
250	93	-	-	93
250 (British)	11,612	9,410	2,202	-
200 (British)	350	350	-	-
100	806,394	145,519	625,994	34,881
100 (White Phosphorous)	15,259	7	3,475	11,777
67	756	756	-	-
4	512	512	-	-
Incendiary Cluster - Total	270,713	1,083	160,780	108,850
512 lb	1,283	-	1,283	-
500	695	335	360	-
480	838	-	475	363
440	267,023	-	158,536	108,487
136	874	748	126	-
Class C-Fire - Total	12,200	-	4,720	7,480
165-150 gal	1,426	-	727	699
110-100	6,793	-	3,271	3,522
75	3,971	-	722	3,249
50	10	-	-	10
Armor-Piercing - Total	1,126	-	1,122	4
1,600 lb	1,122	-	1,122	-
500	4	-	-	4
Semi-Armor-Piercing - Total	47,135	-	32,567	14,568
1,000 lb	16,220	-	11,633	4,587
500	30,915	-	20,934	9,981

Table 139 — NUMBER OF BOMBS DROPPED IN THEATERS VS JAPAN, BY TYPE OF BOMB: 1943 TO 1945

Type of Bomb	Total	1943	1944	1945 (Jan-Aug)
High Explosive - Total	1,667,749	217,151	723,387	727,211
4,000 lb	1,220	-	-	1,220
2,000	16,387	346	2,256	13,785
1,000	188,198	24,735	75,226	88,237
550	204	-	204	-
500	605,552	70,260	252,540	282,752
300	750	62	-	688
280	8	-	8	-
250	273,169	39,400	104,151	129,618
220	123	123	-	-
200	24	24	-	-
180	11	11	-	-
132	8	-	8	-
110	70	70	-	-
100	581,977	82,072	288,994	210,911
90	48	48	-	-
Individual Fragmentation - Total	121,143	1,802	10,656	108,685
360 lb	30	-	-	30
260	120,119	1,100	10,384	108,635
192	336	336	-	-
150	3	-	3	-
125	4	-	4	-
100	92	2	70	20
90	165	-	165	-
30	394	364	30	-
Fragmentation Cluster - Total	388,662	48,404	132,519	207,739
540 lb	690	-	94	596
480-400	15,146	-	469	14,677
360	163	-	18	145
180	206	206	-	-
138	319	-	319	-
120	268,824	36,198	96,023	136,603
96	892	8	684	200
69 (Parachute)	102,422	11,992	34,912	55,518
Individual Incendiary - Total	893,917	2,564	34,755	856,598
500 lb	30,303	923	12,027	17,353
256 (Napalm)	16	-	-	16
250	16	16	-	-
174	16	-	16	-
162	8	-	8	-
140	4	4	-	-
125	1	-	1	-
100	862,650	1,061	22,539	839,050
100 (White Phosphorous)	903	560	164	179
Incendiary Cluster - Total	379,198	3,041	15,331	360,826
525 lb	6	-	-	6
512	4,590	-	4,155	435
500	144	-	144	-
440	93,417	-	1,130	92,287
360	4,469	-	1,554	2,915
338	9,516	-	-	9,516
250	35	35	-	-
228	255,073	-	3,180	251,893
200	193	193	-	-
180	36	-	36	-
136	6,914	2,745	3,728	441
112	62	8	54	-
100	68	60	8	-
84	4,675	-	1,342	3,333
Class C-Fire - Total	24,718	-	1,689	23,029
300 gal	4	-	-	4
165-150	14,886	-	748	14,138
110-100	1,295	-	135	1,160
75-70	6,041	-	776	5,265
50	1,710	-	30	1,680
30	782	-	-	782
Semi-Armor Piercing - Total	6,386	-	633	5,753
1,000 lb	6,308	-	633	5,675
500	78	-	-	78
Aerial Torpedo				
2,000 lb	31	-	-	31
Spray				
500 lb	35	-	35	-

Table 140—TONS OF BOMBS DROPPED OVERSEAS, BY THEATER: DEC 1941 TO AUG 1945

Year and Month	Total	Theaters vs Germany			Theaters vs Japan					Twentieth Air Force
		Total	ETO	MTO	Total	POA	FEAF	C & I-B	Alaska	
Grand Total..	2,057,244	1,554,463	971,762	582,701	502,781	32,733	232,496	62,161	4,331	171,060
Annually										
1941(Dec)....	36	-	-	-	36	-	36	-	-	-
1942.........	10,203	6,123	1,713	4,410	4,080	35	2,633	697	715	-
1943.........	198,800	154,117	55,655	98,462	44,683	1,309	29,705	10,841	2,828	-
1944.........	1,085,978	938,952	591,959	346,993	147,026	17,546	92,134	27,987	295	9,064
1945(Jan-Aug)	762,227	455,271	322,435	132,836	306,956	13,843	107,988	22,636	493	161,996
Monthly										
1941										
Dec.........	36	-	-	-	36	-	36	-	-	-
1942										
Jan.........	20	-	-	-	20	-	20	-	-	-
Feb.........	47	-	-	-	47	-	37	10	-	-
Mar.........	68	-	-	-	68	-	46	22	-	-
Apr.........	128	-	-	-	128	-	95	28	5	-
May.........	184	-	-	-	184	-	122	57	5	-
Jun.........	410	115	-	115	295	18	139	93	45	-
Jul.........	656	357	-	357	299	-	155	66	78	-
Aug.........	958	549	135	414	409	-	250	48	111	-
Sep.........	1,156	697	215	482	459	-	279	63	117	-
Oct.........	1,669	1,105	334	771	564	-	386	67	111	-
Nov.........	2,559	1,807	612	1,195	752	-	547	98	107	-
Dec.........	2,348	1,493	417	1,076	855	17	557	145	136	-
1943										
Jan.........	3,581	2,722	739	1,983	859	3	755	97	4	-
Feb.........	3,571	2,424	705	1,719	1,147	12	591	421	123	-
Mar.........	5,947	4,303	1,530	2,773	1,644	-	647	679	318	-
Apr.........	8,216	6,183	1,130	5,053	2,033	44	540	800	649	-
May.........	12,329	9,985	2,688	7,297	2,344	15	710	1,170	449	-
Jun.........	12,909	11,064	2,468	8,596	1,845	4	1,015	542	284	-
Jul.........	22,253	18,212	4,366	13,846	4,041	40	2,708	879	414	-
Aug.........	21,989	17,656	5,072	12,584	4,333	-	2,910	851	572	-
Sep.........	26,673	22,461	8,519	13,942	4,212	66	3,025	1,106	15	-
Oct.........	18,653	13,640	6,015	7,625	5,013	-	3,269	1,744	-	-
Nov.........	23,710	17,789	8,309	9,480	5,921	337	4,354	1,230	-	-
Dec.........	38,969	27,678	14,114	13,564	11,291	788	9,181	1,322	-	-
1944										
Jan.........	40,997	33,112	14,015	19,097	7,885	1,041	6,067	777	-	-
Feb.........	44,073	34,161	22,566	11,595	9,912	1,127	7,802	983	-	-
Mar.........	56,234	43,979	26,539	17,440	12,255	1,150	9,444	1,648	13	-
Apr.........	81,933	68,396	38,540	29,856	13,537	1,911	9,595	2,002	29	-
May.........	117,664	102,949	56,874	46,075	14,715	1,582	10,600	2,509	24	-
Jun.........	132,434	121,935	85,648	36,287	10,499	888	7,688	1,349	27	547
Jul.........	114,865	104,831	63,062	41,769	10,034	1,680	5,950	2,190	5	209
Aug.........	117,504	108,046	67,766	40,280	9,458	1,730	5,025	2,408	43	252
Sep.........	94,309	81,460	52,175	29,285	12,849	1,404	8,203	2,669	52	521
Oct.........	87,297	74,968	52,860	22,108	12,329	1,032	6,399	3,198	31	1,669
Nov.........	93,133	78,108	51,413	26,695	15,025	1,416	7,443	3,910	51	2,205
Dec.........	105,535	87,007	60,501	26,506	18,528	2,585	7,918	4,344	20	3,661
1945										
Jan.........	88,348	69,013	54,474	14,539	19,335	2,494	8,323	5,079	29	3,410
Feb.........	136,928	113,009	80,348	32,661	23,919	2,158	12,543	5,165	33	4,020
Mar.........	200,211	159,123	118,003	41,120	41,088	1,244	19,184	5,330	47	15,283
Apr.........	157,614	113,607	69,242	44,365	44,007	1,152	20,976	4,339	48	17,492
May.........	47,699	519	368	151	47,180	996	20,355	1,446	98	24,285
Jun.........	50,893	-	-	-	50,893	603	17,075	568	105	32,542
Jul.........	53,665	-	-	-	53,665	3,359	6,577	547	91	43,091
Aug.........	26,869	-	-	-	26,869	1,837	2,955	162	42	21,873

Table 141—TONS OF BOMBS DROPPED IN THEATERS VS GERMANY,

Country	Grand Total			1942 (Jun-Dec)		
	Total	ETO	MTO	Total	ETO	MTO

All

Country	Total	ETO	MTO	Total	ETO	MTO
Total	1,554,463	971,762	582,701	6,123	1,713	4,410
Albania	371	-	371	-	-	-
Austria	76,026	400	75,626	-	-	-
Bulgaria	2,600	-	2,600	-	-	-
Czechoslovakia	14,799	4,360	10,439	-	-	-
Denmark	60	60	-	-	-	-
France	339,651	315,565	24,086	1,624	1,624	-
Germany	641,201	604,787	36,414	-	-	-
Greece	3,225	-	3,225	-	-	-
Hungary	22,228	364	21,864	-	-	-
Italy	276,312	-	276,312	-	-	-
Low Countries	15,519	15,519	-	36	36	-
North Africa	49,251	-	49,251	4,410	-	4,410
Norway	1,497	1,497	-	-	-	-
Poland	1,460	316	1,144	-	-	-
Rumania	26,415	287	26,128	-	-	-
Yugoslavia	24,040	-	24,040	-	-	-
Other a/	59,808	28,607	31,201	53	53	-

Heavy

Country	Total	ETO	MTO	Total	ETO	MTO
Total	1,096,794	714,719	382,075	4,964	1,713	3,251
Albania	371	-	371	-	-	-
Austria	74,183	400	73,783	-	-	-
Bulgaria	2,600	-	2,600	-	-	-
Czechoslovakia	14,799	4,360	10,439	-	-	-
Denmark	60	60	-	-	-	-
France	162,059	142,949	19,110	1,624	1,624	-
Germany	557,643	521,729	35,914	-	-	-
Greece	3,225	-	3,225	-	-	-
Hungary	22,228	364	21,864	-	-	-
Italy	112,741	-	112,741	-	-	-
Low Countries	14,150	14,150	-	36	36	-
North Africa	22,768	-	22,768	3,251	-	3,251
Norway	1,497	1,497	-	-	-	-
Poland	1,460	316	1,144	-	-	-
Rumania	26,415	287	26,128	-	-	-
Yugoslavia	22,040	-	22,040	-	-	-
Other a/	58,555	28,607	29,948	53	53	-

Medium & Light

Country	Total	ETO	MTO	Total	ETO	MTO
Total	457,669	257,043	200,626	1,159	-	1,159
Albania	-	-	-	-	-	-
Austria	1,843	-	1,843	-	-	-
Bulgaria	-	-	-	-	-	-
Czechoslovakia	-	-	-	-	-	-
Denmark	-	-	-	-	-	-
France	177,592	172,616	4,976	-	-	-
Germany	83,558	83,058	500	-	-	-
Greece	-	-	-	-	-	-
Hungary	-	-	-	-	-	-
Italy	163,571	-	163,571	-	-	-
Low Countries	1,369	1,369	-	-	-	-
North Africa	26,483	-	26,483	1,159	-	1,159
Norway	-	-	-	-	-	-
Poland	-	-	-	-	-	-
Rumania	-	-	-	-	-	-
Yugoslavia	2,000	-	2,000	-	-	-
Other a/	1,253	-	1,253	-	-	-

a/ Includes tonnage jettisoned.

BY TYPE OF AIRPLANE AND BY COUNTRY: 1942 TO 1945

	1943			1944			1945 (Jan-May)		
	Total	ETO	MTO	Total	ETO	MTO	Total	ETO	MTO

Types

Total	ETO	MTO	Total	ETO	MTO	Total	ETO	MTO
154,117	55,655	98,462	938,952	591,959	346,993	455,271	322,435	132,836
91	-	91	280	-	280	-	-	-
665	-	665	34,552	-	34,552	40,809	400	40,409
347	-	347	2,253	-	2,253	-	-	-
-	-	-	8,989	796	8,193	5,810	3,564	2,246
-	-	-	60	60	-	-	-	-
23,364	22,440	924	285,678	262,516	23,162	28,985	28,985	-
29,051	27,598	1,453	320,688	296,839	23,849	291,462	280,350	11,112
1,293	-	1,293	1,932	-	1,932	-	-	-
-	-	-	19,614	364	19,250	2,614	-	2,614
46,448	-	46,448	166,494	-	166,494	63,370	-	63,370
767	767	-	13,681	13,681	-	1,035	1,035	-
44,841	-	44,841	-	-	-	-	-	-
1,497	1,497	-	-	-	-	-	-	-
-	-	-	1,460	316	1,144	-	-	-
1,382	-	1,382	25,033	287	24,746	-	-	-
1,018	-	1,018	17,519	-	17,519	5,503	-	5,503
3,353	3,353	-	40,719	17,100	23,619	15,683	8,101	7,582

Bomber

Total	ETO	MTO	Total	ETO	MTO	Total	ETO	MTO
97,937	47,452	50,485	683,605	446,165	237,440	310,288	219,389	90,899
91	-	91	280	-	280	-	-	-
665	-	665	34,552	-	34,552	38,966	400	38,566
347	-	347	2,253	-	2,253	-	-	-
-	-	-	8,989	796	8,193	5,810	3,564	2,246
-	-	-	60	60	-	-	-	-
15,161	14,237	924	137,646	119,460	18,186	7,628	7,628	-
29,051	27,598	1,453	319,319	295,470	23,849	209,273	198,661	10,612
1,293	-	1,293	1,932	-	1,932	-	-	-
-	-	-	19,614	364	19,250	2,614	-	2,614
23,795	-	23,795	61,917	-	61,917	27,029	-	27,029
767	767	-	12,312	12,312	-	1,035	1,035	-
19,517	-	19,517	-	-	-	-	-	-
1,497	1,497	-	-	-	-	-	-	-
-	-	-	1,460	316	1,144	-	-	-
1,382	-	1,382	25,033	287	24,746	-	-	-
1,018	-	1,018	17,519	-	17,519	3,503	-	3,503
3,353	3,353	-	40,719	17,100	23,619	14,430	8,101	6,329

Bomber and Fighter

Total	ETO	MTO	Total	ETO	MTO	Total	ETO	MTO
56,180	8,203	47,977	255,347	145,794	109,553	144,983	103,046	41,937
-	-	-	-	-	-	-	-	-
-	-	-	-	-	-	1,843	-	1,843
-	-	-	-	-	-	-	-	-
-	-	-	-	-	-	-	-	-
8,203	8,203	-	148,032	143,056	4,976	21,357	21,357	-
-	-	-	1,369	1,369	-	82,189	81,689	500
-	-	-	-	-	-	-	-	-
-	-	-	-	-	-	-	-	-
22,653	-	22,653	104,577	-	104,577	36,341	-	36,341
-	-	-	1,369	1,369	-	-	-	-
25,324	-	25,324	-	-	-	-	-	-
-	-	-	-	-	-	-	-	-
-	-	-	-	-	-	-	-	-
-	-	-	-	-	-	2,000	-	2,000
-	-	-	-	-	-	1,253	-	1,253

Table 142—TONS OF BOMBS DROPPED BY HEAVY BOMBERS IN THEATERS VS GERMANY, BY TYPE OF TARGET ATTACKED AND BY THEATER: 1942 TO 1945

Type of Target	Grand Total	1942 (Jun-Dec)	1943	1944	1945 (Jan-May)
European and Mediterranean Theaters of Operations					
Total	1,096,794	4,964	97,937	683,605	310,288
Marshalling Yards	315,307	154	21,913	154,718	138,522
Oil Installations	126,191	-	238	99,391	26,562
Airdromes and Airfields	117,727	543	13,728	80,812	22,644
Railroads, Roads and Bridges	70,569	-	1,610	41,727	27,232
Military Installations	70,171	-	1,745	48,562	19,864
Other Specific Industries	70,126	78	8,588	44,722	16,738
Aircraft Factories	58,763	149	6,371	49,771	2,472
Ground Cooperation	57,106	-	36	37,720	19,350
City Areas	47,615	-	749	42,603	4,263
Ship Yards, Sub Pens	36,643	736	18,072	9,189	8,646
Other Communications	36,618	-	775	30,866	4,977
Miscellaneous	34,675	3,251	23,029	3,807	4,588
Jettisoned and unidentified	55,283	53	1,083	39,717	14,430
European Theater of Operations					
Total	714,719	1,713	47,452	446,165	219,389
Marshalling Yards	195,610	154	5,348	89,884	100,224
Oil Installations	68,110	-	238	52,622	15,250
Airdromes and Airfields	82,691	543	5,513	57,810	18,825
Railroads, Roads and Bridges	30,557	-	-	17,328	13,229
Military Installations	62,908	-	1,745	45,879	15,284
Other Specific Industries	53,492	78	7,030	32,658	13,726
Aircraft Factories	44,437	149	5,090	36,726	2,472
Ground Cooperation	36,958	-	-	25,647	11,311
City Areas	46,820	-	-	42,603	4,217
Ship Yards, Sub Pens	34,427	736	18,072	6,973	8,646
Other Communications	25,453	-	-	21,937	3,516
Miscellaneous	7,921	-	3,333	-	4,588
Jettisoned and unidentified	25,335	53	1,083	16,098	8,101
Mediterranean Theater of Operations					
Total	382,075	3,251	50,485	237,440	90,899
Marshalling Yards	119,697	-	16,565	64,834	38,298
Oil Installations	58,081	-	-	46,769	11,312
Airdromes and Airfields	35,036	-	8,215	23,002	3,819
Railroads, Roads and Bridges	40,012	-	1,610	24,399	14,003
Military Installations	7,263	-	-	2,683	4,580
Other Specific Industries	16,634	-	1,558	12,064	3,012
Aircraft Factories	14,326	-	1,281	13,045	-
Ground Cooperation	20,148	-	36	12,073	8,039
City Areas	795	-	749	-	46
Ship Yards, Sub Pens	2,216	-	-	2,216	-
Other Communications	11,165	-	775	8,929	1,461
Miscellaneous	26,754	3,251	19,696	3,807	-
Jettisoned and unidentified	29,948	-	-	23,619	6,329

Table 143— TONS OF BOMBS DROPPED IN EUROPEAN THEATER OF OPERATIONS, BY TYPE OF AIRPLANE: AUG 1942 TO MAY 1945

Year and Month	All Types			Heavy Bomber			Medium & Light Bomber			Fighter		
	Total	High Explosive	Incendiary	Total	High Explosive	Incendiary	Total	High Explosive	Incendiary	Total	High Explosive	Incendiary
Grand Total...	971,762	872,606	99,156	714,719	624,141	90,578	164,187	159,858	4,329	92,856	88,607	4,249
Annually												
1942 (Aug-Dec)	1,713	1,713	-	1,713	1,713	-	-	-	-	-	-	-
1943.....	55,655	48,656	6,999	47,452	40,479	6,973	8,179	8,153	26	24	24	-
1944.....	591,959	533,965	57,994	446,165	389,099	57,066	93,623	93,272	351	52,171	51,594	577
1945 (Jan-May)	322,435	288,272	34,163	219,389	192,850	26,539	62,385	58,433	3,952	40,661	36,989	3,672
Monthly												
1942												
Aug....	135	135	-	135	135	-	-	-	-	-	-	-
Sep....	215	215	-	215	215	-	-	-	-	-	-	-
Oct....	334	334	-	334	334	-	-	-	-	-	-	-
Nov....	612	612	-	612	612	-	-	-	-	-	-	-
Dec....	417	417	-	417	417	-	-	-	-	-	-	-
1943												
Jan....	739	739	-	739	739	-	-	-	-	-	-	-
Feb....	705	705	-	705	705	-	-	-	-	-	-	-
Mar....	1,530	1,530	-	1,530	1,530	-	-	-	-	-	-	-
Apr....	1,130	1,130	-	1,130	1,130	-	-	-	-	-	-	-
May....	2,688	2,665	23	2,677	2,654	23	11	11	-	-	-	-
Jun....	2,468	2,468	-	2,468	2,468	-	-	-	-	-	-	-
Jul....	4,366	3,762	604	4,103	3,504	599	263	258	5	-	-	-
Aug....	5,072	4,737	335	3,779	3,453	326	1,293	1,284	9	-	-	-
Sep....	8,519	8,279	240	5,743	5,515	228	2,776	2,764	12	-	-	-
Oct....	6,015	5,172	843	5,133	4,290	843	882	882	-	-	-	-
Nov....	8,309	6,513	1,796	6,868	5,072	1,796	1,424	1,424	-	17	17	-
Dec....	14,114	10,956	3,158	12,577	9,419	3,158	1,530	1,530	-	7	7	-
1944												
Jan....	14,015	11,269	2,746	12,397	9,651	2,746	1,579	1,579	-	39	39	-
Feb....	22,566	20,090	2,476	19,146	16,670	2,476	3,397	3,397	-	23	23	-
Mar....	26,539	21,486	5,053	21,346	16,357	4,989	5,062	4,998	64	131	131	-
Apr....	38,540	33,690	4,850	27,576	22,829	4,747	9,475	9,372	103	1,489	1,489	-
May....	56,874	51,927	4,947	38,029	33,123	4,906	15,156	15,120	36	3,689	3,684	5
Jun....	85,648	84,394	1,254	59,625	58,396	1,229	15,701	15,677	24	10,322	10,321	1
Jul....	63,062	55,923	7,139	46,605	39,483	7,122	9,883	9,873	10	6,574	6,567	7
Aug....	67,766	62,356	5,410	49,305	43,987	5,318	10,716	10,648	68	7,745	7,721	24
Sep....	52,175	44,864	7,311	42,162	34,852	7,310	5,712	5,712	-	4,301	4,300	1
Oct....	52,860	41,035	11,825	45,087	33,360	11,727	3,101	3,101	-	4,672	4,574	98
Nov....	51,413	50,665	748	41,818	41,210	608	5,436	5,436	-	4,159	4,019	140
Dec....	60,501	56,266	4,235	43,069	39,181	3,888	8,405	8,359	46	9,027	8,726	301
1945												
Jan....	54,474	51,417	3,057	42,113	39,382	2,731	5,108	5,094	14	7,253	6,941	312
Feb....	80,348	72,063	8,285	55,000	47,554	7,446	13,888	13,554	334	11,460	10,955	505
Mar....	118,003	102,616	15,387	75,323	64,323	11,000	27,408	24,956	2,452	15,272	13,337	1,935
Apr....	69,242	61,808	7,434	46,953	41,591	5,362	15,680	14,528	1,152	6,609	5,689	920
May....	368	368	-	-	-	-	301	301	-	67	67	-

Table 144—TONS OF BOMBS DROPPED IN MEDITERRANEAN THEATER OF OPERATIONS, BY TYPE OF AIRPLANE: JUN 1942 TO MAY 1945

Year and Month	All Types			Heavy Bomber			Medium & Light Bomber			Fighter		
	Total	High Explosive	Incendiary	Total	High Explosive	Incendiary	Total	High Explosive	Incendiary	Total	High Explosive	Incendiary
Grand Total....	582,701	573,363	9,338	382,075	374,941	7,134	139,197	138,341	856	61,429	60,081	1,348
Annually												
1942(Jun-Dec)	4,410	4,410	-	3,251	3,251	-	977	977	-	182	182	-
1943......	98,462	98,429	33	50,485	50,456	29	37,518	37,515	3	10,459	10,458	1
1944......	346,993	339,241	7,752	237,440	230,503	6,937	75,567	75,181	386	33,986	33,557	429
1945(Jan-May).	132,836	131,283	1,553	90,899	90,731	168	25,135	24,668	467	16,802	15,884	918
Monthly												
1942												
Jun.....	115	115	-	115	115	-	-	-	-	-	-	-
Jul.....	357	357	-	357	357	-	-	-	-	-	-	-
Aug.....	414	414	-	346	346	-	68	68	-	-	-	-
Sep.....	482	482	-	411	411	-	71	71	-	-	-	-
Oct.....	771	771	-	424	424	-	297	297	-	50	50	-
Nov.....	1,195	1,195	-	815	815	-	329	329	-	51	51	-
Dec.....	1,076	1,076	-	783	783	-	212	212	-	81	81	-
1943												
Jan.....	1,983	1,981	2	1,354	1,354	-	588	586	2	41	41	-
Feb.....	1,719	1,719	-	1,221	1,221	-	488	488	-	10	10	-
Mar.....	2,773	2,773	-	1,557	1,557	-	1,162	1,162	-	54	54	-
Apr.....	5,053	5,053	-	2,777	2,777	-	1,935	1,935	-	341	341	-
May.....	7,297	7,295	2	4,305	4,305	-	2,335	2,334	1	657	656	1
Jun.....	8,596	8,596	-	4,732	4,732	-	3,030	3,030	-	834	834	-
Jul.....	13,846	13,846	-	6,883	6,883	-	5,680	5,680	-	1,283	1,283	-
Aug.....	12,584	12,584	-	5,047	5,047	-	5,948	5,948	-	1,589	1,589	-
Sep.....	13,942	13,915	27	5,283	5,256	27	7,171	7,171	-	1,488	1,488	-
Oct.....	7,625	7,623	2	4,182	4,180	2	2,365	2,365	-	1,078	1,078	-
Nov.....	9,480	9,480	-	5,392	5,392	-	2,921	2,921	-	1,167	1,167	-
Dec.....	13,564	13,564	-	7,752	7,752	-	3,895	3,895	-	1,917	1,917	-
1944												
Jan.....	19,097	19,077	20	11,051	11,051	-	5,955	5,947	8	2,091	2,079	12
Feb.....	11,595	11,458	137	6,747	6,611	136	3,278	3,278	-	1,570	1,569	1
Mar.....	17,440	16,888	552	10,376	9,842	534	5,457	5,457	-	1,607	1,589	18
Apr.....	29,856	29,078	778	21,256	20,657	599	5,599	5,599	-	3,001	2,822	179
May.....	46,075	45,200	875	30,355	29,606	749	9,942	9,908	34	5,778	5,686	92
Jun.....	36,287	35,405	882	24,466	23,637	829	7,885	7,842	43	3,936	3,926	10
Jul.....	41,769	40,113	1,656	32,183	30,621	1,562	7,129	7,038	91	2,457	2,454	3
Aug.....	40,280	39,962	318	27,839	27,660	179	9,415	9,348	67	3,026	2,954	72
Sep.....	29,285	29,018	267	20,856	20,645	211	6,523	6,473	50	1,906	1,900	6
Oct.....	22,108	21,503	605	16,257	15,712	545	4,129	4,081	48	1,722	1,710	12
Nov.....	26,695	25,527	1,168	17,297	16,153	1,144	6,126	6,119	7	3,272	3,255	17
Dec.....	26,506	26,012	494	18,757	18,308	449	4,129	4,091	38	3,620	3,613	7
1945												
Jan.....	14,539	14,358	181	6,784	6,784	-	3,795	3,738	57	3,960	3,836	124
Feb.....	32,661	32,260	401	24,508	24,417	91	4,943	4,789	154	3,210	3,054	156
Mar.....	41,120	40,781	339	30,265	30,265	-	7,047	6,895	152	3,808	3,621	187
Apr.....	44,365	43,757	608	29,258	29,181	77	9,346	9,242	104	5,761	5,334	427
May.....	151	127	24	84	84	-	4	4	-	63	39	24

Table 145—TONS OF BOMBS DROPPED IN PACIFIC OCEAN AREAS, BY TYPE OF AIRPLANE: JUN 1942 TO AUG 1945

Year and Month	All Types			Heavy Bomber			Medium & Light Bomber			Fighter		
	Total	High Explosive	Incendiary	Total	High Explosive	Incendiary	Total	High Explosive	Incendiary	Total	High Explosive	Incendiary
Grand Total	32,733	32,195	538	25,384	25,034	350	5,075	4,978	97	2,274	2,183	91
Annually												
1942 (Jun-Dec)	35	35	-	35	35	-	-	-	-	-	-	-
1943	1,309	1,290	19	1,240	1,221	19	8	8	-	61	61	-
1944	17,546	17,227	319	12,739	12,552	187	3,363	3,276	87	1,444	1,399	45
1945 (Jan-Aug)	13,843	13,643	200	11,370	11,226	144	1,704	1,694	10	769	723	46
Monthly												
1942												
Jun	18	18	-	18	18	-	-	-	-	-	-	-
Jul	-	-	-	-	-	-	-	-	-	-	-	-
Aug	-	-	-	-	-	-	-	-	-	-	-	-
Sep	-	-	-	-	-	-	-	-	-	-	-	-
Oct	-	-	-	-	-	-	-	-	-	-	-	-
Nov	-	-	-	-	-	-	-	-	-	-	-	-
Dec	17	17	-	17	17	-	-	-	-	-	-	-
1943												
Jan	3	3	-	3	3	-	-	-	-	-	-	-
Feb	12	12	-	12	12	-	-	-	-	-	-	-
Mar	-	-	-	-	-	-	-	-	-	-	-	-
Apr	44	44	-	44	44	-	-	-	-	-	-	-
May	15	15	-	14	14	-	-	-	-	1	1	-
Jun	4	3	1	3	2	1	-	-	-	1	1	-
Jul	40	22	18	40	22	18	-	-	-	-	-	-
Aug	-	-	-	-	-	-	-	-	-	-	-	-
Sep	66	66	-	66	66	-	-	-	-	-	-	-
Oct	-	-	-	-	-	-	-	-	-	-	-	-
Nov	337	337	-	337	337	-	-	-	-	-	-	-
Dec	788	788	-	721	721	-	8	8	-	59	59	-
1944												
Jan	1,041	1,041	-	652	652	-	201	201	-	188	188	-
Feb	1,127	1,072	55	726	671	55	179	179	-	222	222	-
Mar	1,150	1,078	72	594	529	65	497	490	7	59	59	-
Apr	1,911	1,847	64	1,099	1,044	55	812	803	9	-	-	-
May	1,582	1,581	1	981	981	-	601	600	1	-	-	-
Jun	888	888	-	670	670	-	155	155	-	63	63	-
Jul	1,680	1,565	115	924	924	-	267	197	70	489	444	45
Aug	1,730	1,730	-	1,081	1,081	-	374	374	-	275	275	-
Sep	1,404	1,404	-	1,159	1,159	-	181	181	-	64	64	-
Oct	1,032	1,032	-	884	884	-	96	96	-	52	52	-
Nov	1,416	1,404	12	1,384	1,372	12	-	-	-	32	32	-
Dec	2,585	2,585	-	2,585	2,585	-	-	-	-	-	-	-
1945												
Jan	2,494	2,454	40	2,494	2,454	40	-	-	-	-	-	-
Feb	2,158	2,054	104	2,138	2,054	84	-	-	-	20	-	20
Mar	1,244	1,227	17	1,044	1,044	-	-	-	-	200	183	17
Apr	1,152	1,152	-	1,053	1,053	-	-	-	-	99	99	-
May	996	994	2	884	884	-	-	-	-	112	110	2
Jun	603	603	-	343	343	-	-	-	-	260	260	-
Jul	3,359	3,322	37	2,158	2,138	20	1,123	1,113	10	78	71	7
Aug	1,837	1,837	-	1,256	1,256	-	581	581	-	-	-	-

Table 146—TONS OF BOMBS DROPPED BY FAR EAST AIR FORCES, BY TYPE OF AIRPLANE: DEC 1941 TO AUG 1945

Year and Month	All Types			Heavy Bomber			Medium & Light Bomber			Fighter		
	Total	High Explosive	Incendiary	Total	High Explosive	Incendiary	Total	High Explosive	Incendiary	Total	High Explosive	Incendiary
Grand Total....	232,496	219,591	12,905	139,915	136,878	3,037	51,440	49,427	2,013	41,141	33,286	7,855
Annually												
1941(Dec).	36	36	-	36	36	-	-	-	-	-	-	-
1942......	2,633	2,633	-	1,749	1,749	-	834	834	-	50	50	-
1943......	29,705	29,481	224	21,580	21,365	215	8,034	8,025	9	91	91	-
1944......	92,134	90,178	1,956	57,752	57,114	638	25,819	25,208	611	8,563	7,856	707
1945(Jan-Aug).	107,988	97,263	10,725	58,798	56,614	2,184	16,753	15,360	1,393	32,437	25,289	7,148
Monthly												
1941												
Dec.....	36	36	-	36	36	-	-	-	-	-	-	-
1942												
Jan.....	20	20	-	20	20	-	-	-	-	-	-	-
Feb.....	37	37	-	33	33	-	-	-	-	4	4	-
Mar.....	46	46	-	33	33	-	9	9	-	4	4	-
Apr.....	95	95	-	39	39	-	53	53	-	3	3	-
May.....	122	122	-	46	46	-	73	73	-	3	3	-
Jun.....	139	139	-	53	53	-	82	82	-	4	4	-
Jul.....	155	155	-	63	63	-	89	89	-	3	3	-
Aug.....	250	250	-	152	152	-	95	95	-	3	3	-
Sep.....	279	279	-	153	153	-	121	121	-	5	5	-
Oct.....	386	386	-	249	249	-	131	131	-	6	6	-
Nov.....	547	547	-	438	438	-	102	102	-	7	7	-
Dec.....	557	557	-	470	470	-	79	79	-	8	8	-
1943												
Jan.....	755	754	1	488	487	1	254	254	-	13	13	-
Feb.....	591	579	12	494	482	12	96	96	-	1	1	-
Mar.....	647	641	6	558	552	6	86	86	-	3	3	-
Apr.....	540	533	7	477	470	7	63	63	-	-	-	-
May.....	710	683	27	596	569	27	114	114	-	-	-	-
Jun.....	1,015	984	31	857	827	30	158	157	1	-	-	-
Jul.....	2,708	2,675	33	1,762	1,736	26	946	939	7	-	-	-
Aug.....	2,910	2,888	22	2,300	2,278	22	609	609	-	1	1	-
Sep.....	3,025	3,009	16	2,267	2,251	16	749	749	-	9	9	-
Oct.....	3,269	3,255	14	2,578	2,564	14	685	685	-	6	6	-
Nov.....	4,354	4,348	6	3,063	3,057	6	1,280	1,280	-	11	11	-
Dec.....	9,181	9,132	49	6,140	6,092	48	2,994	2,993	1	47	47	-
1944												
Jan.....	6,067	6,007	60	3,835	3,810	25	2,195	2,160	35	37	37	-
Feb.....	7,802	7,774	28	5,534	5,506	28	2,177	2,177	-	91	91	-
Mar.....	9,444	9,175	269	6,120	6,047	73	2,959	2,806	153	365	322	43
Apr.....	9,595	9,277	318	5,706	5,592	114	3,288	3,188	100	601	497	104
May.....	10,600	10,413	187	5,802	5,786	16	3,572	3,567	5	1,226	1,060	166
Jun.....	7,688	7,605	83	3,985	3,951	34	2,762	2,762	-	941	892	49
Jul.....	5,950	5,862	88	3,995	3,977	18	1,514	1,444	70	441	441	-
Aug.....	5,025	4,980	45	3,423	3,379	44	812	811	1	790	790	-
Sep.....	8,203	8,076	127	5,676	5,556	120	1,573	1,566	7	954	954	-
Oct.....	6,399	6,249	150	3,351	3,279	72	1,840	1,771	69	1,208	1,199	9
Nov.....	7,443	7,150	293	5,085	5,002	83	1,601	1,536	65	757	612	145
Dec.....	7,918	7,610	308	5,240	5,229	11	1,526	1,420	106	1,152	961	191
1945												
Jan.....	8,323	7,851	472	5,275	5,197	78	2,074	1,816	258	974	838	136
Feb.....	12,543	11,755	788	8,319	8,116	203	2,168	2,093	75	2,056	1,546	510
Mar.....	19,184	18,265	919	11,925	11,661	264	2,722	2,633	89	4,537	3,971	566
Apr.....	20,976	19,991	985	10,296	10,052	244	2,691	2,604	87	7,989	7,335	654
May.....	20,355	17,182	3,173	9,429	8,705	724	3,543	3,362	181	7,383	5,115	2,268
Jun.....	17,075	14,846	2,229	8,614	8,335	279	1,924	1,591	333	6,537	4,920	1,617
Jul.....	6,577	5,240	1,337	3,524	3,377	147	745	711	34	2,308	1,152	1,156
Aug.....	2,955	2,133	822	1,416	1,171	245	886	550	336	653	412	241

Table 147 — TONS OF BOMBS DROPPED IN CHINA & INDIA-BURMA, BY TYPE OF AIRPLANE: FEB 1942 TO AUG 1945

Year and Month	All Types			Heavy Bomber			Medium & Light Bomber			Fighter		
	Total	High Explosive	Incendiary	Total	High Explosive	Incendiary	Total	High Explosive	Incendiary	Total	High Explosive	Incendiary
Grand Total...	62,161	57,242	4,919	18,758	17,057	1,701	24,723	23,232	1,491	18,680	16,953	1,727
Annually												
1942 (Feb-Dec).	697	697	-	320	320	-	356	356	-	21	21	-
1943............	10,841	10,572	269	5,346	5,179	167	4,773	4,683	90	722	710	12
1944............	27,987	26,054	1,933	6,193	5,588	605	12,235	11,362	873	9,559	9,104	455
1945 (Jan-Aug).	22,636	19,919	2,717	6,899	5,970	929	7,359	6,831	528	8,378	7,118	1,260
Monthly												
1942												
Feb.........	10	10	-	10	10	-	-	-	-	-	-	-
Mar.........	22	22	-	18	18	-	4	4	-	-	-	-
Apr.........	28	28	-	24	24	-	4	4	-	-	-	-
May.........	57	57	-	36	36	-	21	21	-	-	-	-
Jun.........	93	93	-	40	40	-	53	53	-	-	-	-
Jul.........	66	66	-	27	27	-	39	39	-	-	-	-
Aug.........	48	48	-	16	16	-	32	32	-	-	-	-
Sep.........	63	63	-	16	16	-	43	43	-	4	4	-
Oct.........	67	67	-	27	27	-	36	36	-	4	4	-
Nov.........	98	98	-	47	47	-	46	46	-	5	5	-
Dec.........	145	145	-	59	59	-	78	78	-	8	8	-
1943												
Jan.........	97	97	-	-	-	-	96	96	-	1	1	-
Feb.........	421	421	-	306	306	-	92	92	-	23	23	-
Mar.........	679	679	-	349	349	-	292	292	-	38	38	-
Apr.........	800	800	-	341	341	-	428	428	-	31	31	-
May.........	1,170	1,168	2	721	720	1	409	408	1	40	40	-
Jun.........	542	542	-	167	167	-	361	361	-	14	14	-
Jul.........	879	878	1	413	412	1	409	409	-	57	57	-
Aug.........	851	850	1	335	335	-	494	493	1	22	22	-
Sep.........	1,106	1,105	1	454	454	-	615	614	1	37	37	-
Oct.........	1,744	1,695	49	879	879	-	741	695	46	124	121	3
Nov.........	1,230	1,150	80	716	654	62	328	314	14	186	182	4
Dec.........	1,322	1,187	135	665	562	103	508	481	27	149	144	5
1944												
Jan.........	777	660	117	395	310	85	202	176	26	180	174	6
Feb.........	983	927	56	355	302	53	251	251	-	377	374	3
Mar.........	1,648	1,549	99	569	525	44	373	319	54	706	705	1
Apr.........	2,002	1,897	105	408	400	8	645	551	94	949	946	3
May.........	2,509	2,342	167	621	609	12	1,140	985	155	748	748	-
Jun.........	1,349	1,324	25	377	363	14	449	439	10	523	522	1
Jul.........	2,190	2,077	113	409	328	81	1,069	1,049	20	712	700	12
Aug.........	2,408	2,287	121	334	317	17	1,230	1,187	43	844	783	61
Sep.........	2,669	2,389	280	566	471	95	1,452	1,296	156	651	622	29
Oct.........	3,198	3,034	164	431	411	20	1,764	1,694	70	1,003	929	74
Nov.........	3,910	3,722	188	815	777	38	1,702	1,628	74	1,393	1,317	76
Dec.........	4,344	3,846	498	913	775	138	1,958	1,787	171	1,473	1,284	189
1945												
Jan.........	5,079	4,736	343	1,214	1,110	104	1,966	1,921	45	1,899	1,705	194
Feb.........	5,165	4,485	680	1,517	1,392	125	1,538	1,363	175	2,110	1,730	380
Mar.........	5,330	4,706	624	1,860	1,581	279	1,723	1,645	78	1,747	1,480	267
Apr.........	4,339	3,652	687	1,741	1,376	365	1,117	1,026	91	1,481	1,250	231
May.........	1,446	1,217	229	556	500	56	644	544	100	246	173	73
Jun.........	568	444	124	8	8	-	201	162	39	359	274	85
Jul.........	547	521	26	3	3	-	127	127	-	417	391	26
Aug.........	162	158	4	-	-	-	43	43	-	119	115	4

Table 148—TONS OF BOMBS DROPPED IN ALASKA, BY TYPE OF AIRPLANE: APR 1942 TO AUG. 1945

Year and Month	All Types			Heavy Bomber			Medium & Light Bomber			Fighter		
	Total	High Explosive	Incendiary	Total	High Explosive	Incendiary	Total	High Explosive	Incendiary	Total	High Explosive	Incendiary
Grand Total............	4,331	4,250	81	2,812	2,759	53	970	946	24	549	545	4
Annually												
1942 (Apr-Dec).........	715	715	-	661	661	-	54	54	-	-	-	-
1943...................	2,828	2,818	10	1,452	1,448	4	827	825	2	549	545	4
1944...................	295	274	21	252	235	17	43	39	4	-	-	-
1945 (Jan-Aug).........	493	443	50	447	415	32	46	28	18	-	-	-
Monthly												
1942												
Apr....................	5	5	-	-	-	-	5	5	-	-	-	-
May....................	5	5	-	-	-	-	5	5	-	-	-	-
Jun....................	45	45	-	40	40	-	5	5	-	-	-	-
Jul....................	78	78	-	73	73	-	5	5	-	-	-	-
Aug....................	111	111	-	106	106	-	5	5	-	-	-	-
Sep....................	117	117	-	112	112	-	5	5	-	-	-	-
Oct....................	111	111	-	106	106	-	5	5	-	-	-	-
Nov....................	107	107	-	99	99	-	8	8	-	-	-	-
Dec....................	136	136	-	125	125	-	11	11	-	-	-	-
1943												
Jan....................	4	4	-	-	-	-	4	4	-	-	-	-
Feb....................	123	123	-	87	87	-	34	34	-	2	2	-
Mar....................	318	318	-	204	204	-	76	76	-	38	38	-
Apr....................	649	648	1	296	296	-	135	135	-	218	217	1
May....................	449	449	-	221	221	-	152	152	-	76	76	-
Jun....................	284	284	-	144	144	-	103	103	-	37	37	-
Jul....................	414	414	-	249	249	-	105	105	-	60	60	-
Aug....................	572	566	6	241	240	1	213	211	2	118	115	3
Sep....................	15	12	3	10	7	3	5	5	-	-	-	-
Oct....................	-	-	-	-	-	-	-	-	-	-	-	-
Nov....................	-	-	-	-	-	-	-	-	-	-	-	-
Dec....................	-	-	-	-	-	-	-	-	-	-	-	-
1944												
Jan....................	-	-	-	-	-	-	-	-	-	-	-	-
Feb....................	-	-	-	-	-	-	-	-	-	-	-	-
Mar....................	13	13	-	13	13	-	-	-	-	-	-	-
Apr....................	29	29	-	28	28	-	1	1	-	-	-	-
May....................	24	24	-	14	14	-	10	10	-	-	-	-
Jun....................	27	18	9	26	17	9	1	1	-	-	-	-
Jul....................	5	5	-	5	5	-	-	-	-	-	-	-
Aug....................	43	40	3	35	32	3	8	8	-	-	-	-
Sep....................	52	47	5	48	43	5	4	4	-	-	-	-
Oct....................	31	31	-	23	23	-	8	8	-	-	-	-
Nov....................	51	47	4	42	42	-	9	5	4	-	-	-
Dec....................	20	20	-	18	18	-	2	2	-	-	-	-
1945												
Jan....................	29	26	3	24	24	-	5	2	3	-	-	-
Feb....................	33	31	2	31	31	-	2	-	2	-	-	-
Mar....................	47	41	6	41	41	-	6	-	6	-	-	-
Apr....................	48	22	26	43	22	21	5	-	5	-	-	-
May....................	98	98	-	88	88	-	10	10	-	-	-	-
Jun....................	105	103	2	93	93	-	12	10	2	-	-	-
Jul....................	91	91	-	85	85	-	6	6	-	-	-	-
Aug....................	42	31	11	42	31	11	-	-	-	-	-	-

Table 149 — ROUNDS OF AMMUNITION EXPENDED OVERSEAS, BY THEATER: JAN 1942 TO AUG 1945

(In thousands of rounds)

Year and Month	Total	Theaters vs Germany			Theaters vs Japan					
		Total	ETO	MTO	Total	POA	FEAF	C & I-B	Alaska	Twentieth Air Force
Grand Total....	459,750	288,670	197,278	91,392	171,080	11,383	109,963	36,396	1,938	11,400
Annually										
1942............	4,996	3,175	1,715	1,460	1,821	42	1,321	174	284	-
1943............	65,888	46,737	28,600	18,137	19,151	694	13,692	3,469	1,296	-
1944............	225,410	157,151	105,272	51,879	68,259	6,025	42,035	18,031	107	2,061
1945(Jan-Aug)..	163,456	81,607	61,691	19,916	81,849	4,622	52,915	14,722	251	9,339
Monthly										
1942										
Jan..........	13	-	-	-	13	-	13	-	-	-
Feb..........	44	-	-	-	44	-	43	1	-	-
Mar..........	84	-	-	-	84	-	77	4	3	-
Apr..........	117	-	-	-	117	-	107	6	4	-
May..........	125	-	-	-	125	2	114	7	2	-
Jun..........	200	34	-	34	166	19	114	19	14	-
Jul..........	226	81	-	81	145	-	109	13	23	-
Aug..........	396	225	132	93	171	-	120	14	37	-
Sep..........	561	360	220	140	201	-	140	21	40	-
Oct..........	825	593	341	252	232	-	159	25	48	-
Nov..........	1,303	1,060	608	452	243	3	163	27	50	-
Dec..........	1,102	822	414	408	280	18	162	37	63	-
1943										
Jan..........	1,702	1,254	475	779	448	7	352	20	69	-
Feb..........	1,795	1,304	565	739	491	-	294	117	80	-
Mar..........	2,451	1,683	887	796	768	-	390	192	186	-
Apr..........	3,355	2,429	983	1,446	926	15	456	141	314	-
May..........	5,229	4,401	2,662	1,739	828	18	393	196	221	-
Jun..........	5,057	4,348	2,434	1,914	709	-	447	157	105	-
Jul..........	7,749	6,313	4,591	1,722	1,436	19	1,095	193	129	-
Aug..........	6,780	5,197	3,189	2,008	1,583	-	1,172	253	158	-
Sep..........	6,673	4,576	2,628	1,948	2,097	24	1,795	251	27	-
Oct..........	8,370	6,265	4,586	1,679	2,105	1	1,660	441	3	-
Nov..........	6,842	3,960	2,440	1,520	2,882	248	1,927	705	2	-
Dec..........	9,885	5,007	3,160	1,847	4,878	362	3,711	803	2	-
1944										
Jan..........	10,733	6,733	3,804	2,929	4,000	506	3,134	360	-	-
Feb..........	11,494	8,097	5,484	2,613	3,397	254	2,618	525	-	-
Mar..........	12,888	8,472	5,816	2,656	4,416	77	3,514	825	-	-
Apr..........	20,151	14,548	9,289	5,259	5,603	124	4,338	1,141	-	-
May..........	25,220	16,645	10,394	6,251	8,575	199	7,176	1,187	13	-
Jun..........	23,581	17,609	12,448	5,161	5,972	436	4,075	1,276	-	185
Jul..........	19,488	13,307	8,310	4,997	6,181	1,766	2,560	1,770	-	85
Aug..........	24,955	19,276	14,041	5,235	5,679	964	2,257	2,114	9	335
Sep..........	20,446	16,003	11,609	4,394	4,443	486	2,373	1,446	10	128
Oct..........	16,207	10,199	6,542	3,657	6,008	438	3,120	2,327	21	102
Nov..........	17,644	11,230	7,316	3,914	6,414	409	2,901	2,659	35	410
Dec..........	22,603	15,032	10,219	4,813	7,571	366	3,969	2,401	19	816
1945										
Jan..........	22,665	12,479	8,219	4,260	10,186	420	5,965	2,806	30	965
Feb..........	29,017	17,900	13,713	4,187	11,117	395	6,666	3,206	16	834
Mar..........	37,656	26,466	21,562	4,904	11,190	368	7,975	2,510	17	320
Apr..........	37,643	24,341	17,874	6,467	13,302	449	8,767	2,422	19	1,645
May..........	14,273	421	323	98	13,852	517	10,456	1,485	67	1,327
Jun..........	10,560	-	-	-	10,560	802	7,284	902	59	1,513
Jul..........	7,134	-	-	-	7,134	1,215	3,336	1,115	38	1,430
Aug..........	4,508	-	-	-	4,508	456	2,466	276	5	1,305

Table 150—ROUNDS OF AMMUNITION EXPENDED IN EUROPEAN THEATER OF OPERATIONS, BY TYPE OF AIRPLANE AND BY TYPE OF AMMUNITION: 1942 TO 1945

(Machine gun and cannon ammunition in thousands of rounds)

Type of Airplane and Type of Ammunition	Grand Total	1942 (Aug-Dec)	1943	1944	1945 (Jan-Aug)
Total					
Machine Gun: 30 caliber	750	53	616	23	58
50 caliber	195,419	1,660	27,964	104,444	61,351
Cannon: 20 millimeter	1,092	3	20	802	267
Rockets	17,070	-	-	2,436	14,634
Heavy Bomber					
Machine Gun: 30 caliber	653	53	598	2	-
50 caliber	76,887	1,660	26,101	40,123	9,003
Medium & Light Bomber					
Machine Gun: 50 caliber	6,824	-	598	4,595	1,631
Fighter					
Machine Gun: 30 caliber	97	-	18	21	58
50 caliber	111,708	-	1,265	59,726	50,717
Cannon: 20 millimeter	1,092	3	20	802	267
Rockets	17,070	-	-	2,436	14,634

Table 151—ROUNDS OF AMMUNITION EXPENDED IN MEDITERRANEAN THEATER OF OPERATIONS, BY TYPE OF AIRPLANE AND BY TYPE OF AMMUNITION: 1942 TO 1945

(Machine gun and cannon ammunition in thousands of rounds)

Type of Airplane and Type of Ammunition	Grand Total	1942 (Jun-Dec)	1943	1944	1945 (Jan-May)
Total					
Machine Gun: 30 caliber	1,012	8	247	730	27
50 caliber	89,507	1,439	17,652	50,699	19,717
Cannon: 20 millimeter	819	13	230	432	144
37 millimeter	13	-	6	7	-
75 millimeter	4	-	2	2	-
Rockets	36,847	-	-	8,815	28,032
Heavy Bomber					
Machine Gun: 30 caliber	17	4	13	-	-
50 caliber	37,679	943	7,659	24,130	4,947
Cannon: 20 millimeter	4	-	-	4	-
Medium & Light Bomber					
Machine Gun: 30 caliber	165	4	99	48	14
50 caliber	6,620	92	2,702	2,751	1,075
Cannon: 75 millimeter	3	-	1	2	-
Fighter					
Machine Gun: 30 caliber	830	-	135	682	13
50 caliber	45,208	404	7,291	23,818	13,695
Cannon: 20 millimeter	815	13	230	428	144
37 millimeter	13	-	6	7	-
75 millimeter	1	-	1	-	-
Rockets	36,847	-	-	8,815	28,032

Table 152—ROUNDS OF AMMUNITION EXPENDED IN PACIFIC OCEAN AREAS, BY TYPE OF AIRPLANE AND BY TYPE OF AMMUNITION: 1942 TO 1945

(Machine gun and cannon ammunition in thousands of rounds)

Type of Airplane and Type of Ammunition	Grand Total	1942 (May-Dec)	1943	1944	1945 (Jan.-Aug)
Total					
Machine Gun: 30 caliber	373	3	46	282	42
50 caliber	10,964	38	647	5,727	4,552
Cannon: 20 millimeter	34	-	-	8	26
37 millimeter	2	-	1	1	-
75 millimeter	6	-	-	6	-
Rockets	4,133	-	-	1,648	2,485
Heavy Bomber					
Machine Gun: 30 caliber	302	3	37	221	41
50 caliber	4,015	29	594	2,204	1,188
Medium & Light Bomber					
Machine Gun: 50 caliber	1,519	3	25	997	494
Cannon: 75 millimeter	6	-	-	6	-
Fighter					
Machine Gun: 30 caliber	71	-	9	61	1
50 caliber	5,430	6	28	2,526	2,870
Cannon: 20 millimeter	34	-	-	8	26
37 millimeter	2	-	1	1	-
Rockets	4,133	-	-	1,648	2,485

Table 153—ROUNDS OF AMMUNITION EXPENDED BY FAR EAST AIR FORCES, BY TYPE OF AIRPLANE AND BY TYPE OF AMMUNITION: 1942 TO 1945

(Machine gun and cannon ammunition in thousands of rounds)

Type of Airplane and Type of Ammunition	Grand Total	1942	1943	1944	1945 (Jan-Aug)
Total					
Machine Gun: 30 caliber	4,792	326	2,345	2,116	5
50 caliber	103,832	982	11,186	39,481	52,183
Cannon: 20 millimeter	1,215	13	133	344	725
37 millimeter	106	-	16	90	-
75 millimeter	16	-	12	4	-
Rockets	1,060	-	-	-	1,060
Heavy Bomber					
Machine Gun: 30 caliber	401	35	245	117	4
50 caliber	9,160	133	1,977	4,413	2,637
Cannon: 20 millimeter	1	-	1	-	-
Medium & Light Bomber					
Machine Gun: 30 caliber	2,950	122	1,634	1,193	1
50 caliber	62,032	221	6,756	24,393	30,662
Cannon: 20 millimeter	5	-	4	1	-
75 millimeter	16	-	12	4	-
Rockets	978	-	-	-	978
Fighter					
Machine Gun: 30 caliber	1,441	169	466	806	-
50 caliber	32,640	628	2,453	10,675	18,884
Cannon: 20 millimeter	1,209	13	128	343	725
37 millimeter	106	-	16	90	-
Rockets	82	-	-	-	82

Table 154— ROUNDS OF AMMUNITION EXPENDED IN CHINA & INDIA-BURMA, BY TYPE OF AIRPLANE AND BY TYPE OF AMMUNITION: 1942 TO 1945

(Machine gun and cannon ammunition in thousands of rounds)

Type of Airplane and Type of Ammunition	Grand Total	1942 (Feb-Dec)	1943	1944	1945 (Jan-Aug)
Total					
Machine Gun: 30 caliber	198	4	157	37	-
50 caliber	35,919	170	3,305	17,917	14,527
Cannon: 20 millimeter	269	-	7	71	191
75 millimeter	5	-	-	3	2
Rockets	4,129	-	68	1,993	2,068
Heavy Bomber					
Machine Gun: 30 caliber	105	4	101	-	-
50 caliber	2,214	51	950	635	578
Medium & Light Bomber					
Machine Gun: 30 caliber	91	-	56	35	-
50 caliber	5,389	5	290	2,270	2,824
Cannon: 75 millimeter	5	-	-	3	2
Rockets	118	-	68	50	-
Fighter					
Machine Gun: 30 caliber	2	-	-	2	-
50 caliber	28,316	114	2,065	15,012	11,125
Cannon: 20 millimeter	269	-	7	71	191
Rockets	4,011	-	-	1,943	2,068

Table 155— ROUNDS OF AMMUNITION EXPENDED IN ALASKA, BY TYPE OF AIRPLANE AND BY TYPE OF AMMUNITION: 1942 TO 1945

(In thousands of rounds)

Type of Airplane and Type of Ammunition	Grand Total	1942 (Mar-Dec)	1943	1944	1945 (Jan-Aug)
Total					
Machine Gun: 30 caliber	160	28	132	-	-
50 caliber	1,723	248	1,117	107	251
Cannon: 20 millimeter	54	7	47	-	-
37 millimeter	2	1	1	-	-
Heavy Bomber					
Machine Gun: 30 caliber	46	17	29	-	-
50 caliber	531	156	250	27	98
Medium & Light Bomber					
Machine Gun: 30 caliber	21	2	19	-	-
50 caliber	382	14	135	80	153
Fighter					
Machine Gun: 30 caliber	93	9	84	-	-
50 caliber	810	78	732	-	-
Cannon: 20 millimeter	54	7	47	-	-
37 millimeter	2	1	1	-	-

Table 156—ROUNDS OF AMMUNITION EXPENDED BY TWENTIETH AIR FORCE, BY TYPE OF AIRPLANE AND BY TYPE OF AMMUNITION: 1944 AND 1945

(In thousands of rounds)

Type of Airplane and Type of Ammunition	Grand Total	1944 (Jun-Dec)	1945 (Jan-Aug)
Total			
Machine Gun: 50 caliber	11,368	2,036	9,332
Cannon: 20 millimeter	32	25	7
Very Heavy Bomber			
XX Bomber Command			
Machine Gun: 50 caliber	1,392	1,155	237
Cannon: 20 millimeter	13	13	-
XXI Bomber Command			
Machine Gun: 50 caliber	7,561	881	6,680
Cannon: 20 millimeter	17	12	5
Fighter			
Machine Gun: 50 caliber	2,415	-	2,415
Cannon: 20 millimeter	2	-	2

Table 157—ENEMY AIRCRAFT DESTROYED BY TWENTIETH AIR FORCE, BY TYPE OF AAF AIRPLANE: AUG 1944 TO AUG 1945

Year and Month	By All Types			By Very Heavy Bombers						By Fighters		
				XX Bomber Command			XXI Bomber Command					
	Total	In the Air	On the Ground	Total	In the Air	On the Ground	Total	In the Air	On the Ground	Total	In the Air	On the Ground
Grand Total	1,225	994	231	213	158	55	915	756	159	97	80	17
Annually												
1944 (Aug-Dec)	254	199	55	198	143	55	56	56	-	-	-	-
1945 (Jan-Aug)	971	795	176	15	15	-	859	700	159	97	80	17
Monthly												
1944												
Aug	18	18	-	18	18	-	-	-	-	-	-	-
Sep	19	19	-	19	19	-	-	-	-	-	-	-
Oct	76	21	55	76	21	55	-	-	-	-	-	-
Nov	44	44	-	37	37	-	7	7	-	-	-	-
Dec	97	97	-	48	48	-	49	49	-	-	-	-
1945												
Jan	151	150	1	10	10	-	141	140	1	-	-	-
Feb	75	75	-	4	4	-	71	71	-	-	-	-
Mar	16	16	-	1	1	-	15	15	-	-	-	-
Apr	321	202	119	-	-	-	321	202	119	-	-	-
May	170	131	39	-	-	-	170	131	39	-	-	-
Jun	136	136	-	-	-	-	136	136	-	-	-	-
Jul	37	34	3	-	-	-	3	3	-	34	31	3
Aug	65	51	14	-	-	-	2	2	-	63	49	14

Table 158— AIRPLANE LOSSES ON COMBAT MISSIONS, BY THEATER: JAN 1942 TO AUG 1945

Year and Month	Total	Theaters vs Germany			Theaters vs Japan					
		Total	ETO	MTO	Total	POA	FEAF	C & I-B	Alaska	Twentieth Air Force
Grand Total.......	22,948	18,418	11,687	6,731	4,530	378	2,494	1,076	88	494
Annually										
1942...............	482	141	55	86	341	13	276	35	17	-
1943...............	3,847	3,028	1,261	1,767	819	25	539	217	38	-
1944...............	13,289	11,618	7,749	3,869	1,671	116	910	532	18	95
1945(Jan-Aug).....	5,330	3,631	2,622	1,009	1,699	224	769	292	15	399
Monthly										
1942										
Jan...............	5	-	-	-	5	-	5	-	-	-
Feb...............	46	-	-	-	46	-	46	-	-	-
Mar...............	12	-	-	-	12	-	12	-	-	-
Apr...............	4	-	-	-	4	-	3	1	-	-
May...............	50	-	-	-	50	-	49	1	-	-
Jun...............	52	5	-	5	47	7	32	6	2	-
Jul...............	28	3	-	3	25	2	16	4	3	-
Aug...............	42	14	8	6	28	-	24	2	2	-
Sep...............	38	8	2	6	30	-	25	1	4	-
Oct...............	33	17	11	6	16	1	3	7	5	-
Nov...............	92	35	17	18	57	2	44	11	-	-
Dec...............	80	59	17	42	21	1	17	2	1	-
1943										
Jan...............	160	133	21	112	27	-	23	1	3	-
Feb...............	135	110	24	86	25	-	22	3	-	-
Mar...............	129	105	22	83	24	-	15	6	3	-
Apr...............	242	202	34	168	40	2	28	6	4	-
May...............	286	249	92	157	37	1	18	10	8	-
Jun...............	274	215	98	117	59	2	36	18	3	-
Jul...............	497	390	134	256	107	2	84	16	5	-
Aug...............	504	418	135	283	86	-	58	26	2	-
Sep...............	358	281	118	163	77	2	50	15	10	-
Oct...............	416	321	201	120	95	-	66	29	-	-
Nov...............	369	247	160	87	122	4	84	34	-	-
Dec...............	477	357	222	135	120	12	55	53	-	-
1944										
Jan...............	643	498	277	221	145	35	85	25	-	-
Feb...............	775	661	393	268	114	22	53	36	3	-
Mar...............	891	753	551	202	138	5	94	39	-	-
Apr...............	1,170	1,043	732	311	127	7	87	33	-	-
May...............	1,245	1,148	761	387	97	5	46	45	1	-
Jun...............	1,457	1,323	904	419	134	8	66	50	-	10
Jul...............	1,294	1,185	712	473	109	9	45	52	-	3
Aug...............	1,558	1,455	968	487	103	10	31	47	1	14
Sep...............	1,103	991	758	233	112	5	54	46	4	3
Oct...............	963	815	552	263	148	3	88	50	2	5
Nov...............	1,054	819	538	281	235	2	157	50	3	23
Dec...............	1,136	927	603	324	209	5	104	59	4	37
1945										
Jan...............	1,084	835	646	189	249	15	134	67	2	31
Feb...............	1,043	853	580	273	190	11	101	48	-	30
Mar...............	1,266	1,058	774	284	208	9	112	51	-	36
Apr...............	1,067	825	579	246	242	30	101	54	-	57
May...............	316	60	43	17	256	32	104	25	7	88
Jun...............	216	-	-	-	216	63	85	21	3	44
Jul...............	194	-	-	-	194	64	49	24	3	54
Aug...............	144	-	-	-	144	-	83	2	-	59

Table 159 — AIRPLANE LOSSES ON COMBAT MISSIONS IN EUROPEAN THEATER OF OPERATIONS, BY TYPE OF AIRPLANE AND BY CAUSE OF LOSS: AUG 1942 TO MAY 1945

Year and Month	All Types				Heavy Bomber				Medium & Light Bomber				Fighter			
	Total	Enemy Aircraft	Anti-Aircraft	Other Causes	Total	Enemy Aircraft	Anti-Aircraft	Other Causes	Total	Enemy Aircraft	Anti-Aircraft	Other Causes	Total	Enemy Aircraft	Anti-Aircraft	Other Causes
Grand Total...	11,687	4,274	5,380	2,033	5,548	2,452	2,439	657	815	131	492	192	5,324	1,691	2,449	1,184
Annually																
1942 (Aug-Dec)	55	49	-	6	42	37	-	5	3	2	-	1	10	10	-	-
1943.....	1,261	877	252	132	1,036	700	228	108	47	16	23	8	178	161	1	16
1944.....	7,749	2,902	3,501	1,346	3,497	1,516	1,587	394	487	93	303	91	3,765	1,293	1,611	861
1945 (Jan-May)	2,622	446	1,627	549	973	199	624	150	278	20	166	92	1,371	227	837	307
Monthly																
1942																
Aug....	8	8	-	-	-	-	-	-	-	-	-	-	8	8	-	-
Sep....	2	2	-	-	2	2	-	-	-	-	-	-	-	-	-	-
Oct....	11	9	-	2	10	8	-	2	-	-	-	-	1	1	-	-
Nov....	17	13	-	4	13	10	-	3	3	2	-	1	1	1	-	-
Dec....	17	17	-	-	17	17	-	-	-	-	-	-	-	-	-	-
1943																
Jan....	21	21	-	-	18	18	-	-	-	-	-	-	3	3	-	-
Feb....	24	22	-	2	23	21	-	2	-	-	-	-	1	1	-	-
Mar....	22	19	-	3	21	18	-	3	-	-	-	-	1	1	-	-
Apr....	34	33	1	-	29	28	1	-	-	-	-	-	5	5	-	-
May....	92	58	21	13	69	48	13	8	11	1	8	2	12	9	-	3
Jun....	98	86	12	-	90	78	12	-	-	-	-	-	8	8	-	-
Jul....	134	94	30	10	118	79	29	10	2	1	1	-	14	14	-	-
Aug....	135	100	20	15	117	87	20	10	8	6	-	2	10	7	-	3
Sep....	118	60	27	31	98	46	25	27	8	4	2	2	12	10	-	2
Oct....	201	152	38	11	186	139	38	9	1	-	-	1	14	13	-	1
Nov....	160	109	33	18	95	53	25	17	11	3	7	1	54	53	1	-
Dec....	222	123	70	29	172	85	65	22	6	1	5	-	44	37	-	7
1944																
Jan....	277	197	35	45	203	139	27	37	5	1	2	2	69	57	6	6
Feb....	393	243	108	42	271	170	81	20	19	4	14	1	103	69	13	21
Mar....	551	234	167	150	345	178	112	55	15	2	9	4	191	54	46	91
Apr....	732	516	190	26	420	314	105	1	32	1	25	6	280	201	60	19
May....	761	397	248	116	376	211	122	43	45	10	28	7	340	176	98	66
Jun....	904	284	400	220	320	112	162	46	44	25	12	7	540	147	226	167
Jul....	712	150	377	185	352	80	201	71	34	5	23	6	326	65	153	108
Aug....	968	163	607	198	331	61	238	32	91	2	75	14	546	100	294	152
Sep....	758	241	422	95	374	137	207	30	27	-	25	2	357	104	190	63
Oct....	552	135	334	83	177	36	112	29	26	-	24	2	349	99	198	52
Nov....	538	131	328	79	209	50	146	13	31	1	18	12	298	80	164	54
Dec....	603	211	285	107	119	28	74	17	118	42	48	28	366	141	163	62
1945																
Jan....	646	121	412	113	314	49	222	43	58	-	28	30	274	72	162	40
Feb....	580	56	433	91	196	14	157	25	85	4	68	13	299	38	208	53
Mar....	774	144	460	170	266	63	164	39	89	5	52	32	419	76	244	99
Apr....	579	119	302	158	190	72	77	41	46	11	18	17	343	36	207	100
May....	43	6	20	17	7	1	4	2	-	-	-	-	36	5	16	15

Table 160 — AIRPLANE LOSSES ON COMBAT MISSIONS IN MEDITERRANEAN THEATER OF OPERATIONS, BY TYPE OF AIRPLANE AND BY CAUSE OF LOSS: JUN 1942 TO MAY 1945

Year and Month	All Types				Heavy Bomber				Medium & Light Bomber				Fighter			
	Total	Enemy Aircraft	Anti-Aircraft	Other Causes	Total	Enemy Aircraft	Anti-Aircraft	Other Causes	Total	Enemy Aircraft	Anti-Aircraft	Other Causes	Total	Enemy Aircraft	Anti-Aircraft	Other Causes
Grand Total...	6,731	2,526	2,441	1,764	2,766	847	1,313	606	808	352	306	150	3,157	1,327	822	1,008
Annually																
1942 (Jun-Dec)	86	67	17	2	17	12	4	1	15	9	5	1	54	46	8	-
1943	1,767	1,264	250	253	294	209	55	30	385	239	80	66	1,088	816	115	157
1944	3,869	1,161	1,589	1,119	1,974	619	933	422	324	101	163	60	1,571	441	493	637
1945 (Jan-May)	1,009	34	585	390	431	7	321	153	34	3	58	23	444	24	206	214
Monthly																
1942																
Jun...	5	4	-	1	5	4	-	1	-	-	-	-	-	-	-	-
Jul...	3	3	-	-	3	3	-	-	-	-	-	-	-	-	-	-
Aug...	6	5	-	1	1	1	-	-	2	1	-	1	3	3	-	-
Sep...	6	6	-	-	-	-	-	-	6	6	-	-	-	-	-	-
Oct...	6	6	-	-	1	1	-	-	2	2	-	-	3	3	-	-
Nov...	18	11	7	-	3	1	2	-	1	-	1	-	14	10	4	-
Dec...	42	32	10	-	4	2	2	-	4	-	4	-	34	30	4	-
1943																
Jan...	112	100	7	5	11	11	-	-	13	11	1	1	88	78	6	4
Feb...	86	60	20	6	6	6	-	-	28	14	10	4	52	40	10	2
Mar...	83	65	12	6	2	2	-	-	13	8	5	-	68	55	7	6
Apr...	168	144	16	3	13	11	2	-	39	24	10	5	116	109	4	3
May...	157	119	23	15	16	12	4	-	25	18	3	4	116	89	16	11
Jun...	117	84	7	26	10	8	2	-	26	18	2	6	81	58	3	20
Jul...	256	177	43	36	30	16	9	5	73	49	22	2	153	112	12	29
Aug...	283	181	60	42	85	41	31	13	41	27	12	2	157	113	17	27
Sep...	163	103	12	48	20	15	1	4	55	32	6	17	88	56	5	27
Oct...	120	86	9	25	37	32	2	3	33	22	1	10	50	32	6	12
Nov...	87	52	20	15	28	25	1	2	20	9	4	7	39	18	15	6
Dec...	135	93	21	21	36	30	3	3	19	7	4	8	80	56	14	10
1944																
Jan...	221	118	42	61	54	20	10	24	50	28	15	7	117	70	17	30
Feb...	268	175	55	38	128	106	11	11	36	12	19	5	104	57	25	22
Mar...	202	88	41	73	85	42	19	24	28	8	13	7	89	38	9	42
Apr...	311	153	84	74	194	105	65	24	12	10	2	-	105	38	17	50
May...	387	102	189	96	175	50	107	18	32	-	23	9	180	52	59	69
Jun...	419	161	161	97	196	85	79	32	22	9	12	1	201	67	70	64
Jul...	473	141	222	110	317	94	170	53	21	4	10	7	135	43	42	50
Aug...	487	133	186	168	254	91	112	51	36	3	20	13	197	39	54	104
Sep...	233	33	138	62	94	7	71	16	22	8	12	2	117	18	55	44
Oct...	263	6	183	74	140	-	110	30	25	4	18	3	98	2	55	41
Nov...	281	23	137	121	132	1	69	62	29	12	14	3	120	10	54	56
Dec...	324	28	151	145	205	18	110	77	11	3	5	3	108	7	36	65
1945																
Jan...	189	2	88	99	88	-	46	42	20	2	-	9	81	-	33	48
Feb...	273	4	166	103	147	-	108	39	19	-	14	5	107	4	44	59
Mar...	284	21	170	93	149	7	93	49	25	1	21	3	110	13	56	41
Apr...	246	7	151	88	83	-	65	18	20	-	14	6	143	7	72	64
May...	17	-	10	7	14	-	9	5	-	-	-	-	3	-	1	2

Table 161 — AIRPLANE LOSSES ON COMBAT MISSIONS IN PACIFIC OCEAN AREAS, BY TYPE OF AIRPLANE AND BY CAUSE OF LOSS: JUN 1942 TO AUG 1945

Year and Month	All Types				Heavy Bomber				Medium & Light Bomber				Fighter			
	Total	Enemy Aircraft	Anti-Aircraft	Other Causes	Total	Enemy Aircraft	Anti-Aircraft	Other Causes	Total	Enemy Aircraft	Anti-Aircraft	Other Causes	Total	Enemy Aircraft	Anti-Aircraft	Other Causes
Grand Total...	378	81	105	192	97	40	24	33	37	8	14	15	244	33	67	144
Annually																
1942 (Jun-Dec)	13	7	-	6	6	2	-	4	4	4	-	-	3	1	-	2
1943.....	25	19	1	5	23	17	1	5	-	-	-	-	2	2	-	-
1944.....	116	29	38	49	38	14	9	15	31	4	13	14	47	11	16	20
1945 (Jan-Aug)	224	26	66	132	30	7	14	9	2	-	1	1	192	19	51	122
Monthly																
1942																
Jun....	7	6	-	1	3	2	-	1	4	4	-	-	-	-	-	-
Jul....	2	-	-	2	1	-	-	1	-	-	-	-	1	-	-	1
Aug....	-	-	-	-	-	-	-	-	-	-	-	-	-	-	-	-
Sep....	-	-	-	-	-	-	-	-	-	-	-	-	-	-	-	-
Oct....	1	1	-	-	-	-	-	-	-	-	-	-	1	1	-	-
Nov....	2	-	-	2	1	-	-	1	-	-	-	-	1	-	-	1
Dec....	1	-	-	1	1	-	-	1	-	-	-	-	-	-	-	-
1943																
Jan....	-	-	-	-	-	-	-	-	-	-	-	-	-	-	-	-
Feb....	-	-	-	-	-	-	-	-	-	-	-	-	-	-	-	-
Mar....	-	-	-	-	-	-	-	-	-	-	-	-	-	-	-	-
Apr....	2	2	-	-	2	2	-	-	-	-	-	-	-	-	-	-
May....	1	1	-	-	1	1	-	-	-	-	-	-	-	-	-	-
Jun....	2	2	-	-	2	2	-	-	-	-	-	-	-	-	-	-
Jul....	2	2	-	-	2	2	-	-	-	-	-	-	-	-	-	-
Aug....	-	-	-	-	-	-	-	-	-	-	-	-	-	-	-	-
Sep....	2	2	-	-	1	1	-	-	-	-	-	-	1	1	-	-
Oct....	-	-	-	-	-	-	-	-	-	-	-	-	-	-	-	-
Nov....	4	2	-	2	4	2	-	2	-	-	-	-	-	-	-	-
Dec....	12	8	1	3	11	7	1	3	-	-	-	-	1	1	-	-
1944																
Jan....	35	10	11	14	8	3	-	5	12	1	6	5	15	6	5	4
Feb....	22	6	8	8	5	3	-	2	9	1	2	6	8	2	6	-
Mar....	5	2	-	3	-	-	-	-	3	2	-	1	2	-	-	2
Apr....	7	2	5	-	7	2	5	-	-	-	-	-	-	-	-	-
May....	5	-	3	2	4	-	2	2	1	-	1	-	-	-	-	-
Jun....	8	1	5	2	1	-	1	-	3	-	3	-	4	1	1	2
Jul....	9	2	2	5	3	1	1	1	1	-	-	1	5	1	1	3
Aug....	10	2	3	5	3	2	-	1	2	-	1	1	5	-	2	3
Sep....	5	1	-	4	3	1	-	2	-	-	-	-	2	-	-	2
Oct....	3	2	1	-	2	2	-	-	-	-	-	-	1	-	1	-
Nov....	2	1	-	1	-	-	-	-	-	-	-	-	2	1	-	1
Dec....	5	-	-	5	2	-	-	2	-	-	-	-	3	-	-	3
1945																
Jan....	15	1	3	11	6	-	3	3	-	-	-	-	9	1	-	8
Feb....	11	5	1	5	4	2	1	1	-	-	-	-	7	3	-	4
Mar....	9	1	1	7	2	-	-	2	-	-	-	-	7	1	1	5
Apr....	30	2	4	24	-	-	-	-	-	-	-	-	30	2	4	24
May....	32	2	17	13	3	-	3	-	-	-	-	-	29	2	14	13
Jun....	63	6	9	48	3	-	2	1	-	-	-	-	60	6	7	47
Jul....	64	9	31	24	12	5	5	2	2	-	1	1	50	4	25	21
Aug....	-	-	-	-	-	-	-	-	-	-	-	-	-	-	-	-

Table 162— AIRPLANE LOSSES ON COMBAT MISSIONS OF FAR EAST AIR FORCES, BY TYPE OF AIRPLANE AND BY CAUSE OF LOSS: JAN 1942 TO AUG 1945

Year and Month	All Types				Heavy Bomber				Medium & Light Bomber				Fighter			
	Total	Enemy Aircraft	Anti-Aircraft	Other Causes	Total	Enemy Aircraft	Anti-Aircraft	Other Causes	Total	Enemy Aircraft	Anti-Aircraft	Other Causes	Total	Enemy Aircraft	Anti-Aircraft	Other Causes
Grand Total...	2,494	942	546	1,006	513	231	98	184	633	128	261	244	1,348	583	187	578
Annually																
1942.....	276	264	6	6	45	37	4	4	41	39	2	-	190	188	-	2
1943.....	539	395	25	119	129	104	7	18	117	58	13	46	293	233	5	55
1944.....	910	216	245	449	212	77	51	84	234	11	110	113	464	128	84	252
1945 (Jan-Aug)	769	67	270	432	127	13	36	78	241	20	136	85	401	34	98	269
Monthly																
1942																
Jan....	5	2	-	3	5	2	-	3	-	-	-	-	-	-	-	-
Feb....	46	45	-	1	2	1	-	1	-	-	-	-	44	44	-	-
Mar....	12	12	-	-	-	-	-	-	-	-	-	-	12	12	-	-
Apr....	3	3	-	-	-	-	-	-	3	3	-	-	-	-	-	-
May....	49	48	-	1	2	2	-	-	14	14	-	-	33	32	-	1
Jun....	32	32	-	-	2	2	-	-	2	2	-	-	28	28	-	-
Jul....	16	16	-	-	1	1	-	-	4	4	-	-	11	11	-	-
Aug....	24	23	1	-	10	9	1	-	3	3	-	-	11	11	-	-
Sep....	25	23	2	-	13	11	2	-	2	2	-	-	10	10	-	-
Oct....	3	3	-	-	1	1	-	-	2	2	-	-	-	-	-	-
Nov....	44	43	1	-	4	4	-	-	8	7	1	-	32	32	-	-
Dec....	17	14	2	1	5	4	1	-	3	2	1	-	9	8	-	1
1943																
Jan....	23	14	6	3	6	4	-	2	8	4	4	-	9	6	2	1
Feb....	22	19	2	1	10	9	1	-	1	1	-	-	11	9	1	1
Mar....	15	13	1	1	4	3	-	1	4	4	-	-	7	6	1	-
Apr....	28	27	-	1	11	11	-	-	1	-	-	1	16	16	-	-
May....	18	16	-	2	9	8	-	1	3	2	-	1	6	6	-	-
Jun....	36	23	2	11	11	7	2	2	9	4	-	5	16	12	-	4
Jul....	84	65	1	18	25	23	-	2	15	4	1	10	44	38	-	6
Aug....	58	31	2	25	11	7	1	3	10	5	1	4	37	19	-	18
Sep....	50	36	1	13	5	5	-	-	14	6	1	7	31	25	-	6
Oct....	66	48	2	16	13	10	1	2	16	8	1	7	37	30	-	7
Nov....	84	68	3	13	14	12	-	2	24	17	2	5	46	39	1	6
Dec....	55	35	5	15	10	5	2	3	12	3	3	6	33	27	-	6
1944																
Jan....	85	49	16	20	13	8	-	5	21	6	12	3	51	35	4	12
Feb..	53	4	15	34	4	-	1	3	18	-	14	4	31	4	-	27
Mar....	94	27	15	52	22	10	2	10	28	1	8	19	44	16	5	23
Apr....	87	11	21	55	21	6	3	12	35	-	8	27	31	5	10	16
May....	46	7	16	23	12	4	5	3	19	-	8	11	15	3	3	9
Jun....	66	16	18	32	23	8	5	10	24	2	12	10	19	6	1	12
Jul....	45	10	10	25	15	5	1	9	12	-	8	4	18	5	1	12
Aug....	31	3	8	20	8	1	1	6	11	-	4	7	12	2	3	7
Sep....	54	5	18	31	14	4	4	6	11	1	4	6	29	-	10	19
Oct....	88	9	30	49	30	7	15	8	15	-	7	8	43	2	8	33
Nov....	157	59	44	54	40	24	12	4	19	1	14	4	98	34	18	46
Dec....	104	16	34	54	10	-	2	8	21	-	11	10	73	16	21	36
1945																
Jan....	134	4	57	73	13	1	5	7	55	-	34	21	66	3	18	45
Feb....	101	12	35	54	8	2	1	5	31	3	15	13	62	7	19	36
Mar....	112	7	40	65	16	1	3	12	46	1	29	16	50	5	8	37
Apr....	101	15	39	47	17	3	6	8	30	1	21	8	54	11	12	31
May....	104	9	35	60	23	3	9	11	29	6	14	9	52	-	12	40
Jun....	85	12	15	58	27	3	4	20	14	6	2	6	44	3	9	32
Jul....	49	2	17	30	13	-	4	9	14	1	8	5	22	1	5	16
Aug....	83	6	32	45	10	-	4	6	22	2	13	7	51	4	15	32

Table 163—AIRPLANE LOSSES ON COMBAT MISSIONS IN CHINA & INDIA-BURMA, BY TYPE OF AIRPLANE AND BY CAUSE OF LOSS: APR 1942 TO AUG 1945

Year and Month	All Types				Heavy Bomber				Medium & Light Bomber				Fighter			
	Total	Enemy Aircraft	Anti-Aircraft	Other Causes	Total	Enemy Aircraft	Anti-Aircraft	Other Causes	Total	Enemy Aircraft	Anti-Aircraft	Other Causes	Total	Enemy Aircraft	Anti-Aircraft	Other Causes
Grand Total	1,076	382	267	427	140	44	27	69	162	43	32	87	774	295	208	271
Annually																
1942 (Apr-Dec)	35	29	-	6	4	2	-	2	7	7	-	-	24	20	-	4
1943	217	139	13	65	44	30	1	13	27	15	2	10	146	94	10	42
1944	532	187	123	222	71	12	19	40	90	18	18	54	371	157	86	128
1945 (Jan-Aug)	292	27	131	134	21	-	7	14	38	3	12	23	233	24	112	97
Monthly																
1942																
Apr	1	-	-	1	1	-	-	1	-	-	-	-	-	-	-	-
May	1	-	-	1	1	-	-	1	-	-	-	-	-	-	-	-
Jun	6	6	-	-	1	1	-	-	5	5	-	-	-	-	-	-
Jul	4	4	-	-	-	-	-	-	1	1	-	-	3	3	-	-
Aug	2	2	-	-	-	-	-	-	-	-	-	-	2	2	-	-
Sep	1	1	-	-	-	-	-	-	-	-	-	-	1	1	-	-
Oct	7	7	-	-	-	-	-	-	1	1	-	-	6	6	-	-
Nov	11	7	-	4	1	1	-	-	-	-	-	-	10	6	-	4
Dec	2	2	-	-	-	-	-	-	-	-	-	-	2	2	-	-
1943																
Jan	1	1	-	-	-	-	-	-	-	-	-	-	1	1	-	-
Feb	3	1	2	-	-	-	-	-	-	-	-	-	3	1	2	-
Mar	6	3	2	1	2	2	-	-	-	-	-	-	4	1	2	1
Apr	6	5	1	-	1	1	-	-	-	-	-	-	5	4	1	-
May	10	6	-	4	2	1	-	1	6	3	-	3	2	2	-	-
Jun	18	10	-	8	1	-	-	1	1	1	-	-	16	9	-	7
Jul	16	14	-	2	2	1	-	1	1	1	-	-	13	12	-	1
Aug	26	15	1	10	6	4	-	2	2	2	-	-	18	9	1	8
Sep	15	13	-	2	4	3	-	1	3	3	-	-	8	7	-	1
Oct	29	22	1	6	4	3	-	1	5	4	-	1	20	15	1	4
Nov	34	25	3	6	17	13	1	3	2	-	1	1	15	12	1	2
Dec	53	24	3	26	5	2	-	3	7	1	1	5	41	21	2	18
1944																
Jan	25	6	1	18	8	1	-	7	4	-	1	3	13	5	-	8
Feb	36	14	2	20	3	-	-	3	12	1	-	11	21	13	2	6
Mar	39	19	5	15	-	-	-	-	17	4	4	9	22	15	1	6
Apr	33	4	12	17	7	1	4	2	8	-	4	4	18	3	4	11
May	45	22	11	12	11	1	6	4	8	5	1	2	26	16	4	6
Jun	50	17	8	25	7	-	1	6	7	-	1	6	36	17	6	13
Jul	52	23	9	20	7	-	-	7	6	2	-	4	39	21	9	9
Aug	47	13	19	15	6	2	4	-	6	-	2	4	35	11	13	11
Sep	46	16	12	18	3	-	1	2	9	3	2	4	34	13	9	12
Oct	50	18	15	17	5	3	-	2	8	1	2	5	37	14	13	10
Nov	50	16	14	20	6	1	1	4	1	1	-	-	43	14	13	16
Dec	59	19	15	25	8	3	2	3	4	1	1	2	47	15	12	20
1945																
Jan	67	13	32	22	4	-	-	4	10	-	4	6	53	13	28	12
Feb	48	4	15	29	2	-	-	2	8	-	-	8	38	4	15	19
Mar	51	3	26	22	6	-	2	4	7	1	4	2	38	2	20	16
Apr	54	5	22	27	5	-	3	2	6	1	1	4	43	4	18	21
May	25	1	14	10	4	-	2	2	4	1	2	1	17	-	10	7
Jun	21	-	11	10	-	-	-	-	2	-	1	1	19	-	10	9
Jul	24	1	11	12	-	-	-	-	1	-	-	1	23	1	11	11
Aug	2	-	-	2	-	-	-	-	-	-	-	-	2	-	-	2

Table 164— AIRPLANE LOSSES ON COMBAT MISSIONS IN ALASKA, BY TYPE OF AIRPLANE AND BY CAUSE OF LOSS: JUN 1942 TO AUG 1945

Year and Month	All Types				Heavy Bomber				Medium & Light Bomber				Fighter			
	Total	Enemy Aircraft	Anti-Aircraft	Other Causes	Total	Enemy Aircraft	Anti-Aircraft	Other Causes	Total	Enemy Aircraft	Anti-Aircraft	Other Causes	Total	Enemy Aircraft	Anti-Aircraft	Other Causes
Grand Total...	88	39	24	25	33	17	6	10	32	8	13	11	23	14	5	4
Annually																
1942(Jun-Dec)	17	10	4	3	9	6	2	1	2	1	1	-	6	3	1	2
1943.....	38	23	7	8	12	8	2	2	11	6	1	4	15	9	4	2
1944.....	18	5	4	9	7	2	1	4	9	1	3	5	2	2	-	-
1945(Jan-Aug)	15	1	9	5	5	1	1	3	10	-	8	2	-	-	-	-
Monthly																
1942																
Jun....	2	2	-	-	2	2	-	-	-	-	-	-	-	-	-	-
Jul....	3	3	-	-	3	3	-	-	-	-	-	-	-	-	-	-
Aug....	2	1	1	-	2	1	1	-	-	-	-	-	-	-	-	-
Sep....	4	1	1	2	1	-	1	-	-	-	-	-	3	1	-	2
Oct....	5	3	2	-	-	-	-	-	2	1	1	-	3	2	1	-
Nov....	-	-	-	-	-	-	-	-	-	-	-	-	-	-	-	-
Dec....	1	-	-	1	1	-	-	1	-	-	-	-	-	-	-	-
1943																
Jan....	3	3	-	-	-	-	-	-	1	1	-	-	2	2	-	-
Feb....	-	-	-	-	-	-	-	-	-	-	-	-	-	-	-	-
Mar....	3	2	1	-	1	-	1	-	1	1	-	-	1	1	-	-
Apr....	4	2	2	-	2	1	1	-	-	-	-	-	2	1	1	-
May....	8	5	1	2	2	2	-	-	-	-	-	-	6	3	1	2
Jun....	3	3	-	-	1	1	-	-	-	-	-	-	2	2	-	-
Jul....	5	2	3	-	1	1	-	-	2	1	1	-	2	-	2	-
Aug....	2	2	-	-	2	2	-	-	-	-	-	-	-	-	-	-
Sep....	10	4	-	6	3	1	-	2	7	3	-	4	-	-	-	-
Oct....	-	-	-	-	-	-	-	-	-	-	-	-	-	-	-	-
Nov....	-	-	-	-	-	-	-	-	-	-	-	-	-	-	-	-
Dec....	-	-	-	-	-	-	-	-	-	-	-	-	-	-	-	-
1944																
Jan....	-	-	-	-	-	-	-	-	-	-	-	-	-	-	-	-
Feb....	3	2	-	1	1	-	-	1	-	-	-	-	2	2	-	-
Mar....	-	-	-	-	-	-	-	-	-	-	-	-	-	-	-	-
Apr....	-	-	-	-	-	-	-	-	-	-	-	-	-	-	-	-
May....	1	-	1	-	-	-	-	-	1	-	1	-	-	-	-	-
Jun....	-	-	-	-	-	-	-	-	-	-	-	-	-	-	-	-
Jul....	-	-	-	-	-	-	-	-	-	-	-	-	-	-	-	-
Aug....	1	-	-	1	1	-	-	1	-	-	-	-	-	-	-	-
Sep....	4	-	-	4	2	-	-	2	2	-	-	2	-	-	-	-
Oct....	2	-	1	1	-	-	-	-	2	-	1	1	-	-	-	-
Nov....	3	2	1	-	1	1	-	-	2	1	1	-	-	-	-	-
Dec....	4	1	1	2	2	1	1	-	2	-	-	2	-	-	-	-
1945																
Jan....	2	1	-	1	2	1	-	1	-	-	-	-	-	-	-	-
Feb....	-	-	-	-	-	-	-	-	-	-	-	-	-	-	-	-
Mar....	-	-	-	-	-	-	-	-	-	-	-	-	-	-	-	-
Apr....	-	-	-	-	-	-	-	-	-	-	-	-	-	-	-	-
May....	7	-	6	1	2	-	1	1	5	-	5	-	-	-	-	-
Jun....	3	-	2	1	1	-	-	1	2	-	2	-	-	-	-	-
Jul....	3	-	1	2	-	-	-	-	3	-	1	2	-	-	-	-
Aug....	-	-	-	-	-	-	-	-	-	-	-	-	-	-	-	-

Table 165—AIRPLANE LOSSES ON COMBAT MISSIONS OF TWENTIETH AIR FORCE, BY TYPE OF AIRPLANE AND BY CAUSE OF LOSS: JUN 1944 TO AUG 1945

Year and Month	All Types					Very Heavy Bomber				
						XX Bomber Command				
	Total	Enemy Aircraft	Anti-Aircraft	Enemy Aircraft and Anti-Aircraft	Other Causes	Total	Enemy Aircraft	Anti-Aircraft	Enemy Aircraft and Anti-Aircraft	Other Causes
Grand Total...	494	80	95	19	300	80	22	7	-	51
Annually										
1944(Jun-Dec).	95	24	6	-	65	70	20	5	-	45
1945(Jan-Aug).	399	56	89	19	235	10	2	2	-	6
Monthly										
1944 Jun......	10	1	-	-	9	10	1	-	-	9
Jul......	3	1	-	-	2	3	1	-	-	2
Aug......	14	3	1	-	10	14	3	1	-	10
Sep......	3	1	-	-	2	3	1	-	-	2
Oct......	5	1	-	-	4	5	1	-	-	4
Nov......	23	9	-	-	14	19	8	-	-	11
Dec......	37	8	5	-	24	16	5	4	-	7
1945 Jan......	31	13	-	2	16	4	1	-	-	3
Feb......	30	7	-	-	23	4	1	-	-	3
Mar......	36	-	9	-	27	2	-	2	-	-
Apr......	57	13	11	9	24	-	-	-	-	-
May......	88	8	11	4	65	-	-	-	-	-
Jun......	44	8	12	2	22	-	-	-	-	-
Jul......	54	1	17	2	34	-	-	-	-	-
Aug......	59	6	29	-	24	-	-	-	-	-

Year and Month	Very Heavy Bomber					Fighter				
	XXI Bomber Command									
	Total	Enemy Aircraft	Anti-Aircraft	Enemy Aircraft and Anti-Aircraft	Other Causes	Total	Enemy Aircraft	Anti-Aircraft	Enemy Aircraft and Anti-Aircraft	Other Causes
Grand Total...	334	52	47	19	216	80	6	41	-	33
Annually										
1944(Jun-Dec).	25	4	1	-	20	-	-	-	-	-
1945(Jan-Aug).	309	48	46	19	196	80	6	41	-	33
Monthly										
1944 Jun......	-	-	-	-	-	-	-	-	-	-
Jul......	-	-	-	-	-	-	-	-	-	-
Aug......	-	-	-	-	-	-	-	-	-	-
Sep......	-	-	-	-	-	-	-	-	-	-
Oct......	-	-	-	-	-	-	-	-	-	-
Nov......	4	1	-	-	3	-	-	-	-	-
Dec......	21	3	1	-	17	-	-	-	-	-
1945 Jan......	27	12	-	2	13	-	-	-	-	-
Feb......	26	6	-	-	20	-	-	-	-	-
Mar......	34	-	7	-	27	-	-	-	-	-
Apr......	57	13	11	9	24	-	-	-	-	-
May......	88	8	11	4	65	-	-	-	-	-
Jun......	44	8	12	2	22	-	-	-	-	-
Jul......	22	-	2	2	18	32	1	15	-	16
Aug......	11	1	3	-	7	48	5	26	-	17

Table 166— ENEMY AIRCRAFT DESTROYED, BY THEATER: FEB 1942 TO AUG 1945

Year and Month	Total	Theaters vs Germany			Theaters vs Japan					
		Total	ETO	MTO	Total	POA	FEAF	C & I-B	Alaska	Twentieth Air Force
Grand Total	a/40,259	a/29,916	20,419	a/9,497	a/10,343	794	a/6,298	a/1,913	a/113	1,225
Annually										
1942 (Feb-Dec).	935	327	169	158	608	-	518	53	37	-
1943...........	10,837	7,605	3,865	3,740	3,232	96	2,466	636	34	-
1944...........	19,442	15,664	10,425	5,239	3,778	226	2,518	772	8	254
1945 (Jan-Aug).	8,477	6,251	5,960	291	2,226	472	416	361	6	971
Monthly										
1942										
Feb.........	27	-	-	-	27	-	27	-	-	-
Mar.........	25	-	-	-	25	-	25	-	-	-
Apr.........	18	-	-	-	18	-	18	-	-	-
May.........	36	-	-	-	36	-	36	-	-	-
Jun.........	41	-	-	-	41	-	33	-	8	-
Jul.........	33	2	-	2	31	-	18	13	-	-
Aug.........	83	3	3	-	80	-	75	3	2	-
Sep.........	75	17	16	1	58	-	48	5	5	-
Oct.........	167	92	49	43	75	-	46	16	13	-
Nov.........	170	83	47	36	87	-	76	3	8	-
Dec.........	260	130	54	76	130	-	116	13	1	-
1943										
Jan.........	353	244	50	194	109	-	101	8	-	-
Feb.........	322	217	74	143	105	-	72	26	7	-
Mar.........	450	353	142	211	97	-	86	9	2	-
Apr.........	740	673	150	523	67	-	50	17	-	-
May.........	852	730	380	350	122	-	35	81	6	-
Jun.........	697	578	311	267	119	-	108	11	-	-
Jul.........	1,081	888	575	313	193	18	120	55	-	-
Aug.........	1,567	1,059	457	602	508	-	416	86	6	-
Sep.........	1,116	786	303	483	330	8	247	62	13	-
Oct.........	1,902	1,160	870	290	742	1	676	65	-	-
Nov.........	778	397	222	175	381	10	291	72	-	-
Dec.........	979	520	331	189	459	51	264	144	-	-
1944										
Jan.........	1,369	1,115	795	320	254	56	192	6	-	-
Feb.........	1,340	1,118	741	377	222	-	210	12	-	-
Mar.........	1,629	1,217	910	307	412	4	306	102	-	-
Apr.........	2,566	2,249	1,291	958	317	2	214	101	-	-
May.........	1,924	1,752	1,220	532	172	4	91	77	-	-
Jun.........	1,489	1,225	663	562	264	7	237	20	-	-
Jul.........	1,689	1,533	661	872	156	19	82	55	-	-
Aug.........	1,763	1,611	1,013	598	152	19	68	46	1	18
Sep.........	1,482	1,342	1,091	251	140	12	71	37	1	19
Oct.........	941	612	353	259	329	8	190	53	2	76
Nov.........	1,323	788	702	86	535	14	421	52	4	44
Dec.........	1,927	1,102	985	117	825	81	436	211	-	97
1945										
Jan.........	1,014	473	465	8	541	7	161	217	5	151
Feb.........	683	488	460	28	195	7	57	56	-	75
Mar.........	1,024	895	750	145	129	2	67	44	-	16
Apr.........	4,878	4,367	4,257	110	511	94	59	37	-	321
May.........	305	28	28	-	277	92	14	1	-	170
Jun.........	291	-	-	-	291	141	8	5	1	136
Jul.........	161	-	-	-	161	112	11	1	-	37
Aug.........	121	-	-	-	121	17	39	-	-	65

a/ Includes 568 enemy aircraft destroyed, whose destruction cannot be allocated to specific months: 69 in theaters vs Germany (MTO), 499 in theaters vs Japan (FEAF - 380, C & I-B - 91, Alaska - 28).

Table 167—ENEMY AIRCRAFT DESTROYED IN EUROPEAN THEATER OF OPERATIONS, BY TYPE OF AAF AIRPLANE: AUG 1942 TO MAY 1945

Year and Month	By All Types			By Heavy Bombers			By Medium & Light Bombers			By Fighters		
	Total	In the Air	On the Ground	Total	In the Air	On the Ground	Total	In the Air	On the Ground	Total	In the Air	On the Ground
Grand Total..	20,419	13,623	6,796	6,098	6,098	-	103	103	-	14,218	7,422	6,796
Annually												
1942(Aug-Dec)	169	169	-	162	162	-	-	-	-	7	7	-
1943.........	3,865	3,865	-	3,381	3,381	-	33	33	-	451	451	-
1944.........	10,425	8,050	2,375	2,398	2,398	-	50	50	-	7,977	5,602	2,375
1945(Jan-May)	5,960	1,539	4,421	157	157	-	20	20	-	5,783	1,362	4,421
Monthly												
1942 Aug.....	3	3	-	2	2	-	-	-	-	1	1	-
Sep.....	16	16	-	16	16	-	-	-	-	-	-	-
Oct.....	49	49	-	44	44	-	-	-	-	5	5	-
Nov.....	47	47	-	47	47	-	-	-	-	-	-	-
Dec.....	54	54	-	53	53	-	-	-	-	1	1	-
1943 Jan.....	50	50	-	45	45	-	-	-	-	5	5	-
Feb.....	74	74	-	72	72	-	-	-	-	2	2	-
Mar.....	142	142	-	142	142	-	-	-	-	-	-	-
Apr.....	150	150	-	146	146	-	-	-	-	4	4	-
May.....	380	380	-	372	372	-	-	-	-	8	8	-
Jun.....	311	311	-	293	293	-	-	-	-	18	18	-
Jul.....	575	575	-	527	527	-	6	6	-	42	42	-
Aug.....	457	457	-	401	401	-	3	3	-	53	53	-
Sep.....	303	303	-	255	255	-	10	10	-	38	38	-
Oct.....	870	870	-	791	791	-	3	3	-	76	76	-
Nov.....	222	222	-	106	106	-	11	11	-	105	105	-
Dec.....	331	331	-	231	231	-	-	-	-	100	100	-
1944 Jan.....	795	795	-	582	582	-	10	10	-	203	203	-
Feb.....	741	740	1	397	397	-	2	2	-	342	341	1
Mar.....	910	834	76	363	363	-	2	2	-	545	469	76
Apr.....	1,291	764	527	346	346	-	-	-	-	945	418	527
May.....	1,220	978	242	380	380	-	2	2	-	838	596	242
Jun.....	663	515	148	42	42	-	3	3	-	618	470	148
Jul.....	661	508	153	98	98	-	3	3	-	560	407	153
Aug.....	1,013	576	437	23	23	-	2	2	-	988	551	437
Sep.....	1,091	651	440	65	65	-	-	-	-	1,026	586	440
Oct.....	353	214	139	12	12	-	-	-	-	341	202	139
Nov.....	702	521	181	29	29	-	-	-	-	673	492	181
Dec.....	935	954	31	61	61	-	26	26	-	898	867	31
1945 Jan.....	465	378	87	41	41	-	-	-	-	424	337	87
Feb.....	460	165	295	1	1	-	1	1	-	458	163	295
Mar.....	750	429	321	23	23	-	11	11	-	716	395	321
Apr.....	4,257	554	3,703	92	92	-	8	8	-	4,157	454	3,703
May.....	28	13	15	-	-	-	-	-	-	28	13	15

Table 168 — ENEMY AIRCRAFT DESTROYED IN MEDITERRANEAN THEATER OF OPERATIONS, BY TYPE OF AAF AIRPLANE: JUL 1942 TO MAY 1945

Year and Month	By All Types			By Heavy Bombers			By Medium & Light Bombers			By Fighters		
	Total	In the Air	On the Ground	Total	In the Air	On the Ground	Total	In the Air	On the Ground	Total	In the Air	On the Ground
Grand Total...	a/9,497	a/7,003	a/2,494	3,948	3,178	770	816	510	306	4,664	3,300	1,364
Annually												
1942 (Jul-Dec)	158	123	35	42	36	6	24	6	18	92	81	11
1943..........	3,740	2,968	772	1,549	1,244	305	732	454	278	1,459	1,270	189
1944..........	5,239	3,693	1,546	2,340	1,889	451	54	44	10	2,845	1,760	1,085
1945 (Jan-May)	291	204	87	17	9	8	6	6	-	268	189	79
Monthly												
1942 Jul.....	2	2	-	2	2	-	-	-	-	-	-	-
Aug.....	-	-	-	-	-	-	-	-	-	-	-	-
Sep.....	1	1	-	1	1	-	-	-	-	-	-	-
Oct.....	43	33	10	8	8	-	13	3	10	22	22	-
Nov.....	36	22	14	11	6	5	-	-	-	25	16	9
Dec.....	76	65	11	20	19	1	11	3	8	45	43	2
1943 Jan.....	194	163	31	74	74	-	63	33	30	57	56	1
Feb.....	143	137	6	47	47	-	39	33	6	57	57	-
Mar.....	211	187	24	75	63	12	33	21	12	103	103	-
Apr.....	523	421	102	175	75	100	29	27	2	319	319	-
May.....	350	269	81	114	107	7	71	30	41	165	132	33
Jun.....	267	233	34	98	81	17	42	37	5	127	115	12
Jul.....	313	250	63	138	89	49	50	36	14	125	125	-
Aug.....	602	539	63	308	308	-	114	114	-	180	117	63
Sep.....	483	314	169	166	124	42	178	88	90	139	102	37
Oct.....	290	170	120	117	64	53	67	25	42	106	81	25
Nov.....	175	114	61	106	84	22	42	9	33	27	21	6
Dec.....	189	171	18	131	128	3	4	1	3	54	42	12
1944 Jan.....	320	320	-	135	135	-	15	15	-	170	170	-
Feb.....	377	355	22	249	230	19	14	14	-	114	111	3
Mar.....	307	210	97	179	105	74	8	2	6	120	103	17
Apr.....	958	653	305	631	429	202	-	-	-	327	224	103
May.....	532	432	100	280	242	38	-	-	-	252	190	62
Jun.....	562	511	51	246	226	20	-	-	-	316	285	31
Jul.....	872	713	159	375	336	39	1	1	-	496	376	120
Aug.....	598	273	325	166	122	44	4	-	4	428	151	277
Sep.....	251	31	220	18	13	5	-	-	-	233	18	215
Oct.....	259	62	197	-	-	-	2	2	-	257	60	197
Nov.....	86	44	42	13	3	10	7	7	-	66	34	32
Dec.....	117	89	28	48	48	-	3	3	-	66	38	28
1945 Jan.....	8	8	-	-	-	-	-	-	-	8	8	-
Feb.....	28	9	19	-	-	-	1	1	-	27	8	19
Mar.....	145	119	26	17	9	8	5	5	-	123	105	18
Apr.....	110	68	42	-	-	-	-	-	-	110	68	42
May.....	-	-	-	-	-	-	-	-	-	-	-	-

a/ Includes 69 enemy aircraft destroyed, 15 in the air and 54 on the ground, by unidentified AAF airplanes.

Table 169 — ENEMY AIRCRAFT DESTROYED IN PACIFIC OCEAN AREAS, BY TYPE OF AAF AIRPLANE: JUL 1943 TO AUG 1945

Year and Month	By All Types			By Heavy Bombers			By Medium & Light Bombers			By Fighters		
	Total	In the Air	On the Ground	Total	In the Air	On the Ground	Total	In the Air	On the Ground	Total	In the Air	On the Ground
Grand Total...	794	575	219	267	183	84	26	22	4	501	370	131
Annually												
1943 (Jul-Dec)	96	87	9	81	81	-	-	-	-	15	6	9
1944	226	150	76	163	90	73	22	22	-	41	38	3
1945 (Jan-Aug)	472	338	134	23	12	11	4	-	4	445	326	119
Monthly												
1943 Jul......	18	18	-	18	18	-	-	-	-	-	-	-
Aug......	-	-	-	-	-	-	-	-	-	-	-	-
Sep......	8	8	-	8	8	-	-	-	-	-	-	-
Oct......	1	1	-	-	-	-	-	-	-	1	1	-
Nov......	18	18	-	18	18	-	-	-	-	-	-	-
Dec......	51	42	9	37	37	-	-	-	-	14	5	9
1944 Jan......	56	46	10	26	16	10	18	18	-	12	12	-
Feb......	-	-	-	-	-	-	-	-	-	-	-	-
Mar......	4	4	-	-	-	-	4	4	-	-	-	-
Apr......	2	2	-	2	2	-	-	-	-	-	-	-
May......	4	4	-	4	4	-	-	-	-	-	-	-
Jun......	7	6	1	5	5	-	-	-	-	2	1	1
Jul......	19	19	-	17	17	-	-	-	-	2	2	-
Aug......	19	17	2	19	17	2	-	-	-	-	-	-
Sep......	12	12	-	12	12	-	-	-	-	-	-	-
Oct......	8	8	-	7	7	-	-	-	-	1	1	-
Nov......	14	13	1	2	1	1	-	-	-	12	12	-
Dec......	81	19	62	69	9	60	-	-	-	12	10	2
1945 Jan......	7	7	-	4	4	-	-	-	-	3	3	-
Feb......	7	7	-	2	2	-	-	-	-	5	5	-
Mar......	2	2	-	-	-	-	-	-	-	2	2	-
Apr......	94	71	23	-	-	-	-	-	-	94	71	23
May......	92	88	4	1	-	1	-	-	-	91	88	3
Jun......	141	113	28	-	-	-	-	-	-	141	113	28
Jul......	112	47	65	3	3	-	-	-	-	109	44	65
Aug......	17	3	14	13	3	10	4	-	4	-	-	-

Table 170—ENEMY AIRCRAFT DESTROYED BY FAR EAST AIR FORCES, BY TYPE OF AAF AIRPLANE: FEB 1942 TO AUG 1945

Year and Month	By All Types			By Heavy Bombers			By Medium & Light Bombers			By Fighters		
	Total	In the Air	On the Ground	Total	In the Air	On the Ground	Total	In the Air	In the Ground	Total	In the Air	On the Ground
Grand Total...	a/6,298	a/4,502	a/1,796	1,964	1,344	620	946	231	715	3,008	2,709	299
Annually												
1942 (Feb-Dec)	518	439	79	231	205	26	75	44	31	212	190	22
1943	2,466	1,927	539	636	547	89	575	147	428	1,255	1,233	22
1944	2,518	1,729	789	993	580	413	251	29	222	1,274	1,120	154
1945 (Jan-Aug)	416	189	227	104	12	92	45	11	34	267	166	101
Monthly												
1942 Feb	27	27	-	7	7	-	-	-	-	20	20	-
Mar	25	19	6	11	7	4	-	-	-	14	12	2
Apr	18	9	9	-	-	-	4	-	4	14	9	5
May	36	29	7	-	-	-	22	15	7	14	14	-
Jun	33	30	3	5	2	3	8	8	-	20	20	-
Jul	18	18	-	12	12	-	2	2	-	4	4	-
Aug	75	58	17	31	29	2	3	3	-	41	26	15
Sep	48	29	19	31	29	2	17	-	17	-	-	-
Oct	46	34	12	36	26	10	4	2	2	6	6	-
Nov	76	76	-	38	38	-	13	13	-	25	25	-
Dec	116	110	6	60	55	5	2	1	1	54	54	-
1943 Jan	101	96	5	57	55	2	3	-	3	41	41	-
Feb	72	67	5	26	23	3	2	-	2	44	44	-
Mar	86	86	-	48	48	-	-	-	-	38	38	-
Apr	50	44	6	23	23	-	7	1	6	20	20	-
May	35	31	4	22	20	2	2	-	2	11	11	-
Jun	108	106	2	21	21	-	1	-	1	86	85	1
Jul	120	118	2	13	12	1	3	2	1	104	104	-
Aug	416	241	175	117	95	22	169	16	153	130	130	-
Sep	247	247	-	79	79	-	14	14	-	154	154	-
Oct	676	414	262	146	105	41	284	75	209	246	234	12
Nov	291	217	74	47	30	17	78	30	48	166	157	9
Dec	264	260	4	37	36	1	12	9	3	215	215	-
1944 Jan	192	166	26	78	68	10	12	1	11	102	97	5
Feb	210	78	132	64	14	50	73	3	70	73	61	12
Mar	306	175	131	200	74	126	4	3	1	102	98	4
Apr	214	123	91	122	90	32	59	-	59	33	33	-
May	91	52	39	32	22	10	24	-	24	35	30	5
Jun	237	184	53	139	109	30	33	14	19	65	61	4
Jul	82	77	5	57	57	-	5	-	5	20	20	-
Aug	68	19	49	24	2	22	21	2	19	23	15	8
Sep	71	33	38	50	17	33	8	4	4	13	12	1
Oct	190	163	27	100	86	14	2	1	1	88	76	12
Nov	421	306	115	74	29	45	8	1	7	339	276	63
Dec	436	353	83	53	12	41	2	-	2	381	341	40
1945 Jan	161	60	101	19	2	17	27	-	27	115	58	57
Feb	57	21	36	19	-	19	-	-	-	38	21	17
Mar	67	48	19	8	-	8	17	10	7	42	38	4
Apr	59	16	43	30	5	25	-	-	-	29	11	18
May	14	7	7	7	3	4	1	1	-	6	3	3
Jun	8	5	3	5	2	3	-	-	-	3	3	-
Jul	11	9	2	2	-	2	-	-	-	9	9	-
Aug	39	23	16	14	-	14	-	-	-	25	23	2

a/ Includes 380 enemy aircraft destroyed, 218 in the air and 162 on the ground, by unidentified AAF Airplanes.

Table 171 — ENEMY AIRCRAFT DESTROYED IN CHINA & INDIA — BURMA, BY TYPE OF AAF AIRPLANE: JUL 1942 TO AUG 1945

Year and Month	By All Types			By Heavy Bombers			By Medium & Light Bombers			By Fighters		
	Total	In the Air	On the Ground	Total	In the Air	On the Ground	Total	In the Air	On the Ground	Total	In the Air	On the Ground
Grand Total...	a/1,913	a/1,202	a/711	299	283	16	56	46	10	1,467	847	620
Annually												
1942 (Jul-Dec)	53	53	-	-	-	-	1	1	-	52	52	-
1943..........	636	582	54	280	264	16	31	30	1	325	288	37
1944..........	772	452	320	19	19	-	24	15	9	729	418	311
1945 (Jan-Aug)	361	89	272	-	-	-	-	-	-	361	89	272
Monthly												
1942 Jul......	13	13	-	-	-	-	-	-	-	13	13	-
Aug......	3	3	-	-	-	-	-	-	-	3	3	-
Sep......	5	5	-	-	-	-	-	-	-	5	5	-
Oct......	16	16	-	-	-	-	-	-	-	16	16	-
Nov......	3	3	-	-	-	-	-	-	-	3	3	-
Dec......	13	13	-	-	-	-	1	1	-	12	12	-
1943 Jan......	8	8	-	-	-	-	-	-	-	8	8	-
Feb......	26	11	15	5	2	3	-	-	-	21	9	12
Mar......	9	8	1	9	8	1	-	-	-	-	-	-
Apr......	17	17	-	-	-	-	-	-	-	17	17	-
May......	81	67	14	37	25	12	7	7	-	37	35	2
Jun......	11	11	-	-	-	-	-	-	-	11	11	-
Jul......	55	55	-	15	15	-	5	5	-	35	35	-
Aug......	86	86	-	62	62	-	3	3	-	21	21	-
Sep......	62	61	1	13	13	-	13	13	-	36	35	1
Oct......	65	63	2	55	55	-	1	-	1	9	8	1
Nov......	72	65	7	40	40	-	2	2	-	30	23	7
Dec......	144	130	14	44	44	-	-	-	-	100	86	14
1944 Jan......	6	6	-	-	-	-	-	-	-	6	6	-
Feb......	12	12	-	-	-	-	-	-	-	12	12	-
Mar......	102	55	47	2	2	-	10	1	9	90	52	38
Apr......	101	32	69	3	3	-	6	6	-	92	23	69
May......	77	64	13	-	-	-	2	2	-	75	62	13
Jun......	20	19	1	-	-	-	-	-	-	20	19	1
Jul......	55	49	6	2	2	-	3	3	-	50	44	6
Aug......	46	41	5	11	11	-	-	-	-	35	30	5
Sep......	37	23	14	-	-	-	-	-	-	37	23	14
Oct......	53	27	26	1	1	-	3	3	-	49	23	26
Nov......	52	31	21	-	-	-	-	-	-	52	31	21
Dec......	211	93	118	-	-	-	-	-	-	211	93	118
1945 Jan......	217	56	161	-	-	-	-	-	-	217	56	161
Feb......	56	15	41	-	-	-	-	-	-	56	15	41
Mar......	44	13	31	-	-	-	-	-	-	44	13	31
Apr......	37	2	35	-	-	-	-	-	-	37	2	35
May......	1	1	-	-	-	-	-	-	-	1	1	-
Jun......	5	1	4	-	-	-	-	-	-	5	1	4
Jul......	1	1	-	-	-	-	-	-	-	1	1	-
Aug......	-	-	-	-	-	-	-	-	-	-	-	-

a/ Includes 91 enemy aircraft destroyed, 26 in the air and 65 on the ground, by unidentified AAF airplanes.

Table 172—ENEMY AIRCRAFT DESTROYED IN ALASKA, BY TYPE OF AAF AIRPLANE: JUN 1942 TO AUG 1945

Year and Month	By All Types			By Heavy Bombers			By Medium & Light Bombers			By Fighters		
	Total	In the Air	On the Ground	Total	In the Air	On the Ground	Total	In the Air	On the Ground	Total	In the Air	On the Ground
Grand Total...	a/ 113	a/ 89	a/ 24	29	29	-	9	9	-	47	34	13
Annually												
1942 (Jun-Dec)	37	25	12	4	4	-	-	-	-	33	21	12
1943	34	33	1	18	18	-	2	2	-	14	13	1
1944	8	8	-	3	3	-	5	5	-	-	-	-
1945 (Jan-Aug)	6	6	-	4	4	-	2	2	-	-	-	-
Monthly												
1942 Jun	8	8	-	-	-	-	-	-	-	8	8	-
Jul	-	-	-	-	-	-	-	-	-	-	-	-
Aug	2	2	-	-	-	-	-	-	-	2	2	-
Sep	5	4	1	3	3	-	-	-	-	2	1	1
Oct	13	10	3	1	1	-	-	-	-	12	9	3
Nov	8	-	8	-	-	-	-	-	-	8	-	8
Dec	1	1	-	-	-	-	-	-	-	1	1	-
1943 Jan	-	-	-	-	-	-	-	-	-	-	-	-
Feb	7	7	-	-	-	-	1	1	-	6	6	-
Mar	2	2	-	-	-	-	-	-	-	2	2	-
Apr	-	-	-	-	-	-	-	-	-	-	-	-
May	6	5	1	-	-	-	-	-	-	6	5	1
Jun	-	-	-	-	-	-	-	-	-	-	-	-
Jul	-	-	-	-	-	-	-	-	-	-	-	-
Aug	6	6	-	6	6	-	-	-	-	-	-	-
Sep	13	13	-	12	12	-	1	1	-	-	-	-
Oct	-	-	-	-	-	-	-	-	-	-	-	-
Nov	-	-	-	-	-	-	-	-	-	-	-	-
Dec	-	-	-	-	-	-	-	-	-	-	-	-
1944 Jan	-	-	-	-	-	-	-	-	-	-	-	-
Feb	-	-	-	-	-	-	-	-	-	-	-	-
Mar	-	-	-	-	-	-	-	-	-	-	-	-
Apr	-	-	-	-	-	-	-	-	-	-	-	-
May	-	-	-	-	-	-	-	-	-	-	-	-
Jun	-	-	-	-	-	-	-	-	-	-	-	-
Jul	-	-	-	-	-	-	-	-	-	-	-	-
Aug	1	1	-	1	1	-	-	-	-	-	-	-
Sep	1	1	-	1	1	-	-	-	-	-	-	-
Oct	2	2	-	-	-	-	2	2	-	-	-	-
Nov	4	4	-	1	1	-	3	3	-	-	-	-
Dec	-	-	-	-	-	-	-	-	-	-	-	-
1945 Jan	5	5	-	3	3	-	2	2	-	-	-	-
Feb	-	-	-	-	-	-	-	-	-	-	-	-
Mar	-	-	-	-	-	-	-	-	-	-	-	-
Apr	-	-	-	-	-	-	-	-	-	-	-	-
May	-	-	-	-	-	-	-	-	-	-	-	-
Jun	1	1	-	1	1	-	-	-	-	-	-	-
Jul	-	-	-	-	-	-	-	-	-	-	-	-
Aug	-	-	-	-	-	-	-	-	-	-	-	-

a/ Includes 28 enemy aircraft destroyed, 17 in the air and 11 on the ground, by unidentified AAF airplanes.

Table 173—FLYING TIME OF AIRPLANES IN CONTINENTAL US AND OVERSEAS, BY TYPE OF AIRPLANE: JAN 1943 TO AUG 1945

(In thousands of hours)

Year and Month	Total	Continental US					Overseas			
								Theaters		
		Total	Combat Airplanes	Transports	Trainers	Communications	Total	Combat Airplanes	Non-Combat Airplanes	ATC
Grand Total	107,886	81,367	23,132	7,584	49,060	1,591	26,519	13,821	5,652	7,046
Annually										
1943	35,664	32,099	6,209	1,989	22,977	924	3,565	1,865	669	1,031
1944	47,761	35,755	10,443	3,952	20,871	489	12,006	6,957	2,250	2,799
1945 (Jan-Aug)	24,461	13,513	6,480	1,643	5,212	178	10,948	4,999	2,733	3,216
Monthly										
1943										
Jan	2,070	1,940	258	55	1,552	75	130	53	33	44
Feb	2,158	2,022	292	60	1,600	70	136	45	38	53
Mar	2,326	2,149	341	82	1,665	61	177	64	38	75
Apr	2,533	2,322	399	103	1,756	64	211	96	39	76
May	2,561	2,290	441	127	1,657	65	271	129	41	101
Jun	2,978	2,702	537	168	1,927	70	276	134	51	91
Jul	3,304	2,944	633	207	2,022	82	360	219	57	84
Aug	3,465	3,117	675	213	2,139	90	348	204	63	81
Sep	3,455	3,054	672	223	2,064	95	401	240	68	93
Oct	3,719	3,333	697	230	2,307	99	386	207	78	101
Nov	3,627	3,233	644	265	2,229	95	394	217	74	103
Dec	3,468	2,993	620	256	2,059	58	475	257	89	129
1944										
Jan	4,093	3,524	697	316	2,437	74	569	287	118	164
Feb	3,515	2,935	644	285	1,952	54	580	304	106	170
Mar	4,355	3,620	764	363	2,435	58	735	392	124	219
Apr	4,105	3,224	813	331	2,032	48	881	503	154	224
May	4,758	3,646	994	391	2,209	52	1,112	712	171	229
Jun	4,422	3,324	967	410	1,908	39	1,098	737	173	188
Jul	4,337	3,200	958	396	1,809	37	1,137	724	178	235
Aug	4,216	2,969	971	356	1,605	37	1,247	759	222	266
Sep	3,849	2,681	950	313	1,381	37	1,168	658	265	245
Oct	3,898	2,747	1,015	325	1,384	23	1,151	616	255	280
Nov	3,206	2,049	843	252	936	18	1,157	621	245	291
Dec	3,007	1,836	827	214	783	12	1,171	644	239	288
1945										
Jan	3,270	2,118	932	246	926	14	1,152	571	259	322
Feb	3,000	1,592	768	191	620	13	1,408	772	315	321
Mar	3,766	1,976	987	225	739	25	1,790	1,037	378	375
Apr	3,530	1,713	849	187	653	24	1,817	952	480	385
May	3,157	1,774	861	191	697	25	1,383	560	423	400
Jun	2,872	1,613	789	194	603	27	1,259	457	333	469
Jul	2,800	1,571	753	212	572	29	1,229	391	326	512
Aug	2,066	1,156	536	197	402	21	910	259	219	432

Table 174 — FLYING TIME OF AIRPLANES IN CONTINENTAL US, BY TYPE AND PRINCIPAL MODEL OF AIRPLANE: JAN 1943 TO AUG 1945

(In thousands of hours)

Type and Model	Grand Total	1943	1944	1945 (Jan-Aug)	1943				
					Jan	Feb	Mar	Apr	May
Total..........................	81,367	32,099	35,755	13,513	1,940	2,022	2,149	2,322	2,290
Combat Airplanes................	23,132	6,209	10,443	6,480	258	292	341	399	441
Very Heavy Bombers									
B-29...........................	686	7	149	530	-	-	-	-	-
Heavy Bombers									
Total..........................	9,842	2,541	4,920	2,381	87	99	112	132	148
B-17...........................	5,045	1,387	2,520	1,138	56	67	72	86	89
B-24...........................	4,766	1,153	2,388	1,225	31	32	40	46	59
B-32...........................	12	-	-	12	-	-	-	-	-
Others.........................	19	1	12	6	-	-	-	-	-
Medium Bombers									
Total..........................	4,135	1,279	1,599	1,257	69	76	90	99	102
B-25...........................	2,641	635	998	1,008	32	36	41	49	51
B-26...........................	1,239	463	530	246	22	22	28	31	32
Others.........................	255	181	71	3	15	18	21	19	19
Light Bombers									
Total..........................	1,309	492	503	314	36	34	41	38	44
A-20...........................	451	181	234	36	9	9	9	8	11
A-26...........................	317	-	52	265	-	-	-	-	-
A-36...........................	78	69	9	-	6	9	10	9	10
Others.........................	463	242	208	13	21	16	22	21	23
Fighters									
Total..........................	6,780	1,771	3,155	1,854	54	69	85	116	133
P-38...........................	909	308	364	237	12	16	14	19	25
P-39...........................	648	373	258	17	10	12	15	20	27
P-40...........................	1,748	367	1,014	367	21	25	27	30	23
P-47...........................	2,373	604	1,065	704	9	12	26	40	49
P-51...........................	773	83	287	403	-	-	1	5	7
P-59...........................	5	-	2	3	-	-	-	-	-
P-61...........................	47	1	12	34	-	-	-	-	-
P-63...........................	191	-	106	85	-	-	-	-	-
P-80...........................	1	-	-	1	-	-	-	-	-
Others.........................	85	35	47	3	2	4	2	2	2
Reconnaissance									
Total..........................	380	119	117	144	12	14	13	14	14
F-4, F-5.......................	136	21	52	63	2	3	2	2	1
F-6............................	23	-	4	19	-	-	-	-	-
F-13...........................	12	-	1	11	-	-	-	-	-
Others.........................	209	98	60	51	10	11	11	12	13
Transports									
Total..........................	7,584	1,989	3,952	1,643	55	60	82	103	127
C-54...........................	120	3	32	85	-	-	-	-	-
C-87...........................	40	4	15	21	-	-	-	-	-
C-46...........................	491	35	145	311	-	-	-	-	1
C-47, C-53.....................	2,824	686	1,339	799	36	41	56	51	46
Other Heavy & Medium Transports.	327	147	158	22	4	4	8	10	10
Light Transports...............	3,782	1,114	2,263	405	15	15	18	42	70
Trainers									
Total..........................	49,060	22,977	20,871	5,212	1,552	1,600	1,665	1,756	1,657
Advanced.......................	21,410	7,893	9,407	4,110	531	578	630	651	622
Basic..........................	14,261	7,387	6,501	373	532	539	537	542	499
Primary........................	13,389	7,697	4,963	729	489	483	498	563	536
Communications									
Total..........................	1,591	924	489	178	75	70	61	64	65
Liaison........................	1,581	924	486	171	75	70	61	64	65
Rotary Wing....................	10	-	3	7	-	-	-	-	-

Table 174—FLYING TIME OF AIRPLANES IN CONTINENTAL US, BY TYPE AND PRINCIPAL MODEL OF AIRPLANE: JAN 1943 TO AUG 1945 — Continued

(In thousands of hours)

Type and Model	1943							1944		
	Jun	Jul	Aug	Sep	Oct	Nov	Dec	Jan	Feb	Mar
Total	2,702	2,944	3,117	3,054	3,333	3,233	2,993	3,524	2,935	3,620
Combat Airplanes	537	633	675	672	697	644	620	697	644	764
Very Heavy Bombers										
B-29	-	-	-	1	1	3	2	3	2	1
Heavy Bombers										
Total	181	260	293	317	332	287	293	337	320	366
B-17	100	145	168	168	161	129	146	168	167	180
B-24	81	115	125	149	171	158	146	168	152	185
B-32	-	-	-	-	-	-	-	-	-	-
Others	-	-	-	-	-	-	1	1	1	1
Medium Bombers										
Total	137	137	138	118	113	105	95	110	90	115
B-25	74	68	69	57	57	51	50	60	48	63
B-26	44	51	55	50	46	44	38	42	36	44
Others	19	18	14	11	10	10	7	8	6	8
Light Bombers										
Total	49	43	40	39	45	45	38	40	35	41
A-20	15	18	21	20	22	21	18	17	17	20
A-26	-	-	-	-	-	-	-	-	-	1
A-36	7	5	4	3	3	2	1	3	1	1
Others	27	20	15	16	20	22	19	20	17	19
Fighters										
Total	157	181	195	192	203	200	186	201	191	234
P-38	31	38	35	32	27	32	27	31	27	31
P-39	33	45	45	42	44	40	40	36	32	29
P-40	30	36	34	40	38	35	28	37	37	51
P-47	53	52	70	65	80	75	73	79	79	97
P-51	8	8	8	8	11	13	14	16	12	19
P-59	-	-	-	-	-	-	-	-	-	-
P-61	-	-	-	-	-	-	a/ 1	-	-	-
P-63	-	-	-	-	-	-	-	1	2	3
P-80	-	-	-	-	-	-	-	-	-	-
Others	2	2	3	5	3	5	3	1	2	4
Reconnaissance										
Total	13	12	9	5	3	4	6	6	6	7
F-4, F-5	2	1	1	1	1	2	3	2	2	2
F-6	-	-	-	-	-	-	-	-	-	-
F-13	-	-	-	-	-	-	-	-	-	-
Others	11	11	8	4	2	2	3	4	4	5
Transports										
Total	168	207	213	223	230	265	256	316	285	363
C-54	-	-	-	-	-	-	a/ 3	1	1	2
C-87	-	-	-	-	-	-	a/ 4	1	1	1
C-46	5	6	3	6	4	7	3	3	5	3
C-47, C-53	55	69	74	70	57	71	60	73	74	81
Other Heavy & Medium Transports	12	18	18	15	14	23	11	17	14	20
Light Transports	96	114	118	132	155	164	175	221	190	256
Trainers										
Total	1,927	2,022	2,139	2,064	2,307	2,229	2,059	2,437	1,952	2,435
Advanced	689	707	723	666	725	701	670	820	728	949
Basic	592	645	688	670	739	723	681	816	674	859
Primary	646	670	728	728	843	805	708	801	550	627
Communications										
Total	70	82	90	95	99	95	58	74	54	58
Liaison	70	82	90	95	99	95	58	74	54	58
Rotary Wing	-	-	-	-	-	-	-	-	-	-

a/ Represents total flying time for the year since less than 500 hours were flown in any one month.

Table 174.— FLYING TIME OF AIRPLANES IN CONTINENTAL US, BY TYPE AND PRINCIPAL MODEL OF AIRPLANE: JAN 1943 TO AUG 1945— Continued

(In thousands of hours)

Type and Model	1944									1945
	Apr	May	Jun	Jul	Aug	Sep	Oct	Nov	Dec	Jan
Total...........................	3,224	3,646	3,324	3,200	2,969	2,681	2,747	2,049	1,836	2,118
Combat Airplanes................	813	994	967	958	971	950	1,015	843	827	932
Very Heavy Bombers										
B-29...........................	3	5	13	15	23	21	22	20	21	30
Heavy Bombers										
Total..........................	406	509	456	452	445	428	459	381	361	401
B-17...........................	214	268	230	227	224	223	234	195	190	203
B-24...........................	191	240	225	224	220	204	224	185	170	197
B-32...........................	-	-	-	-	-	-	-	-	-	-
Others.........................	1	1	1	1	1	1	1	1	1	1
Medium Bombers										
Total..........................	111	120	128	122	128	172	190	159	154	188
B-25...........................	65	73	77	76	84	114	123	107	108	143
B-26...........................	39	39	43	40	38	53	62	49	45	44
Others.........................	7	8	8	6	6	5	5	3	1	1
Light Bombers										
Total..........................	45	56	53	47	44	41	42	30	29	34
A-20...........................	24	30	24	21	22	21	19	12	7	7
A-26...........................	1	2	4	4	4	4	8	9	15	22
A-36...........................	1	1	1	1	-	-	-	-	-	-
Others.........................	19	23	24	21	18	16	15	9	7	5
Fighters										
Total..........................	241	293	309	311	318	275	287	243	252	265
P-38...........................	24	20	27	31	33	34	38	31	37	38
P-39...........................	27	34	28	26	20	9	7	5	5	6
P-40...........................	69	107	103	107	115	107	107	92	82	86
P-47...........................	97	92	97	95	99	79	90	77	84	89
P-51...........................	17	26	30	28	28	27	25	28	31	33
F-59...........................	-	-	-	-	-	-	-	-	a/ 2	-
P-61...........................	1	1	1	1	1	2	2	1	2	4
P-63...........................	2	8	17	16	18	13	14	6	6	7
P-80...........................	-	-	-	-	-	-	-	-	-	-
Others.........................	4	5	6	7	4	4	4	3	3	2
Reconnaissance										
Total..........................	7	11	8	11	13	13	15	10	10	14
F-4, F-5.......................	2	4	3	6	7	6	9	5	4	6
F-6............................	-	-	-	-	-	1	1	1	1	2
F-13...........................	-	-	-	-	-	-	-	-	1	1
Others.........................	5	7	5	5	6	6	5	4	4	5
Transports										
Total..........................	331	391	410	396	356	313	325	252	214	246
C-54...........................	1	1	2	3	3	3	4	5	6	6
C-87...........................	2	2	1	2	1	1	1	1	1	2
C-46...........................	4	11	8	14	13	21	30	17	16	25
C-47, C-53.....................	88	126	137	139	148	130	133	111	99	107
Other Heavy & Medium Transports.	19	19	17	11	10	8	8	8	7	7
Light Transports...............	217	232	245	227	181	150	149	110	85	99
Trainers										
Total..........................	2,032	2,209	1,908	1,809	1,605	1,381	1,384	936	783	926
Advanced.......................	901	986	890	863	784	690	732	547	517	653
Basic..........................	698	716	567	516	447	400	409	236	163	148
Primary........................	433	507	451	430	374	291	243	153	103	125
Communications										
Total..........................	48	52	39	37	37	37	23	18	12	14
Liaison........................	48	52	39	37	36	37	22	17	12	14
Rotary Wing....................	-	-	-	-	1	-	1	1	-	-

a/ Represents total flying time for the year since less than 500 hours were flown in any one month.

Table 174— FLYING TIME OF AIRPLANES IN CONTINENTAL US, BY TYPE AND PRINCIPAL MODEL OF AIRPLANE: JAN 1943 TO AUG 1945—Continued

(In thousands of hours)

Type and Model	1945						
	Feb	Mar	Apr	May	Jun	Jul	Aug
Total	1,592	1,976	1,713	1,774	1,612	1,571	1,157
Combat Airplanes	768	987	849	861	788	758	537
Very Heavy Bombers							
B-29	34	55	63	75	89	104	80
Heavy Bombers							
Total	328	395	353	306	239	219	140
B-17	164	193	167	147	101	103	60
B-24	163	200	184	156	135	112	78
B-32	-	1	1	2	3	3	2
Others	1	1	1	1	-	1	-
Medium Bombers							
Total	144	194	144	157	153	155	122
B-25	115	161	116	123	120	125	105
B-26	28	33	28	34	32	30	17
Others	1	-	-	-	1	-	-
Light Bombers							
Total	31	46	44	47	45	36	31
A-20	5	9	6	4	3	1	1
A-26	22	35	37	42	42	35	30
A-36	-	-	-	-	-	-	-
Others	4	2	1	1	-	-	-
Fighters							
Total	218	278	227	254	241	223	148
P-38	31	33	31	30	31	27	16
P-39	5	3	2	1	-	-	-
P-40	66	78	46	43	25	16	7
P-47	75	102	86	100	105	87	60
P-51	30	45	44	60	63	75	53
P-59	-	1	-	1	1	-	-
P-61	4	4	4	5	4	5	4
P-63	7	12	13	14	12	13	7
P-80	-	-	-	-	-	-	a/ 1
Others	-	-	1	-	-	-	-
Reconnaissance							
Total	13	19	18	22	21	21	16
F-4, F-5	6	8	8	10	9	9	7
F-6	2	2	2	3	3	2	3
F-13	1	1	1	2	2	2	1
Others	4	8	7	7	7	8	5
Transports							
Total	191	225	187	191	194	212	197
C-54	5	7	7	11	14	18	17
C-87	2	2	2	1	2	5	5
C-46	25	37	40	47	48	50	39
C-47, C-53	86	99	91	98	99	111	108
Other Heavy & Medium Transports	4	4	2	2	1	-	2
Light Transports	69	76	45	32	30	28	26
Trainers							
Total	620	739	653	697	603	572	402
Advanced	467	572	514	554	501	492	357
Basic	60	51	32	27	23	20	12
Primary	93	116	107	116	79	60	33
Communications							
Total	13	25	24	25	27	29	21
Liaison	12	24	23	24	26	28	20
Rotary Wing	1	1	1	1	1	1	1

a/ Represents total flying time for the year since less than 500 hours were flown in any one month.

Table 175—FLYING TIME OF AIRPLANES WITH UNITS OVERSEAS, BY THEATER: DEC 1941 TO AUG 1945

(Includes very heavy, heavy, medium and light bombers and fighters.)

Year and Month	Total	Theaters vs Germany			Theaters vs Japan					Twentieth Air Force
		Total	ETO	MTO	Total	POA	FEAF	C & I-B	Alaska	
Grand Total	13,511,121	9,260,867	5,946,310	3,314,557	4,250,254	664,100	2,150,850	702,742	110,587	621,975
Annually										
1941(Dec)..	1,177	-	-	-	1,177	-	1,177	-	-	-
1942......	128,732	33,454	16,790	16,664	95,278	16,819	65,730	6,492	6,237	-
1943......	1,865,394	1,138,951	429,919	709,032	726,443	126,708	444,605	122,303	32,827	-
1944......	6,957,360	5,349,338	3,542,693	1,806,645	1,608,022	265,778	903,026	325,017	38,894	75,307
1945(Jan-Aug)..	4,558,458	2,739,124	1,956,908	782,216	1,819,334	254,795	736,312	248,930	32,629	546,668
Monthly										
1941										
Dec......	1,177	-	-	-	1,177	-	1,177	-	-	-
1942										
Jan......	1,780	-	-	-	1,780	-	1,706	-	74	-
Feb......	3,605	-	-	-	3,605	-	3,476	46	83	-
Mar......	4,283	-	-	-	4,283	-	4,066	138	79	-
Apr......	4,889	-	-	-	4,889	-	4,640	172	77	-
May......	5,532	-	-	-	5,532	120	4,983	319	110	-
Jun......	9,978	85	-	85	9,893	3,472	5,195	786	440	-
Jul......	6,841	204	-	204	6,637	-	5,402	590	645	-
Aug......	9,520	2,043	1,555	488	7,477	-	6,103	525	849	-
Sep......	10,977	2,937	2,304	633	8,040	-	6,416	737	887	-
Oct......	14,342	5,105	3,406	1,699	9,237	-	7,481	805	951	-
Nov......	30,304	12,584	5,548	7,036	17,720	7,700	8,109	980	931	-
Dec......	26,681	10,496	3,977	6,519	16,185	5,527	8,153	1,394	1,111	-
1943										
Jan......	52,761	25,758	5,594	20,164	27,003	8,023	15,122	2,019	1,839	-
Feb......	44,543	20,565	6,563	14,002	23,978	7,952	9,711	4,200	2,115	-
Mar......	64,285	31,773	9,645	22,128	32,512	7,803	15,864	6,253	2,592	-
Apr......	96,258	54,317	9,499	44,818	41,941	8,066	20,784	8,695	4,396	-
May......	129,321	86,314	26,083	60,231	43,007	7,862	22,053	10,048	3,044	-
Jun......	134,186	90,656	27,240	63,416	43,530	7,405	27,358	6,287	2,480	-
Jul......	219,038	159,103	46,276	112,827	59,935	8,607	39,281	8,717	3,330	-
Aug......	203,772	133,786	40,014	93,772	69,986	8,354	47,981	10,476	3,175	-
Sep......	240,460	153,528	56,543	96,985	86,932	8,983	63,110	11,445	3,394	-
Oct......	206,657	117,282	53,051	64,231	89,375	13,915	57,449	15,525	2,486	-
Nov......	216,811	117,623	60,948	56,675	99,188	19,861	58,969	18,234	2,124	-
Dec......	257,302	148,246	88,463	59,783	109,056	19,877	66,923	20,404	1,852	-
1944										
Jan......	286,669	184,372	92,802	91,570	102,297	20,785	64,604	14,694	2,214	-
Feb......	303,802	203,603	136,300	67,303	100,199	17,639	66,445	13,937	2,178	-
Mar......	392,240	280,773	189,596	91,177	111,467	19,155	74,123	16,303	1,886	-
Apr......	503,261	386,451	247,024	139,427	116,810	21,239	72,030	20,103	3,438	-
May......	712,490	578,913	384,940	193,973	133,577	20,509	80,740	24,108	3,735	4,485
Jun......	737,020	608,167	423,367	184,800	128,853	17,921	78,995	23,512	3,280	5,145
Jul......	723,814	592,881	391,669	201,212	130,933	22,112	67,078	32,837	1,814	7,092
Aug......	759,026	630,443	410,555	219,888	128,583	22,239	63,702	32,571	2,722	7,349
Sep......	658,623	505,895	345,143	160,752	152,728	22,253	83,974	32,274	5,150	9,077
Oct......	615,680	457,730	314,377	143,353	157,950	24,674	86,146	31,136	5,691	10,303
Nov......	620,704	456,255	302,874	153,381	164,449	26,525	81,370	39,924	2,732	13,898
Dec......	644,031	463,855	304,046	159,809	180,176	30,727	83,819	43,618	4,054	17,958
1945										
Jan......	561,452	355,226	258,254	96,972	206,226	28,968	103,890	45,037	3,619	24,712
Feb......	764,313	572,353	382,377	189,976	191,960	27,037	90,509	41,300	4,357	28,757
Mar......	1,026,819	782,041	560,087	221,954	244,778	35,712	101,381	49,704	3,970	54,011
Apr......	942,832	719,987	501,592	218,395	222,845	28,652	94,490	37,147	5,596	56,960
May......	552,439	309,517	254,598	54,919	242,922	29,938	106,453	26,886	5,373	74,272
Jun......	267,611	-	-	-	267,611	42,747	111,112	20,090	4,422	89,240
Jul......	272,182	-	-	-	272,182	51,662	74,046	18,370	3,787	124,317
Aug......	170,810	-	-	-	170,810	10,079	54,431	10,396	1,505	94,399

Table 176—FLYING TIME OF AIRPLANES WITH UNITS IN EUROPEAN THEATER OF OPERATIONS, BY TYPE OF AIRPLANE: AUG 1942 TO MAY 1945

Year and Month	All Types		Heavy Bomber		Medium & Light Bomber		Fighter	
	Total	Combat	Total	Combat	Total	Combat	Total	Combat
Grand Total	5,946,310	4,289,376	3,124,811	2,158,017	617,327	402,028	2,204,172	1,729,331
Annually								
1942 (Aug-Dec)	16,790	8,092	14,806	6,952	-	-	1,984	1,140
1943	429,919	236,717	288,652	155,107	35,004	23,735	106,263	57,875
1944	3,542,693	2,692,095	1,818,795	1,331,902	336,633	230,441	1,387,265	1,129,752
1945 (Jan-May)	1,956,908	1,352,472	1,002,558	664,056	245,690	147,852	708,660	540,564
Monthly								
1942								
Aug	1,555	800	1,139	561	-	-	416	239
Sep	2,304	1,174	1,827	900	-	-	477	274
Oct	3,406	1,634	2,910	1,349	-	-	496	285
Nov	5,548	2,580	5,331	2,455	-	-	217	125
Dec	3,977	1,904	3,599	1,687	-	-	378	217
1943								
Jan	5,594	2,639	5,044	2,317	-	-	550	322
Feb	6,563	3,137	5,388	2,477	46	-	1,129	660
Mar	9,645	4,563	8,325	3,834	85	-	1,235	729
Apr	9,499	4,370	7,672	3,562	170	-	1,657	808
May	26,083	12,409	18,663	8,858	95	46	7,325	3,505
Jun	27,240	12,912	20,458	9,667	-	-	6,782	3,245
Jul	46,276	22,498	36,537	17,925	1,856	901	7,883	3,672
Aug	40,014	20,112	25,022	12,058	6,390	3,101	8,602	4,953
Sep	56,543	30,660	33,004	17,651	8,773	6,412	14,766	6,597
Oct	53,051	28,885	34,116	18,336	4,818	3,288	14,117	7,261
Nov	60,948	32,758	37,493	17,868	5,951	4,471	17,504	10,419
Dec	88,463	61,774	56,930	40,554	6,820	5,516	24,713	15,704
1944								
Jan	92,802	61,331	54,087	36,378	6,183	3,861	32,532	21,092
Feb	136,300	107,718	78,827	63,865	12,626	10,018	44,847	33,835
Mar	189,596	146,066	103,267	80,072	17,010	11,106	69,319	54,888
Apr	247,024	179,740	115,301	85,949	24,700	19,891	107,023	73,900
May	384,940	275,692	181,587	121,601	46,257	35,364	157,096	118,727
Jun	423,367	361,022	195,946	161,911	42,588	33,965	184,833	165,146
Jul	391,669	303,771	207,847	156,788	35,949	24,208	147,873	122,775
Aug	410,555	318,771	203,986	149,567	43,131	26,423	163,438	142,781
Sep	345,143	254,231	177,340	122,403	30,963	17,708	136,840	114,120
Oct	314,377	224,983	178,695	122,499	20,313	11,246	115,369	91,238
Nov	302,874	217,255	164,022	110,826	26,476	14,335	112,376	92,094
Dec	304,046	241,515	157,890	120,043	30,437	22,316	115,719	99,156
1945								
Jan	258,254	200,454	147,467	110,568	21,330	13,777	89,457	76,109
Feb	382,377	303,032	216,050	166,696	38,391	30,161	127,936	106,175
Mar	560,087	457,204	277,259	216,955	74,585	58,228	208,243	182,021
Apr	501,592	374,398	231,678	162,362	73,225	44,516	196,689	167,520
May	254,598	17,384	130,104	7,475	38,159	1,170	86,335	8,739

Table 177 — FLYING TIME OF AIRPLANES WITH UNITS IN MEDITERRANEAN THEATER OF OPERATIONS, BY TYPE OF AIRPLANE: JUN 1942 TO MAY 1945

Year and Month	All Types		Heavy Bomber		Medium & Light Bomber		Fighter	
	Total	Combat	Total	Combat	Total	Combat	Total	Combat
Grand Total	3,314,557	2,469,392	1,566,553	1,197,863	539,892	350,966	1,208,112	920,563
Annually								
1942 (Jun-Dec)...	16,664	11,400	5,427	4,164	4,344	2,765	6,893	4,471
1943............	709,032	494,207	185,043	145,989	178,030	114,525	345,959	233,693
1944............	1,806,645	1,398,098	921,566	727,002	274,048	180,165	611,031	490,931
1945 (Jan-May)...	782,216	565,687	454,517	320,708	83,470	53,511	244,229	191,468
Monthly								
1942								
Jun............	85	60	85	60	-	-	-	-
Jul............	204	145	204	145	-	-	-	-
Aug............	488	353	221	157	267	196	-	-
Sep............	633	455	272	193	293	216	68	46
Oct............	1,699	1,226	340	241	1,147	844	212	141
Nov............	7,036	4,767	2,169	1,696	1,532	911	3,335	2,160
Dec............	6,519	4,394	2,136	1,672	1,105	598	3,278	2,124
1943								
Jan............	20,164	13,373	6,067	4,437	4,478	2,576	9,619	6,360
Feb............	14,002	9,257	5,334	3,976	2,648	1,521	6,020	3,760
Mar............	22,128	13,884	5,150	3,841	4,421	2,476	12,557	7,567
Apr............	44,818	28,532	11,774	8,944	9,561	5,498	23,483	14,090
May............	60,231	40,162	17,985	12,957	11,596	7,042	30,650	20,163
Jun............	63,416	42,553	15,590	12,605	14,065	8,349	33,761	21,599
Jul............	112,827	77,225	30,116	23,308	29,380	17,625	53,331	36,292
Aug............	93,772	64,920	21,814	16,546	23,124	14,822	48,834	33,552
Sep............	96,985	69,411	24,643	19,206	28,891	21,350	43,451	28,855
Oct............	64,231	44,574	17,509	15,318	19,006	12,045	27,716	17,211
Nov............	56,675	42,440	14,359	12,476	15,173	9,873	27,143	20,091
Dec............	59,783	47,876	14,702	12,375	15,687	11,348	29,394	24,153
1944								
Jan............	91,570	75,440	32,018	25,404	18,989	14,023	40,563	36,013
Feb............	67,303	54,117	23,858	20,452	14,876	11,093	28,569	22,572
Mar............	91,177	72,216	38,054	30,964	18,160	13,425	34,963	27,827
Apr............	139,427	113,538	70,704	61,513	19,095	13,139	49,628	38,886
May............	193,973	162,272	103,842	89,329	28,053	21,335	62,078	51,608
Jun............	184,800	138,855	95,991	76,770	28,696	16,190	60,113	45,895
Jul............	201,212	153,930	103,355	84,569	28,863	17,519	68,994	51,842
Aug............	219,888	171,407	108,712	85,257	35,166	23,128	76,010	63,022
Sep............	160,752	115,993	85,901	62,216	26,907	16,189	47,944	37,588
Oct............	143,353	103,133	84,619	61,197	18,402	9,919	40,332	32,017
Nov............	153,381	111,656	85,693	61,263	21,647	14,367	46,041	36,026
Dec............	159,809	125,541	88,819	68,068	15,194	9,838	55,796	47,635
1945								
Jan............	96,972	62,614	46,705	26,357	13,861	8,892	36,406	27,365
Feb............	189,976	150,502	112,666	89,586	18,258	12,701	59,052	48,215
Mar............	221,954	177,287	135,164	105,511	22,197	15,944	64,593	55,832
Apr............	218,395	173,301	130,923	98,936	20,671	15,833	66,801	58,532
May............	54,919	1,983	29,059	313	8,483	141	17,377	1,524

Table 178—FLYING TIME OF AIRPLANES WITH UNITS IN PACIFIC OCEAN AREAS, BY TYPE OF AIRPLANE: MAY 1942 TO AUG 1945

Year and Month	All Types		Heavy Bomber		Medium & Light Bomber		Fighter	
	Total	Combat	Total	Combat	Total	Combat	Total	Combat
Grand Total......	664,100	255,987	217,725	126,851	65,396	28,319	380,979	100,817
Annually								
1942(May-Dec)....	16,819	1,186	6,369	1,000	200	150	10,250	36
1943............	126,708	14,049	31,432	12,968	5,947	159	89,329	922
1944............	265,778	108,878	96,255	61,368	31,971	17,941	137,552	29,569
1945(Jan-Aug)....	254,795	131,874	83,669	51,515	27,278	10,069	143,848	70,290
Monthly								
1942								
May.............	120	90	-	-	120	90	-	-
Jun.............	3,472	609	3,392	549	80	60	-	-
Jul.............	-	-	-	-	-	-	-	-
Aug.............	-	-	-	-	-	-	-	-
Sep.............	-	-	-	-	-	-	-	-
Oct.............	-	-	-	-	-	-	-	-
Nov.............	7,700	20	-	-	-	-	7,700	20
Dec.............	5,527	467	2,977	451	-	-	2,550	16
1943								
Jan.............	8,023	511	1,680	510	-	-	6,343	1
Feb.............	7,952	116	1,256	116	81	-	6,615	-
Mar.............	7,803	-	1,201	-	403	-	6,199	-
Apr.............	8,066	339	1,633	339	27	-	6,406	-
May.............	7,862	307	1,599	305	27	-	6,236	2
Jun.............	7,405	151	1,471	147	27	-	5,907	4
Jul.............	8,607	491	1,661	491	27	-	6,919	-
Aug.............	8,354	-	1,078	-	27	-	7,249	-
Sep.............	8,983	550	1,297	546	-	-	7,686	4
Oct.............	13,915	2	2,821	-	559	-	10,535	2
Nov.............	19,861	4,457	7,648	4,457	2,527	-	9,686	-
Dec.............	19,877	7,125	8,087	6,057	2,242	159	9,548	909
1944								
Jan.............	20,785	7,320	4,936	2,902	3,334	1,959	12,515	2,459
Feb.............	17,639	6,968	6,448	3,869	1,940	1,364	9,251	1,735
Mar.............	19,155	7,890	7,214	4,374	3,717	2,968	8,224	548
Apr.............	21,239	7,456	7,540	4,203	4,237	3,253	9,462	-
May.............	20,509	6,038	6,284	3,237	3,570	2,801	10,655	-
Jun.............	17,921	4,867	6,626	3,158	2,145	1,066	9,150	643
Jul.............	22,112	10,350	8,242	3,653	2,569	1,331	11,301	5,366
Aug.............	22,239	10,513	7,989	4,575	2,677	1,785	11,573	4,153
Sep.............	22,253	9,348	8,658	5,488	1,890	910	11,705	2,950
Oct.............	24,674	7,426	7,723	4,401	2,169	504	14,782	2,521
Nov.............	26,525	12,516	10,824	9,019	1,960	-	13,741	3,497
Dec.............	30,727	18,186	13,771	12,489	1,763	-	15,193	5,697
1945								
Jan.............	28,968	16,555	13,275	12,244	1,570	-	14,123	4,311
Feb.............	27,037	15,288	13,764	11,787	2,029	-	11,244	3,501
Mar.............	35,712	14,172	12,533	7,765	3,512	-	19,667	6,407
Apr.............	28,652	13,403	8,414	5,040	1,884	-	18,354	8,363
May.............	29,938	11,635	7,685	3,639	1,343	-	20,910	7,996
Jun.............	42,747	22,325	10,100	1,670	558	-	32,089	20,655
Jul.............	51,662	31,431	12,800	6,016	11,401	6,358	27,461	19,057
Aug.............	10,079	7,065	5,098	3,354	4,981	3,711	-	-

Table 179 — FLYING TIME OF AIRPLANES WITH UNITS OF FAR EAST AIR FORCES, BY TYPE OF AIRPLANE: DEC 1941 TO AUG 1945

Year and Month	All Types		Heavy Bomber		Medium & Light Bomber		Fighter	
	Total	Combat	Total	Combat	Total	Combat	Total	Combat
Grand Total	2,150,850	1,598,565	683,674	525,616	489,776	332,286	977,400	740,663
Annually								
1941 (Dec)	1,177	707	497	329	-	-	680	378
1942	65,730	42,307	19,092	12,930	13,742	8,635	32,896	20,742
1943	444,605	315,324	115,818	82,273	72,135	46,141	256,652	186,910
1944	903,026	662,551	292,138	221,705	234,104	155,276	376,784	285,570
1945 (Jan-Aug)	736,312	577,676	256,129	208,379	169,795	122,234	310,388	247,063
Monthly								
1941								
Dec	1,177	707	497	329	-	-	680	378
1942								
Jan	1,706	1,022	497	329	-	-	1,209	693
Feb	3,476	1,923	663	439	-	-	2,813	1,484
Mar	4,066	2,512	663	439	136	89	3,267	1,984
Apr	4,640	3,114	829	549	699	456	3,112	2,109
May	4,983	3,295	995	659	1,179	735	2,809	1,901
Jun	5,195	3,340	1,161	769	1,385	857	2,649	1,714
Jul	5,402	3,434	1,492	989	1,455	907	2,455	1,538
Aug	6,103	3,895	2,155	1,427	1,619	1,011	2,329	1,457
Sep	6,416	4,186	2,155	1,427	1,681	1,057	2,580	1,702
Oct	7,481	4,889	2,350	1,590	1,949	1,230	3,182	2,069
Nov	8,109	5,323	2,968	2,074	1,872	1,180	3,269	2,069
Dec	8,153	5,374	3,164	2,239	1,767	1,113	3,222	2,022
1943								
Jan	15,122	12,179	4,685	3,322	2,146	1,339	8,291	7,518
Feb	9,711	7,564	3,951	2,744	1,190	701	4,570	4,119
Mar	15,864	11,953	5,442	3,724	1,341	813	9,081	7,416
Apr	20,784	13,228	4,776	3,287	1,216	728	14,792	9,213
May	22,053	14,472	6,466	4,449	2,326	1,405	13,261	8,618
Jun	27,358	17,830	7,409	5,128	3,150	1,808	16,799	10,894
Jul	39,281	28,494	10,194	7,457	7,230	4,780	21,857	16,257
Aug	47,981	36,592	11,640	8,592	6,705	4,449	29,636	23,551
Sep	63,110	40,752	12,348	8,703	7,800	4,487	42,962	27,562
Oct	57,449	39,097	13,280	9,805	10,865	5,709	33,304	23,583
Nov	58,969	41,546	17,177	11,145	11,786	7,630	30,006	22,771
Dec	66,923	51,617	18,450	13,917	16,380	12,292	32,093	25,408
1944								
Jan	64,604	52,190	16,041	12,469	14,111	9,444	34,452	30,277
Feb	66,445	51,384	18,246	13,750	15,821	10,302	32,378	27,332
Mar	74,123	54,796	21,989	15,664	18,147	13,192	33,987	25,940
Apr	72,030	52,935	22,493	16,340	21,350	16,333	28,187	20,262
May	80,740	62,270	26,559	22,172	23,154	17,726	31,027	22,372
Jun	78,995	57,040	24,223	18,891	21,459	14,868	33,313	23,281
Jul	67,078	44,738	25,487	18,930	17,561	10,218	24,030	15,590
Aug	63,702	39,745	24,478	15,721	14,868	6,888	24,356	17,136
Sep	83,974	62,874	27,316	22,599	23,297	16,495	33,361	23,780
Oct	86,146	58,748	28,408	19,444	23,324	14,882	34,414	24,422
Nov	81,370	61,961	28,466	23,196	20,925	12,539	31,979	26,226
Dec	83,819	63,870	28,432	22,529	20,087	12,389	35,300	28,952
1945								
Jan	103,890	80,743	32,808	24,871	27,888	19,279	43,194	36,593
Feb	90,509	74,523	30,618	24,894	18,998	14,281	40,893	35,348
Mar	101,381	85,455	33,117	27,722	25,170	19,858	43,094	37,875
Apr	94,490	86,138	33,691	32,112	18,519	17,177	42,280	36,849
May	106,453	90,316	40,678	36,515	26,991	21,916	38,784	31,885
Jun	111,112	91,242	46,312	40,320	23,432	15,950	41,368	34,972
Jul	74,046	44,987	23,622	16,141	17,006	6,848	33,418	21,998
Aug	54,431	24,272	15,283	5,804	11,791	6,925	27,357	11,543

Table 180—FLYING TIME OF AIRPLANES WITH UNITS IN CHINA & INDIA—BURMA, BY TYPE OF AIRPLANE: FEB 1942 TO AUG 1945

Year and Month	All Types		Heavy Bomber		Medium & Light Bomber		Fighter	
	Total	Combat	Total	Combat	Total	Combat	Total	Combat
Grand Total......	702,742	475,185	167,930	96,717	145,379	101,373	389,433	277,095
Annually								
1942 (Feb-Dec)	6,492	4,737	1,812	1,474	2,300	1,855	2,380	1,408
1943............	122,303	85,563	40,975	28,334	30,626	23,923	50,702	33,306
1944............	325,017	223,770	74,037	33,511	67,552	48,280	183,428	141,979
1945 (Jan-Aug)...	248,930	161,115	51,106	33,398	44,901	27,315	152,923	100,402
Monthly								
1942								
Feb............	46	37	46	37	-	-	-	-
Mar............	138	99	91	66	23	19	24	14
Apr............	172	134	101	87	23	19	48	28
May............	319	257	157	132	138	111	24	14
Jun............	786	584	203	165	345	278	238	141
Jul............	590	441	170	138	253	204	167	99
Aug............	525	379	104	85	207	167	214	127
Sep............	737	519	104	85	276	223	357	211
Oct............	805	562	170	138	230	185	405	239
Nov............	980	710	300	244	299	241	381	225
Dec............	1,394	1,015	366	297	506	408	522	310
1943								
Jan............	2,019	-	588	-	638	-	793	-
Feb............	4,200	2,775	1,921	1,286	497	399	1,782	1,090
Mar............	6,253	4,413	2,048	1,527	1,600	1,267	2,605	1,619
Apr............	8,695	6,044	3,258	2,162	2,774	2,224	2,663	1,658
May............	10,048	7,386	3,899	2,955	3,215	2,566	2,934	1,865
Jun............	6,287	4,502	2,524	1,709	2,454	1,923	1,309	870
Jul............	8,717	5,975	3,663	2,333	2,732	2,163	2,322	1,479
Aug............	10,476	6,209	3,842	2,453	3,267	2,598	3,367	1,158
Sep............	11,445	7,585	3,915	2,763	3,622	3,149	3,908	1,673
Oct............	15,525	10,901	5,293	3,584	4,197	3,454	6,035	3,863
Nov............	18,234	13,892	5,175	4,070	2,376	1,577	10,683	8,245
Dec............	20,404	15,881	4,849	3,492	3,254	2,603	12,301	9,786
1944								
Jan............	14,694	9,693	4,306	2,418	2,168	1,067	8,220	6,208
Feb............	13,937	9,981	2,829	1,692	1,905	1,304	9,203	6,985
Mar............	16,303	13,173	3,089	2,190	1,916	1,556	11,298	9,427
Apr............	20,103	13,895	3,749	2,546	4,804	2,561	11,550	8,788
May............	24,108	18,088	3,365	2,364	6,064	4,367	14,679	11,357
Jun............	23,512	15,531	4,521	2,271	7,759	5,341	11,232	7,919
Jul............	32,837	21,370	9,021	2,507	6,817	5,183	16,999	13,680
Aug............	32,571	19,968	8,734	2,066	6,148	4,496	17,689	13,406
Sep............	32,274	19,239	10,354	2,593	7,147	5,137	14,773	11,509
Oct............	31,136	21,549	7,108	2,412	6,261	4,986	17,767	14,151
Nov............	39,924	29,064	8,180	5,436	8,094	5,573	23,650	18,055
Dec............	43,618	32,219	8,781	5,016	8,469	6,709	26,368	20,494
1945								
Jan............	45,037	34,349	9,636	6,777	8,375	6,811	27,026	20,761
Feb............	41,300	31,406	7,569	6,527	7,358	5,363	26,373	19,516
Mar............	49,704	39,249	10,887	9,618	8,686	6,594	30,131	23,037
Apr............	37,147	29,511	8,720	7,323	6,820	4,147	21,607	18,041
May............	26,886	11,775	8,054	2,673	5,409	2,705	13,423	6,397
Jun............	20,090	6,065	4,463	100	3,898	897	11,729	5,068
Jul............	18,370	7,003	1,272	242	2,750	653	14,348	6,108
Aug............	10,396	1,757	505	138	1,605	145	8,286	1,474

Table 181—FLYING TIME OF AIRPLANES WITH UNITS IN ALASKA, BY TYPE OF AIRPLANE: JAN 1942 TO AUG 1945

Year and Month	All Types		Heavy Bomber		Medium & Light Bomber		Fighter	
	Total	Combat	Total	Combat	Total	Combat	Total	Combat
Grand Total	110,587	25,096	23,415	14,734	21,225	7,485	65,947	2,877
Annually								
1942	6,237	3,647	4,249	2,845	1,007	388	981	414
1943	32,827	10,003	7,750	4,453	9,887	3,436	15,190	2,114
1944	38,894	6,056	6,104	3,712	6,087	1,995	26,703	349
1945 (Jan-Aug)	32,629	5,390	5,312	3,724	4,244	1,666	23,073	-
Monthly								
1942								
Jan	74	25	-	-	42	16	32	9
Feb	83	28	-	-	42	16	41	12
Mar	79	31	-	-	50	20	29	11
Apr	77	34	-	-	50	20	27	14
May	110	55	21	18	59	23	30	14
Jun	440	264	290	201	84	32	66	31
Jul	645	389	467	313	100	39	78	37
Aug	849	508	638	419	100	39	111	50
Sep	887	531	673	442	100	39	114	50
Oct	951	570	694	467	100	39	157	64
Nov	931	554	658	445	119	45	154	64
Dec	1,111	658	808	540	161	60	142	58
1943								
Jan	1,839	495	794	251	750	149	295	95
Feb	2,115	671	794	281	780	286	541	104
Mar	2,592	1,394	794	721	720	395	1,078	278
Apr	4,396	1,742	704	830	810	551	2,882	361
May	3,044	1,726	764	788	990	657	1,290	281
Jun	2,480	870	794	411	930	365	756	94
Jul	3,330	1,200	846	512	1,560	414	924	274
Aug	3,175	1,559	656	533	1,230	499	1,289	527
Sep	3,394	209	525	80	1,023	120	1,846	9
Oct	2,486	82	561	-	408	-	1,517	82
Nov	2,124	9	300	-	342	-	1,482	9
Dec	1,852	46	218	46	344	-	1,290	-
1944								
Jan	2,214	-	394	-	330	-	1,490	-
Feb	2,178	59	370	59	165	-	1,643	-
Mar	1,886	376	480	354	229	22	1,177	-
Apr	3,438	548	597	423	788	30	2,053	95
May	3,735	436	479	215	749	221	2,507	-
Jun	3,280	606	576	369	545	237	2,159	-
Jul	1,814	298	189	95	219	73	1,406	130
Aug	2,722	609	437	258	571	270	1,714	81
Sep	5,150	1,011	731	497	854	491	3,565	23
Oct	5,691	987	913	697	833	270	3,945	20
Nov	2,732	785	597	535	309	250	1,826	-
Dec	4,054	341	341	210	495	131	3,218	-
1945								
Jan	3,619	560	494	334	450	226	2,675	-
Feb	4,357	540	596	337	699	203	3,062	-
Mar	3,970	846	714	518	608	328	2,648	-
Apr	5,596	799	736	458	645	341	4,215	-
May	5,373	780	807	605	563	175	4,003	-
Jun	4,422	888	767	635	577	253	3,078	-
Jul	3,787	702	774	562	573	140	2,440	-
Aug	1,505	275	424	275	129	-	952	-

Table 182—FLYING TIME OF AIRPLANES WITH UNITS OF TWENTIETH AIR FORCE, BY TYPE OF AIRPLANE: MAY 1944 TO AUG 1945

Year and Month	All Types		Very Heavy Bomber				Fighter	
			XX Bomber Command		XXI Bomber Command			
	Total	Combat	Total	Combat	Total	Combat	Total	Combat
Grand Total	621,975	479,113	94,360	36,171	486,376	408,288	41,239	34,654
Annually								
1944 (May-Dec)	75,307	29,569	62,921	18,979	12,386	10,590	-	-
1945 (Jan-Aug)	546,668	449,544	31,439	17,192	473,990	397,698	41,239	34,654
Monthly								
1944								
May	4,485	-	4,485	-	-	-	-	-
Jun	5,145	1,832	5,145	1,832	-	-	-	-
Jul	7,092	1,102	7,092	1,102	-	-	-	-
Aug	7,349	2,377	7,349	2,377	-	-	-	-
Sep	9,077	2,371	9,077	2,371	-	-	-	-
Oct	10,303	3,199	10,086	3,199	217		-	-
Nov	13,898	7,618	10,043	4,623	3,855	2,995	-	-
Dec	17,958	11,070	9,644	3,475	8,314	7,595	-	-
1945								
Jan	24,712	13,353	12,070	5,664	12,642	7,689	-	-
Feb	28,757	18,977	10,785	6,760	17,972	12,217	-	-
Mar	54,011	44,852	8,584	4,768	45,427	40,084	-	-
Apr	56,960	50,663	-	-	56,960	50,663	-	-
May	74,272	66,413	-	-	74,272	66,413	-	-
Jun	89,240	80,174	-	-	89,240	80,174	-	-
Jul	124,317	108,191	-	-	105,449	91,579	18,868	16,612
Aug	94,399	66,921	-	-	72,028	48,879	22,371	18,042

Table 183—GASOLINE CONSUMPTION OF AIRPLANES WITH UNITS OF TWENTIETH AIR FORCE, BY TYPE OF AIRPLANE: JUN 1944 TO AUG 1945

(In thousands of gallons)

Year and Month	All Types	Very Heavy Bomber		Fighter
		XX Bomber Command	XXI Bomber Command	
Grand Total	270,083	43,143	223,138	3,802
Annually				
1944 (Jun-Dec)	35,775	29,070	6,705	-
1945 (Jan-Aug)	234,308	14,073	216,433	3,802
Monthly				
1944				
Jun	2,318	2,318	-	-
Jul	3,556	3,556	-	-
Aug	3,817	3,817	-	-
Sep	4,585	4,585	-	-
Oct	5,512	5,375	137	-
Nov	6,652	4,627	2,025	-
Dec	9,335	4,792	4,543	-
1945				
Jan	11,571	5,477	6,094	-
Feb	13,820	4,747	9,073	-
Mar	23,466	3,849	19,617	-
Apr	26,628	-	26,628	-
May	33,511	-	33,511	-
Jun	40,469	-	40,469	-
Jul	49,798	-	48,153	1,645
Aug	35,045	-	32,888	2,157

Table 184— GASOLINE CONSUMPTION OF AIRPLANES IN CONTINENTAL US (BY OCTANE RATING) AND OVERSEAS: JAN 1942 TO AUG 1945

(In thousands of gallons)

Year and Month	Total	Continental US							Overseas		
		Total	62 Octane	71 Octane	87 Octane	91 Octane	100 Octane	JP-1 a/	Total	Theaters	ATC
Grand Total...	b/ 9,707,109	6,155,513	8,961	246,610	573,185	1,283,254	3,441,922	1,581	b/ 3,980,634	b/ 3,063,930	b/ 916,704
Annually											
1942.....	NA	429,038	2,122	12,224	-	152,878	261,814	-	NA	NA	NA
1943.....	1,980,815	1,510,488	3,545	84,220	222,176	543,499	657,048	-	470,327	314,003	156,324
1944.....	4,440,804	2,599,954	2,399	133,020	345,544	896,605	1,222,386	-	1,840,850	1,485,760	355,090
1945 (Jan-Aug)	3,285,490	1,616,033	895	17,146	5,465	290,272	1,300,674	1,581	1,669,457	1,264,167	405,290
Monthly											
1942											
Jan....	Not Available	17,869	123	-	-	2,242	15,504	-	Not Available	Not Available	Not Available
Feb....		18,446	133	215	-	4,625	13,473	-			
Mar....		24,930	131	296	-	8,174	16,329	-			
Apr....		26,140	143	299	-	9,047	16,651	-			
May....		31,138	166	380	-	10,805	19,787	-			
Jun....		32,528	212	555	-	11,876	19,885	-			
Jul....		37,250	184	1,053	-	14,431	21,582	-			
Aug....		40,924	172	1,299	-	14,804	24,649	-			
Sep....		44,973	179	1,401	-	17,022	26,371	-			
Oct....		50,406	216	2,336	-	18,518	29,336	-			
Nov....		53,794	234	2,026	-	21,642	29,892	-			
Dec....		50,640	229	2,364	-	19,692	28,355	-			
1943											
Jan....	86,697	64,157	305	3,521	39	24,960	35,332	-	22,540	9,513	13,027
Feb....	94,199	72,119	206	2,609	2,775	23,778	42,751	-	22,080	9,053	13,027
Mar....	106,736	82,409	269	3,398	7,342	22,077	49,323	-	24,327	11,300	13,027
Apr....	125,483	97,543	386	3,403	9,841	25,815	58,098	-	27,940	14,913	13,027
May....	146,562	112,396	350	3,500	11,250	28,750	68,546	-	34,166	21,139	13,027
Jun....	149,634	116,274	478	4,438	16,707	20,632	74,019	-	33,360	22,153	11,207
Jul....	191,301	144,569	241	7,044	25,119	44,056	68,109	-	46,732	35,775	10,957
Aug....	205,036	161,611	259	8,244	29,903	66,858	56,347	-	43,425	32,172	11,253
Sep....	213,636	162,691	236	10,199	27,871	73,335	51,050	-	50,945	38,632	12,313
Oct....	218,988	171,793	285	12,721	31,972	73,446	53,369	-	47,195	35,847	11,348
Nov....	216,008	164,306	238	11,686	30,483	72,473	49,426	-	51,702	37,813	13,889
Dec....	226,535	160,620	292	13,457	28,874	67,319	50,678	-	65,915	45,693	20,222
1944											
Jan....	265,349	189,350	249	15,954	35,181	78,388	59,578	-	75,999	54,916	21,083
Feb....	253,216	172,448	273	13,118	29,152	79,151	50,754	-	80,768	58,703	22,065
Mar....	310,052	205,249	288	15,742	38,573	94,685	55,961	-	104,803	76,837	27,966
Apr....	335,951	207,350	214	12,161	35,317	76,959	82,699	-	128,601	100,191	28,410
May....	415,271	242,997	236	13,689	38,225	83,170	107,677	-	172,274	142,996	29,278
Jun....	417,939	241,466	183	13,237	30,389	92,910	104,747	-	176,473	152,726	23,747
Jul....	429,978	241,502	163	12,554	30,951	98,760	99,074	-	188,476	158,476	30,000
Aug....	437,226	241,075	180	10,756	30,729	99,450	99,960	-	196,151	162,408	33,743
Sep....	409,229	228,564	179	8,854	28,687	75,953	114,891	-	180,665	148,965	31,700
Oct....	426,677	244,550	185	7,844	29,084	50,723	156,714	-	182,127	147,899	34,228
Nov....	376,004	197,288	111	5,272	11,910	34,039	145,956	-	178,716	142,176	36,540
Dec....	363,912	188,115	138	3,839	7,346	32,417	144,375	-	175,797	139,467	36,330
1945											
Jan....	386,617	211,946	178	3,021	4,448	43,355	160,944	-	174,671	134,071	40,600
Feb....	398,665	175,010	134	2,352	736	36,966	134,749	73	223,655	183,155	40,500
Mar....	509,837	221,416	121	3,696	229	46,577	170,604	189	288,421	241,151	47,270
Apr....	484,677	204,559	99	2,536	14	39,791	161,820	299	280,118	231,518	48,600
May....	420,961	220,233	124	2,154	24	49,188	168,510	233	200,728	150,228	50,500
Jun....	395,775	210,692	92	1,409	10	33,277	175,725	179	185,083	125,933	59,150
Jul....	393,244	211,955	97	1,234	2	24,580	185,714	328	181,289	116,989	64,300
Aug....	295,714	160,222	50	744	2	16,538	142,608	280	135,492	81,122	54,370

a/ Fuel for jet-propelled airplanes.
b/ Figures are for Jan 1943 to Aug 1945.

Source: Air Technical Service Command, Supply Division.

Table 185— GASOLINE CONSUMPTION OF AIRPLANES WITH UNITS OVERSEAS, BY THEATER: DEC 1941 TO AUG 1945

(Includes very heavy, heavy, medium and light bombers and fighters. Figures are in thousands of gallons.)

Year and Month	Total	Theaters vs Germany			Theaters vs Japan					Twentieth Air Force
		Total	ETO	MTO	Total	POA	FEAF	C & I-B	Alaska	
Grand Total	2,515,109	1,761,241	1,155,412	605,829	753,868	93,798	290,016	87,364	12,607	270,083
Annually										
1941(Dec)	208	-	-	-	208	-	208	-	-	-
1942.....	18,508	5,880	3,705	2,175	12,628	2,009	8,911	733	975	-
1943.....	264,608	176,786	87,517	89,269	87,822	12,903	54,812	16,342	3,765	-
1944.....	1,281,513	1,033,701	685,366	348,335	247,812	41,396	126,656	40,031	3,954	35,775
1945(Jan-Aug)	950,272	544,874	378,824	166,050	405,398	37,490	99,429	30,258	3,913	234,308
Monthly										
1941										
Dec....	208	-	-	-	208	-	208	-	-	-
1942										
Jan....	312	-	-	-	312	-	309	-	3	-
Feb....	430	-	-	-	430	-	426	-	4	-
Mar....	478	-	-	-	478	-	470	4	4	-
Apr....	596	-	-	-	596	-	586	6	4	-
May....	700	-	-	-	700	19	654	19	8	-
Jun....	1,585	13	-	13	1,572	754	675	79	64	-
Jul....	962	31	-	31	931	-	748	81	102	-
Aug....	1,456	369	295	74	1,087	-	884	63	140	-
Sep....	1,672	554	464	90	1,118	-	891	80	147	-
Oct....	2,227	973	736	237	1,254	-	1,006	92	156	-
Nov....	4,031	2,215	1,314	901	1,816	412	1,121	130	153	-
Dec....	4,059	1,725	896	829	2,334	824	1,141	179	190	-
1943										
Jan....	7,092	3,990	1,263	2,727	3,102	780	1,788	264	270	-
Feb....	6,268	3,344	1,387	1,957	2,924	720	1,347	566	291	-
Mar....	8,523	4,698	2,119	2,579	3,825	629	2,033	830	333	-
Apr....	12,090	7,346	2,070	5,276	4,744	724	2,331	1,255	434	-
May....	18,197	12,974	5,299	7,675	5,223	713	2,670	1,474	366	-
Jun....	18,574	13,379	5,627	7,752	5,195	663	3,264	952	316	-
Jul....	31,536	24,338	9,957	14,381	7,198	761	4,713	1,320	404	-
Aug....	27,567	19,327	7,927	11,400	8,240	647	5,724	1,505	364	-
Sep....	33,586	23,986	11,295	12,691	9,600	692	7,017	1,541	350	-
Oct....	29,983	19,337	11,096	8,241	10,646	1,327	6,962	2,096	261	-
Nov....	32,248	19,500	12,446	7,054	12,748	2,567	7,767	2,214	200	-
Dec....	38,944	24,567	17,031	7,536	14,377	2,680	9,196	2,325	176	-
1944										
Jan....	44,749	31,751	18,354	13,397	12,998	2,505	8,543	1,739	211	-
Feb....	49,702	36,936	26,501	10,435	12,766	2,376	8,789	1,394	207	-
Mar....	66,328	51,633	35,973	15,660	14,695	2,789	10,084	1,617	205	-
Apr....	87,230	71,498	45,363	26,135	15,732	3,237	9,934	2,202	359	-
May....	127,766	110,756	74,008	36,748	17,010	2,938	11,146	2,562	364	-
Jun....	136,869	117,800	81,341	36,459	19,069	2,730	10,884	2,799	338	2,318
Jul....	141,295	119,636	79,701	39,935	21,659	3,725	10,094	4,122	162	3,556
Aug....	142,295	120,802	77,951	42,851	21,493	3,743	9,454	4,185	294	3,817
Sep....	124,250	98,985	64,754	34,231	25,265	3,804	11,813	4,543	520	4,585
Oct....	123,867	97,833	68,445	29,388	26,034	3,997	11,790	4,173	562	5,512
Nov....	120,035	90,991	59,082	31,909	29,044	4,552	12,307	5,197	336	6,652
Dec....	117,127	85,080	53,893	31,187	32,047	5,000	11,818	5,498	396	9,335
1945										
Jan....	110,382	74,089	55,448	18,641	36,293	4,717	14,133	5,495	377	11,571
Feb....	154,501	118,636	78,298	40,338	35,865	4,826	11,720	5,030	469	13,820
Mar....	206,481	157,516	110,025	47,491	48,965	5,312	13,553	6,165	469	23,466
Apr....	188,657	139,851	91,769	48,082	48,806	4,000	12,958	4,611	609	26,628
May....	111,202	54,782	43,284	11,498	56,420	4,014	14,625	3,633	637	33,511
Jun....	64,974	-	-	-	64,974	5,600	15,845	2,467	593	40,469
Jul....	68,954	-	-	-	68,954	7,120	9,686	1,818	532	49,798
Aug....	45,121	-	-	-	45,121	1,901	6,909	1,039	227	35,045

Table 186—GASOLINE CONSUMPTION OF AIRPLANES WITH UNITS IN EUROPEAN THEATER OF OPERATIONS, BY TYPE OF AIRPLANE: AUG 1942 TO MAY 1945

(In thousands of gallons)

Year and Month	Total	Heavy Bomber	Medium & Light Bomber	Fighter	Year and Month	Total	Heavy Bomber	Medium & Light Bomber	Fighter
Grand Total...	1,155,412	846,585	100,357	208,470	1943 Sep......	11,295	8,181	1,747	1,367
					Oct......	11,096	8,678	942	1,476
Annually					Nov......	12,446	9,531	1,113	1,802
1942(Aug-Dec).	3,705	3,602	-	103	Dec......	17,031	13,266	1,381	2,384
1943..........	87,517	70,009	6,950	10,558					
1944..........	685,366	499,433	54,088	131,845	1944 Jan......	18,354	13,993	1,153	3,208
1945(Jan-May).	378,824	273,541	39,319	65,964	Feb......	26,501	19,641	2,470	4,390
					Mar......	35,973	26,284	3,015	6,674
Monthly					Apr......	45,363	31,019	4,394	9,950
1942 Aug......	295	274	-	21	May......	74,008	51,036	7,331	15,641
Sep......	464	439	-	25	Jun......	81,341	57,205	6,848	17,288
Oct......	736	710	-	26	Jul......	79,701	58,636	5,950	15,115
Nov......	1,314	1,303	-	11	Aug......	77,951	57,230	5,977	14,744
Dec......	896	876	-	20	Sep......	64,754	47,627	4,852	12,275
					Oct......	68,445	53,786	3,289	11,370
1943 Jan......	1,263	1,234	-	29	Nov......	59,082	44,283	3,983	10,816
Feb......	1,387	1,318	9	60	Dec......	53,893	38,693	4,826	10,374
Mar......	2,119	2,035	17	67					
Apr......	2,070	1,872	34	164	1945 Jan......	55,448	43,757	3,630	8,061
May......	5,299	4,528	19	752	Feb......	78,298	60,162	6,379	11,757
Jun......	5,627	4,930	-	697	Mar......	110,025	77,497	12,372	20,156
Jul......	9,957	8,780	368	809	Apr......	91,769	62,536	11,213	18,020
Aug......	7,927	5,656	1,320	951	May......	43,284	29,589	5,725	7,970

Table 187—GASOLINE CONSUMPTION OF AIRPLANES WITH UNITS IN MEDITERRANEAN THEATER OF OPERATIONS, BY TYPE OF AIRPLANE: JUN 1942 TO MAY 1945

(In thousands of gallons)

Year and Month	Total	Heavy Bomber	Medium & Light Bomber	Fighter	Year and Month	Total	Heavy Bomber	Medium & Light Bomber	Fighter
Grand Total...	605,829	416,328	82,592	106,909	1943 Aug......	11,400	4,205	3,550	3,645
					Sep......	12,691	5,051	4,419	3,221
Annually					Oct......	8,241	3,221	2,953	2,067
1942(Jun-Dec).	2,175	948	616	611	Nov......	7,054	2,712	2,205	2,137
1943..........	89,269	36,377	26,658	26,234	Dec......	7,536	3,046	2,279	2,211
1944..........	348,335	250,034	42,766	55,535					
1945(Jan-May).	166,050	128,969	12,552	24,529	1944 Jan......	13,397	7,193	3,004	3,200
					Feb......	10,435	5,905	2,360	2,170
Monthly					Mar......	15,660	9,954	2,795	2,911
1942 Jun......	13	13	-	-	Apr......	26,135	18,598	3,019	4,518
Jul......	31	31	-	-	May......	36,748	27,015	4,299	5,434
Aug......	74	34	40	-	Jun......	36,459	26,147	4,744	5,568
Sep......	90	42	44	4	Jul......	39,935	29,373	4,573	5,989
Oct......	237	52	173	12	Aug......	42,851	30,621	5,031	7,199
Nov......	901	390	211	300	Sep......	34,231	25,244	4,239	4,748
Dec......	829	386	148	295	Oct......	29,388	22,570	2,934	3,884
					Nov......	31,909	23,864	3,447	4,598
1943 Jan......	2,727	1,237	656	834	Dec......	31,187	23,550	2,321	5,316
Feb......	1,957	1,067	390	500					
Mar......	2,579	1,011	631	937	1945 Jan......	18,641	12,724	1,976	3,941
Apr......	5,276	2,335	1,342	1,599	Feb......	40,338	32,574	2,774	4,990
May......	7,675	3,509	1,741	2,425	Mar......	47,491	37,657	3,170	6,664
Jun......	7,752	3,028	2,116	2,608	Apr......	48,082	37,533	3,361	7,188
Jul......	14,381	5,955	4,376	4,050	May......	11,498	8,481	1,271	1,746

Table 188—GASOLINE CONSUMPTION OF AIRPLANES WITH UNITS IN PACIFIC OCEAN AREAS: BY TYPE OF AIRPLANE: MAY 1942 TO AUG 1945

(In thousands of gallons)

Year and Month	Total	Heavy Bomber	Medium & Light Bomber	Fighter	Year and Month	Total	Heavy Bomber	Medium & Light Bomber	Fighter
Grand Total	93,798	50,170	8,799	34,829	1943 Sep	692	263	-	429
					Oct	1,327	661	71	595
Annually					Nov	2,567	1,639	260	668
1942 (May-Dec)	2,009	1,411	31	567	Dec	2,680	1,678	247	755
1943	12,903	6,840	652	5,411					
1944	41,396	22,179	4,309	14,908	1944 Jan	2,505	1,105	420	980
1945 (Jan-Aug)	37,490	19,740	3,807	13,943	Feb	2,376	1,383	234	759
					Mar	2,789	1,634	480	675
Monthly					Apr	3,237	1,722	553	962
1942 May	19	-	19	-	May	2,938	1,387	477	1,074
Jun	754	742	12	-	Jun	2,730	1,532	300	898
Jul	-	-	-	-	Jul	3,725	1,977	345	1,403
Aug	-	-	-	-	Aug	3,743	1,927	394	1,422
Sep	-	-	-	-	Sep	3,804	2,037	272	1,495
Oct	-	-	-	-	Oct	3,997	1,811	297	1,889
Nov	412	-	-	412	Nov	4,552	2,550	280	1,722
Dec	824	669	-	155	Dec	5,000	3,114	257	1,629
1943 Jan	780	377	10	393	1945 Jan	4,717	3,053	234	1,430
Feb	720	282	49	389	Feb	4,826	3,191	300	1,335
Mar	629	270	3	356	Mar	5,312	2,832	467	2,013
Apr	724	366	3	355	Apr	4,000	2,003	278	1,719
May	713	359	3	351	May	4,014	1,873	182	1,959
Jun	663	330	3	330	Jun	5,600	2,535	80	2,985
Jul	761	373	3	385	Jul	7,120	3,056	1,562	2,502
Aug	647	242	-	405	Aug	1,901	1,197	704	-

Table 189—GASOLINE CONSUMPTION OF AIRPLANES WITH UNITS OF FAR EAST AIR FORCES: BY TYPE OF AIRPLANE: DEC 1941 TO AUG 1945

(In thousands of gallons)

Year and Month	Total	Heavy Bomber	Medium & Light Bomber	Fighter	Year and Month	Total	Heavy Bomber	Medium & Light Bomber	Fighter
Grand Total	290,016	142,136	65,569	82,311	1943 Jun	3,264	1,554	476	1,234
					Jul	4,713	2,157	1,094	1,462
Annually					Aug	5,724	2,450	1,015	2,259
1941 (Dec)	208	110	-	98	Sep	7,017	2,615	1,185	3,217
1942	8,911	4,216	2,135	2,560	Oct	6,962	2,710	1,693	2,559
1943	54,812	24,635	10,945	19,232	Nov	7,767	3,625	1,824	2,318
1944	126,656	61,275	31,159	34,222	Dec	9,196	4,230	2,413	2,553
1945 (Jan-Aug)	99,429	51,900	21,330	26,199					
					1944 Jan	8,543	3,562	1,998	2,983
Monthly					Feb	8,789	3,841	2,123	2,825
1941 Dec	208	110	-	98	Mar	10,084	4,725	2,471	2,888
					Apr	9,934	4,754	2,783	2,397
1942 Jan	309	110	-	199	May	11,146	5,592	2,864	2,690
Feb	426	148	-	278	Jun	10,884	5,134	2,823	2,927
Mar	470	148	21	301	Jul	10,094	5,518	2,298	2,278
Apr	586	185	116	285	Aug	9,454	5,268	1,966	2,220
May	654	222	188	244	Sep	11,813	5,726	2,916	3,171
Jun	675	259	217	199	Oct	11,790	5,611	2,933	3,246
Jul	748	333	229	186	Nov	12,307	5,834	3,240	3,233
Aug	884	481	254	149	Dec	11,818	5,710	2,744	3,364
Sep	891	481	261	149					
Oct	1,006	519	298	189	1945 Jan	14,133	6,684	3,497	3,952
Nov	1,121	646	285	190	Feb	11,720	5,863	2,399	3,458
Dec	1,141	684	266	191	Mar	13,553	6,752	3,111	3,690
					Apr	12,958	7,160	2,315	3,483
1943 Jan	1,788	933	318	537	May	14,625	7,997	3,353	3,275
Feb	1,347	853	175	319	Jun	15,845	9,417	2,909	3,519
Mar	2,033	1,156	202	675	Jul	9,686	4,799	2,201	2,686
Apr	2,331	1,010	192	1,129	Aug	6,909	3,228	1,545	2,136
May	2,670	1,342	358	970					

Table 190— GASOLINE CONSUMPTION OF AIRPLANES WITH UNITS IN CHINA & INDIA-BURMA, BY TYPE OF AIRPLANE: MAR 1942 TO AUG 1945

(In thousands of gallons)

Year and Month	Total	Heavy Bomber	Medium & Light Bomber	Fighter	Year and Month	Total	Heavy Bomber	Medium & Light Bomber	Fighter
Grand Total....	87,364	37,026	19,888	30,450	1943 Aug.......	1,505	877	416	212
					Sep.......	1,541	869	409	263
Annually					Oct.......	2,096	1,212	542	342
1942(Mar-Dec)..	733	301	292	140	Nov.......	2,214	1,278	336	600
1943...........	16,342	9,496	3,869	2,977	Dec.......	2,325	1,196	417	712
1944...........	40,031	16,506	9,397	14,128					
1945(Jan-Aug)..	30,258	10,723	6,330	13,205	1944 Jan.......	1,739	902	292	545
					Feb.......	1,394	594	231	569
Monthly					Mar.......	1,617	706	248	663
1942 Mar.......	4	-	3	1	Apr.......	2,202	873	648	681
Apr.......	6	-	3	3	May.......	2,562	764	840	958
May.......	19	-	18	1	Jun.......	2,799	948	1,069	782
Jun.......	79	21	44	14	Jul.......	4,122	2,003	876	1,243
Jul.......	81	39	32	10	Aug.......	4,185	1,986	862	1,337
Aug.......	63	24	26	13	Sep.......	4,543	2,408	940	1,195
Sep.......	80	24	35	21	Oct.......	4,173	1,667	932	1,574
Oct.......	92	39	29	24	Nov.......	5,197	1,732	1,273	2,192
Nov.......	130	69	38	23	Dec.......	5,498	1,923	1,186	2,389
Dec.......	179	85	64	30					
					1945 Jan.......	5,495	1,934	1,180	2,381
1943 Jan.......	264	136	81	47	Feb.......	5,030	1,673	1,035	2,322
Feb.......	566	398	63	105	Mar.......	6,165	2,245	1,249	2,671
Mar.......	830	473	203	154	Apr.......	4,611	1,784	935	1,892
Apr.......	1,255	747	352	156	May.......	3,633	1,695	770	1,168
May.......	1,474	894	408	172	Jun.......	2,467	1,003	556	908
Jun.......	952	564	311	77	Jul.......	1,818	270	384	1,164
Jul.......	1,320	852	331	137	Aug.......	1,039	119	221	699

Table 191— GASOLINE CONSUMPTION OF AIRPLANES WITH UNITS IN ALASKA, BY TYPE OF AIRPLANE: JAN 1942 TO AUG 1945

(In thousands of gallons)

Year and Month	Total	Heavy Bomber	Medium & Light Bomber	Fighter	Year and Month	Total	Heavy Bomber	Medium & Light Bomber	Fighter
Grand Total....	12,607	4,857	2,537	5,213	1943 Jul.......	404	168	176	60
					Aug.......	364	131	139	94
Annually					Sep.......	350	105	112	133
1942...........	975	845	50	80	Oct.......	261	111	48	102
1943...........	3,765	1,542	1,120	1,103	Nov.......	200	60	40	100
1944...........	3,954	1,286	775	1,893	Dec.......	176	45	44	87
1945(Jan-Aug)..	3,913	1,184	592	2,137					
					1944 Jan.......	211	80	43	88
Monthly					Feb.......	207	73	22	112
1942 Jan.......	3	-	1	2	Mar.......	205	90	30	85
Feb.......	4	-	1	3	Apr.......	359	114	101	144
Mar.......	4	-	2	2	May.......	364	93	89	182
Apr.......	4	-	2	2	Jun.......	338	126	60	152
May.......	8	4	2	2	Jul.......	162	40	30	92
Jun.......	64	57	3	4	Aug.......	294	98	73	123
Jul.......	102	93	4	5	Sep.......	520	157	106	257
Aug.......	140	127	4	9	Oct.......	562	186	110	266
Sep.......	147	134	4	9	Nov.......	336	140	46	150
Oct.......	156	138	4	14	Dec.......	396	89	65	242
Nov.......	153	131	8	14					
Dec.......	190	161	15	14	1945 Jan.......	377	128	57	192
					Feb.......	469	134	85	250
1943 Jan.......	270	158	85	27	Mar.......	469	161	82	226
Feb.......	291	158	88	45	Apr.......	609	157	89	363
Mar.......	333	158	81	94	May.......	637	188	85	364
Apr.......	434	140	90	204	Jun.......	593	155	82	356
May.......	366	151	112	103	Jul.......	532	165	92	275
Jun.......	316	157	105	54	Aug.......	227	96	20	111

Table 192— TWENTIETH AIR FORCE — NUMBER OF B-29s BOMBING AND NUMBER OF MISSIONS AGAINST PRIMARY TARGETS, BY ALTITUDE OF ATTACK: JUN 1944 TO AUG 1945

Month	Number of Airplanes Bombing				Number of Missions				Average Bombing Altitude (In Feet)
	Below 8,000 Feet	8,000-15,000 Feet	15,000-25,000 Feet	Over 25,000 Feet	Below 8,000 Feet	8,000-15,000 Feet	15,000-25,000 Feet	Over 25,000 Feet	
XX BOMBER COMMAND									
Total	104	225	1,696	269	6	6	33	4	19,398
1944 Jun	-	47	77	-	-	1	1	-	16,778
Jul	-	-	70	-	-	-	2	-	20,000
Aug	-	39	95	-	-	1	2	-	17,526
Sep	-	-	83	90	-	-	1	1	23,642
Oct	-	-	172	33	-	-	3	1	21,127
Nov	-	-	242	-	-	-	5	-	20,000
Dec	-	-	233	-	-	-	5	-	20,000
1945 Jan	-	66	290	-	-	2	7	-	18,424
Feb	10	49	340	-	1	1	5	-	18,630
Mar	94	24	94	146	5	1	2	2	18,872
XXI BOMBER COMMAND									
Total	3,545	8,435	10,204	932	49	89	156	16	15,866
1944 Nov	-	-	23	24	-	-	1	1	23,500
Dec	-	23	-	341	-	1	-	6	24,786
1945 Jan	-	-	-	207	-	-	-	5	27,000
Feb	-	-	-	360	-	-	-	4	27,000
Mar	1,855	-	288	-	9	-	2	-	9,364
Apr	288	1,189	1,291	-	6	19	57	-	17,079
May	339	1,043	2,497	-	9	7	38	-	16,731
Jun	715	1,025	3,048	-	14	9	30	-	15,123
Jul	292	4,282	1,120	-	9	43	13	-	12,577
Aug	56	873	1,937	-	2	10	15	-	15,889

Table 193— TWENTIETH AIR FORCE — B-29 MINING OPERATIONS: AUG 1944 TO AUG 1945

Month	Number of Missions	New Fields Laid	Airplanes Airborne	Airplanes Mining Primary Fields	Tons of Mines Expended a/	Tons of Mines on Primary Fields	Airplanes Lost
XX BOMBER COMMAND							
Total	8	7	175	155	540	485	-
1944 Aug	1	1	14	8	12	8	-
1945 Jan	2	2	76	66	233	197	-
Feb	1	1	12	10	36	27	-
Mar	4	3	73	71	259	253	-
XXI BOMBER COMMAND							
Total	46	29	1,610	1,387	9,751	8,814	17
1945 Mar	2	5	196	184	1,070	1,070	5
Apr	5	1	57	45	288	256	-
May	10	12	421	364	2,617	2,334	5
Jun	12	2	367	321	2,229	2,044	1
Jul	12	7	384	314	2,390	2,076	6
Aug	5	2	185	159	1,157	1,034	-

a/ Includes tonnage of jettisoned mines.

Table 194— TWENTIETH AIR FORCE – B-29 EFFECTIVENESS IN BOMBING PRIMARY TARGETS BY DAY AND NIGHT: JUN 1944 TO AUG 1945

Month	Percent of Day Bomb-Carrying Sorties				Percent of Night Bomb-Carrying Sorties		Percent of All Bomb-Carrying Sorties			
	Bombing Primary Targets			Bombing Any Target	Bombing Primary Target	Bombing Any Target	Bombing		Abortive on Primary Targets Due to Mechanical Failures	Airborne on Day Missions
	Total	Visually	Non-Visually				Primary Target	Any Target		
XX BOMBER COMMAND										
Average..	74%	57%	17%	90%	81%	89%	75%	90%	14%	88%
1944										
Jun...	79	27	52	79	69	79	75	79	19	59
Jul...	61	61	-	88	67	94	62	89	19	84
Aug...	82	71	11	87	76	83	79	85	16	51
Sep...	80	41	39	92	-	-	80	92	15	100
Oct...	66	66	-	91	-	-	66	91	16	100
Nov...	62	40	22	87	-	-	62	87	19	100
Dec...	70	62	8	88	-	-	70	88	12	100
1945										
Jan...	74	49	25	93	87	93	76	93	15	84
Feb...	81	68	13	93	83	92	81	93	9	98
Mar...	89	76	13	92	92	96	90	93	7	74
XXI BOMBER COMMAND										
Average..	80%	50%	30%	92%	93%	95%	87%	93%	7%	45%
1944										
Nov...	13	13	-	78	79	86	21	79	19	87
Dec...	70	37	33	85	-	-	70	85	16	100
1945										
Jan...	44	39	5	83	-	-	44	83	22	100
Feb...	50	19	31	87	-	-	50	87	14	100
Mar...	57	57	-	93	91	93	84	93	6	20
Apr...	84	69	15	93	87	94	85	93	6	67
May...	88	57	31	92	91	93	89	92	6	54
Jun...	88	40	48	93	94	95	90	94	6	64
Jul...	91	31	60	95	94	96	94	96	5	10
Aug...	92	74	18	94	94	95	93	95	6	31

Table 195—TWENTIETH AIR FORCE - B-29s DAMAGED ON BOMBING AND MINING MISSIONS: JUN 1944 TO AUG 1945

Year and Month	Total Damaged	XX BOMBER COMMAND Total Damaged a/	XXI BOMBER COMMAND Total Damaged	XXI BOMBER COMMAND Major Damage	XXI BOMBER COMMAND Minor Damage
Grand Total	3,111	327	2,784	419	2,267
Annually					
1944 (Jun-Dec)	315	217	98	-	-
1945 (Jan-Aug)	2,796	110	2,686	419	2,267
Monthly					
1944					
Jun	9	9	-	-	-
Jul	8	8	-	-	-
Aug	14	14	-	-	-
Sep	28	28	-	-	-
Oct	27	27	-	-	-
Nov	70	58	12	-	-
Dec	159	73	86	-	-
1945					
Jan	154	23	131	24	107
Feb	203	64	139	20	119
Mar	219	23	196	13	183
Apr	536	-	536	79	457
May	618	-	618	110	508
Jun	638	-	638	101	537
Jul	255	-	255	43	212
Aug	173	-	173	29	144

a/ Breakdown of major and minor damage not available.

Table 196—TWENTIETH AIR FORCE - B-29 UTILIZATION AND MAINTENANCE: JUN 1944 TO AUG 1945

Month	XX BOMBER COMMAND Total Hours Flown Per Plane Day Operational	XX BOMBER COMMAND Plane Days in Maintenance Per Sortie a/	XXI BOMBER COMMAND Total Hours Flown Per Plane Day Operational	XXI BOMBER COMMAND Plane Days in Maintenance Per Sortie a/
Average	3.4	4.4	6.0	2.1
1944				
Jun	3.4	8.1	-	-
Jul	3.7	4.9	-	-
Aug	4.1	7.9	-	-
Sep	3.8	5.6	-	-
Oct	3.4	3.5	-	-
Nov	3.7	4.3	2.2	4.3
Dec	3.4	4.6	4.9	4.3
1945				
Jan	3.4	2.6	5.8	5.5
Feb	3.1	2.3	4.6	5.6
Mar	2.5	2.8	8.1	2.4
Apr	-	-	7.3	2.1
May	-	-	5.4	1.9
Jun	-	-	6.2	1.5
Jul	-	-	6.1	1.7
Aug	-	-	5.6	1.6

a/ Sorties include ferrying and photo flights.

Table 197—DESTRUCTION OF SELECTED GROUND TARGETS BY NINTH AIR FORCE IN EUROPEAN THEATER OF OPERATIONS, BY TYPE OF TARGET AND BY CAMPAIGN: JUN 1944 TO MAY 1945

Type of Target	Total	Normandy Campaign (6 Jun-25 Jul 1944)	Northern France Campaign (26 Jul-26 Aug 1944)	Siegfried Line Campaign (27 Aug-16 Dec 1944)	Ardennes Campaign (28 Dec 1944-28 Jan 1945)	West of Rhine Campaign (28 Jan-24 Mar 1945)	Central Europe Campaign (25 Mar-8 May 1945)
DESTROYED							
Motor Transports	53,811	1,945	8,743	8,922	10,264	10,185	13,752
Armored Vehicles and Tanks	4,509	155	1,030	688	1,141	770	725
Locomotives	5,753	194	189	2,168	211	1,385	1,606
Railroad Cars	43,317	2,117	2,521	7,292	4,423	18,058	8,906
Bridges	360	32	24	69	34	189	12
Gun Emplacements	3,361	34	286	1,147	592	671	631
Dumps	582	4	16	99	138	145	180
Hangars	135	-	8	24	12	19	72
Factories and Misc. Buildings	11,073	42	39	1,302	1,785	4,975	2,930
Railroad Cuts	6,072	107	49	1,086	916	3,258	656
Vessels and Barges	770	3	197	285	10	210	65
Horse Drawn Vehicles	6,312	365	449	2,458	274	1,542	1,224
DAMAGED							
Motor Transports	22,546	774	2,878	2,181	5,609	4,153	6,951
Armored Vehicles and Tanks	3,751	94	829	496	1,050	609	673
Locomotives	2,677	193	101	659	65	768	891
Railroad Cars	51,269	3,449	2,553	7,450	4,548	22,663	10,606
Bridges	328	12	17	118	51	122	8
Gun Emplacements	1,649	8	99	623	230	375	314
Dumps	320	1	3	85	27	106	98
Hangars	118	-	2	22	6	27	61
Factories and Misc. Buildings	6,341	16	9	687	857	3,171	1,601
Vessels and Barges	955	4	168	308	5	273	197
Horse Drawn Vehicles	1,362	86	79	158	117	453	469

Source: Ninth Air Force, Statistical Control Unit.

Table 198—DESTRUCTION OF SELECTED GROUND TARGETS BY FIRST TACTICAL AIR FORCE IN EUROPEAN THEATER OF OPERATIONS, BY TYPE OF TARGET: NOV 1944 TO MAY 1945

Type of Target	Total	1944		1945				
		Nov	Dec	Jan	Feb	Mar	Apr	May
DESTROYED								
Motor Transports	8,063	348	184	339	574	3,409	3,012	197
Armored Vehicles and Tanks	407	27	3	37	47	170	123	-
Locomotives	830	56	112	28	165	185	284	-
Railroad Cars	9,638	330	1,921	370	2,597	2,602	1,818	-
Bridges	48	1	8	5	22	12	-	-
Gun Emplacements	359	52	20	5	35	123	124	-
Dumps	44	1	6	-	8	19	10	-
Hangars	6	-	-	-	-	3	3	-
Factories and Misc. Buildings	8,826	169	455	799	1,543	2,134	3,715	11
Railroad Cuts	1,489	56	131	153	608	433	108	-
Vessels and Barges	61	10	2	11	2	34	2	-
Horse Drawn Vehicles	987	77	6	-	44	300	560	-
DAMAGED								
Motor Transports	7,217	196	301	484	795	3,084	2,092	265
Armored Vehicles and Tanks	479	5	8	89	48	209	117	3
Locomotives	1,748	55	389	84	375	325	520	-
Railroad Cars	18,084	453	3,793	1,174	4,327	3,891	4,446	-
Bridges	117	13	10	12	32	48	2	-
Gun Emplacements	607	27	58	26	116	216	164	-
Dumps	38	-	-	4	12	16	6	-
Hangars	16	2	7	-	-	1	6	-
Factories and Misc. Buildings	4,061	63	208	225	597	943	2,011	14
Vessels and Barges	191	19	31	5	24	101	11	-
Horse Drawn Vehicles	556	11	1	-	89	176	279	-

Source: First Tactical Air Force, Statistical Control Section.

Table 199—DESTRUCTION INFLICTED ON JAPANESE URBAN AREAS BY XXI BOMBER COMMAND: NOV 1944 TO AUG 1945

(Primary targets only)

Urban Area	Population	Square Miles of Built-up Area	Square Miles of Built-up Area Destroyed	Percent Destroyed	Airplanes Bombing	Tons of Bombs Dropped	Airplanes Lost
Total	20,836,646	411.00	178.10	43	16,112	104,930.4 a/	179
Akashi	47,751	1.42	0.90	64	123	975.0	-
Amagasaki	181,011	6.90	0.76	11	(Included in Osaka)		
Aomori	99,065	2.08	0.73	35	63	551.5	-
Chiba	92,061	1.98	0.86	43	125	892.3	-
Choshi	61,198	1.12	0.48	43	104	779.9	-
Fukui	97,967	1.90	1.61	85	128	960.4	-
Fukuoka	323,217	6.56	1.37	22	221	1,525.0	-
Fukuyama	56,653	1.20	0.88	73	91	555.7	-
Gifu	172,340	2.60	1.93	74	129	898.8	1
Hachioji	62,279	1.40	1.12	80	169	1,593.3	1
Hamamatsu	166,346	4.24	2.97	70	560	3,076.0	4
Himeji	104,249	1.92	1.48	72	106	767.1	-
Hiratsuka	43,148	2.35	1.04	44	133	1,162.5	-
Hiroshima	343,968	6.90	4.70	69	4	5.5 a/	-
Hitachi	82,885	1.38	1.08	78	128	971.2	2
Ichinomiya	70,792	1.28	0.97	76	247	1,640.8	-
Imabari	55,557	0.97	0.73	76	76	586.5	-
Isezaki	40,004	1.00	0.17	17	87	614.1	-
Kagoshima	190,257	4.87	2.15	44	171	1,023.1	2
Kawasaki	300,777	11.30	3.70	33	250	1,515.0	12
Kobe	967,234	15.70	8.75	56	874	5,647.8	11
Kochi	106,644	1.90	0.92	48	134	1,117.6	1
Kofu	102,419	2.00	1.30	15	133	977.9	-
Kumagaya	48,899	0.60	0.27	45	82	593.4	-
Kumamoto	210,938	4.80	1.00	21	155	1,121.2	1
Kure	276,985	3.26	1.30	40	157	1,093.7	-
Kuwana	41,848	0.82	0.63	77	217	1,511.3	-
Maebashi	86,997	2.34	1.00	42	92	723.8	-
Matsuyama	117,534	1.67	1.22	73	128	896.0	-
Mito	66,293	2.60	1.70	65	161	1,151.4	-
Moji	138,997	1.12	0.30	27	92	626.9	-
Nagaoka	66,987	2.03	1.33	66	126	926.3	-
Nagasaki	252,630	3.30	1.45	44	2	5.0 a/	-
Nagoya	1,328,084	39.70	12.37	31	1,647	10,144.8	23
Nishinomiya	111,796	9.46	3.50	37	255	2,003.9	1
Nobeoka	79,426	1.43	0.52	36	126	876.4	-
Numazu	53,165	1.40	1.25	90	125	1,051.7	-
Ogaki	56,117	1.20	0.48	40	93	663.7	-
Oita	76,985	2.20	0.56	25	131	801.9	-
Okayama	163,552	3.38	2.13	63	140	985.5	1
Okazaki	84,073	0.95	0.65	68	128	857.4	-
Omuta	177,034	5.37	2.27	43	240	1,733.8	1
Osaka	3,252,340	59.80	15.54	26	1,627	10,417.3	23
Saga	50,406	1.20	-	-	63	458.9	1
Sakai	182,147	2.32	1.02	44	116	778.9	1
Sasebo	205,989	2.34	0.97	42	145	1,070.9	-
Sendai	223,630	4.53	1.22	27	130	935.5	1
Shimizu	68,617	1.41	0.74	52	153	1,116.7	1
Shimonoseki	196,022	1.42	0.51	36	130	836.4	1
Shizuoka	212,198	3.46	2.28	66	158	1,022.3	2
Takamatsu	111,207	1.80	1.40	78	116	833.1	2
Tokushima	119,581	2.30	1.70	74	141	1,127.9	-
Tokuyama	38,419	1.27	0.68	54	107	789.5	-
Tokyo	6,778,804	110.80	56.30	50	2,531	14,054.1	74
Toyama	127,859	1.88	1.87	100	176	1,478.1	-
Toyohashi	142,716	3.30	1.70	52	160	1,026.1	-
Tsu	68,625	1.47	1.18	81	222	1,507.3	-
Tsuruga	31,346	1.13	0.77	68	94	692.2	-
Ube	100,680	1.80	0.42	23	103	726.7	-
Ujiyamada	52,555	0.93	0.36	39	119	839.5	-
Utsonomiya	87,868	2.75	0.94	34	115	802.9	1
Uwajima	52,101	1.00	0.52	52	159	1,106.3	-
Wakayama	195,203	4.00	2.10	53	125	883.8	-
Yawata	261,309	5.78	1.22	21	221	1,301.9	4
Yokkaichi	102,771	3.51	1.23	35	95	591.6	-
Yokohama	968,091	20.20	8.90	44	463	2,590.8	7
Other	-	-	-	-	490	2,336.6	-

a/ Excludes weight of atomic bomb.
Source: XXI Bomber Command, Statistical Control Unit.

Table 200 — DESTRUCTION INFLICTED ON JAPANESE AIRCRAFT PLANTS BY XXI BOMBER COMMAND: NOV 1944 TO AUG 1945

(Primary targets only)

Plant	Total Roof Area (Square Feet)	Roof Area Destroyed or Damaged (Square Feet)	Percent Destroyed or Damaged	Airplanes Bombing	Tons of Bombs Dropped	Airplanes Lost
Total..	a/ 52,954,940	31,662,260	60	2,838	14,152.2	103
Aichi Aircraft Works, Eitoku Plant............	2,612,000	1,062,460	41	124	817.8	2
Aichi Aircraft Works, Nagoya Plant............	467,500	302,600	65	} 42	271.0	-
Aichi Ordnance Plant..........................	1,188,000	1,130,800	96			
Hiro Naval Aircraft Factory, Kure.............	1,089,229	779,457	72	149	581.0	2
Hitachi Aircraft Engine Company, Chiba Plant..	NA	None	None	27	144.2	-
Hitachi Aircraft Engine Company, Tachikawa....	1,140,000	838,626	74	101	473.5	5
Japan Aircraft Company, Tomioka Plant.........	748,400	247,900	33	32	172.5	-
Kawanishi Aircraft Company, Fukae.............	1,281,451	504,247	39	92	459.5	1
Kawanishi Aircraft Company, Himeji Plant......	953,100	948,650	99	52	350.7	-
Kawanishi Aircraft Company, Naruo Plant.......	2,457,700	1,807,250	73	44	263.5	-
Kawanishi Aircraft Company, Takarazuka Plant..	1,747,600	1,488,800	85	78	457.5	-
Kawasaki Aircraft Company, Akashi.............	3,371,100	2,511,450	74	144	637.7	-
Kawasaki Aircraft Company, Kagamigahara Plant.	1,582,000	953,700	60	40	232.0	1
Mitsubishi Aircraft Company, Kagamigahara Plant	293,000	227,000	78	78	508.5	2
Mitsubishi Aircraft Works, Nagoya.............	5,677,000	3,880,795	68	104	251.6	9
Mitsubishi Aircraft Company, Mishima Plant, Tamashima...................................	3,048,800	2,665,650	88	111	610.8	2
Mitsubishi Aircraft Engine Works, Nagoya......	3,811,000	3,584,100	94	570	2,668.5	18
Nakajima Aircraft Company, Handa Plant........	1,509,950	615,700	41	78	544.3	-
Nakajima Aircraft Company, Koizumi Plant......	3,700,000	882,900	24	48	274.7	-
Nakajima Aircraft Company, Musashino Plant....	1,832,000	1,274,200	70	505	2,602.5	47
Nakajima Aircraft Company, New Ota Plant......	2,400,000	1,699,450	75	87	245.5	12
Nakajima Aircraft Company, Ogikubu............	NA	None	None	7	38.0	-
Omura Aircraft Factory........................	2,800,000	544,025	19	39	87.5	-
Shizuoka Aircraft Engine Works................	1,683,610	823,100	49	59	237.2	-
Tachikawa Aircraft Company, Tachikawa.........	2,870,000	807,000	28	73	549.6	1
Tachikawa Air Depot, Tachikawa................	4,232,500	1,623,400	39	37	197.5	-
Tachiarai Machine Works.......................	459,000	459,000	100	105	416.7	1
Other...	-	-	-	12	58.4	-

a/ Excludes roof area of Hitachi Aircraft Company, Chiba Plant and Nakajima Aircraft Company, Ogikubu.

Source: XXI Bomber Command, Statistical Control Unit.

Table 201—DESTRUCTION INFLICTED ON JAPANESE OIL AND OTHER MISCELLANEOUS INDUSTRIAL PLANTS BY XXI BOMBER COMMAND: NOV 1944 TO AUG 1945

(Primary targets only)

Plant	Tank Capacity or Total Roof Area	Destroyed or Damaged	Percent Destroyed or Damaged	Airplanes Bombing	Tons of Bombs Dropped	Airplanes Lost
OIL						
Total....................	a/ 10,916,945 bbls	a/ 6,540,720 bbls	60	1,437	10,600.6	4
	a/ 1,189,600 sq ft	a/ 610,150 sq ft	51			
Hayama Petroleum Refinery.........	862,400 bbls	360,100 bbls	42			
Kawasaki Petroleum Center.........	1,334,000 bbls	679,400 bbls	51	248	2,119.3	3
Mitsubishi Oil Refinery...........	1,449,150 bbls	551,025 bbls	38			
Maruzen Oil Refinery..............	1,022,900 bbls	900,000 bbls	88	98	738.2	-
Nippon Oil Refinery & Tank Farm, Amagasaki......................	1,496,700 bbls	1,175,400 bbls	78	178	1,586.8	-
Nippon Oil Company, Kudamatsu Plant..........................	587,000 bbls	364,700 bbls	62	93	702.3	-
Nippon Oil Company, Refinery, Tsuchizaki.....................	695,580 bbls	485,720 bbls	70	134	953.9	-
Oshima Naval Oil Storage, Oshima..	50,000 sq ft	45,000 sq ft	90	81	385.7	-
Otake Oil Refinery, Otake.........	NA	NA	45	115	564.2	1
Toa Oil Company, Shimotsu Refinery	1,246,000 bbls	927,300 bbls	75	82	691.3	-
Tokuyama Naval Fueling Station....	1,139,600 sq ft	565,150 sq ft	50	112	506.8	-
Ube Coal Liquefaction Company.....	150,135 bbls	150,135 bbls	100	182	1,574.8	-
Utsube River Oil Refinery.........	2,073,080 bbls	946,940 bbls	46	101	730.5	-
Other.............................	-	-	-	13	46.8	-
MISCELLANEOUS INDUSTRIAL						
Total....................	31,016,154 sq ft	21,852,243 sq ft	70	1,459	8,093.6	8
Hikari Naval Arsenal, Tokuyama....	4,450,000	3,195,700	72	157	885.0	-
Hitachi Engineering Company, Kaigan Plant....................	2,213,104	2,142,900	97	118	806.0	-
Hodogaya Chemical Industries, Koriyama.......................	777,580	457,975	59	71	283.7	-
Kasumigaura Seaplane Station......	697,200	275,300	40	68	366.6	-
Koriyama Chemical Industries, Koriyama.......................	762,000	555,000	73	70	171.7	2
Kure Naval Arsenal................	3,955,200	2,879,510	72	162	795.8	2
Marifu Railroad Yards.............	44,650	40,200	92	108	709.8	-
Nagoya Arsenal, Atsuta Plant......	2,497,540	1,353,485	54	24	117.9	1
Nippon Vehicle Mfg Company........	896,750	549,330	61			
Nagoya Arsenal, Chigusa Factory...	1,259,000	1,019,850	83	33	189.0	-
Osaka Army Arsenal, Osaka.........	5,020,400	3,223,288	64	290	1,683.0	1
Sumitomo Duralumin Company, Nagoya Plant..........................	2,443,360	1,339,900	55	29	150.0	-
Sumitomo Metal Industry...........	2,249,770	2,158,655	96	147	876.0	1
Toyokawa Naval Arsenal............	3,749,600	2,661,150	71	124	813.3	1
Other.............................	-	-	-	58	245.8	-

a/ Excludes tank capacity or roof area of Otake Oil Refinery, Otake.

Source: XXI Bomber Command, Statistical Control Unit.

MISCELLANEOUS
    a. Budget and Fiscal
    b. Air Transport
    c. Flying Safety
    d. Installations
    e. Housing

Table 202 — DIRECT CASH APPROPRIATIONS AND EXPENDITURES FROM DIRECT APPROPRIATIONS: FISCAL YEARS 1899 TO 1946

(Expenditures differ from appropriations since funds appropriated for one year may be spent in that year, in subsequent years, or never spent. This table covers "direct" appropriations and expenditures only - i.e. for aircraft, aviation gasoline, etc. - and excludes amounts spent by the technical services - Quartermaster, Finance, etc. - for the benefit of Army aviation.)

Year	Direct Cash Appropriations a/	Expenditures From Direct Appropriations
Grand Total	$ 64,336,985,712	b/ $ 38,989,713,839
1899	c/ 50,000	Not Available
1909	d/ 30,000	
1912	125,000	
1913	100,000	
1914	175,000	
1915	200,000	
1916	801,000	
1917	18,681,666	
1918	735,000,000	
1919	952,304,758	
1920	28,123,503	
1921	35,124,300	30,913,798
1922	25,648,333	23,095,257
1923	13,060,000	18,141,688
1924	12,626,000	11,015,365
1925	13,476,619	11,680,955
1926	15,911,191	14,900,264
1927	15,256,694	16,759,286
1928	21,117,494	19,437,722
1929	28,911,431	23,261,643
1930	34,910,059	28,051,563
1931	38,945,968	38,651,204
1932	31,850,892	33,046,254
1933	25,673,236	21,929,302
1934	31,037,769	17,372,277
1935	27,917,702	20,337,871
1936	45,600,444	32,026,622
1937	59,619,694	41,055,082
1938	58,851,266	50,875,129
1939	71,099,532	83,164,156
1940	186,562,847	108,169,717
1941	2,173,608,961	605,409,021
1942	23,049,935,463	2,554,863,420
1943	11,317,416,790	9,391,855,445
1944	23,655,998,000	13,087,279,848
1945	1,610,717,000	11,357,390,523
1946	517,100	e/ 1,349,030,427

a/ Includes appropriations for salaries, Office, Chief of Air Corps.
b/ Expenditures for Jul 1920 to Aug 1946.
c/ Allotted to Dr. S. P. Langley for experiments in aerodynamics.
d/ Allotted to pay for Wright airplane which completed tests in 1909.
e/ Expenditures for Jul and Aug only.

Source: Appropriations from Budget and Fiscal Office. Expenditures for years 1921 - 1942 from U S Bureau of Budget Publications, and for years 1943 - 1946 from Budget and Fiscal Office.

Table 203 — EXPENDITURES FROM DIRECT APPROPRIATIONS,

(In thousands of dollars;

Year and Month	Total	Procurement							
		Total	Standard Airplanes, Complete and Including Spares	Controlled Missiles	Balloons and Accessories	Gliders and Accessories	Modification of Aircraft	Night Sighting Systems	Aircraft Maintenance Material
Grand Total.....	$35,185,548	$31,879,317	$24,961,854	$15,071	$47,351	$355,873	$350,771	$4,202	$1,376,701
Annually									
1942(Jul-Dec)...	3,030,316	2,785,484	2,174,752	-	-	34,346	23,920	500	113,255
1943............	12,900,814	11,711,707	9,367,194	-	40,773	165,648	51,372	2,505	452,567
1944............	12,426,366	11,314,744	8,569,578	-	6,583	81,831	177,433	1,051	562,202
1945(Jul-Aug)...	6,828,052	6,067,382	4,850,330	15,071	(5)	74,048	98,046	146	248,677
Monthly									
1942									
Jul............	347,589	315,622	254,240	-	-	707	1,363	85	8,710
Aug............	546,665	510,029	436,098	-	-	4,637	1,483	31	10,360
Sep............	562,266	519,398	398,330	-	-	2,367	4,851	153	13,456
Oct............	604,288	564,094	445,727	-	-	7,470	3,449	52	15,065
Nov............	353,793	311,307	208,225	-	-	4,014	2,554	(15)	43,948
Dec............	615,716	565,034	432,132	-	-	15,151	10,220	194	21,716
1943									
Jan............	964,264	962,382	824,772	-	-	17,696	5,210	73	20,508
Feb............	893,345	789,482	671,574	-	-	10,670	4,086	55	20,552
Mar............	1,127,128	1,039,025	791,800	-	-	16,092	8,835	64	45,480
Apr............	807,283	696,324	558,878	-	-	8,409	6,551	(29)	23,718
May............	958,098	871,602	686,222	-	-	13,897	5,571	10	32,371
Jun............	1,611,418	1,461,107	1,192,623	-	15,061	18,245	3,161	1,786	57,144
Jul............	992,178	873,449	659,938	-	809	13,694	2,367	47	36,075
Aug............	1,051,473	949,047	744,523	-	7,557	12,698	3,023	(13)	37,876
Sep............	1,109,562	1,003,909	737,753	-	4,815	13,542	3,327	89	49,714
Oct............	1,090,965	976,040	786,339	-	6,459	10,215	4,525	76	40,161
Nov............	1,125,776	1,018,212	832,252	-	3,499	16,554	2,079	175	37,051
Dec............	1,169,324	1,071,128	880,520	-	2,573	13,936	2,637	172	51,917
1944									
Jan............	1,112,462	1,022,420	789,342	-	2,963	14,521	5,834	485	50,591
Feb............	1,011,201	906,652	692,131	-	1,431	12,641	9,782	175	49,724
Mar............	1,277,257	1,175,965	966,739	-	461	13,563	15,565	55	55,510
Apr............	1,086,224	994,208	814,996	-	871	10,482	14,724	(49)	51,230
May............	1,081,177	986,366	797,798	-	437	7,670	18,775	64	54,755
Jun............	979,679	887,934	658,013	-	236	8,504	17,358	90	63,448
Jul............	978,722	890,357	734,034	-	15	4,900	12,509	63	47,089
Aug............	1,098,611	997,826	840,857	-	10	3,385	17,989	21	42,726
Sep............	987,824	893,769	750,219	-	110	2,638	17,628	56	41,023
Oct............	970,272	891,799	465,547	-	3	(4,897)	11,075	35	42,682
Nov............	956,108	864,054	584,190	-	50	4,600	17,498	27	33,760
Dec............	886,829	803,394	475,712	-	(4)	3,824	18,696	29	29,664
1945									
Jan............	886,101	795,746	541,021	-	(2)	4,884	15,521	25	34,787
Feb............	883,599	796,159	576,630	4,360	(3)	8,001	13,436	6	35,742
Mar............	1,105,357	1,007,019	852,592	2,000	1	8,359	14,655	8	40,553
Apr............	896,640	809,526	660,795	1,470	(1)	9,233	13,611	14	36,130
May............	951,187	856,135	728,663	1,362	-	11,364	10,636	22	29,604
Jun............	756,137	644,547	516,397	1,951	-	9,565	13,057	35	27,913
Jul............	752,955	663,641	548,870	2,844	-	10,761	9,584	28	27,984
Aug............	596,076	494,609	425,362	1,084	-	11,881	7,546	8	15,964

BY MAJOR PROJECT: JUL 1942 TO AUG 1945

figures in parentheses are negative.)

Procurement									Non-Procurement
Fuel and Oil for Aircraft	Individual and Organizational Equipment	Miscellaneous Equipment	Photographic Equipment and Supplies	Maps and Mapping Projects	Other Requirements	Research and Development	Service Test Equipment	Advance Payments Less Recoupments a/	
$1,237,673	$1,514,393	$358,101	$70,185	$22,152	$590,672	$294,296	$54,994	$625,028	$3,306,231
42,050	252,020	72,029	8,273	2,605	23,772	22,232	15,730	-	244,832
332,820	630,275	162,476	23,158	6,604	372,120	92,368	11,827	-	1,189,107
398,265	426,751	63,719	23,408	9,032	158,209	106,914	21,063	708,705	1,111,622
464,538	205,347	59,877	15,346	3,911	36,571	72,782	6,374	(83,677)	760,670
6,509	25,148	12,386	751	250	-	2,422	3,051	-	31,967
4,552	31,581	14,271	1,200	15	437	2,784	2,580	-	36,636
8,009	43,403	16,289	1,925	143	22,466	4,439	3,567	-	42,868
7,723	56,681	14,842	2,352	925	3,277	4,572	1,964	-	40,194
5,624	33,843	4,184	1,491	80	959	2,733	3,667	-	42,485
9,633	61,364	10,057	554	1,192	(3,362)	5,282	901	-	50,682
8,993	53,843	4,223	3,807	199	3,573	18,320	1,165	-	1,882
7,926	41,797	4,139	1,402	565	18,694	6,257	1,765	-	103,863
39,257	27,092	47,881	2,985	218	52,364	6,081	876	-	88,103
9,321	47,931	3,631	2,937	1,118	29,622	4,068	169	-	110,959
9,365	78,006	6,180	655	13	33,121	5,302	889	-	86,496
31,180	84,943	13,855	3,611	(505)	29,785	8,665	1,553	-	150,311
33,894	71,023	23,418	958	2,322	22,749	6,393	(238)	-	118,729
21,154	53,385	15,398	1,087	242	36,481	14,497	1,139	-	102,426
89,572	49,377	13,584	1,258	197	30,831	9,383	467	-	105,653
30,607	4,365	10,960	1,618	773	36,870	5,192	880	-	114,925
29,123	45,889	10,584	1,321	923	37,562	58	1,142	-	107,564
22,428	35,624	8,623	1,519	539	40,468	8,152	2,020	-	98,196
32,499	63,145	(2,715)	1,322	836	50,117	11,842	1,638	-	90,042
30,984	55,566	7,463	1,143	527	33,692	9,812	1,581	-	104,549
34,628	46,629	6,483	1,745	598	26,078	6,694	1,217	-	101,292
29,543	36,596	7,131	1,614	602	15,070	10,286	1,112	-	92,016
47,306	35,794	7,294	1,677	824	6,391	6,571	1,010	-	94,811
86,563	34,604	3,458	971	594	5,072	10,047	(1,024)	-	91,745
47,325	26,158	4,545	1,636	1,098	1,991	8,117	877	-	88,365
36,416	29,981	5,565	2,773	598	3,436	10,584	3,485	-	100,785
23,736	26,564	9,647	2,434	786	5,671	8,912	4,345	-	94,055
(28,958)	26,563	5,712	2,706	1,327	6,727	9,226	3,222	350,829	78,473
20,780	25,163	4,552	2,505	594	3,928	7,269	1,920	157,218	92,054
37,443	19,988	4,584	2,882	648	36	7,554	1,680	200,658	83,435
52,351	21,232	5,845	2,143	674	1,956	9,486	1,407	104,416	90,355
44,602	20,988	8,075	1,742	134	2,575	8,155	2,078	69,638	87,440
82,495	26,396	7,840	2,774	541	9,649	9,394	662	(50,900)	98,338
66,681	26,358	8,280	2,279	538	3,160	7,830	592	(27,444)	87,114
46,508	29,214	7,649	2,239	570	9,506	10,287	342	(31,831)	95,052
58,138	27,179	7,020	1,890	547	2,613	9,800	304	(31,862)	111,590
65,151	26,975	6,505	1,215	637	6,091	9,205	479	(52,688)	89,314
48,612	27,005	8,663	1,064	270	1,021	8,625	510	(63,006)	101,467

a/ Advance payments to contractors were charged directly to individual projects prior to 1 October 1944.

Source: Budget and Fiscal Office.

Table 204— AIRPLANES ASSIGNED TO AIR TRANSPORT COMMAND, BY TYPE AND PRINCIPAL MODEL, AND AIRPLANES LOST: DEC 1942 TO AUG 1945

End of Month	Grand Total	Transports							Combat Airplanes	Trainers	Other Airplanes	Airplanes Lost c/
		Total	C-87 a/	C-54	C-69	C-46	DC-3	Other b/				
1942 Dec............	Not Available		47	23	-	26	250		Not Available			
1943 Mar............			71	30	-	86	335					
Jun............			91	41	-	173	338					
Sep............	1,258	976	118	57	-	207	353	241	116	120	46	30
Oct............	1,316	968	120	64	-	186	359	239	143	154	51	14
Nov............	1,467	1,027	118	67	-	223	362	257	205	164	71	28
Dec............	1,537	1,064	112	76	-	247	347	282	230	165	78	31
1944 Jan............	1,622	1,136	134	84	-	266	346	306	246	151	89	38
Feb............	1,795	1,221	156	94	-	276	343	352	276	193	105	32
Mar............	1,900	1,300	148	102	-	329	367	354	292	199	109	36
Apr............	2,098	1,470	160	114	-	415	416	365	291	227	110	17
May............	2,308	1,668	173	132	-	499	520	344	325	205	110	35
Jun............	2,491	1,834	182	151	-	540	615	346	351	210	96	39
Jul............	2,623	2,000	182	175	-	634	679	330	335	208	80	31
Aug............	2,588	2,016	179	203	-	620	718	296	316	171	85	36
Sep............	2,739	2,245	203	246	-	692	811	293	286	143	65	44
Oct............	2,796	2,322	233	272	2	688	841	286	289	133	52	37
Nov............	2,953	2,443	299	299	2	692	877	274	329	120	61	39
Dec............	3,033	2,543	301	347	3	695	946	251	317	116	57	36
1945 Jan............	3,052	2,596	308	373	2	734	943	236	306	88	62	13
Feb............	3,073	2,639	295	410	2	751	946	235	255	100	79	20
Mar............	3,066	2,622	264	470	2	753	920	213	246	116	82	21
Apr............	3,096	2,656	265	533	3	753	907	195	244	108	88	12
May............	3,349	2,912	234	598	4	760	1,150	166	247	99	91	17
Jun............	3,504	3,037	225	694	4	762	1,188	164	281	101	85	18
Jul............	3,619	3,123	213	772	6	744	1,243	145	282	105	109	13
Aug............	3,705	3,224	177	839	4	729	1,341	134	272	93	116	30

a/ Includes C-109, LB-30 and B-24.
b/ Primarily utility transports.
c/ From Sep 1943 through Dec 1944 all airplanes other than those lost in ferrying operations are included; from Jan through Jul 1945, only airplanes assigned to ATC are included.

Source: Air Transport Command, Office of Statistical Control.

Table 205—ATC UTILIZATION OF AIRPLANES: OCT 1943 TO AUG 1945

Month	Average Number of Airplanes Assigned a/	Thousands of Hours Flown	Average Hours Flown Per Airplane Per Day	Percent of Total Hours Flown		
				In Transport Operations	In Training Operations	In Other Operations
TOTAL AIRPLANES						
1943						
Oct.	873	109.5	4.0	74	21	5
Nov.	1,267	125.6	3.3	61	31	8
Dec.	1,334	129.9	3.1	70	21	9
1944						
Jan.	1,448	138.6	3.1	70	21	9
Feb.	1,549	147.2	3.3	72	23	5
Mar.	1,642	167.7	3.3	68	25	7
Apr.	1,723	173.5	3.3	69	25	6
May.	1,878	206.5	3.5	67	27	6
Jun.	2,041	234.0	3.8	64	29	7
Jul.	2,161	269.7	4.0	68	26	6
Aug.	2,287	289.6	4.1	73	21	6
Sep.	2,272	286.7	4.2	74	19	7
Oct.	2,342	318.7	4.4	74	20	6
Nov.	2,519	312.5	4.1	77	18	5
Dec.	2,614	314.9	3.9	78	17	5
1945						
Jan.	2,658	339.4	4.1	79	16	5
Feb.	2,684	331.2	4.4	79	15	6
Mar.	2,735	398.0	4.7	79	16	5
Apr.	2,820	418.6	4.9	79	16	5
May.	2,830	433.3	4.9	77	18	5
Jun.	3,129	453.3	4.8	76	19	5
Jul.	3,275	514.8	5.1	76	19	5
Aug.	3,354	492.6	4.7	77	18	5
MAJOR TRANSPORTS						
1943						
Oct.	715	102.1	4.6	79	18	3
Nov.	730	99.3	4.5	77	15	8
Dec.	727	107.0	4.7	83	8	9
1944						
Jan.	787	114.4	4.7	84	8	8
Feb.	832	120.5	5.0	86	10	4
Mar.	886	134.0	4.9	83	11	6
Apr.	869	136.9	5.3	85	9	6
May.	1,014	164.0	5.2	82	13	5
Jun.	1,167	186.6	5.3	79	15	6
Jul.	1,258	221.2	5.7	81	15	4
Aug.	1,446	252.7	5.6	83	13	4
Sep.	1,524	253.5	5.5	84	12	4
Oct.	1,608	286.7	5.8	83	14	3
Nov.	1,825	286.1	5.2	84	13	3
Dec.	1,950	292.2	4.8	83	13	4
1945						
Jan.	2,013	318.3	5.1	84	12	4
Feb.	2,086	313.2	5.4	84	12	4
Mar.	2,151	375.0	5.6	84	13	3
Apr.	2,239	393.8	5.9	84	13	3
May.	2,291	405.4	5.7	82	14	4
Jun.	2,594	426.9	5.5	81	16	3
Jul.	2,708	486.1	5.8	81	16	3
Aug.	2,789	468.4	5.4	81	16	3

a/ Excludes airplanes enroute.

Source: Air Transport Command, Office of Statistical Control.

Table 206 — ATC FERRYING OPERATIONS: JAN 1942 TO AUG 1945

(Since an airplane can be delivered domestically, picked up again, and then delivered to a foreign destination, it may be included in both domestic and foreign deliveries.)

Year and Month	Total				Domestic				International			
	Airplane Deliveries	Thousands of Miles Flown	Thousands of Hours Flown a/	Airplanes Lost	Airplane Deliveries b/	Thousands of Miles Flown	Thousands of Hours Flown	Airplanes Lost	Airplane Deliveries	Thousands of Miles Flown	Thousands of Hours Flown a/	Airplanes Lost
Grand Total	268,905	616,348	3,981	c/1,013	219,144	286,786	1,933	c/419	49,761	329,562	2,048	c/594
Annually												
1942	30,395	57,913	422	d/ 84	26,805	38,027	298	16	3,590	19,886	124	d/ 68
1943	72,316	150,015	999	402	59,586	80,065	562	147	12,730	69,950	437	255
1944	108,653	254,219	1,615	368	85,601	107,994	694	156	23,052	146,225	921	212
1945 (Jan-Aug)	57,541	154,201	945	159	47,152	60,700	379	100	10,389	93,501	566	59
Monthly												
1942 Jan	926	1,569	12	NA	896	1,250	10	NA	30	319	2	NA
Feb	1,707	2,903	19	NA	1,661	2,395	16	NA	46	508	3	NA
Mar	2,726	3,815	29	NA	2,650	3,380	26	NA	76	435	3	NA
Apr	2,107	3,256	26	NA	1,995	2,624	22	NA	112	632	4	NA
May	2,626	4,839	46	NA	2,431	3,281	36	NA	195	1,558	10	NA
Jun	2,644	4,206	31	NA	2,471	3,144	24	NA	173	1,062	7	NA
Jul	2,347	4,701	34	21	2,070	3,287	25	-	277	1,414	9	21
Aug	3,101	6,458	49	7	2,495	3,193	29	1	606	3,265	20	6
Sep	3,054	6,000	37	10	2,597	4,186	26	3	457	1,814	11	7
Oct	2,870	6,312	44	10	2,236	3,230	25	4	634	3,082	19	6
Nov	2,950	6,588	45	16	2,499	4,062	29	4	451	2,526	16	12
Dec	3,337	7,266	50	20	2,804	3,995	30	4	533	3,271	20	16
1943 Jan	4,026	7,182	50	22	3,522	4,566	34	7	504	2,616	16	15
Feb	4,275	8,743	57	29	3,730	5,272	35	12	545	3,471	22	17
Mar	5,187	12,201	78	48	4,362	5,912	39	14	825	6,289	39	34
Apr	5,505	12,941	82	41	4,409	6,109	39	10	1,096	6,832	43	31
May	5,955	15,793	105	41	4,455	5,981	44	12	1,500	9,812	61	29
Jun	6,409	13,869	93	52	4,863	6,399	46	15	1,546	7,470	47	37
Jul	6,614	11,703	81	24	5,407	6,420	48	5	1,207	5,283	33	19
Aug	5,868	11,341	80	16	4,857	6,806	52	7	1,011	4,535	28	9
Sep	5,810	10,642	75	28	4,860	6,639	50	17	950	4,003	25	11
Oct	8,127	14,470	93	33	6,925	9,372	61	18	1,202	5,098	32	15
Nov	7,275	14,395	95	27	6,234	8,571	59	17	1,041	5,824	36	10
Dec	7,265	16,735	110	41	5,962	8,018	55	13	1,303	8,717	55	28
1944 Jan	8,401	23,192	142	36	6,640	10,196	61	14	1,761	12,996	81	22
Feb	8,011	22,023	137	37	6,274	8,989	56	13	1,737	13,034	81	24
Mar	10,059	30,756	190	54	7,621	10,917	66	20	2,438	19,839	124	34
Apr	10,045	29,150	184	37	7,456	9,650	62	10	2,589	19,500	122	27
May	9,512	27,275	183	33	6,989	9,250	70	9	2,523	18,025	113	24
Jun	8,425	16,957	111	29	6,812	8,250	57	12	1,613	8,707	54	17
Jul	10,432	21,311	128	30	8,055	9,750	56	18	2,377	11,561	72	12
Aug	10,919	22,018	136	29	8,729	10,150	62	14	2,190	11,868	74	15
Sep	10,766	16,184	118	23	9,201	10,067	73	17	1,565	6,117	45	6
Oct	8,724	17,089	109	19	7,106	8,375	55	12	1,618	8,714	54	7
Nov	7,079	14,968	95	21	5,687	6,400	38	6	1,392	8,568	57	15
Dec	6,280	13,296	82	20	5,031	6,000	38	11	1,249	7,296	44	9
1945 Jan	7,882	17,045	99	21	6,255	7,700	44	10	1,627	9,345	55	11
Feb	6,303	16,803	96	33	4,734	6,000	37	22	1,569	10,803	59	11
Mar	8,047	19,060	114	23	6,215	8,200	51	16	1,832	10,860	63	7
Apr	7,491	18,028	100	10	5,882	e/8,100	44	4	1,609	9,928	56	6
May	7,643	19,750	114	13	6,354	e/8,500	49	10	1,289	11,250	65	3
Jun	8,651	25,165	177	21	7,537	e/9,200	59	14	1,114	15,965	118	7
Jul	7,441	26,653	167	20	6,502	e/8,200	63	10	939	18,453	104	10
Aug	4,083	11,697	78	18	3,673	e/4,800	32	14	410	6,897	46	4

a/ Hours flown in airplanes returning to the Continental U S not included prior to Sep 1944.
b/ Includes only deliveries to final domestic destinations. Excluded are deliveries to modification centers and installation points.
c/ Figures are for Jul 1942 to Aug 1945.
d/ Figures are for Jul to Dec 1942.
e/ Estimated.

Source: Air Transport Command, Office of Statistical Control.

Table 207— ATC DELIVERIES OF AIRPLANES TO FINAL FOREIGN DESTINATIONS, BY TYPE OF AIRPLANE AND BY TYPE OF CREW MAKING DELIVERY: JAN 1942 TO AUG 1945

Year and Month	Type of Airplane							Type of Crew	
	Total	Very Heavy Bomber a/	Heavy Bomber	Medium & Light Bomber	Fighter	Transport	Other	ATC	Non-ATC
Grand Total............	49,761	1,818	19,280	11,926	6,925	8,915	897	20,574	29,187
Annually									
1942..................	3,590	-	930	1,422	686	520	32	929	2,661
1943..................	12,730	-	4,431	4,020	2,215	1,816	248	6,168	6,562
1944..................	23,052	559	10,873	4,834	2,194	4,273	319	8,436	14,616
1945 (Jan-Aug)........	10,389	1,259	3,046	1,650	1,830	2,306	298	5,041	5,348
Monthly									
1942									
Jan...................	30	-	22	-	-	4	4	1	29
Feb...................	46	-	34	-	-	12	-	-	46
Mar...................	76	-	17	32	13	14	-	6	70
Apr...................	112	-	30	27	28	21	6	20	92
May...................	195	-	45	55	48	47	-	5	190
Jun...................	173	-	73	58	16	21	5	21	152
Jul...................	277	-	51	68	87	70	1	15	262
Aug...................	606	-	126	229	165	86	-	99	507
Sep...................	457	-	160	138	115	44	-	173	284
Oct...................	634	-	231	264	45	88	6	170	464
Nov...................	451	-	59	258	101	25	8	215	236
Dec...................	533	-	82	293	68	88	2	204	329
1943									
Jan...................	504	-	70	170	157	100	7	194	310
Feb...................	545	-	133	170	158	60	24	218	327
Mar...................	825	-	227	373	118	92	15	288	537
Apr...................	1,096	-	456	325	210	79	26	530	566
May...................	1,500	-	326	713	119	304	38	657	843
Jun...................	1,546	-	460	727	173	148	38	685	861
Jul...................	1,207	-	314	388	303	162	40	612	595
Aug...................	1,011	-	230	247	311	217	6	498	513
Sep...................	950	-	435	179	195	123	18	532	418
Oct...................	1,202	-	536	283	217	161	5	606	596
Nov...................	1,041	-	611	149	120	152	9	616	425
Dec...................	1,303	-	633	296	134	218	22	732	571
1944									
Jan...................	1,761	-	827	428	188	298	20	827	934
Feb...................	1,737	-	760	605	120	228	24	768	969
Mar...................	2,438	-	1,179	569	172	470	48	699	1,739
Apr...................	2,589	94	1,257	464	236	510	28	1,001	1,588
May...................	2,523	48	1,447	500	75	396	57	769	1,754
Jun...................	1,613	14	705	401	230	250	13	686	927
Jul...................	2,377	21	1,280	525	240	278	33	665	1,712
Aug...................	2,190	23	1,011	414	219	505	18	690	1,500
Sep...................	1,565	23	738	240	297	240	27	586	979
Oct...................	1,618	69	806	226	46	448	23	556	1,062
Nov...................	1,392	99	415	303	173	377	25	671	721
Dec...................	1,249	168	448	159	198	273	3	518	731
1945									
Jan...................	1,627	175	505	242	383	307	15	903	724
Feb...................	1,569	156	675	280	127	301	30	451	1,118
Mar...................	1,832	112	811	247	307	315	40	692	1,140
Apr...................	1,609	170	457	241	393	332	16	933	676
May...................	1,289	117	225	284	231	367	65	737	552
Jun...................	1,114	235	128	132	255	291	73	689	425
Jul...................	939	171	173	198	125	250	22	487	452
Aug...................	410	123	72	26	9	143	37	149	261

a/ Includes F-13.

Source: Air Transport Command, Office of Statistical Control.

Table 208 — ATC TOTAL TRANSPORT OPERATIONS: JUL 1942 TO AUG 1945

Year and Month	Number of Passengers	Tons Carried				Millions of Ton Miles	Millions of Passenger Miles	Millions of Airplane Miles	Thousands of Hours Flown
		Total	Passengers	Mail	Other Cargo				
Grand Total	a/ 2,957,454	a/ 1,407,661	a/ 314,585	a/ 92,597	a/ 1,000,479	2,369.4	6,937.3	935.0	5,638.2
Annually									
1942 (Jul-Dec)	N o t	A v a i	l a b	l e		64.4	157.7	31.3	191.5
1943						320.4	883.5	128.6	775.2
1944	1,256,714	575,624	136,072	41,478	398,074	857.5	2,439.7	340.7	2,053.6
1945 (Jan-Aug)	1,700,740	832,037	178,513	51,119	602,405	1,127.1	3,456.4	434.4	2,617.9
Monthly									
1942									
Jul						6.5	15.7	4.6	28.0
Aug						8.1	18.5	4.7	29.3
Sep						8.4	16.8	4.4	26.7
Oct						12.5	30.5	5.9	35.8
Nov						13.5	33.3	5.7	34.8
Dec		N o	t			15.4	42.9	6.0	36.9
1943									
Jan						15.5	40.3	6.7	41.0
Feb						17.1	44.6	7.5	45.6
Mar						21.8	51.9	8.5	52.0
Apr						23.3	59.3	8.8	52.9
May		A v a i	l a b	l e		25.6	68.8	9.7	58.7
Jun						27.0	82.2	10.5	63.6
Jul						30.9	80.2	11.2	67.6
Aug						30.8	83.5	11.6	69.6
Sep						31.0	90.0	12.5	74.6
Oct						31.2	89.9	13.3	81.4
Nov						30.3	93.5	13.1	77.2
Dec						35.9	99.3	15.2	91.0
1944									
Jan	55,633	28,258	5,776	1,664	20,818	39.6	111.1	16.2	97.5
Feb	51,697	27,897	5,978	1,787	20,132	42.9	117.2	17.6	106.1
Mar	54,682	28,354	6,268	1,934	20,152	48.0	122.9	19.4	114.1
Apr	84,037	34,082	8,990	2,226	22,866	48.7	140.3	19.4	117.1
May	78,252	34,383	8,824	3,074	22,485	56.1	161.9	22.6	137.9
Jun	90,091	42,076	9,609	3,131	29,336	61.8	166.3	24.9	150.6
Jul	101,838	47,854	11,029	3,537	33,288	74.2	198.8	30.6	182.4
Aug	125,685	61,069	13,647	3,798	43,624	88.5	247.4	35.2	210.9
Sep	145,627	59,937	15,790	3,864	40,283	88.4	267.9	35.6	214.7
Oct	152,971	67,091	16,830	4,861	45,400	100.7	304.6	39.3	237.6
Nov	153,482	74,190	16,424	5,129	52,637	104.2	296.7	40.1	240.6
Dec	162,719	70,433	16,907	6,473	47,053	104.4	304.6	39.8	244.1
1945									
Jan	162,544	90,111	18,091	6,539	65,481	111.1	293.5	43.8	268.7
Feb	144,908	76,863	15,896	5,248	55,719	107.8	302.1	41.7	261.8
Mar	183,232	107,705	18,905	6,077	82,723	131.7	369.5	50.5	314.4
Apr	195,650	106,035	20,202	6,274	79,559	141.9	378.1	53.6	330.6
May	247,385	109,920	25,100	6,590	78,230	143.1	413.4	54.6	331.4
Jun	235,139	111,353	24,943	6,831	79,579	154.6	485.3	57.9	340.9
Jul	274,934	124,638	28,922	6,863	88,853	175.1	613.6	67.5	393.0
Aug	256,948	105,412	26,454	6,697	72,261	161.8	595.9	64.8	377.1

a/ Figures are for Jan 1944 to Aug 1945.

Source: Air Transport Command, Office of Statistical Control.

Table 209 — ATC DOMESTIC TRANSPORT OPERATIONS: JUL 1942 TO AUG 1945

Year and Month	Number of Passengers	Tons Carried				Millions of Ton Miles	Millions of Passenger Miles	Millions of Airplane Miles	Thousands of Hours Flown	Percent Actual to Available Ton Miles
		Total	Passengers	Mail	Other Cargo					
Grand Total........	a/ 330,822	a/ 84,195	a/ 32,317	a/ 120	a/ 51,758	187.3	576.5	114.0	735.9	
Annually										
1942 (Jul-Dec).....	Not	Available				14.5	9.7	9.6	60.0	
1943...............						46.4	35.9	24.6	157.5	
1944...............	104,905	40,112	10,490	79	29,543	69.0	253.8	45.6	298.1	
1945 (Jan-Aug).....	225,917	44,083	21,827	41	22,215	57.4	277.1	34.2	220.3	
Monthly										
1942										
Jul...............						1.4	1.9	1.3	7.9	N
Aug...............						2.7	2.1	1.9	12.0	o
Sep...............						2.2	1.4	1.5	9.6	t
Oct...............						3.1	1.4	1.9	11.6	
Nov...............						2.8	1.5	1.6	10.1	
Dec...............		Not				2.3	1.4	1.4	8.8	
1943										
Jan...............						2.7	1.6	1.5	9.5	
Feb...............						3.2	2.2	1.7	10.4	A
Mar...............						3.9	2.6	1.8	11.6	v
Apr...............						4.4	3.2	1.9	12.0	a
May...............		Available				4.5	2.3	1.9	12.2	i
Jun...............						4.4	1.9	1.9	12.6	l
Jul...............						5.0	2.5	2.1	13.8	a
Aug...............						4.8	2.2	2.1	14.0	b
Sep...............						4.4	2.9	2.5	16.2	l
Oct...............						3.5	4.3	2.6	17.4	e
Nov...............						2.7	4.7	2.4	13.6	49
Dec...............						2.9	5.5	2.2	14.2	57
1944										
Jan...............	3,975	2,382	398	7	1,977	3.2	4.5	2.4	16.1	56
Feb...............	3,575	2,395	358	9	2,028	3.7	8.6	2.8	18.0	60
Mar...............	4,750	2,928	475	7	2,446	4.8	12.8	3.5	22.2	57
Apr...............	7,250	2,942	725	9	2,208	4.8	15.0	3.3	22.0	65
May...............	6,546	2,920	655	8	2,257	5.5	23.0	4.0	26.3	64
Jun...............	8,280	3,423	828	8	2,587	6.0	18.9	3.8	25.6	61
Jul...............	8,506	3,820	850	1	2,969	6.5	23.4	4.6	30.0	56
Aug...............	10,250	3,976	1,025	8	2,943	7.6	29.7	4.9	31.8	59
Sep...............	10,450	3,734	1,045	6	2,683	7.6	31.8	4.6	30.3	64
Oct...............	14,006	4,257	1,400	6	2,851	7.6	33.7	4.7	29.7	61
Nov...............	12,681	3,923	1,268	6	2,649	6.5	27.7	3.7	24.6	66
Dec...............	14,636	3,412	1,463	4	1,945	5.2	24.7	3.3	21.5	61
1945										
Jan...............	17,706	4,100	1,771	4	2,325	5.3	23.8	3.4	22.9	62
Feb...............	17,714	4,146	1,771	4	2,371	5.5	23.6	3.4	22.4	69
Mar...............	23,271	5,600	2,327	5	3,268	7.8	32.4	4.5	28.3	70
Apr...............	23,072	5,323	2,307	5	3,011	7.5	31.1	4.4	27.9	68
May...............	26,937	6,402	2,694	5	3,703	7.6	34.3	4.5	28.7	67
Jun...............	32,451	5,776	3,245	6	2,525	7.0	37.1	4.1	27.1	65
Jul...............	45,998	7,320	4,600	6	2,714	8.4	46.4	4.9	31.3	65
Aug...............	38,768	5,416	3,112	6	2,298	8.3	48.4	5.0	31.7	60

a/ Figures are for Jan 1944 to Aug 1945.

Source: Air Transport Command, Office of Statistical Control.

Table 210— ATC INTERNATIONAL TRANSPORT OPERATIONS: JUL 1942 TO AUG 1945

Year and Month	Number of Passengers	Tons Carried				Millions of Ton Miles	Millions of Passenger Miles	Millions of Airplane Miles	Thousands of Hours Flown	Percent Acutal to Available Ton Miles	
		Total	Passengers	Mail	Other Cargo					Outbound	Inbound
Grand Total..	a/ 2,626,632	a/ 1,323,466	a/ 282,268	a/ 92,477	a/ 948,721	2,182.1	6,360.8	821.0	4,902.3		
Annually											
1942(Jul-Dec)	Not	Available				49.9	148.0	21.7	131.5		
1943.....						274.0	847.6	104.0	617.7		
1944.....	1,151,809	535,512	125,582	41,399	368,531	788.5	2,185.9	295.1	1,755.5		
1945(Jan-Aug)	1,474,823	787,954	156,686	51,078	580,190	1,069.7	3,179.3	400.2	2,397.6		
Monthly											
1942											
Jul....						5.1	13.8	3.3	20.1		
Aug....						5.4	16.4	2.8	17.3		
Sep....						6.2	15.4	2.9	17.1		
Oct....						9.4	29.1	4.0	24.2	Not	Not
Nov....						10.7	31.8	4.1	24.7		
Dec....		Not				13.1	41.5	4.6	28.1		
1943											
Jan....						12.8	38.7	5.2	31.5	Available	Available
Feb....						13.9	42.4	5.8	35.2		
Mar....						17.9	49.3	6.7	40.4		
Apr....						18.9	56.1	6.9	40.9		
May....		Available				21.1	66.5	7.8	46.5		
Jun....						22.6	80.3	8.6	51.0		
Jul....						25.9	77.7	9.1	53.8		
Aug....						26.0	81.3	9.5	55.6		
Sep....						26.6	87.1	10.1	58.4		
Oct....						27.7	85.6	10.7	64.0		
Nov....						27.6	88.8	10.7	63.6		
Dec....						33.0	93.8	13.0	76.8		
1944											
Jan....	51,658	25,876	5,378	1,657	18,841	36.4	106.6	13.8	81.4	91	65
Feb....	48,122	25,502	5,620	1,778	18,104	39.2	108.6	14.8	88.1	94	61
Mar....	49,932	25,426	5,793	1,927	17,706	43.2	110.1	15.9	91.9	92	60
Apr....	76,787	31,140	8,265	2,217	20,658	43.9	125.3	16.1	95.1	92	63
May....	71,706	31,463	8,169	3,066	20,228	50.6	138.9	18.6	111.6	91	61
Jun....	81,811	38,653	8,781	3,123	26,749	55.8	147.4	21.1	125.0	92	50
Jul....	93,332	44,034	10,179	3,536	30,319	67.7	175.4	26.0	152.4	92	49
Aug....	115,435	57,093	12,622	3,790	40,681	80.9	217.7	30.3	179.1	91	57
Sep....	135,177	56,203	14,745	3,858	37,600	80.8	236.1	31.0	184.4	92	48
Oct....	138,965	62,834	15,430	4,855	42,549	93.1	270.9	34.6	207.9	90	51
Nov....	140,801	70,267	15,156	5,123	49,988	97.7	269.0	36.4	216.0	92	47
Dec....	148,083	67,021	15,444	6,469	45,108	99.2	279.9	36.5	222.6	92	48
1945											
Jan....	144,838	86,011	16,320	6,535	63,156	105.8	269.7	40.4	245.8	92	42
Feb....	127,194	72,717	14,125	5,244	53,348	102.3	278.5	38.3	239.4	91	42
Mar....	159,961	102,105	16,578	6,072	79,455	123.9	337.1	46.0	286.1	92	43
Apr....	172,578	100,712	17,895	6,269	76,548	134.4	347.0	49.2	302.7	90	42
May....	220,448	103,518	22,406	6,585	74,527	135.5	379.1	50.1	302.7	85	45
Jun....	202,688	105,577	21,698	6,825	77,054	147.6	448.2	53.8	313.8	84	45
Jul....	228,936	117,318	24,322	6,857	86,139	166.7	572.2	62.6	361.7	78	48
Aug....	218,180	99,996	23,342	6,691	69,963	153.5	547.5	59.8	345.4	NA	NA

a/ Figures are for Jan 1944 to Aug 1945.

Source: Air Transport Command, Office of Statistical Control.

Table 211 — ATC OPERATIONS FROM ASSAM, INDIA TO CHINA (OVER THE HUMP): JAN 1943 TO AUG 1945

Year and Month	Tons of Cargo Carried Eastbound			Number of Trips Flown Eastbound	Assigned Airplanes		Tons Carried		Trips		Airplanes Lost		
	Total	Gasoline and Oil	Other Cargo		Average Number	Percent in Service	Per Airplane Assigned	Per Airplane in Service	Per Airplane Assigned	Per Airplane in Service	Number	Percent of Airplanes Assigned	Per 1,000 Trips Eastbound
Grand Total..	685,304	392,362	292,942	a/156,977							a/373		
Annually													
1943.....	52,366	26,421	29,945	b/3,138							b/ 20		
1944.....	231,219	136,476	94,743	54,926							184		
1945(Jan-Aug)	401,719	229,465	172,254	98,913							169		
Monthly													
1943													
Jan....	1,263	600	663										
Feb....	2,855	1,149	1,706										
Mar....	2,278	760	1,518										
Apr....	1,910	777	1,133										
May....	2,334	1,522	812										
Jun....	2,382	1,518	864		Not Available								
Jul....	3,451	1,856	1,595										
Aug....	4,447	2,606	1,841										
Sep....	5,125	3,640	1,485										
Oct....	7,240	3,701	3,539										
Nov....	6,491	3,477	3,014										
Dec....	12,590	4,815	7,775	3,138	165	57	76	134	19	33	20	12	6
1944													
Jan....	13,399	3,673	9,726	3,166	180	61	74	123	18	29	26	14	8
Feb....	12,920	5,089	7,831	3,035	195	66	66	100	16	24	16	8	5
Mar....	9,587	6,761	2,826	2,271	164	58	59	101	14	24	12	7	5
Apr....	11,555	6,631	4,924	2,617	153	49	76	153	17	35	2	1	1
May....	11,383	5,688	5,695	2,663	166	49	69	141	16	33	12	7	5
Jun....	15,845	11,792	4,053	3,702	148	71	107	152	25	35	14	10	4
Jul....	18,975	11,873	7,102	4,431	147	74	129	176	30	41	16	11	4
Aug....	23,676	12,950	10,726	5,600	172	79	138	174	33	41	15	9	3
Sep....	22,315	13,461	8,854	5,680	187	78	119	154	30	39	16	9	3
Oct....	24,715	18,463	6,252	5,879	199	84	124	148	29	35	20	10	3
Nov....	34,914	21,309	13,605	8,270	285	82	123	149	29	35	17	6	2
Dec....	31,935	18,786	13,149	7,612	318	60	100	167	24	40	18	6	2
1945													
Jan....	44,099	28,760	15,339	10,817	368	67	120	180	29	44	17	5	2
Feb....	40,677	22,150	18,527	10,194	411	66	99	150	25	37	21	5	2
Mar....	46,545	22,937	23,608	11,346	421	69	111	160	27	39	32	8	3
Apr....	44,254	22,047	22,207	10,776	405	67	109	163	27	40	22	5	2
May....	46,394	25,483	20,911	11,196	404	66	115	173	28	42	22	5	2
Jun....	55,386	35,166	20,220	13,194	513	71	108	153	26	36	23	5	2
Jul....	71,042	39,629	31,413	17,204	640	NA	111	NA	27	NA	20	3	1
Aug....	53,322	33,293	20,029	14,186	624	NA	85	NA	23	NA	12	2	1

a/ Figures for Dec 1943 to Aug 1945.
b/ Figures for Dec 1943 only.

Source: Air Transport Command, Office of Statistical Control.

Table 212— AIRCRAFT ACCIDENTS — NUMBER AND RATE: FISCAL YEARS 1921 TO 1945

(Rates are per 100,000 flying hours.)

Year	All Accidents		Fatal Accidents		Fatalities		Aircraft Wrecked	
	Number	Rate	Number	Rate	Number	Rate	Number	Rate
CONTINENTAL US & OVERSEAS								
1921	361	467	45	58	73	94	173	224
1922	330	506	24	37	44	68	152	233
1923	283	430	33	50	58	88	147	224
1924	275	281	23	24	34	35	143	146
1925	311	207	30	20	40	27	153	102
1926	334	211	27	17	43	27	149	94
1927	227	161	28	20	43	31	104	74
1928	249	136	25	14	27	15	86	47
1929	390	148	43	16	62	24	117	44
1930	468	144	37	11	52	16	152	47
1931	456	115	21	5	26	7	125	32
1932	423	114	32	9	49	13	110	30
1933	442	102	28	7	46	11	123	28
1934	412	110	35	9	54	14	145	39
1935	453	101	33	7	47	11	107	24
1936	430	83	42	8	59	11	113	22
1937	358	69	27	5	48	9	87	17
1938	375	63	38	6	62	10	80	13
1939	389	53	32	4	52	7	86	12
1940	478	51	46	5	90	10	100	11
CONTINENTAL US								
1941	1,304	58	116	5	199	9	228	10
1942	5,612	74	582	8	1,096	14	1,259	17
1943	15,652	70	1,779	8	4,209	19	3,854	17
1944	20,883	54	2,272	6	5,616	14	5,387	14
1945	10,798	42	1,378	5	3,779	15	3,264	13

Source: Office of Flying Safety.

Table 213— AIRCRAFT ACCIDENTS IN CONTINENTAL US — NUMBER AND RATE: DEC 1941 TO AUG 1945

(Rates are per 100,000 flying hours.)

Year and Month	All Accidents		Fatal Accidents		Fatalities		Aircraft Wrecked	
	Number	Rate	Number	Rate	Number	Rate	Number	Rate
Grand Total..................	52,651	55	6,039	6	14,903	16	13,873	15
Annually								
1941 (Dec).....................	341	92	38	10	78	21	70	19
1942...........................	10,090	71	1,116	8	2,384	17	2,476	17
1943...........................	20,390	64	2,264	7	5,603	17	5,024	16
1944...........................	16,128	45	1,936	5	4,973	14	4,663	13
1945 (Jan-Aug)................	5,702	43	685	5	1,865	14	1,640	12
Monthly								
1941								
Dec............................	341	92	38	10	78	21	70	19
1942								
Jan............................	521	82	57	9	104	16	115	18
Feb............................	462	71	57	9	94	14	119	18
Mar............................	623	71	71	8	134	15	148	17
Apr............................	648	71	76	8	156	17	172	19
May............................	746	73	95	9	197	19	201	20
Jun............................	793	72	70	6	129	12	136	17
Jul............................	1,054	82	98	8	218	17	221	17
Aug............................	979	73	103	7	209	16	231	17
Sep............................	1,063	74	121	8	302	21	279	19
Oct............................	999	63	121	8	285	18	261	16
Nov............................	1,093	65	120	7	244	15	276	17
Dec............................	1,109	65	127	7	312	18	267	16
1943								
Jan............................	1,339	67	168	8	432	22	363	18
Feb............................	1,327	71	155	8	397	21	320	17
Mar............................	1,497	69	209	10	447	21	405	19
Apr............................	1,599	68	152	6	353	15	340	15
May............................	1,763	76	214	9	548	24	459	20
Jun............................	1,830	68	191	7	462	17	432	16
Jul............................	1,933	66	207	7	544	18	483	16
Aug............................	2,045	65	215	7	590	19	487	15
Sep............................	1,765	58	215	7	581	19	446	15
Oct............................	1,859	55	198	6	513	15	443	13
Nov............................	1,732	54	171	5	345	11	426	13
Dec............................	1,701	57	169	6	391	13	420	14
1944								
Jan............................	1,798	51	227	6	566	16	483	14
Feb............................	1,533	53	154	5	460	16	389	13
Mar............................	1,809	51	181	5	464	13	479	13
Apr............................	1,520	47	159	5	357	11	385	12
May............................	1,672	46	199	5	431	12	483	13
Jun............................	1,516	46	177	5	374	11	463	14
Jul............................	1,398	44	189	6	459	14	466	15
Aug............................	1,247	42	142	5	382	13	358	12
Sep............................	1,098	41	132	5	358	13	351	13
Oct............................	1,018	37	142	5	393	14	325	12
Nov............................	750	37	114	6	357	18	240	12
Dec............................	769	42	120	7	372	21	241	13
1945								
Jan............................	814	39	115	5	312	15	241	12
Feb............................	651	41	70	4	186	12	184	12
Mar............................	849	44	98	5	254	13	245	13
Apr............................	736	44	91	5	254	15	196	12
May............................	739	42	74	4	222	13	195	11
Jun............................	729	46	91	6	230	14	222	14
Jul............................	664	43	90	6	251	16	203	13
Aug............................	520	46	56	5	156	14	154	14

Source: Office of Flying Safety.

Table 214 — AIRPLANE ACCIDENTS IN CONTINENTAL US, BY PRINCIPAL MODEL OF AIRPLANE — NUMBER AND RATE: 1942 TO 1945

(Rates are per 100,000 flying hours.)

Year	B-29	B-17	B-24	B-25	B-26	A-20	A-26	A-36	P-38	P-39	P-40	P-47	P-51
Total													
All Accidents: Number	272	1,589	1,713	921	739	728	181	226	1,403	1,934	3,569	3,049	824
Rate	40	30	35	33	55	131	57	274	139	245	188	127	105
Fatal Accidents	63	284	490	233	223	167	29	24	337	369	324	404	131
Fatalities	461	1,757	2,796	936	993	303	77	24	379	395	350	455	137
Airplanes Wrecked	119	479	746	446	408	331	50	69	758	865	967	1,125	358
1942													
All Accidents: Number	-	146	123	151	165	219	-	9	247	414	798	106	3
Rate	-	55	75	104	162	206	-	409	234	351	507	245	102
Fatal Accidents	-	28	31	39	52	47	-	2	67	80	78	13	1
Fatalities	-	183	165	185	249	88	-	2	76	83	94	14	1
Airplanes Wrecked	-	46	46	66	88	87	-	3	124	171	202	41	1
1943													
All Accidents: Number	5	539	457	284	304	282	2	193	503	904	1,070	958	186
Rate	72	39	39	44	65	155	a/	273	165	228	297	163	210
Fatal Accidents	3	120	157	85	85	65	1	20	112	186	108	133	28
Fatalities	46	789	1,023	376	382	127	2	20	132	193	111	145	30
Airplanes Wrecked	3	182	240	139	159	134	1	56	267	403	285	380	72
1944													
All Accidents: Number	88	638	779	239	195	182	44	23	467	590	1,280	1,303	318
Rate	59	25	33	24	37	78	84	248	128	228	127	122	111
Fatal Accidents	21	105	233	62	66	44	9	2	111	99	102	183	52
Fatalities	150	598	1,268	212	280	74	29	2	118	115	110	217	54
Airplanes Wrecked	41	203	359	123	123	92	14	10	258	278	360	474	137
1945 (Jan-Aug)													
All Accidents: Number	179	266	354	247	75	45	135	1	186	26	421	682	317
Rate	34	23	29	24	31	127	51	a/	78	156	115	97	79
Fatal Accidents	39	31	69	47	20	11	19	-	47	4	36	75	50
Fatalities	265	187	340	163	82	14	46	-	53	4	35	79	52
Airplanes Wrecked	75	48	101	118	38	18	35	-	109	13	120	230	148

Year	P-63	F-4/5	F-6	C-46	C-47/53	C-54	Advanced Trainers	Basic Trainers	Primary Trainers	Communications
Total										
All Accidents: Number	251	223	14	145	604	22	13,511	4,881	8,256	2,407
Rate	131	145	62	29	20	18	55	27	48	108
Fatal Accidents	39	48	2	19	109	4	943	825	333	133
Fatalities	47	52	2	94	648	16	1,888	1,175	439	197
Airplanes Wrecked	109	127	7	39	181	5	2,227	1,558	1,032	500
1942										
All Accidents: Number	-	40	-	2	49	1	2,835	1,200	1,788	618
Rate	-	292	-	a/	26	a/	78	32	45	432
Fatal Accidents	-	10	-	-	14	-	210	193	91	42
Fatalities	-	10	-	-	93	-	363	275	122	65
Airplanes Wrecked	-	21	-	-	23	-	473	326	286	132
1943										
All Accidents: Number	2	54	-	24	212	1	4,992	2,262	4,131	1,202
Rate	a/	218	-	59	31	38	64	31	54	130
Fatal Accidents	-	9	-	4	40	-	327	387	169	59
Fatalities	-	9	-	12	266	-	679	541	226	88
Airplanes Wrecked	1	26	-	8	54	1	751	712	482	205
1944										
All Accidents: Number	136	83	3	46	255	12	3,964	1,337	2,086	477
Rate	128	159	82	32	19	38	43	21	43	97
Fatal Accidents	25	16	-	5	41	2	292	219	68	26
Fatalities	27	18	-	29	212	7	625	316	86	37
Airplanes Wrecked	69	46	2	11	78	2	739	473	232	120
1945 (Jan-Aug)										
All Accidents: Number	113	46	11	73	88	8	1,720	82	251	110
Rate	133	73	58	23	11	9	44	22	39	60
Fatal Accidents	14	13	2	10	14	2	114	26	5	6
Fatalities	20	15	2	53	77	9	221	43	5	7
Airplanes Wrecked	39	34	5	20	26	2	264	47	32	43

a/ Rate is less than 0.5.
Source: Office of Flying Safety.

Table 215—AIRFIELDS IN CONTINENTAL US, BY AIR FORCE OR COMMAND AND BY TYPE OF AIRFIELD: 1941 TO 1945

(Figures are as of end of month.)

Air Force or Command and Type of Airfield	1941 Nov	1941 Dec	1942 Dec	1943 Dec	1944 Dec	1945 Apr	1945 Aug
Total	114	151	614	783	723	703	670
Main Bases	114	151	345	345	377	356	344
Sub-Bases	-	-	71	116	37	56	57
Auxiliary Fields	-	-	198	322	309	291	269
Continental Air Forces - Total			-	-	-	2	7
Main Bases			-	-	-	2	7
Sub-Bases			-	-	-	-	-
Auxiliary Fields			-	-	-	-	-
First Air Force - Total			29	34	25	41	38
Main Bases			29	11	19	21	21
Sub-Bases			-	19	6	4	3
Auxiliary Fields			-	4	-	16	14
Second Air Force - Total			53	56	53	44	42
Main Bases			42	41	41	32	30
Sub-Bases			11	15	4	3	3
Auxiliary Fields			-	-	8	9	9
Third Air Force - Total			75	76	52	37	40
Main Bases			43	22	36	29	31
Sub-Bases			32	40	-	-	-
Auxiliary Fields			-	14	16	8	9
Fourth Air Force - Total			43	64	34	33	31
Main Bases			11	23	20	20	19
Sub-Bases			25	31	14	13	12
Auxiliary Fields			7	10	-	-	-
I Troop Carrier Command - Total			11	10	24	20	37
Main Bases			11	10	9	8	13
Sub-Bases			-	-	2	3	4
Auxiliary Fields			-	-	13	9	20
Training Command - Total			295	430	373	278	258
Main Bases			104	125	108	78	74
Sub-Bases			-	11	9	12	14
Auxiliary Fields			191	294	256	188	170
Air Technical Service Command - Total			59	59	96	163	140
Main Bases			59	59	89	109	98
Sub-Bases			-	-	1	18	18
Auxiliary Fields			-	-	6	36	24
Air Transport Command - Total			23	33	43	54	49
Main Bases			23	33	41	41	38
Sub-Bases			-	-	1	2	2
Auxiliary Fields			-	-	1	11	9
Personnel Distribution Command - Total			-	-	3	11	9
Main Bases			-	-	3	6	4
Sub-Bases			-	-	-	-	-
Auxiliary Fields			-	-	-	5	5
Other a/ - Total			26	21	20	20	19
Main Bases			23	21	11	10	9
Sub-Bases			3	-	-	1	1
Auxiliary Fields			-	-	9	9	9

(1941 Nov and Dec columns: "Not Available")

a/ Includes AAF Center and Commanding General, AAF.
Source: Assistant Chief of Air Staff-4, Air Installations Division.

Table 216 — MAJOR INSTALLATIONS IN CONTINENTAL US, BY TYPE OF INSTALLATIONS: 1944 AND 1945

(Figures are as of end of month.)

Type of Installation	1944 Dec		1945 Apr		1945 Aug	
	Number of Separate Installations	Additional Activities at Installations	Number of Separate Installations	Additional Activities at Installations	Number of Separate Installations	Additional Activities at Installations
Total	1,440	651	1,422	673	1,325	668
Airfields	723	-	703	-	670	-
Assembly Plants (Government Owned)	-	8	-	8	-	8
ATC Air Freight Terminals	-	68	-	68	-	74
Basic Training Centers	-	4	-	4	-	4
Bombing and Gunnery Ranges	480	-	473	-	433	-
Crash Boat Stations	32	8	32	8	31	8
Depots - Total	79	252	61	248	52	244
Air Depots	-	12	-	12	-	12
Equipment Depots (Government Furnished)	2	1	1	1	1	1
Intransit Depots	7	-	6	-	6	-
Overseas Replacement Depots	2	-	3	-	3	-
Personnel Replacement Depots	1	2	1	2	-	2
Specialized Depots	67	1	50	1	42	1
Sub-Depots (3d Echelon Repair Shops)	-	236	-	232	-	228
Hospitals - Total	6	266	8	290	8	289
Convalescent Hospitals	6	3	8	3	8	3
Debarkation Hospitals	-	8	-	8	-	8
Regional Hospitals	-	30	-	31	-	31
Station Hospitals	-	225	-	248	-	247
Rented Office Space	79	-	109	-	103	-
Modification Centers	-	12	-	13	-	11
Ports of Aerial Embarkation	-	17	-	17	-	17
Redistribution Stations	4	-	4	1	5	1
Schools - Total	37	16	32	16	23	12
Technical Training Schools	-	16	-	16	-	12
Civilian and Factory Technical Training Schools	21	-	17	-	16	-
College Training Detachments	2	-	1	-	1	-
Contract Pilot Schools	14	-	14	-	6	-

Table 217 — AIRFIELDS OUTSIDE CONTINENTAL US BY LOCATION: 1941 TO 1945

Location	1941 31 Dec	1942 31 Dec	1943 31 Dec	1944 31 Dec	1945 8 May	1945 14 Aug
Total	31	358	559	751	911	634
Africa	-	73	94	45	31	21
Asia	-	23	65	96	175	115
Atlantic Islands	5	27	a/	20	21	21
Australia	-	20	35	10	7	3
Europe	-	33	119	302	392	196
North America	7	74	83	67	66	62
Pacific Islands	-	21	65	100	57	56
South America	-	27	28	22	32	32
US Possessions	19	60	70	89	130	128

a/ Included in North America.

Source of above tables: Assistant Chief of Air Staff-4, Air Installations Division.

Table 218 — HOUSING IN CONTINENTAL US — EXISTING CAPACITY AND OCCUPIED, BY AIR FORCE OR COMMAND: QUARTERLY, DEC 1942 TO SEP 1945

(Excludes personnel authorized to live off the post. In number of occupants.)

Fifteenth of Month	Existing Capacity	Occupied or Reserved	Percent Occupied	Existing Capacity	Occupied or Reserved	Percent Occupied	Existing Capacity	Occupied or Reserved	Percent Occupied
	TOTAL			CONTINENTAL AIR FORCES			FIRST AIR FORCE		
1942 Dec(23rd)	1,935,671	1,353,092	69.9	-	-	-	83,583	46,856	56.1
1943 Mar(31st)	2,367,301	1,732,249	73.2	-	-	-	94,866	65,575	69.1
Jun(1st)	2,322,718	1,653,720	71.2	-	-	-	93,544	69,721	74.5
Sep.......	2,401,840	1,657,821	69.0	-	-	-	122,808	86,721	70.6
Dec.......	2,351,435	1,479,120	62.9	-	-	-	123,770	78,727	63.6
1944 Mar.......	2,292,693	1,319,423	57.5	-	-	-	103,387	58,158	56.3
Jun.......	2,168,203	1,211,822	55.9	-	-	-	144,292	68,471	47.5
Sep.......	1,697,045	1,124,549	66.3	-	-	-	98,379	58,808	59.8
Dec.......	1,665,722	1,023,024	61.4	-	-	-	91,154	46,357	50.9
1945 Mar.......	1,694,498	924,985	54.6	-	-	-	124,326	65,726	52.9
Jun.......	1,686,991	891,056	52.8	601,910	323,072	53.7	Included in Continental Air Forces		
Sep.......	1,639,770	944,483	57.6	645,464	365,170	56.6			
	SECOND AIR FORCE			THIRD AIR FORCE			FOURTH AIR FORCE		
1942 Dec(23rd)	185,701	101,315	54.6	196,092	127,561	65.1	92,716	48,899	52.7
1943 Mar(31st)	200,477	122,679	61.2	238,674	165,223	69.2	122,179	72,495	59.3
Jun(1st)	235,002	147,812	62.9	259,167	172,181	66.4	122,706	79,083	64.4
Sep.......	271,223	173,870	64.1	254,177	160,902	63.3	138,936	82,733	59.5
Dec.......	299,110	154,471	51.6	240,365	149,121	62.0	154,950	81,626	52.7
1944 Mar.......	252,056	147,243	58.4	233,859	131,229	56.1	166,843	80,570	48.3
Jun.......	244,665	146,466	59.9	220,987	127,011	57.5	192,246	79,133	41.2
Sep.......	197,393	151,574	76.8	167,974	113,822	67.8	143,289	79,740	55.6
Dec.......	200,964	138,157	68.7	165,663	98,867	59.7	135,008	69,861	51.7
1945 Mar.......	179,158	105,448	58.9	138,251	81,711	59.1	147,734	75,588	51.2
Jun.......	Included in Continental Air Forces			Included in Continental Air Forces			Included in Continental Air Forces		
Sep.......									
	I TROOP CARRIER COMMAND			TRAINING COMMAND			AIR TECHNICAL SERVICE COMMAND		
1942 Dec(23rd)	59,298	23,156	39.1	1,063,272	834,634	78.5	166,159	107,149	64.5
1943 Mar(31st)	67,138	30,550	45.5	1,302,127	1,035,106	79.5	218,885	148,045	67.6
Jun(1st)	56,384	34,894	61.9	1,262,182	925,629	73.3	183,221	133,156	72.7
Sep.......	52,223	38,911	74.5	1,247,957	885,095	70.9	180,220	132,150	73.3
Dec.......	52,404	34,110	65.1	1,160,244	803,052	69.2	178,394	84,949	47.6
1944 Mar.......	55,081	29,231	53.1	1,117,577	705,289	63.1	205,452	75,626	36.8
Jun.......	55,881	31,797	56.9	948,527	583,354	61.5	214,480	85,562	39.9
Sep.......	42,690	31,723	74.3	708,508	490,343	69.2	158,407	82,666	52.2
Dec.......	36,948	29,045	78.6	654,440	449,014	68.6	171,735	70,489	41.0
1945 Mar.......	37,895	24,678	65.1	608,646	407,419	66.9	214,709	53,751	25.0
Jun.......	Included in Continental Air Forces			564,645	383,680	68.0	252,348	62,370	24.7
Sep.......				522,965	349,285	66.8	223,596	73,761	33.0
	AIR TRANSPORT COMMAND			PERSONNEL DISTRIBUTION COMMAND			OTHER a/		
1942 Dec(23rd)	36,253	28,956	79.9	-	-	-	52,597	34,566	65.7
1943 Mar(31st)	53,388	43,171	80.9	-	-	-	69,567	49,405	71.0
Jun(1st)	52,513	40,880	77.8	-	-	-	57,999	50,364	86.8
Sep.......	65,980	43,070	65.3	-	-	-	68,316	54,369	79.6
Dec.......	69,664	48,500	69.6	-	-	-	72,534	44,564	61.4
1944 Mar.......	86,305	53,878	62.4	-	-	-	72,133	38,199	53.0
Jun.......	87,490	58,454	66.8	9,648	6,054	62.7	49,987	25,520	51.1
Sep.......	74,232	55,220	74.4	68,282	36,433	53.4	37,891	24,220	63.9
Dec.......	81,932	62,125	75.8	94,227	40,541	43.0	33,651	18,568	55.2
1945 Mar.......	84,605	53,412	63.1	127,150	39,596	31.1	32,024	17,656	55.1
Jun.......	99,183	62,030	62.5	135,945	39,236	28.9	32,960	20,668	62.7
Sep.......	101,896	77,114	75.7	117,569	62,368	53.0	28,280	16,785	59.4

a/ Includes AAF Center and Commanding General, AAF.

CORRECTIONS

Page IX
The date in Table 76 should read: Jan 1940 to Aug 1945.

Page 93
The second column heading should be:

1943 (Jun-Dec)

Page 115
C-61 acceptances under Fairchild: Hagerstown, Md should read:

Plant, Type and Model	Total	1940	1941	1942	1943	1944	1945 (Jan-Aug)
Fairchild: Hagerstown, Md							
Army - C-61 c/	1,012	14	51	147	400	400	-

Pages 118 - 124
The date in the title of Table 76 should be: JAN 1940 TO AUG 1945.

Table 76 should be corrected to read as follows:

Page 118

Type and Model	Grand Total	1940	1941	1942	1943	1944	1945 (Jan-Aug)
Total	230,288	5,054	15,861	41,092	68,600	69,956	29,725
Combat Airplanes	138,320	2,500	7,157	19,230	37,985	49,406	22,042
Medium Bombers - Total	16,070	62	460	3,271	5,413	5,228	1,636
Others	1,097	62	26	914	95	-	-

Type and Model	Jan	Feb	Mar	Apr	May	Jun	Jul	Aug	Sep	Oct	Nov	Dec
						Page 120						
Total	671	757	843	1,060	1,040	1,139	1,169	1,539	1,652	1,958	1,880	2,153
Combat Airplanes	300	327	352	440	390	458	439	688	787	909	889	1,178
Medium Bombers - Total	-	9	18	31	34	61	40	57	38	43	21	108
B-25	-	5	8	9	4	28	10	14	11	30	9	43
B-26	-	4	10	22	30	33	30	43	26	8	8	49
B-34	-	-	-	-	-	-	-	-	1	4	4	16
Others	-	-	-	-	-	-	-	-	-	1	-	-
Transports - Total	24	39	21	24	31	27	27	46	44	32	23	60
Lodestar type	10	17	7	6	8	7	5	18	7	-	1	12
						Page 121						
Transports - Total	62	66	96	142	100	118	212	150	184	153	223	232

06-4908,AF

www.ingramcontent.com/pod-product-compliance
Lightning Source LLC
Chambersburg PA
CBHW080758300426
44114CB00020B/2756